AS CONSTITUIÇÕES DOS ESTADOS DE LÍNGUA PORTUGUESA

JORGE BACELAR GOUVEIA

Professor da Faculdade de Direito da Universidade Nova de Lisboa
Antigo Professor da Faculdade de Direito da Universidade Eduardo Mondlane
Doutor e Mestre em Direito

AS CONSTITUIÇÕES DOS ESTADOS DE LÍNGUA PORTUGUESA

2.ª edição, actualizada

Prefácio de:
Luís Fonseca
Secretário Executivo da Comunidade dos Países de Língua Portuguesa

AS CONSTITUIÇÕES DOS ESTADOS DE LÍNGUA PORTUGUESA

AUTOR
JORGE BACELAR GOUVEIA
(jbg@fd.unl.pt)

EDITOR
EDIÇÕES ALMEDINA, SA
Rua da Estrela, n.º 6
3000-161 Coimbra
Tel.: 239 851 904
Fax: 239 851 901
www.almedina.net
editora@almedina.net

PRÉ-IMPRESSÃO • IMPRESSÃO • ACABAMENTO
G.C. – GRÁFICA DE COIMBRA, LDA.
Palheira – Assafarge
3001-453 Coimbra
producao@graficadecoimbra.pt

Junho, 2006

DEPÓSITO LEGAL
243947/06

Os dados e as opiniões inseridos na presente publicação
são da exclusiva responsabilidade do(s) seu(s) autor(es).

Toda a reprodução desta obra, por fotocópia ou outro qualquer processo,
sem prévia autorização escrita do Editor,
é ilícita e passível de procedimento judicial contra o infractor.

PREFÁCIO

O presente livro com as Constituições dos Estados de Língua Portuguesa constitui um marco assinalável na progressiva afirmação da Comunidade dos Países de Língua Portuguesa, que neste momento comemora o seu X Aniversário.

É verdade que os Povos e os Estados não se aproximam apenas com base em regras de natureza jurídica. Mas também não é menos verdade que sem esse cimento agregador, fruto de fortes laços sócio-culturais, seria bem mais difícil prosseguir no caminho a trilhar em conjunto.

Agradeço, pois, ao Professor Doutor Jorge Bacelar Gouveia – um académico profundamente conhecedor e entusiasmado especialista do Direito de Língua Portuguesa – a oportunidade de republicar, devidamente actualizada, esta colectânea com as Leis Fundamentais dos oito Estados membros da CPLP, com a explicação dos respectivos traços essenciais, por ele preparada.

Creio que é também adequado formular um desejo neste âmbito da cooperação político-jurídica multilateral lusófona: que este seja um exemplo a seguir pelos diversos protagonistas políticos, universitários e forenses no sentido de a Comunidade dos Países de Língua Portuguesa poder ser cada vez mais uma Comunidade do Direito de Língua Portuguesa.

Luís Fonseca
Secretário Executivo da Comunidade dos Países de Língua Portuguesa

Lisboa, 17 de Julho de 2006.

NOTA PRÉVIA À 2.ª EDIÇÃO

Esgotada a 1.ª edição, publica-se agora a 2.ª edição do livro *As Constituições dos Estados de Língua Portuguesa*, devidamente actualizada pela introdução das alterações ocorridas em alguns textos constitucionais, como foi o caso do português e do brasileiro, assim como pela substituição da anterior Constituição de Moçambique de 1990, tendo o presente texto constitucional deste país sido aprovado em Novembro de 2004.

Mas esta nova iniciativa editorial acontece num momento particularmente feliz: o da comemoração do X Aniversário da Fundação da Comunidade dos Países de Língua Portuguesa, que em boa hora entendeu financiar esta publicação, a quem se agradece na pessoa do seu Secretário Executivo, o Embaixador Luís Fonseca, assim como à Dr.ª Leonor Herédia, que entusiasticamente acompanhou os respectivos trabalhos por parte desta organização internacional.

O propósito, tal como na publicação anterior, permanece igual, que é o de assim se fomentar o conhecimento e o estudo do Direito de Língua Portuguesa, começando pelo "tronco da árvore" até se chegar aos "ramos" e aos seus "frutos": primeiro, o Direito Constitucional, e depois, os demais sectores do Direito.

Jorge Cláudio de Bacelar Gouveia

Lisboa, 19 de Maio de 2006.

NOTA PRÉVIA À 1.ª EDIÇÃO

A afirmação de uma comunidade de pessoas, intimamente ligadas na sua história, na sua língua, nas suas tradições e no seu modo de ser, passa também por uma permanente tarefa de conhecimento recíproco. Num plano institucional, o acesso fácil e global aos respectivos textos constitucionais é um instrumento fundamental, assim imediatamente se evidenciando esses mesmos factores de aproximação.

É por isso com gosto que publicamos *As Constituições dos Estados de Língua Portuguesa*, num livro com um título novo em relação às duas edições anteriores, devidamente actualizado com as alterações constitucionais entretanto ocorridas nalguns textos e sobretudo aumentado pela inclusão da recentíssima Constituição do jovem Estado irmão de Timor-Leste.

Tal como nas edições anteriores, crê-se que esta oportunidade bibliográfica possa continuar a estreitar as relações entre os Estados de Língua Portuguesa e, no plano jurídico, decerto a estimular o aparecimento de trabalhos de Direito Constitucional Comparado, que confirmarão a existência de um sistema constitucional de matriz portuguesa.

Não podíamos ainda deixar de exprimir um forte obrigado à Sr.ª Ministra da Justiça de Portugal, Dr.ª Celeste Cardona, pelo apoio dado a esta iniciativa e também pela simpatia do *Prefácio* com que a enriqueceu, agradecimento que é extensível ao Instituto Nacional de Administração, na pessoa do seu Presidente, Professor Doutor Luís Valadares Tavares, pelo patrocínio que tornou editorialmente viável este trabalho.

Lisboa, 1 de Julho de 2003.

JORGE CLÁUDIO DE BACELAR GOUVEIA

O Direito Constitucional de Língua Portuguesa: Brasil, Estados Africanos e Timor-Leste

Prof. Doutor Jorge Bacelar Gouveia

1. A independência do Brasil e a sequência dos textos constitucionais

I. A evolução histórica do Brasil, desde que ganhou a independência até aos dias de hoje, mostra uma sucessão de acontecimentos e de textos constitucionais bem reveladora das grandes questões que ocuparam a Humanidade nestes dois séculos XIX e XX que já vivemos.

A História Político-Constitucional do Brasil costuma ser repartida, acima das várias Constituições, entre o período antigo e o período moderno, sendo a Revolução de 1930 o momento de viragem[1] da república velha para a república nova[2].

II. Já em matéria de regime institucional, o Brasil, desde cedo obtendo a independência política em 7 de Setembro de 1824, subdivide-se em duas grandes eras:
– *a era monárquica*, desde a fundação até à revolução republicana de 15 de Novembro de 1889; e
– *a era republicana*, desde esta revolução até aos nossos dias.

Não deixam de ser impressionantes as grandes diferenças que caracterizam cada uma destas eras de evolução político-constitucional: enquanto que a primeira apenas se estruturou com uma única Carta Constitucional, a outra ficou marcada pela sucessão de seis textos constitucionais.

---

[1] Quanto à evolução histórico-constitucional do Brasil, v. PAULINO JACQUES, *Curso de Direito Constitucional*, 9.ª ed., Rio e Janeiro, 1983, pp. 46 e ss.; MARCELLO CAETANO, *Direito Constitucional – Direito Comparado, Teoria Geral do Estado e da Constituição, As Constituições do Brasil*, I, 2.ª ed., Rio de Janeiro, 1987, pp. 469 e ss., e *Direito Constitucional – Direito Constitucional Brasileiro*, II, 2.ª ed., Rio de Janeiro, 1987, pp. 1 e ss.; MIGUEL GALVÃO TELES, *Constituição*, in *Verbo – Enciclopédia Luso-Brasileira de Cultura*, 5.º vol., Lisboa, s. d., pp. 1501 e ss.; J. CRETELLA JÚNIOR, *Comentários à Constituição de 1988 – artigos 1.º a 5.º*, LXVII, Rio de Janeiro/São Paulo, 1989, pp. 3 e ss.; JORGE MIGUEL, *Curso de Direito Constitucional*, 2.ª ed., São Paulo, 1995, pp. 35 e ss.; ANTÔNIO CARLOS POJO DO REGO e JOÃO PAULO MACHADO PEIXOTO, *A política das reformas econômicas no Brasil*, Rio de Janeiro, 1998, pp. 53 e ss.; CELSO RIBEIRO BASTOS, *Curso de Direito Constitucional*, 22.ª ed., São Paulo, 2001, pp. 103 e ss.; JOSÉ AFONSO DA SILVA, *Curso de Direito Constitucional Positivo*, 20.ª ed., São Paulo, 2002, pp. 69 e ss.; LUÍS CÉSAR AMAD COSTA e LEONEL ITAUSSU A. MELLO, *História do Brasil*, 11.ª ed., São Paulo, 2002, pp. 137 e ss.; JORGE BACELAR GOUVEIA, *Manual de Direito Constitucional*, I, Coimbra, 2005, pp. 334 e ss.

[2] Numa perspectiva histórica predominantemente internacional, v. LUIZ ALBERTO MONIZ BANDEIRA, *Brasil, Argentina e Estados Unidos – da Tríplice Aliança ao Mercosul (1870-2003)*, 2.ª ed., Rio de Janeiro, 2003, pp. 43 e ss.

III. O Brasil, até ao momento, já viveu sete textos constitucionais, que sinteticamente assim se apresentam:

- *a Carta Constitucional de 1824*: foi a primeira Constituição Brasileira, outorgada pelo fundador e libertador do Estado, D. Pedro I (D. Pedro IV, em Portugal), consagrando uma monarquia constitucional e imperial;
- *a Constituição de 1891*: foi a primeira Constituição da era republicana, proclamada pela revolução de 15 de Novembro de 1889, importando várias instituições jurídico-constitucionais já experimentadas nos Estados Unidos da América, como o federalismo, o presidencialismo e a fiscalização judicial difusa da constitucionalidade;
- *a Constituição de 1934*: foi um texto constitucional progressista, de cariz socializante, derrubando a chamada "República Velha", na sequência da Revolução de 1930, de que foi mentor Getúlio Vargas;
- *a Constituição de 1937*: foi um texto constitucional autoritário de direita, criando um Estado Novo, inspirado na Constituição Polaca, restringindo os direitos e as liberdades individuais;
- *a Constituição de 1946*: foi um texto constitucional democratizante, de suavização do regime do Estado Novo;
- *a Constituição de 1967-69*: foi um texto constitucional de cariz autoritário de direita, estabelecendo um regime de preponderância militar[3];
- *a Constituição de 1988*: é o texto constitucional em vigor, de pendor democrático e social.

2. A actual Constituição Brasileira de 1988

I. O actual texto constitucional do Brasil (CB) é a Constituição de 1988, aprovada em 5 de Outubro de 1988[4], inaugurando uma nova fase na História do Direito Constitucional Brasileiro, com a seguinte sistematização[5], num total de 250 artigos, mais os 89 artigos do Ato das Disposições Constitucionais Transitórias:

- Título I – *Dos princípios fundamentais*
- Título II – *Dos direitos e garantias fundamentais*
- Título III – *Da organização do Estado*
- Título IV – *Da organização dos poderes*
- Título V – *Da defesa do Estado e das instituições democráticas*
- Título VI – *Da tributação e do orçamento*
- Título VII – *Da ordem económica e financeira*
- Título VIII – *Da ordem social*

---

[3] Cfr. MARCELLO CAETANO, *Direito Constitucional...*, II, pp. 499 e ss.; ELIO GASPARI, *A ditadura escancarada*, São Paulo, 2002, pp. 17 e ss.

[4] Sobre o actual Direito Constitucional brasileiro, moldado a partir da CB, v. CELSO RIBEIRO BASTOS, *Curso de Direito Constitucional*, 22.ª ed., São Paulo, 2001, pp. 161 e ss.; PAULO BONAVIDES, *Curso de Direito Constitucional*, 8.ª ed., São Paulo, 1999, pp. 327 e ss.; MANOEL GONÇALVES FERREIRA FILHO, *Curso de Direito Constitucional*, 56.ª ed., São Paulo, 2002, pp. 56 e ss.; JOSÉ AFONSO DA SILVA, *Curso...*, pp. 91 e ss.; AAVV, *Seminário dos 15 Anos da Constituição de 1988* (org. do Senado Federal – Instituto Legislativo Brasileiro), Brasília, 2004, *passim*; JORGE MIRANDA, *Manual de Direito Constitucional*, I, 7.ª ed., Coimbra, 2003, pp. 223 e ss.; ALEXANDRE DE MORAES, *Direito Constitucional*, 16.ª ed., São Paulo, 2004, pp. 52 e ss.; JORGE BACELAR GOUVEIA, *Manual...*, I, pp. 336 e ss.

[5] Cfr. o respectivo texto em JORGE BACELAR GOUVEIA, *As Constituições dos Estados de Língua Portuguesa*, 1.ª ed., Coimbra, 2003, pp. 107 e ss.

– Título IX – *Das disposições constitucionais gerais*
– Título X – *Ato das disposições constitucionais transitórias*

Este texto constitucional brasileiro já sofreu muitas alterações, que são de duas categorias: 52 emendas constitucionais e 6 emendas constitucionais de revisão.

A recente CB significou, assim, um marco importantíssimo na evolução constitucional do Brasil[6], assinalando, em definitivo, a transição para uma democracia representativa e sem tutela militar[7].

Na sua elaboração, foram visíveis algumas influências de textos constitucionais europeus, naturalmente nelas se evidenciando a relevância da actual Constituição da República Portuguesa (CRP), de 2 de Abril de 1976 e já com sete revisões constitucionais[8].

Esses marcantes contributos – meramente de normas ou também de institutos – podem mesmo justificar para alguns, como se tem afirmado com maior ou menor ênfase, a construção, em termos mais vastos[9], de uma família lusófona de Direito Constitucional[10].

---

[6] As ligações entre o Direito Constitucional Português e o Direito Constitucional Brasileiro não são de hoje, bastando lembrar a circunstância de a nossa segunda Constituição (a Carta Constitucional de 1826) e a primeira Constituição Brasileira (a Carta Constitucional de 1824) terem sido outorgadas pela mesma pessoa – D. Pedro IV em Portugal e D. Pedro I no Brasil – para cimentar uma ligação verdadeiramente umbilical que já vem de longe.

Essa foi uma influência que não se perderia com o tempo, pois a Constituição de 1911, por exemplo, acolheria o instituto fundamental da fiscalização difusa da constitucionalidade, consagrado pela Constituição Brasileira de 1891.

Agora, com os dois últimos textos constitucionais democráticos em ambos os países, essa tradição reforçou-se e são vários os elementos da CRP que influenciaram a Constituição Brasileira de 1988.

[7] Quanto à influência da CRP sobre a CB, v. MANOEL GONÇALVES FERREIRA FILHO, *A Constituição Brasileira de 1988 – aspectos gerais*, in *Revista da Ordem dos Advogados*, ano 49, 1989, pp. 947 e ss., *Sobre a Constituição de 1988*, in *Revista da Faculdade de Direito da Universidade de Lisboa*, XXXI, 1990, pp. 71 e 72, e *Constitucionalismo português e constitucionalismo brasileiro*, in AAVV, *Perspectivas Constitucionais*, I, Coimbra, 1996, pp. 59 e ss.; PAULO BONAVIDES, *Constitucionalismo Luso-Brasileiro: influxos recíprocos*, in AAVV, *Perspectivas Constitucionais*, I, Coimbra, 1996, pp. 51 e ss.; OSCAR DIAS CORRÊA, *Breves observações sobre a influência da Constituição Portuguesa na Constituição Brasileira de 1988*, in AAVV, *Perspectivas Constitucionais*, I, Coimbra, 1996, pp. 73 e ss.; NAILÊ RUSSOMANO, *Influências da Constituição da República Portuguesa de 1976 na Constituição Brasileira de 1988 – da defesa do consumidor*, in AAVV, *Perspectivas Constitucionais*, III, Coimbra, 1998, pp. 428 e ss.

[8] Quanto às alterações de que a CRP foi objecto ao longo destes trinta anos de vida, v., por todos, JORGE BACELAR GOUVEIA, *Manual...*, I, pp. 497 e ss.

[9] Sobre este ponto, sem contudo conclusões muito afirmativas, JORGE MIRANDA, *As novas Constituições de Cabo Verde, São Tomé e Príncipe e Moçambique – nota prévia*, Lisboa, 1991, pp. 5 e ss., e *Manual...*, I, pp. 242 e 243 (= *Os sistemas constitucionais do Brasil e dos Países Africanos de Língua Portuguesa*, in *Revista Luso-Africana de Direito*, I, Lisboa, 1997, pp. 165 e 166); JORGE BACELAR GOUVEIA, *As Constituições dos Estados Lusófonos – introdução*, 1.ª ed., Lisboa, 1993, pp. 7 e ss., e, mais difusamente, *Estudos de Direito Público de Língua Portuguesa*, Coimbra, 2004, *passim*; ANTÓNIO DE SOUSA FRANCO, *Dinheiros públicos, julgamento de contas e controlo financeiro institucional*, in *Revista Luso-Africana de Direito*, I, Lisboa, 1997, p. 151; PAULO FERREIRA DA CUNHA, *Em demanda dos fundamentos de uma comunidade constitucional lusófona*, in AAVV, *Perspectivas Constitucionais*, II, Coimbra, 1997, pp. 11 e ss.

[10] Numa visão mais radicalmente céptica, de teor mais político do que propriamente jurídico-constitucional, em que inclusivamente se duvida do carácter democrático de alguns Estados Africanos de Língua Portuguesa, ao afirmar-se que "Nos Estados africanos, com especial relevo para os que foram dilacerados por guerras civis, ainda não completamente saradas, não existem ainda condições materiais para uma democracia praticada» (p. 61)", CARLOS BLANCO DE MORAIS, *Tópicos sobre a formação de uma comunidade constitucional lusófona*, in AAVV, *75 Anos da Coimbra Editora*, Coimbra, 1998, pp. 55 e ss.

II. No plano dos direitos fundamentais, verifica-se uma forte profusão de posições subjectivas, nas mais variadas áreas da actividade humana, sem mesmo esquecer a importância de novos direitos, como em matéria ambiental, social e informática[11].

É também de sublinhar a abertura a novos direitos fundamentais, com a grande importância atribuída aos direitos sociais, assim como o olhar dirigido aos mecanismos de efectividade[12] desses mesmos direitos[13].

Está neste caso a força que se atribuiu ao *habeas-data* como novo mecanismo de protecção do cidadão contra a utilização da informática[14].

III. Em matéria de organização do Estado, é mantido o modelo federal, adoptado logo com o segundo texto constitucional republicano, estabelecendo-se quatro categorias de entidades[15] dotadas de poder político[16]:

- a *União* (Estado Federal ou Federação), que é a entidade política suprema, titular do poder constituinte máximo e federal;
- os *Estados* (federados), que são 26 e que possuem as respectivas Constituições;
- o *Distrito Federal* (equiparado a Estado federado), que representa uma entidade político-administrativa autónoma com vista a assegurar a neutralidade da sede dos órgãos federais;
- os *Municípios*, que são uma espécie de regiões, com amplos poderes administrativos, mas igualmente político-legislativos.

Há uma rigorosa separação entre as competências estaduais e as competências federais, ainda que com a proeminência da componente do poder federal, num federalismo que tem muito de centralista[17].

---

[11] Sobre os direitos fundamentais da CB, v. ODACIR SOARES, *A nova Constituição – comentários*, Brasília, 1988, pp. XII e ss.; J. CRETELLA JÚNIOR, *Comentários...*, I, pp. 178 e ss.; PINTO FERREIRA, *Comentários à Constituição Brasileira*, I, São Paulo, 1989, pp. 59 e ss.; MARCELO FIGUEIREDO, *Teoria Geral do Estado*, São Paulo, 1993, pp. 155 e ss.; JORGE BACELAR GOUVEIA, *Os direitos fundamentais atípicos*, Lisboa, 1995, pp. 245 e ss.; JORGE MIGUEL, *Curso de Direito Constitucional*, 2.ª ed., São Paulo, 1995, pp. 135 e ss.; CELSO RIBEIRO BASTOS, *Curso...*, pp. 173 e ss.; MANOEL GONÇALVES FERREIRA FILHO, *Curso...*, pp. 287 e ss.; JOSÉ AFONSO DA SILVA, *Curso...*, pp. 189 e ss.; JORGE MIRANDA, *Manual...*, I, pp. 235 e 236; ALEXANDRE DE MORAES, *Direito Constitucional*, pp. 60 e ss.

[12] Como sucede com a regra da aplicabilidade imediata dos direitos e garantias fundamentais, nos termos do art. 5.º, § 1.º, da CB.

[13] Cumpre a este propósito realçar a importância do Título II, que nos seus arts. 5.º e ss. estabelece os diversos preceitos sobre a matéria.

[14] O art. 5.º, inciso LXXII, prescreve que "conceder-se-á *habeas-data*: a) para assegurar o conhecimento de informações relativas à pessoa do impetrante, constantes de registros ou bancos de dados de entidades governamentais ou de carácter público; b) para a retificação de dados, quando não se prefira fazê-lo por processo sigiloso, judicial ou administrativo".

[15] Ainda que a CB admita a existência de Territórios Federais, os quais, nos termos do art. 18.º, § 2.º, da CB, "...integram a União, e sua criação, transformação em Estado ou reintegração ao Estado de origem serão reguladas em lei complementar", tendo o respectivo regime constitucional fixado no art. 33.º da CB.

[16] Dizendo-se no proémio do art. 18.º da CB que "A organização político-administrativa da República Federativa do Brasil compreende a União, os Estados, o Distrito Federal e os Municípios, todos autónomos, nos termos desta Constituição".

[17] Discutindo a questão do federalismo, v. MARCELLO CAETANO, *Direito Constitucional...*, II, pp. 43 e ss.; MANOEL GONÇALVES FERREIRA FILHO, *Organização do Estado brasileiro e as tendências do federalismo: simetria e assimetria*, in *O Direito*, ano 136.º, 2004, I, pp. 35 e ss.; JORGE MIRANDA, *Manual...*, I, p. 237; ALEXANDRE DE MORAES, *Direito Constitucional*, pp. 268 e ss.

IV. No tocante à organização dos poderes do Estado, é seguida de perto a tripartição norte-americana, de tipo orgânico-funcional[18]:

- *o poder legislativo*: o Congresso Nacional, composto pela Câmara dos Deputados e pelo Senado Federal;
- *o poder executivo*: o Presidente, o Vice-Presidente e o Governo Federal;
- *o poder judiciário*: os diversos tribunais superiores, de entre eles se salientando o Supremo Tribunal Federal e o Superior Tribunal de Justiça.

O poder legislativo é atribuído ao *Congresso Nacional*, um Parlamento de cunho bicameral, com dois órgãos, com competências próprias, mas principalmente com competências conjuntas, sendo a legislatura de quatro anos: a *Câmara dos Deputados*, constituída por Deputados em número proporcional aos cidadãos eleitores de cada Estado federado e do Distrito Federal onde decorre a respectiva eleição, com um mandato de quatro anos e não podendo ser superior a 513; e o *Senado Federal*, constituído por três senadores por cada Estado e pelo Distrito Federal, com um mandato de oito anos, num total de 81 senadores[19].

O poder executivo é protagonizado pelo *Presidente da República*, auxiliado pelos Ministros de Estado[20]. O Presidente da República é eleito, juntamente com o Vice-Presidente, para um mandato de 4 anos, sem possibilidade de segunda reeleição. A CB prevê a existência de um Governo Federal, composto pelos Ministros, livremente escolhidos e demitidos pelo Presidente.

O poder judiciário, visto na lógica de uma estrutura federal, inclui as instâncias supremas do poder judiciário que se exerce acima do poder judiciário dos Estados federados, assim como outros tribunais que absorvem a totalidade da competência especializada que lhes é atribuída[21].

V. O sistema de governo brasileiro corresponde a um *presidencialismo imperfeito*, fortemente influenciado pelo texto constitucional norte-americano, mas sofrendo alguns desvios, que devem ser interpretados como suas relevantes actualizações.

Os traços fundamentais deste sistema de governo presidencial não são difíceis de identificar:

- a junção na mesma pessoa dos cargos de Chefe de Estado e de Chefe de Governo;
- a eleição por sufrágio universal e directo do Chefe de Estado;
- a subsistência independente dos poderes legislativo e executivo, não obstante os múltiplos pontos de contacto e de colaboração.

O carácter imperfeito do presidencialismo brasileiro cifra-se na figura, constitucionalmente autónoma, do Governo Federal, composto pelos Ministros de Estado, a quem o Presidente da República pode deferir competências executivas.

---

[18] Sobre o sistema de governo na CB, sem esquecer o lastro histórico do presidencialismo brasileiro, v. MARCELLO CAETANO, *Direito Constitucional...*, II, pp. 154 e ss.; OMAR SEIXO KADRI, *O executivo legislativor: o caso brasileiro*, Coimbra, 2004, pp. 63 e ss.; JORGE MIRANDA, *Manual...*, I, pp. 237 e 238; ALEXANDRE DE MORAES, *Direito Constitucional*, pp. 382 e ss.
[19] Cfr. os arts. 44.° e ss. da CB.
[20] Cfr. os arts. 76.° e ss. da CB.
[21] Cfr. os arts. 92.° e ss. da CB.

3. Os Estados Africanos de Língua Portuguesa – do Socialismo à Democracia

I. Um dos principais objectivos da III República Democrática, implantada em Portugal a partir da Revolução de 25 de Abril de 1974, foi o da descolonização dos povos e territórios de África, durante vários séculos e até então colónias de Portugal, assim ganhando a sua legítima independência política, nas seguintes datas históricas[22]:
– Angola: 11 de Novembro de 1975;
– Cabo Verde: 5 de Julho de 1975;
– Guiné-Bissau: 24 de Setembro de 1973;
– Moçambique: 25 de Junho de 1975;
– São Tomé e Príncipe: 12 de Julho de 1975.

Essa é uma evolução político-constitucional que não permite surpreender uma única tendência, antes dois períodos bem distintos para a respectiva compreensão[23]:
– uma primeira era constitucional de I República Socialista (1975-1990); e
– uma segunda era constitucional de II República Democrática (1990-....).

II. O contexto da descolonização portuguesa, no terreno da luta de libertação nacional e nos anos que se seguiram à Revolução dos Cravos de Portugal[24], foi politicamente dominado pela emergência de formações partidárias e de ideologias marxistas, de directa inspiração soviética[25].

A esmagadora maioria dos movimentos de libertação nacional, que nas colónias combatiam as Forças Armadas Portuguesas que aguentavam, a custo, o domínio português na vigência da ditadura do Estado Novo, foi doutrinalmente influenciada pelos

---

[22] Sobre a evolução e caracterização geral dos sistemas constitucionais africanos de língua portuguesa, v. JORGE MIRANDA, *Manual...*, I, pp. 239 e ss.; JORGE BACELAR GOUVEIA, *Os sistemas político--constitucionais dos Estados Africanos de Língua Portuguesa*, in *Estudos de Direito Público de Língua Portuguesa*, Coimbra, 2004, pp. 288 e ss., e *Manual...* I, pp. 342 e ss.; FILIPE FALCÃO OLIVEIRA, *Direito Público Guineense*, Coimbra, 2005, pp. 95 e ss.; NUNO PIÇARRA, *A evolução do sistema de garantia da Constituição em Cabo Verde*, in *Direito e Cidadania*, Ano VII, n.º 22, Praia, 2005, pp. 211 e ss.; LUÍSA NETO, *Trajectos de independência e consolidação da estrutura estadual nos países africanos de língua oficial portuguesa*, in AAVV, *Estudos em Homenagem ao Prof. Doutor Joaquim Moreira da Silva Cunha*, Coimbra, 2005, pp. 563 e ss.

[23] Cfr. JORGE BACELAR GOUVEIA, *Os sistemas político-constitucionais...*, pp. 292 e ss.

[24] Quanto à importância da formação das elites africanas que levariam as colónias à independência política, v. BRAZÃO MAZULA, *Educação, cultura e ideologia em Moçambique: 1975-1985*, Porto, 1995, pp. 65 e ss.; DALILA CABRITA MATEUS, *A luta pela independência – a formação das elites fundadoras da FRELIMO, MPLA e PAIGC*, Mem Martins, 1999, pp. 43 e ss.; KENNETH MAXWELL, *A construção da Democracia em Portugal*, Lisboa, 1999, pp. 115 e ss.; GEORGE WRIGHT, *A destruição de um país – a política dos Estados Unidos para Angola desde 1945*, Lisboa, 2000, pp. 79 e ss.; ARISTIDES PEREIRA, *Uma luta, um partido, dois países*, 2.ª ed., Lisboa, 2002, pp. 73 e ss.; CARLOS VEIGA, *Cabral e a construção do Estado em Cabo Verde – uma apreciação crítica*, in *Direito e Cidadania*, ano VI, n.º 19, Janeiro a Abril de 2004, pp. 67 e ss.; FILIPE FALCÃO OLIVEIRA, *Direito Público...*, pp. 82 e ss.

[25] Ainda que com a manutenção, até hoje, de importantes traves-mestras do Direito Privado, que se mantêm comuns a Portugal e aos Estados Africanos de Língua Portuguesa.
Cfr. o exemplo de Moçambique em relação aos Códigos Civil, Penal e Comercial, embora o segundo só até certo ponto: JORGE BACELAR GOUVEIA, SUSANA BRASIL DE BRITO e ARÃO FEIJÃO MASSANGAI, *Código Civil e Legislação Complementar*, 2.ª ed., Maputo, 2000; JORGE BACELAR GOUVEIA e EMÍDIO RICARDO NHAMISSITANE, *Código Penal e Legislação Penal*, 2.ª ed., Maputo, 2000; JORGE BACELAR GOUVEIA e LÚCIA DA LUZ RIBEIRO, *Código Comercial e Legislação Comercial*, 2.ª ed., Maputo, 2000.

ideais comunistas, tal como eles foram desenvolvidos na antiga União das Repúblicas Socialistas Soviéticas (URSS), ainda que se assinalassem algumas originalidades ou outras proveniências, em qualquer caso com pesos sempre marginais.

Afora tudo o que essa motivação decerto representava de fé numa nova organização política e social, era verdade que, por detrás desses apoios, se encavalitava um escondido desejo de a URSS se expandir para os territórios que, em breve, deixariam de pertencer a Portugal.

No fervor dos acontecimentos revolucionários, em que dominava o Movimento das Forças Armadas, tendo sido a Revolução de Abril um golpe de Estado com a participação decisiva dos militares, até à legitimação dos novos órgãos de poder político por eleições democráticas, os ideais comunistas eram também prevalecentes, pelo que se facilitou uma conexão interna na concessão do poder, dentro dos novos Estados independentes, aos grupos de libertação que estavam afinados pelo mesmo diapasão do socialismo científico.

III. A análise comparada dos diversos sistemas constitucionais dos novos Estados Africanos de Língua Portuguesa revela traços comuns, dentro daquela única fonte de inspiração, tanto político-ideológica como jurídico-constitucional:
– *o sistema social*: a prevalência dos direitos económicos e sociais, como instrumentos de "desalienação do homem", em detrimento dos direitos e liberdades políticos e civis, num forte monismo ideológico e partidário;
– *o sistema económico*: a apropriação dos meios de produção, com a colectivização da terra, que passou a ser propriedade do Estado, e a planificação imperativa da economia;
– *o sistema político*: a concentração de poderes no órgão parlamentar de cúpula, com a omnipresença do partido único e a sua localização paralela em todas as estruturas do Estado.

IV. A primeira fase na evolução político-constitucional dos Estados africanos de língua portuguesa durou cerca de uma década e meia, sendo ainda possível nela divisar períodos diferenciados[26]:
– 1.º período: o período inicial de implantação das estruturas dos Estados agora independentes, com o retorno de muitos portugueses e a sua reorganização interna;
– 2.º período: o período intermédio de organização política e social segundo o modelo de inspiração soviética, com a intensificação da cooperação com os países do bloco comunista, principalmente a URSS, Cuba e a República Democrática Alemã; e
– 3.º período: o período final de progressiva crise económica, com o recrudescimento dos conflitos políticos internos, nalguns casos – Angola e Moçambique – degenerando em sangrentas guerras civis.

---

[26] Período que não ocorreu sem que se sentissem também inúmeras dificuldades de natureza jurídica, na transição do Direito Português, colonialmente aplicável, para o novo Direito dos Estados Independentes. V., a este propósito, o problema do regime jurídico aplicável ao casamento nestes novos Estados, tanto na sua acepção religiosa, como na sua acepção civil.
Para o caso moçambicano, cfr. JORGE BACELAR GOUVEIA, *A relevância civil do casamento católico*, in *Africana*, n.º 14, Porto, 1994, pp. 155 e ss.

V. Esta primeira vaga de textos constitucionais de inspiração soviética, com base na doutrina do marxismo-leninismo, não resistiria à queda dos regimes comunistas, um pouco por toda a parte, simbolizado e iniciado pelo derrube do Muro de Berlim, em Dezembro de 1989.

Naturalmente que esse fenómeno, de certa sorte há muito tempo larvar e apenas esperando um momento de rastilho político e social, se projectaria nos Estados africanos em questão, praticamente desde o seu início. É mesmo impressionante a facilidade com que os respectivos sistemas políticos se organizaram com vista à superação do paradigma soviético.

Também se pode dizer que a avaliação das economias e das sociedades desses Estados de Língua Portuguesa revelava já um elevado mal-estar com a aplicação do modelo soviético, que fracassaria, pelo menos, por duas razões fundamentais:

– *pelo carácter informal das sociedades africanas*, até certo ponto incompatível e avesso à rigidez e disciplina conaturais à antiga estruturação burocrática soviética;

– *pelo centralismo político-ideológico que decorria das doutrinas administrativas soviéticas*, abafando as comunidades locais e, na cúpula, combatendo as suas mais diversas expressões, como os Direitos consuetudinários locais.

VI. Do ponto de vista constitucional, a substituição dos antigos textos constitucionais fez-se através de *transições constitucionais*, que consistiram na criação de novos textos, mas aproveitando os procedimentos de revisão constitucional anteriormente estabelecidos. A passagem às novas ordens constitucionais em todos estes Estados fez-se sempre de uma forma pacífica, sem revoluções ou rupturas formais.

Por outra parte, igualmente sucedeu que na maioria dos Estados a aprovação de novos documentos constitucionais se ficou a dever aos parlamentos monopartidários que tinham sido escolhidos no tempo da I República totalitária, quase não tendo havido textos constitucionais fruto de uma discussão pluripartidária nos novos parlamentos eleitos.

A principal excepção que importa referir é a de Cabo Verde, que aprovaria uma nova Constituição, em 1992, já em sistema pluripartidário. Nos outros casos, as novas Constituições foram depois pontualmente revistas, para se adequarem aos processos de pacificação interna, em contexto pluripartidário.

VII. Em alguns dos Estados africanos de língua portuguesa registaram-se ainda conflitos armados internos, guerras civis já no período da independência, que opuseram os governos constituídos, bem como os respectivos partidos únicos, às oposições armadas, numa confrontação nítida do ponto de vista político-ideológico a respeito da opção constitucional adoptada.

A situação de Angola foi a que se prolongaria mais tempo, continuando mesmo depois de implantada uma nova ordem constitucional democrática, só tendo terminado há três anos.

Em Moçambique, a situação de guerra civil duraria menos tempo e terminaria em 4 de Outubro de 1992, data da assinatura, em Roma, do Acordo Geral de Paz entre o Governo/Frelimo e a Renamo.

4. A caracterização político-constitucional geral da II República

I. Feito este breve percurso acerca da evolução jurídico-constitucional dos Estados Africanos de Língua Portuguesa, importa agora deles extrair um conjunto de traços distintivos comuns, segundo algumas opiniões podendo contribuir mesmo para a formação de um sistema constitucional de matriz portuguesa[27], cumprindo referir estes tópicos fundamentais:

- *as fontes constitucionais;*
- *os princípios fundamentais;*
- *os direitos fundamentais;*
- *a organização económica;*
- *a organização política;* e
- *a revisão da Constituição.*

II. De um prisma geral, pode afirmar-se, sem qualquer rebuço, que os actuais textos constitucionais dos Estados Africanos de Língua Portuguesa espelham a influência da CRP, tanto no estilo adoptado quanto na sistematização seguida.

Essa influência é extensível a algumas das instituições jurídico-constitucionais que foram escolhidas, o que se compreende dada a presença de jurisconsultos portugueses na respectiva elaboração, bem como a proximidade cultural de muitos dos juristas destes novos Estados, que entretanto se foram formando nas Faculdades de Direito de Portugal.

Este facto desvenda outra nota bem mais impressiva: foi com a II República que se reatou uma ligação interrompida nos tempos das independências, afastamento relativamente ao Direito Português que determinou a adesão a um outro sistema de Direito, de inspiração soviética.

III. Ao nível das opções gerais de Direito Constitucional, verifica-se uma grande comunhão em torno dos grandes *princípios constitucionais*:

- *o princípio republicano*, sendo a república a forma institucional de governo preferida, com a eleição directa do Chefe de Estado;
- *o princípio do Estado de Direito*, de acordo com todas as suas exigências de certeza e segurança, de igualdade e de separação de poderes;
- *o princípio democrático*, com a existência de eleições periódicas, nas quais participam os cidadãos, num sufrágio que é universal, directo e secreto;
- *o princípio do Estado unitário*, uma vez que os Estados são unitários, tendo sido rejeitados os esquemas propostos de federalismo, embora atenuado por alternativas de regionalismo político-legislativo, ainda que de índole parcial;
- *o princípio social*, reconhecendo ao Estado um papel de intervenção na prestação de direitos económicos e sociais;
- *o princípio internacional*, em que a soberania estadual não impede a inserção externa dos Estados, ao nível de diversas organizações internacionais.

IV. Em matéria de *direitos fundamentais*, é de frisar que todos os textos constitucionais contêm extensas listagens de direitos fundamentais, que ficam assim a integrar as primeiras partes das respectivas Constituições.

Só que essa concepção de direitos fundamentais é heterogénea porque não bebe apenas da teoria liberal, antes reflecte a presença de outras concepções de direitos fundamentais, como as teorias social e democrática.

---

[27] Laços que igualmente se mantêm em muitos outros níveis, como o demonstram à saciedade os variadíssimos acordos de cooperação que foram estabelecidos.
V. a sua resenha quase completa porque entretanto desactualizada em JORGE BACELAR GOUVEIA, *Acordos de Cooperação entre Portugal e os Estados Africanos Lusófonos*, 2.ª ed., Lisboa, 1998.

O elenco dos direitos fundamentais consagrado é reforçado pela presença de importantes regras que orientam os termos da intervenção do legislador ordinário, subordinando efectivamente os outros poderes públicos – o legislativo, o executivo e o judicial – aos respectivos comandos.

O sistema constitucional de direitos fundamentais nem sequer se pode considerar um sistema fechado, mas antes aberto: quer pelo apelo a direitos fundamentais atípicos, quer pelo apelo à Declaração Universal dos Direitos do Homem, esclarece-se que a respectiva tipologia é unicamente exemplificativa, e não taxativa.

V. Relativamente à organização económica, beneficiando de importantes normas constitucionais, acolhe-se um *sistema capitalista de mercado* e definitivamente se abandonaria a planificação imperativa da economia.

Simplesmente, a passagem à II República nos Estados Africanos de Língua Portuguesa não se faria sem que algumas das instituições da I República se conservassem, num debate que está longe de terminar:

- *conservou-se a propriedade pública da terra*, globalmente nacionalizada aquando da independência, embora o Estado possa conceder o direito de uso da mesma;
- *limitou-se o investimento estrangeiro*, numa tendência que tem vindo a atenuar-se, à medida que a capacidade de intervenção e os interesses de grupos económicos estrangeiros tem vindo a aumentar.

VI. Na sua leitura formal, todos os sistemas políticos africanos de língua portuguesa partem de uma visão dinâmica dos órgãos do poder público, com a intervenção efectiva do Chefe de Estado, do Parlamento e do Executivo.

No entanto, não só por ligeiras diferenças textuais quanto sobretudo por divergências interpretativas, a evolução desses sistemas tem apontado em direcções distintas:

- *numa direcção parlamentarizante*, sendo hoje já um parlamentarismo racionalizado, em Cabo Verde;
- *numa direcção presidencializante*, em Angola, Guiné-Bissau e Moçambique, sendo o Presidente da República o chefe efectivo do Governo, apesar de existir, mas com escassa autonomia política, a figura do Primeiro-Ministro;
- *numa direcção semipresidencializante*, São Tomé e Príncipe, ainda que ironicamente aqui o Chefe de Estado detenha competências executivas em matéria de defesa e de relações externas.

VII. A revisão dos textos constitucionais corresponde a uma característica comum, que é a da hiper-rigidez das Constituições dos Estados Africanos de Língua Portuguesa.

Na sua alteração, os textos constitucionais submetem-se a regras próprias, que afastam o respectivo procedimento dos esquemas gerais de aprovação da legislação ordinária:

- *os limites orgânicos*: concentrando a aprovação exclusivamente nos órgãos parlamentares, poder legislativo não partilhado com outros órgãos legislativos;
- *os limites procedimentais*: exigindo a aprovação das alterações constitucionais por maioria de 2/3 dos Deputados, assim obrigando a um maior empenhamento democrático;
- *os limites temporais*: impondo que a revisão constitucional só possa ser feita de cinco em cinco anos;
- *os limites materiais*: forçando a que a revisão constitucional não ponha em causa certas matérias, valores ou princípios, considerados como o "bilhete de identidade" dos textos constitucionais;

– *os limites circunstanciais*: proibindo a revisão constitucional durante a vigência do estado de excepção.

5. Descrição breve dos Direitos Constitucionais Africanos Lusófonos

I. Por detrás destas diversas características que é possível encontrar em cada um dos sistemas político-constitucionais dos Estados Africanos de Língua Portuguesa, afigura-se útil que possamos vislumbrar cada um deles, assinalando as suas particularidades.
São eles:
– Angola;
– Cabo Verde;
– Guiné-Bissau;
– Moçambique; e
– São Tomé e Príncipe.

II. De todos estes Estados, foi Angola o último a alcançar uma situação de paz, real desde há pouco tempo, aquando da cessação de hostilidades por parte do grupo rebelde União Nacional para a Independência Total de Angola (UNITA), na sequência da morte do seu líder[28].

A verdade é que o presente sistema constitucional angolano foi edificado há mais de uma década, na altura em que se conseguiu um outro cessar-fogo, depois dos Acordos de Bicesse, e foi possível realizar as primeiras eleições gerais no país, presidenciais e legislativas.

O advento desse período foi marcado pela aprovação de uma nova Lei Constitucional em 1992 (LCA)[29], precisamente destinada a acomodar o novo regime democrático emergente, bem como pela elaboração de numerosas leis ordinárias, destinadas a garantir um ambiente de pluripartidarismo.

Contudo, este clima político não vigoraria mais do que algumas semanas após a realização das eleições de Setembro de 1992, pois que se reiniciaria a guerra civil, nunca a UNITA tendo aceitado os resultados eleitorais.

É por isso que o procedimento de revisão constitucional está em curso, com vista à aprovação de uma Constituição definitiva, a qual se prevê possa ser aprovada durante o ano de 2007, ao mesmo tempo se preparando – agora em definitiva paz, espera-se – as segundas eleições gerais, destinadas a conferir uma nova legitimidade aos cargos políticos, com titulares eleitos há mais de 14 anos.

---

[28] Sobre o Direito Constitucional de Angola em geral, v. RUI FERREIRA, *A democratização dos poderes públicos nos países da África Austral*, Coimbra, 1995, *passim*; RAUL ARAÚJO, *Os sistemas de governo de transição nos PALOP*, Coimbra, 1996, *passim*; ADÉRITO CORREIA e BORNITO DE SOUSA, *Angola – História Constitucional*, Coimbra, 1996, pp. 11 e ss.; CARLOS MARIA FEIJÓ, *Problemas actuais de Direito Público Angolano – contributo para a sua compreensão*, Lisboa, 2001, pp. 13 e ss., e *O Novo Direito da Economia de Angola – Legislação Básica*, Coimbra, 2005, pp. 7 e ss.; JORGE BACELAR GOUVEIA, *Introdução ao Direito Constitucional de Angola*, Luanda, 2002, pp. 48 e ss., e *Segredo de Estado e Lei Constitucional em Angola*, in *Estudos de Direito Público de Língua Portuguesa*, Coimbra, 2004, pp. 237 e ss.; AAVV, *A descentralização em Angola*, Luanda, 2002; WLADIMIR BRITO, *O presidencialismo como sistema de governo adequado para Angola*, in *Direito e Cidadania*, ano V, n.º 18, Setembro a Dezembro de 2003, pp. 153 e ss.; FILIPE FALCÃO OLIVEIRA, *Direito Público...*, pp. 99 e ss.

[29] Cfr. o respectivo texto em JORGE BACELAR GOUVEIA, *As Constituições dos Estados de Língua...*, pp. 449 e ss.

III. Cabo Verde tem a singularidade de ter sido o Estado que mais rapidamente transitaria para a democracia e onde, no plano prático, mais se tem registado a alternância democrática, já tendo os seus dois grandes partidos formado maiorias parlamentares e governamentais.

A sua primeira Constituição, de cunho provisório, seria aprovada em 1975, com o nome de Lei da Organização Política do Estado e, em 1980, adoptar-se-ia um texto constitucional definitivo, numa inspiração no modelo soviético, que seria a Constituição de 5 de Setembro de 1980[30].

A actual Constituição, de 25 de Setembro de 1992 (CCV), só seria aprovada depois de um período de abertura política, no qual a respectiva redacção se realizou em clima de efectivo pluripartidarismo[31], amplamente efectivada pela LC n.° 2/III/90, de 28 de Setembro.

Este documento não se conserva mais na sua versão original e já foi objecto de profundas alterações, as quais se destinaram a aperfeiçoar o parlamentarismo e a intervenção dos cidadãos nos referendos e nas iniciativas legislativas populares[32], assim como a melhorar o sistema de fiscalização judicial da constitucionalidade então introduzido[33].

IV. A Guiné-Bissau tem vivido, nos últimos anos, sucessivos momentos de agitação e de instabilidade, motivados por alguns golpes de Estado, o último dos quais aconteceu há pouco tempo e teve como sequência directa o derrube do Presidente da República.

A evolução político-institucional da Guiné-Bissau tem a particularidade de ter antecipado o resultado da Revolução Portuguesa de 25 de Abril de 1974, porquanto a sua independência chegou a ser proclamada em 24 de Setembro de 1973, em Medina do Boé, texto constitucional que depois seria retomado com a concessão da independência formal[34].

O actual texto constitucional (CGB), alcançado depois de uma revisão profunda ocorrida entre 1991 e 1993, é o terceiro da história deste Estado porque em 1980 haveria um golpe de Estado e, após um interregno revolucionário de 4 anos, se elaboraria uma nova Constituição, em 1984[35], sem que a nova Constituição de 1980 tivesse chegado a vigorar[36].

---

[30] Cfr. MÁRIO RAMOS PEREIRA DA SILVA, *O regime dos direitos sociais na Constituição Cabo-Verdiana de 1992*, Coimbra, 2004, pp. 71 e ss.; NUNO PIÇARRA, *A evolução do sistema...*, pp. 212 e ss.

[31] Cfr. o respectivo texto em JORGE BACELAR GOUVEIA, *As Constituições dos Estados de Língua...*, pp. 349 e ss.

[32] Sobre o Direito Constitucional de Cabo Verde em geral, v. LUÍS MENDONÇA, *O regime político de Cabo Verde*, in *Revista de Direito Público*, II, n.° 3, Janeiro de 1988, pp. 7 e ss.; JORGE CARLOS DE ALMEIDA FONSECA, *O sistema de governo na Constituição Cabo-Verdiana*, Lisboa, 1990, pp. 41 e ss.; WLADIMIR BRITO, *A revisão da Constituição de 1992*, in *Direito e Cidadania*, n.° 9, pp. 165 e ss.; MÁRIO RAMOS PEREIRA DA SILVA, *O regime dos direitos sociais...*, pp. 83 e ss.; JOEL HASSE FERREIRA, *Funcionamento e evolução do sistema político-constitucional de Cabo Verde*, in *Direito e Cidadania*, ano V, n.° 18, Setembro a Dezembro de 2003, pp. 145 e ss.; CARLOS VEIGA, *Cabral e a construção...*, pp. 84 e ss.; FILIPE FALCÃO OLIVEIRA, *Direito Público...*, pp. 95 e ss.; NUNO PIÇARRA, *A evolução do sistema...*, pp. 222 e ss.

[33] Cfr. NUNO PIÇARRA, *A evolução do sistema...*, pp. 226 e ss.

[34] Com importantes contributos sobre a evolução constitucional da Guiné-Bissau, desde esta fase dos primórdios da sua independência, v. ANTÓNIO E. DUARTE SILVA, *A independência da Guiné-Bissau e a descolonização portuguesa*, Porto, 1997, pp. 63 e ss; FILIPE FALCÃO OLIVEIRA, *Direito Público...*, pp. 109 e ss.

[35] Ainda que esta mesma Constituição Guineense se auto-declare como sendo de 1984.

[36] Cfr. FILIPE FALCÃO OLIVEIRA, *Direito Público...*, pp. 116 e ss.

A Constituição de 1993[37], apenas pontualmente revista em aspectos secundários, já contou com inúmeras tentativas de revisão geral, mas todas naufragaram, quer pela ausência de acordo parlamentar, quer pela ausência de vontade do Presidente da República[38] de promulgá-las[39].

V. Moçambique, sendo outro dos dois grandes Estados Africanos de Língua Portuguesa, tem sido referido como um caso de sucesso na efectivação de uma negociação internacional de paz.

A sua independência foi alcançada em 25 de Junho de 1975 e é dessa altura a entrada em vigor da sua primeira Constituição, que vigoraria até 1990, apenas com pontuais alterações.

Nessa altura, um segundo texto constitucional viria a ser aprovado, a então Constituição de 1990[40], a qual sofreu algumas revisões constitucionais limitadas:

– em 1993, foram alterados os artigos atinentes aos partidos e ao regime de candidatura a Presidente da República, na sequência do Acordo Geral de Paz, assinado no ano anterior;
– em 1996, foi reformulado o capítulo atinente ao poder local, no sentido de evitar dúvidas de constitucionalidade em relação à nova legislação autárquica entretanto produzida;
– em 1998, foi alterada uma das competências do Conselho Constitucional, órgão judicial com funções de controlo da constitucionalidade e que neste momento, finalmente, começou a funcionar[41].

---

[37] Cfr. o respectivo texto em JORGE BACELAR GOUVEIA, *As Constituições dos Estados de Língua...*, pp. 489 e ss.
[38] Cfr. FILIPE FALCÃO OLIVEIRA, *Direito Público...*, pp. 122 e ss.
[39] Sobre o Direito Constitucional da Guiné-Bissau em geral, v. PAULO DE SOUSA MENDES, *Princípios constitucionais de organização judiciária*, in Boletim da Faculdade de Direito de Bissau, n.º 1, Novembro de 1992, pp. 23 e ss.; JORGE REIS NOVAIS, *Tópicos de Ciência Política e Direito Constitucional Guineense*, Lisboa, 1996, pp. 89 e ss.; ANTÓNIO E. DUARTE SILVA, *Formação e estrutura da Constituição de 1984*, in Boletim da Faculdade de Direito de Bissau, n.º 4, Março de 1997, pp. 153 e ss., e *A independência da Guiné-Bissau...*, pp. 139 e ss.; LUÍS BARBOSA RODRIGUES, *Constituição e legislação complementar*, Bissau, 1994, pp. 5 e ss., e *A transição constitucional guineense*, Lisboa, 1995, pp. 25 e ss., pp. 57 e ss., e pp. 103 e ss.; EMÍLIO KAFFT KOSTA, *O constitucionalismo guineense e os limites materiais de revisão*, Lisboa, 1997, pp. 187 e ss.; FILIPE FALCÃO OLIVEIRA, *Direito Público...*, pp. 105 e ss., e pp. 125 e ss.
[40] Cfr. o respectivo texto, bem como outra legislação constitucional complementar, em JORGE BACELAR GOUVEIA, *As Constituições dos Estados de Língua...*, pp. 305 e ss., e *Legislação de Direito Constitucional*, Maputo, 1994, pp. 54 e ss.
[41] Sobre o Direito Constitucional de Moçambique em geral, v. JOSÉ ÓSCAR MONTEIRO, *Poder e Democracia*, in Revista de Direito Público, III, n.º 6, Julho-Dezembro de 1989, pp. 29 e ss.; MARCUS GUADAGNI, *Introdução ao Direito Moçambicano – 9 Direito Constitucional*, Maputo, 1990; JORGE MIRANDA, *Sobre o anteprojecto da Constituição de Moçambique*, in O Direito, ano 123.º, I, Janeiro-Março de 1991, pp. 197 e ss.; JOSÉ NORBERTO CARRILHO e EMÍDIO RICARDO NHAMISSITANE, *Alguns aspectos da Constituição*, Maputo, 1991, passim; FERNANDO JOSÉ FIDALGO DA CUNHA, *Democracia e divisão de poder – uma leitura da Constituição Moçambicana*, Maputo, s. d., pp. 58 e ss.; GILLES CISTAC, *O Direito Eleitoral Moçambicano*, Maputo, 1994, pp. 11 e ss., *Poder legislativo e poder regulamentar na Constituição da República de Moçambique de 30 de Novembro de 1990*, in Revista Jurídica da Faculdade de Direito da Universidade Eduardo Mondlane, 1996, I, pp. 8 e ss., e *O Tribunal Administrativo de Moçambique*, Maputo, 1997, pp. 80 e ss.; JOSÉ MANUEL SÉRVULO CORREIA, *Contencioso administrativo e Estado de Direito*, in Revista da Faculdade de Direito da Universidade de Lisboa, XXXVI, n.º 2 de 1995, pp. 450 e ss.; JORGE BACELAR GOUVEIA, *A relevância civil...*, pp. 175 e ss., *O princípio democrático no novo Direito Constitucional Moçambicano*, in Revista da Faculdade de Direito da Universidade de Lisboa, XXXVI, 1995, n.º 2, pp. 459 e ss., *As autarquias locais e a respectiva legislação – um enqua-*

Desde o início de 2005, coincidindo com a tomada de posse dos novos titulares dos órgãos eleitos – o Presidente da República e a Assembleia da República – está em vigor em Moçambique o seu terceiro texto constitucional, aprovado em 16 de Novembro de 2004 (CM)[42], não apresentando mudanças sensíveis em relação ao texto precedente.

VI. São Tomé e Príncipe, o mais pequeno dos Estados de Língua Portuguesa, tem atravessado sucessivos períodos de crise económica e social, devido à sua pobreza, tais períodos tendo provocado situações de alguma agitação política.

A independência foi alcançada em 12 de Julho de 1975, mas o respectivo texto constitucional só entraria em vigor algum tempo depois, tendo sido aprovado em 5 de Novembro desse mesmo ano, na sua Assembleia Constituinte, texto que posteriormente seria objecto de pequenas revisões.

A actual Constituição foi aprovada em 1990 (CSTP)[43] e foi a única, de todos os Estados Africanos de Língua Portuguesa, que se sujeitou a um procedimento de referendo popular.

Depois de muitas propostas e de outras tantas disputas, aquele texto constitucional foi finalmente alvo de uma apreciável revisão constitucional – até agora a única feita em 16 anos – e que teve o mérito de corrigir muitas das soluções iniciais, melhorando-o substancialmente, como sucedeu nas matérias da fiscalização da constitucionalidade e do regime de revisão constitucional[44].

6. O Direito Constitucional de Timor-Leste em especial

I. O Estado de Timor-Leste nasceu no dia 20 de Maio de 2002, depois de muitas e complexas vicissitudes[45]. Mas com esse acontecimento se registou paralelamente um outro, da maior importância: o aparecimento de uma Constituição, a primeira da vida desse Estado (CTL)[46].

---

dramento geral, in AAVV, *Autarquias Locais em Moçambique – antecedentes e regime jurídico*, Lisboa/ /Maputo, 1998, pp. 81 e ss., e *Reflexões sobre a próxima revisão da Constituição Moçambicana de 1990*, Maputo, 1999, pp. 5 e ss.; VITALINO CANAS, *O sistema de governo moçambicano na Constituição de 1990*, in *Revista Luso-Africana de Direito*, I, Lisboa, 1997, pp. 167 e ss.; JOÃO ANDRÉ UBISSE GUENHA, *Os sistemas eleitorais em Moçambique*, in *Revista Luso-Africana de Direito*, I, 1997, pp. 223 e ss.; AMÉRICO SIMANGO, *Introdução à Constituição Moçambicana*, Lisboa, 1999, pp. 53 e ss.; FILIPE FALCÃO OLIVEIRA, *Direito Público...*, p. 100.

[42] Publicado no *Boletim da República* de Moçambique, I Série, n.º 51, de 22 de Dezembro de 2004, pp. 543 e ss.

[43] Cfr. o respectivo texto em JORGE BACELAR GOUVEIA, *As Constituições dos Estados de Língua...*, pp. 259 e ss.

[44] Sobre o Direito Constitucional de São Tomé e Príncipe em geral, v. ARMANDO M. MARQUES GUEDES, N'GUNU TINY, RAVI AFONSO PEREIRA, MARGARIDA DAMIÃO FERREIRA e DIOGO GIRÃO, *Litígios e legitimação – Estado, Sociedade Civil e Direito em S. Tomé e Príncipe*, Coimbra, 2002, pp. 50 e ss., e pp. 121 e ss.

[45] Segundo o art. 170.º da Constituição de Timor-Leste (CTL), "A Constituição da República Democrática de Timor-Leste entra em vigor no dia 20 de Maio de 2002", embora o texto tenha sido aprovado em 22 de Março desse mesmo ano pela Assembleia Constituinte.

[46] Sobre a situação político-constitucional de Timor-Leste em geral, nas suas diversas implicações, AAVV, *The East Timor Problem and the Role of Europe*, (ed. PEDRO PINTO LEITE), Lisboa, 1998, *passim*; JORGE MIRANDA, *Manual...*, I, p. 244; JORGE BACELAR GOUVEIA, *A primeira Constituição de Timor-Leste*, in *Estudos de Direito Público de Língua Portuguesa*, Coimbra, 2004, pp. 305 e ss.; FILIPE FALCÃO OLIVEIRA, *Direito Público...*, p. 102.

Eis uma das diversas possibilidades para a segregação do poder constituinte, que vem a ser um dos sinais específicos da realidade estadual: para que se possa falar de Constituição, é sempre forçoso estarmos perante a realidade estadual.

Daí que este não seja um momento qualquer, mas antes um momento duplamente constituinte:

– *constituinte de um Estado*, que agora vê a luz do dia e assim se apresenta na sociedade internacional; e
– *constituinte de uma Ordem Jurídica*, porque esse Estado se auto-adorna de um texto constitucional, que passará a reger os seus destinos fundamentais.

II. Claro que isso nem sempre assim sucedeu, pelo menos considerando a história dos Estados até ao Constitucionalismo: até ao século XVIII – e, portanto, antes do surgimento das Constituições contemporâneas – já havia Estados, alguns multisseculares, como Portugal, que não ostentavam qualquer estrutura constitucional moderna.

Naturalmente que, coincidindo o nascimento de um Estado com a aprovação do seu primeiro texto constitucional, o Estado permanece o mesmo perante a necessidade de mudar esse texto constitucional.

Só que os textos constitucionais não são tão perenes como as realidades estaduais e, diferentemente destas, destinam-se a traduzir um projecto de Direito que se julga apropriado para a situação histórico-cultural em que surge.

III. Se é verdade que a realidade político-estadual de Timor-Leste se consumou com a declaração da independência política, bem como com a concomitante aprovação de um texto constitucional fundacional, não é menos verdade que a realidade cultural e social de Timor-Leste já muito anteriormente lhe subjazia[47].

Desde que há memória do território, ele emergiu no seio dos Descobrimentos Portugueses do Oriente, tendo permanecido durante muito tempo como possessão ultramarina, muito para além da perda progressiva de outros territórios, ora em favor de Estados vizinhos, ora dando origem a novos Estados.

A última descolonização portuguesa, ocorrida na sequência da Revolução de 25 de Abril de 1974 em Portugal, foi um momento crucial na evolução política e social de Timor-Leste, pois que logo depois o território seria anexado pela Indonésia, a grande potência vizinha, e deixando de fazer parte do território português[48].

IV. Somente na década de noventa – e depois de diversos massacres perpetrados contra o povo maubere – se desenhariam os passos que conduziriam, em definitivo, à erecção de Timor-Leste a Estado independente, não obstante todo o esforço desde aquela primeira hora protagonizado por Portugal no sentido de lhe propiciar a autodeterminação[49].

---

[47] Com um interessante percurso acerca desta vertente histórico-jurídica do território de Timor-Leste, v., por todos, MIGUEL GALVÃO TELES, *Timor-Leste*, in *Dicionário Jurídico da Administração Pública*, 2.º suplemento, Lisboa, 2001, pp. 569 e ss.

[48] Como se dizia numa anterior versão da CRP, através do seu antigo art. 293.º, n.º 1, "Portugal continua vinculado às responsabilidades que lhe incumbem, de harmonia com o Direito Internacional, de promover e garantir o direito à autodeterminação e independência de Timor-Leste", preceito que, porém, continha uma norma que entretanto caducou.

[49] O que bem se atesta pelas sucessivas resoluções que foram aprovadas pela Assembleia Geral das Nações Unidas sob a iniciativa de Portugal.

Para a consulta desses textos, v. JORGE BACELAR GOUVEIA, *Timor-Leste – textos jurídicos fundamentais*, 2.ª ed., Lisboa, 1993, pp. 11 e ss.

Mercê de uma favorável conjugação de circunstâncias de política internacional, mas também graças a um porfiado esforço de resistência interna contra a ocupação indonésia, bem como ao empenhamento do Estado Português, foi possível estabelecer um procedimento de referendo internacional, dirigido pela Organização das Nações Unidas, que teve como resultado a opção pela independência política do território e, consequentemente, a proclamação de um novo Estado.

V. O texto constitucional timorense não é dos mais extensos no conjunto das Constituições de Língua Portuguesa, contando com 170 artigos, que se distribuem pelas seguintes sete partes, antecedidas por um preâmbulo:

- Parte I – *Princípios fundamentais*
- Parte II – *Direitos, deveres, liberdades e garantias fundamentais*
- Parte III – *Organização do poder político*
- Parte IV – *Organização económica e financeira*
- Parte V – *Defesa e segurança nacionais*
- Parte VI – *Garantia e revisão da Constituição*
- Parte VII – *Disposições finais e transitórias*

As opções sistemáticas do texto constitucional timorense, não contendo qualquer peculiar originalidade digna de registo, não deixam de se inscrever nas tendências mais recentes de se dar primazia aos aspectos materiais sobre os aspectos organizatórios na ordenação das matérias, bem como à inserção de importantes incisos a respeito de questões económicas e sociais que hoje nenhum texto constitucional pode lucidamente ignorar.

Cumpre também assinalar o relevo dado, sendo assim erigida a parte própria, à matéria da defesa e segurança, no que não terá sido alheio o recente percurso histórico-político do povo e do território de Timor-Leste, o mesmo igualmente se dizendo dos princípios fundamentais, que se apresentam numa parte inicial, sistematicamente autonomizada.

Do ponto de vista da técnica legislativa, nota-se a conveniente opção pela colocação de epígrafes em todos os artigos, permitindo um compulsar mais fácil do articulado constitucional, para além da adopção da organização dos preceitos nos termos da tradição jurídica portuguesa e não seguindo outros esquemas estrangeiros, que foram assim – e, a nosso ver, bem – rejeitados.

VI. A elaboração do texto da CTL foi levada a cabo, após a decisão referendária no sentido da independência, no âmbito de uma assembleia constituinte, especificamente eleita para o efeito em 30 de Agosto de 2001, cujos trabalhos duraram vários meses.

Mas seria em 22 de Março de 2002 que ocorreria o acto final de aprovação do texto final dessa Constituição, que entrou em vigor em 20 de Maio de 2002.

O sistema que foi seleccionado assenta na legitimidade popular quanto à elaboração do texto da Constituição, embora de acordo com critérios que vieram depois a ser convalidados pelo novo Estado nascente.

O texto da CTL é ainda antecedido de um extenso preâmbulo, que pode decompor-se de vários conteúdos e que, por isso mesmo, se afigura de grande importância para uma primeira contextualização do novo Direito Constitucional Timorense.

Não fazendo formalmente parte do articulado do texto constitucional, sendo por isso desprovido de força dispositiva, o preâmbulo da CTL tem um inegável interesse histórico e hermenêutico:

- *histórico* porque apresenta uma visão oficial acerca dos acontecimentos que estiveram na génese do Estado, ainda que a verdade histórica não possa ser decre-

tada, assim sendo um de entre outros possíveis contributos para a respectiva dilucidação;
– *hermenêutico* porque representa uma intervenção textual do legislador constituinte, com potencialidades explicativas que, em certos casos, vão sempre para além de um texto meramente articulado, como se tem reconhecido na técnica dos textos arrazoados.

VII. Mesmo tendo sido aprovada tão recentemente, o texto da CTL – até para ganhar uma maior longevidade – não poderia deixar de equacionar os termos da sua própria revisão.

A opção fundamental tomada foi a de se adoptar um texto constitucional *hiper-rígido*, com a consagração de diversos limites à segregação do poder de revisão constitucional[50]:

– *os limites orgânicos*: a revisão fica exclusivamente a cargo do Parlamento Nacional[51];
– *os limites procedimentais*: as alterações ao texto constitucional devem ser aprovadas por maioria de dois terços dos Deputados em efectividade de funções[52];
– *os limites temporais*: a revisão ordinária da Constituição só pode ser feita de seis em seis anos, embora se admita a revisão extraordinária, desde que o órgão competente assuma poderes constitucionais por votação de, pelo menos, quatro quintos dos Deputados em efectividade de funções[53];
– *os limites materiais*: há um conjunto bastante vasto de matérias que não podem ser objecto de revisão constitucional[54]; e
– *os limites circunstanciais*: a vigência do estado de excepção impede a prática de qualquer "...acto de revisão constitucional"[55].

É assim possível inserir este texto constitucional no elenco das Constituições hiper-rígidas: embora admitindo a sua revisão, apenas tal pode suceder em termos limitados, com respeito por um formalismo e por um conteúdo que se perpetua para além das revisões constitucionais.

VIII. Não é possível neste momento efectuar uma pormenorizada análise do texto constitucional timorense, mas tão só realizar a sua apresentação, assim se procurando estimular o estudo posterior das diversas instituições jurídico-constitucionais timorenses.

Para esse efeito, importa reflectir sobre três principais temas, a despeito de a CTL incidir sobre outros temas:

– *os princípios fundamentais*;
– *os direitos fundamentais*; e
– *a organização do poder político*.

IX. A primeira parte do texto constitucional, como tem sido recentemente acentuado, destina-se a concentrar os aspectos que, na sua essencialidade, caracterizam a ideia de Direito de que aquele articulado é portador[56].

---

[50] Cfr. JORGE BACELAR GOUVEIA, *A primeira Constituição...*, p. 310.
[51] Cfr. o art. 154.º da CTL.
[52] Cfr. o art. 155.º, n.º 1, da CTL.
[53] Cfr. o art. 154.º, n.os 2 e 4, da CTL.
[54] Cfr. o art. 156.º da CTL.
[55] Art. 157.º da CTL.
[56] Cfr. JORGE BACELAR GOUVEIA, *A primeira Constituição...*, pp. 311 e ss.

É por isso que podemos encontrar, nos primeiros preceitos do texto constitucional, um conjunto de opções a respeito das múltiplas dimensões que se colocam à vida colectiva dos timorenses, agora que se organizaram numa estrutura estadual.

Estas são algumas dessas principais orientações[57]:

– o princípio do Estado de Direito;
– o princípio unitário, da soberania popular e da descentralização administrativa;
– o princípio da independência política e da cooperação internacional;
– o princípio da constitucionalidade;
– o princípio da socialidade;
– o princípio da liberdade e do pluralismo político e partidário;
– o princípio da liberdade religiosa e da cooperação.

Na impossibilidade de apreciar todos estes princípios, que nem sequer se afastam muito da dogmática fundamental do moderno Direito Constitucional, observe-se de perto duas questões que, no texto constitucional, oferecem uma certa veemência:

– as relações entre a lei e o costume como fontes de Direito timorense; e
– as relações entre o Estado e as confissões religiosas.

X. Em matéria de fontes do Direito, como não podia deixar de ser, o Estado Timorense, ao fundar-se nesta Constituição, proclama o princípio da constitucionalidade, segundo o qual "As leis e os demais actos do Estado e do poder local só são válidos se forem conformes com a Constituição"[58].

Contudo, o texto constitucional não estabelece o monopólio da lei estadual como fonte do Direito timorense e aceita a relevância do Direito costumeiro nos seguintes termos: "O Estado reconhece e valoriza as normas e os usos costumeiros de Timor-Leste que não contrariem a Constituição e a legislação que trate especialmente do direito costumeiro"[59].

É extremamente significativo que se assuma uma posição frontal em matéria de Direito consuetudinário, sendo certo que o desenvolvimento do Estado Constitucional, desde o Liberalismo, se foi fazendo segundo paradigmas positivistas legalistas, de repressão de qualquer informalidade normativa, espontaneamente criada pelas comunidades.

Por outra parte, importa referir que essa recepção do Direito costumeiro não é ilimitada e, ao invés, se submete a condições que parecem razoáveis, num contexto em que ao Direito estadual deve competir uma força directiva essencial, sobretudo numa altura em que se trata de fundar uma organização colectiva, que dá os seus primeiros passos, depois de tantos anos de luta pela independência política.

Podem sempre restar dúvidas acerca da legitimidade da limitação do costume através da lei, tratando-se de fontes que exactamente se definem pelo seu antagonismo.

Daí automaticamente não se segue, porém, a impossibilidade de a lei – neste caso, a lei constitucional – se pronunciar sobre a validade do costume, até porque o faz muito restritamente, não só apelando a um esquema de resolução de conflitos, não de ingerência directa, como unicamente vedando os costumes que mais grosseiramente ponham em perigo os valores fundamentais da comunidade, protegidos ao nível constitucional.

XI. Domínio que igualmente suscita um enfoque peculiar no texto constitucional timorense é o da relação entre o Estado e o fenómeno religioso, não se esquecendo ainda o papel da Igreja Católica.

---

[57] Cfr. os arts. 1.º e ss. da CTL.
[58] Art. 2.º, n.º 3, da CTL.
[59] Art. 2.º, n.º 4, da CTL.

Esta Parte I da CTL afirma, sem qualquer dúvida, a não identificação do Estado com as religiões, mas aceita que as respectivas relações – que assim existem e que assim se confirmam sem quaisquer complexos – se estribem numa ideia de cooperação: "O Estado promove a cooperação com as diferentes confissões religiosas, que contribuem para o bem-estar do povo de Timor-Leste"[60].

Coloca-se de parte um modelo que, pura e simplesmente, pudesse proibir o estabelecimento de qualquer actividade conjunta do Estado com as confissões religiosas, como por vezes alguns autores dão a entender, ao defenderem uma concepção mais agressiva do princípio da laicidade do Estado, que não pode significar a impossibilidade do seu relacionamento com a realidade institucional do fenómeno religioso.

É de frisar que a concretização dessa cooperação, fazendo-se de acordo com a força sociológica das confissões religiosas que se encontram implantadas em Timor-Leste, deve levar em especial consideração a Igreja Católica, expressamente nomeada no texto constitucional, não só numa perspectiva política como numa dimensão social, o que pode ser interpretado como um mandato ao legislador ordinário no sentido do seu legítimo favorecimento em detrimento de outras confissões religiosas desprovidas desse papel, no passado e no presente:

– no preâmbulo, afirma-se que "Na sua vertente cultural e humana, a Igreja Católica em Timor-Leste sempre soube assumir com dignidade o sofrimento de todo o Povo, colocando-se ao seu lado na defesa dos seus mais elementares direitos"[61];
– no preceito destinado à defesa da resistência timorense, refere-se que "O Estado reconhece e valoriza a participação da Igreja Católica no processo de libertação nacional de Timor-Leste"[62].

XII. Do ponto de vista dos direitos fundamentais, eles vêm a integrar-se na Parte II da CTL[63], englobando toda essa matéria, com a mais completa epígrafe de "Direitos, deveres, liberdades e garantias fundamentais"[64].

Trata-se de um importante sector do texto constitucional, que reflecte vários equilíbrios e que se mostra, de um modo geral, nitidamente filiado na herança cultural ocidental em matéria de direitos fundamentais, com o apelo conjunto tanto à teoria liberal como à teoria social na respectiva configuração material[65].

São escassas as inovações que o texto constitucional timorense introduziu neste domínio, avultando os principais temas que têm caracterizado, no século XX, os textos constitucionais que se alinham, numa acepção mista, nas correntes do Estado Social de Direito.

XIII. Macroscopicamente pensando, o sistema constitucional de direitos fundamentais realizou uma boa opção pela sua intensa constitucionalização ao nível do texto constitucional, este reservando-lhe uma parte específica, ainda que não se contestando a hipotética presença de mais direitos fundamentais noutras áreas do articulado constitucional.

Tal não significa que os direitos fundamentais admitidos se possam reconduzir àqueles que beneficiam de uma consagração no articulado constitucional documental

---

[60] Art. 12.º, n.º 2, da CTL.
[61] § 8.º do preâmbulo da CTL.
[62] Art. 11.º, n.º 2, da CTL.
[63] Cfr. JORGE BACELAR GOUVEIA, *A primeira Constituição...*, pp. 313 e ss.
[64] Do art. 16.º ao art. 61.º da CTL.
[65] Sobre as várias teorias acerca da fundamentação dos direitos fundamentais, v., por todos, JORGE BACELAR GOUVEIA, *Ensinar Direito Constitucional,* Coimbra, 2003, pp. 417 e ss.

porque outros direitos são admitidos, consagrados noutras fontes que, deste modo, se alcandoram num idêntico plano constitucional mais elevado, dada a presença de uma relevante cláusula de abertura a direitos fundamentais atípicos: "Os direitos fundamentais consagrados na Constituição não excluem quaisquer outros constantes da lei e devem ser interpretados em consonância com a Declaração Universal dos Direitos Humanos"[66].

Importa também sublinhar que se teve particularmente em atenção uma preocupação com o rigor da positivação dos direitos fundamentais, o que bem se atesta pela opção da respectiva consagração tipológica, que por aquela referida cláusula aberta vai para além dos direitos que se apresentam tipificados.

Em matéria de interpretação, regista-se finalmente que a Declaração Universal dos Direitos do Homem serve de diapasão interpretativo comum[67], o que assume uma grande relevância na conformidade de tais direitos por alusão a um texto internacional – como é aquela Declaração Universal – simbolicamente muito representativo e que foi sobretudo precursor na consagração de novos direitos fundamentais, a partir de uma óptica internacionalista.

XIV. Dentro de uma perspectiva mais microscópica, ao nível da especialidade, opera-se a dissociação essencial entre os direitos, liberdades e garantias pessoais e os direitos e deveres económicos, sociais e culturais, numa clara menção da distinção clássica, nos direitos fundamentais, entre direitos de defesa e direitos a prestações.

Não tem sido tarefa fácil proceder à destrinça entre uns e os outros se tomarmos uma preocupação que se situe num horizonte que exceda a mera arrumação sistemática.

Em vão no texto constitucional se depara com esse critério. Estamos em crer que ele passará pelo tipo de eficácia – se imediata ou se mediata – do sentido dos direitos fundamentais que estejam em apreciação.

Quanto aos direitos fundamentais consagrados, para além dos direitos que são comuns – e ainda bem – a outros sistemas constitucionais, nota-se a presença de algumas particularidades:

– *uma mais intensa protecção do direito à vida*: a defesa da vida humana não acontece apenas nos termos habituais, ao dizer-se que a vida humana é inviolável – igualmente se lembra que há uma dimensão prestadora, a cargo do Estado, no tocante a essa matéria, esclarecendo-se que "O Estado reconhece e garante o direito à vida"[68];
– *uma idade mais baixa para a titularidade de direitos políticos, que é admissível logo a partir dos 17 anos*: "Todo o cidadão maior de dezassete anos tem o direito de votar e de ser eleito"[69]; e
– *uma justa e moderna preocupação de promoção dos homens e das mulheres*, não apenas como tarefa geral do Estado, mas ainda no âmbito específico do quadro organizatório do poder público[70].

XV. No plano do *sistema político*, cuja matéria se unifica na Parte III do texto constitucional[71], há uma preocupação com uma pormenorizada definição do estatuto dos

---

[66] Art. 23.º da CTL.
[67] Cfr. a parte final do art. 23.º da CTL.
[68] Art. 29.º, n.º 2, da CTL.
[69] Art. 47.º, n.º 1, da CTL.
[70] Cfr. os arts. 6.º, al. *j*), 17.º e 63.º da CTL.
[71] Cfr. JORGE BACELAR GOUVEIA, *A primeira Constituição*..., pp. 315 e ss.

diversos órgãos de soberania, que são os seguintes: o Presidente da República, o Parlamento Nacional, o Governo e os Tribunais[72].

A organização do poder político, dentro do princípio da unidade do Estado, também conhece a descentralização administrativa, em dois distintos níveis[73]:

- ao *nível regional*, prevendo-se uma especial organização para o enclave Oe-cusse Ambeno e para a ilha de Ataúro;
- ao *nível local*, com a atribuição de poderes de natureza administrativa às instituições do poder local.

XVI. No plano da democracia representativa, o sistema de governo que resulta da leitura do articulado constitucional – conquanto não seja necessariamente este o que venha a resultar da prática constitucional – funda-se numa concepção próxima do semi-presidencialismo, tal como ele vigora em Portugal.

Os órgãos políticos têm funções relevantes, não se vislumbrando que qualquer um deles esteja destinado a um papel apagado na dinâmica do exercício do poder, ainda que as relações entre o Presidente da República, o Parlamento Nacional e o Governo sejam de uma natureza distinta daquela que estes órgãos mantêm com os tribunais.

No entanto, cumpre mencionar que se vai um pouco mais longe na concepção, formalmente proclamada, do princípio da interdependência de poderes, fazendo com que o Parlamento Nacional, por exemplo, intervenha na escolha de alguns dos titulares do poder judicial, não limitando tal competência ao Governo ou ao Chefe de Estado[74].

XVII. É também de mencionar o reconhecimento da democracia semidirecta, que se torna clara na adopção do mecanismo do referendo nacional, até provavelmente com uma explicação histórica óbvia: o referendo internacional que permitiu a independência política de Timor-Leste.

Da leitura dos preceitos constitucionais que o consagram[75], sente-se um receio, talvez infundado, quanto ao uso desse mecanismo, que resulta de exercício árduo, pelo menos comparativamente a várias experiências estrangeiras, como parece ser óbvio se consultarmos o caso português:

- *quanto ao procedimento de decretação*, a necessidade de ser proposta por um terço dos Deputados e de a respectiva deliberação parlamentar ter de reunir a vontade de dois terços desses mesmos Deputados, o que é excessivo;
- *quanto às matérias susceptíveis de referendo*, o facto de os principais assuntos que se colocam à governação, porque incluídos nas competências parlamentares e governativas, a começar pela revisão constitucional, serem excluídos do alcance das perguntas referendárias, o que esvazia o alcance político do instituto.

XVIII. Com particular melindre, está sempre o sistema de fiscalização da constitucionalidade das leis, o qual, apesar de inserto na Parte VI, oferece uma óbvia conexão com a organização do poder público.

---

[72] Cfr. a enumeração do art. 67.º da CTL.
[73] Cfr. os arts. 71.º e 72.º da CTL.
[74] V., por exemplo, a competência que o art. 95.º, n.º 3, al. *a*), da CTL atribui ao Parlamento Nacional de "Ratificar a nomeação do Presidente do Supremo Tribunal de Justiça e a eleição do Presidente do Tribunal Superior Administrativo, Fiscal e de Contas".
[75] Cfr. principalmente o art. 66.º da CTL.

O texto constitucional timorense está longe de desconhecer o fenómeno e, pelo contrário, mostra-se muito atento à questão, dedicando-lhe relevantíssimas orientações, o que confirma, também neste tópico, o desejo da efectividade de um Estado de Direito.

Não se optou pela criação de uma jurisdição constitucional específica, o que não quer dizer que essa actividade não seja exercida – tal, de facto, sucede, sendo expressamente deferida ao Supremo Tribunal de Justiça.

Numa perspectiva processual, anota-se que a sua amplitude é extensa, mesmo incluindo a fiscalização da constitucionalidade por omissão, figura que suscita peculiares dificuldades.

I
CONSTITUIÇÃO DA REPÚBLICA PORTUGUESA DE 1976[76]

---

[76] Texto oficial publicado no *Diário da República*, 1.ª Série-A, n.º 155, de 12 de Agosto de 2005, pp. 4642 e ss. Com as alterações introduzidas pelos seguintes diplomas: Lei Constitucional n.º 1/82, de 30 de Setembro, Lei Constitucional n.º 1/89, de 8 de Julho, Lei Constitucional n.º 1/92, de 25 de Novembro, Lei Constitucional n.º 1/97, de 20 de Setembro, Lei Constitucional n.º 1/2001, de 12 de Dezembro, Lei Constitucional n.º 1/2004, de 24 de Julho, e Lei Constitucional n.º 1/2005, de 12 de Agosto.

PREÂMBULO

A 25 de Abril de 1974, o Movimento das Forças Armadas, coroando a longa resistência do povo português e interpretando os seus sentimentos profundos, derrubou o regime fascista.

Libertar Portugal da ditadura, da opressão e do colonialismo representou uma transformação revolucionária e o início de uma viragem histórica da sociedade portuguesa.

A Revolução restituiu aos Portugueses os direitos e liberdades fundamentais. No exercício destes direitos e liberdades, os legítimos representantes do povo reúnem-se para elaborar uma Constituição que corresponde às aspirações do país.

A Assembleia Constituinte afirma a decisão do povo português de defender a independência nacional, de garantir os direitos fundamentais dos cidadãos, de estabelecer os princípios basilares da democracia, de assegurar o primado do Estado de Direito Democrático e de abrir caminho para uma sociedade socialista, no respeito da vontade do povo português, tendo em vista a construção de um país mais livre, mais justo e mais fraterno.

A Assembleia Constituinte, reunida na sessão plenária de 2 de Abril de 1976, aprova e decreta a seguinte Constituição da República Portuguesa:

PRINCÍPIOS FUNDAMENTAIS

Artigo 1.º – **(República Portuguesa)**

Portugal é uma República soberana, baseada na dignidade da pessoa humana e na vontade popular e empenhada na construção de uma sociedade livre, justa e solidária.

Artigo 2.º – **(Estado de Direito Democrático)**

A República Portuguesa é um Estado de Direito Democrático, baseado na soberania popular, no pluralismo de expressão e organização política democráticas, no respeito e na garantia de efectivação dos direitos e liberdades fundamentais e na separação e interdependência de poderes, visando a realização da democracia económica, social e cultural e o aprofundamento da democracia participativa.

Artigo 3.º – **(Soberania e legalidade)**

1. A soberania, una e indivisível, reside no povo, que a exerce segundo as formas previstas na Constituição.
2. O Estado subordina-se à Constituição e funda-se na legalidade democrática.
3. A validade das leis e dos demais actos do Estado, das regiões autónomas, do poder local e de quaisquer outras entidades públicas depende da sua conformidade com a Constituição.

Artigo 4.º – (**Cidadania portuguesa**)

São cidadãos portugueses todos aqueles que como tal sejam considerados pela lei ou por convenção internacional.

Artigo 5.º – (**Território**)

1. Portugal abrange o território historicamente definido no continente europeu e os arquipélagos dos Açores e da Madeira.
2. A lei define a extensão e o limite das águas territoriais, a zona económica exclusiva e os direitos de Portugal aos fundos marinhos contíguos.
3. O Estado não aliena qualquer parte do território português ou dos direitos de soberania que sobre ele exerce, sem prejuízo da rectificação de fronteiras.

Artigo 6.º – (**Estado unitário**)

1. O Estado é unitário e respeita na sua organização e funcionamento o regime autonómico insular e os princípios da subsidiariedade, da autonomia das autarquias locais e da descentralização democrática da Administração Pública.
2. Os arquipélagos dos Açores e da Madeira constituem regiões autónomas dotadas de estatutos político-administrativos e de órgãos de governo próprio.

Artigo 7.º – (**Relações internacionais**)

1. Portugal rege-se nas relações internacionais pelos princípios da independência nacional, do respeito dos direitos do homem, dos direitos dos povos, da igualdade entre os Estados, da solução pacífica dos conflitos internacionais, da não ingerência nos assuntos internos dos outros Estados e da cooperação com todos os outros povos para a emancipação e o progresso da Humanidade.
2. Portugal preconiza a abolição do imperialismo, do colonialismo e de quaisquer outras formas de agressão, domínio e exploração nas relações entre os povos, bem como o desarmamento geral, simultâneo e controlado, a dissolução dos blocos político-militares e o estabelecimento de um sistema de segurança colectiva, com vista à criação de uma ordem internacional capaz de assegurar a paz e a justiça nas relações entre os povos.
3. Portugal reconhece o direito dos povos à autodeterminação e independência e ao desenvolvimento, bem como o direito à insurreição contra todas as formas de opressão.
4. Portugal mantém laços privilegiados de amizade e cooperação com os países de língua portuguesa.
5. Portugal empenha-se no reforço da identidade europeia e no fortalecimento da acção dos Estados europeus a favor da democracia, da paz, do progresso económico e da justiça nas relações entre os povos.
6. Portugal pode, em condições de reciprocidade, com respeito pelos princípios fundamentais do Estado de Direito Democrático e pelo princípio da subsidiariedade e tendo em vista a realização da coesão económica, social e territorial, de um espaço de liberdade, segurança e justiça e a definição e execução de uma política externa, de segurança e de defesa comuns, convencionar o exercício, em comum, em cooperação ou pelas instituições da União, dos poderes necessários à construção e aprofundamento da União Europeia.
7. Portugal pode, tendo em vista a realização de uma justiça internacional que promova o respeito pelos direitos da pessoa humana e dos povos, aceitar a jurisdição do Tribunal Penal Internacional, nas condições de complementaridade e demais termos estabelecidos no Estatuto de Roma.

Artigo 8.º – **(Direito Internacional)**

1. As normas e os princípios de Direito Internacional geral ou comum fazem parte integrante do Direito Português.
2. As normas constantes de convenções internacionais regularmente ratificadas ou aprovadas vigoram na ordem interna após a sua publicação oficial e enquanto vincularem internacionalmente o Estado Português.
3. As normas emanadas dos órgãos competentes das organizações internacionais de que Portugal seja parte vigoram directamente na ordem interna, desde que tal se encontre estabelecido nos respectivos tratados constitutivos.
4. As disposições dos tratados que regem a União Europeia e as normas emanadas das suas instituições, no exercício das respectivas competências, são aplicáveis na ordem interna, nos termos definidos pelo Direito da União, com respeito pelos princípios fundamentais do Estado de Direito Democrático.

Artigo 9.º – **(Tarefas fundamentais do Estado)**

São tarefas fundamentais do Estado:

a) Garantir a independência nacional e criar as condições políticas, económicas, sociais e culturais que a promovam;

b) Garantir os direitos e liberdades fundamentais e o respeito pelos princípios do Estado de Direito Democrático;

c) Defender a democracia política, assegurar e incentivar a participação democrática dos cidadãos na resolução dos problemas nacionais;

d) Promover o bem-estar e a qualidade de vida do povo e a igualdade real entre os portugueses, bem como a efectivação dos direitos económicos, sociais, culturais e ambientais, mediante a transformação e modernização das estruturas económicas e sociais;

e) Proteger e valorizar o património cultural do povo português, defender a natureza e o ambiente, preservar os recursos naturais e assegurar um correcto ordenamento do território;

f) Assegurar o ensino e a valorização permanente, defender o uso e promover a difusão internacional da língua portuguesa;

g) Promover o desenvolvimento harmonioso de todo o território nacional, tendo em conta, designadamente, o carácter ultraperiférico dos arquipélagos dos Açores e da Madeira;

h) Promover a igualdade entre homens e mulheres.

Artigo 10.º – **(Sufrágio universal e partidos políticos)**

1. O povo exerce o poder político através do sufrágio universal, igual, directo, secreto e periódico, do referendo e das demais formas previstas na Constituição.
2. Os partidos políticos concorrem para a organização e para a expressão da vontade popular, no respeito pelos princípios da independência nacional, da unidade do Estado e da democracia política.

Artigo 11.º – **(Símbolos nacionais e língua oficial)**

1. A Bandeira Nacional, símbolo da soberania da República, da independência, unidade e integridade de Portugal, é a adoptada pela República instaurada pela Revolução de 5 de Outubro de 1910.
2. O Hino Nacional é *A Portuguesa*.
3. A língua oficial é o Português.

PARTE I
DIREITOS E DEVERES FUNDAMENTAIS

TÍTULO I – Princípios gerais

Artigo 12.º – **(Princípio da universalidade)**
1. Todos os cidadãos gozam dos direitos e estão sujeitos aos deveres consignados na Constituição.
2. As pessoas colectivas gozam dos direitos e estão sujeitas aos deveres compatíveis com a sua natureza.

Artigo 13.º – **(Princípio da igualdade)**
1. Todos os cidadãos têm a mesma dignidade social e são iguais perante a lei.
2. Ninguém pode ser privilegiado, beneficiado, prejudicado, privado de qualquer direito ou isento de qualquer dever em razão de ascendência, sexo, raça, língua, território de origem, religião, convicções políticas ou ideológicas, instrução, situação económica, condição social ou orientação sexual.

Artigo 14.º – **(Portugueses no estrangeiro)**
Os cidadãos portugueses que se encontrem ou residam no estrangeiro gozam da protecção do Estado para o exercício dos direitos e estão sujeitos aos deveres que não sejam incompatíveis com a ausência do país.

Artigo 15.º – **(Estrangeiros, apátridas, cidadãos europeus)**
1. Os estrangeiros e os apátridas que se encontrem ou residam em Portugal gozam dos direitos e estão sujeitos aos deveres do cidadão português.
2. Exceptuam-se do disposto no número anterior os direitos políticos, o exercício das funções públicas que não tenham carácter predominantemente técnico e os direitos e deveres reservados pela Constituição e pela lei exclusivamente aos cidadãos portugueses.
3. Aos cidadãos dos Estados de língua portuguesa com residência permanente em Portugal são reconhecidos, nos termos da lei e em condições de reciprocidade, direitos não conferidos a estrangeiros, salvo o acesso aos cargos de Presidente da República, Presidente da Assembleia da República, Primeiro-Ministro, Presidentes dos tribunais supremos e o serviço nas Forças Armadas e na carreira diplomática.
4. A lei pode atribuir a estrangeiros residentes no território nacional, em condições de reciprocidade, capacidade eleitoral activa e passiva para a eleição dos titulares de órgãos de autarquias locais.
5. A lei pode ainda atribuir, em condições de reciprocidade, aos cidadãos dos Estados membros da União Europeia residentes em Portugal o direito de elegerem e serem eleitos Deputados ao Parlamento Europeu.

Artigo 16.º – **(Âmbito e sentido dos direitos fundamentais)**
1. Os direitos fundamentais consagrados na Constituição não excluem quaisquer outros constantes das leis e das regras aplicáveis de Direito Internacional.

2. Os preceitos constitucionais e legais relativos aos direitos fundamentais devem ser interpretados e integrados de harmonia com a Declaração Universal dos Direitos do Homem.

Artigo 17.º – (**Regime dos direitos, liberdades e garantias**)

O regime dos direitos, liberdades e garantias aplica-se aos enunciados no título II e aos direitos fundamentais de natureza análoga.

Artigo 18.º – (**Força jurídica**)

1. Os preceitos constitucionais respeitantes aos direitos, liberdades e garantias são directamente aplicáveis e vinculam as entidades públicas e privadas.
2. A lei só pode restringir os direitos, liberdades e garantias nos casos expressamente previstos na Constituição, devendo as restrições limitar-se ao necessário para salvaguardar outros direitos ou interesses constitucionalmente protegidos.
3. As leis restritivas de direitos, liberdades e garantias têm de revestir carácter geral e abstracto e não podem ter efeito retroactivo nem diminuir a extensão e o alcance do conteúdo essencial dos preceitos constitucionais.

Artigo 19.º – (**Suspensão do exercício de direitos**)

1. Os órgãos de soberania não podem, conjunta ou separadamente, suspender o exercício dos direitos, liberdades e garantias, salvo em caso de estado de sítio ou de estado de emergência, declarados na forma prevista na Constituição.
2. O estado de sítio ou o estado de emergência só podem ser declarados, no todo ou em parte do território nacional, nos casos de agressão efectiva ou iminente por forças estrangeiras, de grave ameaça ou perturbação da ordem constitucional democrática ou de calamidade pública.
3. O estado de emergência é declarado quando os pressupostos referidos no número anterior se revistam de menor gravidade e apenas pode determinar a suspensão de alguns dos direitos, liberdades e garantias susceptíveis de serem suspensos.
4. A opção pelo estado de sítio ou pelo estado de emergência, bem como as respectivas declaração e execução, devem respeitar o princípio da proporcionalidade e limitar-se, nomeadamente quanto às suas extensão e duração e aos meios utilizados, ao estritamente necessário ao pronto restabelecimento da normalidade constitucional.
5. A declaração do estado de sítio ou do estado de emergência é adequadamente fundamentada e contém a especificação dos direitos, liberdades e garantias cujo exercício fica suspenso, não podendo o estado declarado ter duração superior a quinze dias, ou à duração fixada por lei quando em consequência de declaração de guerra, sem prejuízo de eventuais renovações, com salvaguarda dos mesmos limites.
6. A declaração do estado de sítio ou do estado de emergência em nenhum caso pode afectar os direitos à vida, à integridade pessoal, à identidade pessoal, à capacidade civil e à cidadania, a não retroactividade da lei criminal, o direito de defesa dos arguidos e a liberdade de consciência e de religião.
7. A declaração do estado de sítio ou do estado de emergência só pode alterar a normalidade constitucional nos termos previstos na Constituição e na lei, não podendo nomeadamente afectar a aplicação das regras constitucionais relativas à competência e ao funcionamento dos órgãos de soberania e de governo próprio das regiões autónomas ou os direitos e imunidades dos respectivos titulares.
8. A declaração do estado de sítio ou do estado de emergência confere às autoridades competência para tomarem as providências necessárias e adequadas ao pronto restabelecimento da normalidade constitucional.

Artigo 20.º – (**Acesso ao Direito e tutela jurisdicional efectiva**)

1. A todos é assegurado o acesso ao Direito e aos tribunais para defesa dos seus direitos e interesses legalmente protegidos, não podendo a justiça ser denegada por insuficiência de meios económicos.
2. Todos têm direito, nos termos da lei, à informação e consulta jurídicas, ao patrocínio judiciário e a fazer-se acompanhar por advogado perante qualquer autoridade.
3. A lei define e assegura a adequada protecção do segredo de justiça.
4. Todos têm direito a que uma causa em que intervenham seja objecto de decisão em prazo razoável e mediante processo equitativo.
5. Para defesa dos direitos, liberdades e garantias pessoais, a lei assegura aos cidadãos procedimentos judiciais caracterizados pela celeridade e prioridade, de modo a obter tutela efectiva e em tempo útil contra ameaças ou violações desses direitos.

Artigo 21.º – (**Direito de resistência**)

Todos têm o direito de resistir a qualquer ordem que ofenda os seus direitos, liberdades e garantias e de repelir pela força qualquer agressão, quando não seja possível recorrer à autoridade pública.

Artigo 22.º – (**Responsabilidade das entidades públicas**)

O Estado e as demais entidades públicas são civilmente responsáveis, em forma solidária com os titulares dos seus órgãos, funcionários ou agentes, por acções ou omissões praticadas no exercício das suas funções e por causa desse exercício, de que resulte violação dos direitos, liberdades e garantias ou prejuízo para outrem.

Artigo 23.º – (**Provedor de Justiça**)

1. Os cidadãos podem apresentar queixas por acções ou omissões dos poderes públicos ao Provedor de Justiça, que as apreciará sem poder decisório, dirigindo aos órgãos competentes as recomendações necessárias para prevenir e reparar injustiças.
2. A actividade do Provedor de Justiça é independente dos meios graciosos e contenciosos previstos na Constituição e nas leis.
3. O Provedor de Justiça é um órgão independente, sendo o seu titular designado pela Assembleia da República pelo tempo que a lei determinar.
4. Os órgãos e agentes da Administração Pública cooperam com o Provedor de Justiça na realização da sua missão.

TÍTULO II – Direitos, liberdades e garantias

CAPÍTULO I – Direitos, liberdades e garantias pessoais

Artigo 24.º – (**Direito à vida**)

1. A vida humana é inviolável.
2. Em caso algum haverá pena de morte.

Artigo 25.º – (**Direito à integridade pessoal**)

1. A integridade moral e física das pessoas é inviolável.
2. Ninguém pode ser submetido a tortura, nem a tratos ou penas cruéis, degradantes ou desumanos.

Artigo 26.º – (**Outros direitos pessoais**)

1. A todos são reconhecidos os direitos à identidade pessoal, ao desenvolvimento da personalidade, à capacidade civil, à cidadania, ao bom nome e reputação, à imagem, à palavra, à reserva da intimidade da vida privada e familiar e à protecção legal contra quaisquer formas de discriminação.

2. A lei estabelecerá garantias efectivas contra a obtenção e utilização abusivas, ou contrárias à dignidade humana, de informações relativas às pessoas e famílias.

3. A lei garantirá a dignidade pessoal e a identidade genética do ser humano, nomeadamente na criação, desenvolvimento e utilização das tecnologias e na experimentação científica.

4. A privação da cidadania e as restrições à capacidade civil só podem efectuar-se nos casos e termos previstos na lei, não podendo ter como fundamento motivos políticos.

Artigo 27.º – (**Direito à liberdade e à segurança**)

1. Todos têm direito à liberdade e à segurança.

2. Ninguém pode ser total ou parcialmente privado da liberdade, a não ser em consequência de sentença judicial condenatória pela prática de acto punido por lei com pena de prisão ou de aplicação judicial de medida de segurança.

3. Exceptua-se deste princípio a privação da liberdade, pelo tempo e nas condições que a lei determinar, nos casos seguintes:

a) Detenção em flagrante delito;

b) Detenção ou prisão preventiva por fortes indícios de prática de crime doloso a que corresponda pena de prisão cujo limite máximo seja superior a três anos;

c) Prisão, detenção ou outra medida coactiva sujeita a controlo judicial de pessoa que tenha penetrado ou permaneça irregularmente no território nacional ou contra a qual esteja em curso processo de extradição ou de expulsão;

d) Prisão disciplinar imposta a militares, com garantia de recurso para o tribunal competente;

e) Sujeição de um menor a medidas de protecção, assistência ou educação em estabelecimento adequado, decretadas pelo tribunal judicial competente;

f) Detenção por decisão judicial em virtude de desobediência a decisão tomada por um tribunal ou para assegurar a comparência perante autoridade judiciária competente;

g) Detenção de suspeitos, para efeitos de identificação, nos casos e pelo tempo estritamente necessários;

h) Internamento de portador de anomalia psíquica em estabelecimento terapêutico adequado, decretado ou confirmado por autoridade judicial competente.

4. Toda a pessoa privada da liberdade deve ser informada imediatamente e de forma compreensível das razões da sua prisão ou detenção e dos seus direitos.

5. A privação da liberdade contra o disposto na Constituição e na lei constitui o Estado no dever de indemnizar o lesado nos termos que a lei estabelecer.

Artigo 28.º – (**Prisão preventiva**)

1. A detenção será submetida, no prazo máximo de quarenta e oito horas, a apreciação judicial, para restituição à liberdade ou imposição de medida de coacção adequada, devendo o juiz conhecer das causas que a determinaram e comunicá-las ao detido, interrogá-lo e dar-lhe oportunidade de defesa.

2. A prisão preventiva tem natureza excepcional, não sendo decretada nem mantida sempre que possa ser aplicada caução ou outra medida mais favorável prevista na lei.

3. A decisão judicial que ordene ou mantenha uma medida de privação da liberdade deve ser logo comunicada a parente ou pessoa da confiança do detido, por este indicados.

4. A prisão preventiva está sujeita aos prazos estabelecidos na lei.

Artigo 29.º – (**Aplicação da lei criminal**)

1. Ninguém pode ser sentenciado criminalmente senão em virtude de lei anterior que declare punível a acção ou a omissão, nem sofrer medida de segurança cujos pressupostos não estejam fixados em lei anterior.

2. O disposto no número anterior não impede a punição, nos limites da lei interna, por acção ou omissão que no momento da sua prática seja considerada criminosa segundo os princípios gerais de Direito Internacional comummente reconhecidos.

3. Não podem ser aplicadas penas ou medidas de segurança que não estejam expressamente cominadas em lei anterior.

4. Ninguém pode sofrer pena ou medida de segurança mais graves do que as previstas no momento da correspondente conduta ou da verificação dos respectivos pressupostos, aplicando-se retroactivamente as leis penais de conteúdo mais favorável ao arguido.

5. Ninguém pode ser julgado mais do que uma vez pela prática do mesmo crime.

6. Os cidadãos injustamente condenados têm direito, nas condições que a lei prescrever, à revisão da sentença e à indemnização pelos danos sofridos.

Artigo 30.º – (**Limites das penas e das medidas de segurança**)

1. Não pode haver penas nem medidas de segurança privativas ou restritivas da liberdade com carácter perpétuo ou de duração ilimitada ou indefinida.

2. Em caso de perigosidade baseada em grave anomalia psíquica, e na impossibilidade de terapêutica em meio aberto, poderão as medidas de segurança privativas ou restritivas da liberdade ser prorrogadas sucessivamente enquanto tal estado se mantiver, mas sempre mediante decisão judicial.

3. A responsabilidade penal é insusceptível de transmissão.

4. Nenhuma pena envolve como efeito necessário a perda de quaisquer direitos civis, profissionais ou políticos.

5. Os condenados a quem sejam aplicadas pena ou medida de segurança privativas da liberdade mantêm a titularidade dos direitos fundamentais, salvas as limitações inerentes ao sentido da condenação e às exigências próprias da respectiva execução.

Artigo 31.º – (*Habeas corpus*)

1. Haverá *habeas corpus* contra o abuso de poder, por virtude de prisão ou detenção ilegal, a requerer perante o tribunal competente.

2. A providência de *habeas corpus* pode ser requerida pelo próprio ou por qualquer cidadão no gozo dos seus direitos políticos.

3. O juiz decidirá no prazo de oito dias o pedido de *habeas corpus* em audiência contraditória.

Artigo 32.º – (**Garantias de processo criminal**)

1. O processo criminal assegura todas as garantias de defesa, incluindo o recurso.

2. Todo o arguido se presume inocente até ao trânsito em julgado da sentença de condenação, devendo ser julgado no mais curto prazo compatível com as garantias de defesa.

3. O arguido tem direito a escolher defensor e a ser por ele assistido em todos os actos do processo, especificando a lei os casos e as fases em que a assistência por advogado é obrigatória.

4. Toda a instrução é da competência de um juiz, o qual pode, nos termos da lei, delegar noutras entidades a prática dos actos instrutórios que se não prendam directamente com os direitos fundamentais.

5. O processo criminal tem estrutura acusatória, estando a audiência de julgamento e os actos instrutórios que a lei determinar subordinados ao princípio do contraditório.

6. A lei define os casos em que, assegurados os direitos de defesa, pode ser dispensada a presença do arguido ou acusado em actos processuais, incluindo a audiência de julgamento.

7. O ofendido tem o direito de intervir no processo, nos termos da lei.

8. São nulas todas as provas obtidas mediante tortura, coacção, ofensa da integridade física ou moral da pessoa, abusiva intromissão na vida privada, no domicílio, na correspondência ou nas telecomunicações.

9. Nenhuma causa pode ser subtraída ao tribunal cuja competência esteja fixada em lei anterior.

10. Nos processos de contra-ordenação, bem como em quaisquer processos sancionatórios, são assegurados ao arguido os direitos de audiência e defesa.

Artigo 33.º – **(Expulsão, extradição e direito de asilo)**

1. Não é admitida a expulsão de cidadãos portugueses do território nacional.

2. A expulsão de quem tenha entrado ou permaneça regularmente no território nacional, de quem tenha obtido autorização de residência, ou de quem tenha apresentado pedido de asilo não recusado só pode ser determinada por autoridade judicial, assegurando a lei formas expeditas de decisão.

3. A extradição de cidadãos portugueses do território nacional só é admitida, em condições de reciprocidade estabelecidas em convenção internacional, nos casos de terrorismo e de criminalidade internacional organizada, e desde que a ordem jurídica do Estado requisitante consagre garantias de um processo justo e equitativo.

4. Só é admitida a extradição por crimes a que corresponda, segundo o Direito do Estado requisitante, pena ou medida de segurança privativa ou restritiva da liberdade com carácter perpétuo ou de duração indefinida, se, nesse domínio, o Estado requisitante for parte de convenção internacional a que Portugal esteja vinculado e oferecer garantias de que tal pena ou medida de segurança não será aplicada ou executada.

5. O disposto nos números anteriores não prejudica a aplicação das normas de cooperação judiciária penal estabelecidas no âmbito da União Europeia.

6. Não é admitida a extradição, nem a entrega a qualquer título, por motivos políticos ou por crimes a que corresponda, segundo o Direito do Estado requisitante, pena de morte ou outra de que resulte lesão irreversível da integridade física.

7. A extradição só pode ser determinada por autoridade judicial.

8. É garantido o direito de asilo aos estrangeiros e aos apátridas perseguidos ou gravemente ameaçados de perseguição, em consequência da sua actividade em favor da democracia, da libertação social e nacional, da paz entre os povos, da liberdade e dos direitos da pessoa humana.

9. A lei define o estatuto do refugiado político.

Artigo 34.º – **(Inviolabilidade do domicílio e da correspondência)**

1. O domicílio e o sigilo da correspondência e dos outros meios de comunicação privada são invioláveis.

2. A entrada no domicílio dos cidadãos contra a sua vontade só pode ser ordenada pela autoridade judicial competente, nos casos e segundo as formas previstos na lei.

3. Ninguém pode entrar durante a noite no domicílio de qualquer pessoa sem o seu consentimento, salvo em situação de flagrante delito ou mediante autorização judicial em casos de criminalidade especialmente violenta ou altamente organizada, incluindo o terrorismo e o tráfico de pessoas, de armas e de estupefacientes, nos termos previstos na lei.

4. É proibida toda a ingerência das autoridades públicas na correspondência, nas telecomunicações e nos demais meios de comunicação, salvo os casos previstos na lei em matéria de processo criminal.

Artigo 35.º – **(Utilização da informática)**

1. Todos os cidadãos têm o direito de acesso aos dados informatizados que lhes digam respeito, podendo exigir a sua rectificação e actualização, e o direito de conhecer a finalidade a que se destinam, nos termos da lei.

2. A lei define o conceito de dados pessoais, bem como as condições aplicáveis ao seu tratamento automatizado, conexão, transmissão e utilização, e garante a sua protecção, designadamente através de entidade administrativa independente.

3. A informática não pode ser utilizada para tratamento de dados referentes a convicções filosóficas ou políticas, filiação partidária ou sindical, fé religiosa, vida privada e origem étnica, salvo mediante consentimento expresso do titular, autorização prevista por lei com garantias de não discriminação ou para processamento de dados estatísticos não individualmente identificáveis.

4. É proibido o acesso a dados pessoais de terceiros, salvo em casos excepcionais previstos na lei.

5. É proibida a atribuição de um número nacional único aos cidadãos.

6. A todos é garantido livre acesso às redes informáticas de uso público, definindo a lei o regime aplicável aos fluxos de dados transfronteiras e as formas adequadas de protecção de dados pessoais e de outros cuja salvaguarda se justifique por razões de interesse nacional.

7. Os dados pessoais constantes de ficheiros manuais gozam de protecção idêntica à prevista nos números anteriores, nos termos da lei.

Artigo 36.º – **(Família, casamento e filiação)**

1. Todos têm o direito de constituir família e de contrair casamento em condições de plena igualdade.

2. A lei regula os requisitos e os efeitos do casamento e da sua dissolução, por morte ou divórcio, independentemente da forma de celebração.

3. Os cônjuges têm iguais direitos e deveres quanto à capacidade civil e política e à manutenção e educação dos filhos.

4. Os filhos nascidos fora do casamento não podem, por esse motivo, ser objecto de qualquer discriminação e a lei ou as repartições oficiais não podem usar designações discriminatórias relativas à filiação.

5. Os pais têm o direito e o dever de educação e manutenção dos filhos.

6. Os filhos não podem ser separados dos pais, salvo quando estes não cumpram os seus deveres fundamentais para com eles e sempre mediante decisão judicial.

7. A adopção é regulada e protegida nos termos da lei, a qual deve estabelecer formas céleres para a respectiva tramitação.

Artigo 37.º – **(Liberdade de expressão e informação)**

1. Todos têm o direito de exprimir e divulgar livremente o seu pensamento pela palavra, pela imagem ou por qualquer outro meio, bem como o direito de informar, de se informar e de ser informados, sem impedimentos nem discriminações.
2. O exercício destes direitos não pode ser impedido ou limitado por qualquer tipo ou forma de censura.
3. As infracções cometidas no exercício destes direitos ficam submetidas aos princípios gerais de Direito Criminal ou do ilícito de mera ordenação social, sendo a sua apreciação respectivamente da competência dos tribunais judiciais ou de entidade administrativa independente, nos termos da lei.
4. A todas as pessoas, singulares ou colectivas, é assegurado, em condições de igualdade e eficácia, o direito de resposta e de rectificação, bem como o direito a indemnização pelos danos sofridos.

Artigo 38.º – **(Liberdade de imprensa e meios de comunicação social)**

1. É garantida a liberdade de imprensa.
2. A liberdade de imprensa implica:
a) A liberdade de expressão e criação dos jornalistas e colaboradores, bem como a intervenção dos primeiros na orientação editorial dos respectivos órgãos de comunicação social, salvo quando tiverem natureza doutrinária ou confessional;
b) O direito dos jornalistas, nos termos da lei, ao acesso às fontes de informação e à protecção da independência e do sigilo profissionais, bem como o direito de elegerem conselhos de redacção;
c) O direito de fundação de jornais e de quaisquer outras publicações, independentemente de autorização administrativa, caução ou habilitação prévias.
3. A lei assegura, com carácter genérico, a divulgação da titularidade e dos meios de financiamento dos órgãos de comunicação social.
4. O Estado assegura a liberdade e a independência dos órgãos de comunicação social perante o poder político e o poder económico, impondo o princípio da especialidade das empresas titulares de órgãos de informação geral, tratando-as e apoiando-as de forma não discriminatória e impedindo a sua concentração, designadamente através de participações múltiplas ou cruzadas.
5. O Estado assegura a existência e o funcionamento de um serviço público de rádio e de televisão.
6. A estrutura e o funcionamento dos meios de comunicação social do sector público devem salvaguardar a sua independência perante o Governo, a Administração e os demais poderes públicos, bem como assegurar a possibilidade de expressão e confronto das diversas correntes de opinião.
7. As estações emissoras de radiodifusão e de radiotelevisão só podem funcionar mediante licença, a conferir por concurso público, nos termos da lei.

Artigo 39.º – **(Regulação da comunicação social)**

1. Cabe a uma entidade administrativa independente assegurar nos meios de comunicação social:
a) O direito à informação e a liberdade de imprensa;
b) A não concentração da titularidade dos meios de comunicação social;
c) A independência perante o poder político e o poder económico;
d) O respeito pelos direitos, liberdades e garantias pessoais;
e) O respeito pelas normas reguladoras das actividades de comunicação social;

f) A possibilidade de expressão e confronto das diversas correntes de opinião;
g) O exercício dos direitos de antena, de resposta e de réplica política.

2. A lei define a composição, as competências, a organização e o funcionamento da entidade referida no número anterior, bem como o estatuto dos respectivos membros, designados pela Assembleia da República e por cooptação destes.

Artigo 40.º – **(Direitos de antena, de resposta e de réplica política)**

1. Os partidos políticos e as organizações sindicais, profissionais e representativas das actividades económicas, bem como outras organizações sociais de âmbito nacional, têm direito, de acordo com a sua relevância e representatividade e segundo critérios objectivos a definir por lei, a tempos de antena no serviço público de rádio e de televisão.

2. Os partidos políticos representados na Assembleia da República, e que não façam parte do Governo, têm direito, nos termos da lei, a tempos de antena no serviço público de rádio e televisão, a ratear de acordo com a sua representatividade, bem como o direito de resposta ou de réplica política às declarações políticas do Governo, de duração e relevo iguais aos dos tempos de antena e das declarações do Governo, de iguais direitos gozando, no âmbito da respectiva região, os partidos representados nas Assembleias Legislativas das regiões autónomas.

3. Nos períodos eleitorais os concorrentes têm direito a tempos de antena, regulares e equitativos, nas estações emissoras de rádio e de televisão de âmbito nacional e regional, nos termos da lei.

Artigo 41.º – **(Liberdade de consciência, de religião e de culto)**

1. A liberdade de consciência, de religião e de culto é inviolável.

2. Ninguém pode ser perseguido, privado de direitos ou isento de obrigações ou deveres cívicos por causa das suas convicções ou prática religiosa.

3. Ninguém pode ser perguntado por qualquer autoridade acerca das suas convicções ou prática religiosa, salvo para recolha de dados estatísticos não individualmente identificáveis, nem ser prejudicado por se recusar a responder.

4. As igrejas e outras comunidades religiosas estão separadas do Estado e são livres na sua organização e no exercício das suas funções e do culto.

5. É garantida a liberdade de ensino de qualquer religião praticado no âmbito da respectiva confissão, bem como a utilização de meios de comunicação social próprios para o prosseguimento das suas actividades.

6. É garantido o direito à objecção de consciência, nos termos da lei.

Artigo 42.º – **(Liberdade de criação cultural)**

1. É livre a criação intelectual, artística e científica.

2. Esta liberdade compreende o direito à invenção, produção e divulgação da obra científica, literária ou artística, incluindo a protecção legal dos direitos de autor.

Artigo 43.º – **(Liberdade de aprender e ensinar)**

1. É garantida a liberdade de aprender e ensinar.

2. O Estado não pode programar a educação e a cultura segundo quaisquer directrizes filosóficas, estéticas, políticas, ideológicas ou religiosas.

3. O ensino público não será confessional.

4. É garantido o direito de criação de escolas particulares e cooperativas.

Artigo 44.º – **(Direito de deslocação e de emigração)**

1. A todos os cidadãos é garantido o direito de se deslocarem e fixarem livremente em qualquer parte do território nacional.
2. A todos é garantido o direito de emigrar ou de sair do território nacional e o direito de regressar.

Artigo 45.º – **(Direito de reunião e de manifestação)**

1. Os cidadãos têm o direito de se reunir, pacificamente e sem armas, mesmo em lugares abertos ao público, sem necessidade de qualquer autorização.
2. A todos os cidadãos é reconhecido o direito de manifestação.

Artigo 46.º – **(Liberdade de associação)**

1. Os cidadãos têm o direito de, livremente e sem dependência de qualquer autorização, constituir associações, desde que estas não se destinem a promover a violência e os respectivos fins não sejam contrários à lei penal.
2. As associações prosseguem livremente os seus fins sem interferência das autoridades públicas e não podem ser dissolvidas pelo Estado ou suspensas as suas actividades senão nos casos previstos na lei e mediante decisão judicial.
3. Ninguém pode ser obrigado a fazer parte de uma associação nem coagido por qualquer meio a permanecer nela.
4. Não são consentidas associações armadas nem de tipo militar, militarizadas ou paramilitares, nem organizações racistas ou que perfilhem a ideologia fascista.

Artigo 47.º – **(Liberdade de escolha de profissão e acesso à função pública)**

1. Todos têm o direito de escolher livremente a profissão ou o género de trabalho, salvas as restrições legais impostas pelo interesse colectivo ou inerentes à sua própria capacidade.
2. Todos os cidadãos têm o direito de acesso à função pública, em condições de igualdade e liberdade, em regra por via de concurso.

CAPÍTULO II – Direitos, liberdades e garantias de participação política

Artigo 48.º – **(Participação na vida pública)**

1. Todos os cidadãos têm o direito de tomar parte na vida política e na direcção dos assuntos públicos do país, directamente ou por intermédio de representantes livremente eleitos.
2. Todos os cidadãos têm o direito de ser esclarecidos objectivamente sobre actos do Estado e demais entidades públicas e de ser informados pelo Governo e outras autoridades acerca da gestão dos assuntos públicos.

Artigo 49.º – **(Direito de sufrágio)**

1. Têm direito de sufrágio todos os cidadãos maiores de dezoito anos, ressalvadas as incapacidades previstas na lei geral.
2. O exercício do direito de sufrágio é pessoal e constitui um dever cívico.

Artigo 50.º – (**Direito de acesso a cargos públicos**)

1. Todos os cidadãos têm o direito de acesso, em condições de igualdade e liberdade, aos cargos públicos.

2. Ninguém pode ser prejudicado na sua colocação, no seu emprego, na sua carreira profissional ou nos benefícios sociais a que tenha direito, em virtude do exercício de direitos políticos ou do desempenho de cargos públicos.

3. No acesso a cargos electivos a lei só pode estabelecer as inelegibilidades necessárias para garantir a liberdade de escolha dos eleitores e a isenção e independência do exercício dos respectivos cargos.

Artigo 51.º – (**Associações e partidos políticos**)

1. A liberdade de associação compreende o direito de constituir ou participar em associações e partidos políticos e de através deles concorrer democraticamente para a formação da vontade popular e a organização do poder político.

2. Ninguém pode estar inscrito simultaneamente em mais de um partido político nem ser privado do exercício de qualquer direito por estar ou deixar de estar inscrito em algum partido legalmente constituído.

3. Os partidos políticos não podem, sem prejuízo da filosofia ou ideologia inspiradora do seu programa, usar denominação que contenha expressões directamente relacionadas com quaisquer religiões ou igrejas, bem como emblemas confundíveis com símbolos nacionais ou religiosos.

4. Não podem constituir-se partidos que, pela sua designação ou pelos seus objectivos programáticos, tenham índole ou âmbito regional.

5. Os partidos políticos devem reger-se pelos princípios da transparência, da organização e da gestão democráticas e da participação de todos os seus membros.

6. A lei estabelece as regras de financiamento dos partidos políticos, nomeadamente quanto aos requisitos e limites do financiamento público, bem como às exigências de publicidade do seu património e das suas contas.

Artigo 52.º – (**Direito de petição e direito de acção popular**)

1. Todos os cidadãos têm o direito de apresentar, individual ou colectivamente, aos órgãos de soberania, aos órgãos de governo próprio das regiões autónomas ou a quaisquer autoridades petições, representações, reclamações ou queixas para defesa dos seus direitos, da Constituição, das leis ou do interesse geral e, bem assim, o direito de serem informados, em prazo razoável, sobre o resultado da respectiva apreciação.

2. A lei fixa as condições em que as petições apresentadas colectivamente à Assembleia da República e às Assembleias Legislativas das regiões autónomas são apreciadas em reunião plenária.

3. É conferido a todos, pessoalmente ou através de associações de defesa dos interesses em causa, o direito de acção popular nos casos e termos previstos na lei, incluindo o direito de requerer para o lesado ou lesados a correspondente indemnização, nomeadamente para:

a) Promover a prevenção, a cessação ou a perseguição judicial das infracções contra a saúde pública, os direitos dos consumidores, a qualidade de vida e a preservação do ambiente e do património cultural;

b) Assegurar a defesa dos bens do Estado, das regiões autónomas e das autarquias locais.

CAPÍTULO III – Direitos, liberdades e garantias dos trabalhadores

Artigo 53.º – **(Segurança no emprego)**

É garantida aos trabalhadores a segurança no emprego, sendo proibidos os despedimentos sem justa causa ou por motivos políticos ou ideológicos.

Artigo 54.º – **(Comissões de trabalhadores)**

1. É direito dos trabalhadores criarem comissões de trabalhadores para defesa dos seus interesses e intervenção democrática na vida da empresa.
2. Os trabalhadores deliberam a constituição, aprovam os estatutos e elegem, por voto directo e secreto, os membros das comissões de trabalhadores.
3. Podem ser criadas comissões coordenadoras para melhor intervenção na reestruturação económica e por forma a garantir os interesses dos trabalhadores.
4. Os membros das comissões gozam da protecção legal reconhecida aos delegados sindicais.
5. Constituem direitos das comissões de trabalhadores:
   a) Receber todas as informações necessárias ao exercício da sua actividade;
   b) Exercer o controlo de gestão nas empresas;
   c) Participar nos processos de reestruturação da empresa, especialmente no tocante a acções de formação ou quando ocorra alteração das condições de trabalho;
   d) Participar na elaboração da legislação do trabalho e dos planos económico--sociais que contemplem o respectivo sector;
   e) Gerir ou participar na gestão das obras sociais da empresa;
   f) Promover a eleição de representantes dos trabalhadores para os órgãos sociais de empresas pertencentes ao Estado ou a outras entidades públicas, nos termos da lei.

Artigo 55.º – **(Liberdade sindical)**

1. É reconhecida aos trabalhadores a liberdade sindical, condição e garantia da construção da sua unidade para defesa dos seus direitos e interesses.
2. No exercício da liberdade sindical é garantido aos trabalhadores, sem qualquer discriminação, designadamente:
   a) A liberdade de constituição de associações sindicais a todos os níveis;
   b) A liberdade de inscrição, não podendo nenhum trabalhador ser obrigado a pagar quotizações para sindicato em que não esteja inscrito;
   c) A liberdade de organização e regulamentação interna das associações sindicais;
   d) O direito de exercício de actividade sindical na empresa;
   e) O direito de tendência, nas formas que os respectivos estatutos determinarem.
3. As associações sindicais devem reger-se pelos princípios da organização e da gestão democráticas, baseados na eleição periódica e por escrutínio secreto dos órgãos dirigentes, sem sujeição a qualquer autorização ou homologação, e assentes na participação activa dos trabalhadores em todos os aspectos da actividade sindical.
4. As associações sindicais são independentes do patronato, do Estado, das confissões religiosas, dos partidos e outras associações políticas, devendo a lei estabelecer as garantias adequadas dessa independência, fundamento da unidade das classes trabalhadoras.
5. As associações sindicais têm o direito de estabelecer relações ou filiar-se em organizações sindicais internacionais.
6. Os representantes eleitos dos trabalhadores gozam do direito à informação e consulta, bem como à protecção legal adequada contra quaisquer formas de condicionamento, constrangimento ou limitação do exercício legítimo das suas funções.

Artigo 56.º – **(Direitos das associações sindicais e contratação colectiva)**

1. Compete às associações sindicais defender e promover a defesa dos direitos e interesses dos trabalhadores que representem.
2. Constituem direitos das associações sindicais:
   a) Participar na elaboração da legislação do trabalho;
   b) Participar na gestão das instituições de segurança social e outras organizações que visem satisfazer os interesses dos trabalhadores;
   c) Pronunciar-se sobre os planos económico-sociais e acompanhar a sua execução;
   d) Fazer-se representar nos organismos de concertação social, nos termos da lei;
   e) Participar nos processos de reestruturação da empresa, especialmente no tocante a acções de formação ou quando ocorra alteração das condições de trabalho.
3. Compete às associações sindicais exercer o direito de contratação colectiva, o qual é garantido nos termos da lei.
4. A lei estabelece as regras respeitantes à legitimidade para a celebração das convenções colectivas de trabalho, bem como à eficácia das respectivas normas.

Artigo 57.º – **(Direito à greve e proibição do *lock-out*)**

1. É garantido o direito à greve.
2. Compete aos trabalhadores definir o âmbito de interesses a defender através da greve, não podendo a lei limitar esse âmbito.
3. A lei define as condições de prestação, durante a greve, de serviços necessários à segurança e manutenção de equipamentos e instalações, bem como de serviços mínimos indispensáveis para acorrer à satisfação de necessidades sociais impreteríveis.
4. É proibido o *lock-out*.

TÍTULO III – **Direitos e deveres económicos, sociais e culturais**

CAPÍTULO I – **Direitos e deveres económicos**

Artigo 58.º – **(Direito ao trabalho)**

1. Todos têm direito ao trabalho.
2. Para assegurar o direito ao trabalho, incumbe ao Estado promover:
   a) A execução de políticas de pleno emprego;
   b) A igualdade de oportunidades na escolha da profissão ou género de trabalho e condições para que não seja vedado ou limitado, em função do sexo, o acesso a quaisquer cargos, trabalho ou categorias profissionais;
   c) A formação cultural e técnica e a valorização profissional dos trabalhadores.

Artigo 59.º – **(Direitos dos trabalhadores)**

1. Todos os trabalhadores, sem distinção de idade, sexo, raça, cidadania, território de origem, religião, convicções políticas ou ideológicas, têm direito:
   a) À retribuição do trabalho, segundo a quantidade, natureza e qualidade, observando-se o princípio de que para trabalho igual salário igual, de forma a garantir uma existência condigna;

b) À organização do trabalho em condições socialmente dignificantes, de forma a facultar a realização pessoal e a permitir a conciliação da actividade profissional com a vida familiar;

c) À prestação do trabalho em condições de higiene, segurança e saúde;

d) Ao repouso e aos lazeres, a um limite máximo da jornada de trabalho, ao descanso semanal e a férias periódicas pagas;

e) À assistência material, quando involuntariamente se encontrem em situação de desemprego;

f) À assistência e justa reparação, quando vítimas de acidente de trabalho ou de doença profissional.

2. Incumbe ao Estado assegurar as condições de trabalho, retribuição e repouso a que os trabalhadores têm direito, nomeadamente:

a) O estabelecimento e a actualização do salário mínimo nacional, tendo em conta, entre outros factores, as necessidades dos trabalhadores, o aumento do custo de vida, o nível de desenvolvimento das forças produtivas, as exigências da estabilidade económica e financeira e a acumulação para o desenvolvimento;

b) A fixação, a nível nacional, dos limites da duração do trabalho;

c) A especial protecção do trabalho das mulheres durante a gravidez e após o parto, bem como do trabalho dos menores, dos diminuídos e dos que desempenhem actividades particularmente violentas ou em condições insalubres, tóxicas ou perigosas;

d) O desenvolvimento sistemático de uma rede de centros de repouso e de férias, em cooperação com organizações sociais;

e) A protecção das condições de trabalho e a garantia dos benefícios sociais dos trabalhadores emigrantes;

f) A protecção das condições de trabalho dos trabalhadores estudantes.

3. Os salários gozam de garantias especiais, nos termos da lei.

Artigo 60.º – **(Direitos dos consumidores)**

1. Os consumidores têm direito à qualidade dos bens e serviços consumidos, à formação e à informação, à protecção da saúde, da segurança e dos seus interesses económicos, bem como à reparação de danos.

2. A publicidade é disciplinada por lei, sendo proibidas todas as formas de publicidade oculta, indirecta ou dolosa.

3. As associações de consumidores e as cooperativas de consumo têm direito, nos termos da lei, ao apoio do Estado e a ser ouvidas sobre as questões que digam respeito à defesa dos consumidores, sendo-lhes reconhecida legitimidade processual para defesa dos seus associados ou de interesses colectivos ou difusos.

Artigo 61.º – **(Iniciativa privada, cooperativa e autogestionária)**

1. A iniciativa económica privada exerce-se livremente nos quadros definidos pela Constituição e pela lei e tendo em conta o interesse geral.

2. A todos é reconhecido o direito à livre constituição de cooperativas, desde que observados os princípios cooperativos.

3. As cooperativas desenvolvem livremente as suas actividades no quadro da lei e podem agrupar-se em uniões, federações e confederações e em outras formas de organização legalmente previstas.

4. A lei estabelece as especificidades organizativas das cooperativas com participação pública.

5. É reconhecido o direito de autogestão, nos termos da lei.

Artigo 62.º – **(Direito de propriedade privada)**

1. A todos é garantido o direito à propriedade privada e à sua transmissão em vida ou por morte, nos termos da Constituição.
2. A requisição e a expropriação por utilidade pública só podem ser efectuadas com base na lei e mediante o pagamento de justa indemnização.

CAPÍTULO II – Direitos e deveres sociais

Artigo 63.º – **(Segurança social e solidariedade)**

1. Todos têm direito à segurança social.
2. Incumbe ao Estado organizar, coordenar e subsidiar um sistema de segurança social unificado e descentralizado, com a participação das associações sindicais, de outras organizações representativas dos trabalhadores e de associações representativas dos demais beneficiários.
3. O sistema de segurança social protege os cidadãos na doença, velhice, invalidez, viuvez e orfandade, bem como no desemprego e em todas as outras situações de falta ou diminuição de meios de subsistência ou de capacidade para o trabalho.
4. Todo o tempo de trabalho contribui, nos termos da lei, para o cálculo das pensões de velhice e invalidez, independentemente do sector de actividade em que tiver sido prestado.
5. O Estado apoia e fiscaliza, nos termos da lei, a actividade e o funcionamento das instituições particulares de solidariedade social e de outras de reconhecido interesse público sem carácter lucrativo, com vista à prossecução de objectivos de solidariedade social consignados, nomeadamente, neste artigo, na alínea *b*) do n.º 2 do artigo 67.º, no artigo 69.º, na alínea *e*) do n.º 1 do artigo 70.º e nos artigos 71.º e 72.º

Artigo 64.º – **(Saúde)**

1. Todos têm direito à protecção da saúde e o dever de a defender e promover.
2. O direito à protecção da saúde é realizado:

a) Através de um serviço nacional de saúde universal e geral e, tendo em conta as condições económicas e sociais dos cidadãos, tendencialmente gratuito;

b) Pela criação de condições económicas, sociais, culturais e ambientais que garantam, designadamente, a protecção da infância, da juventude e da velhice, e pela melhoria sistemática das condições de vida e de trabalho, bem como pela promoção da cultura física e desportiva, escolar e popular, e ainda pelo desenvolvimento da educação sanitária do povo e de práticas de vida saudável.

3. Para assegurar o direito à protecção da saúde, incumbe prioritariamente ao Estado:

a) Garantir o acesso de todos os cidadãos, independentemente da sua condição económica, aos cuidados da medicina preventiva, curativa e de reabilitação;

b) Garantir uma racional e eficiente cobertura de todo o país em recursos humanos e unidades de saúde;

c) Orientar a sua acção para a socialização dos custos dos cuidados médicos e medicamentosos;

d) Disciplinar e fiscalizar as formas empresariais e privadas da medicina, articulando-as com o serviço nacional de saúde, por forma a assegurar, nas instituições de saúde públicas e privadas, adequados padrões de eficiência e de qualidade;

e) Disciplinar e controlar a produção, a distribuição, a comercialização e o uso dos produtos químicos, biológicos e farmacêuticos e outros meios de tratamento e diagnóstico;

f) Estabelecer políticas de prevenção e tratamento da toxicodependência.

4. O serviço nacional de saúde tem gestão descentralizada e participada.

Artigo 65.º – **(Habitação e urbanismo)**

1. Todos têm direito, para si e para a sua família, a uma habitação de dimensão adequada, em condições de higiene e conforto e que preserve a intimidade pessoal e a privacidade familiar.

2. Para assegurar o direito à habitação, incumbe ao Estado:

a) Programar e executar uma política de habitação inserida em planos de ordenamento geral do território e apoiada em planos de urbanização que garantam a existência de uma rede adequada de transportes e de equipamento social;

b) Promover, em colaboração com as regiões autónomas e com as autarquias locais, a construção de habitações económicas e sociais;

c) Estimular a construção privada, com subordinação ao interesse geral, e o acesso à habitação própria ou arrendada;

d) Incentivar e apoiar as iniciativas das comunidades locais e das populações, tendentes a resolver os respectivos problemas habitacionais e a fomentar a criação de cooperativas de habitação e a autoconstrução.

3. O Estado adoptará uma política tendente a estabelecer um sistema de renda compatível com o rendimento familiar e de acesso à habitação própria.

4. O Estado, as regiões autónomas e as autarquias locais definem as regras de ocupação, uso e transformação dos solos urbanos, designadamente através de instrumentos de planeamento, no quadro das leis respeitantes ao ordenamento do território e ao urbanismo, e procedem às expropriações dos solos que se revelem necessárias à satisfação de fins de utilidade pública urbanística.

5. É garantida a participação dos interessados na elaboração dos instrumentos de planeamento urbanístico e de quaisquer outros instrumentos de planeamento físico do território.

Artigo 66.º – **(Ambiente e qualidade de vida)**

1. Todos têm direito a um ambiente de vida humano, sadio e ecologicamente equilibrado e o dever de o defender.

2. Para assegurar o direito ao ambiente, no quadro de um desenvolvimento sustentável, incumbe ao Estado, por meio de organismos próprios e com o envolvimento e a participação dos cidadãos:

a) Prevenir e controlar a poluição e os seus efeitos e as formas prejudiciais de erosão;

b) Ordenar e promover o ordenamento do território, tendo em vista uma correcta localização das actividades, um equilibrado desenvolvimento sócio-económico e a valorização da paisagem;

c) Criar e desenvolver reservas e parques naturais e de recreio, bem como classificar e proteger paisagens e sítios, de modo a garantir a conservação da natureza e a preservação de valores culturais de interesse histórico ou artístico;

d) Promover o aproveitamento racional dos recursos naturais, salvaguardando a sua capacidade de renovação e a estabilidade ecológica, com respeito pelo princípio da solidariedade entre gerações;

e) Promover, em colaboração com as autarquias locais, a qualidade ambiental das povoações e da vida urbana, designadamente no plano arquitectónico e da protecção das zonas históricas;

f) Promover a integração de objectivos ambientais nas várias políticas de âmbito sectorial;
 g) Promover a educação ambiental e o respeito pelos valores do ambiente;
 h) Assegurar que a política fiscal compatibilize desenvolvimento com protecção do ambiente e qualidade de vida.

Artigo 67.º – **(Família)**

1. A família, como elemento fundamental da sociedade, tem direito à protecção da sociedade e do Estado e à efectivação de todas as condições que permitam a realização pessoal dos seus membros.
2. Incumbe, designadamente, ao Estado para protecção da família:
 a) Promover a independência social e económica dos agregados familiares;
 b) Promover a criação e garantir o acesso a uma rede nacional de creches e de outros equipamentos sociais de apoio à família, bem como uma política de terceira idade;
 c) Cooperar com os pais na educação dos filhos;
 d) Garantir, no respeito da liberdade individual, o direito ao planeamento familiar, promovendo a informação e o acesso aos métodos e aos meios que o assegurem, e organizar as estruturas jurídicas e técnicas que permitam o exercício de uma maternidade e paternidade conscientes;
 e) Regulamentar a procriação assistida, em termos que salvaguardem a dignidade da pessoa humana;
 f) Regular os impostos e os benefícios sociais, de harmonia com os encargos familiares;
 g) Definir, ouvidas as associações representativas das famílias, e executar uma política de família com carácter global e integrado;
 h) Promover, através da concertação das várias políticas sectoriais, a conciliação da actividade profissional com a vida familiar.

Artigo 68.º – **(Paternidade e maternidade)**

1. Os pais e as mães têm direito à protecção da sociedade e do Estado na realização da sua insubstituível acção em relação aos filhos, nomeadamente quanto à sua educação, com garantia de realização profissional e de participação na vida cívica do país.
2. A maternidade e a paternidade constituem valores sociais eminentes.
3. As mulheres têm direito a especial protecção durante a gravidez e após o parto, tendo as mulheres trabalhadoras ainda direito a dispensa do trabalho por período adequado, sem perda da retribuição ou de quaisquer regalias.
4. A lei regula a atribuição às mães e aos pais de direitos de dispensa de trabalho por período adequado, de acordo com os interesses da criança e as necessidades do agregado familiar.

Artigo 69.º – **(Infância)**

1. As crianças têm direito à protecção da sociedade e do Estado, com vista ao seu desenvolvimento integral, especialmente contra todas as formas de abandono, de discriminação e de opressão e contra o exercício abusivo da autoridade na família e nas demais instituições.
2. O Estado assegura especial protecção às crianças órfãs, abandonadas ou por qualquer forma privadas de um ambiente familiar normal.
3. É proibido, nos termos da lei, o trabalho de menores em idade escolar.

Artigo 70.º – (**Juventude**)

1. Os jovens gozam de protecção especial para efectivação dos seus direitos económicos, sociais e culturais, nomeadamente:
   a) No ensino, na formação profissional e na cultura;
   b) No acesso ao primeiro emprego, no trabalho e na segurança social;
   c) No acesso à habitação;
   d) Na educação física e no desporto;
   e) No aproveitamento dos tempos livres.

2. A política de juventude deverá ter como objectivos prioritários o desenvolvimento da personalidade dos jovens, a criação de condições para a sua efectiva integração na vida activa, o gosto pela criação livre e o sentido de serviço à comunidade.

3. O Estado, em colaboração com as famílias, as escolas, as empresas, as organizações de moradores, as associações e fundações de fins culturais e as colectividades de cultura e recreio, fomenta e apoia as organizações juvenis na prossecução daqueles objectivos, bem como o intercâmbio internacional da juventude.

Artigo 71.º – (**Cidadãos portadores de deficiência**)

1. Os cidadãos portadores de deficiência física ou mental gozam plenamente dos direitos e estão sujeitos aos deveres consignados na Constituição, com ressalva do exercício ou do cumprimento daqueles para os quais se encontrem incapacitados.

2. O Estado obriga-se a realizar uma política nacional de prevenção e de tratamento, reabilitação e integração dos cidadãos portadores de deficiência e de apoio às suas famílias, a desenvolver uma pedagogia que sensibilize a sociedade quanto aos deveres de respeito e solidariedade para com eles e a assumir o encargo da efectiva realização dos seus direitos, sem prejuízo dos direitos e deveres dos pais ou tutores.

3. O Estado apoia as organizações de cidadãos portadores de deficiência.

Artigo 72.º – (**Terceira idade**)

1. As pessoas idosas têm direito à segurança económica e a condições de habitação e convívio familiar e comunitário que respeitem a sua autonomia pessoal e evitem e superem o isolamento ou a marginalização social.

2. A política de terceira idade engloba medidas de carácter económico, social e cultural tendentes a proporcionar às pessoas idosas oportunidades de realização pessoal, através de uma participação activa na vida da comunidade.

CAPÍTULO III – **Direitos e deveres culturais**

Artigo 73.º – (**Educação, cultura e ciência**)

1. Todos têm direito à educação e à cultura.

2. O Estado promove a democratização da educação e as demais condições para que a educação, realizada através da escola e de outros meios formativos, contribua para a igualdade de oportunidades, a superação das desigualdades económicas, sociais e culturais, o desenvolvimento da personalidade e do espírito de tolerância, de compreensão mútua, de solidariedade e de responsabilidade, para o progresso social e para a participação democrática na vida colectiva.

3. O Estado promove a democratização da cultura, incentivando e assegurando o acesso de todos os cidadãos à fruição e criação cultural, em colaboração com os órgãos

de comunicação social, as associações e fundações de fins culturais, as colectividades de cultura e recreio, as associações de defesa do património cultural, as organizações de moradores e outros agentes culturais.

4. A criação e a investigação científicas, bem como a inovação tecnológica, são incentivadas e apoiadas pelo Estado, por forma a assegurar a respectiva liberdade e autonomia, o reforço da competitividade e a articulação entre as instituições científicas e as empresas.

Artigo 74.º – **(Ensino)**

1. Todos têm direito ao ensino com garantia do direito à igualdade de oportunidades de acesso e êxito escolar.
2. Na realização da política de ensino incumbe ao Estado:
  a) Assegurar o ensino básico universal, obrigatório e gratuito;
  b) Criar um sistema público e desenvolver o sistema geral de educação pré-escolar;
  c) Garantir a educação permanente e eliminar o analfabetismo;
  d) Garantir a todos os cidadãos, segundo as suas capacidades, o acesso aos graus mais elevados do ensino, da investigação científica e da criação artística;
  e) Estabelecer progressivamente a gratuitidade de todos os graus de ensino;
  f) Inserir as escolas nas comunidades que servem e estabelecer a interligação do ensino e das actividades económicas, sociais e culturais;
  g) Promover e apoiar o acesso dos cidadãos portadores de deficiência ao ensino e apoiar o ensino especial, quando necessário;
  h) Proteger e valorizar a língua gestual portuguesa, enquanto expressão cultural e instrumento de acesso à educação e da igualdade de oportunidades;
  i) Assegurar aos filhos dos emigrantes o ensino da língua portuguesa e o acesso à cultura portuguesa;
  j) Assegurar aos filhos dos imigrantes apoio adequado para efectivação do direito ao ensino.

Artigo 75.º – **(Ensino público, particular e cooperativo)**

1. O Estado criará uma rede de estabelecimentos públicos de ensino que cubra as necessidades de toda a população.
2. O Estado reconhece e fiscaliza o ensino particular e cooperativo, nos termos da lei.

Artigo 76.º – **(Universidade e acesso ao ensino superior)**

1. O regime de acesso à Universidade e às demais instituições do ensino superior garante a igualdade de oportunidades e a democratização do sistema de ensino, devendo ter em conta as necessidades em quadros qualificados e a elevação do nível educativo, cultural e científico do país.
2. As universidades gozam, nos termos da lei, de autonomia estatutária, científica, pedagógica, administrativa e financeira, sem prejuízo de adequada avaliação da qualidade do ensino.

Artigo 77.º – **(Participação democrática no ensino)**

1. Os professores e alunos têm o direito de participar na gestão democrática das escolas, nos termos da lei.
2. A lei regula as formas de participação das associações de professores, de alunos, de pais, das comunidades e das instituições de carácter científico na definição da política de ensino.

Artigo 78.º – **(Fruição e criação cultural)**

1. Todos têm direito à fruição e criação cultural, bem como o dever de preservar, defender e valorizar o património cultural.
2. Incumbe ao Estado, em colaboração com todos os agentes culturais:

   a) Incentivar e assegurar o acesso de todos os cidadãos aos meios e instrumentos de acção cultural, bem como corrigir as assimetrias existentes no país em tal domínio;

   b) Apoiar as iniciativas que estimulem a criação individual e colectiva, nas suas múltiplas formas e expressões, e uma maior circulação das obras e dos bens culturais de qualidade;

   c) Promover a salvaguarda e a valorização do património cultural, tornando-o elemento vivificador da identidade cultural comum;

   d) Desenvolver as relações culturais com todos os povos, especialmente os de língua portuguesa, e assegurar a defesa e a promoção da cultura portuguesa no estrangeiro;

   e) Articular a política cultural e as demais políticas sectoriais.

Artigo 79.º – **(Cultura física e desporto)**

1. Todos têm direito à cultura física e ao desporto.
2. Incumbe ao Estado, em colaboração com as escolas e as associações e colectividades desportivas, promover, estimular, orientar e apoiar a prática e a difusão da cultura física e do desporto, bem como prevenir a violência no desporto.

PARTE II
ORGANIZAÇÃO ECONÓMICA

TÍTULO I – **Princípios gerais**

Artigo 80.º – **(Princípios fundamentais)**

A organização económico-social assenta nos seguintes princípios:

   a) Subordinação do poder económico ao poder político democrático;

   b) Coexistência do sector público, do sector privado e do sector cooperativo e social de propriedade dos meios de produção;

   c) Liberdade de iniciativa e de organização empresarial no âmbito de uma economia mista;

   d) Propriedade pública dos recursos naturais e de meios de produção, de acordo com o interesse colectivo;

   e) Planeamento democrático do desenvolvimento económico e social;

   f) Protecção do sector cooperativo e social de propriedade dos meios de produção;

   g) Participação das organizações representativas dos trabalhadores e das organizações representativas das actividades económicas na definição das principais medidas económicas e sociais.

Artigo 81.º – **(Incumbências prioritárias do Estado)**

Incumbe prioritariamente ao Estado no âmbito económico e social:

   a) Promover o aumento do bem-estar social e económico e da qualidade de vida das pessoas, em especial das mais desfavorecidas, no quadro de uma estratégia de desenvolvimento sustentável;

b) Promover a justiça social, assegurar a igualdade de oportunidades e operar as necessárias correcções das desigualdades na distribuição da riqueza e do rendimento, nomeadamente através da política fiscal;

c) Assegurar a plena utilização das forças produtivas, designadamente zelando pela eficiência do sector público;

d) Promover a coesão económica e social de todo o território nacional, orientando o desenvolvimento no sentido de um crescimento equilibrado de todos os sectores e regiões e eliminando progressivamente as diferenças económicas e sociais entre a cidade e o campo e entre o litoral e o interior;

e) Promover a correcção das desigualdades derivadas da insularidade das regiões autónomas e incentivar a sua progressiva integração em espaços económicos mais vastos, no âmbito nacional ou internacional;

f) Assegurar o funcionamento eficiente dos mercados, de modo a garantir a equilibrada concorrência entre as empresas, a contrariar as formas de organização monopolistas e a reprimir os abusos de posição dominante e outras práticas lesivas do interesse geral;

g) Desenvolver as relações económicas com todos os povos, salvaguardando sempre a independência nacional e os interesses dos portugueses e da economia do país;

h) Eliminar os latifúndios e reordenar o minifúndio;

i) Garantir a defesa dos interesses e os direitos dos consumidores;

j) Criar os instrumentos jurídicos e técnicos necessários ao planeamento democrático do desenvolvimento económico e social;

l) Assegurar uma política científica e tecnológica favorável ao desenvolvimento do país;

m) Adoptar uma política nacional de energia, com preservação dos recursos naturais e do equilíbrio ecológico, promovendo, neste domínio, a cooperação internacional;

n) Adoptar uma política nacional da água, com aproveitamento, planeamento e gestão racional dos recursos hídricos.

Artigo 82.º – **(Sectores de propriedade dos meios de produção)**

1. É garantida a coexistência de três sectores de propriedade dos meios de produção.

2. O sector público é constituído pelos meios de produção cujas propriedade e gestão pertencem ao Estado ou a outras entidades públicas.

3. O sector privado é constituído pelos meios de produção cuja propriedade ou gestão pertence a pessoas singulares ou colectivas privadas, sem prejuízo do disposto no número seguinte.

4. O sector cooperativo e social compreende especificamente:

a) Os meios de produção possuídos e geridos por cooperativas, em obediência aos princípios cooperativos, sem prejuízo das especificidades estabelecidas na lei para as cooperativas com participação pública, justificadas pela sua especial natureza;

b) Os meios de produção comunitários, possuídos e geridos por comunidades locais;

c) Os meios de produção objecto de exploração colectiva por trabalhadores;

d) Os meios de produção possuídos e geridos por pessoas colectivas, sem carácter lucrativo, que tenham como principal objectivo a solidariedade social, designadamente entidades de natureza mutualista.

Artigo 83.º – **(Requisitos de apropriação pública)**

A lei determina os meios e as formas de intervenção e de apropriação pública dos meios de produção, bem como os critérios de fixação da correspondente indemnização.

Artigo 84.º – **(Domínio público)**

1. Pertencem ao domínio público:

a) As águas territoriais com os seus leitos e os fundos marinhos contíguos, bem como os lagos, lagoas e cursos de água navegáveis ou flutuáveis, com os respectivos leitos;

b) As camadas aéreas superiores ao território acima do limite reconhecido ao proprietário ou superficiário;

c) Os jazigos minerais, as nascentes de águas mineromedicinais, as cavidades naturais subterrâneas existentes no subsolo, com excepção das rochas, terras comuns e outros materiais habitualmente usados na construção;

d) As estradas;

e) As linhas férreas nacionais;

f) Outros bens como tal classificados por lei.

2. A lei define quais os bens que integram o domínio público do Estado, o domínio público das regiões autónomas e o domínio público das autarquias locais, bem como o seu regime, condições de utilização e limites.

Artigo 85.º – **(Cooperativas e experiências de autogestão)**

1. O Estado estimula e apoia a criação e a actividade de cooperativas.

2. A lei definirá os benefícios fiscais e financeiros das cooperativas, bem como condições mais favoráveis à obtenção de crédito e auxílio técnico.

3. São apoiadas pelo Estado as experiências viáveis de autogestão.

Artigo 86.º – **(Empresas privadas)**

1. O Estado incentiva a actividade empresarial, em particular das pequenas e médias empresas, e fiscaliza o cumprimento das respectivas obrigações legais, em especial por parte das empresas que prossigam actividades de interesse económico geral.

2. O Estado só pode intervir na gestão de empresas privadas a título transitório, nos casos expressamente previstos na lei e, em regra, mediante prévia decisão judicial.

3. A lei pode definir sectores básicos nos quais seja vedada a actividade às empresas privadas e a outras entidades da mesma natureza.

Artigo 87.º – **(Actividade económica e investimentos estrangeiros)**

A lei disciplinará a actividade económica e os investimentos por parte de pessoas singulares ou colectivas estrangeiras, a fim de garantir a sua contribuição para o desenvolvimento do país e defender a independência nacional e os interesses dos trabalhadores.

Artigo 88.º – **(Meios de produção em abandono)**

1. Os meios de produção em abandono podem ser expropriados em condições a fixar pela lei, que terá em devida conta a situação específica da propriedade dos trabalhadores emigrantes.

2. Os meios de produção em abandono injustificado podem ainda ser objecto de arrendamento ou de concessão de exploração compulsivos, em condições a fixar por lei.

Artigo 89.º – **Participação dos trabalhadores na gestão**

Nas unidades de produção do sector público é assegurada uma participação efectiva dos trabalhadores na respectiva gestão.

TÍTULO II – Planos

Artigo 90.º – (Objectivos dos planos)

Os planos de desenvolvimento económico e social têm por objectivo promover o crescimento económico, o desenvolvimento harmonioso e integrado de sectores e regiões, a justa repartição individual e regional do produto nacional, a coordenação da política económica com as políticas social, educativa e cultural, a defesa do mundo rural, a preservação do equilíbrio ecológico, a defesa do ambiente e a qualidade de vida do povo português.

Artigo 91.º – (Elaboração e execução dos planos)

1. Os planos nacionais são elaborados de harmonia com as respectivas leis das grandes opções, podendo integrar programas específicos de âmbito territorial e de natureza sectorial.
2. As propostas de lei das grandes opções são acompanhadas de relatórios que as fundamentem.
3. A execução dos planos nacionais é descentralizada, regional e sectorialmente.

Artigo 92.º – (Conselho Económico e Social)

1. O Conselho Económico e Social é o órgão de consulta e concertação no domínio das políticas económica e social, participa na elaboração das propostas das grandes opções e dos planos de desenvolvimento económico e social e exerce as demais funções que lhe sejam atribuídas por lei.
2. A lei define a composição do Conselho Económico e Social, do qual farão parte, designadamente, representantes do Governo, das organizações representativas dos trabalhadores, das actividades económicas e das famílias, das regiões autónomas e das autarquias locais.
3. A lei define ainda a organização e o funcionamento do Conselho Económico e Social, bem como o estatuto dos seus membros.

TÍTULO III – Políticas agrícola, comercial e industrial

Artigo 93.º – (Objectivos da política agrícola)

1. São objectivos da política agrícola:
    a) Aumentar a produção e a produtividade da agricultura, dotando-a das infra-estruturas e dos meios humanos, técnicos e financeiros adequados, tendentes ao reforço da competitividade e a assegurar a qualidade dos produtos, a sua eficaz comercialização, o melhor abastecimento do país e o incremento da exportação;
    b) Promover a melhoria da situação económica, social e cultural dos trabalhadores rurais e dos agricultores, o desenvolvimento do mundo rural, a racionalização das estruturas fundiárias, a modernização do tecido empresarial e o acesso à propriedade ou à posse da terra e demais meios de produção directamente utilizados na sua exploração por parte daqueles que a trabalham;
    c) Criar as condições necessárias para atingir a igualdade efectiva dos que trabalham na agricultura com os demais trabalhadores e evitar que o sector agrícola seja desfavorecido nas relações de troca com os outros sectores;

d) Assegurar o uso e a gestão racionais dos solos e dos restantes recursos naturais, bem como a manutenção da sua capacidade de regeneração;

e) Incentivar o associativismo dos agricultores e a exploração directa da terra.

2. O Estado promoverá uma política de ordenamento e reconversão agrária e de desenvolvimento florestal, de acordo com os condicionalismos ecológicos e sociais do país.

Artigo 94.º – (**Eliminação dos latifúndios**)

1. O redimensionamento das unidades de exploração agrícola que tenham dimensão excessiva do ponto de vista dos objectivos da política agrícola será regulado por lei, que deverá prever, em caso de expropriação, o direito do proprietário à correspondente indemnização e à reserva de área suficiente para a viabilidade e a racionalidade da sua própria exploração.

2. As terras expropriadas serão entregues a título de propriedade ou de posse, nos termos da lei, a pequenos agricultores, de preferência integrados em unidades de exploração familiar, a cooperativas de trabalhadores rurais ou de pequenos agricultores ou a outras formas de exploração por trabalhadores, sem prejuízo da estipulação de um período probatório da efectividade e da racionalidade da respectiva exploração antes da outorga da propriedade plena.

Artigo 95.º – (**Redimensionamento do minifúndio**)

Sem prejuízo do direito de propriedade, o Estado promoverá, nos termos da lei, o redimensionamento das unidades de exploração agrícola com dimensão inferior à adequada do ponto de vista dos objectivos da política agrícola, nomeadamente através de incentivos jurídicos, fiscais e creditícios à sua integração estrutural ou meramente económica, designadamente cooperativa, ou por recurso a medidas de emparcelamento.

Artigo 96.º – (**Formas de exploração de terra alheia**)

1. Os regimes de arrendamento e de outras formas de exploração de terra alheia serão regulados por lei de modo a garantir a estabilidade e os legítimos interesses do cultivador.

2. São proibidos os regimes de aforamento e colonia e serão criadas condições aos cultivadores para a efectiva abolição do regime de parceria agrícola.

Artigo 97.º – (**Auxílio do Estado**)

1. Na prossecução dos objectivos da política agrícola, o Estado apoiará preferencialmente os pequenos e médios agricultores, nomeadamente quando integrados em unidades de exploração familiar, individualmente ou associados em cooperativas, bem como as cooperativas de trabalhadores agrícolas e outras formas de exploração por trabalhadores.

2. O apoio do Estado compreende, designadamente:

a) Concessão de assistência técnica;

b) Criação de formas de apoio à comercialização a montante e a jusante da produção;

c) Apoio à cobertura de riscos resultantes dos acidentes climatéricos e fitopatológicos imprevisíveis ou incontroláveis;

d) Estímulos ao associativismo dos trabalhadores rurais e dos agricultores, nomeadamente à constituição por eles de cooperativas de produção, de compra, de venda, de transformação e de serviços e ainda de outras formas de exploração por trabalhadores.

Artigo 98.º – **(Participação na definição da política agrícola)**

Na definição da política agrícola, é assegurada a participação dos trabalhadores rurais e dos agricultores através das suas organizações representativas.

Artigo 99.º – **(Objectivos da política comercial)**

São objectivos da política comercial:
 a) A concorrência salutar dos agentes mercantis;
 b) A racionalização dos circuitos de distribuição;
 c) O combate às actividades especulativas e às práticas comerciais restritivas;
 d) O desenvolvimento e a diversificação das relações económicas externas;
 e) A protecção dos consumidores.

Artigo 100.º – **(Objectivos da política industrial)**

São objectivos da política industrial:
 a) O aumento da produção industrial num quadro de modernização e ajustamento de interesses sociais e económicos e de integração internacional da economia portuguesa;
 b) O reforço da inovação industrial e tecnológica;
 c) O aumento da competitividade e da produtividade das empresas industriais;
 d) O apoio às pequenas e médias empresas e, em geral, às iniciativas e empresas geradoras de emprego e fomentadoras de exportação ou de substituição de importações;
 e) O apoio à projecção internacional das empresas portuguesas.

TÍTULO IV – Sistema financeiro e fiscal

Artigo 101.º – **(Sistema financeiro)**

O sistema financeiro é estruturado por lei, de modo a garantir a formação, a captação e a segurança das poupanças, bem como a aplicação dos meios financeiros necessários ao desenvolvimento económico e social.

Artigo 102.º – **(Banco de Portugal)**

O Banco de Portugal é o banco central nacional e exerce as suas funções nos termos da lei e das normas internacionais a que o Estado Português se vincule.

Artigo 103.º – **(Sistema fiscal)**

1. O sistema fiscal visa a satisfação das necessidades financeiras do Estado e outras entidades públicas e uma repartição justa dos rendimentos e da riqueza.
2. Os impostos são criados por lei, que determina a incidência, a taxa, os benefícios fiscais e as garantias dos contribuintes.
3. Ninguém pode ser obrigado a pagar impostos que não hajam sido criados nos termos da Constituição, que tenham natureza retroactiva ou cuja liquidação e cobrança se não façam nos termos da lei.

Artigo 104.º – **(Impostos)**

1. O imposto sobre o rendimento pessoal visa a diminuição das desigualdades e será único e progressivo, tendo em conta as necessidades e os rendimentos do agregado familiar.

2. A tributação das empresas incide fundamentalmente sobre o seu rendimento real.
3. A tributação do património deve contribuir para a igualdade entre os cidadãos.
4. A tributação do consumo visa adaptar a estrutura do consumo à evolução das necessidades do desenvolvimento económico e da justiça social, devendo onerar os consumos de luxo.

Artigo 105.º – (Orçamento)

1. O Orçamento do Estado contém:
 a) A discriminação das receitas e despesas do Estado, incluindo as dos fundos e serviços autónomos;
 b) O orçamento da segurança social.
2. O Orçamento é elaborado de harmonia com as grandes opções em matéria de planeamento e tendo em conta as obrigações decorrentes de lei ou de contrato.
3. O Orçamento é unitário e especifica as despesas segundo a respectiva classificação orgânica e funcional, de modo a impedir a existência de dotações e fundos secretos, podendo ainda ser estruturado por programas.
4. O Orçamento prevê as receitas necessárias para cobrir as despesas, definindo a lei as regras da sua execução, as condições a que deverá obedecer o recurso ao crédito público e os critérios que deverão presidir às alterações que, durante a execução, poderão ser introduzidas pelo Governo nas rubricas de classificação orgânica no âmbito de cada programa orçamental aprovado pela Assembleia da República, tendo em vista a sua plena realização.

Artigo 106.º – (Elaboração do Orçamento)

1. A lei do Orçamento é elaborada, organizada, votada e executada, anualmente, de acordo com a respectiva lei de enquadramento, que incluirá o regime atinente à elaboração e execução dos orçamentos dos fundos e serviços autónomos.
2. A proposta de Orçamento é apresentada e votada nos prazos fixados na lei, a qual prevê os procedimentos a adoptar quando aqueles não puderem ser cumpridos.
3. A proposta de Orçamento é acompanhada de relatórios sobre:
 a) A previsão da evolução dos principais agregados macroeconómicos com influência no Orçamento, bem como da evolução da massa monetária e suas contrapartidas;
 b) A justificação das variações de previsões das receitas e despesas relativamente ao Orçamento anterior;
 c) A dívida pública, as operações de tesouraria e as contas do Tesouro;
 d) A situação dos fundos e serviços autónomos;
 e) As transferências de verbas para as regiões autónomas e as autarquias locais;
 f) As transferências financeiras entre Portugal e o exterior com incidência na proposta do Orçamento;
 g) Os benefícios fiscais e a estimativa da receita cessante.

Artigo 107.º – (Fiscalização)

A execução do Orçamento será fiscalizada pelo Tribunal de Contas e pela Assembleia da República, que, precedendo parecer daquele tribunal, apreciará e aprovará a Conta Geral do Estado, incluindo a da segurança social.

PARTE III
ORGANIZAÇÃO DO PODER POLÍTICO

TÍTULO I – Princípios gerais

Artigo 108.º – **(Titularidade e exercício do poder)**
O poder político pertence ao povo e é exercido nos termos da Constituição.

Artigo 109.º – **(Participação política dos cidadãos)**
A participação directa e activa de homens e mulheres na vida política constitui condição e instrumento fundamental de consolidação do sistema democrático, devendo a lei promover a igualdade no exercício dos direitos cívicos e políticos e a não discriminação em função do sexo no acesso a cargos políticos.

Artigo 110.º – **(Órgãos de soberania)**
1. São órgãos de soberania o Presidente da República, a Assembleia da República, o Governo e os Tribunais.
2. A formação, a composição, a competência e o funcionamento dos órgãos de soberania são os definidos na Constituição.

Artigo 111.º – **(Separação e interdependência)**
1. Os órgãos de soberania devem observar a separação e a interdependência estabelecidas na Constituição.
2. Nenhum órgão de soberania, de região autónoma ou de poder local pode delegar os seus poderes noutros órgãos, a não ser nos casos e nos termos expressamente previstos na Constituição e na lei.

Artigo 112.º – **(Actos normativos)**
1. São actos legislativos as leis, os decretos-leis e os decretos legislativos regionais.
2. As leis e os decretos-leis têm igual valor, sem prejuízo da subordinação às correspondentes leis dos decretos-leis publicados no uso de autorização legislativa e dos que desenvolvam as bases gerais dos regimes jurídicos.
3. Têm valor reforçado, além das leis orgânicas, as leis que carecem de aprovação por maioria de dois terços, bem como aquelas que, por força da Constituição, sejam pressuposto normativo necessário de outras leis ou que por outras devam ser respeitadas.
4. Os decretos legislativos têm âmbito regional e versam sobre matérias enunciadas no estatuto político-administrativo da respectiva região autónoma que não estejam reservadas aos órgãos de soberania, sem prejuízo do disposto nas alíneas *b*) e *c*) do n.º 1 do artigo 227.º
5. Nenhuma lei pode criar outras categorias de actos legislativos ou conferir a actos de outra natureza o poder de, com eficácia externa, interpretar, integrar, modificar, suspender ou revogar qualquer dos seus preceitos.
6. Os regulamentos do Governo revestem a forma de decreto regulamentar quando tal seja determinado pela lei que regulamentam, bem como no caso de regulamentos independentes.
7. Os regulamentos devem indicar expressamente as leis que visam regulamentar ou que definem a competência subjectiva e objectiva para a sua emissão.

8. A transposição de actos jurídicos da União Europeia para a ordem jurídica interna assume a forma de lei, decreto-lei ou, nos termos do disposto no n.º 4, decreto legislativo regional.

Artigo 113.º – **(Princípios gerais de Direito Eleitoral)**

1. O sufrágio directo, secreto e periódico constitui a regra geral de designação dos titulares dos órgãos electivos da soberania, das regiões autónomas e do poder local.
2. O recenseamento eleitoral é oficioso, obrigatório, permanente e único para todas as eleições por sufrágio directo e universal, sem prejuízo do disposto nos n.os 4 e 5 do artigo 15.º e no n.º 2 do artigo 121.º
3. As campanhas eleitorais regem-se pelos seguintes princípios:
   a) Liberdade de propaganda;
   b) Igualdade de oportunidades e de tratamento das diversas candidaturas;
   c) Imparcialidade das entidades públicas perante as candidaturas;
   d) Transparência e fiscalização das contas eleitorais.
4. Os cidadãos têm o dever de colaborar com a administração eleitoral, nas formas previstas na lei.
5. A conversão dos votos em mandatos far-se-á de harmonia com o princípio da representação proporcional.
6. No acto de dissolução de órgãos colegiais baseados no sufrágio directo tem de ser marcada a data das novas eleições, que se realizarão nos sessenta dias seguintes e pela lei eleitoral vigente ao tempo da dissolução, sob pena de inexistência jurídica daquele acto.
7. O julgamento da regularidade e da validade dos actos de processo eleitoral compete aos tribunais.

Artigo 114.º – **(Partidos políticos e direito de oposição)**

1. Os partidos políticos participam nos órgãos baseados no sufrágio universal e directo, de acordo com a sua representatividade eleitoral.
2. É reconhecido às minorias o direito de oposição democrática, nos termos da Constituição e da lei.
3. Os partidos políticos representados na Assembleia da República e que não façam parte do Governo gozam, designadamente, do direito de serem informados regular e directamente pelo Governo sobre o andamento dos principais assuntos de interesse público, de igual direito gozando os partidos políticos representados nas Assembleias Legislativas das regiões autónomas e em quaisquer outras assembleias designadas por eleição directa relativamente aos correspondentes executivos de que não façam parte.

Artigo 115.º – **(Referendo)**

1. Os cidadãos eleitores recenseados no território nacional podem ser chamados a pronunciar-se directamente, a título vinculativo, através de referendo, por decisão do Presidente da República, mediante proposta da Assembleia da República ou do Governo, em matérias das respectivas competências, nos casos e nos termos previstos na Constituição e na lei.
2. O referendo pode ainda resultar da iniciativa de cidadãos dirigida à Assembleia da República, que será apresentada e apreciada nos termos e nos prazos fixados por lei.
3. O referendo só pode ter por objecto questões de relevante interesse nacional que devam ser decididas pela Assembleia da República ou pelo Governo através da aprovação de convenção internacional ou de acto legislativo.

4. São excluídas do âmbito do referendo:
a) As alterações à Constituição;
b) As questões e os actos de conteúdo orçamental, tributário ou financeiro;
c) As matérias previstas no artigo 161.º da Constituição, sem prejuízo do disposto no número seguinte;
d) As matérias previstas no artigo 164.º da Constituição, com excepção do disposto na alínea i).

5. O disposto no número anterior não prejudica a submissão a referendo das questões de relevante interesse nacional que devam ser objecto de convenção internacional, nos termos da alínea i) do artigo 161.º da Constituição, excepto quando relativas à paz e à rectificação de fronteiras.

6. Cada referendo recairá sobre uma só matéria, devendo as questões ser formuladas com objectividade, clareza e precisão e para respostas de sim ou não, num número máximo de perguntas a fixar por lei, a qual determinará igualmente as demais condições de formulação e efectivação de referendos.

7. São excluídas a convocação e a efectivação de referendos entre a data da convocação e a da realização de eleições gerais para os órgãos de soberania, de governo próprio das regiões autónomas e do poder local, bem como de Deputados ao Parlamento Europeu.

8. O Presidente da República submete a fiscalização preventiva obrigatória da constitucionalidade e da legalidade as propostas de referendo que lhe tenham sido remetidas pela Assembleia da República ou pelo Governo.

9. São aplicáveis ao referendo, com as necessárias adaptações, as normas constantes dos n.ºs 1, 2, 3, 4 e 7 do artigo 113.º

10. As propostas de referendo recusadas pelo Presidente da República ou objecto de resposta negativa do eleitorado não podem ser renovadas na mesma sessão legislativa, salvo nova eleição da Assembleia da República, ou até à demissão do Governo.

11. O referendo só tem efeito vinculativo quando o número de votantes for superior a metade dos eleitores inscritos no recenseamento.

12. Nos referendos são chamados a participar cidadãos residentes no estrangeiro, regularmente recenseados ao abrigo do disposto no n.º 2 do artigo 121.º, quando recaiam sobre matéria que lhes diga também especificamente respeito.

13. Os referendos podem ter âmbito regional, nos termos previstos no n.º 2 do artigo 232.º

Artigo 116.º – (**Órgãos colegiais**)

1. As reuniões das assembleias que funcionem como órgãos de soberania, das regiões autónomas ou do poder local são públicas, excepto nos casos previstos na lei.

2. As deliberações dos órgãos colegiais são tomadas com a presença da maioria do número legal dos seus membros.

3. Salvo nos casos previstos na Constituição, na lei e nos respectivos regimentos, as deliberações dos órgãos colegiais são tomadas à pluralidade de votos, não contando as abstenções para o apuramento da maioria.

Artigo 117.º – (**Estatuto dos titulares de cargos políticos**)

1. Os titulares de cargos políticos respondem política, civil e criminalmente pelas acções e omissões que pratiquem no exercício das suas funções.

2. A lei dispõe sobre os deveres, responsabilidades e incompatibilidades dos titulares de cargos políticos, as consequências do respectivo incumprimento, bem como sobre os respectivos direitos, regalias e imunidades.

3. A lei determina os crimes de responsabilidade dos titulares de cargos políticos, bem como as sanções aplicáveis e os respectivos efeitos, que podem incluir a destituição do cargo ou a perda do mandato.

Artigo 118.º – **(Princípio da renovação)**

1. Ninguém pode exercer a título vitalício qualquer cargo político de âmbito nacional, regional ou local.

2. A lei pode determinar limites à renovação sucessiva de mandatos dos titulares de cargos políticos executivos.

Artigo 119.º – **(Publicidade dos actos)**

1. São publicados no jornal oficial, *Diário da República*:
   a) As leis constitucionais;
   b) As convenções internacionais e os respectivos avisos de ratificação, bem como os restantes avisos a elas respeitantes;
   c) As leis, os decretos-leis e os decretos legislativos regionais;
   d) Os decretos do Presidente da República;
   e) As resoluções da Assembleia da República e das Assembleias Legislativas das regiões autónomas;
   f) Os regimentos da Assembleia da República, do Conselho de Estado e das Assembleias Legislativas das regiões autónomas;
   g) As decisões do Tribunal Constitucional, bem como as dos outros tribunais a que a lei confira força obrigatória geral;
   h) Os decretos regulamentares e os demais decretos e regulamentos do Governo, bem como os decretos dos Representantes da República para as regiões autónomas e os decretos regulamentares regionais;
   i) Os resultados de eleições para os órgãos de soberania, das regiões autónomas e do poder local, bem como para o Parlamento Europeu e ainda os resultados de referendos de âmbito nacional e regional.

2. A falta de publicidade dos actos previstos nas alíneas a) a h) do número anterior e de qualquer acto de conteúdo genérico dos órgãos de soberania, das regiões autónomas e do poder local implica a sua ineficácia jurídica.

3. A lei determina as formas de publicidade dos demais actos e as consequências da sua falta.

TÍTULO II – **Presidente da República**

CAPÍTULO I – **Estatuto e eleição**

Artigo 120.º – **(Definição)**

O Presidente da República representa a República Portuguesa, garante a independência nacional, a unidade do Estado e o regular funcionamento das instituições democráticas e é, por inerência, Comandante Supremo das Forças Armadas.

Artigo 121.º – **(Eleição)**

1. O Presidente da República é eleito por sufrágio universal, directo e secreto dos cidadãos portugueses eleitores recenseados no território nacional, bem como dos cidadãos portugueses residentes no estrangeiro nos termos do número seguinte.

2. A lei regula o exercício do direito de voto dos cidadãos portugueses residentes no estrangeiro, devendo ter em conta a existência de laços de efectiva ligação à comunidade nacional.

3. O direito de voto no território nacional é exercido presencialmente.

Artigo 122.º – **(Elegibilidade)**

São elegíveis os cidadãos eleitores, portugueses de origem, maiores de 35 anos.

Artigo 123.º – **(Reelegibilidade)**

1. Não é admitida a reeleição para um terceiro mandato consecutivo, nem durante o quinquénio imediatamente subsequente ao termo do segundo mandato consecutivo.

2. Se o Presidente da República renunciar ao cargo, não poderá candidatar-se nas eleições imediatas nem nas que se realizem no quinquénio imediatamente subsequente à renúncia.

Artigo 124.º – **(Candidaturas)**

1. As candidaturas para Presidente da República são propostas por um mínimo de 7 500 e um máximo de 15 000 cidadãos eleitores.

2. As candidaturas devem ser apresentadas até trinta dias antes da data marcada para a eleição, perante o Tribunal Constitucional.

3. Em caso de morte de qualquer candidato ou de qualquer outro facto que o incapacite para o exercício da função presidencial, será reaberto o processo eleitoral, nos termos a definir por lei.

Artigo 125.º – **(Data da eleição)**

1. O Presidente da República será eleito nos sessenta dias anteriores ao termo do mandato do seu antecessor ou nos sessenta dias posteriores à vagatura do cargo.

2. A eleição não poderá efectuar-se nos noventa dias anteriores ou posteriores à data de eleições para a Assembleia da República.

3. No caso previsto no número anterior, a eleição efectuar-se-á nos dez dias posteriores ao final do período aí estabelecido, sendo o mandato do Presidente cessante automaticamente prolongado pelo período necessário.

Artigo 126.º – **(Sistema eleitoral)**

1. Será eleito Presidente da República o candidato que obtiver mais de metade dos votos validamente expressos, não se considerando como tal os votos em branco.

2. Se nenhum dos candidatos obtiver esse número de votos, proceder-se-á a segundo sufrágio até ao vigésimo primeiro dia subsequente à primeira votação.

3. A este sufrágio concorrerão apenas os dois candidatos mais votados que não tenham retirado a candidatura.

Artigo 127.º – **(Posse e juramento)**

1. O Presidente eleito toma posse perante a Assembleia da República.

2. A posse efectua-se no último dia do mandato do Presidente cessante ou, no caso de eleição por vagatura, no oitavo dia subsequente ao dia da publicação dos resultados eleitorais.

3. No acto de posse, o Presidente da República eleito prestará a seguinte declaração de compromisso:

Juro por minha honra desempenhar fielmente as funções em que fico investido e defender, cumprir e fazer cumprir a Constituição da República Portuguesa.

Artigo 128.º – (**Mandato**)

1. O mandato do Presidente da República tem a duração de cinco anos e termina com a posse do novo Presidente eleito.
2. Em caso de vagatura, o Presidente da República a eleger inicia um novo mandato.

Artigo 129.º – (**Ausência do território nacional**)

1. O Presidente da República não pode ausentar-se do território nacional sem o assentimento da Assembleia da República ou da sua Comissão Permanente, se aquela não estiver em funcionamento.
2. O assentimento é dispensado nos casos de passagem em trânsito ou de viagem sem carácter oficial de duração não superior a cinco dias, devendo, porém, o Presidente da República dar prévio conhecimento delas à Assembleia da República.
3. A inobservância do disposto no n.º 1 envolve, de pleno direito, a perda do cargo.

Artigo 130.º – (**Responsabilidade criminal**)

1. Por crimes praticados no exercício das suas funções, o Presidente da República responde perante o Supremo Tribunal de Justiça.
2. A iniciativa do processo cabe à Assembleia da República, mediante proposta de um quinto e deliberação aprovada por maioria de dois terços dos Deputados em efectividade de funções.
3. A condenação implica a destituição do cargo e a impossibilidade de reeleição.
4. Por crimes estranhos ao exercício das suas funções o Presidente da República responde depois de findo o mandato perante os tribunais comuns.

Artigo 131.º – (**Renúncia ao mandato**)

1. O Presidente da República pode renunciar ao mandato em mensagem dirigida à Assembleia da República.
2. A renúncia torna-se efectiva com o conhecimento da mensagem pela Assembleia da República, sem prejuízo da sua ulterior publicação no *Diário da República*.

Artigo 132.º – (**Substituição interina**)

1. Durante o impedimento temporário do Presidente da República, bem como durante a vagatura do cargo até tomar posse o novo Presidente eleito, assumirá as funções o Presidente da Assembleia da República ou, no impedimento deste, o seu substituto.
2. Enquanto exercer interinamente as funções de Presidente da República, o mandato de Deputado do Presidente da Assembleia da República ou do seu substituto suspende-se automaticamente.
3. O Presidente da República, durante o impedimento temporário, mantém os direitos e regalias inerentes à sua função.
4. O Presidente da República interino goza de todas as honras e prerrogativas da função, mas os direitos que lhe assistem são os do cargo para que foi eleito.

CAPÍTULO II – Competência

Artigo 133.º – (**Competência quanto a outros órgãos**)

Compete ao Presidente da República, relativamente a outros órgãos:
a) Presidir ao Conselho de Estado;

b) Marcar, de harmonia com a lei eleitoral, o dia das eleições do Presidente da República, dos Deputados à Assembleia da República, dos Deputados ao Parlamento Europeu e dos deputados às Assembleias Legislativas das regiões autónomas;

c) Convocar extraordinariamente a Assembleia da República;

d) Dirigir mensagens à Assembleia da República e às Assembleias Legislativas das regiões autónomas;

e) Dissolver a Assembleia da República, observado o disposto no artigo 172.°, ouvidos os partidos nela representados e o Conselho de Estado;

f) Nomear o Primeiro-Ministro, nos termos do n.° 1 do artigo 187.°;

g) Demitir o Governo, nos termos do n.° 2 do artigo 195.°, e exonerar o Primeiro--Ministro, nos termos do n.° 4 do artigo 186.°;

h) Nomear e exonerar os membros do Governo, sob proposta do Primeiro-Ministro;

i) Presidir ao Conselho de Ministros, quando o Primeiro-Ministro lho solicitar;

j) Dissolver as Assembleias Legislativas das regiões autónomas, ouvidos o Conselho de Estado e os partidos nelas representados, observado o disposto no artigo 172.°, com as necessárias adaptações;

l) Nomear e exonerar, ouvido o Governo, os Representantes da República para as regiões autónomas;

m) Nomear e exonerar, sob proposta do Governo, o presidente do Tribunal de Contas e o Procurador-Geral da República;

n) Nomear cinco membros do Conselho de Estado e dois vogais do Conselho Superior da Magistratura;

o) Presidir ao Conselho Superior de Defesa Nacional;

p) Nomear e exonerar, sob proposta do Governo, o Chefe do Estado-Maior-General das Forças Armadas, o Vice-Chefe do Estado-Maior-General das Forças Armadas, quando exista, e os Chefes de Estado-Maior dos três ramos das Forças Armadas, ouvido, nestes dois últimos casos, o Chefe do Estado-Maior-General das Forças Armadas.

Artigo 134.° – (**Competência para prática de actos próprios**)

Compete ao Presidente da República, na prática de actos próprios:

a) Exercer as funções de Comandante Supremo das Forças Armadas;

b) Promulgar e mandar publicar as leis, os decretos-leis e os decretos regulamentares, assinar as resoluções da Assembleia da República que aprovem acordos internacionais e os restantes decretos do Governo;

c) Submeter a referendo questões de relevante interesse nacional, nos termos do artigo 115.°, e as referidas no n.° 2 do artigo 232.° e no n.° 3 do artigo 256.°;

d) Declarar o estado de sítio ou o estado de emergência, observado o disposto nos artigos 19.° e 138.°;

e) Pronunciar-se sobre todas as emergências graves para a vida da República;

f) Indultar e comutar penas, ouvido o Governo;

g) Requerer ao Tribunal Constitucional a apreciação preventiva da constitucionalidade de normas constantes de leis, decretos-leis e convenções internacionais;

h) Requerer ao Tribunal Constitucional a declaração de inconstitucionalidade de normas jurídicas, bem como a verificação de inconstitucionalidade por omissão;

i) Conferir condecorações, nos termos da lei, e exercer a função de grão-mestre das ordens honoríficas portuguesas.

Artigo 135.° – (**Competência nas relações internacionais**)

Compete ao Presidente da República, nas relações internacionais:

a) Nomear os embaixadores e os enviados extraordinários, sob proposta do Governo, e acreditar os representantes diplomáticos estrangeiros;
b) Ratificar os tratados internacionais, depois de devidamente aprovados;
c) Declarar a guerra em caso de agressão efectiva ou iminente e fazer a paz, sob proposta do Governo, ouvido o Conselho de Estado e mediante autorização da Assembleia da República, ou, quando esta não estiver reunida nem for possível a sua reunião imediata, da sua Comissão Permanente.

Artigo 136.º – **(Promulgação e veto)**

1. No prazo de vinte dias contados da recepção de qualquer decreto da Assembleia da República para ser promulgado como lei, ou da publicação da decisão do Tribunal Constitucional que não se pronuncie pela inconstitucionalidade de norma dele constante, deve o Presidente da República promulgá-lo ou exercer o direito de veto, solicitando nova apreciação do diploma em mensagem fundamentada.
2. Se a Assembleia da República confirmar o voto por maioria absoluta dos Deputados em efectividade de funções, o Presidente da República deverá promulgar o diploma no prazo de oito dias a contar da sua recepção.
3. Será, porém, exigida a maioria de dois terços dos Deputados presentes, desde que superior à maioria absoluta dos Deputados em efectividade de funções, para a confirmação dos decretos que revistam a forma de lei orgânica, bem como dos que respeitem às seguintes matérias:
a) Relações externas;
b) Limites entre o sector público, o sector privado e o sector cooperativo e social de propriedade dos meios de produção;
c) Regulamentação dos actos eleitorais previstos na Constituição, que não revista a forma de lei orgânica.
4. No prazo de quarenta dias contados da recepção de qualquer decreto do Governo para ser promulgado, ou da publicação da decisão do Tribunal Constitucional que não se pronuncie pela inconstitucionalidade de norma dele constante, deve o Presidente da República promulgá-lo ou exercer o direito de veto, comunicando por escrito ao Governo o sentido do veto.
5. O Presidente da República exerce ainda o direito de veto nos termos dos artigos 278.º e 279.º

Artigo 137.º – **(Falta de promulgação ou de assinatura)**

A falta de promulgação ou de assinatura pelo Presidente da República de qualquer dos actos previstos na alínea *b)* do artigo 134.º implica a sua inexistência jurídica.

Artigo 138.º – **(Declaração do estado de sítio ou do estado de emergência)**

1. A declaração do estado de sítio ou do estado de emergência depende de audição do Governo e de autorização da Assembleia da República ou, quando esta não estiver reunida nem for possível a sua reunião imediata, da respectiva Comissão Permanente.
2. A declaração do estado de sítio ou do estado de emergência, quando autorizada pela Comissão Permanente da Assembleia da República, terá de ser confirmada pelo Plenário logo que seja possível reuni-lo.

Artigo 139.º – **(Actos do Presidente da República interino)**

1. O Presidente da República interino não pode praticar qualquer dos actos previstos nas alíneas *e)* e *n)* do artigo 133.º e na alínea *c)* do artigo 134.º

2. O Presidente da República interino só pode praticar qualquer dos actos previstos nas alíneas *b*), *c*), *f*), *m*) e *p*) do artigo 133.°, na alínea *a*) do artigo 134.° e na alínea *a*) do artigo 135.°, após audição do Conselho de Estado.

Artigo 140.° – (**Referenda ministerial**)

1. Carecem de referenda do Governo os actos do Presidente da República praticados ao abrigo das alíneas *h*), *j*), *l*), *m*) e *p*) do artigo 133.°, das alíneas *b*), *d*) e *f*) do artigo 134.° e das alíneas *a*), *b*) e *c*) do artigo 135.°
2. A falta de referenda determina a inexistência jurídica do acto.

CAPÍTULO III – Conselho de Estado

Artigo 141.° – (**Definição**)

O Conselho de Estado é o órgão político de consulta do Presidente da República.

Artigo 142.° – (**Composição**)

O Conselho de Estado é presidido pelo Presidente da República e composto pelos seguintes membros:
 a) O Presidente da Assembleia da República;
 b) O Primeiro-Ministro;
 c) O Presidente do Tribunal Constitucional;
 d) O Provedor de Justiça;
 e) Os presidentes dos Governos Regionais;
 f) Os antigos presidentes da República eleitos na vigência da Constituição que não hajam sido destituídos do cargo;
 g) Cinco cidadãos designados pelo Presidente da República pelo período correspondente à duração do seu mandato;
 h) Cinco cidadãos eleitos pela Assembleia da República, de harmonia com o princípio da representação proporcional, pelo período correspondente à duração da legislatura.

Artigo 143.° – (**Posse e mandato**)

1. Os membros do Conselho de Estado são empossados pelo Presidente da República.
2. Os membros do Conselho de Estado previstos nas alíneas *a*) a *e*) do artigo 142.° mantêm-se em funções enquanto exercerem os respectivos cargos.
3. Os membros do Conselho de Estado previstos nas alíneas *g*) e *h*) do artigo 142.° mantêm-se em funções até à posse dos que os substituírem no exercício dos respectivos cargos.

Artigo 144.° – (**Organização e funcionamento**)

1. Compete ao Conselho de Estado elaborar o seu regimento.
2. As reuniões do Conselho de Estado não são públicas.

Artigo 145.° – (**Competência**)

Compete ao Conselho de Estado:
 a) Pronunciar-se sobre a dissolução da Assembleia da República e das Assembleias Legislativas das regiões autónomas;

b) Pronunciar-se sobre a demissão do Governo, no caso previsto no n.º 2 do artigo 195.º;

c) Pronunciar-se sobre a declaração da guerra e a feitura da paz;

d) Pronunciar-se sobre os actos do Presidente da República interino referidos no artigo 139.º;

e) Pronunciar-se nos demais casos previstos na Constituição e, em geral, aconselhar o Presidente da República no exercício das suas funções, quando este lho solicitar.

Artigo 146.º – **(Emissão dos pareceres)**

Os pareceres do Conselho de Estado previstos nas alíneas *a)* a *e)* do artigo 145.º são emitidos na reunião que para o efeito for convocada pelo Presidente da República e tornados públicos quando da prática do acto a que se referem.

TÍTULO III – Assembleia da República

CAPÍTULO I – Estatuto e eleição

Artigo 147.º – **(Definição)**

A Assembleia da República é a assembleia representativa de todos os cidadãos portugueses.

Artigo 148.º – **(Composição)**

A Assembleia da República tem o mínimo de cento e oitenta e o máximo de duzentos e trinta Deputados, nos termos da lei eleitoral.

Artigo 149.º – **(Círculos eleitorais)**

1. Os Deputados são eleitos por círculos eleitorais geograficamente definidos na lei, a qual pode determinar a existência de círculos plurinominais e uninominais, bem como a respectiva natureza e complementaridade, por forma a assegurar o sistema de representação proporcional e o método da média mais alta de *Hondt* na conversão dos votos em número de mandatos.

2. O número de Deputados por cada círculo plurinominal do território nacional, exceptuando o círculo nacional, quando exista, é proporcional ao número de cidadãos eleitores nele inscritos.

Artigo 150.º – **(Condições de elegibilidade)**

São elegíveis os cidadãos portugueses eleitores, salvas as restrições que a lei eleitoral estabelecer por virtude de incompatibilidades locais ou de exercício de certos cargos.

Artigo 151.º – **(Candidaturas)**

1. As candidaturas são apresentadas, nos termos da lei, pelos partidos políticos, isoladamente ou em coligação, podendo as listas integrar cidadãos não inscritos nos respectivos partidos.

2. Ninguém pode ser candidato por mais de um círculo eleitoral da mesma natureza, exceptuando o círculo nacional quando exista, ou figurar em mais de uma lista.

Artigo 152.º – **(Representação política)**

1. A lei não pode estabelecer limites à conversão dos votos em mandatos por exigência de uma percentagem de votos nacional mínima.
2. Os Deputados representam todo o país e não os círculos por que são eleitos.

Artigo 153.º – **(Início e termo do mandato)**

1. O mandato dos Deputados inicia-se com a primeira reunião da Assembleia da República após eleições e cessa com a primeira reunião após as eleições subsequentes, sem prejuízo da suspensão ou da cessação individual do mandato.
2. O preenchimento das vagas que ocorrerem na Assembleia, bem como a substituição temporária de Deputados por motivo relevante, são regulados pela lei eleitoral.

Artigo 154.º – **(Incompatibilidades e impedimentos)**

1. Os Deputados que forem nomeados membros do Governo não podem exercer o mandato até à cessação destas funções, sendo substituídos nos termos do artigo anterior.
2. A lei determina as demais incompatibilidades.
3. A lei regula os casos e as condições em que os Deputados carecem de autorização da Assembleia da República para serem jurados, árbitros, peritos ou testemunhas.

Artigo 155.º – **(Exercício da função de Deputado)**

1. Os Deputados exercem livremente o seu mandato, sendo-lhes garantidas condições adequadas ao eficaz exercício das suas funções, designadamente ao indispensável contacto com os cidadãos eleitores e à sua informação regular.
2. A lei regula as condições em que a falta dos Deputados, por causa de reuniões ou missões da Assembleia, a actos ou diligências oficiais a ela estranhos constitui motivo justificado de adiamento destes.
3. As entidades públicas têm, nos termos da lei, o dever de cooperar com os Deputados no exercício das suas funções.

Artigo 156.º – **(Poderes dos Deputados)**

Constituem poderes dos Deputados:
a) Apresentar projectos de revisão constitucional;
b) Apresentar projectos de lei, de Regimento ou de resolução, designadamente de referendo, e propostas de deliberação e requerer o respectivo agendamento;
c) Participar e intervir nos debates parlamentares, nos termos do Regimento;
d) Fazer perguntas ao Governo sobre quaisquer actos deste ou da Administração Pública e obter resposta em prazo razoável, salvo o disposto na lei em matéria de segredo de Estado;
e) Requerer e obter do Governo ou dos órgãos de qualquer entidade pública os elementos, informações e publicações oficiais que considerem úteis para o exercício do seu mandato;
f) Requerer a constituição de comissões parlamentares de inquérito;
g) Os consignados no Regimento.

Artigo 157.º – **(Imunidades)**

1. Os Deputados não respondem civil, criminal ou disciplinarmente pelos votos e opiniões que emitirem no exercício das suas funções.
2. Os Deputados não podem ser ouvidos como declarantes nem como arguidos sem autorização da Assembleia, sendo obrigatória a decisão de autorização, no segundo

caso, quando houver fortes indícios de prática de crime doloso a que corresponda pena de prisão cujo limite máximo seja superior a três anos.

3. Nenhum Deputado pode ser detido ou preso sem autorização da Assembleia, salvo por crime doloso a que corresponda a pena de prisão referida no número anterior e em flagrante delito.

4. Movido procedimento criminal contra algum Deputado, e acusado este definitivamente, a Assembleia decidirá se o Deputado deve ou não ser suspenso para efeito de seguimento do processo, sendo obrigatória a decisão de suspensão quando se trate de crime do tipo referido nos números anteriores.

Artigo 158.° – **(Direitos e regalias)**

Os Deputados gozam dos seguintes direitos e regalias:
 a) Adiamento do serviço militar, do serviço cívico ou da mobilização civil;
 b) Livre-trânsito e direito a passaporte especial nas suas deslocações oficiais ao estrangeiro;
 c) Cartão especial de identificação;
 d) Subsídios que a lei prescrever.

Artigo 159.° – **(Deveres)**

Constituem deveres dos Deputados:
 a) Comparecer às reuniões do Plenário e às das comissões a que pertençam;
 b) Desempenhar os cargos na Assembleia e as funções para que sejam designados, sob proposta dos respectivos grupos parlamentares;
 c) Participar nas votações.

Artigo 160.° – **(Perda e renúncia do mandato)**

1. Perdem o mandato os Deputados que:
 a) Venham a ser feridos por alguma das incapacidades ou incompatibilidades previstas na lei;
 b) Não tomem assento na Assembleia ou excedam o número de faltas estabelecido no Regimento;
 c) Se inscrevam em partido diverso daquele pelo qual foram apresentados a sufrágio;
 d) Sejam judicialmente condenados por crime de responsabilidade no exercício da sua função em tal pena ou por participação em organizações racistas ou que perfilhem a ideologia fascista.

2. Os Deputados podem renunciar ao mandato, mediante declaração escrita.

CAPÍTULO II – **Competência**

Artigo 161.° – **(Competência política e legislativa)**

Compete à Assembleia da República:
 a) Aprovar alterações à Constituição, nos termos dos artigos 284.° a 289.°;
 b) Aprovar os estatutos político-administrativos e as leis relativas à eleição dos deputados às Assembleias Legislativas das regiões autónomas;
 c) Fazer leis sobre todas as matérias, salvo as reservadas pela Constituição ao Governo;
 d) Conferir ao Governo autorizações legislativas;

e) Conferir às Assembleias Legislativas das regiões autónomas as autorizações previstas na alínea *b)* do n.º 1 do artigo 227.º da Constituição;

f) Conceder amnistias e perdões genéricos;

g) Aprovar as leis das grandes opções dos planos nacionais e o Orçamento do Estado, sob proposta do Governo;

h) Autorizar o Governo a contrair e a conceder empréstimos e a realizar outras operações de crédito que não sejam de dívida flutuante, definindo as respectivas condições gerais, e estabelecer o limite máximo dos avales a conceder em cada ano pelo Governo;

i) Aprovar os tratados, designadamente os tratados de participação de Portugal em organizações internacionais, os tratados de amizade, de paz, de defesa, de rectificação de fronteiras e os respeitantes a assuntos militares, bem como os acordos internacionais que versem matérias da sua competência reservada ou que o Governo entenda submeter à sua apreciação;

j) Propor ao Presidente da República a sujeição a referendo de questões de relevante interesse nacional;

l) Autorizar e confirmar a declaração do estado de sítio e do estado de emergência;

m) Autorizar o Presidente da República a declarar a guerra e a fazer paz;

n) Pronunciar-se, nos termos da lei, sobre as matérias pendentes de decisão em órgãos no âmbito da União Europeia que incidam na esfera da sua competência legislativa reservada;

o) Desempenhar as demais funções que lhe sejam atribuídas pela Constituição e pela lei.

Artigo 162.º – **(Competência de fiscalização)**

Compete à Assembleia da República, no exercício de funções de fiscalização:

a) Vigiar pelo cumprimento da Constituição e das leis e apreciar os actos do Governo e da Administração;

b) Apreciar a aplicação da declaração do estado de sítio ou do estado de emergência;

c) Apreciar, para efeito de cessação de vigência ou de alteração, os decretos-leis, salvo os feitos no exercício da competência legislativa exclusiva do Governo, e os decretos legislativos regionais previstos na alínea *b)* do n.º 1 do artigo 227.º;

d) Tomar as contas do Estado e das demais entidades públicas que a lei determinar, as quais serão apresentadas até 31 de Dezembro do ano subsequente, com o parecer do Tribunal de Contas e os demais elementos necessários à sua apreciação;

e) Apreciar os relatórios de execução dos planos nacionais.

Artigo 163.º – **(Competência quanto a outros órgãos)**

Compete à Assembleia da República, relativamente a outros órgãos:

a) Testemunhar a tomada de posse do Presidente da República;

b) Dar assentimento à ausência do Presidente da República do território nacional;

c) Promover o processo de acusação contra o Presidente da República por crimes praticados no exercício das suas funções e decidir sobre a suspensão de membros do Governo, no caso previsto no artigo 196.º;

d) Apreciar o programa do Governo;

e) Votar moções de confiança e de censura ao Governo;

f) Acompanhar e apreciar, nos termos da lei, a participação de Portugal no processo de construção da União Europeia;

g) Eleger, segundo o sistema de representação proporcional, cinco membros do Conselho de Estado e os membros do Conselho Superior do Ministério Público que lhe competir designar;

h) Eleger, por maioria de dois terços dos Deputados presentes, desde que superior à maioria absoluta dos Deputados em efectividade de funções, dez juízes do Tribunal Constitucional, o Provedor de Justiça, o Presidente do Conselho Económico e Social, sete vogais do Conselho Superior da Magistratura, os membros da entidade de regulação da comunicação social, e de outros órgãos constitucionais cuja designação, nos termos da lei, seja cometida à Assembleia da República;

i) Acompanhar, nos termos da lei, o envolvimento de contingentes militares e de forças de segurança no estrangeiro.

Artigo 164.º – **(Reserva absoluta de competência legislativa)**

É da exclusiva competência da Assembleia da República legislar sobre as seguintes matérias:

a) Eleições dos titulares dos órgãos de soberania;
b) Regimes dos referendos;
c) Organização, funcionamento e processo do Tribunal Constitucional;
d) Organização da defesa nacional, definição dos deveres dela decorrentes e bases gerais da organização, do funcionamento, do reequipamento e da disciplina das Forças Armadas;
e) Regimes do estado de sítio e do estado de emergência;
f) Aquisição, perda e reaquisição da cidadania portuguesa;
g) Definição dos limites das águas territoriais, da zona económica exclusiva e dos direitos de Portugal aos fundos marinhos contíguos;
h) Associações e partidos políticos;
i) Bases do sistema de ensino;
j) Eleições dos deputados às Assembleias Legislativas das regiões autónomas;
l) Eleições dos titulares dos órgãos do poder local ou outras realizadas por sufrágio directo e universal, bem como dos restantes órgãos constitucionais;
m) Estatuto dos titulares dos órgãos de soberania e do poder local, bem como dos restantes órgãos constitucionais ou eleitos por sufrágio directo e universal;
n) Criação, extinção e modificação de autarquias locais e respectivo regime, sem prejuízo dos poderes das regiões autónomas;
o) Restrições ao exercício de direitos por militares e agentes militarizados dos quadros permanentes em serviço efectivo, bem como por agentes dos serviços e forças de segurança;
p) Regime de designação dos membros de órgãos da União Europeia, com excepção da Comissão;
q) Regime do sistema de informações da República e do segredo de Estado;
r) Regime geral de elaboração e organização dos orçamentos do Estado, das regiões autónomas e das autarquias locais;
s) Regime dos símbolos nacionais;
t) Regime de finanças das regiões autónomas;
u) Regime das forças de segurança;
v) Regime da autonomia organizativa, administrativa e financeira dos serviços de apoio do Presidente da República.

Artigo 165.º – **(Reserva relativa de competência legislativa)**

1. É da exclusiva competência da Assembleia da República legislar sobre as seguintes matérias, salvo autorização ao Governo:

a) Estado e capacidade das pessoas;

b) Direitos, liberdades e garantias;
c) Definição dos crimes, penas, medidas de segurança e respectivos pressupostos, bem como processo criminal;
d) Regime geral de punição das infracções disciplinares, bem como dos actos ilícitos de mera ordenação social e do respectivo processo;
e) Regime geral da requisição e da expropriação por utilidade pública;
f) Bases do sistema de segurança social e do serviço nacional de saúde;
g) Bases do sistema de protecção da natureza, do equilíbrio ecológico e do património cultural;
h) Regime geral do arrendamento rural e urbano;
i) Criação de impostos e sistema fiscal e regime geral das taxas e demais contribuições financeiras a favor das entidades públicas;
j) Definição dos sectores de propriedade dos meios de produção, incluindo a dos sectores básicos nos quais seja vedada a actividade às empresas privadas e a outras entidades da mesma natureza;
l) Meios e formas de intervenção, expropriação, nacionalização e privatização dos meios de produção e solos por motivo de interesse público, bem como critérios de fixação, naqueles casos, de indemnizações;
m) Regime dos planos de desenvolvimento económico e social e composição do Conselho Económico e Social;
n) Bases da política agrícola, incluindo a fixação dos limites máximos e mínimos das unidades de exploração agrícola;
o) Sistema monetário e padrão de pesos e medidas;
p) Organização e competência dos tribunais e do Ministério Público e estatuto dos respectivos magistrados, bem como das entidades não jurisdicionais de composição de conflitos;
q) Estatuto das autarquias locais, incluindo o regime das finanças locais;
r) Participação das organizações de moradores no exercício do poder local;
s) Associações públicas, garantias dos administrados e responsabilidade civil da Administração;
t) Bases do regime e âmbito da função pública;
u) Bases gerais do estatuto das empresas públicas e das fundações públicas;
v) Definição e regime dos bens do domínio público;
x) Regime dos meios de produção integrados no sector cooperativo e social de propriedade;
z) Bases do ordenamento do território e do urbanismo;
aa) Regime e forma de criação das polícias municipais.

2. As leis de autorização legislativa devem definir o objecto, o sentido, a extensão e a duração da autorização, a qual pode ser prorrogada.

3. As autorizações legislativas não podem ser utilizadas mais de uma vez, sem prejuízo da sua execução parcelada.

4. As autorizações caducam com a demissão do Governo a que tiverem sido concedidas, com o termo da legislatura ou com a dissolução da Assembleia da República.

5. As autorizações concedidas ao Governo na lei do Orçamento observam o disposto no presente artigo e, quando incidam sobre matéria fiscal, só caducam no termo do ano económico a que respeitam.

Artigo 166.º – **(Forma dos actos)**

1. Revestem a forma de lei constitucional os actos previstos na alínea *a)* do artigo 161.º

2. Revestem a forma de lei orgânica os actos previstos nas alíneas *a*) a *f*), *h*), *j*), primeira parte da alínea *l*), *q*) e *t*) do artigo 164.º e no artigo 255.º

3. Revestem a forma de lei os actos previstos nas alíneas *b*) a *h*) do artigo 161.º

4. Revestem a forma de moção os actos previstos nas alíneas *d*) e *e*) do artigo 163.º

5. Revestem a forma de resolução os demais actos da Assembleia da República, bem como os actos da Comissão Permanente previstos nas alíneas *e*) e *f*) do n.º 3 do artigo 179.º

6. As resoluções são publicadas independentemente de promulgação.

Artigo 167.º – **(Iniciativa da lei e do referendo)**

1. A iniciativa da lei e do referendo compete aos Deputados, aos grupos parlamentares e ao Governo, e ainda, nos termos e condições estabelecidos na lei, a grupos de cidadãos eleitores, competindo a iniciativa da lei, no respeitante às regiões autónomas, às respectivas Assembleias Legislativas.

2. Os Deputados, os grupos parlamentares, as Assembleias Legislativas das regiões autónomas e os grupos de cidadãos eleitores não podem apresentar projectos de lei, propostas de lei ou propostas de alteração que envolvam, no ano económico em curso, aumento das despesas ou diminuição das receitas do Estado previstas no Orçamento.

3. Os Deputados, os grupos parlamentares e os grupos de cidadãos eleitores não podem apresentar projectos de referendo que envolvam, no ano económico em curso, aumento das despesas ou diminuição das receitas do Estado previstas no Orçamento.

4. Os projectos e as propostas de lei e de referendo definitivamente rejeitados não podem ser renovados na mesma sessão legislativa, salvo nova eleição da Assembleia da República.

5. Os projectos de lei, as propostas de lei do Governo e os projectos e propostas de referendo não votados na sessão legislativa em que tiverem sido apresentados não carecem de ser renovados na sessão legislativa seguinte, salvo termo da legislatura.

6. As propostas de lei e de referendo caducam com a demissão do Governo.

7. As propostas de lei da iniciativa das Assembleias Legislativas das regiões autónomas caducam com o termo da respectiva legislatura, caducando apenas com o termo da legislatura da Assembleia da República as que já tenham sido objecto de aprovação na generalidade.

8. As comissões parlamentares podem apresentar textos de substituição, sem prejuízo dos projectos e das propostas de lei e de referendo a que se referem, quando não retirados.

Artigo 168.º – **(Discussão e votação)**

1. A discussão dos projectos e propostas de lei compreende um debate na generalidade e outro na especialidade.

2. A votação compreende uma votação na generalidade, uma votação na especialidade e uma votação final global.

3. Se a Assembleia assim o deliberar, os textos aprovados na generalidade serão votados na especialidade pelas comissões, sem prejuízo do poder de avocação pela Assembleia e do voto final desta para aprovação global.

4. São obrigatoriamente votadas na especialidade pelo Plenário as leis sobre as matérias previstas nas alíneas *a*) a *f*), *h*), *n*) e *o*) do artigo 164.º, bem como na alínea *q*) do n.º 1 do artigo 165.º

5. As leis orgânicas carecem de aprovação, na votação final global, por maioria absoluta dos Deputados em efectividade de funções, devendo as disposições relativas à

delimitação territorial das regiões, previstas no artigo 255.°, ser aprovadas, na especialidade, em Plenário, por idêntica maioria.

6. Carecem de aprovação por maioria de dois terços dos Deputados presentes, desde que superior à maioria absoluta dos Deputados em efectividade de funções:

a) A lei respeitante à entidade de regulação da comunicação social;
b) As normas que disciplinam o disposto no n.° 2 do artigo 118.°;
c) A lei que regula o exercício do direito previsto no n.° 2 do artigo 121.°;
d) As disposições das leis que regulam as matérias referidas nos artigos 148.° e 149.° e as relativas ao sistema e método de eleição dos órgãos previstos no n.° 3 do artigo 239.°;
e) As disposições que regulam a matéria da alínea *o)* do artigo 164.°;
f) As disposições dos estatutos político-administrativos das regiões autónomas que enunciem as matérias que integram o respectivo poder legislativo.

Artigo 169.° – (**Apreciação parlamentar de actos legislativos**)

1. Os decretos-leis, salvo os aprovados no exercício da competência legislativa exclusiva do Governo, podem ser submetidos a apreciação da Assembleia da República, para efeitos de cessação de vigência ou de alteração, a requerimento de dez Deputados, nos trinta dias subsequentes à publicação, descontados os períodos de suspensão do funcionamento da Assembleia da República.

2. Requerida a apreciação de um decreto-lei elaborado no uso de autorização legislativa, e no caso de serem apresentadas propostas de alteração, a Assembleia poderá suspender, no todo ou em parte, a vigência do decreto-lei até à publicação da lei que o vier a alterar ou até à rejeição de todas aquelas propostas.

3. A suspensão caduca decorridas dez reuniões plenárias sem que a Assembleia se tenha pronunciado a final.

4. Se for aprovada a cessação da sua vigência, o diploma deixará de vigorar desde o dia em que a resolução for publicada no *Diário da República* e não poderá voltar a ser publicado no decurso da mesma sessão legislativa.

5. Se, requerida a apreciação, a Assembleia não se tiver sobre ela pronunciado ou, havendo deliberado introduzir emendas, não tiver votado a respectiva lei até ao termo da sessão legislativa em curso, desde que decorridas quinze reuniões plenárias, considerar-se-á caduco o processo.

6. Os processos de apreciação parlamentar de decretos-leis gozam de prioridade, nos termos do Regimento.

Artigo 170.° – (**Processo de urgência**)

1. A Assembleia da República pode, por iniciativa de qualquer Deputado ou grupo parlamentar, ou do Governo, declarar a urgência do processamento de qualquer projecto ou proposta de lei ou de resolução.

2. A Assembleia pode ainda, por iniciativa das Assembleias Legislativas das regiões autónomas, declarar a urgência do processamento de qualquer proposta de lei por estas apresentada.

CAPÍTULO III – **Organização e funcionamento**

Artigo 171.° – (**Legislatura**)

1. A legislatura tem a duração de quatro sessões legislativas.

2. No caso de dissolução, a Assembleia então eleita inicia nova legislatura cuja duração será inicialmente acrescida do tempo necessário para se completar o período correspondente à sessão legislativa em curso à data da eleição.

Artigo 172.º – (**Dissolução**)

1. A Assembleia da República não pode ser dissolvida nos seis meses posteriores à sua eleição, no último semestre do mandato do Presidente da República ou durante a vigência do estado de sítio ou do estado de emergência.
2. A inobservância do disposto no número anterior determina a inexistência jurídica do decreto de dissolução.
3. A dissolução da Assembleia não prejudica a subsistência do mandato dos Deputados, nem da competência da Comissão Permanente, até à primeira reunião da Assembleia após as subsequentes eleições.

Artigo 173.º – (**Reunião após eleições**)

1. A Assembleia da República reúne por direito próprio no terceiro dia posterior ao apuramento dos resultados gerais das eleições ou, tratando-se de eleições por termo de legislatura, se aquele dia recair antes do termo desta, no primeiro dia da legislatura subsequente.
2. Recaindo aquela data fora do período de funcionamento efectivo da Assembleia, esta reunir-se-á para efeito do disposto no artigo 175.º

Artigo 174.º – (**Sessão legislativa, período de funcionamento e convocação**)

1. A sessão legislativa tem a duração de um ano e inicia-se a 15 de Setembro.
2. O período normal de funcionamento da Assembleia da República decorre de 15 de Setembro a 15 de Junho, sem prejuízo das suspensões que a Assembleia deliberar por maioria de dois terços dos Deputados presentes.
3. Fora do período indicado no número anterior, a Assembleia da República pode funcionar por deliberação do Plenário, prorrogando o período normal de funcionamento, por iniciativa da Comissão Permanente ou, na impossibilidade desta e em caso de grave emergência, por iniciativa de mais de metade dos Deputados.
4. A Assembleia pode ainda ser convocada extraordinariamente pelo Presidente da República para se ocupar de assuntos específicos.
5. As comissões podem funcionar independentemente do funcionamento do Plenário da Assembleia, mediante deliberação desta, nos termos do n.º 2.

Artigo 175.º – (**Competência interna da Assembleia**)

Compete à Assembleia da República:

a) Elaborar e aprovar o seu Regimento, nos termos da Constituição;
b) Eleger por maioria absoluta dos Deputados em efectividade de funções o seu Presidente e os demais membros da Mesa, sendo os quatro Vice-Presidentes eleitos sob proposta dos quatro maiores grupos parlamentares;
c) Constituir a Comissão Permanente e as restantes comissões.

Artigo 176.º – (**Ordem do dia das reuniões plenárias**)

1. A ordem do dia é fixada pelo Presidente da Assembleia da República, segundo a prioridade das matérias definidas no Regimento, e sem prejuízo do direito de recurso para o Plenário da Assembleia e da competência do Presidente da República prevista no n.º 4 do artigo 174.º

2. O Governo e os grupos parlamentares podem solicitar prioridade para assuntos de interesse nacional de resolução urgente.

3. Todos os grupos parlamentares têm direito à determinação da ordem do dia de um certo número de reuniões, segundo critério a estabelecer no Regimento, ressalvando--se sempre a posição dos partidos minoritários ou não representados no Governo.

4. As Assembleias Legislativas das regiões autónomas podem solicitar prioridade para assuntos de interesse regional de resolução urgente.

Artigo 177.º – (**Participação dos membros do Governo**)

1. Os Ministros têm o direito de comparecer às reuniões plenárias da Assembleia da República, podendo ser coadjuvados ou substituídos pelos Secretários de Estado, e uns e outros usar da palavra, nos termos do Regimento.

2. Serão marcadas reuniões em que os membros do Governo estarão presentes para responder a perguntas e pedidos de esclarecimento dos Deputados, as quais se realizarão com a periodicidade mínima fixada no Regimento e em datas a estabelecer por acordo com o Governo.

3. Os membros do Governo podem solicitar a sua participação nos trabalhos das comissões e devem comparecer perante as mesmas quando tal seja requerido.

Artigo 178.º – (**Comissões**)

1. A Assembleia da República tem as comissões previstas no Regimento e pode constituir comissões eventuais de inquérito ou para qualquer outro fim determinado.

2. A composição das comissões corresponde à representatividade dos partidos na Assembleia da República.

3. As petições dirigidas à Assembleia são apreciadas pelas comissões ou por comissão especialmente constituída para o efeito, que poderá ouvir as demais comissões competentes em razão da matéria, em todos os casos podendo ser solicitado o depoimento de quaisquer cidadãos.

4. Sem prejuízo da sua constituição nos termos gerais, as comissões parlamentares de inquérito são obrigatoriamente constituídas sempre que tal seja requerido por um quinto dos Deputados em efectividade de funções, até ao limite de uma por Deputado e por sessão legislativa.

5. As comissões parlamentares de inquérito gozam de poderes de investigação próprios das autoridades judiciais.

6. As presidências das comissões são no conjunto repartidas pelos grupos parlamentares em proporção com o número dos seus Deputados.

7. Nas reuniões das comissões em que se discutam propostas legislativas regionais, podem participar representantes da Assembleia Legislativa da região autónoma proponente, nos termos do Regimento.

Artigo 179.º – (**Comissão Permanente**)

1. Fora do período de funcionamento efectivo da Assembleia da República, durante o período em que ela se encontrar dissolvida, e nos restantes casos previstos na Constituição, funciona a Comissão Permanente da Assembleia da República.

2. A Comissão Permanente é presidida pelo Presidente da Assembleia da República e composta pelos Vice-Presidentes e por Deputados indicados por todos os partidos, de acordo com a respectiva representatividade na Assembleia.

3. Compete à Comissão Permanente:

a) Vigiar pelo cumprimento da Constituição e das leis e acompanhar a actividade do Governo e da Administração;

b) Exercer os poderes da Assembleia relativamente ao mandato dos Deputados;
c) Promover a convocação da Assembleia sempre que tal seja necessário;
d) Preparar a abertura da sessão legislativa;
e) Dar assentimento à ausência do Presidente da República do território nacional;
f) Autorizar o Presidente da República a declarar o estado de sítio ou o estado de emergência, a declarar guerra e a fazer a paz.

4. No caso da alínea *f)* do número anterior, a Comissão Permanente promoverá a convocação da Assembleia no prazo mais curto possível.

Artigo 180.° – **(Grupos parlamentares)**

1. Os Deputados eleitos por cada partido ou coligação de partidos podem constituir-se em grupo parlamentar.
2. Constituem direitos de cada grupo parlamentar:

a) Participar nas comissões da Assembleia em função do número dos seus membros, indicando os seus representantes nelas;
b) Ser ouvido na fixação da ordem do dia e interpor recurso para o Plenário da ordem do dia fixada;
c) Provocar, com a presença do Governo, o debate de questões de interesse público actual e urgente;
d) Provocar, por meio de interpelação ao Governo, a abertura de dois debates em cada sessão legislativa sobre assunto de política geral ou sectorial;
e) Solicitar à Comissão Permanente que promova a convocação da Assembleia;
f) Requerer a constituição de comissões parlamentares de inquérito;
g) Exercer iniciativa legislativa;
h) Apresentar moções de rejeição do programa do Governo;
i) Apresentar moções de censura ao Governo;
j) Ser informado, regular e directamente, pelo Governo, sobre o andamento dos principais assuntos de interesse público.

3. Cada grupo parlamentar tem direito a dispor de locais de trabalho na sede da Assembleia, bem como de pessoal técnico e administrativo da sua confiança, nos termos que a lei determinar.
4. Aos Deputados não integrados em grupos parlamentares são assegurados direitos e garantias mínimos, nos termos do Regimento.

Artigo 181.° – **(Funcionários e especialistas ao serviço da Assembleia)**

Os trabalhos da Assembleia e os das comissões serão coadjuvados por um corpo permanente de funcionários técnicos e administrativos e por especialistas requisitados ou temporariamente contratados, no número que o Presidente considerar necessário.

TÍTULO IV – Governo

CAPÍTULO I – Função e estrutura

Artigo 182.° – **(Definição)**

O Governo é o órgão de condução da política geral do país e o órgão superior da Administração Pública.

Artigo 183.º – (**Composição**)

1. O Governo é constituído pelo Primeiro-Ministro, pelos Ministros e pelos Secretários e Subsecretários de Estado.
2. O Governo pode incluir um ou mais Vice-Primeiros-Ministros.
3. O número, a designação e as atribuições dos ministérios e secretarias de Estado, bem como as formas de coordenação entre eles, serão determinados, consoante os casos, pelos decretos de nomeação dos respectivos titulares ou por decreto-lei.

Artigo 184.º – (**Conselho de Ministros**)

1. O Conselho de Ministros é constituído pelo Primeiro-Ministro, pelos Vice-Primeiros-Ministros, se os houver, e pelos Ministros.
2. A lei pode criar Conselhos de Ministros especializados em razão da matéria.
3. Podem ser convocados para participar nas reuniões do Conselho de Ministros os Secretários e Subsecretários de Estado.

Artigo 185.º – (**Substituição de membros do Governo**)

1. Não havendo Vice-Primeiro-Ministro, o Primeiro-Ministro é substituído na sua ausência ou no seu impedimento pelo Ministro que indicar ao Presidente da República ou, na falta de tal indicação, pelo Ministro que for designado pelo Presidente da República.
2. Cada Ministro será substituído na sua ausência ou impedimento pelo Secretário de Estado que indicar ao Primeiro-Ministro ou, na falta de tal indicação, pelo membro do Governo que o Primeiro-Ministro designar.

Artigo 186.º – (**Início e cessação de funções**)

1. As funções do Primeiro-Ministro iniciam-se com a sua posse e cessam com a sua exoneração pelo Presidente da República.
2. As funções dos restantes membros do Governo iniciam-se com a sua posse e cessam com a sua exoneração ou com a exoneração do Primeiro-Ministro.
3. As funções dos Secretários e Subsecretários de Estado cessam ainda com a exoneração do respectivo Ministro.
4. Em caso de demissão do Governo, o Primeiro-Ministro do Governo cessante é exonerado na data da nomeação e posse do novo Primeiro-Ministro.
5. Antes da apreciação do seu programa pela Assembleia da República, ou após a sua demissão, o Governo limitar-se-á à prática dos actos estritamente necessários para assegurar a gestão dos negócios públicos.

CAPÍTULO II – **Formação e responsabilidade**

Artigo 187.º – (**Formação**)

1. O Primeiro-Ministro é nomeado pelo Presidente da República, ouvidos os partidos representados na Assembleia da República e tendo em conta os resultados eleitorais.
2. Os restantes membros do Governo são nomeados pelo Presidente da República, sob proposta do Primeiro-Ministro.

Artigo 188.º – (**Programa do Governo**)

Do programa do Governo constarão as principais orientações políticas e medidas a adoptar ou a propor nos diversos domínios da actividade governamental.

Artigo 189.º – **(Solidariedade governamental)**

Os membros do Governo estão vinculados ao programa do Governo e às deliberações tomadas em Conselho de Ministros.

Artigo 190.º – **(Responsabilidade do Governo)**

O Governo é responsável perante o Presidente da República e a Assembleia da República.

Artigo 191.º – **(Responsabilidade dos membros do Governo)**

1. O Primeiro-Ministro é responsável perante o Presidente da República e, no âmbito da responsabilidade política do Governo, perante a Assembleia da República.
2. Os Vice-Primeiros-Ministros e os Ministros são responsáveis perante o Primeiro-Ministro e, no âmbito da responsabilidade política do Governo, perante a Assembleia da República.
3. Os Secretários e Subsecretários de Estado são responsáveis perante o Primeiro-Ministro e o respectivo Ministro.

Artigo 192.º – **(Apreciação do programa do Governo)**

1. O programa do Governo é submetido à apreciação da Assembleia da República, através de uma declaração do Primeiro-Ministro, no prazo máximo de dez dias após a sua nomeação.
2. Se a Assembleia da República não se encontrar em funcionamento efectivo, será obrigatoriamente convocada para o efeito pelo seu Presidente.
3. O debate não pode exceder três dias e até ao seu encerramento pode qualquer grupo parlamentar propor a rejeição do programa ou o Governo solicitar a aprovação de um voto de confiança.
4. A rejeição do programa do Governo exige maioria absoluta dos Deputados em efectividade de funções.

Artigo 193.º – **(Solicitação de voto de confiança)**

O Governo pode solicitar à Assembleia da República a aprovação de um voto de confiança sobre uma declaração de política geral ou sobre qualquer assunto relevante de interesse nacional.

Artigo 194.º – **(Moções de censura)**

1. A Assembleia da República pode votar moções de censura ao Governo sobre a execução do seu programa ou assunto relevante de interesse nacional, por iniciativa de um quarto dos Deputados em efectividade de funções ou de qualquer grupo parlamentar.
2. As moções de censura só podem ser apreciadas quarenta e oito horas após a sua apresentação, em debate de duração não superior a três dias.
3. Se a moção de censura não for aprovada, os seus signatários não podem apresentar outra durante a mesma sessão legislativa.

Artigo 195.º – **(Demissão do Governo)**

1. Implicam a demissão do Governo:
   a) O início de nova legislatura;
   b) A aceitação pelo Presidente da República do pedido de demissão apresentado pelo Primeiro-Ministro;

c) A morte ou a impossibilidade física duradoura do Primeiro-Ministro;
d) A rejeição do programa do Governo;
e) A não aprovação de uma moção de confiança;
f) A aprovação de uma moção de censura por maioria absoluta dos Deputados em efectividade de funções.

2. O Presidente da República só pode demitir o Governo quando tal se torne necessário para assegurar o regular funcionamento das instituições democráticas, ouvido o Conselho de Estado.

Artigo 196.º – **(Efectivação da responsabilidade criminal dos membros do Governo)**

1. Nenhum membro do Governo pode ser detido ou preso sem autorização da Assembleia da República, salvo por crime doloso a que corresponda pena de prisão cujo limite máximo seja superior a três anos e em flagrante delito.

2. Movido procedimento criminal contra algum membro do Governo, e acusado este definitivamente, a Assembleia da República decidirá se o membro do Governo deve ou não ser suspenso para efeito de seguimento do processo, sendo obrigatória a decisão de suspensão quando se trate de crime do tipo referido no número anterior.

CAPÍTULO III – Competência

Artigo 197.º – **(Competência política)**

1. Compete ao Governo, no exercício de funções políticas:
a) Referendar os actos do Presidente da República, nos termos do artigo 140.º;
b) Negociar e ajustar convenções internacionais;
c) Aprovar os acordos internacionais cuja aprovação não seja da competência da Assembleia da República ou que a esta não tenham sido submetidos;
d) Apresentar propostas de lei e de resolução à Assembleia da República;
e) Propor ao Presidente da República a sujeição a referendo de questões de relevante interesse nacional, nos termos do artigo 115.º;
f) Pronunciar-se sobre a declaração do estado de sítio ou do estado de emergência;
g) Propor ao Presidente da República a declaração da guerra ou a feitura da paz;
h) Apresentar à Assembleia da República, nos termos da alínea d) do artigo 162.º, as contas do Estado e das demais entidades públicas que a lei determinar;
i) Apresentar, em tempo útil, à Assembleia da República, para efeitos do disposto na alínea n) do artigo 161.º e na alínea f) do artigo 163.º, informação referente ao processo de construção da União Europeia;
j) Praticar os demais actos que lhe sejam cometidos pela Constituição ou pela lei.

2. A aprovação pelo Governo de acordos internacionais reveste a forma de decreto.

Artigo 198.º – **(Competência legislativa)**

1. Compete ao Governo, no exercício de funções legislativas:
a) Fazer decretos-leis em matérias não reservadas à Assembleia da República;
b) Fazer decretos-leis em matérias de reserva relativa da Assembleia da República, mediante autorização desta;
c) Fazer decretos-leis de desenvolvimento dos princípios ou das bases gerais dos regimes jurídicos contidos em leis que a eles se circunscrevam.

2. É da exclusiva competência legislativa do Governo a matéria respeitante à sua própria organização e funcionamento.

3. Os decretos-leis previstos nas alíneas *b*) e *c*) do n.º 1 devem invocar expressamente a lei de autorização legislativa ou a lei de bases ao abrigo da qual são aprovados.

Artigo 199.º – **(Competência administrativa)**

Compete ao Governo, no exercício de funções administrativas:
 a) Elaborar os planos, com base nas leis das respectivas grandes opções, e fazê-los executar;
 b) Fazer executar o Orçamento do Estado;
 c) Fazer os regulamentos necessários à boa execução das leis;
 d) Dirigir os serviços e a actividade da administração directa do Estado, civil e militar, superintender na administração indirecta e exercer a tutela sobre esta e sobre a administração autónoma;
 e) Praticar todos os actos exigidos pela lei respeitantes aos funcionários e agentes do Estado e de outras pessoas colectivas públicas;
 f) Defender a legalidade democrática;
 g) Praticar todos os actos e tomar todas as providências necessárias à promoção do desenvolvimento económico-social e à satisfação das necessidades colectivas.

Artigo 200.º – **(Competência do Conselho de Ministros)**

1. Compete ao Conselho de Ministros:
 a) Definir as linhas gerais da política governamental, bem como as da sua execução;
 b) Deliberar sobre o pedido de confiança à Assembleia da República;
 c) Aprovar as propostas de lei e de resolução;
 d) Aprovar os decretos-leis, bem como os acordos internacionais não submetidos à Assembleia da República;
 e) Aprovar os planos;
 f) Aprovar os actos do Governo que envolvam aumento ou diminuição das receitas ou despesas públicas;
 g) Deliberar sobre outros assuntos da competência do Governo que lhe sejam atribuídos por lei ou apresentados pelo Primeiro-Ministro ou por qualquer Ministro.

2. Os Conselhos de Ministros especializados exercem a competência que lhes for atribuída por lei ou delegada pelo Conselho de Ministros.

Artigo 201.º – **(Competência dos membros do Governo)**

1. Compete ao Primeiro-Ministro:
 a) Dirigir a política geral do Governo, coordenando e orientando a acção de todos os Ministros;
 b) Dirigir o funcionamento do Governo e as suas relações de carácter geral com os demais órgãos do Estado;
 c) Informar o Presidente da República acerca dos assuntos respeitantes à condução da política interna e externa do país;
 d) Exercer as demais funções que lhe sejam atribuídas pela Constituição e pela lei.

2. Compete aos Ministros:
 a) Executar a política definida para os seus Ministérios;
 b) Assegurar as relações de carácter geral entre o Governo e os demais órgãos do Estado, no âmbito dos respectivos Ministérios.

3. Os decretos-leis e os demais decretos do Governo são assinados pelo Primeiro-Ministro e pelos Ministros competentes em razão da matéria.

TÍTULO V – Tribunais

CAPÍTULO I – Princípios gerais

Artigo 202.º – (Função jurisdicional)

1. Os tribunais são os órgãos de soberania com competência para administrar a justiça em nome do povo.
2. Na administração da justiça incumbe aos tribunais assegurar a defesa dos direitos e interesses legalmente protegidos dos cidadãos, reprimir a violação da legalidade democrática e dirimir os conflitos de interesses públicos e privados.
3. No exercício das suas funções os tribunais têm direito à coadjuvação das outras autoridades.
4. A lei poderá institucionalizar instrumentos e formas de composição não jurisdicional de conflitos.

Artigo 203.º – (Independência)

Os tribunais são independentes e apenas estão sujeitos à lei.

Artigo 204.º – (Apreciação da inconstitucionalidade)

Nos feitos submetidos a julgamento não podem os tribunais aplicar normas que infrinjam o disposto na Constituição ou os princípios nela consignados.

Artigo 205.º – (Decisões dos tribunais)

1. As decisões dos tribunais que não sejam de mero expediente são fundamentadas na forma prevista na lei.
2. As decisões dos tribunais são obrigatórias para todas as entidades públicas e privadas e prevalecem sobre as de quaisquer outras autoridades.
3. A lei regula os termos da execução das decisões dos tribunais relativamente a qualquer autoridade e determina as sanções a aplicar aos responsáveis pela sua inexecução.

Artigo 206.º – (Audiências dos tribunais)

As audiências dos tribunais são públicas, salvo quando o próprio tribunal decidir o contrário, em despacho fundamentado, para salvaguarda da dignidade das pessoas e da moral pública ou para garantir o seu normal funcionamento.

Artigo 207.º – (Júri, participação popular e assessoria técnica)

1. O júri, nos casos e com a composição que a lei fixar, intervém no julgamento dos crimes graves, salvo os de terrorismo e os de criminalidade altamente organizada, designadamente quando a acusação ou a defesa o requeiram.
2. A lei poderá estabelecer a intervenção de juízes sociais no julgamento de questões de trabalho, de infracções contra a saúde pública, de pequenos delitos, de execução de penas ou outras em que se justifique uma especial ponderação dos valores sociais ofendidos.
3. A lei poderá estabelecer ainda a participação de assessores tecnicamente qualificados para o julgamento de determinadas matérias.

Artigo 208.º – (Patrocínio forense)

A lei assegura aos advogados as imunidades necessárias ao exercício do mandato e regula o patrocínio forense como elemento essencial à administração da justiça.

CAPÍTULO II – **Organização dos tribunais**

Artigo 209.º – **(Categorias de tribunais)**

1. Além do Tribunal Constitucional, existem as seguintes categorias de tribunais:
   a) O Supremo Tribunal de Justiça e os tribunais judiciais de primeira e de segunda instância;
   b) O Supremo Tribunal Administrativo e os demais tribunais administrativos e fiscais;
   c) O Tribunal de Contas.
2. Podem existir tribunais marítimos, tribunais arbitrais e julgados de paz.
3. A lei determina os casos e as formas em que os tribunais previstos nos números anteriores se podem constituir, separada ou conjuntamente, em tribunais de conflitos.
4. Sem prejuízo do disposto quanto aos tribunais militares, é proibida a existência de tribunais com competência exclusiva para o julgamento de certas categorias de crimes.

Artigo 210.º – **(Supremo Tribunal de Justiça e instâncias)**

1. O Supremo Tribunal de Justiça é o órgão superior da hierarquia dos tribunais judiciais, sem prejuízo da competência própria do Tribunal Constitucional.
2. O Presidente do Supremo Tribunal de Justiça é eleito pelos respectivos juízes.
3. Os tribunais de primeira instância são, em regra, os tribunais de comarca, aos quais se equiparam os referidos no n.º 2 do artigo seguinte.
4. Os tribunais de segunda instância são, em regra, os tribunais da Relação.
5. O Supremo Tribunal de Justiça funcionará como tribunal de instância nos casos que a lei determinar.

Artigo 211.º – **(Competência e especialização dos tribunais judiciais)**

1. Os tribunais judiciais são os tribunais comuns em matéria cível e criminal e exercem jurisdição em todas as áreas não atribuídas a outras ordens judiciais.
2. Na primeira instância pode haver tribunais com competência específica e tribunais especializados para o julgamento de matérias determinadas.
3. Da composição dos tribunais de qualquer instância que julguem crimes de natureza estritamente militar fazem parte um ou mais juízes militares, nos termos da lei.
4. Os tribunais da Relação e o Supremo Tribunal de Justiça podem funcionar em secções especializadas.

Artigo 212.º – **(Tribunais administrativos e fiscais)**

1. O Supremo Tribunal Administrativo é o órgão superior da hierarquia dos tribunais administrativos e fiscais, sem prejuízo da competência própria do Tribunal Constitucional.
2. O Presidente do Supremo Tribunal Administrativo é eleito de entre e pelos respectivos juízes.
3. Compete aos tribunais administrativos e fiscais o julgamento das acções e recursos contenciosos que tenham por objecto dirimir os litígios emergentes das relações jurídicas administrativas e fiscais.

Artigo 213.º – **(Tribunais militares)**

Durante a vigência do estado de guerra serão constituídos tribunais militares com competência para o julgamento de crimes de natureza estritamente militar.

Artigo 214.º – **(Tribunal de Contas)**

1. O Tribunal de Contas é o órgão supremo de fiscalização da legalidade das despesas públicas e de julgamento das contas que a lei mandar submeter-lhe, competindo-lhe, nomeadamente:
   a) Dar parecer sobre a Conta Geral do Estado, incluindo a da segurança social;
   b) Dar parecer sobre as contas das Regiões Autónomas dos Açores e da Madeira;
   c) Efectivar a responsabilidade por infracções financeiras, nos termos da lei;
   d) Exercer as demais competências que lhe forem atribuídas por lei.
2. O mandato do Presidente do Tribunal de Contas tem a duração de quatro anos, sem prejuízo do disposto na alínea m) do artigo 133.º
3. O Tribunal de Contas pode funcionar descentralizadamente, por secções regionais, nos termos da lei.
4. Nas Regiões Autónomas dos Açores e da Madeira há secções do Tribunal de Contas com competência plena em razão da matéria na respectiva região, nos termos da lei.

CAPÍTULO III – Estatuto dos juízes

Artigo 215.º – **(Magistratura dos tribunais judiciais)**

1. Os juízes dos tribunais judiciais formam um corpo único e regem-se por um só estatuto.
2. A lei determina os requisitos e as regras de recrutamento dos juízes dos tribunais judiciais de primeira instância.
3. O recrutamento dos juízes dos tribunais judiciais de segunda instância faz-se com prevalência do critério do mérito, por concurso curricular entre juízes da primeira instância.
4. O acesso ao Supremo Tribunal de Justiça faz-se por concurso curricular aberto aos magistrados judiciais e do Ministério Público e a outros juristas de mérito, nos termos que a lei determinar.

Artigo 216.º – **(Garantias e incompatibilidades)**

1. Os juízes são inamovíveis, não podendo ser transferidos, suspensos, aposentados ou demitidos senão nos casos previstos na lei.
2. Os juízes não podem ser responsabilizados pelas suas decisões, salvas as excepções consignadas na lei.
3. Os juízes em exercício não podem desempenhar qualquer outra função pública ou privada, salvo as funções docentes ou de investigação científica de natureza jurídica, não remuneradas, nos termos da lei.
4. Os juízes em exercício não podem ser nomeados para comissões de serviço estranhas à actividade dos tribunais sem autorização do conselho superior competente.
5. A lei pode estabelecer outras incompatibilidades com o exercício da função de juiz.

Artigo 217.º – **(Nomeação, colocação, transferência e promoção de juízes)**

1. A nomeação, a colocação, a transferência e a promoção dos juízes dos tribunais judiciais e o exercício da acção disciplinar competem ao Conselho Superior da Magistratura, nos termos da lei.

2. A nomeação, a colocação, a transferência e a promoção dos juízes dos tribunais administrativos e fiscais, bem como o exercício da acção disciplinar, competem ao respectivo conselho superior, nos termos da lei.

3. A lei define as regras e determina a competência para a colocação, transferência e promoção, bem como para o exercício da acção disciplinar em relação aos juízes dos restantes tribunais, com salvaguarda das garantias previstas na Constituição.

Artigo 218.º – **(Conselho Superior da Magistratura)**

1. O Conselho Superior da Magistratura é presidido pelo Presidente do Supremo Tribunal de Justiça e composto pelos seguintes vogais:
   a) Dois designados pelo Presidente da República;
   b) Sete eleitos pela Assembleia da República;
   c) Sete juízes eleitos pelos seus pares, de harmonia com o princípio da representação proporcional.

2. As regras sobre garantias dos juízes são aplicáveis a todos os vogais do Conselho Superior da Magistratura.

3. A lei poderá prever que do Conselho Superior da Magistratura façam parte funcionários de justiça, eleitos pelos seus pares, com intervenção restrita à discussão e votação das matérias relativas à apreciação do mérito profissional e ao exercício da função disciplinar sobre os funcionários de justiça.

CAPÍTULO IV – **Ministério Público**

Artigo 219.º – **(Funções e estatuto)**

1. Ao Ministério Público compete representar o Estado e defender os interesses que a lei determinar, bem como, com observância do disposto no número seguinte e nos termos da lei, participar na execução da política criminal definida pelos órgãos de soberania, exercer a acção penal orientada pelo princípio da legalidade e defender a legalidade democrática.

2. O Ministério Público goza de estatuto próprio e de autonomia, nos termos da lei.

3. A lei estabelece formas especiais de assessoria junto do Ministério Público nos casos dos crimes estritamente militares.

4. Os agentes do Ministério Público são magistrados responsáveis, hierarquicamente subordinados, e não podem ser transferidos, suspensos, aposentados ou demitidos senão nos casos previstos na lei.

5. A nomeação, colocação, transferência e promoção dos agentes do Ministério Público e o exercício da acção disciplinar competem à Procuradoria-Geral da República.

Artigo 220.º – **(Procuradoria-Geral da República)**

1. A Procuradoria-Geral da República é o órgão superior do Ministério Público, com a composição e a competência definidas na lei.

2. A Procuradoria-Geral da República é presidida pelo Procurador-Geral da República e compreende o Conselho Superior do Ministério Público, que inclui membros eleitos pela Assembleia da República e membros de entre si eleitos pelos magistrados do Ministério Público.

3. O mandato do Procurador-Geral da República tem a duração de seis anos, sem prejuízo do disposto na alínea *m)* do artigo 133.º

TÍTULO VI – **Tribunal Constitucional**

Artigo 221.º – **(Definição)**

O Tribunal Constitucional é o tribunal ao qual compete especificamente administrar a justiça em matérias de natureza jurídico-constitucional.

Artigo 222.º – **(Composição e estatuto dos juízes)**

1. O Tribunal Constitucional é composto por treze juízes, sendo dez designados pela Assembleia da República e três cooptados por estes.
2. Seis de entre os juízes designados pela Assembleia da República ou cooptados são obrigatoriamente escolhidos de entre juízes dos restantes tribunais e os demais de entre juristas.
3. O mandato dos juízes do Tribunal Constitucional tem a duração de nove anos e não é renovável.
4. O Presidente do Tribunal Constitucional é eleito pelos respectivos juízes.
5. Os juízes do Tribunal Constitucional gozam das garantias de independência, inamovibilidade, imparcialidade e irresponsabilidade e estão sujeitos às incompatibilidades dos juízes dos restantes tribunais.
6. A lei estabelece as imunidades e as demais regras relativas ao estatuto dos juízes do Tribunal Constitucional.

Artigo 223.º – **(Competência)**

1. Compete ao Tribunal Constitucional apreciar a inconstitucionalidade e a ilegalidade, nos termos dos artigos 277.º e seguintes.
2. Compete também ao Tribunal Constitucional:

a) Verificar a morte e declarar a impossibilidade física permanente do Presidente da República, bem como verificar os impedimentos temporários do exercício das suas funções;

b) Verificar a perda do cargo de Presidente da República, nos casos previstos no n.º 3 do artigo 129.º e no n.º 3 do artigo 130.º;

c) Julgar em última instância a regularidade e a validade dos actos de processo eleitoral, nos termos da lei;

d) Verificar a morte e declarar a incapacidade para o exercício da função presidencial de qualquer candidato a Presidente da República, para efeitos do disposto no n.º 3 do artigo 124.º;

e) Verificar a legalidade da constituição de partidos políticos e suas coligações, bem como apreciar a legalidade das suas denominações, siglas e símbolos, e ordenar a respectiva extinção, nos termos da Constituição e da lei;

f) Verificar previamente a constitucionalidade e a legalidade dos referendos nacionais, regionais e locais, incluindo a apreciação dos requisitos relativos ao respectivo universo eleitoral;

g) Julgar, a requerimento dos Deputados, nos termos da lei, os recursos relativos à perda do mandato e às eleições realizadas na Assembleia da República e nas Assembleias Legislativas das Regiões Autónomas;

h) Julgar as acções de impugnação de eleições e deliberações de órgãos de partidos políticos que, nos termos da lei, sejam recorríveis.

3. Compete ainda ao Tribunal Constitucional exercer as demais funções que lhe sejam atribuídas pela Constituição e pela lei.

Artigo 224.º – **(Organização e funcionamento)**

1. A lei estabelece as regras relativas à sede, à organização e ao funcionamento do Tribunal Constitucional.
2. A lei pode determinar o funcionamento do Tribunal Constitucional por secções, salvo para efeito da fiscalização abstracta da constitucionalidade e da legalidade.
3. A lei regula o recurso para o pleno do Tribunal Constitucional das decisões contraditórias das secções no domínio de aplicação da mesma norma.

TÍTULO VII – Regiões Autónomas

Artigo 225.º – **(Regime político-administrativo dos Açores e da Madeira)**

1. O regime político-administrativo próprio dos arquipélagos dos Açores e da Madeira fundamenta-se nas suas características geográficas, económicas, sociais e culturais e nas históricas aspirações autonomistas das populações insulares.
2. A autonomia das regiões visa a participação democrática dos cidadãos, o desenvolvimento económico-social e a promoção e defesa dos interesses regionais, bem como o reforço da unidade nacional e dos laços de solidariedade entre todos os portugueses.
3. A autonomia político-administrativa regional não afecta a integridade da soberania do Estado e exerce-se no quadro da Constituição.

Artigo 226.º – **(Estatutos e leis eleitorais)**

1. Os projectos de estatutos político-administrativos e de leis relativas à eleição dos deputados às Assembleias Legislativas das Regiões Autónomas são elaborados por estas e enviados para discussão e aprovação à Assembleia da República.
2. Se a Assembleia da República rejeitar o projecto ou lhe introduzir alterações, remetê-lo-á à respectiva Assembleia Legislativa para apreciação e emissão de parecer.
3. Elaborado o parecer, a Assembleia da República procede à discussão e deliberação final.
4. O regime previsto nos números anteriores é aplicável às alterações dos estatutos político-administrativos e das leis relativas à eleição dos deputados às Assembleias Legislativas das Regiões Autónomas.

Artigo 227.º – **(Poderes das regiões autónomas)**

1. As Regiões Autónomas são pessoas colectivas territoriais e têm os seguintes poderes, a definir nos respectivos estatutos:

   a) Legislar no âmbito regional em matérias enunciadas no respectivo estatuto político-administrativo e que não estejam reservadas aos órgãos de soberania;

   b) Legislar em matérias de reserva relativa da Assembleia da República, mediante autorização desta, com excepção das previstas nas alíneas *a)* a *c)*, na primeira parte da alínea *d)*, nas alíneas *f)* e *i)*, na segunda parte da alínea *m)* e nas alíneas *o)*, *p)*, *q)*, *s)*, *t)*, *v)*, *x)* e *aa)* do n.º 1 do artigo 165.º;

   c) Desenvolver para o âmbito regional os princípios ou as bases gerais dos regimes jurídicos contidos em lei que a eles se circunscrevam;

   d) Regulamentar a legislação regional e as leis emanadas dos órgãos de soberania que não reservem para estes o respectivo poder regulamentar;

e) Exercer a iniciativa estatutária, bem como a iniciativa legislativa em matéria relativa à eleição dos deputados às respectivas Assembleias Legislativas, nos termos do artigo 226.º;

f) Exercer a iniciativa legislativa, nos termos do n.º 1 do artigo 167.º, mediante a apresentação à Assembleia da República de propostas de lei e respectivas propostas de alteração;

g) Exercer poder executivo próprio;

h) Administrar e dispor do seu património e celebrar os actos e contratos em que tenham interesse;

i) Exercer poder tributário próprio, nos termos da lei, bem como adaptar o sistema fiscal nacional às especificidades regionais, nos termos de lei-quadro da Assembleia da República;

j) Dispor, nos termos dos estatutos e da lei de finanças das Regiões Autónomas, das receitas fiscais nelas cobradas ou geradas, bem como de uma participação nas receitas tributárias do Estado, estabelecida de acordo com um princípio que assegure a efectiva solidariedade nacional, e de outras receitas que lhes sejam atribuídas e afectá-las às suas despesas;

l) Criar e extinguir autarquias locais, bem como modificar a respectiva área, nos termos da lei;

m) Exercer poder de tutela sobre as autarquias locais;

n) Elevar povoações à categoria de vilas ou cidades;

o) Superintender nos serviços, institutos públicos e empresas públicas e nacionalizadas que exerçam a sua actividade exclusiva ou predominantemente na Região, e noutros casos em que o interesse regional o justifique;

p) Aprovar o plano de desenvolvimento económico e social, o orçamento regional e as contas da Região e participar na elaboração dos planos nacionais;

q) Definir actos ilícitos de mera ordenação social e respectivas sanções, sem prejuízo do disposto na alínea *d)* do n.º 1 do artigo 165.º;

r) Participar na definição e execução das políticas fiscal, monetária, financeira e cambial, de modo a assegurar o controlo regional dos meios de pagamento em circulação e o financiamento dos investimentos necessários ao seu desenvolvimento económico-social;

s) Participar na definição das políticas respeitantes às águas territoriais, à zona económica exclusiva e aos fundos marinhos contíguos;

t) Participar nas negociações de tratados e acordos internacionais que directamente lhes digam respeito, bem como nos benefícios deles decorrentes;

u) Estabelecer cooperação com outras entidades regionais estrangeiras e participar em organizações que tenham por objecto fomentar o diálogo e a cooperação inter-regional, de acordo com as orientações definidas pelos órgãos de soberania com competência em matéria de política externa;

v) Pronunciar-se, por sua iniciativa ou sob consulta dos órgãos de soberania, sobre as questões da competência destes que lhes digam respeito, bem como, em matérias do seu interesse específico, na definição das posições do Estado Português no âmbito do processo de construção europeia;

x) Participar no processo de construção europeia, mediante representação nas respectivas instituições regionais e nas delegações envolvidas em processos de decisão da União Europeia, quando estejam em causa matérias que lhes digam respeito, bem como transpor actos jurídicos da União, nos termos do artigo 112.º

2. As propostas de lei de autorização devem ser acompanhadas do anteprojecto do decreto legislativo regional a autorizar, aplicando-se às correspondentes leis de autorização o disposto nos n.ºs 2 e 3 do artigo 165.º

3. As autorizações referidas no número anterior caducam com o termo da legislatura ou a dissolução, quer da Assembleia da República, quer da Assembleia Legislativa a que tiverem sido concedidas.

4. Os decretos legislativos regionais previstos nas alíneas *b)* e *c)* do n.º 1 devem invocar expressamente as respectivas leis de autorização ou leis de bases, sendo aplicável aos primeiros o disposto no artigo 169.º, com as necessárias adaptações.

Artigo 228.º – (**Autonomia legislativa**)

1. A autonomia legislativa das Regiões Autónomas incide sobre as matérias enunciadas no respectivo estatuto político-administrativo que não estejam reservadas aos órgãos de soberania.

2. Na falta de legislação regional própria sobre matéria não reservada à competência dos órgãos de soberania, aplicam-se nas Regiões Autónomas as normas legais em vigor.

Artigo 229.º – (**Cooperação dos órgãos de soberania e dos órgãos regionais**)

1. Os órgãos de soberania asseguram, em cooperação com os órgãos de governo próprio, o desenvolvimento económico e social das Regiões Autónomas, visando, em especial, a correcção das desigualdades derivadas da insularidade.

2. Os órgãos de soberania ouvirão sempre, relativamente às questões da sua competência respeitantes às Regiões Autónomas, os órgãos de governo regional.

3. As relações financeiras entre a República e as Regiões Autónomas são reguladas através da lei prevista na alínea *t)* do artigo 164.º

4. O Governo da República e os Governos Regionais podem acordar outras formas de cooperação envolvendo, nomeadamente, actos de delegação de competências, estabelecendo-se em cada caso a correspondente transferência de meios financeiros e os mecanismos de fiscalização aplicáveis.

Artigo 230.º – (**Representante da República**)

1. Para cada uma das regiões autónomas há um Representante da República, nomeado e exonerado pelo Presidente da República, ouvido o Governo.

2. Salvo o caso de exoneração, o mandato do Representante da República tem a duração do mandato do Presidente da República e termina com a posse do novo Representante da República.

3. Em caso de vagatura do cargo, bem como nas suas ausências e impedimentos, o Representante da República é substituído pelo presidente da Assembleia Legislativa.

Artigo 231.º – (**Órgãos de governo próprio das Regiões Autónomas**)

1. São órgãos de governo próprio de cada Região Autónoma a Assembleia Legislativa e o Governo Regional.

2. A Assembleia Legislativa é eleita por sufrágio universal, directo e secreto, de harmonia com o princípio da representação proporcional.

3. O Governo Regional é politicamente responsável perante a Assembleia Legislativa da Região Autónoma e o seu presidente é nomeado pelo Representante da República, tendo em conta os resultados eleitorais.

4. O Representante da República nomeia e exonera os restantes membros do Governo Regional, sob proposta do respectivo presidente.

5. O Governo Regional toma posse perante a Assembleia Legislativa da Região Autónoma.

6. É da exclusiva competência do Governo Regional a matéria respeitante à sua própria organização e funcionamento.

7. O estatuto dos titulares dos órgãos de governo próprio das Regiões Autónomas é definido nos respectivos estatutos político-administrativos.

Artigo 232.º – (**Competência da Assembleia Legislativa da Região Autónoma**)

1. É da exclusiva competência da Assembleia Legislativa da Região Autónoma o exercício das atribuições referidas nas alíneas *a*), *b*) e *c*), na segunda parte da alínea *d*), na alínea *f*), na primeira parte da alínea *i*) e nas alíneas *l*), *n*) e *q*) do n.º 1 do artigo 227.º, bem como a aprovação do orçamento regional, do plano de desenvolvimento económico e social e das contas da região e ainda a adaptação do sistema fiscal nacional às especificidades da Região.

2. Compete à Assembleia Legislativa da Região Autónoma apresentar propostas de referendo regional, através do qual os cidadãos eleitores recenseados no respectivo território possam, por decisão do Presidente da República, ser chamados a pronunciar-se directamente, a título vinculativo, acerca de questões de relevante interesse específico regional, aplicando-se, com as necessárias adaptações, o disposto no artigo 115.º

3. Compete à Assembleia Legislativa da Região Autónoma elaborar e aprovar o seu regimento, nos termos da Constituição e do respectivo estatuto político-administrativo.

4. Aplica-se à Assembleia Legislativa da Região Autónoma e respectivos grupos parlamentares, com as necessárias adaptações, o disposto na alínea *c*) do artigo 175.º, nos n.ºs 1 a 6 do artigo 178.º e no artigo 179.º, com excepção do disposto nas alíneas *e*) e *f*) do n.º 3 e no n.º 4, bem como no artigo 180.º

Artigo 233.º – (**Assinatura e veto do Representante da República**)

1. Compete ao Representante da República assinar e mandar publicar os decretos legislativos regionais e os decretos regulamentares regionais.

2. No prazo de quinze dias, contados da recepção de qualquer decreto da Assembleia Legislativa da Região Autónoma que lhe haja sido enviado para assinatura, ou da publicação da decisão do Tribunal Constitucional que não se pronuncie pela inconstitucionalidade de norma dele constante, deve o Representante da República assiná-lo ou exercer o direito de veto, solicitando nova apreciação do diploma em mensagem fundamentada.

3. Se a Assembleia Legislativa da Região Autónoma confirmar o voto por maioria absoluta dos seus membros em efectividade de funções, o Representante da República deverá assinar o diploma no prazo de oito dias a contar da sua recepção.

4. No prazo de vinte dias, contados da recepção de qualquer decreto do Governo Regional que lhe tenha sido enviado para assinatura, deve o Representante da República assiná-lo ou recusar a assinatura, comunicando por escrito o sentido dessa recusa ao Governo Regional, o qual poderá converter o decreto em proposta a apresentar à Assembleia Legislativa da Região Autónoma.

5. O Representante da República exerce ainda o direito de veto, nos termos dos artigos 278.º e 279.º

Artigo 234.º – (**Dissolução e demissão dos órgãos de governo próprio**)

1. As Assembleias Legislativas das Regiões Autónomas podem ser dissolvidas pelo Presidente da República, ouvidos o Conselho de Estado e os partidos nelas representados.

2. A dissolução da Assembleia Legislativa da Região Autónoma acarreta a demissão do Governo Regional, que fica limitado à prática dos actos estritamente necessários

para assegurar a gestão dos negócios públicos, até à tomada de posse do novo Governo após a realização de eleições.

3. A dissolução da Assembleia Legislativa da Região Autónoma não prejudica a subsistência do mandato dos deputados, nem da competência da Comissão Permanente, até à primeira reunião da Assembleia após as subsequentes eleições.

TÍTULO VIII – **Poder Local**

CAPÍTULO I – **Princípios gerais**

Artigo 235.º – (**Autarquias locais**)

1. A organização democrática do Estado compreende a existência de autarquias locais.

2. As autarquias locais são pessoas colectivas territoriais dotadas de órgãos representativos, que visam a prossecução de interesses próprios das populações respectivas.

Artigo 236.º – (**Categorias de autarquias locais e divisão administrativa**)

1. No continente, as autarquias locais são as freguesias, os municípios e as regiões administrativas.

2. As Regiões Autónomas dos Açores e da Madeira compreendem freguesias e municípios.

3. Nas grandes áreas urbanas e nas ilhas, a lei poderá estabelecer, de acordo com as suas condições específicas, outras formas de organização territorial autárquica.

4. A divisão administrativa do território será estabelecida por lei.

Artigo 237.º – (**Descentralização administrativa**)

1. As atribuições e a organização das autarquias locais, bem como a competência dos seus órgãos, serão reguladas por lei, de harmonia com o princípio da descentralização administrativa.

2. Compete à assembleia da autarquia local o exercício dos poderes atribuídos pela lei, incluindo aprovar as opções do plano e o orçamento.

3. As polícias municipais cooperam na manutenção da tranquilidade pública e na protecção das comunidades locais.

Artigo 238.º – (**Património e finanças locais**)

1. As autarquias locais têm património e finanças próprios.

2. O regime das finanças locais será estabelecido por lei e visará a justa repartição dos recursos públicos pelo Estado e pelas autarquias e a necessária correcção de desigualdades entre autarquias do mesmo grau.

3. As receitas próprias das autarquias locais incluem obrigatoriamente as provenientes da gestão do seu património e as cobradas pela utilização dos seus serviços.

4. As autarquias locais podem dispor de poderes tributários, nos casos e nos termos previstos na lei.

Artigo 239.º – (**Órgãos deliberativos e executivos**)

1. A organização das autarquias locais compreende uma assembleia eleita dotada de poderes deliberativos e um órgão executivo colegial perante ela responsável.

2. A assembleia é eleita por sufrágio universal, directo e secreto dos cidadãos recenseados na área da respectiva autarquia, segundo o sistema da representação proporcional.

3. O órgão executivo colegial é constituído por um número adequado de membros, sendo designado presidente o primeiro candidato da lista mais votada para a assembleia ou para o executivo, de acordo com a solução adoptada na lei, a qual regulará também o processo eleitoral, os requisitos da sua constituição e destituição e o seu funcionamento.

4. As candidaturas para as eleições dos órgãos das autarquias locais podem ser apresentadas por partidos políticos, isoladamente ou em coligação, ou por grupos de cidadãos eleitores, nos termos da lei.

Artigo 240.º – **(Referendo local)**

1. As autarquias locais podem submeter a referendo dos respectivos cidadãos eleitores matérias incluídas nas competências dos seus órgãos, nos casos, nos termos e com a eficácia que a lei estabelecer.

2. A lei pode atribuir a cidadãos eleitores o direito de iniciativa de referendo.

Artigo 241.º – **(Poder regulamentar)**

As autarquias locais dispõem de poder regulamentar próprio nos limites da Constituição, das leis e dos regulamentos emanados das autarquias de grau superior ou das autoridades com poder tutelar.

Artigo 242.º – **(Tutela administrativa)**

1. A tutela administrativa sobre as autarquias locais consiste na verificação do cumprimento da lei por parte dos órgãos autárquicos e é exercida nos casos e segundo as formas previstas na lei.

2. As medidas tutelares restritivas da autonomia local são precedidas de parecer de um órgão autárquico, nos termos a definir por lei.

3. A dissolução de órgãos autárquicos só pode ter por causa acções ou omissões ilegais graves.

Artigo 243.º – **(Pessoal das autarquias locais)**

1. As autarquias locais possuem quadros de pessoal próprio, nos termos da lei.

2. É aplicável aos funcionários e agentes da administração local o regime dos funcionários e agentes do Estado, com as adaptações necessárias, nos termos da lei.

3. A lei define as formas de apoio técnico e em meios humanos do Estado às autarquias locais, sem prejuízo da sua autonomia.

CAPÍTULO II – **Freguesia**

Artigo 244.º – **(Órgãos da freguesia)**

Os órgãos representativos da freguesia são a assembleia de freguesia e a junta de freguesia.

Artigo 245.º – **(Assembleia de freguesia)**

1. A assembleia de freguesia é o órgão deliberativo da freguesia.

2. A lei pode determinar que nas freguesias de população diminuta a assembleia de freguesia seja substituída pelo plenário dos cidadãos eleitores.

Artigo 246.º – **(Junta de freguesia)**
A junta de freguesia é o órgão executivo colegial da freguesia.

Artigo 247.º – **(Associação)**
As freguesias podem constituir, nos termos da lei, associações para administração de interesses comuns.

Artigo 248.º – **(Delegação de tarefas)**
A assembleia de freguesia pode delegar nas organizações de moradores tarefas administrativas que não envolvam o exercício de poderes de autoridade.

CAPÍTULO III – Município

Artigo 249.º – **(Modificação dos municípios)**
A criação ou a extinção de municípios, bem como a alteração da respectiva área, é efectuada por lei, precedendo consulta dos órgãos das autarquias abrangidas.

Artigo 250.º – **(Órgãos do município)**
Os órgãos representativos do município são a assembleia municipal e a câmara municipal.

Artigo 251.º – **(Assembleia municipal)**
A assembleia municipal é o órgão deliberativo do município e é constituída por membros eleitos directamente em número superior ao dos presidentes de junta de freguesia, que a integram.

Artigo 252.º – **(Câmara municipal)**
A câmara municipal é o órgão executivo colegial do município.

Artigo 253.º – **(Associação e federação)**
Os municípios podem constituir associações e federações para a administração de interesses comuns, às quais a lei pode conferir atribuições e competências próprias.

Artigo 254.º – **(Participação nas receitas dos impostos directos)**
1. Os municípios participam, por direito próprio e nos termos definidos pela lei, nas receitas provenientes dos impostos directos.
2. Os municípios dispõem de receitas tributárias próprias, nos termos da lei.

CAPÍTULO IV – Região Administrativa

Artigo 255.º – **(Criação legal)**
As regiões administrativas são criadas simultaneamente, por lei, a qual define os respectivos poderes, a composição, a competência e o funcionamento dos seus órgãos, podendo estabelecer diferenciações quanto ao regime aplicável a cada uma.

Artigo 256.º – (**Instituição em concreto**)

1. A instituição em concreto das regiões administrativas, com aprovação da lei de instituição de cada uma delas, depende da lei prevista no artigo anterior e do voto favorável expresso pela maioria dos cidadãos eleitores que se tenham pronunciado em consulta directa, de alcance nacional e relativa a cada área regional.

2. Quando a maioria dos cidadãos eleitores participantes não se pronunciar favoravelmente em relação a pergunta de alcance nacional sobre a instituição em concreto das regiões administrativas, as respostas a perguntas que tenham tido lugar relativas a cada região criada na lei não produzirão efeitos.

3. As consultas aos cidadãos eleitores previstas nos números anteriores terão lugar nas condições e nos termos estabelecidos em lei orgânica, por decisão do Presidente da República, mediante proposta da Assembleia da República, aplicando-se, com as devidas adaptações, o regime decorrente do artigo 115.º

Artigo 257.º – (**Atribuições**)

Às regiões administrativas são conferidas, designadamente, a direcção de serviços públicos e tarefas de coordenação e apoio à acção dos municípios no respeito da autonomia destes e sem limitação dos respectivos poderes.

Artigo 258.º – (**Planeamento**)

As regiões administrativas elaboram planos regionais e participam na elaboração dos planos nacionais.

Artigo 259.º – (**Órgãos da região**)

Os órgãos representativos da região administrativa são a assembleia regional e a junta regional.

Artigo 260.º – (**Assembleia regional**)

A assembleia regional é o órgão deliberativo da região e é constituída por membros eleitos directamente e por membros, em número inferior ao daqueles, eleitos pelo sistema da representação proporcional e o método da média mais alta de *Hondt*, pelo colégio eleitoral formado pelos membros das assembleias municipais da mesma área designados por eleição directa.

Artigo 261.º – (**Junta regional**)

A junta regional é o órgão executivo colegial da região.

Artigo 262.º – (**Representante do Governo**)

Junto de cada região pode haver um representante do Governo, nomeado em Conselho de Ministros, cuja competência se exerce igualmente junto das autarquias existentes na área respectiva.

CAPÍTULO V – Organizações de moradores

Artigo 263.º – (**Constituição e área**)

1. A fim de intensificar a participação das populações na vida administrativa local, podem ser constituídas organizações de moradores residentes em área inferior à da respectiva freguesia.

2. A assembleia de freguesia, por sua iniciativa ou a requerimento de comissões de moradores ou de um número significativo de moradores, demarcará as áreas territoriais das organizações referidas no número anterior, solucionando os eventuais conflitos daí resultantes.

Artigo 264.º – **(Estrutura)**

1. A estrutura das organizações de moradores é fixada por lei e compreende a assembleia de moradores e a comissão de moradores.
2. A assembleia de moradores é composta pelos residentes inscritos no recenseamento da freguesia.
3. A comissão de moradores é eleita, por escrutínio secreto, pela assembleia de moradores e por ela livremente destituída.

Artigo 265.º – **(Direitos e competência)**

1. As organizações de moradores têm direito:
 a) De petição perante as autarquias locais relativamente a assuntos administrativos de interesse dos moradores;
 b) De participação, sem voto, através de representantes seus, na assembleia de freguesia.
2. Às organizações de moradores compete realizar as tarefas que a lei lhes confiar ou os órgãos da respectiva freguesia nelas delegarem.

TÍTULO IX – Administração Pública

Artigo 266.º – **(Princípios fundamentais)**

1. A Administração Pública visa a prossecução do interesse público, no respeito pelos direitos e interesses legalmente protegidos dos cidadãos.
2. Os órgãos e agentes administrativos estão subordinados à Constituição e à lei e devem actuar, no exercício das suas funções, com respeito pelos princípios da igualdade, da proporcionalidade, da justiça, da imparcialidade e da boa-fé.

Artigo 267.º – **(Estrutura da Administração)**

1. A Administração Pública será estruturada de modo a evitar a burocratização, a aproximar os serviços das populações e a assegurar a participação dos interessados na sua gestão efectiva, designadamente por intermédio de associações públicas, organizações de moradores e outras formas de representação democrática.
2. Para efeito do disposto no número anterior, a lei estabelecerá adequadas formas de descentralização e desconcentração administrativas, sem prejuízo da necessária eficácia e unidade de acção da Administração e dos poderes de direcção, superintendência e tutela dos órgãos competentes.
3. A lei pode criar entidades administrativas independentes.
4. As associações públicas só podem ser constituídas para a satisfação de necessidades específicas, não podem exercer funções próprias das associações sindicais e têm organização interna baseada no respeito dos direitos dos seus membros e na formação democrática dos seus órgãos.
5. O processamento da actividade administrativa será objecto de lei especial, que assegurará a racionalização dos meios a utilizar pelos serviços e a participação dos cidadãos na formação das decisões ou deliberações que lhes disserem respeito.

6. As entidades privadas que exerçam poderes públicos podem ser sujeitas, nos termos da lei, a fiscalização administrativa.

Artigo 268.º – (**Direitos e garantias dos administrados**)

1. Os cidadãos têm o direito de ser informados pela Administração, sempre que o requeiram, sobre o andamento dos processos em que sejam directamente interessados, bem como o de conhecer as resoluções definitivas que sobre eles forem tomadas.
2. Os cidadãos têm também o direito de acesso aos arquivos e registos administrativos, sem prejuízo do disposto na lei em matérias relativas à segurança interna e externa, à investigação criminal e à intimidade das pessoas.
3. Os actos administrativos estão sujeitos a notificação aos interessados, na forma prevista na lei, e carecem de fundamentação expressa e acessível quando afectem direitos ou interesses legalmente protegidos.
4. É garantido aos administrados tutela jurisdicional efectiva dos seus direitos ou interesses legalmente protegidos, incluindo, nomeadamente, o reconhecimento desses direitos ou interesses, a impugnação de quaisquer actos administrativos que os lesem, independentemente da sua forma, a determinação da prática de actos administrativos legalmente devidos e a adopção de medidas cautelares adequadas.
5. Os cidadãos têm igualmente direito de impugnar as normas administrativas com eficácia externa lesivas dos seus direitos ou interesses legalmente protegidos.
6. Para efeitos dos n.ºˢ 1 e 2, a lei fixará um prazo máximo de resposta por parte da Administração.

Artigo 269.º – (**Regime da função pública**)

1. No exercício das suas funções, os trabalhadores da Administração Pública e demais agentes do Estado e outras entidades públicas estão exclusivamente ao serviço do interesse público, tal como é definido, nos termos da lei, pelos órgãos competentes da Administração.
2. Os trabalhadores da Administração Pública e demais agentes do Estado e outras entidades públicas não podem ser prejudicados ou beneficiados em virtude do exercício de quaisquer direitos políticos previstos na Constituição, nomeadamente por opção partidária.
3. Em processo disciplinar são garantidas ao arguido a sua audiência e defesa.
4. Não é permitida a acumulação de empregos ou cargos públicos, salvo nos casos expressamente admitidos por lei.
5. A lei determina as incompatibilidades entre o exercício de empregos ou cargos públicos e o de outras actividades.

Artigo 270.º – (**Restrições ao exercício de direitos**)

A lei pode estabelecer, na estrita medida das exigências próprias das respectivas funções, restrições ao exercício dos direitos de expressão, reunião, manifestação, associação e petição colectiva e à capacidade eleitoral passiva por militares e agentes militarizados dos quadros permanentes em serviço efectivo, bem como por agentes dos serviços e das forças de segurança e, no caso destas, a não admissão do direito à greve, mesmo quando reconhecido o direito de associação sindical.

Artigo 271.º – (**Responsabilidade dos funcionários e agentes**)

1. Os funcionários e agentes do Estado e das demais entidades públicas são responsáveis civil, criminal e disciplinarmente pelas acções ou omissões praticadas no exer-

cício das suas funções e por causa desse exercício de que resulte violação dos direitos ou interesses legalmente protegidos dos cidadãos, não dependendo a acção ou procedimento, em qualquer fase, de autorização hierárquica.

2. É excluída a responsabilidade do funcionário ou agente que actue no cumprimento de ordens ou instruções emanadas de legítimo superior hierárquico e em matéria de serviço, se previamente delas tiver reclamado ou tiver exigido a sua transmissão ou confirmação por escrito.

3. Cessa o dever de obediência sempre que o cumprimento das ordens ou instruções implique a prática de qualquer crime.

4. A lei regula os termos em que o Estado e as demais entidades públicas têm direito de regresso contra os titulares dos seus órgãos, funcionários e agentes.

Artigo 272.º – **(Polícia)**

1. A polícia tem por funções defender a legalidade democrática e garantir a segurança interna e os direitos dos cidadãos.

2. As medidas de polícia são as previstas na lei, não devendo ser utilizadas para além do estritamente necessário.

3. A prevenção dos crimes, incluindo a dos crimes contra a segurança do Estado, só pode fazer-se com observância das regras gerais sobre polícia e com respeito pelos direitos, liberdades e garantias dos cidadãos.

4. A lei fixa o regime das forças de segurança, sendo a organização de cada uma delas única para todo o território nacional.

TÍTULO X – Defesa Nacional

Artigo 273.º – **(Defesa nacional)**

1. É obrigação do Estado assegurar a defesa nacional.

2. A defesa nacional tem por objectivos garantir, no respeito da ordem constitucional, das instituições democráticas e das convenções internacionais, a independência nacional, a integridade do território e a liberdade e a segurança das populações contra qualquer agressão ou ameaça externas.

Artigo 274.º – **(Conselho Superior de Defesa Nacional)**

1. O Conselho Superior de Defesa Nacional é presidido pelo Presidente da República e tem a composição que a lei determinar, a qual incluirá membros eleitos pela Assembleia da República.

2. O Conselho Superior de Defesa Nacional é o órgão específico de consulta para os assuntos relativos à defesa nacional e à organização, funcionamento e disciplina das Forças Armadas, podendo dispor da competência administrativa que lhe for atribuída por lei.

Artigo 275.º – **(Forças Armadas)**

1. Às Forças Armadas incumbe a defesa militar da República.

2. As Forças Armadas compõem-se exclusivamente de cidadãos portugueses e a sua organização é única para todo o território nacional.

3. As Forças Armadas obedecem aos órgãos de soberania competentes, nos termos da Constituição e da lei.

4. As Forças Armadas estão ao serviço do povo português, são rigorosamente apartidárias e os seus elementos não podem aproveitar-se da sua arma, do seu posto ou da sua função para qualquer intervenção política.

5. Incumbe às Forças Armadas, nos termos da lei, satisfazer os compromissos internacionais do Estado Português no âmbito militar e participar em missões humanitárias e de paz assumidas pelas organizações internacionais de que Portugal faça parte.

6. As Forças Armadas podem ser incumbidas, nos termos da lei, de colaborar em missões de protecção civil, em tarefas relacionadas com a satisfação de necessidades básicas e a melhoria da qualidade de vida das populações, e em acções de cooperação técnico-militar no âmbito da política nacional de cooperação.

7. As leis que regulam o estado de sítio e o estado de emergência fixam as condições do emprego das Forças Armadas quando se verifiquem essas situações.

Artigo 276.º – **(Defesa da Pátria, serviço militar e serviço cívico)**

1. A defesa da Pátria é direito e dever fundamental de todos os portugueses.

2. O serviço militar é regulado por lei, que fixa as formas, a natureza voluntária ou obrigatória, a duração e o conteúdo da respectiva prestação.

3. Os cidadãos sujeitos por lei à prestação do serviço militar e que forem considerados inaptos para o serviço militar armado prestarão serviço militar não armado ou serviço cívico adequado à sua situação.

4. Os objectores de consciência ao serviço militar a que legalmente estejam sujeitos prestarão serviço cívico de duração e penosidade equivalentes à do serviço militar armado.

5. O serviço cívico pode ser estabelecido em substituição ou complemento do serviço militar e tornado obrigatório por lei para os cidadãos não sujeitos a deveres militares.

6. Nenhum cidadão poderá conservar nem obter emprego do Estado ou de outra entidade pública se deixar de cumprir os seus deveres militares ou de serviço cívico quando obrigatório.

7. Nenhum cidadão pode ser prejudicado na sua colocação, nos seus benefícios sociais ou no seu emprego permanente por virtude do cumprimento do serviço militar ou do serviço cívico obrigatório.

PARTE IV
GARANTIA E REVISÃO DA CONSTITUIÇÃO

TÍTULO I – Fiscalização da constitucionalidade

Artigo 277.º – **(Inconstitucionalidade por acção)**

1. São inconstitucionais as normas que infrinjam o disposto na Constituição ou os princípios nela consignados.

2. A inconstitucionalidade orgânica ou formal de tratados internacionais regularmente ratificados não impede a aplicação das suas normas na ordem jurídica portuguesa, desde que tais normas sejam aplicadas na ordem jurídica da outra parte, salvo se tal inconstitucionalidade resultar de violação de uma disposição fundamental.

Artigo 278.º – **(Fiscalização preventiva da constitucionalidade)**

1. O Presidente da República pode requerer ao Tribunal Constitucional a apreciação preventiva da constitucionalidade de qualquer norma constante de tratado internacional que lhe tenha sido submetido para ratificação, de decreto que lhe tenha sido enviado para promulgação como lei ou como decreto-lei ou de acordo internacional cujo decreto de aprovação lhe tenha sido remetido para assinatura.

2. Os Representantes da República podem igualmente requerer ao Tribunal Constitucional a apreciação preventiva da constitucionalidade de qualquer norma constante de decreto legislativo regional que lhes tenha sido enviado para assinatura.

3. A apreciação preventiva da constitucionalidade deve ser requerida no prazo de oito dias a contar da data da recepção do diploma.

4. Podem requerer ao Tribunal Constitucional a apreciação preventiva da constitucionalidade de qualquer norma constante de decreto que tenha sido enviado ao Presidente da República para promulgação como lei orgânica, além deste, o Primeiro-Ministro ou um quinto dos Deputados à Assembleia da República em efectividade de funções.

5. O Presidente da Assembleia da República, na data em que enviar ao Presidente da República decreto que deva ser promulgado como lei orgânica, dará disso conhecimento ao Primeiro-Ministro e aos grupos parlamentares da Assembleia da República.

6. A apreciação preventiva da constitucionalidade prevista no n.º 4 deve ser requerida no prazo de oito dias a contar da data prevista no número anterior.

7. Sem prejuízo do disposto no n.º 1, o Presidente da República não pode promulgar os decretos a que se refere o n.º 4 sem que decorram oito dias após a respectiva recepção ou antes de o Tribunal Constitucional sobre eles se ter pronunciado, quando a intervenção deste tiver sido requerida.

8. O Tribunal Constitucional deve pronunciar-se no prazo de vinte e cinco dias, o qual, no caso do n.º 1, pode ser encurtado pelo Presidente da República, por motivo de urgência.

Artigo 279.º – **(Efeitos da decisão)**

1. Se o Tribunal Constitucional se pronunciar pela inconstitucionalidade de norma constante de qualquer decreto ou acordo internacional, deverá o diploma ser vetado pelo Presidente da República ou pelo Representante da República, conforme os casos, e devolvido ao órgão que o tiver aprovado.

2. No caso previsto no n.º 1, o decreto não poderá ser promulgado ou assinado sem que o órgão que o tiver aprovado expurgue a norma julgada inconstitucional ou, quando for caso disso, o confirme por maioria de dois terços dos Deputados presentes, desde que superior à maioria absoluta dos Deputados em efectividade de funções.

3. Se o diploma vier a ser reformulado, poderá o Presidente da República ou o Representante da República, conforme os casos, requerer a apreciação preventiva da constitucionalidade de qualquer das suas normas.

4. Se o Tribunal Constitucional se pronunciar pela inconstitucionalidade de norma constante de tratado, este só poderá ser ratificado se a Assembleia da República o vier a aprovar por maioria de dois terços dos Deputados presentes, desde que superior à maioria absoluta dos Deputados em efectividade de funções.

Artigo 280.º – **(Fiscalização concreta da constitucionalidade e da legalidade)**

1. Cabe recurso para o Tribunal Constitucional das decisões dos tribunais:

a) Que recusem a aplicação de qualquer norma com fundamento na sua inconstitucionalidade;

b) Que apliquem norma cuja inconstitucionalidade haja sido suscitada durante o processo.

2. Cabe igualmente recurso para o Tribunal Constitucional das decisões dos tribunais:

a) Que recusem a aplicação de norma constante de acto legislativo com fundamento na sua ilegalidade por violação da lei com valor reforçado;

b) Que recusem a aplicação de norma constante de diploma regional com fundamento na sua ilegalidade por violação do estatuto da Região Autónoma;

c) Que recusem a aplicação de norma constante de diploma emanado de um órgão de soberania com fundamento na sua ilegalidade por violação do estatuto de uma Região Autónoma;

d) Que apliquem norma cuja ilegalidade haja sido suscitada durante o processo com qualquer dos fundamentos referidos nas alíneas *a)*, *b)* e *c)*.

3. Quando a norma cuja aplicação tiver sido recusada constar de convenção internacional, de acto legislativo ou de decreto regulamentar, os recursos previstos na alínea *a)* do n.º 1 e na alínea *a)* do n.º 2 são obrigatórios para o Ministério Público.

4. Os recursos previstos na alínea *b)* do n.º 1 e na alínea *d)* do n.º 2 só podem ser interpostos pela parte que haja suscitado a questão da inconstitucionalidade ou da ilegalidade, devendo a lei regular o regime de admissão desses recursos.

5. Cabe ainda recurso para o Tribunal Constitucional, obrigatório para o Ministério Público, das decisões dos tribunais que apliquem norma anteriormente julgada inconstitucional ou ilegal pelo próprio Tribunal Constitucional.

6. Os recursos para o Tribunal Constitucional são restritos à questão da inconstitucionalidade ou da ilegalidade, conforme os casos.

Artigo 281.º – **(Fiscalização abstracta da constitucionalidade e da legalidade)**

1. O Tribunal Constitucional aprecia e declara, com força obrigatória geral:

a) A inconstitucionalidade de quaisquer normas;

b) A ilegalidade de quaisquer normas constantes de acto legislativo com fundamento em violação de lei com valor reforçado;

c) A ilegalidade de quaisquer normas constantes de diploma regional, com fundamento em violação do estatuto da Região Autónoma;

d) A ilegalidade de quaisquer normas constantes de diploma emanado dos órgãos de soberania com fundamento em violação dos direitos de uma Região consagrados no seu estatuto.

2. Podem requerer ao Tribunal Constitucional a declaração de inconstitucionalidade ou de ilegalidade, com força obrigatória geral:

a) O Presidente da República;

b) O Presidente da Assembleia da República;

c) O Primeiro-Ministro;

d) O Provedor de Justiça;

e) O Procurador-Geral da República;

f) Um décimo dos Deputados à Assembleia da República;

g) Os Representantes da República, as Assembleias Legislativas das Regiões Autónomas, os presidentes das Assembleias Legislativas das Regiões Autónomas, os presidentes dos Governos Regionais ou um décimo dos deputados à respectiva Assembleia Legislativa, quando o pedido de declaração de inconstitucionalidade se fundar em violação dos direitos das Regiões Autónomas ou o pedido de declaração de ilegalidade se fundar em violação do respectivo estatuto.

3. O Tribunal Constitucional aprecia e declara ainda, com força obrigatória geral, a inconstitucionalidade ou a ilegalidade de qualquer norma, desde que tenha sido por ele julgada inconstitucional ou ilegal em três casos concretos.

Artigo 282.º – **(Efeitos da declaração de inconstitucionalidade ou de ilegalidade)**

1. A declaração de inconstitucionalidade ou de ilegalidade com força obrigatória geral produz efeitos desde a entrada em vigor da norma declarada inconstitucional ou ilegal e determina a repristinação das normas que ela, eventualmente, haja revogado.
2. Tratando-se, porém, de inconstitucionalidade ou de ilegalidade por infracção de norma constitucional ou legal posterior, a declaração só produz efeitos desde a entrada em vigor desta última.
3. Ficam ressalvados os casos julgados, salvo decisão em contrário do Tribunal Constitucional quando a norma respeitar a matéria penal, disciplinar ou de ilícito de mera ordenação social e for de conteúdo menos favorável ao arguido.
4. Quando a segurança jurídica, razões de equidade ou interesse público de excepcional relevo, que deverá ser fundamentado, o exigirem, poderá o Tribunal Constitucional fixar os efeitos da inconstitucionalidade ou da ilegalidade com alcance mais restrito do que o previsto nos n.ºs 1 e 2.

Artigo 283.º – **(Inconstitucionalidade por omissão)**

1. A requerimento do Presidente da República, do Provedor de Justiça ou, com fundamento em violação de direitos das Regiões Autónomas, dos presidentes das Assembleias Legislativas das Regiões Autónomas, o Tribunal Constitucional aprecia e verifica o não cumprimento da Constituição por omissão das medidas legislativas necessárias para tornar exequíveis as normas constitucionais.
2. Quando o Tribunal Constitucional verificar a existência de inconstitucionalidade por omissão, dará disso conhecimento ao órgão legislativo competente.

TÍTULO II – **Revisão constitucional**

Artigo 284.º – **(Competência e tempo de revisão)**

1. A Assembleia da República pode rever a Constituição decorridos cinco anos sobre a data da publicação da última lei de revisão ordinária.
2. A Assembleia da República pode, contudo, assumir em qualquer momento poderes de revisão extraordinária por maioria de quatro quintos dos Deputados em efectividade de funções.

Artigo 285.º – **(Iniciativa da revisão)**

1. A iniciativa da revisão compete aos Deputados.
2. Apresentado um projecto de revisão constitucional, quaisquer outros terão de ser apresentados no prazo de trinta dias.

Artigo 286.º – **(Aprovação e promulgação)**

1. As alterações da Constituição são aprovadas por maioria de dois terços dos Deputados em efectividade de funções.

2. As alterações da Constituição que forem aprovadas serão reunidas numa única lei de revisão.
3. O Presidente da República não pode recusar a promulgação da lei de revisão.

Artigo 287.º – **(Novo texto da Constituição)**

1. As alterações da Constituição serão inseridas no lugar próprio, mediante as substituições, as supressões e os aditamentos necessários.
2. A Constituição, no seu novo texto, será publicada conjuntamente com a lei de revisão.

Artigo 288.º – **(Limites materiais da revisão)**

As leis de revisão constitucional terão de respeitar:
a) A independência nacional e a unidade do Estado;
b) A forma republicana de governo;
c) A separação das Igrejas do Estado;
d) Os direitos, liberdades e garantias dos cidadãos;
e) Os direitos dos trabalhadores, das comissões de trabalhadores e das associações sindicais;
f) A coexistência do sector público, do sector privado e do sector cooperativo e social de propriedade dos meios de produção;
g) A existência de planos económicos no âmbito de uma economia mista;
h) O sufrágio universal, directo, secreto e periódico na designação dos titulares electivos dos órgãos de soberania, das Regiões Autónomas e do poder local, bem como o sistema de representação proporcional;
i) O pluralismo de expressão e organização política, incluindo partidos políticos, e o direito de oposição democrática;
j) A separação e a interdependência dos órgãos de soberania;
l) A fiscalização da constitucionalidade por acção ou por omissão de normas jurídicas;
m) A independência dos tribunais;
n) A autonomia das autarquias locais;
o) A autonomia político-administrativa dos arquipélagos dos Açores e da Madeira.

Artigo 289.º – **(Limites circunstanciais da revisão)**

Não pode ser praticado nenhum acto de revisão constitucional na vigência de estado de sítio ou de estado de emergência.

DISPOSIÇÕES FINAIS E TRANSITÓRIAS

Artigo 290.º – **(Direito anterior)**

1. As leis constitucionais posteriores a 25 de Abril de 1974 não ressalvadas neste capítulo são consideradas leis ordinárias, sem prejuízo do disposto no número seguinte.
2. O Direito ordinário anterior à entrada em vigor da Constituição mantém-se, desde que não seja contrário à Constituição ou aos princípios nela consignados.

Artigo 291.º – **(Distritos)**

1. Enquanto as regiões administrativas não estiverem concretamente instituídas, subsistirá a divisão distrital no espaço por elas não abrangido.

2. Haverá em cada distrito, em termos a definir por lei, uma assembleia deliberativa, composta por representantes dos municípios.

3. Compete ao governador civil, assistido por um conselho, representar o Governo e exercer os poderes de tutela na área do distrito.

Artigo 292.º – **(Incriminação e julgamento dos agentes e responsáveis da PIDE/ /DGS)**

1. Mantém-se em vigor a Lei n.º 8/75, de 25 de Julho, com as alterações introduzidas pela Lei n.º 16/75, de 23 de Dezembro, e pela Lei n.º 18/75, de 26 de Dezembro.

2. A lei poderá precisar as tipificações criminais constantes do n.º 2 do artigo 2.º, do artigo 3.º, da alínea *b*) do artigo 4.º e do artigo 5.º do diploma referido no número anterior.

3. A lei poderá regular especialmente a atenuação extraordinária prevista no artigo 7.º do mesmo diploma.

Artigo 293.º – **(Reprivatização de bens nacionalizados depois de 25 de Abril de l974)**

1. Lei-quadro, aprovada por maioria absoluta dos Deputados em efectividade de funções, regula a reprivatização da titularidade ou do direito de exploração de meios de produção e outros bens nacionalizados depois de 25 de Abril de l974, observando os seguintes princípios fundamentais:

a) A reprivatização da titularidade ou do direito de exploração de meios de produção e outros bens nacionalizados depois de 25 de Abril de 1974 realizar-se-á, em regra e preferencialmente, através de concurso público, oferta na bolsa de valores ou subscrição pública;

b) As receitas obtidas com as reprivatizações serão utilizadas apenas para amortização da dívida pública e do sector empresarial do Estado, para o serviço da dívida resultante de nacionalizações ou para novas aplicações de capital no sector produtivo;

c) Os trabalhadores das empresas objecto de reprivatização manterão no processo de reprivatização da respectiva empresa todos os direitos e obrigações de que forem titulares;

d) Os trabalhadores das empresas objecto de reprivatização adquirirão o direito à subscrição preferencial de uma percentagem do respectivo capital social;

e) Proceder-se-á à avaliação prévia dos meios de produção e outros bens a reprivatizar, por intermédio de mais de uma entidade independente.

2. As pequenas e médias empresas indirectamente nacionalizadas situadas fora dos sectores básicos da economia poderão ser reprivatizadas nos termos da lei.

Artigo 294.º – **(Regime aplicável aos órgãos das autarquias locais)**

Até à entrada em vigor da lei prevista no n.º 3 do artigo 239.º, os órgãos das autarquias locais são constituídos e funcionam nos termos de legislação correspondente ao texto da Constituição na redacção que lhe foi dada pela Lei Constitucional n.º 1/92, de 25 de Novembro.

Artigo 295.º – **(Referendo sobre tratado europeu)**

O disposto no n.º 3 do artigo 115.º não prejudica a possibilidade de convocação e de efectivação de referendo sobre a aprovação de tratado que vise a construção e aprofundamento da União Europeia.

Artigo 296.º – **(Data e entrada em vigor da Constituição)**

1. A Constituição da República Portuguesa tem a data da sua aprovação pela Assembleia Constituinte, 2 de Abril de 1976.

2. A Constituição da República Portuguesa entra em vigor no dia 25 de Abril de 1976.

Aprovada em 2 de Abril de 1976.

O Presidente da Assembleia Constituinte, *Henrique Teixeira Queiroz de Barros.*

Promulgado em 2 de Abril de 1976.

Publique-se.

O Presidente da República, Francisco da Costa Gomes.

II
CONSTITUIÇÃO DA REPÚBLICA FEDERATIVA DO BRASIL DE 1988 [77]

---

[77] Texto oficial integral, publicado no *Diário Oficial da União*, 1.ª secção, n.º 191-A, de 5 de Outubro de 1988, e posteriormente alterado por 6 emendas constitucionais de revisão e por 52 emendas constitucionais.

PREÂMBULO

Nós, representantes do povo brasileiro, reunidos em Assembléia Nacional Constituinte para instituir um Estado Democrático, destinado a assegurar o exercício dos direitos sociais e individuais, a liberdade, a segurança, o bem-estar, o desenvolvimento, a igualdade e a justiça como valores supremos de uma sociedade fraterna, pluralista e sem preconceitos, fundada na harmonia social e comprometida, na ordem interna e internacional, com a solução pacífica das controvérsias, promulgamos, sob a proteção de Deus, a seguinte Constituição da República Federativa do Brasil.

TÍTULO I
DOS PRINCÍPIOS FUNDAMENTAIS

Artigo 1.º

A República Federativa do Brasil, formada pela união indissolúvel dos Estados e Municípios e do Distrito Federal, constitui-se em Estado Democrático de Direito e tem como fundamentos:
I – a soberania;
II – a cidadania;
III – a dignidade da pessoa humana;
IV – os valores sociais do trabalho e da livre iniciativa;
V – o pluralismo político.
Parágrafo único. Todo o poder emana do povo, que o exerce por meio de representantes eleitos ou diretamente, nos termos desta Constituição.

Artigo 2.º

São Poderes da União, independentes e harmônicos entre si, o Legislativo, o Executivo e o Judiciário.

Artigo 3.º

Constituem objetivos fundamentais da República Federativa do Brasil:
I – construir uma sociedade livre, justa e solidária;
II – garantir o desenvolvimento nacional;
III – erradicar a pobreza e a marginalização e reduzir as desigualdades sociais e regionais;
IV – promover o bem de todos, sem preconceitos de origem, raça, sexo, cor, idade e quaisquer outras formas de discriminação.

Artigo 4.º

A República Federativa do Brasil rege-se nas suas relações internacionais pelos seguintes princípios:
I – independência nacional;
II – prevalência dos direitos humanos;
III – autodeterminação dos povos;
IV – não-intervenção;
V – igualdade entre os Estados;
VI – defesa da paz;
VII – solução pacífica dos conflitos;
VIII – repúdio ao terrorismo e ao racismo;
IX – cooperação entre os povos para o progresso da Humanidade;
X – concessão de asilo político.
Parágrafo único. A República Federativa do Brasil buscará a integração econômica, política, social e cultural dos povos da América Latina, visando à formação de uma comunidade latino-americana de nações.

TÍTULO II
DOS DIREITOS E GARANTIAS FUNDAMENTAIS

CAPÍTULO I – Dos Direitos e Deveres Individuais e Coletivos

Artigo 5.º

Todos são iguais perante a lei, sem distinção de qualquer natureza, garantindo-se aos brasileiros e aos estrangeiros residentes no País a inviolabilidade do direito à vida, à liberdade, à igualdade, à segurança e à propriedade, nos termos seguintes:
I – homens e mulheres são iguais em direitos e obrigações, nos termos desta Constituição;
II – ninguém será obrigado a fazer ou deixar de fazer alguma coisa senão em virtude de lei;
III – ninguém será submetido a tortura nem a tratamento desumano ou degradante;
IV – é livre a manifestação do pensamento, sendo vedado o anonimato;
V – é assegurado o direito de resposta, proporcional ao agravo, além da indenização por dano material, moral ou à imagem;
VI – é inviolável a liberdade de consciência e de crença, sendo assegurado o livre exercício dos cultos religiosos e garantida, na forma da lei, a proteção aos locais de culto e a suas liturgias;
VII – é assegurada, nos termos da lei, a prestação de assistência religiosa nas entidades civis e militares de internação coletiva;
VIII – ninguém será privado de direitos por motivo de crença religiosa ou de convicção filosófica ou política, salvo se as invocar para eximir-se de obrigação legal a todos imposta e recusar-se a cumprir prestação alternativa, fixada em lei;
IX – é livre a expressão da atividade intelectual, artística, científica e de comunicação, independentemente de censura ou licença;
X – são invioláveis a intimidade, a vida privada, a honra e a imagem das pessoas, assegurado o direito a indenização pelo dano material ou moral decorrente de sua violação;

XI – a casa é asilo inviolável do indivíduo, ninguém nela podendo penetrar sem consentimento do morador, salvo em caso de flagrante delito ou desastre, ou para prestar socorro, ou, durante o dia, por determinação judicial;

XII – é inviolável o sigilo da correspondência e das comunicações telegráficas, de dados e das comunicações telefônicas, salvo, no último caso, por ordem judicial, nas hipóteses e na forma que a lei estabelecer para fins de investigação criminal ou instrução processual penal;

XIII – é livre o exercício de qualquer trabalho, ofício ou profissão, atendidas as qualificações profissionais que a lei estabelecer;

XIV – é assegurado a todos o acesso à informação e resguardado o sigilo da fonte, quando necessário ao exercício profissional;

XV – é livre a locomoção no território nacional em tempo de paz, podendo qualquer pessoa, nos termos da lei, nele entrar, permanecer ou dele sair com seus bens;

XVI – todos podem reunir-se pacificamente, sem armas, em locais abertos ao público, independentemente de autorização, desde que não frustrem outra reunião anteriormente convocada para o mesmo local, sendo apenas exigido prévio aviso à autoridade competente;

XVII – é plena a liberdade de associação para fins lícitos, vedada a de caráter paramilitar;

XVIII – a criação de associações e, na forma da lei, a de cooperativas independem de autorização, sendo vedada a interferência estatal em seu funcionamento;

XIX – as associações só poderão ser compulsoriamente dissolvidas ou ter suas atividades suspensas por decisão judicial, exigindo-se, no primeiro caso, o trânsito em julgado;

XX – ninguém poderá ser compelido a associar-se ou a permanecer associado;

XXI – as entidades associativas, quando expressamente autorizadas, têm legitimidade para representar seus filiados judicial ou extrajudicialmente;

XXII – é garantido o direito de propriedade;

XXIII – a propriedade atenderá a sua função social;

XXIV – a lei estabelecerá o procedimento para desapropriação por necessidade ou utilidade pública, ou por interesse social, mediante justa e prévia indenização em dinheiro, ressalvados os casos previstos nesta Constituição;

XXV – no caso de iminente perigo público, a autoridade competente poderá usar de propriedade particular, assegurada ao proprietário indenização ulterior, se houver dano;

XXVI – a pequena propriedade rural, assim definida em lei, desde que trabalhada pela família, não será objeto de penhora para pagamento de débitos decorrentes de sua atividade produtiva, dispondo a lei sobre os meios de financiar o seu desenvolvimento;

XXVII – aos autores pertence o direito exclusivo de utilização, publicação ou reprodução de suas obras, transmissível aos herdeiros pelo tempo que a lei fixar;

XXVIII – são assegurados, nos termos da lei:

a) a proteção às participações individuais em obras coletivas e à reprodução da imagem e voz humanas, inclusive nas atividades desportivas;

b) o direito de fiscalização do aproveitamento econômico das obras que criarem ou de que participarem aos criadores, aos intérpretes e às respectivas representações sindicais e associativas;

XXIX – a lei assegurará aos autores de inventos industriais privilégio temporário para sua utilização, bem como proteção às criações industriais, à propriedade das marcas, aos nomes de empresas e a outros signos distintivos, tendo em vista o interesse social e o desenvolvimento tecnológico e econômico do País;

XXX – é garantido o direito de herança;

XXXI – a sucessão de bens de estrangeiros situados no País será regulada pela lei brasileira em benefício do cônjuge ou dos filhos brasileiros, sempre que não lhes seja mais favorável a lei pessoal do *de cujus*;

XXXII – o Estado promoverá, na forma da lei, a defesa do consumidor;

XXXIII – todos têm direito a receber dos órgãos públicos informações de seu interesse particular, ou de interesse coletivo ou geral, que serão prestadas no prazo da lei, sob pena de responsabilidade, ressalvadas aquelas cujo sigilo seja imprescindível à segurança da sociedade e do Estado;

XXXIV – são a todos assegurados, independentemente do pagamento de taxas:

a) o direito de petição aos poderes públicos em defesa de direitos ou contra ilegalidade ou abuso de poder;

b) a obtenção de certidões em repartições públicas, para defesa de direitos e esclarecimento de situações de interesse pessoal;

XXXV – a lei não excluirá da apreciação do Poder Judiciário lesão ou ameaça a direito;

XXXVI – a lei não prejudicará o direito adquirido, o ato jurídico perfeito e a coisa julgada;

XXXVII – não haverá juízo ou tribunal de exceção;

XXXVIII – é reconhecida a instituição do júri, com a organização que lhe der a lei, assegurados:

a) a plenitude de defesa;

b) o sigilo das votações;

c) a soberania dos veredictos;

d) a competência para o julgamento dos crimes dolosos contra a vida;

XXXIX – não há crime sem lei anterior que o defina, nem pena sem prévia cominação legal;

XL – a lei penal não retroagirá, salvo para beneficiar o réu;

XLI – a lei punirá qualquer discriminação atentatória dos direitos e liberdades fundamentais;

XLII – a prática do racismo constitui crime inafiançável e imprescritível, sujeito à pena de reclusão, nos termos da lei;

XLIII – a lei considerará crimes inafiançáveis e insuscetíveis de graça ou anistia a prática da tortura, o tráfico ilícito de entorpecentes e drogas afins, o terrorismo e os definidos como crimes hediondos, por eles respondendo os mandantes, os executores e os que, podendo evitá-los, se omitirem;

XLIV – constitui crime inafiançável e imprescritível a ação de grupos armados, civis ou militares, contra a ordem constitucional e o Estado Democrático;

XLV – nenhuma pena passará da pessoa do condenado, podendo a obrigação de reparar o dano e a decretação do perdimento de bens ser, nos termos da lei, estendidas aos sucessores e contra eles executadas, até o limite do valor do patrimônio transferido;

XLVI – a lei regulará a individualização da pena e adotará, entre outras, as seguintes:

a) privação ou restrição da liberdade;

b) perda de bens;

c) multa;

d) prestação social alternativa;

e) suspensão ou interdição de direitos;

XLVII – não haverá penas:

a) de morte, salvo em caso de guerra declarada, nos termos do art. 84.°, XIX;

b) de caráter perpétuo;

c) de trabalhos forçados;

d) de banimento;
e) cruéis;

XLVIII – a pena será cumprida em estabelecimentos distintos, de acordo com a natureza do delito, a idade e o sexo do apenado;

XLIX – é assegurado aos presos o respeito à integridade física e moral;

L – às presidiárias serão asseguradas condições para que possam permanecer com seus filhos durante o período de amamentação;

LI – nenhum brasileiro será extraditado, salvo o naturalizado, em caso de crime comum, praticado antes da naturalização, ou de comprovado envolvimento em tráfico ilícito de entorpecentes e drogas afins, na forma da lei;

LII – não será concedida extradição de estrangeiro por crime político ou de opinião;

LIII – ninguém será processado nem sentenciado senão pela autoridade competente;

LIV – ninguém será privado da liberdade ou de seus bens sem o devido processo legal;

LV – aos litigantes, em processo judicial ou administrativo, e aos acusados em geral são assegurados o contraditório e a ampla defesa, com os meios e recursos a ela inerentes;

LVI – são inadmissíveis, no processo, as provas obtidas por meios ilícitos;

LVII – ninguém será considerado culpado até o trânsito em julgado de sentença penal condenatória;

LVIII – o civilmente identificado não será submetido a identificação criminal, salvo nas hipóteses previstas em lei;

LIX – será admitida ação privada nos crimes de ação pública, se esta não for intentada no prazo legal;

LX – a lei só poderá restringir a publicidade dos atos processuais quando a defesa da intimidade ou o interesse social o exigirem;

LXI – ninguém será preso senão em flagrante delito ou por ordem escrita e fundamentada de autoridade judiciária competente, salvo nos casos de transgressão militar ou crime propriamente militar, definidos em lei;

LXII – a prisão de qualquer pessoa e o local onde se encontre serão comunicados imediatamente ao juiz competente e à família do preso ou à pessoa por ele indicada;

LXIII – o preso será informado de seus direitos, entre os quais o de permanecer calado, sendo-lhe assegurada a assistência da família e de advogado;

LXIV – o preso tem direito à identificação dos responsáveis por sua prisão ou por seu interrogatório policial;

LXV – a prisão ilegal será imediatamente relaxada pela autoridade judiciária;

LXVI – ninguém será levado à prisão ou nela mantido quando a lei admitir a liberdade provisória, com ou sem fiança;

LXVII – não haverá prisão civil por dívida, salvo a do responsável pelo inadimplemento voluntário e inescusável de obrigação alimentícia e a do depositário infiel;

LXVIII – conceder-se-á *habeas corpus* sempre que alguém sofrer ou se achar ameaçado de sofrer violência ou coação em sua liberdade de locomoção, por ilegalidade ou abuso de poder;

LXIX – conceder-se-á mandado de segurança para proteger direito líquido e certo, não amparado por *habeas corpus* ou *habeas data*, quando o responsável pela ilegalidade ou abuso de poder for autoridade pública ou agente de pessoa jurídica no exercício de atribuições do poder público;

LXX – o mandado de segurança coletivo pode ser impetrado por:

a) partido político com representação no Congresso Nacional;

b) organização sindical, entidade de classe ou associação legalmente constituída e em funcionamento há pelo menos um ano, em defesa dos interesses de seus membros ou associados;

LXXI – conceder-se-á mandado de injunção sempre que a falta de norma regulamentadora torne inviável o exercício dos direitos e liberdades constitucionais e das prerrogativas inerentes à nacionalidade, à soberania e à cidadania;
LXXII – conceder-se-á *habeas data*:
a) para assegurar o conhecimento de informações relativas à pessoa do impetrante, constantes de registros ou bancos de dados de entidades governamentais ou de caráter público;
b) para a retificação de dados, quando não se prefira fazê-lo por processo sigiloso, judicial ou administrativo;
LXXIII – qualquer cidadão é parte legítima para propor ação popular que vise a anular ato lesivo ao patrimônio público ou de entidade de que o Estado participe, à moralidade administrativa, ao meio ambiente e ao patrimônio histórico e cultural, ficando o autor, salvo comprovada má-fé, isento de custas judiciais e do ônus da sucumbência;
LXXIV – o Estado prestará assistência jurídica integral e gratuita aos que comprovarem insuficiência de recursos;
LXXV – o Estado indenizará o condenado por erro judiciário, assim como o que ficar preso além do tempo fixado na sentença;
LXXVI – são gratuitos para os reconhecidamente pobres, na forma da lei:
a) o registro civil de nascimento;
b) a certidão de óbito;
LXXVII – são gratuitas as ações de *habeas corpus* e *habeas data* e, na forma da lei, os atos necessários ao exercício da cidadania.
LXXVIII – a todos, no âmbito judicial e administrativo, são assegurados a razoável duração do processo e os meios que garantam a celeridade de sua tramitação.
§ 1.º As normas definidoras dos direitos e garantias fundamentais têm aplicação imediata.
§ 2.º Os direitos e garantias expressos nesta Constituição não excluem outros decorrentes do regime e dos princípios por ela adotados, ou dos tratados internacionais em que a República Federativa do Brasil seja parte.
§ 3.º Os tratados e convenções internacionais sobre direitos humanos que forem aprovados, em cada Casa do Congresso Nacional, em dois turnos, por três quintos dos votos dos respectivos membros, serão equivalentes às emendas constitucionais.
§ 4.º O Brasil se submete à jurisdição de Tribunal Penal Internacional a cuja criação tenha manifestado adesão.

CAPÍTULO II – **Dos Direitos Sociais**

Artigo 6.º

São direitos sociais a educação, a saúde, o trabalho, a moradia, o lazer, a segurança, a previdência social, a proteção à maternidade e à infância, a assistência aos desamparados, na forma desta Constituição.

Artigo 7.º

São direitos dos trabalhadores urbanos e rurais, além de outros que visem à melhoria de sua condição social:
I – relação de emprego protegida contra despedida arbitrária ou sem justa causa, nos termos de lei complementar, que preverá indenização compensatória, dentre outros direitos;
II – seguro-desemprego, em caso de desemprego involuntário;

III – fundo de garantia do tempo de serviço;
IV – salário mínimo, fixado em lei, nacionalmente unificado, capaz de atender às suas necessidades vitais básicas e às de sua família com moradia, alimentação, educação, saúde, lazer, vestuário, higiene, transporte e previdência social, com reajustes periódicos que lhe preservem o poder aquisitivo, sendo vedada sua vinculação para qualquer fim;
V – piso salarial proporcional à extensão e à complexidade do trabalho;
VI – irredutibilidade do salário, salvo o disposto em convenção ou acordo coletivo;
VII – garantia de salário, nunca inferior ao mínimo, para os que percebem remuneração variável;
VIII – décimo terceiro salário com base na remuneração integral ou no valor da aposentadoria;
IX – remuneração do trabalho noturno superior à do diurno;
X – proteção do salário na forma da lei, constituindo crime sua retenção dolosa;
XI – participação nos lucros, ou resultados, desvinculada da remuneração, e, excepcionalmente, participação na gestão da empresa, conforme definido em lei;
XII – salário-família pago em razão do dependente do trabalhador de baixa renda nos termos da lei;
XIII – duração do trabalho normal não superior a oito horas diárias e quarenta e quatro semanais, facultada a compensação de horários e a redução da jornada, mediante acordo ou convenção coletiva de trabalho;
XIV – jornada de seis horas para o trabalho realizado em turnos ininterruptos de revezamento, salvo negociação coletiva;
XV – repouso semanal remunerado, preferencialmente aos domingos;
XVI – remuneração do serviço extraordinário superior, no mínimo, em cinqüenta por cento à do normal;
XVII – gozo de férias anuais remuneradas com, pelo menos, um terço a mais do que o salário normal;
XVIII – licença à gestante, sem prejuízo do emprego e do salário, com a duração de cento e vinte dias;
XIX – licença-paternidade, nos termos fixados em lei;
XX – proteção do mercado de trabalho da mulher, mediante incentivos específicos, nos termos da lei;
XXI – aviso prévio proporcional ao tempo de serviço, sendo no mínimo de trinta dias, nos termos da lei;
XXII – redução dos riscos inerentes ao trabalho, por meio de normas de saúde, higiene e segurança;
XXIII – adicional de remuneração para as atividades penosas, insalubres ou perigosas, na forma da lei;
XXIV – aposentadoria;
XXV – assistência gratuita aos filhos e dependentes desde o nascimento até seis anos de idade em creches e pré-escolas;
XXVI – reconhecimento das convenções e acordos coletivos de trabalho;
XXVII – proteção em face da automação, na forma da lei;
XXVIII – seguro contra acidentes de trabalho, a cargo do empregador, sem excluir a indenização a que este está obrigado, quando incorrer em dolo ou culpa;
XXIX – ação, quanto aos créditos resultantes das relações de trabalho, com prazo prescricional de cinco anos para os trabalhadores urbanos e rurais, até o limite de dois anos após a extinção do contrato de trabalho;
   a) (Revogada).
   b) (Revogada).

XXX – proibição de diferença de salários, de exercício de funções e de critério de admissão por motivo de sexo, idade, cor ou estado civil;
XXXI – proibição de qualquer discriminação no tocante a salário e critérios de admissão do trabalhador portador de deficiência;
XXXII – proibição de distinção entre trabalho manual, técnico e intelectual ou entre os profissionais respectivos;
XXXIII – proibição de trabalho noturno, perigoso ou insalubre a menores de dezoito e de qualquer trabalho a menores de dezesseis anos, salvo na condição de aprendiz, a partir de quatorze anos;
XXXIV – igualdade de direitos entre o trabalhador com vínculo empregatício permanente e o trabalhador avulso.
Parágrafo único. São assegurados à categoria dos trabalhadores domésticos os direitos previstos nos incisos IV, VI, VIII, XV, XVII, XVIII, XIX, XXI e XXIV, bem como a sua integração à previdência social.

Artigo 8.º

É livre a associação profissional ou sindical, observado o seguinte:
I – a lei não poderá exigir autorização do Estado para a fundação de sindicato, ressalvado o registro no órgão competente, vedadas ao poder público a interferência e a intervenção na organização sindical;
II – é vedada a criação de mais de uma organização sindical, em qualquer grau, representativa de categoria profissional ou econômica, na mesma base territorial, que será definida pelos trabalhadores ou empregadores interessados, não podendo ser inferior à área de um Município;
III – ao sindicato cabe a defesa dos direitos e interesses coletivos ou individuais da categoria, inclusive em questões judiciais ou administrativas;
IV – a assembléia geral fixará a contribuição que, em se tratando de categoria profissional, será descontada em folha, para custeio do sistema confederativo da representação sindical respectiva, independentemente da contribuição prevista em lei;
V – ninguém será obrigado a filiar-se ou a manter-se filiado a sindicato;
VI – é obrigatória a participação dos sindicatos nas negociações coletivas de trabalho;
VII – o aposentado filiado tem direito a votar e ser votado nas organizações sindicais;
VIII – é vedada a dispensa do empregado sindicalizado a partir do registro da candidatura a cargo de direção ou representação sindical e, se eleito, ainda que suplente, até um ano após o final do mandato, salvo se cometer falta grave nos termos da lei.
Parágrafo único. As disposições deste artigo aplicam-se à organização de sindicatos rurais e de colônias de pescadores, atendidas as condições que a lei estabelecer.

Artigo 9.º

É assegurado o direito de greve, competindo aos trabalhadores decidir sobre a oportunidade de exercê-lo e sobre os interesses que devam por meio dele defender.
§ 1.º A lei definirá os serviços ou atividades essenciais e disporá sobre o atendimento das necessidades inadiáveis da comunidade.
§ 2.º Os abusos cometidos sujeitam os responsáveis às penas da lei.

Artigo 10.º

É assegurada a participação dos trabalhadores e empregadores nos colegiados dos órgãos públicos em que seus interesses profissionais ou previdenciários sejam objeto de discussão e deliberação.

Artigo 11.º

Nas empresas de mais de duzentos empregados, é assegurada a eleição de um representante destes com a finalidade exclusiva de promover-lhes o entendimento direto com os empregadores.

CAPÍTULO III – Da Nacionalidade

Artigo 12.º

São brasileiros:

I – natos:

a) os nascidos na República Federativa do Brasil, ainda que de pais estrangeiros, desde que estes não estejam a serviço de seu país;

b) os nascidos no estrangeiro, de pai brasileiro ou de mãe brasileira, desde que qualquer deles esteja a serviço da República Federativa do Brasil;

c) os nascidos no estrangeiro, de pai brasileiro ou de mãe brasileira, desde que venham a residir na República Federativa do Brasil e optem, em qualquer tempo, pela nacionalidade brasileira;

II – naturalizados:

a) os que, na forma da lei, adquiram a nacionalidade brasileira, exigidas aos originários de países de língua portuguesa apenas residência por um ano ininterrupto e idoneidade moral;

b) os estrangeiros de qualquer nacionalidade residentes na República Federativa do Brasil há mais de quinze anos ininterruptos e sem condenação penal, desde que requeiram a nacionalidade brasileira.

§ 1.º Aos portugueses com residência permanente no País, se houver reciprocidade em favor de brasileiros, serão atribuídos os direitos inerentes ao brasileiro, salvo os casos previstos nesta Constituição.

§ 2.º A lei não poderá estabelecer distinção entre brasileiros natos e naturalizados, salvo nos casos previstos nesta Constituição.

§ 3.º São privativos de brasileiro nato os cargos:

I – de Presidente e Vice-Presidente da República;

II – de Presidente da Câmara dos Deputados;

III – de Presidente do Senado Federal;

IV – de Ministro do Supremo Tribunal Federal;

V – da carreira diplomática;

VI – de oficial das Forças Armadas;

VII – de Ministro de Estado da Defesa.

§ 4.º Será declarada a perda da nacionalidade do brasileiro que:

I – tiver cancelada sua naturalização, por sentença judicial, em virtude de atividade nociva ao interesse nacional;

II – adquirir outra nacionalidade, salvo nos casos:

a) de reconhecimento de nacionalidade originária pela lei estrangeira;

b) de imposição de naturalização, pela norma estrangeira, ao brasileiro residente em Estado estrangeiro, como condição para permanência em seu território ou para o exercício de direitos civis.

Artigo 13.º

A língua portuguesa é o idioma oficial da República Federativa do Brasil.

§ 1.º São símbolos da República Federativa do Brasil a bandeira, o hino, as armas e o selo nacionais.

§ 2.º Os Estados, o Distrito Federal e os Municípios poderão ter símbolos próprios.

CAPÍTULO IV – Dos Direitos Políticos

Artigo 14.º

A soberania popular será exercida pelo sufrágio universal e pelo voto direto e secreto, com valor igual para todos, e, nos termos da lei, mediante:

I – plebiscito;
II – referendo;
III – iniciativa popular.

§ 1.º O alistamento eleitoral e o voto são:
I – obrigatórios para os maiores de dezoito anos;
II – facultativos para:
a) os analfabetos;
b) os maiores de setenta anos;
c) os maiores de dezesseis e menores de dezoito anos.

§ 2.º Não podem alistar-se como eleitores os estrangeiros e, durante o período do serviço militar obrigatório, os conscritos.

§ 3.º São condições de elegibilidade, na forma da lei:
I – a nacionalidade brasileira;
II – o pleno exercício dos direitos políticos;
III – o alistamento eleitoral;
IV – o domicílio eleitoral na circunscrição;
V – a filiação partidária;
VI – a idade mínima de:
a) trinta e cinco anos para Presidente e Vice-Presidente da República e Senador;
b) trinta anos para Governador e Vice-Governador de Estado e do Distrito Federal;
c) vinte e um anos para Deputado Federal, Deputado Estadual ou Distrital, Prefeito, Vice-Prefeito e juiz de paz;
d) dezoito anos para Vereador.

§ 4.º São inelegíveis os inalistáveis e os analfabetos.

§ 5.º O Presidente da República, os Governadores de Estado e do Distrito Federal, os Prefeitos e quem os houver sucedido ou substituído no curso dos mandatos poderão ser reeleitos para um único período subseqüente.

§ 6.º Para concorrerem a outros cargos, o Presidente da República, os Governadores de Estado e do Distrito Federal e os Prefeitos devem renunciar aos respectivos mandatos até seis meses antes do pleito.

§ 7.º São inelegíveis, no território de jurisdição do titular, o cônjuge e os parentes consangüíneos ou afins, até o segundo grau ou por adoção, do Presidente da República, de Governador de Estado ou Território, do Distrito Federal, de Prefeito ou de quem os haja substituído dentro dos seis meses anteriores ao pleito, salvo se já titular de mandato eletivo e candidato à reeleição.

§ 8.º O militar alistável é elegível, atendidas as seguintes condições:
I – se contar menos de dez anos de serviço, deverá afastar-se da atividade;
II – se contar mais de dez anos de serviço, será agregado pela autoridade superior e, se eleito, passará automaticamente, no ato da diplomação, para a inatividade.

§ 9.º Lei complementar estabelecerá outros casos de inelegibilidade e os prazos de sua cessação, a fim de proteger a probidade administrativa, a moralidade para o exercício do mandato, considerada a vida pregressa do candidato, e a normalidade e legitimidade das eleições contra a influência do poder econômico ou o abuso do exercício de função, cargo ou emprego na administração direta ou indireta.

§ 10.º O mandato eletivo poderá ser impugnado ante a Justiça Eleitoral no prazo de quinze dias contados da diplomação, instruída a ação com provas de abuso do poder econômico, corrupção ou fraude.

§ 11.º A ação de impugnação de mandato tramitará em segredo de justiça, respondendo o autor, na forma da lei, se temerária ou de manifesta má-fé.

Artigo 15.º

É vedada a cassação de direitos políticos, cuja perda ou suspensão só se dará nos casos de:
I – cancelamento da naturalização por sentença transitada em julgado;
II – incapacidade civil absoluta;
III – condenação criminal transitada em julgado, enquanto durarem seus efeitos;
IV – recusa de cumprir obrigação a todos imposta ou prestação alternativa, nos termos do art. 5.º, VIII;
V – improbidade administrativa, nos termos do art. 37.º, § 4.º

Artigo 16.º

A lei que alterar o processo eleitoral entrará em vigor na data de sua publicação, não se aplicando à eleição que ocorra até um ano da data de sua vigência.

CAPÍTULO V – Dos Partidos Políticos

Artigo 17.º

É livre a criação, fusão, incorporação e extinção de partidos políticos, resguardados a soberania nacional, o regime democrático, o pluripartidarismo, os direitos fundamentais da pessoa humana e observados os seguintes preceitos:
I – caráter nacional;
II – proibição de recebimento de recursos financeiros de entidade ou governo estrangeiros ou de subordinação a estes;
III – prestação de contas à Justiça Eleitoral;
IV – funcionamento parlamentar de acordo com a lei.

§ 1.º É assegurada aos partidos políticos autonomia para definir sua estrutura interna, organização e funcionamento e para adotar os critérios de escolha e o regime de suas coligações eleitorais, sem obrigatoriedade de vinculação entre as candidaturas em âmbito nacional, estadual, distrital ou municipal, devendo seus estatutos estabelecer normas de disciplina e fidelidade partidária.

§ 2.º Os partidos políticos, após adquirirem personalidade jurídica, na forma da lei civil, registrarão seus estatutos no Tribunal Superior Eleitoral.

§ 3.º Os partidos políticos têm direito a recursos do fundo partidário e acesso gratuito ao rádio e à televisão, na forma da lei.

§ 4.º É vedada a utilização pelos partidos políticos de organização paramilitar.

TÍTULO III
DA ORGANIZAÇÃO DO ESTADO

CAPÍTULO I – Da Organização Político-Administrativa

Artigo 18.º

A organização político-administrativa da República Federativa do Brasil compreende a União, os Estados, o Distrito Federal e os Municípios, todos autônomos, nos termos desta Constituição.

§ 1.º Brasília é a Capital Federal.

§ 2.º Os Territórios Federais integram a União, e sua criação, transformação em Estado ou reintegração ao Estado de origem serão reguladas em lei complementar.

§ 3.º Os Estados podem incorporar-se entre si, subdividir-se ou desmembrar-se para se anexarem a outros, ou formarem novos Estados ou Territórios Federais, mediante aprovação da população diretamente interessada, através de plebiscito, e do Congresso Nacional, por lei complementar.

§ 4.º A criação, a incorporação, a fusão e o desmembramento de Municípios far-se-ão por lei estadual, dentro do período determinado por lei complementar federal, e dependerão de consulta prévia, mediante plebiscito, às populações dos Municípios envolvidos, após divulgação dos Estudos de Viabilidade Municipal, apresentados e publicados na forma da lei.

Artigo 19.º

É vedado à União, aos Estados, ao Distrito Federal e aos Municípios:

I – estabelecer cultos religiosos ou igrejas, subvencioná-los, embaraçar-lhes o funcionamento ou manter com eles ou seus representantes relações de dependência ou aliança, ressalvada, na forma da lei, a colaboração de interesse público;

II – recusar fé aos documentos públicos;

III – criar distinções entre brasileiros ou preferências entre si.

CAPÍTULO II – Da União

Artigo 20.º

São bens da União:

I – os que atualmente lhe pertencem e os que lhe vierem a ser atribuídos;

II – as terras devolutas indispensáveis à defesa das fronteiras, das fortificações e construções militares, das vias federais de comunicação e à preservação ambiental, definidas em lei;

III – os lagos, rios e quaisquer correntes de água em terrenos de seu domínio, ou que banhem mais de um Estado, sirvam de limites com outros países, ou se estendam a território estrangeiro ou dele provenham, bem como os terrenos marginais e as praias fluviais;

IV – as ilhas fluviais e lacustres nas zonas limítrofes com outros países; as praias marítimas; as ilhas oceânicas e as costeiras, excluídas, destas, as que contenham a sede de Municípios, exceto aquelas áreas afetadas ao serviço público e a unidade ambiental federal, e as referidas no art. 26.º, II;

V – os recursos naturais da plataforma continental e da zona econômica exclusiva;

VI – o mar territorial;

VII – os terrenos de marinha e seus acrescidos;

VIII – os potenciais de energia hidráulica;

IX – os recursos minerais, inclusive os do subsolo;
X – as cavidades naturais subterrâneas e os sítios arqueológicos e pré-históricos;
XI – as terras tradicionalmente ocupadas pelos índios.

§ 1.º É assegurada, nos termos da lei, aos Estados, ao Distrito Federal e aos Municípios, bem como a órgãos da administração direta da União, participação no resultado da exploração de petróleo ou gás natural, de recursos hídricos para fins de geração de energia elétrica e de outros recursos minerais no respectivo território, plataforma continental, mar territorial ou zona econômica exclusiva, ou compensação financeira por essa exploração.

§ 2.º A faixa de até cento e cinqüenta quilômetros de largura, ao longo das fronteiras terrestres, designada como faixa de fronteira, é considerada fundamental para defesa do território nacional, e sua ocupação e utilização serão reguladas em lei.

Artigo 21.º

Compete à União:

I – manter relações com Estados estrangeiros e participar de organizações internacionais;

II – declarar a guerra e celebrar a paz;

III – assegurar a defesa nacional;

IV – permitir, nos casos previstos em lei complementar, que forças estrangeiras transitem pelo território nacional ou nele permaneçam temporariamente;

V – decretar o estado de sítio, o estado de defesa e a intervenção federal;

VI – autorizar e fiscalizar a produção e o comércio de material bélico;

VII – emitir moeda;

VIII – administrar as reservas cambiais do País e fiscalizar as operações de natureza financeira, especialmente as de crédito, câmbio e capitalização, bem como as de seguros e de previdência privada;

IX – elaborar e executar planos nacionais e regionais de ordenação do território e de desenvolvimento econômico e social;

X – manter o serviço postal e o correio aéreo nacional;

XI – explorar, diretamente ou mediante autorização, concessão ou permissão, os serviços de telecomunicações, nos termos da lei, que disporá sobre a organização dos serviços, a criação de um órgão regulador e outros aspectos institucionais;

XII – explorar, diretamente ou mediante autorização, concessão ou permissão:

a) os serviços de radiodifusão sonora e de sons e imagens;

b) os serviços e instalações de energia elétrica e o aproveitamento energético dos cursos de água, em articulação com os Estados onde se situam os potenciais hidroenergéticos;

c) a navegação aérea, aeroespacial e a infra-estrutura aeroportuária;

d) os serviços de transporte ferroviário e aquaviário entre portos brasileiros e fronteiras nacionais, ou que transponham os limites de Estado ou Território;

e) os serviços de transporte rodoviário interestadual e internacional de passageiros;

f) os portos marítimos, fluviais e lacustres;

XIII – organizar e manter o Poder Judiciário, o Ministério Público e a Defensoria Pública do Distrito Federal e dos Territórios;

XIV – organizar e manter a polícia civil, a polícia militar e o corpo de bombeiros militar do Distrito Federal, bem como prestar assistência financeira ao Distrito Federal para a execução de serviços públicos, por meio de fundo próprio;

XV – organizar e manter os serviços oficiais de estatística, geografia, geologia e cartografia de âmbito nacional;

XVI – exercer a classificação, para efeito indicativo, de diversões públicas e de programas de rádio e televisão;
XVII – conceder anistia;
XVIII – planejar e promover a defesa permanente contra as calamidades públicas, especialmente as secas e as inundações;
XIX – instituir sistema nacional de gerenciamento de recursos hídricos e definir critérios de outorga de direitos de seu uso;
XX – instituir diretrizes para o desenvolvimento urbano, inclusive habitação, saneamento básico e transportes urbanos;
XXI – estabelecer princípios e diretrizes para o sistema nacional de viação;
XXII – executar os serviços de polícia marítima, aeroportuária e de fronteiras;
XXIII – explorar os serviços e instalações nucleares de qualquer natureza e exercer monopólio estatal sobre a pesquisa, a lavra, o enriquecimento e reprocessamento, a industrialização e o comércio de minérios nucleares e seus derivados, atendidos os seguintes princípios e condições:

a) toda atividade nuclear em território nacional somente será admitida para fins pacíficos e mediante aprovação do Congresso Nacional;

b) sob regime de permissão, são autorizadas a comercialização e a utilização de radioisótopos para a pesquisa e usos médicos, agrícolas e industriais;

c) sob regime de permissão, são autorizadas a produção, comercialização e utilização de radioisótopos de meia-vida igual ou inferior a duas horas;

d) a responsabilidade civil por danos nucleares independe da existência de culpa;
XXIV – organizar, manter e executar a inspeção do trabalho;
XXV – estabelecer as áreas e as condições para o exercício da atividade de garimpagem, em forma associativa.

Artigo 22.º
Compete privativamente à União legislar sobre:
I – Direito civil, comercial, penal, processual, eleitoral, agrário, marítimo, aeronáutico, espacial e do trabalho;
II – desapropriação;
III – requisições civis e militares, em caso de iminente perigo e em tempo de guerra;
IV – águas, energia, informática, telecomunicações e radiodifusão;
V – serviço postal;
VI – sistema monetário e de medidas, títulos e garantias dos metais;
VII – política de crédito, câmbio, seguros e transferência de valores;
VIII – comércio exterior e interestadual;
IX – diretrizes da política nacional de transportes;
X – regime dos portos, navegação lacustre, fluvial, marítima, aérea e aeroespacial;
XI – trânsito e transporte;
XII – jazidas, minas, outros recursos minerais e metalurgia;
XIII – nacionalidade, cidadania e naturalização;
XIV – populações indígenas;
XV – emigração e imigração, entrada, extradição e expulsão de estrangeiros;
XVI – organização do sistema nacional de emprego e condições para o exercício de profissões;
XVII – organização judiciária, do Ministério Público e da Defensoria Pública do Distrito Federal e dos Territórios, bem como organização administrativa destes;
XVIII – sistema estatístico, sistema cartográfico e de geologia nacionais;
XIX – sistemas de poupança, captação e garantia da poupança popular;

XX – sistemas de consórcios e sorteios;

XXI – normas gerais de organização, efetivos, material bélico, garantias, convocação e mobilização das polícias militares e corpos de bombeiros militares;

XXII – competência da polícia federal e das polícias rodoviária e ferroviária federais;

XXIII – seguridade social;

XXIV – diretrizes e bases da educação nacional;

XXV – registros públicos;

XXVI – atividades nucleares de qualquer natureza;

XXVII – normas gerais de licitação e contratação, em todas as modalidades, para as administrações públicas diretas, autárquicas e fundacionais da União, Estados, Distrito Federal e Municípios, obedecido o disposto no art. 37.°, XXI, e para as empresas públicas e sociedades de economia mista, nos termos do art. 173.°, § 1.°, III;

XXVIII – defesa territorial, defesa aeroespacial, defesa marítima, defesa civil e mobilização nacional;

XXIX – propaganda comercial.

Parágrafo único. Lei complementar poderá autorizar os Estados a legislar sobre questões específicas das matérias relacionadas neste artigo.

Artigo 23.°

É competência comum da União, dos Estados, do Distrito Federal e dos Municípios:

I – zelar pela guarda da Constituição, das leis e das instituições democráticas e conservar o patrimônio público;

II – cuidar da saúde e assistência pública, da proteção e garantia das pessoas portadoras de deficiência;

III – proteger os documentos, as obras e outros bens de valor histórico, artístico e cultural, os monumentos, as paisagens naturais notáveis e os sítios arqueológicos;

IV – impedir a evasão, a destruição e a descaracterização de obras de arte e de outros bens de valor histórico, artístico ou cultural;

V – proporcionar os meios de acesso à cultura, à educação e à ciência;

VI – proteger o meio ambiente e combater a poluição em qualquer de suas formas;

VII – preservar as florestas, a fauna e a flora;

VIII – fomentar a produção agropecuária e organizar o abastecimento alimentar;

IX – promover programas de construção de moradias e a melhoria das condições habitacionais e de saneamento básico;

X – combater as causas da pobreza e os fatores de marginalização, promovendo a integração social dos setores desfavorecidos;

XI – registrar, acompanhar e fiscalizar as concessões de direitos de pesquisa e exploração de recursos hídricos e minerais em seus territórios;

XII – estabelecer e implantar política de educação para a segurança do trânsito.

Parágrafo único. Lei complementar fixará normas para a cooperação entre a União e os Estados, o Distrito Federal e os Municípios, tendo em vista o equilíbrio do desenvolvimento e do bem-estar em âmbito nacional.

Artigo 24.°

Compete à União, aos Estados e ao Distrito Federal legislar concorrentemente sobre:

I – Direito tributário, financeiro, penitenciário, econômico e urbanístico;

II – orçamento;

III – juntas comerciais;
IV – custas dos serviços forenses;
V – produção e consumo;
VI – florestas, caça, pesca, fauna, conservação da natureza, defesa do solo e dos recursos naturais, proteção do meio ambiente e controle da poluição;
VII – proteção ao patrimônio histórico, cultural, artístico, turístico e paisagístico;
VIII – responsabilidade por dano ao meio ambiente, ao consumidor, a bens e direitos de valor artístico, estético, histórico, turístico e paisagístico;
IX – educação, cultura, ensino e desporto;
X – criação, funcionamento e processo do juizado de pequenas causas;
XI – procedimentos em matéria processual;
XII – previdência social, proteção e defesa da saúde;
XIII – assistência jurídica e defensoria pública;
XIV – proteção e integração social das pessoas portadoras de deficiência;
XV – proteção à infância e à juventude;
XVI – organização, garantias, direitos e deveres das polícias civis.

§ 1.º No âmbito da legislação concorrente, a competência da União limitar-se-á a estabelecer normas gerais.

§ 2.º A competência da União para legislar sobre normas gerais não exclui a competência suplementar dos Estados.

§ 3.º Inexistindo lei federal sobre normas gerais, os Estados exercerão a competência legislativa plena, para atender a suas peculiaridades.

§ 4.º A superveniência de lei federal sobre normas gerais suspende a eficácia da lei estadual, no que lhe for contrário.

CAPÍTULO III – Dos Estados Federados

Artigo 25.º

Os Estados organizam-se e regem-se pelas Constituições e leis que adotarem, observados os princípios desta Constituição.

§ 1.º São reservadas aos Estados as competências que não lhes sejam vedadas por esta Constituição.

§ 2.º Cabe aos Estados explorar diretamente, ou mediante concessão, os serviços locais de gás canalizado, na forma da lei, vedada a edição de medida provisória para a sua regulamentação.

§ 3.º Os Estados poderão, mediante lei complementar, instituir regiões metropolitanas, aglomerações urbanas e microrregiões, constituídas por agrupamentos de Municípios limítrofes, para integrar a organização, o planejamento e a execução de funções públicas de interesse comum.

Artigo 26.º

Incluem-se entre os bens dos Estados:
I – as águas superficiais ou subterrâneas, fluentes, emergentes e em depósito, ressalvadas, neste caso, na forma da lei, as decorrentes de obras da União;
II – as áreas, nas ilhas oceânicas e costeiras, que estiverem no seu domínio, excluídas aquelas sob domínio da União, Municípios ou terceiros;
III – as ilhas fluviais e lacustres não pertencentes à União;
IV – as terras devolutas não compreendidas entre as da União.

Artigo 27.º

O número de Deputados à Assembléia Legislativa corresponderá ao triplo da representação do Estado na Câmara dos Deputados e, atingido o número de trinta e seis, será acrescido de tantos quantos forem os Deputados Federais acima de doze.

§ 1.º Será de quatro anos o mandato dos Deputados Estaduais, aplicando-se-lhes as regras desta Constituição sobre sistema eleitoral, inviolabilidade, imunidades, remuneração, perda de mandato, licença, impedimentos e incorporação às Forças Armadas.

§ 2.º O subsídio dos Deputados Estaduais será fixado por lei de iniciativa da Assembléia Legislativa, na razão de, no máximo, setenta e cinco por cento daquele estabelecido, em espécie, para os Deputados Federais, observado o que dispõem os arts. 39.º, § 4.º, 57.º, § 7.º, 150.º, II, 153.º, III, e 153.º, § 2.º, I.

§ 3.º Compete às Assembléias Legislativas dispor sobre seu regimento interno, polícia e serviços administrativos de sua secretaria, e prover os respectivos cargos.

§ 4.º A lei disporá sobre a iniciativa popular no processo legislativo estadual.

Artigo 28.º

A eleição do Governador e do Vice-Governador de Estado, para mandato de quatro anos, realizar-se-á no primeiro domingo de outubro, em primeiro turno, e no último domingo de outubro, em segundo turno, se houver, do ano anterior ao do término do mandato de seus antecessores, e a posse ocorrerá em primeiro de janeiro do ano subseqüente, observado, quanto ao mais, o disposto no art. 77.º

§ 1.º Perderá o mandato o Governador que assumir outro cargo ou função na administração pública direta ou indireta, ressalvada a posse em virtude de concurso público e observado o disposto no art. 38.º, I, IV e V.

§ 2.º Os subsídios do Governador, do Vice-Governador e dos Secretários de Estado serão fixados por lei de iniciativa da Assembléia Legislativa, observado o que dispõem os arts. 37.º, XI, 39.º, § 4.º, 150.º, II, 153.º, III, e 153.º, § 2.º, I.

CAPÍTULO IV – **Dos Municípios**

Artigo 29.º

O Município reger-se-á por lei orgânica, votada em dois turnos, com o interstício mínimo de dez dias, e aprovada por dois terços dos membros da Câmara Municipal, que a promulgará, atendidos os princípios estabelecidos nesta Constituição, na Constituição do respectivo Estado e os seguintes preceitos:

I – eleição do Prefeito, do Vice-Prefeito e dos Vereadores, para mandato de quatro anos, mediante pleito direto e simultâneo realizado em todo o País;

II – eleição do Prefeito e do Vice-Prefeito realizada no primeiro domingo de outubro do ano anterior ao término do mandato dos que devam suceder, aplicadas as regras do art. 77.º no caso de Municípios com mais de duzentos mil eleitores;

III – posse do Prefeito e do Vice-Prefeito no dia 1.º de janeiro do ano subseqüente ao da eleição;

IV – número de Vereadores proporcional à população do Município, observados os seguintes limites:

a) mínimo de nove e máximo de vinte e um nos Municípios de até um milhão de habitantes;

b) mínimo de trinta e três e máximo de quarenta e um nos Municípios de mais de um milhão e menos de cinco milhões de habitantes;

c) mínimo de quarenta e dois e máximo de cinqüenta e cinco nos Municípios de mais de cinco milhões de habitantes;

V – subsídios do Prefeito, do Vice-Prefeito e dos Secretários Municipais fixados por lei de iniciativa da Câmara Municipal, observado o que dispõem os arts. 37.°, XI, 39.°, § 4.°, 150.°, II, 153.°, III, e 153.°, § 2.°, I;

VI – o subsídio dos Vereadores será fixado pelas respectivas Câmaras Municipais em cada legislatura para a subseqüente, observado o que dispõe esta Constituição, observados os critérios estabelecidos na respectiva Lei Orgânica e os seguintes limites máximos:

a) em Municípios de até dez mil habitantes, o subsídio máximo dos Vereadores corresponderá a vinte por cento do subsídio dos Deputados Estaduais;

b) em Municípios de dez mil e um a cinqüenta mil habitantes, o subsídio máximo dos Vereadores corresponderá a trinta por cento do subsídio dos Deputados Estaduais;

c) em Municípios de cinqüenta mil e um a cem mil habitantes, o subsídio máximo dos Vereadores corresponderá a quarenta por cento do subsídio dos Deputados Estaduais;

d) em Municípios de cem mil e um a trezentos mil habitantes, o subsídio máximo dos Vereadores corresponderá a cinqüenta por cento do subsídio dos Deputados Estaduais;

e) em Municípios de trezentos mil e um a quinhentos mil habitantes, o subsídio máximo dos Vereadores corresponderá a sessenta por cento do subsídio dos Deputados Estaduais;

f) em Municípios de mais de quinhentos mil habitantes, o subsídio máximo dos Vereadores corresponderá a setenta e cinco por cento do subsídio dos Deputados Estaduais;

VII – o total da despesa com a remuneração dos Vereadores não poderá ultrapassar o montante de cinco por cento da receita do Município;

VIII – inviolabilidade dos Vereadores por suas opiniões, palavras e votos no exercício do mandato e na circunscrição do Município;

IX – proibições e incompatibilidades, no exercício da vereança, similares, no que couber, ao disposto nesta Constituição para os membros do Congresso Nacional e na Constituição do respectivo Estado para os membros da Assembléia Legislativa;

X – julgamento do Prefeito perante o Tribunal de Justiça;

XI – organização das funções legislativas e fiscalizadoras da Câmara Municipal;

XII – cooperação das associações representativas no planejamento municipal;

XIII – iniciativa popular de projetos de lei de interesse específico do Município, da cidade ou de bairros, através de manifestação de, pelo menos, cinco por cento do eleitorado;

XIV – perda do mandato do Prefeito, nos termos do art. 28.°, parágrafo único.

Artigo 29.°-A

O total da despesa do Poder Legislativo Municipal, incluídos os subsídios dos Vereadores e excluídos os gastos com inativos, não poderá ultrapassar os seguintes percentuais, relativos ao somatório da receita tributária e das transferências previstas no § 5.° do art. 153.° e nos arts. 158.° e 159.°, efetivamente realizado no exercício anterior:

I – oito por cento para Municípios com população de até cem mil habitantes;

II – sete por cento para Municípios com população entre cem mil e um e trezentos mil habitantes;

III – seis por cento para Municípios com população entre trezentos mil e um e quinhentos mil habitantes;

IV – cinco por cento para Municípios com população acima de quinhentos mil habitantes.

§ 1.° A Câmara Municipal não gastará mais de setenta por cento de sua receita com folha de pagamento, incluído o gasto com o subsídio de seus Vereadores.

§ 2.º Constitui crime de responsabilidade do Prefeito Municipal:
I – efetuar repasse que supere os limites definidos neste artigo;
II – não enviar o repasse até o dia vinte de cada mês; ou
III – enviá-lo a menor em relação à proporção fixada na Lei Orçamentária.
§ 3.º Constitui crime de responsabilidade do Presidente da Câmara Municipal o desrespeito ao § 1.º deste artigo.

Artigo 30.º

Compete aos Municípios:
I – legislar sobre assuntos de interesse local;
II – suplementar a legislação federal e a estadual no que couber;
III – instituir e arrecadar os tributos de sua competência, bem como aplicar suas rendas, sem prejuízo da obrigatoriedade de prestar contas e publicar balancetes nos prazos fixados em lei;
IV – criar, organizar e suprimir Distritos, observada a legislação estadual;
V – organizar e prestar, diretamente ou sob regime de concessão ou permissão, os serviços públicos de interesse local, incluído o de transporte coletivo, que tem caráter essencial;
VI – manter, com a cooperação técnica e financeira da União e do Estado, programas de educação pré-escolar e de ensino fundamental;
VII – prestar, com a cooperação técnica e financeira da União e do Estado, serviços de atendimento à saúde da população;
VIII – promover, no que couber, adequado ordenamento territorial, mediante planejamento e controle do uso, do parcelamento e da ocupação do solo urbano;
IX – promover a proteção do patrimônio histórico-cultural local, observada a legislação e a ação fiscalizadora federal e estadual.

Artigo 31.º

A fiscalização do Município será exercida pelo Poder Legislativo municipal, mediante controle externo, e pelos sistemas de controle interno do Poder Executivo municipal, na forma da lei.
§ 1.º O controle externo da Câmara Municipal será exercido com o auxílio dos Tribunais de Contas dos Estados ou do Município ou dos Conselhos ou Tribunais de Contas dos Municípios, onde houver.
§ 2.º O parecer prévio, emitido pelo órgão competente, sobre as contas que o Prefeito deve anualmente prestar, só deixará de prevalecer por decisão de dois terços dos membros da Câmara Municipal.
§ 3.º As contas dos Municípios ficarão, durante sessenta dias, anualmente, à disposição de qualquer contribuinte, para exame e apreciação, o qual poderá questionar-lhes a legitimidade, nos termos da lei.
§ 4.º É vedada a criação de tribunais, Conselhos ou órgãos de contas municipais.

CAPÍTULO V – **Do Distrito Federal e dos Territórios**

SEÇÃO I – **Do Distrito Federal**

Artigo 32.º

O Distrito Federal, vedada sua divisão em Municípios, reger-se-á por lei orgânica, votada em dois turnos com interstício mínimo de dez dias, e aprovada por dois terços da Câmara Legislativa, que a promulgará, atendidos os princípios estabelecidos nesta Constituição.

§ 1.º Ao Distrito Federal são atribuídas as competências legislativas reservadas aos Estados e Municípios.

§ 2.º A eleição do Governador e do Vice-Governador, observadas as regras do art. 77.º, e dos Deputados Distritais coincidirá com a dos Governadores e Deputados Estaduais, para mandato de igual duração.

§ 3.º Aos Deputados Distritais e à Câmara Legislativa aplica-se o disposto no art. 27.º

§ 4.º Lei federal disporá sobre a utilização, pelo Governo do Distrito Federal, das polícias civil e militar e do corpo de bombeiros militar.

SEÇÃO II – Dos Territórios

Artigo 33.º

A lei disporá sobre a organização administrativa e judiciária dos Territórios.

§ 1.º Os Territórios poderão ser divididos em Municípios, aos quais se aplicará, no que couber, o disposto no Capítulo IV deste Título.

§ 2.º As contas do Governo do Território serão submetidas ao Congresso Nacional, com parecer prévio do Tribunal de Contas da União.

§ 3.º Nos Territórios Federais com mais de cem mil habitantes, além do Governador, nomeado na forma desta Constituição, haverá órgãos judiciários de primeira e segunda instâncias, membros do Ministério Público e defensores públicos federais; a lei disporá sobre as eleições para a Câmara Territorial e sua competência deliberativa.

CAPÍTULO VI – Da Intervenção

Artigo 34.º

A União não intervirá nos Estados nem no Distrito Federal, exceto para:
I – manter a integridade nacional;
II – repelir invasão estrangeira ou de uma unidade da Federação em outra;
III – pôr termo a grave comprometimento da ordem pública;
IV – garantir o livre exercício de qualquer dos Poderes nas unidades da Federação;
V – reorganizar as finanças da unidade da Federação que:
 a) suspender o pagamento da dívida fundada por mais de dois anos consecutivos, salvo motivo de força maior;
 b) deixar de entregar aos Municípios receitas tributárias fixadas nesta Constituição dentro dos prazos estabelecidos em lei;
VI – prover a execução de lei federal, ordem ou decisão judicial;
VII – assegurar a observância dos seguintes princípios constitucionais:
 a) forma republicana, sistema representativo e regime democrático;
 b) direitos da pessoa humana;
 c) autonomia municipal;
 d) prestação de contas da administração pública, direta e indireta;
 e) aplicação do mínimo exigido da receita resultante de impostos estaduais, compreendida a proveniente de transferências, na manutenção e desenvolvimento do ensino e nas ações e serviços públicos de saúde.

Artigo 35.°

O Estado não intervirá em seus Municípios, nem a União nos Municípios localizados em Território Federal, exceto quando:

I – deixar de ser paga, sem motivo de força maior, por dois anos consecutivos, a dívida fundada;

II – não forem prestadas contas devidas, na forma da lei;

III – não tiver sido aplicado o mínimo exigido da receita municipal na manutenção e desenvolvimento do ensino e nas ações e serviços públicos de saúde;

IV – o Tribunal de Justiça der provimento a representação para assegurar a observância de princípios indicados na Constituição estadual, ou para prover a execução de lei, de ordem ou de decisão judicial.

Artigo 36.°

A decretação da intervenção dependerá:

I – no caso do art. 34.°, IV, de solicitação do Poder Legislativo ou do Poder Executivo coacto ou impedido, ou de requisição do Supremo Tribunal Federal, se a coação for exercida contra o Poder Judiciário;

II – no caso de desobediência a ordem ou decisão judiciária, de requisição do Supremo Tribunal Federal, do Superior Tribunal de Justiça ou do Tribunal Superior Eleitoral;

III – de provimento, pelo Supremo Tribunal Federal, de representação do Procurador-Geral da República, na hipótese do art. 34.°, VII, e no caso de recusa à execução de lei federal.

IV – (*Revogado*).

§ 1.° O decreto de intervenção, que especificará a amplitude, o prazo e as condições de execução e que, se couber, nomeará o interventor, será submetido à apreciação do Congresso Nacional ou da Assembléia Legislativa do Estado, no prazo de vinte e quatro horas.

§ 2.° Se não estiver funcionando o Congresso Nacional ou a Assembléia Legislativa, far-se-á convocação extraordinária, no mesmo prazo de vinte e quatro horas.

§ 3.° Nos casos do art. 34.°, VI e VII, ou do art. 35.°, IV, dispensada a apreciação pelo Congresso Nacional ou pela Assembléia Legislativa, o decreto limitar-se-á a suspender a execução do ato impugnado, se essa medida bastar ao restabelecimento da normalidade.

§ 4.° Cessados os motivos da intervenção, as autoridades afastadas de seus cargos a estes voltarão, salvo impedimento legal.

CAPÍTULO VII – Da Administração Pública

SEÇÃO I – Dispoções Gerais

Artigo 37.°

A administração pública direta e indireta de qualquer dos Poderes da União, dos Estados, do Distrito Federal e dos Municípios obedecerá aos princípios de legalidade, impessoalidade, moralidade, publicidade e eficiência e, também, ao seguinte:

I – os cargos, empregos e funções públicas são acessíveis aos brasileiros que preencham os requisitos estabelecidos em lei, assim como aos estrangeiros, na forma da lei;

II – a investidura em cargo ou emprego público depende de aprovação prévia em concurso público de provas ou de provas e títulos, de acordo com a natureza e a complexidade do cargo ou emprego, na forma prevista em lei, ressalvadas as nomeações para cargo em comissão declarado em lei de livre nomeação e exoneração;

III – o prazo de validade do concurso público será de até dois anos, prorrogável uma vez, por igual período;

IV – durante o prazo improrrogável previsto no edital de convocação, aquele aprovado em concurso público de provas ou de provas e títulos será convocado com prioridade sobre novos concursados para assumir cargo ou emprego, na carreira;

V – as funções de confiança, exercidas exclusivamente por servidores ocupantes de cargo efetivo, e os cargos em comissão, a serem preenchidos por servidores de carreira nos casos, condições e percentuais mínimos previstos em lei, destinam-se apenas às atribuições de direção, chefia e assessoramento;

VI – é garantido ao servidor público civil o direito à livre associação sindical;

VII – o direito de greve será exercido nos termos e nos limites definidos em lei específica;

VIII – a lei reservará percentual dos cargos e empregos públicos para as pessoas portadoras de deficiência e definirá os critérios de sua admissão;

IX – a lei estabelecerá os casos de contratação por tempo determinado para atender a necessidade temporária de excepcional interesse público;

X – a remuneração dos servidores públicos e o subsídio de que trata o § 4.º do art. 39.º somente poderão ser fixados ou alterados por lei específica, observada a iniciativa privativa em cada caso, assegurada revisão geral anual, sempre na mesma data e sem distinção de índices;

XI – a remuneração e o subsídio dos ocupantes de cargos, funções e empregos públicos da administração direta, autárquica e fundacional, dos membros de qualquer dos Poderes da União, dos Estados, do Distrito Federal e dos Municípios, dos detentores de mandato eletivo e dos demais agentes políticos e os proventos, pensões ou outra espécie remuneratória, percebidos cumulativamente ou não, incluídas as vantagens pessoais ou de qualquer outra natureza, não poderão exceder o subsídio mensal, em espécie, dos Ministros do Supremo Tribunal Federal, aplicando-se como limite, nos Municípios, o subsídio do Prefeito, e nos Estados e no Distrito Federal, o subsídio mensal do Governador no âmbito do Poder Executivo, o subsídio dos Deputados Estaduais e Distritais no âmbito do Poder Legislativo e o subsídio dos Desembargadores do Tribunal de Justiça, limitado a noventa inteiros e vinte e cinco centésimos por cento do subsídio mensal, em espécie, dos Ministros do Supremo Tribunal Federal, no âmbito do Poder Judiciário, aplicável este limite aos membros do Ministério Público, aos Procuradores e aos Defensores Públicos;

XII – os vencimentos dos cargos do Poder Legislativo e do Poder Judiciário não poderão ser superiores aos pagos pelo Poder Executivo;

XIII – é vedada a vinculação ou equiparação de quaisquer espécies remuneratórias para o efeito de remuneração de pessoal do serviço público;

XIV – os acréscimos pecuniários percebidos por servidor público não serão computados nem acumulados para fins de concessão de acréscimos ulteriores;

XV – o subsídio e os vencimentos dos ocupantes de cargos e empregos públicos são irredutíveis, ressalvado o disposto nos incisos XI e XIV deste artigo e nos arts. 39.º, § 4.º, 150.º, II, 153.º, III, e 153.º, § 2.º, I;

XVI – é vedada a acumulação remunerada de cargos públicos, exceto, quando houver compatibilidade de horários, observado em qualquer caso o disposto no inciso XI:

a) a de dois cargos de professor;

b) a de um cargo de professor com outro, técnico ou científico;

c) a de dois cargos ou empregos privativos de profissionais de saúde, com profissões regulamentadas;

XVII – a proibição de acumular estende-se a empregos e funções e abrange autarquias, fundações, empresas públicas, sociedades de economia mista, suas subsidiárias, e sociedades controladas, direta ou indiretamente, pelo poder público;
XVIII – a administração fazendária e seus servidores fiscais terão, dentro de suas áreas de competência e jurisdição, precedência sobre os demais setores administrativos, na forma da lei;
XIX – somente por lei específica poderá ser criada autarquia e autorizada a instituição de empresa pública, de sociedade de economia mista e de fundação, cabendo à lei complementar, neste último caso, definir as áreas de sua atuação;
XX – depende de autorização legislativa, em cada caso, a criação de subsidiárias das entidades mencionadas no inciso anterior, assim como a participação de qualquer delas em empresa privada;
XXI – ressalvados os casos especificados na legislação, as obras, serviços, compras e alienações serão contratados mediante processo de licitação pública que assegure igualdade de condições a todos os concorrentes, com cláusulas que estabeleçam obrigações de pagamento, mantidas as condições efetivas da proposta, nos termos da lei, o qual somente permitirá as exigências de qualificação técnica e econômica indispensáveis à garantia do cumprimento das obrigações.
XXII – as administrações tributárias da União, dos Estados, do Distrito Federal e dos Municípios, atividades essenciais ao funcionamento do Estado, exercidas por servidores de carreiras específicas, terão recursos prioritários para a realização de suas atividades e atuarão de forma integrada, inclusive com o compartilhamento de cadastros e de informações fiscais, na forma da lei ou convênio.
§ 1.º A publicidade dos atos, programas, obras, serviços e campanhas dos órgãos públicos deverá ter caráter educativo, informativo ou de orientação social, dela não podendo constar nomes, símbolos ou imagens que caracterizem promoção pessoal de autoridades ou servidores públicos.
§ 2.º A não-observância do disposto nos incisos II e III implicará a nulidade do ato e a punição da autoridade responsável, nos termos da lei.
§ 3.º A lei disciplinará as formas de participação do usuário na administração pública direta e indireta, regulando especialmente:
I – as reclamações relativas à prestação dos serviços públicos em geral, asseguradas a manutenção de serviços de atendimento ao usuário e a avaliação periódica, externa e interna, da qualidade dos serviços;
II – o acesso dos usuários a registros administrativos e a informações sobre atos de governo, observado o disposto no art. 5.º, X e XXXIII;
III – a disciplina da representação contra o exercício negligente ou abusivo de cargo, emprego ou função na administração pública.
§ 4.º Os atos de improbidade administrativa importarão a suspensão dos direitos políticos, a perda da função pública, a indisponibilidade dos bens e o ressarcimento ao erário, na forma e gradação previstas em lei, sem prejuízo da ação penal cabível.
§ 5.º A lei estabelecerá os prazos de prescrição para ilícitos praticados por qualquer agente, servidor ou não, que causem prejuízos ao erário, ressalvadas as respectivas ações de ressarcimento.
§ 6.º As pessoas jurídicas de Direito Público e as de Direito Privado prestadoras de serviços públicos responderão pelos danos que seus agentes, nessa qualidade, causarem a terceiros, assegurado o direito de regresso contra o responsável nos casos de dolo ou culpa.
§ 7.º A lei disporá sobre os requisitos e as restrições ao ocupante de cargo ou emprego da administração direta e indireta que possibilite o acesso a informações privilegiadas.

§ 8.º A autonomia gerencial, orçamentária e financeira dos órgãos e entidades da administração direta e indireta poderá ser ampliada mediante contrato, a ser firmado entre seus administradores e o poder público, que tenha por objeto a fixação de metas de desempenho para o órgão ou entidade, cabendo à lei dispor sobre:

I – o prazo de duração do contrato;

II – os controles e critérios de avaliação de desempenho, direitos, obrigações e responsabilidade dos dirigentes;

III – a remuneração do pessoal.

§ 9.º O disposto no inciso XI aplica-se às empresas públicas e às sociedades de economia mista e suas subsidiárias, que receberem recursos da União, dos Estados, do Distrito Federal ou dos Municípios para pagamento de despesas de pessoal ou de custeio em geral.

§ 10.º É vedada a percepção simultânea de proventos de aposentadoria decorrentes do art. 40.º ou dos arts. 42.º e 142.º com a remuneração de cargo, emprego ou função pública, ressalvados os cargos acumuláveis na forma desta Constituição, os cargos eletivos e os cargos em comissão declarados em lei de livre nomeação e exoneração.

§ 11.º Não serão computadas, para efeito dos limites remuneratórios de que trata o inciso XI do *caput* deste artigo, as parcelas de caráter indenizatório previstas em lei.

§ 12.º Para os fins do disposto no inciso XI do *caput* deste artigo, fica facultado aos Estados e ao Distrito Federal fixar, em seu âmbito, mediante emenda às respectivas Constituições e Lei Orgânica, como limite único, o subsídio mensal dos Desembargadores do respectivo Tribunal de Justiça, limitado a noventa inteiros e vinte e cinco centésimos por cento do subsídio mensal dos Ministros do Supremo Tribunal Federal, não se aplicando o disposto neste parágrafo aos subsídios dos Deputados Estaduais e Distritais e dos Vereadores.

Artigo 38.º

Ao servidor público da administração direta, autárquica e fundacional, no exercício de mandato eletivo, aplicam-se as seguintes disposições:

I – tratando-se de mandato eletivo federal, estadual ou distrital, ficará afastado de seu cargo, emprego ou função;

II – investido no mandato de Prefeito, será afastado do cargo, emprego ou função, sendo-lhe facultado optar pela sua remuneração;

III – investido no mandato de Vereador, havendo compatibilidade de horários, perceberá as vantagens de seu cargo, emprego ou função, sem prejuízo da remuneração do cargo eletivo, e, não havendo compatibilidade, será aplicada a norma do inciso anterior;

IV – em qualquer caso que exija o afastamento para o exercício de mandato eletivo, seu tempo de serviço será contado para todos os efeitos legais, exceto para promoção por merecimento;

V – para efeito de benefício previdenciário, no caso de afastamento, os valores serão determinados como se no exercício estivesse.

SEÇÃO II – **Dos Servidores Públicos**

Artigo 39.º

A União, os Estados, o Distrito Federal e os Municípios instituirão conselho de política de administração e remuneração de pessoal, integrado por servidores designados pelos respectivos Poderes.

§ 1.º A fixação dos padrões de vencimento e dos demais componentes do sistema remuneratório observará:

I – a natureza, o grau de responsabilidade e a complexidade dos cargos componentes de cada carreira;
II – os requisitos para a investidura;
III – as peculiaridades dos cargos.

§ 2.º A União, os Estados e o Distrito Federal manterão escolas de governo para a formação e o aperfeiçoamento dos servidores públicos, constituindo-se a participação nos cursos um dos requisitos para a promoção na carreira, facultada, para isso, a celebração de convênios ou contratos entre os entes federados.

§ 3.º Aplica-se aos servidores ocupantes de cargo público o disposto no art. 7.º, IV, VII, VIII, IX, XII, XIII, XV, XVI, XVII, XVIII, XIX, XX, XXII e XXX, podendo a lei estabelecer requisitos diferenciados de admissão quando a natureza do cargo o exigir.

§ 4.º O membro de Poder, o detentor de mandato eletivo, os Ministros de Estado e os Secretários Estaduais e Municipais serão remunerados exclusivamente por subsídio fixado em parcela única, vedado o acréscimo de qualquer gratificação, adicional, abono, prêmio, verba de representação ou outra espécie remuneratória, obedecido, em qualquer caso, o disposto no art. 37.º, X e XI.

§ 5.º Lei da União, dos Estados, do Distrito Federal e dos Municípios poderá estabelecer a relação entre a maior e a menor remuneração dos servidores públicos, obedecido, em qualquer caso, o disposto no art. 37.º, XI.

§ 6.º Os Poderes Executivo, Legislativo e Judiciário publicarão anualmente os valores do subsídio e da remuneração dos cargos e empregos públicos.

§ 7.º Lei da União, dos Estados, do Distrito Federal e dos Municípios disciplinará a aplicação de recursos orçamentários provenientes da economia com despesas correntes em cada órgão, autarquia e fundação, para aplicação no desenvolvimento de programas de qualidade e produtividade, treinamento e desenvolvimento, modernização, reaparelhamento e racionalização do serviço público, inclusive sob a forma de adicional ou prêmio de produtividade.

§ 8.º A remuneração dos servidores públicos organizados em carreira poderá ser fixada nos termos do § 4.º

Artigo 40.º

Aos servidores titulares de cargos efetivos da União, dos Estados, do Distrito Federal e dos Municípios, incluídas suas autarquias e fundações, é assegurado regime de previdência de caráter contributivo e solidário, mediante contribuição do respectivo ente público, dos servidores ativos e inativos e dos pensionistas, observados critérios que preservem o equilíbrio financeiro e atuarial e o disposto neste artigo.

§ 1.º Os servidores abrangidos pelo regime de previdência de que trata este artigo serão aposentados, calculados os seus proventos a partir dos valores fixados na forma dos §§ 3.º e 17.º:

I – por invalidez permanente, sendo os proventos proporcionais ao tempo de contribuição, exceto se decorrente de acidente em serviço, moléstia profissional ou doença grave, contagiosa ou incurável, na forma da lei;

II – compulsoriamente, aos setenta anos de idade, com proventos proporcionais ao tempo de contribuição;

III – voluntariamente, desde que cumprido tempo mínimo de dez anos de efetivo exercício no serviço público e cinco anos no cargo efetivo em que se dará a aposentadoria, observadas as seguintes condições:

a) sessenta anos de idade e trinta e cinco de contribuição, se homem, e cinquenta e cinco anos de idade e trinta de contribuição, se mulher;

b) sessenta e cinco anos de idade, se homem, e sessenta anos de idade, se mulher, com proventos proporcionais ao tempo de contribuição.

§ 2.° Os proventos de aposentadoria e as pensões, por ocasião de sua concessão, não poderão exceder a remuneração do respectivo servidor, no cargo efetivo em que se deu a aposentadoria ou que serviu de referência para a concessão da pensão.

§ 3.° Para o cálculo dos proventos de aposentadoria, por ocasião da sua concessão, serão consideradas as remunerações utilizadas como base para as contribuições do servidor aos regimes de previdência de que tratam este artigo e o art. 201.°, na forma da lei.

§ 4.° É vedada a adoção de requisitos e critérios diferenciados para a concessão de aposentadoria aos abrangidos pelo regime de que trata este artigo, ressalvados, nos termos definidos em leis complementares, os casos de servidores:

I – portadores de deficiência;

II – que exerçam atividades de risco;

III – cujas atividades sejam exercidas sob condições especiais que prejudiquem a saúde ou a integridade física.

§ 5.° Os requisitos de idade e de tempo de contribuição serão reduzidos em cinco anos, em relação ao disposto no § 1.°, III, *a*, para o professor que comprove exclusivamente tempo de efetivo exercício das funções de magistério na educação infantil e no ensino fundamental e médio.

§ 6.° Ressalvadas as aposentadorias decorrentes dos cargos acumuláveis na forma desta Constituição, é vedada a percepção de mais de uma aposentadoria à conta do regime de previdência previsto neste artigo.

§ 7.° Lei disporá sobre a concessão do benefício de pensão por morte, que será igual:

I – ao valor da totalidade dos proventos do servidor falecido, até o limite máximo estabelecido para os benefícios do regime geral de previdência social de que trata o art. 201.°, acrescido de setenta por cento da parcela excedente a este limite, caso aposentado à data do óbito; ou

II – ao valor da totalidade da remuneração do servidor no cargo efetivo em que se deu o falecimento, até o limite máximo estabelecido para os benefícios do regime geral de previdência social de que trata o art. 201.°, acrescido de setenta por cento da parcela excedente a este limite, caso em atividade na data do óbito.

§ 8.° É assegurado o reajustamento dos benefícios para preservar-lhes, em caráter permanente, o valor real, conforme critérios estabelecidos em lei.

§ 9.° O tempo de contribuição federal, estadual ou municipal será contado para efeito de aposentadoria e o tempo de serviço correspondente para efeito de disponibilidade.

§ 10.° A lei não poderá estabelecer qualquer forma de contagem de tempo de contribuição fictício.

§ 11.° Aplica-se o limite fixado no art. 37.°, XI, à soma total dos proventos de inatividade, inclusive quando decorrentes da acumulação de cargos ou empregos públicos, bem como de outras atividades sujeitas a contribuição para o regime geral de previdência social, e ao montante resultante da adição de proventos de inatividade com remuneração de cargo acumulável na forma desta Constituição, cargo em comissão declarado em lei de livre nomeação e exoneração, e de cargo eletivo.

§ 12.° Além do disposto neste artigo, o regime de previdência dos servidores públicos titulares de cargo efetivo observará, no que couber, os requisitos e critérios fixados para o regime geral de previdência social.

§ 13.° Ao servidor ocupante, exclusivamente, de cargo em comissão declarado em lei de livre nomeação e exoneração bem como de outro cargo temporário ou de emprego público, aplica-se o regime geral de previdência social.

§ 14.º A União, os Estados, o Distrito Federal e os Municípios, desde que instituam regime de previdência complementar para os seus respectivos servidores titulares de cargo efetivo, poderão fixar, para o valor das aposentadorias e pensões a serem concedidas pelo regime de que trata este artigo, o limite máximo estabelecido para os benefícios do regime geral de previdência social de que trata o art. 201.º

§ 15.º O regime de previdência complementar de que trata o § 14.º será instituído por lei de iniciativa do respectivo Poder Executivo, observado o disposto no art. 202.º e seus parágrafos, no que couber, por intermédio de entidades fechadas de previdência complementar, de natureza pública, que oferecerão aos respectivos participantes planos de benefícios somente na modalidade de contribuição definida.

§ 16.º Somente mediante sua prévia e expressa opção, o disposto nos §§ 14.º e 15.º poderá ser aplicado ao servidor que tiver ingressado no serviço público até a data da publicação do ato de instituição do correspondente regime de previdência complementar.

§ 17.º Todos os valores de remuneração considerados para o cálculo do benefício previsto no § 3.º serão devidamente atualizados, na forma da lei.

§ 18.º Incidirá contribuição sobre os proventos de aposentadorias e pensões concedidas pelo regime de que trata este artigo que superem o limite máximo estabelecido para os benefícios do regime geral de previdência social de que trata o art. 201.º, com percentual igual ao estabelecido para os servidores titulares de cargos efetivos.

§ 19.º O servidor de que trata este artigo que tenha completado as exigências para aposentadoria voluntária estabelecidas no § 1.º, III, a, e que opte por permanecer em atividade fará jus a um abono de permanência equivalente ao valor da sua contribuição previdenciária até completar as exigências para aposentadoria compulsória contidas no § 1.º, II.

§ 20.º Fica vedada a existência de mais de um regime próprio de previdência social para os servidores titulares de cargos efetivos, e de mais de uma unidade gestora do respectivo regime em cada ente estatal, ressalvado o disposto no art. 142.º, § 3.º, X.

§ 21.º A contribuição prevista no § 18.º deste artigo incidirá apenas sobre as parcelas de proventos de aposentadoria e de pensão que superem o dobro do limite máximo estabelecido para os benefícios do regime geral de previdência social de que trata o art. 201.º desta Constituição, quando o beneficiário, na forma da lei, for portador de doença incapacitante.

Artigo 41.º

São estáveis após três anos de efetivo exercício os servidores nomeados para cargo de provimento efetivo em virtude de concurso público.

§ 1.º O servidor público estável só perderá o cargo:
I – em virtude de sentença judicial transitada em julgado;
II – mediante processo administrativo em que lhe seja assegurada ampla defesa;
III – mediante procedimento de avaliação periódica de desempenho, na forma de lei complementar, assegurada ampla defesa.

§ 2.º Invalidada por sentença judicial a demissão do servidor estável, será ele reintegrado, e o eventual ocupante da vaga, se estável, reconduzido ao cargo de origem, sem direito a indenização, aproveitado em outro cargo ou posto em disponibilidade com remuneração proporcional ao tempo de serviço.

§ 3.º Extinto o cargo ou declarada a sua desnecessidade, o servidor estável ficará em disponibilidade, com remuneração proporcional ao tempo de serviço, até seu adequado aproveitamento em outro cargo.

§ 4.º Como condição para a aquisição da estabilidade, é obrigatória a avaliação especial de desempenho por comissão instituída para essa finalidade.

SEÇÃO III – **Dos Militares dos Estados, do Distrito Federal e dos Territórios**

Artigo 42.º

Os membros das Polícias Militares e Corpos de Bombeiros Militares, instituições organizadas com base na hierarquia e disciplina, são militares dos Estados, do Distrito Federal e dos Territórios.

§ 1.º Aplicam-se aos militares dos Estados, do Distrito Federal e dos Territórios, além do que vier a ser fixado em lei, as disposições do art. 14.º, § 8.º; do art. 40.º, § 9.º; e do art. 142.º, §§ 2.º e 3.º, cabendo a lei estadual específica dispor sobre as matérias do art. 142.º, § 3.º, inciso X, sendo as patentes dos oficiais conferidas pelos respectivos governadores.

§ 2.º Aos pensionistas dos militares dos Estados, do Distrito Federal e dos Territórios aplica-se o que for fixado em lei específica do respectivo ente estatal.

SEÇÃO IV – **Das Regiões**

Artigo 43.º

Para efeitos administrativos, a União poderá articular sua ação em um mesmo complexo geoeconômico e social, visando a seu desenvolvimento e à redução das desigualdades regionais.

§ 1.º Lei complementar disporá sobre:

I – as condições para integração de regiões em desenvolvimento;

II – a composição dos organismos regionais que executarão, na forma da lei, os planos regionais, integrantes dos planos nacionais de desenvolvimento econômico e social, aprovados juntamente com estes.

§ 2.º Os incentivos regionais compreenderão, além de outros, na forma da lei:

I – igualdade de tarifas, fretes, seguros e outros itens de custos e preços de responsabilidade do poder público;

II – juros favorecidos para financiamento de atividades prioritárias;

III – isenções, reduções ou diferimento temporário de tributos federais devidos por pessoas físicas ou jurídicas;

IV – prioridade para o aproveitamento econômico e social dos rios e das massas de água represadas ou represáveis nas regiões de baixa renda, sujeitas a secas periódicas.

§ 3.º Nas áreas a que se refere o § 2.º, IV, a União incentivará a recuperação de terras áridas e cooperará com os pequenos e médios proprietários rurais para o estabelecimento, em suas glebas, de fontes de água e de pequena irrigação.

TÍTULO IV
DA ORGANIZAÇÃO DOS PODERES

CAPÍTULO I – **Do Poder Legislativo**

SEÇÃO I – **Do Congresso Nacional**

Artigo 44.º

O Poder Legislativo é exercido pelo Congresso Nacional, que se compõe da Câmara dos Deputados e do Senado Federal.

Parágrafo único. Cada legislatura terá a duração de quatro anos.

Artigo 45.º

A Câmara dos Deputados compõe-se de representantes do povo, eleitos, pelo sistema proporcional, em cada Estado, em cada Território e no Distrito Federal.

§ 1.º O número total de Deputados, bem como a representação por Estado e pelo Distrito Federal, será estabelecido por lei complementar, proporcionalmente à população, procedendo-se aos ajustes necessários, no ano anterior às eleições, para que nenhuma daquelas unidades da Federação tenha menos de oito ou mais de setenta Deputados.

§ 2.º Cada Território elegerá quatro Deputados.

Artigo 46.º

O Senado Federal compõe-se de representantes dos Estados e do Distrito Federal, eleitos segundo o princípio majoritário.

§ 1.º Cada Estado e o Distrito Federal elegerão três Senadores, com mandato de oito anos.

§ 2.º A representação de cada Estado e do Distrito Federal será renovada de quatro em quatro anos, alternadamente, por um e dois terços.

§ 3.º Cada Senador será eleito com dois suplentes.

Artigo 47.º

Salvo disposição constitucional em contrário, as deliberações de cada Casa e de suas comissões serão tomadas por maioria dos votos, presente a maioria absoluta de seus membros.

SEÇÃO II – Das Atribuições do Congresso Nacional

Artigo 48.º

Cabe ao Congresso Nacional, com a sanção do Presidente da República, não exigida esta para o especificado nos arts. 49.º, 51.º e 52.º, dispor sobre todas as matérias de competência da União, especialmente sobre:

I – sistema tributário, arrecadação e distribuição de rendas;

II – plano plurianual, diretrizes orçamentárias, orçamento anual, operações de crédito, dívida pública e emissões de curso forçado;

III – fixação e modificação do efetivo das Forças Armadas;

IV – planos e programas nacionais, regionais e setoriais de desenvolvimento;

V – limites do território nacional, espaço aéreo e marítimo e bens do domínio da União;

VI – incorporação, subdivisão ou desmembramento de áreas de Territórios ou Estados, ouvidas as respectivas Assembléias Legislativas;

VII – transferência temporária da sede do Governo Federal;

VIII – concessão de anistia;

IX – organização administrativa, judiciária, do Ministério Público e da Defensoria Pública da União e dos Territórios e organização judiciária, do Ministério Público e da Defensoria Pública do Distrito Federal;

X – criação, transformação e extinção de cargos, empregos e funções públicas, observado o que estabelece o art. 84.º, VI, *b*;

XI – criação e extinção de Ministérios e órgãos da administração pública;

XII – telecomunicações e radiodifusão;

XIII – matéria financeira, cambial e monetária, instituições financeiras e suas operações;

XIV – moeda, seus limites de emissão, e montante da dívida mobiliária federal;
XV – fixação do subsídio dos Ministros do Supremo Tribunal Federal, observado o que dispõem os arts. 39.º, § 4.º; 150.º, II; 153.º, III; e 153.º, § 2.º, I.

Artigo 49.º

É da competência exclusiva do Congresso Nacional:

I – resolver definitivamente sobre tratados, acordos ou atos internacionais que acarretem encargos ou compromissos gravosos ao patrimônio nacional;

II – autorizar o Presidente da República a declarar guerra, a celebrar a paz, a permitir que forças estrangeiras transitem pelo território nacional ou nele permaneçam temporariamente, ressalvados os casos previstos em lei complementar;

III – autorizar o Presidente e o Vice-Presidente da República a se ausentarem do País, quando a ausência exceder a quinze dias;

IV – aprovar o estado de defesa e a intervenção federal, autorizar o estado de sítio, ou suspender qualquer uma dessas medidas;

V – sustar os atos normativos do Poder Executivo que exorbitem do poder regulamentar ou dos limites de delegação legislativa;

VI – mudar temporariamente sua sede;

VII – fixar idêntico subsídio para os Deputados Federais e os Senadores, observado o que dispõem os arts. 37.º, XI, 39.º, § 4.º, 150.º, II, 153.º, III, e 153.º, § 2.º, I;

VIII – fixar os subsídios do Presidente e do Vice-Presidente da República e dos Ministros de Estado, observado o que dispõem os arts. 37.º, XI, 39.º, § 4.º, 150.º, II, 153.º, III, e 153.º, § 2.º, I;

IX – julgar anualmente as contas prestadas pelo Presidente da República e apreciar os relatórios sobre a execução dos planos de governo;

X – fiscalizar e controlar, diretamente, ou por qualquer de suas Casas, os atos do Poder Executivo, incluídos os da administração indireta;

XI – zelar pela preservação de sua competência legislativa em face da atribuição normativa dos outros Poderes;

XII – apreciar os atos de concessão e renovação de concessão de emissoras de rádio e televisão;

XIII – escolher dois terços dos membros do Tribunal de Contas da União;

XIV – aprovar iniciativas do Poder Executivo referentes a atividades nucleares;

XV – autorizar referendo e convocar plebiscito;

XVI – autorizar, em terras indígenas, a exploração e o aproveitamento de recursos hídricos e a pesquisa e lavra de riquezas minerais;

XVII – aprovar, previamente, a alienação ou concessão de terras públicas com área superior a dois mil e quinhentos hectares.

Artigo 50.º

A Câmara dos Deputados e o Senado Federal, ou qualquer de suas comissões, poderão convocar Ministro de Estado ou quaisquer titulares de órgãos diretamente subordinados à Presidência da República para prestarem, pessoalmente, informações sobre assunto previamente determinado, importando em crime de responsabilidade a ausência sem justificação adequada.

§ 1.º Os Ministros de Estado poderão comparecer ao Senado Federal, à Câmara dos Deputados ou a qualquer de suas comissões, por sua iniciativa e mediante entendimentos com a Mesa respectiva, para expor assunto de relevância de seu Ministério.

§ 2.º As Mesas da Câmara dos Deputados e do Senado Federal poderão encaminhar pedidos escritos de informação a Ministros de Estado ou a qualquer das pessoas referidas no *caput* deste artigo, importando em crime de responsabilidade a recusa, ou o não-atendimento, no prazo de trinta dias, bem como a prestação de informações falsas.

SEÇÃO III – **Da Câmara dos Deputados**

Artigo 51.º

Compete privativamente à Câmara dos Deputados:

I – autorizar, por dois terços de seus membros, a instauração de processo contra o Presidente e o Vice-Presidente da República e os Ministros de Estado;

II – proceder à tomada de contas do Presidente da República, quando não apresentadas ao Congresso Nacional dentro de sessenta dias após a abertura da sessão legislativa;

III – elaborar seu regimento interno;

IV – dispor sobre sua organização, funcionamento, polícia, criação, transformação ou extinção dos cargos, empregos e funções de seus serviços, e a iniciativa de lei para fixação da respectiva remuneração, observados os parâmetros estabelecidos na lei de diretrizes orçamentárias;

V – eleger membros do Conselho da República, nos termos do art. 89.º, VII.

SEÇÃO IV – **Do Senado Federal**

Artigo 52.º

Compete privativamente ao Senado Federal:

I – processar e julgar o Presidente e o Vice-Presidente da República nos crimes de responsabilidade, bem como os Ministros de Estado e os Comandantes da Marinha, do Exército e da Aeronáutica nos crimes da mesma natureza conexos com aqueles;

II – processar e julgar os Ministros do Supremo Tribunal Federal, os membros do Conselho Nacional de Justiça e do Conselho Nacional do Ministério Público, o Procurador-Geral da República e o Advogado-Geral da União nos crimes de responsabilidade;

III – aprovar previamente, por voto secreto, após argüição pública, a escolha de:
a) magistrados, nos casos estabelecidos nesta Constituição;
b) Ministros do Tribunal de Contas da União indicados pelo Presidente da República;
c) Governador de Território;
d) presidente e diretores do Banco Central;
e) Procurador-Geral da República;
f) titulares de outros cargos que a lei determinar;

IV – aprovar previamente, por voto secreto, após argüição em sessão secreta, a escolha dos chefes de missão diplomática de caráter permanente;

V – autorizar operações externas de natureza financeira, de interesse da União, dos Estados, do Distrito Federal, dos Territórios e dos Municípios;

VI – fixar, por proposta do Presidente da República, limites globais para o montante da dívida consolidada da União, dos Estados, do Distrito Federal e dos Municípios;

VII – dispor sobre limites globais e condições para as operações de crédito externo e interno da União, dos Estados, do Distrito Federal e dos Municípios, de suas autarquias e demais entidades controladas pelo poder público federal;

VIII – dispor sobre limites e condições para a concessão de garantia da União em operações de crédito externo e interno;

IX – estabelecer limites globais e condições para o montante da dívida mobiliária dos Estados, do Distrito Federal e dos Municípios;
X – suspender a execução, no todo ou em parte, de lei declarada inconstitucional por decisão definitiva do Supremo Tribunal Federal;
XI – aprovar, por maioria absoluta e por voto secreto, a exoneração, de ofício, do Procurador-Geral da República antes do término de seu mandato;
XII – elaborar seu regimento interno;
XIII – dispor sobre sua organização, funcionamento, polícia, criação, transformação ou extinção dos cargos, empregos e funções de seus serviços, e a iniciativa de lei para fixação da respectiva remuneração, observados os parâmetros estabelecidos na lei de diretrizes orçamentárias;
XIV – eleger membros do Conselho da República, nos termos do art. 89.°, VII.
XV – avaliar periodicamente a funcionalidade do Sistema Tributário Nacional, em sua estrutura e seus componentes, e o desempenho das administrações tributárias da União, dos Estados e do Distrito Federal e dos Municípios.
Parágrafo único. Nos casos previstos nos incisos I e II, funcionará como Presidente o do Supremo Tribunal Federal, limitando-se a condenação, que somente será proferida por dois terços dos votos do Senado Federal, à perda do cargo, com inabilitação, por oito anos, para o exercício de função pública, sem prejuízo das demais sanções judiciais cabíveis.

SEÇÃO V – **Dos Deputados e dos Senadores**

Artigo 53.°

Os Deputados e Senadores são invioláveis, civil e penalmente, por quaisquer de suas opiniões, palavras e votos.

§ 1.° Os Deputados e Senadores, desde a expedição do diploma, serão submetidos a julgamento perante o Supremo Tribunal Federal.

§ 2.° Desde a expedição do diploma, os membros do Congresso Nacional não poderão ser presos, salvo em flagrante de crime inafiançável. Nesse caso, os autos serão remetidos dentro de vinte e quatro horas à Casa respectiva, para que, pelo voto da maioria de seus membros, resolva sobre a prisão.

§ 3.° Recebida a denúncia contra Senador ou Deputado, por crime ocorrido após a diplomação, o Supremo Tribunal Federal dará ciência à Casa respectiva, que, por iniciativa de partido político nela representado e pelo voto da maioria de seus membros, poderá, até a decisão final, sustar o andamento da ação.

§ 4.° O pedido de sustação será apreciado pela Casa respectiva no prazo improrrogável de quarenta e cinco dias do seu recebimento pela Mesa Diretora.

§ 5.° A sustação do processo suspende a prescrição, enquanto durar o mandato.

§ 6.° Os Deputados e Senadores não serão obrigados a testemunhar sobre informações recebidas ou prestadas em razão do exercício do mandato, nem sobre as pessoas que lhes confiaram ou deles receberam informações.

§ 7.° A incorporação às Forças Armadas de Deputados e Senadores, embora militares e ainda que em tempo de guerra, dependerá de prévia licença da Casa respectiva.

§ 8.° As imunidades de Deputados ou Senadores subsistirão durante o estado de sítio, só podendo ser suspensas mediante o voto de dois terços dos membros da Casa respectiva, nos casos de atos praticados fora do recinto do Congresso Nacional, que sejam incompatíveis com a execução da medida.

Artigo 54.º

Os Deputados e Senadores não poderão:
I – desde a expedição do diploma:
a) firmar ou manter contrato com pessoa jurídica de Direito Público, autarquia, empresa pública, sociedade de economia mista ou empresa concessionária de serviço público, salvo quando o contrato obedecer a cláusulas uniformes;
b) aceitar ou exercer cargo, função ou emprego remunerado, inclusive os de que sejam demissíveis *ad nutum*, nas entidades constantes da alínea anterior;
II – desde a posse:
a) ser proprietários, controladores ou diretores de empresa que goze de favor decorrente de contrato com pessoa jurídica de Direito Público, ou nela exercer função remunerada;
b) ocupar cargo ou função de que sejam demissíveis *ad nutum*, nas entidades referidas no inciso I, a;
c) patrocinar causa em que seja interessada qualquer das entidades a que se refere o inciso I, a;
d) ser titulares de mais de um cargo ou mandato público eletivo.

Artigo 55.º

Perderá o mandato o Deputado ou Senador:
I – que infringir qualquer das proibições estabelecidas no artigo anterior;
II – cujo procedimento for declarado incompatível com o decoro parlamentar;
III – que deixar de comparecer, em cada sessão legislativa, à terça parte das sessões ordinárias da Casa a que pertencer, salvo licença ou missão por esta autorizada;
IV – que perder ou tiver suspensos os direitos políticos;
V – quando o decretar a Justiça Eleitoral, nos casos previstos nesta Constituição;
VI – que sofrer condenação criminal em sentença transitada em julgado.

§ 1.º É incompatível com o decoro parlamentar, além dos casos definidos no regimento interno, o abuso das prerrogativas asseguradas a membro do Congresso Nacional ou a percepção de vantagens indevidas.

§ 2.º Nos casos dos incisos I, II e VI, a perda do mandato será decidida pela Câmara dos Deputados ou pelo Senado Federal, por voto secreto e maioria absoluta, mediante provocação da respectiva Mesa ou de partido político representado no Congresso Nacional, assegurada ampla defesa.

§ 3.º Nos casos previstos nos incisos III a V, a perda será declarada pela Mesa da Casa respectiva, de ofício ou mediante provocação de qualquer de seus membros ou de partido político representado no Congresso Nacional, assegurada ampla defesa.

§ 4.º A renúncia de parlamentar submetido a processo que vise ou possa levar à perda do mandato, nos termos deste artigo, terá seus efeitos suspensos até as deliberações finais de que tratam os §§ 2.º e 3.º

Artigo 56.º

Não perderá o mandato o Deputado ou Senador:
I – investido no cargo de Ministro de Estado, Governador de Território, Secretário de Estado, do Distrito Federal, de Território, de Prefeitura de capital ou chefe de missão diplomática temporária;
II – licenciado pela respectiva Casa por motivo de doença, ou para tratar, sem remuneração, de interesse particular, desde que, neste caso, o afastamento não ultrapasse cento e vinte dias por sessão legislativa.

§ 1.° O suplente será convocado nos casos de vaga, de investidura em funções previstas neste artigo ou de licença superior a cento e vinte dias.
§ 2.° Ocorrendo vaga e não havendo suplente, far-se-á eleição para preenchê-la se faltarem mais de quinze meses para o término do mandato.
§ 3.° Na hipótese do inciso I, o Deputado ou Senador poderá optar pela remuneração do mandato.

SEÇÃO VI – Das Reuniões

Artigo 57.°

O Congresso Nacional reunir-se-á, anualmente, na Capital Federal, de 2 de fevereiro a 17 de julho e de 1.° de agosto a 22 de dezembro.
§ 1.° As reuniões marcadas para essas datas serão transferidas para o primeiro dia útil subsequente, quando recaírem em sábados, domingos ou feriados.
§ 2.° A sessão legislativa não será interrompida sem a aprovação do projeto de lei de diretrizes orçamentárias.
§ 3.° Além de outros casos previstos nesta Constituição, a Câmara dos Deputados e o Senado Federal reunir-se-ão em sessão conjunta para:
I – inaugurar a sessão legislativa;
II – elaborar o regimento comum e regular a criação de serviços comuns às duas Casas;
III – receber o compromisso do Presidente e do Vice-Presidente da República;
IV – conhecer do veto e sobre ele deliberar.
§ 4.° Cada uma das Casas reunir-se-á em sessões preparatórias, a partir de 1.° de fevereiro, no primeiro ano da legislatura, para a posse de seus membros e eleição das respectivas Mesas, para mandato de 2 (dois) anos, vedada a recondução para o mesmo cargo na eleição imediatamente subseqüente.
§ 5.° A Mesa do Congresso Nacional será presidida pelo Presidente do Senado Federal, e os demais cargos serão exercidos, alternadamente, pelos ocupantes de cargos equivalentes na Câmara dos Deputados e no Senado Federal.
§ 6.° A convocação extraordinária do Congresso Nacional far-se-á:
I – pelo Presidente do Senado Federal, em caso de decretação de estado de defesa ou de intervenção federal, de pedido de autorização para a decretação de estado de sítio e para o compromisso e a posse do Presidente e do Vice-Presidente da República;
II – pelo Presidente da República, pelos Presidentes da Câmara dos Deputados e do Senado Federal ou a requerimento da maioria dos membros de ambas as Casas, em caso de urgência ou interesse público relevante, em todas as hipóteses deste inciso com a aprovação da maioria absoluta de cada uma das Casas do Congresso Nacional.
§ 7.° Na sessão legislativa extraordinária, o Congresso Nacional somente deliberará sobre a matéria para a qual foi convocado, ressalvada a hipótese do § 8.° deste artigo, vedado o pagamento de parcela indenizatória, em razão da convocação.
§ 8.° Havendo medidas provisórias em vigor na data de convocação extraordinária do Congresso Nacional, serão elas automaticamente incluídas na pauta da convocação.

SEÇÃO VII – Das Comissões

Artigo 58.°

O Congresso Nacional e suas Casas terão comissões permanentes e temporárias, constituídas na forma e com as atribuições previstas no respectivo regimento ou no ato de que resultar sua criação.

§ 1.º Na constituição das Mesas e de cada comissão, é assegurada, tanto quanto possível, a representação proporcional dos partidos ou dos blocos parlamentares que participam da respectiva Casa.

§ 2.º Às comissões, em razão da matéria de sua competência, cabe:

I – discutir e votar projeto de lei que dispensar, na forma do regimento, a competência do plenário, salvo se houver recurso de um décimo dos membros da Casa;

II – realizar audiências públicas com entidades da sociedade civil;

III – convocar Ministros de Estado para prestar informações sobre assuntos inerentes a suas atribuições;

IV – receber petições, reclamações, representações ou queixas de qualquer pessoa contra atos ou omissões das autoridades ou entidades públicas;

V – solicitar depoimento de qualquer autoridade ou cidadão;

VI – apreciar programas de obras, planos nacionais, regionais e setoriais de desenvolvimento e sobre eles emitir parecer.

§ 3.º As comissões parlamentares de inquérito, que terão poderes de investigação próprios das autoridades judiciais, além de outros previstos nos regimentos das respectivas Casas, serão criadas pela Câmara dos Deputados e pelo Senado Federal, em conjunto ou separadamente, mediante requerimento de um terço de seus membros, para a apuração de fato determinado e por prazo certo, sendo suas conclusões, se for o caso, encaminhadas ao Ministério Público, para que promova a responsabilidade civil ou criminal dos infratores.

§ 4.º Durante o recesso, haverá uma comissão representativa do Congresso Nacional, eleita por suas Casas na última sessão ordinária do período legislativo, com atribuições definidas no regimento comum, cuja composição reproduzirá, quanto possível, a proporcionalidade da representação partidária.

SEÇÃO VIII – Do Processo Legislativo

SUBSEÇÃO I – Disposição geral

Artigo 59.º

O processo legislativo compreende a elaboração de:

I – emendas à Constituição;
II – leis complementares;
III – leis ordinárias;
IV – leis delegadas;
V – medidas provisórias;
VI – decretos legislativos;
VII – resoluções.

Parágrafo único. Lei complementar disporá sobre a elaboração, redação, alteração e consolidação das leis.

SUBSEÇÃO II – Da Emenda à Constituição

Artigo 60.º

A Constituição poderá ser emendada mediante proposta:

I – de um terço, no mínimo, dos membros da Câmara dos Deputados ou do Senado Federal;

II – do Presidente da República;

III – de mais da metade das Assembléias Legislativas das unidades da Federação, manifestando-se, cada uma delas, pela maioria relativa de seus membros.

§ 1.° A Constituição não poderá ser emendada na vigência de intervenção federal, de estado de defesa ou de estado de sítio.

§ 2.° A proposta será discutida e votada em cada Casa do Congresso Nacional, em dois turnos, considerando-se aprovada se obtiver, em ambos, três quintos dos votos dos respectivos membros.

§ 3.° A emenda à Constituição será promulgada pelas Mesas da Câmara dos Deputados e do Senado Federal, com o respectivo número de ordem.

§ 4.° Não será objeto de deliberação a proposta de emenda tendente a abolir:
I – a forma federativa de Estado;
II – o voto direto, secreto, universal e periódico;
III – a separação dos Poderes;
IV – os direitos e garantias individuais.

§ 5.° A matéria constante de proposta de emenda rejeitada ou havida por prejudicada não pode ser objeto de nova proposta na mesma sessão legislativa.

SUBSEÇÃO III – **Das Leis**

Artigo 61.°

A iniciativa das leis complementares e ordinárias cabe a qualquer membro ou comissão da Câmara dos Deputados, do Senado Federal ou do Congresso Nacional, ao Presidente da República, ao Supremo Tribunal Federal, aos Tribunais Superiores, ao Procurador-Geral da República e aos cidadãos, na forma e nos casos previstos nesta Constituição.

§ 1.° São de iniciativa privativa do Presidente da República as leis que:
I – fixem ou modifiquem os efetivos das Forças Armadas;
II – disponham sobre:

a) criação de cargos, funções ou empregos públicos na administração direta e autárquica ou aumento de sua remuneração;

b) organização administrativa e judiciária, matéria tributária e orçamentária, serviços públicos e pessoal da administração dos Territórios;

c) servidores públicos da União e Territórios, seu regime jurídico, provimento de cargos, estabilidade e aposentadoria;

d) organização do Ministério Público e da Defensoria Pública da União, bem como normas gerais para a organização do Ministério Público e da Defensoria Pública dos Estados, do Distrito Federal e dos Territórios;

e) criação e extinção de Ministérios e órgãos da administração pública, observado o disposto no art. 84.°, VI;

f) militares das Forças Armadas, seu regime jurídico, provimento de cargos, promoções, estabilidade, remuneração, reforma e transferência para a reserva.

§ 2.° A iniciativa popular pode ser exercida pela apresentação à Câmara dos Deputados de projeto de lei subscrito por, no mínimo, um por cento do eleitorado nacional, distribuído pelo menos por cinco Estados, com não menos de três décimos por cento dos eleitores de cada um deles.

Artigo 62.°

Em caso de relevância e urgência, o Presidente da República poderá adotar medidas provisórias, com força de lei, devendo submetê-las de imediato ao Congresso Nacional.

§ 1.º É vedada a edição de medidas provisórias sobre matéria:
I – relativa a:
a) nacionalidade, cidadania, direitos políticos, partidos políticos e Direito eleitoral;
b) Direito penal, processual penal e processual civil;
c) organização do Poder Judiciário e do Ministério Público, a carreira e a garantia de seus membros;
d) planos plurianuais, diretrizes orçamentárias, orçamento e créditos adicionais e suplementares, ressalvado o previsto no art. 167.º, § 3.º;
II – que vise a detenção ou seqüestro de bens, de poupança popular ou qualquer outro ativo financeiro;
III – reservada a lei complementar;
IV – já disciplinada em projeto de lei aprovado pelo Congresso Nacional e pendente de sanção ou veto do Presidente da República.
§ 2.º Medida provisória que implique instituição ou majoração de impostos, exceto os previstos nos arts. 153.º, I, II, IV, V, e 154.º, II, só produzirá efeitos no exercício financeiro seguinte se houver sido convertida em lei até o último dia daquele em que foi editada.
§ 3.º As medidas provisórias, ressalvado o disposto nos §§ 11.º e 12.º, perderão eficácia, desde a edição, se não forem convertidas em lei no prazo de sessenta dias, prorrogável, nos termos do § 7.º, uma vez por igual período, devendo o Congresso Nacional disciplinar, por decreto legislativo, as relações jurídicas delas decorrentes.
§ 4.º O prazo a que se refere o § 3.º contar-se-á da publicação da medida provisória, suspendendo-se durante os períodos de recesso do Congresso Nacional.
§ 5.º A deliberação de cada uma das Casas do Congresso Nacional sobre o mérito das medidas provisórias dependerá de juízo prévio sobre o atendimento de seus pressupostos constitucionais.
§ 6.º Se a medida provisória não for apreciada em até quarenta e cinco dias contados de sua publicação, entrará em regime de urgência, subseqüentemente, em cada uma das Casas do Congresso Nacional, ficando sobrestadas, até que se ultime a votação, todas as demais deliberações legislativas da Casa em que estiver tramitando.
§ 7.º Prorrogar-se-á uma única vez por igual período a vigência de medida provisória que, no prazo de sessenta dias, contado de sua publicação, não tiver a sua votação encerrada nas duas Casas do Congresso Nacional.
§ 8.º As medidas provisórias terão sua votação iniciada na Câmara dos Deputados.
§ 9.º Caberá à comissão mista de Deputados e Senadores examinar as medidas provisórias e sobre elas emitir parecer, antes de serem apreciadas, em sessão separada, pelo plenário de cada uma das Casas do Congresso Nacional.
§ 10.º É vedada a reedição, na mesma sessão legislativa, de medida provisória que tenha sido rejeitada ou que tenha perdido sua eficácia por decurso de prazo.
§ 11.º Não editado o decreto legislativo a que se refere o § 3.º até sessenta dias após a rejeição ou perda de eficácia de medida provisória, as relações jurídicas constituídas e decorrentes de atos praticados durante sua vigência conservar-se-ão por ela regidas.
§ 12.º Aprovado projeto de lei de conversão alterando o texto original da medida provisória, esta manter-se-á integralmente em vigor até que seja sancionado ou vetado o projeto.

Artigo 63.º

Não será admitido aumento da despesa prevista:
I – nos projetos de iniciativa exclusiva do Presidente da República, ressalvado o disposto no art. 166.º, §§ 3.º e 4.º;
II – nos projetos sobre organização dos serviços administrativos da Câmara dos Deputados, do Senado Federal, dos tribunais federais e do Ministério Público.

Artigo 64.º

A discussão e votação dos projetos de lei de iniciativa do Presidente da República, do Supremo Tribunal Federal e dos Tribunais Superiores terão início na Câmara dos Deputados.

§ 1.º O Presidente da República poderá solicitar urgência para apreciação de projetos de sua iniciativa.

§ 2.º Se, no caso do § 1.º, a Câmara dos Deputados e o Senado Federal não se manifestarem sobre a proposição, cada qual sucessivamente, em até quarenta e cinco dias, sobrestar-se-ão todas as demais deliberações legislativas da respectiva Casa, com exceção das que tenham prazo constitucional determinado, até que se ultime a votação.

§ 3.º A apreciação das emendas do Senado Federal pela Câmara dos Deputados far-se-á no prazo de dez dias, observado quanto ao mais o disposto no parágrafo anterior.

§ 4.º Os prazos do § 2.º não correm nos períodos de recesso do Congresso Nacional, nem se aplicam aos projetos de código.

Artigo 65.º

O projeto de lei aprovado por uma Casa será revisto pela outra, em um só turno de discussão e votação, e enviado à sanção ou promulgação, se a Casa revisora o aprovar, ou arquivado, se o rejeitar.

Parágrafo único. Sendo o projeto emendado, voltará à Casa iniciadora.

Artigo 66.º

A Casa na qual tenha sido concluída a votação enviará o projeto de lei ao Presidente da República, que, aquiescendo, o sancionará.

§ 1.º Se o Presidente da República considerar o projeto, no todo ou em parte, inconstitucional ou contrário ao interesse público, vetá-lo-á total ou parcialmente, no prazo de quinze dias úteis, contados da data do recebimento, e comunicará, dentro de quarenta e oito horas, ao Presidente do Senado Federal os motivos do veto.

§ 2.º O veto parcial somente abrangerá texto integral de artigo, de parágrafo, de inciso ou de alínea.

§ 3.º Decorrido o prazo de quinze dias, o silêncio do Presidente da República importará sanção.

§ 4.º O veto será apreciado em sessão conjunta, dentro de trinta dias a contar de seu recebimento, só podendo ser rejeitado pelo voto da maioria absoluta dos Deputados e Senadores, em escrutínio secreto.

§ 5.º Se o veto não for mantido, será o projeto enviado, para promulgação, ao Presidente da República.

§ 6.º Esgotado sem deliberação o prazo estabelecido no § 4.º, o veto será colocado na ordem do dia da sessão imediata, sobrestadas as demais proposições, até sua votação final.

§ 7.º Se a lei não for promulgada dentro de quarenta e oito horas pelo Presidente da República, nos casos dos §§ 3.º e 5.º, o Presidente do Senado a promulgará, e, se este não o fizer em igual prazo, caberá ao Vice-Presidente do Senado fazê-lo.

Artigo 67.º

A matéria constante de projeto de lei rejeitado somente poderá constituir objeto de novo projeto, na mesma sessão legislativa, mediante proposta da maioria absoluta dos membros de qualquer das Casas do Congresso Nacional.

Artigo 68.°

As leis delegadas serão elaboradas pelo Presidente da República, que deverá solicitar a delegação ao Congresso Nacional.

§ 1.° Não serão objeto de delegação os atos de competência exclusiva do Congresso Nacional, os de competência privativa da Câmara dos Deputados ou do Senado Federal, a matéria reservada à lei complementar, nem a legislação sobre:

I – organização do Poder Judiciário e do Ministério Público, a carreira e a garantia de seus membros;

II – nacionalidade, cidadania, direitos individuais, políticos e eleitorais;

III – planos plurianuais, diretrizes orçamentárias e orçamentos.

§ 2.° A delegação ao Presidente da República terá a forma de resolução do Congresso Nacional, que especificará seu conteúdo e os termos de seu exercício.

§ 3.° Se a resolução determinar a apreciação do projeto pelo Congresso Nacional, este a fará em votação única, vedada qualquer emenda.

Artigo 69.°

As leis complementares serão aprovadas por maioria absoluta.

SEÇÃO IX – **Da Fiscalização Contábil, Financeira e Orçamentária**

Artigo 70.°

A fiscalização contábil, financeira, orçamentária, operacional e patrimonial da União e das entidades da administração direta e indireta, quanto à legalidade, legitimidade, economicidade, aplicação das subvenções e renúncia de receitas, será exercida pelo Congresso Nacional, mediante controle externo, e pelo sistema de controle interno de cada Poder.

Parágrafo único. Prestará contas qualquer pessoa física ou jurídica, pública ou privada, que utilize, arrecade, guarde, gerencie ou administre dinheiros, bens e valores públicos ou pelos quais a União responda, ou que, em nome desta, assuma obrigações de natureza pecuniária.

Artigo 71.°

O controle externo, a cargo do Congresso Nacional, será exercido com o auxílio do Tribunal de Contas da União, ao qual compete:

I – apreciar as contas prestadas anualmente pelo Presidente da República, mediante parecer prévio, que deverá ser elaborado em sessenta dias a contar de seu recebimento;

II – julgar as contas dos administradores e demais responsáveis por dinheiros, bens e valores públicos da administração direta e indireta, incluídas as fundações e sociedades instituídas e mantidas pelo poder público federal, e as contas daqueles que derem causa a perda, extravio ou outra irregularidade de que resulte prejuízo ao erário público;

III – apreciar, para fins de registro, a legalidade dos atos de admissão de pessoal, a qualquer título, na administração direta e indireta, incluídas as fundações instituídas e mantidas pelo poder público, excetuadas as nomeações para cargo de provimento em comissão, bem como a das concessões de aposentadorias, reformas e pensões, ressalvadas as melhorias posteriores que não alterem o fundamento legal do ato concessório;

IV – realizar, por iniciativa própria, da Câmara dos Deputados, do Senado Federal, de comissão técnica ou de inquérito, inspeções e auditorias de natureza contábil, financeira, orçamentária, operacional e patrimonial, nas unidades administrativas dos Poderes Legislativo, Executivo e Judiciário, e demais entidades referidas no inciso II;

V – fiscalizar as contas nacionais das empresas supranacionais de cujo capital social a União participe, de forma direta ou indireta, nos termos do tratado constitutivo;

VI – fiscalizar a aplicação de quaisquer recursos repassados pela União, mediante convênio, acordo, ajuste ou outros instrumentos congêneres, a Estado, ao Distrito Federal ou a Município;

VII – prestar as informações solicitadas pelo Congresso Nacional, por qualquer de suas Casas, ou por qualquer das respectivas comissões, sobre a fiscalização contábil, financeira, orçamentária, operacional e patrimonial e sobre resultados de auditorias e inspeções realizadas;

VIII – aplicar aos responsáveis, em caso de ilegalidade de despesa ou irregularidade de contas, as sanções previstas em lei, que estabelecerá, entre outras cominações, multa proporcional ao dano causado ao erário;

IX – assinar prazo para que o órgão ou entidade adote as providências necessárias ao exato cumprimento da lei, se verificada ilegalidade;

X – sustar, se não atendido, a execução do ato impugnado, comunicando a decisão à Câmara dos Deputados e ao Senado Federal;

XI – representar ao Poder competente sobre irregularidades ou abusos apurados.

§ 1.º No caso de contrato, o ato de sustação será adotado diretamente pelo Congresso Nacional, que solicitará, de imediato, ao Poder Executivo as medidas cabíveis.

§ 2.º Se o Congresso Nacional ou o Poder Executivo, no prazo de noventa dias, não efetivar as medidas previstas no parágrafo anterior, o Tribunal decidirá a respeito.

§ 3.º As decisões do Tribunal de que resulte imputação de débito ou multa terão eficácia de título executivo.

§ 4.º O Tribunal encaminhará ao Congresso Nacional, trimestral e anualmente, relatório de suas atividades.

Artigo 72.º

A comissão mista permanente a que se refere o art. 166.º, § 1.º, diante de indícios de despesas não autorizadas, ainda que sob a forma de investimentos não programados ou de subsídios não aprovados, poderá solicitar à autoridade governamental responsável que, no prazo de cinco dias, preste os esclarecimentos necessários.

§ 1.º Não prestados os esclarecimentos, ou considerados estes insuficientes, a comissão solicitará ao Tribunal pronunciamento conclusivo sobre a matéria, no prazo de trinta dias.

§ 2.º Entendendo o Tribunal irregular a despesa, a comissão, se julgar que o gasto possa causar dano irreparável ou grave lesão à economia pública, proporá ao Congresso Nacional sua sustação.

Artigo 73.º

O Tribunal de Contas da União, integrado por nove Ministros, tem sede no Distrito Federal, quadro próprio de pessoal e jurisdição em todo o território nacional, exercendo, no que couber, as atribuições previstas no art. 96.º

§ 1.º Os Ministros do Tribunal de Contas da União serão nomeados dentre brasileiros que satisfaçam os seguintes requisitos:

I – mais de trinta e cinco e menos de sessenta e cinco anos de idade;

II – idoneidade moral e reputação ilibada;

III – notórios conhecimentos jurídicos, contábeis, econômicos e financeiros ou de administração pública;

IV – mais de dez anos de exercício de função ou de efetiva atividade profissional que exija os conhecimentos mencionados no inciso anterior.

§ 2.º Os Ministros do Tribunal de Contas da União serão escolhidos:

I – um terço pelo Presidente da República, com aprovação do Senado Federal, sendo dois alternadamente dentre auditores e membros do Ministério Público junto ao Tribunal, indicados em lista tríplice pelo Tribunal, segundo os critérios de antiguidade e merecimento;

II – dois terços pelo Congresso Nacional.

§ 3.º Os Ministros do Tribunal de Contas da União terão as mesmas garantias, prerrogativas, impedimentos, vencimentos e vantagens dos Ministros do Superior Tribunal de Justiça, aplicando-se-lhes, quanto à aposentadoria e pensão, as normas constantes do art. 40.º

§ 4.º O auditor, quando em substituição a Ministro, terá as mesmas garantias e impedimentos do titular e, quando no exercício das demais atribuições da judicatura, as de juiz de Tribunal Regional Federal.

Artigo 74.º

Os Poderes Legislativo, Executivo e Judiciário manterão, de forma integrada, sistema de controle interno com a finalidade de:

I – avaliar o cumprimento das metas previstas no plano plurianual, a execução dos programas de governo e dos orçamentos da União;

II – comprovar a legalidade e avaliar os resultados, quanto à eficácia e eficiência, da gestão orçamentária, financeira e patrimonial nos órgãos e entidades da administração federal, bem como da aplicação de recursos públicos por entidades de Direito Privado;

III – exercer o controle das operações de crédito, avais e garantias, bem como dos direitos e haveres da União;

IV – apoiar o controle externo no exercício de sua missão institucional.

§ 1.º Os responsáveis pelo controle interno, ao tomarem conhecimento de qualquer irregularidade ou ilegalidade, dela darão ciência ao Tribunal de Contas da União, sob pena de responsabilidade solidária.

§ 2.º Qualquer cidadão, partido político, associação ou sindicato é parte legítima para, na forma da lei, denunciar irregularidades ou ilegalidades perante o Tribunal de Contas da União.

Artigo 75.º

As normas estabelecidas nesta Seção aplicam-se, no que couber, à organização, composição e fiscalização dos Tribunais de Contas dos Estados e do Distrito Federal, bem como dos Tribunais e Conselhos de Contas dos Municípios.

Parágrafo único. As Constituições estaduais disporão sobre os Tribunais de Contas respectivos, que serão integrados por sete conselheiros.

CAPÍTULO II – **Do Poder Executivo**

SEÇÃO I – **Do Presidente e do Vice-Presidente da República**

Artigo 76.º

O Poder Executivo é exercido pelo Presidente da República, auxiliado pelos Ministros de Estado.

Artigo 77.º

A eleição do Presidente e do Vice-Presidente da República realizar-se-á, simultaneamente, no primeiro domingo de outubro, em primeiro turno, e no último domingo de outubro, em segundo turno, se houver, do ano anterior ao do término do mandato presidencial vigente.

§ 1.º A eleição do Presidente da República importará a do Vice-Presidente com ele registrado.

§ 2.º Será considerado eleito Presidente o candidato que, registrado por partido político, obtiver a maioria absoluta de votos, não computados os em branco e os nulos.

§ 3.º Se nenhum candidato alcançar maioria absoluta na primeira votação, far-se--á nova eleição em até vinte dias após a proclamação do resultado, concorrendo os dois candidatos mais votados e considerando-se eleito aquele que obtiver a maioria dos votos válidos.

§ 4.º Se, antes de realizado o segundo turno, ocorrer morte, desistência ou impedimento legal de candidato, convocar-se-á, dentre os remanescentes, o de maior votação.

§ 5.º Se, na hipótese dos parágrafos anteriores, remanescer, em segundo lugar, mais de um candidato com a mesma votação, qualificar-se-á o mais idoso.

Artigo 78.º

O Presidente e o Vice-Presidente da República tomarão posse em sessão do Congresso Nacional, prestando o compromisso de manter, defender e cumprir a Constituição, observar as leis, promover o bem geral do povo brasileiro, sustentar a união, a integridade e a independência do Brasil.

Parágrafo único. Se, decorridos dez dias da data fixada para a posse, o Presidente ou o Vice-Presidente, salvo motivo de força maior, não tiver assumido o cargo, este será declarado vago.

Artigo 79.º

Substituirá o Presidente, no caso de impedimento, e suceder-lhe-á, no de vaga, o Vice-Presidente.

Parágrafo único. O Vice-Presidente da República, além de outras atribuições que lhe forem conferidas por lei complementar, auxiliará o Presidente, sempre que por ele convocado para missões especiais.

Artigo 80.º

Em caso de impedimento do Presidente e do Vice-Presidente, ou vacância dos respectivos cargos, serão sucessivamente chamados ao exercício da Presidência o Presidente da Câmara dos Deputados, o do Senado Federal e o do Supremo Tribunal Federal.

Artigo 81.º

Vagando os cargos de Presidente e Vice-Presidente da República, far-se-á eleição noventa dias depois de aberta a última vaga.

§ 1.º Ocorrendo a vacância nos últimos dois anos do período presidencial, a eleição para ambos os cargos será feita trinta dias depois da última vaga, pelo Congresso Nacional, na forma da lei.

§ 2.º Em qualquer dos casos, os eleitos deverão completar o período de seus antecessores.

Artigo 82.°

O mandato do Presidente da República é de quatro anos e terá início em primeiro de janeiro do ano seguinte ao da sua eleição.

Artigo 83.°

O Presidente e o Vice-Presidente da República não poderão, sem licença do Congresso Nacional, ausentar-se do País por período superior a quinze dias, sob pena de perda do cargo.

SEÇÃO II – Das Atribuições do Presidente da República

Artigo 84.°

Compete privativamente ao Presidente da República:

I – nomear e exonerar os Ministros de Estado;

II – exercer, com o auxílio dos Ministros de Estado, a direção superior da administração federal;

III – iniciar o processo legislativo, na forma e nos casos previstos nesta Constituição;

IV – sancionar, promulgar e fazer publicar as leis, bem como expedir decretos e regulamentos para sua fiel execução;

V – vetar projetos de lei, total ou parcialmente;

VI – dispor, mediante decreto, sobre:

a) organização e funcionamento da administração federal, quando não implicar aumento de despesa nem criação ou extinção de órgãos públicos;

b) extinção de funções ou cargos públicos, quando vagos;

VII – manter relações com Estados estrangeiros e acreditar seus representantes diplomáticos;

VIII – celebrar tratados, convenções e atos internacionais, sujeitos a referendo do Congresso Nacional;

IX – decretar o estado de defesa e o estado de sítio;

X – decretar e executar a intervenção federal;

XI – remeter mensagem e plano de governo ao Congresso Nacional por ocasião da abertura da sessão legislativa, expondo a situação do País e solicitando as providências que julgar necessárias;

XII – conceder indulto e comutar penas, com audiência, se necessário, dos órgãos instituídos em lei;

XIII – exercer o comando supremo das Forças Armadas, nomear os Comandantes da Marinha, do Exército e da Aeronáutica, promover seus oficiais-generais e nomeá-los para os cargos que lhes são privativos;

XIV – nomear, após aprovação pelo Senado Federal, os Ministros do Supremo Tribunal Federal e dos Tribunais Superiores, os Governadores de Territórios, o Procurador--Geral da República, o presidente e os diretores do Banco Central e outros servidores, quando determinado em lei;

XV – nomear, observado o disposto no art. 73.°, os Ministros do Tribunal de Contas da União;

XVI – nomear os magistrados, nos casos previstos nesta Constituição, e o Advogado-Geral da União;

XVII – nomear membros do Conselho da República, nos termos do art. 89.°, VII;

XVIII – convocar e presidir o Conselho da República e o Conselho de Defesa Nacional;

XIX – declarar guerra, no caso de agressão estrangeira, autorizado pelo Congresso Nacional ou referendado por ele, quando ocorrida no intervalo das sessões legislativas, e, nas mesmas condições, decretar, total ou parcialmente, a mobilização nacional;
XX – celebrar a paz, autorizado ou com o referendo do Congresso Nacional;
XXI – conferir condecorações e distinções honoríficas;
XXII – permitir, nos casos previstos em lei complementar, que forças estrangeiras transitem pelo território nacional ou nele permaneçam temporariamente;
XXIII – enviar ao Congresso Nacional o plano plurianual, o projeto de lei de diretrizes orçamentárias e as propostas de orçamento previstas nesta Constituição;
XXIV – prestar, anualmente, ao Congresso Nacional, dentro de sessenta dias após a abertura da sessão legislativa, as contas referentes ao exercício anterior;
XXV – prover e extinguir os cargos públicos federais, na forma da lei;
XXVI – editar medidas provisórias com força de lei, nos termos do art. 62.º;
XXVII – exercer outras atribuições previstas nesta Constituição.
Parágrafo único. O Presidente da República poderá delegar as atribuições mencionadas nos incisos VI, XII e XXV, primeira parte, aos Ministros de Estado, ao Procurador-Geral da República ou ao Advogado-Geral da União, que observarão os limites traçados nas respectivas delegações.

SEÇÃO III – **Da Responsabilidade do Presidente da República**

Artigo 85.º

São crimes de responsabilidade os atos do Presidente da República que atentem contra a Constituição Federal e, especialmente, contra:
I – a existência da União;
II – o livre exercício do Poder Legislativo, do Poder Judiciário, do Ministério Público e dos Poderes constitucionais das unidades da Federação;
III – o exercício dos direitos políticos, individuais e sociais;
IV – a segurança interna do País;
V – a probidade na administração;
VI – a lei orçamentária;
VII – o cumprimento das leis e das decisões judiciais.
Parágrafo único. Esses crimes serão definidos em lei especial, que estabelecerá as normas de processo e julgamento.

Artigo 86.º

Admitida a acusação contra o Presidente da República, por dois terços da Câmara dos Deputados, será ele submetido a julgamento perante o Supremo Tribunal Federal, nas infrações penais comuns, ou perante o Senado Federal, nos crimes de responsabilidade.
§ 1.º O Presidente ficará suspenso de suas funções:
I – nas infrações penais comuns, se recebida a denúncia ou queixa-crime pelo Supremo Tribunal Federal;
II – nos crimes de responsabilidade, após a instauração do processo pelo Senado Federal.
§ 2.º Se, decorrido o prazo de cento e oitenta dias, o julgamento não estiver concluído, cessará o afastamento do Presidente, sem prejuízo do regular prosseguimento do processo.
§ 3.º Enquanto não sobrevier sentença condenatória, nas infrações comuns, o Presidente da República não estará sujeito a prisão.

§ 4.º O Presidente da República, na vigência de seu mandato, não pode ser responsabilizado por atos estranhos ao exercício de suas funções.

SEÇÃO IV – Dos Ministros de Estado

Artigo 87.º

Os Ministros de Estado serão escolhidos dentre brasileiros maiores de vinte e um anos e no exercício dos direitos políticos.

Parágrafo único. Compete ao Ministro de Estado, além de outras atribuições estabelecidas nesta Constituição e na lei:

I – exercer a orientação, coordenação e supervisão dos órgãos e entidades da administração federal na área de sua competência e referendar os atos e decretos assinados pelo Presidente da República;

II – expedir instruções para a execução das leis, decretos e regulamentos;

III – apresentar ao Presidente da República relatório anual de sua gestão no Ministério;

IV – praticar os atos pertinentes às atribuições que lhe forem outorgadas ou delegadas pelo Presidente da República.

Artigo 88.º

A lei disporá sobre a criação e extinção de Ministérios e órgãos da administração pública.

SEÇÃO V – Do Conselho da República e do Conselho de Defesa Nacional

SUBSEÇÃO I – Do Conselho da República

Artigo 89.º

O Conselho da República é órgão superior de consulta do Presidente da República, e dele participam:

I – o Vice-Presidente da República;
II – o Presidente da Câmara dos Deputados;
III – o Presidente do Senado Federal;
IV – os líderes da maioria e da minoria na Câmara dos Deputados;
V – os líderes da maioria e da minoria no Senado Federal;
VI – o Ministro da Justiça;
VII – seis cidadãos brasileiros natos, com mais de trinta e cinco anos de idade, sendo dois nomeados pelo Presidente da República, dois eleitos pelo Senado Federal e dois eleitos pela Câmara dos Deputados, todos com mandato de três anos, vedada a recondução.

Artigo 90.º

Compete ao Conselho da República pronunciar-se sobre:

I – intervenção federal, estado de defesa e estado de sítio;
II – as questões relevantes para a estabilidade das instituições democráticas.

§ 1.º O Presidente da República poderá convocar Ministro de Estado para participar da reunião do Conselho, quando constar da pauta questão relacionada com o respectivo Ministério.

§ 2.º A lei regulará a organização e o funcionamento do Conselho da República.

SUBSEÇÃO II – **Do Conselho de Defesa Nacional**

Artigo 91.º

O Conselho de Defesa Nacional é órgão de consulta do Presidente da República nos assuntos relacionados com a soberania nacional e a defesa do Estado Democrático, e dele participam como membros natos:
I – o Vice-Presidente da República;
II – o Presidente da Câmara dos Deputados;
III – o Presidente do Senado Federal;
IV – o Ministro da Justiça;
V – o Ministro de Estado da Defesa;
VI – o Ministro das Relações Exteriores;
VII – o Ministro do Planejamento;
VIII – os Comandantes da Marinha, do Exército e da Aeronáutica.

§ 1.º Compete ao Conselho de Defesa Nacional:
I – opinar nas hipóteses de declaração de guerra e de celebração da paz, nos termos desta Constituição;
II – opinar sobre a decretação do estado de defesa, do estado de sítio e da intervenção federal;
III – propor os critérios e condições de utilização de áreas indispensáveis à segurança do território nacional e opinar sobre seu efetivo uso, especialmente na faixa de fronteira e nas relacionadas com a preservação e a exploração dos recursos naturais de qualquer tipo;
IV – estudar, propor e acompanhar o desenvolvimento de iniciativas necessárias a garantir a independência nacional e a defesa do Estado democrático.

§ 2.º A lei regulará a organização e o funcionamento do Conselho de Defesa Nacional.

CAPÍTULO III – **Do Poder Judiciário**

SEÇÃO I – **Disposições Gerais**

Artigo 92.º

São órgãos do Poder Judiciário:
I – o Supremo Tribunal Federal;
I-A – o Conselho Nacional de Justiça;
II – o Superior Tribunal de Justiça;
III – os Tribunais Regionais Federais e Juízes Federais;
IV – os Tribunais e Juízes do Trabalho;
V – os Tribunais e Juízes Eleitorais;
VI – os Tribunais e Juízes Militares;
VII – os Tribunais e Juízes dos Estados e do Distrito Federal e Territórios.

§ 1.º O Supremo Tribunal Federal, o Conselho Nacional de Justiça e os Tribunais Superiores têm sede na Capital Federal.

§ 2.º O Supremo Tribunal Federal e os Tribunais Superiores têm jurisdição em todo o território nacional.

Artigo 93.º

Lei complementar, de iniciativa do Supremo Tribunal Federal, disporá sobre o Estatuto da Magistratura, observados os seguintes princípios:

I – ingresso na carreira, cujo cargo inicial será o de juiz substituto, mediante concurso público de provas e títulos, com a participação da Ordem dos Advogados do Brasil em todas as fases, exigindo-se do bacharel em Direito, no mínimo, três anos de atividade jurídica e obedecendo-se, nas nomeações, à ordem de classificação;

II – promoção de entrância para entrância, alternadamente, por antiguidade e merecimento, atendidas as seguintes normas:

a) é obrigatória a promoção do juiz que figure por três vezes consecutivas ou cinco alternadas em lista de merecimento;

b) a promoção por merecimento pressupõe dois anos de exercício na respectiva entrância e integrar o juiz a primeira quinta parte da lista de antiguidade desta, salvo se não houver com tais requisitos quem aceite o lugar vago;

c) aferição do merecimento conforme o desempenho e pelos critérios objetivos de produtividade e presteza no exercício da jurisdição e pela freqüência e aproveitamento em cursos oficiais ou reconhecidos de aperfeiçoamento;

d) na apuração de antigüidade, o tribunal somente poderá recusar o juiz mais antigo pelo voto fundamentado de dois terços de seus membros, conforme procedimento próprio, e assegurada ampla defesa, repetindo-se a votação até fixar-se a indicação;

e) não será promovido o juiz que, injustificadamente, retiver autos em seu poder além do prazo legal, não podendo devolvê-los ao cartório sem o devido despacho ou decisão;

III – o acesso aos tribunais de segundo grau far-se-á por antiguidade e merecimento, alternadamente, apurados na última ou única entrância;

IV – previsão de cursos oficiais de preparação, aperfeiçoamento e promoção de magistrados, constituindo etapa obrigatória do processo de vitaliciamento a participação em curso oficial ou reconhecido por escola nacional de formação e aperfeiçoamento de magistrados;

V – o subsídio dos Ministros dos Tribunais Superiores corresponderá a noventa e cinco por cento do subsídio mensal fixado para os Ministros do Supremo Tribunal Federal e os subsídios dos demais magistrados serão fixados em lei e escalonados, em nível federal e estadual, conforme as respectivas categorias da estrutura judiciária nacional, não podendo a diferença entre uma e outra ser superior a dez por cento ou inferior a cinco por cento, nem exceder a noventa e cinco por cento do subsídio mensal dos Ministros dos Tribunais Superiores, obedecido, em qualquer caso, o disposto nos arts. 37.°, XI, e 39.°, § 4.°;

VI – a aposentadoria dos magistrados e a pensão de seus dependentes observarão o disposto no art. 40.°;

VII – o juiz titular residirá na respectiva comarca, salvo autorização do tribunal;

VIII – o ato de remoção, disponibilidade e aposentadoria do magistrado, por interesse público, fundar-se-á em decisão por voto da maioria absoluta do respectivo tribunal ou do Conselho Nacional de Justiça, assegurada ampla defesa;

VIII-A – a remoção a pedido ou a permuta de magistrados de comarca de igual entrância atenderá, no que couber, ao disposto nas alíneas *a*, *b*, *c* e *e* do inciso II;

IX – todos os julgamentos dos órgãos do Poder Judiciário serão públicos, e fundamentadas todas as decisões, sob pena de nulidade, podendo a lei limitar a presença, em determinados atos, às próprias partes e a seus advogados, ou somente a estes, em casos nos quais a preservação do direito à intimidade do interessado no sigilo não prejudique o interesse público à informação;

X – as decisões administrativas dos tribunais serão motivadas e em sessão pública, sendo as disciplinares tomadas pelo voto da maioria absoluta de seus membros;

XI – nos tribunais com número superior a vinte e cinco julgadores, poderá ser constituído órgão especial, com o mínimo de onze e o máximo de vinte e cinco membros, para o exercício das atribuições administrativas e jurisdicionais delegadas da competência do tribunal pleno, provendo-se metade das vagas por antigüidade e a outra metade por eleição pelo tribunal pleno;

XII – a atividade jurisdicional será ininterrupta, sendo vedado férias coletivas nos juízos e tribunais de segundo grau, funcionando, nos dias em que não houver expediente forense normal, juízes em plantão permanente;

XIII – o número de juízes na unidade jurisdicional será proporcional à efetiva demanda judicial e à respectiva população;

XIV – os servidores receberão delegação para a prática de atos de administração e atos de mero expediente sem caráter decisório;

XV – a distribuição de processos será imediata, em todos os graus de jurisdição.

Artigo 94.º

Um quinto dos lugares dos Tribunais Regionais Federais, dos tribunais dos Estados, e do Distrito Federal e Territórios será composto de membros do Ministério Público, com mais de dez anos de carreira, e de advogados de notório saber jurídico e de reputação ilibada, com mais de dez anos de efetiva atividade profissional, indicados em lista sêxtupla pelos órgãos de representação das respectivas classes.

Parágrafo único. Recebidas as indicações, o tribunal formará lista tríplice, enviando-a ao Poder Executivo, que, nos vinte dias subseqüentes, escolherá um de seus integrantes para nomeação.

Artigo 95.º

Os juízes gozam das seguintes garantias:

I – vitaliciedade, que, no primeiro grau, só será adquirida após dois anos de exercício, dependendo a perda do cargo, nesse período, de deliberação do tribunal a que o juiz estiver vinculado e, nos demais casos, de sentença judicial transitada em julgado;

II – inamovibilidade, salvo por motivo de interesse público, na forma do art. 93.º, VIII;

III – irredutibilidade de subsídio, ressalvado o disposto nos arts. 37.º, X e XI, 39.º, § 4.º, 150.º, II, 153.º, III, e 153.º, § 2.º, I.

Parágrafo único. Aos juízes é vedado:

I – exercer, ainda que em disponibilidade, outro cargo ou função, salvo uma de magistério;

II – receber, a qualquer título ou pretexto, custas ou participação em processo;

III – dedicar-se a atividade político-partidária;

IV – receber, a qualquer título ou pretexto, auxílios ou contribuições de pessoas físicas, entidades públicas ou privadas, ressalvadas as exceções previstas em lei;

V – exercer a advocacia no juízo ou tribunal do qual se afastou, antes de decorridos três anos do afastamento do cargo por aposentadoria ou exoneração.

Artigo 96.º

Compete privativamente:

I – aos tribunais:

a) eleger seus órgãos diretivos e elaborar seus regimentos internos, com observância das normas de processo e das garantias processuais das partes, dispondo sobre a competência e o funcionamento dos respectivos órgãos jurisdicionais e administrativos;

b) organizar suas secretarias e serviços auxiliares e os dos juízos que lhes forem vinculados, velando pelo exercício da atividade correicional respectiva;

c) prover, na forma prevista nesta Constituição, os cargos de juiz de carreira da respectiva jurisdição;

d) propor a criação de novas varas judiciárias;

e) prover, por concurso público de provas, ou de provas e títulos, obedecido o disposto no art. 169.°, parágrafo único, os cargos necessários à administração da justiça, exceto os de confiança assim definidos em lei;

f) conceder licença, férias e outros afastamentos a seus membros e aos juízes e servidores que lhes forem imediatamente vinculados;

II – ao Supremo Tribunal Federal, aos Tribunais Superiores e aos Tribunais de Justiça propor ao Poder Legislativo respectivo, observado o disposto no art. 169.°:

a) a alteração do número de membros dos tribunais inferiores;

b) a criação e a extinção de cargos e a remuneração dos seus serviços auxiliares e dos juízos que lhes forem vinculados, bem como a fixação do subsídio de seus membros e dos juízes, inclusive dos tribunais inferiores, onde houver;

c) a criação ou extinção dos tribunais inferiores;

d) a alteração da organização e da divisão judiciárias;

III – aos Tribunais de Justiça julgar os juízes estaduais e do Distrito Federal e Territórios, bem como os membros do Ministério Público, nos crimes comuns e de responsabilidade, ressalvada a competência da Justiça Eleitoral.

Artigo 97.°

Somente pelo voto da maioria absoluta de seus membros ou dos membros do respectivo órgão especial poderão os tribunais declarar a inconstitucionalidade de lei ou ato normativo do poder público.

Artigo 98.°

A União, no Distrito Federal e nos Territórios, e os Estados criarão:

I – juizados especiais, providos por juízes togados, ou togados e leigos, competentes para a conciliação, o julgamento e a execução de causas cíveis de menor complexidade e infrações penais de menor potencial ofensivo, mediante os procedimentos oral e sumaríssimo, permitidos, nas hipóteses previstas em lei, a transação e o julgamento de recursos por turmas de juízes de primeiro grau;

II – justiça de paz, remunerada, composta de cidadãos eleitos pelo voto direto, universal e secreto, com mandato de quatro anos e competência para, na forma da lei, celebrar casamentos, verificar, de ofício ou em face de impugnação apresentada, o processo de habilitação e exercer atribuições conciliatórias, sem caráter jurisdicional, além de outras previstas na legislação.

§ 1.° Lei federal disporá sobre a criação de juizados especiais no âmbito da Justiça Federal.

§ 2.° As custas e emolumentos serão destinados exclusivamente ao custeio dos serviços afetos às atividades específicas da Justiça.

Artigo 99.°

Ao Poder Judiciário é assegurada autonomia administrativa e financeira.

§ 1.° Os tribunais elaborarão suas propostas orçamentárias dentro dos limites estipulados conjuntamente com os demais Poderes na lei de diretrizes orçamentárias.

§ 2.° O encaminhamento da proposta, ouvidos os outros tribunais interessados, compete:

I – no âmbito da União, aos Presidentes do Supremo Tribunal Federal e dos Tribunais Superiores, com a aprovação dos respectivos tribunais;

II – no âmbito dos Estados e no do Distrito Federal e Territórios, aos Presidentes dos Tribunais de Justiça, com a aprovação dos respectivos tribunais.

§ 3.° Se os órgãos referidos no § 2.° não encaminharem as respectivas propostas orçamentárias dentro do prazo estabelecido na lei de diretrizes orçamentárias, o Poder Executivo considerará, para fins de consolidação da proposta orçamentária anual, os valores aprovados na lei orçamentária vigente, ajustados de acordo com os limites estipulados na forma do § 1.° deste artigo.

§ 4.° Se as propostas orçamentárias de que trata este artigo forem encaminhadas em desacordo com os limites estipulados na forma do § 1.°, o Poder Executivo procederá aos ajustes necessários para fins de consolidação da proposta orçamentária anual.

§ 5.° Durante a execução orçamentária do exercício, não poderá haver a realização de despesas ou a assunção de obrigações que extrapolem os limites estabelecidos na lei de diretrizes orçamentárias, exceto se previamente autorizadas, mediante a abertura de créditos suplementares ou especiais.

Artigo 100.°

À exceção dos créditos de natureza alimentícia, os pagamentos devidos pela Fazenda Federal, Estadual ou Municipal, em virtude de sentença judiciária, far-se-ão exclusivamente na ordem cronológica de apresentação dos precatórios e à conta dos créditos respectivos, proibida a designação de casos ou de pessoas nas dotações orçamentárias e nos créditos adicionais abertos para este fim.

§ 1.° É obrigatória a inclusão, no orçamento das entidades de Direito Público, de verba necessária ao pagamento de seus débitos oriundos de sentenças transitadas em julgado, constantes de precatórios judiciários, apresentados até 1.° de julho, fazendo-se o pagamento até o final do exercício seguinte, quando terão seus valores atualizados monetariamente.

§ 1.°-A Os débitos de natureza alimentícia compreendem aqueles decorrentes de salários, vencimentos, proventos, pensões e suas complementações, benefícios previdenciários e indenizações por morte ou invalidez, fundadas na responsabilidade civil, em virtude de sentença transitada em julgado.

§ 2.° As dotações orçamentárias e os créditos abertos serão consignados diretamente ao Poder Judiciário, cabendo ao Presidente do Tribunal que proferir a decisão exeqüenda determinar o pagamento segundo as possibilidades do depósito, e autorizar, a requerimento do credor, e exclusivamente para o caso de preterimento de seu direito de precedência, o seqüestro da quantia necessária à satisfação do débito.

§ 3.° O disposto no *caput* deste artigo, relativamente à expedição de precatórios, não se aplica aos pagamentos de obrigações definidas em lei como de pequeno valor que a Fazenda Federal, Estadual, Distrital ou Municipal deva fazer em virtude de sentença judicial transitada em julgado.

§ 4.° São vedados a expedição de precatório complementar ou suplementar de valor pago, bem como fracionamento, repartição ou quebra do valor da execução, a fim de que seu pagamento não se faça, em parte, na forma estabelecida no § 3.° deste artigo e, em parte, mediante expedição de precatório.

§ 5.° A lei poderá fixar valores distintos para o fim previsto no § 3.° deste artigo, segundo as diferentes capacidades das entidades de direito público.

§ 6.° O Presidente do Tribunal competente que, por ato comissivo ou omissivo, retardar ou tentar frustrar a liquidação regular de precatório incorrerá em crime de responsabilidade.

SEÇÃO II – **Do Supremo Tribunal Federal**

Artigo 101.º

O Supremo Tribunal Federal compõe-se de onze Ministros, escolhidos dentre cidadãos com mais de trinta e cinco e menos de sessenta e cinco anos de idade, de notável saber jurídico e reputação ilibada.

Parágrafo único. Os Ministros do Supremo Tribunal Federal serão nomeados pelo Presidente da República, depois de aprovada a escolha pela maioria absoluta do Senado Federal.

Artigo 102.º

Compete ao Supremo Tribunal Federal, precipuamente, a guarda da Constituição, cabendo-lhe:

I – processar e julgar, originariamente:

a) a ação direta de inconstitucionalidade de lei ou ato normativo federal ou estadual e a ação declaratória de constitucionalidade de lei ou ato normativo federal;

b) nas infrações penais comuns, o Presidente da República, o Vice-Presidente, os membros do Congresso Nacional, seus próprios Ministros e o Procurador-Geral da República;

c) nas infrações penais comuns e nos crimes de responsabilidade, os Ministros de Estado e os Comandantes da Marinha, do Exército e da Aeronáutica, ressalvado o disposto no art. 52.º, I, os membros dos Tribunais Superiores, os do Tribunal de Contas da União e os chefes de missão diplomática de caráter permanente;

d) o *habeas corpus*, sendo paciente qualquer das pessoas referidas nas alíneas anteriores; o mandado de segurança e o *habeas data* contra atos do Presidente da República, das Mesas da Câmara dos Deputados e do Senado Federal, do Tribunal de Contas da União, do Procurador-Geral da República e do próprio Supremo Tribunal Federal;

e) o litígio entre Estado estrangeiro ou organismo internacional e a União, o Estado, o Distrito Federal ou o Território;

f) as causas e os conflitos entre a União e os Estados, a União e o Distrito Federal, ou entre uns e outros, inclusive as respectivas entidades da administração indireta;

g) a extradição solicitada por Estado estrangeiro;

h) (*Revogada*).

i) o *habeas corpus*, quando o coator for Tribunal Superior ou quando o coator ou o paciente for autoridade ou funcionário cujos atos estejam sujeitos diretamente à jurisdição do Supremo Tribunal Federal, ou se trate de crime sujeito à mesma jurisdição em uma única instância;

j) a revisão criminal e a ação rescisória de seus julgados;

l) a reclamação para a preservação de sua competência e garantia da autoridade de suas decisões;

m) a execução de sentença nas causas de sua competência originária, facultada a delegação de atribuições para a prática de atos processuais;

n) a ação em que todos os membros da magistratura sejam direta ou indiretamente interessados, e aquela em que mais da metade dos membros do tribunal de origem estejam impedidos ou sejam direta ou indiretamente interessados;

o) os conflitos de competência entre o Superior Tribunal de Justiça e quaisquer tribunais, entre Tribunais Superiores, ou entre estes e qualquer outro tribunal;

p) o pedido de medida cautelar das ações diretas de inconstitucionalidade;

q) o mandado de injunção, quando a elaboração da norma regulamentadora for atribuição do Presidente da República, do Congresso Nacional, da Câmara dos Deputados, do Senado Federal, da Mesa de uma dessas Casas Legislativas, do Tribunal de Contas da União, de um dos Tribunais Superiores, ou do próprio Supremo Tribunal Federal;

r) as ações contra o Conselho Nacional de Justiça e contra o Conselho Nacional do Ministério Público;

II – julgar, em recurso ordinário:

a) o *habeas corpus*, o mandado de segurança, o *habeas data* e o mandado de injunção decididos em única instância pelos Tribunais Superiores, se denegatória a decisão;

b) o crime político;

III – julgar, mediante recurso extraordinário, as causas decididas em única ou última instância, quando a decisão recorrida:

a) contrariar dispositivo desta Constituição;

b) declarar a inconstitucionalidade de tratado ou lei federal;

c) julgar válida lei ou ato de governo local contestado em face desta Constituição;

d) julgar válida lei local contestada em face de lei federal.

§ 1.º A argüição de descumprimento de preceito fundamental, decorrente desta Constituição, será apreciada pelo Supremo Tribunal Federal, na forma da lei.

§ 2.º As decisões definitivas de mérito, proferidas pelo Supremo Tribunal Federal, nas ações diretas de inconstitucionalidade e nas ações declaratórias de constitucionalidade produzirão eficácia contra todos e efeito vinculante, relativamente aos demais órgãos do Poder Judiciário e à administração pública direta e indireta, nas esferas federal, estadual e municipal.

§ 3.º No recurso extraordinário o recorrente deverá demonstrar a repercussão geral das questões constitucionais discutidas no caso, nos termos da lei, a fim de que o Tribunal examine a admissão do recurso, somente podendo recusá-lo pela manifestação de dois terços de seus membros.

Artigo 103.º

Podem propor a ação direta de inconstitucionalidade e a ação declaratória de constitucionalidade:

I – o Presidente da República;

II – a Mesa do Senado Federal;

III – a Mesa da Câmara dos Deputados;

IV – a Mesa de Assembléia Legislativa ou da Câmara Legislativa do Distrito Federal;

V – o Governador de Estado ou do Distrito Federal;

VI – o Procurador-Geral da República;

VII – o Conselho Federal da Ordem dos Advogados do Brasil;

VIII – partido político com representação no Congresso Nacional;

IX – confederação sindical ou entidade de classe de âmbito nacional.

§ 1.º O Procurador-Geral da República deverá ser previamente ouvido nas ações de inconstitucionalidade e em todos os processos de competência do Supremo Tribunal Federal.

§ 2.º Declarada a inconstitucionalidade por omissão de medida para tornar efetiva norma constitucional, será dada ciência ao Poder competente para a adoção das providências necessárias e, em se tratando de órgão administrativo, para fazê-lo em trinta dias.

§ 3.º Quando o Supremo Tribunal Federal apreciar a inconstitucionalidade, em tese, de norma legal ou ato normativo, citará, previamente, o Advogado-Geral da União, que defenderá o ato ou texto impugnado.

§ 4.º (*Revogado*).

Artigo 103.°-A

O Supremo Tribunal Federal poderá, de ofício ou por provocação, mediante decisão de dois terços dos seus membros, após reiteradas decisões sobre matéria constitucional, aprovar súmula que, a partir de sua publicação na imprensa oficial, terá efeito vinculante em relação aos demais órgãos do Poder Judiciário e à administração pública direta e indireta, nas esferas federal, estadual e municipal, bem como proceder à sua revisão ou cancelamento, na forma estabelecida em lei.

§ 1.° A súmula terá por objetivo a validade, a interpretação e a eficácia de normas determinadas, acerca das quais haja controvérsia atual entre órgãos judiciários ou entre esses e a administração pública que acarrete grave insegurança jurídica e relevante multiplicação de processos sobre questão idêntica.

§ 2.° Sem prejuízo do que vier a ser estabelecido em lei, a aprovação, revisão ou cancelamento de súmula poderá ser provocada por aqueles que podem propor a ação direta de inconstitucionalidade.

§ 3.° Do ato administrativo ou decisão judicial que contrariar a súmula aplicável ou que indevidamente a aplicar, caberá reclamação ao Supremo Tribunal Federal que, julgando-a procedente, anulará o ato administrativo ou cassará a decisão judicial reclamada, e determinará que outra seja proferida com ou sem a aplicação da súmula, conforme o caso.

Artigo 103.°-B

O Conselho Nacional de Justiça compõe-se de quinze membros com mais de trinta e cinco e menos de sessenta e seis anos de idade, com mandato de dois anos, admitida uma recondução, sendo:

I – um Ministro do Supremo Tribunal Federal, indicado pelo respectivo tribunal;

II – um Ministro do Superior Tribunal de Justiça, indicado pelo respectivo tribunal;

III – um Ministro do Tribunal Superior do Trabalho, indicado pelo respectivo tribunal;

IV – um desembargador de Tribunal de Justiça, indicado pelo Supremo Tribunal Federal;

V – um juiz estadual, indicado pelo Supremo Tribunal Federal;

VI – um juiz federal de Tribunal Regional Federal, indicado pelo Superior Tribunal de Justiça;

VII – um juiz federal, indicado pelo Superior Tribunal de Justiça;

VIII – um juiz de Tribunal Regional do Trabalho, indicado pelo Tribunal Superior do Trabalho;

IX – um juiz do trabalho, indicado pelo Tribunal Superior do Trabalho;

X – um membro do Ministério Público da União, indicado pelo Procurador-Geral da República;

XI – um membro do Ministério Público estadual, escolhido pelo Procurador-Geral da República dentre os nomes indicados pelo órgão competente de cada instituição estadual;

XII – dois advogados, indicados pelo Conselho Federal da Ordem dos Advogados do Brasil;

XIII – dois cidadãos, de notável saber jurídico e reputação ilibada, indicados um pela Câmara dos Deputados e outro pelo Senado Federal.

§ 1.° O Conselho será presidido pelo Ministro do Supremo Tribunal Federal, que votará em caso de empate, ficando excluído da distribuição de processos naquele tribunal.

§ 2.° Os membros do Conselho serão nomeados pelo Presidente da República, depois de aprovada a escolha pela maioria absoluta do Senado Federal.

§ 3.º Não efetuadas, no prazo legal, as indicações previstas neste artigo, caberá a escolha ao Supremo Tribunal Federal.

§ 4.º Compete ao Conselho o controle da atuação administrativa e financeira do Poder Judiciário e do cumprimento dos deveres funcionais dos juízes, cabendo-lhe, além de outras atribuições que lhe forem conferidas pelo Estatuto da Magistratura:

I – zelar pela autonomia do Poder Judiciário e pelo cumprimento do Estatuto da Magistratura, podendo expedir atos regulamentares, no âmbito de sua competência, ou recomendar providências;

II – zelar pela observância do art. 37.º e apreciar, de ofício ou mediante provocação, a legalidade dos atos administrativos praticados por membros ou órgãos do Poder Judiciário, podendo desconstituí-los, revê-los ou fixar prazo para que se adotem as providências necessárias ao exato cumprimento da lei, sem prejuízo da competência do Tribunal de Contas da União;

III – receber e conhecer das reclamações contra membros ou órgãos do Poder Judiciário, inclusive contra seus serviços auxiliares, serventias e órgãos prestadores de serviços notariais e de registro que atuem por delegação do poder público ou oficializados, sem prejuízo da competência disciplinar e correicional dos tribunais, podendo avocar processos disciplinares em curso e determinar a remoção, a disponibilidade ou a aposentadoria com subsídios ou proventos proporcionais ao tempo de serviço e aplicar outras sanções administrativas, assegurada ampla defesa;

IV – representar ao Ministério Público, no caso de crime contra a administração pública ou de abuso de autoridade;

V – rever, de ofício ou mediante provocação, os processos disciplinares de juízes e membros de tribunais julgados há menos de um ano;

VI – elaborar semestralmente relatório estatístico sobre processos e sentenças prolatadas, por unidade da Federação, nos diferentes órgãos do Poder Judiciário;

VII – elaborar relatório anual, propondo as providências que julgar necessárias, sobre a situação do Poder Judiciário no País e as atividades do Conselho, o qual deve integrar mensagem do Presidente do Supremo Tribunal Federal a ser remetida ao Congresso Nacional, por ocasião da abertura da sessão legislativa.

§ 5.º O Ministro do Superior Tribunal de Justiça exercerá a função de Ministro-Corregedor e ficará excluído da distribuição de processos no Tribunal, competindo-lhe, além das atribuições que lhe forem conferidas pelo Estatuto da Magistratura, as seguintes:

I – receber as reclamações e denúncias, de qualquer interessado, relativas aos magistrados e aos serviços judiciários;

II – exercer funções executivas do Conselho, de inspeção e de correição geral;

III – requisitar e designar magistrados, delegando-lhes atribuições, e requisitar servidores de juízos ou tribunais, inclusive nos Estados, Distrito Federal e Territórios.

§ 6.º Junto ao Conselho oficiarão o Procurador-Geral da República e o Presidente do Conselho Federal da Ordem dos Advogados do Brasil.

§ 7.º A União, inclusive no Distrito Federal e nos Territórios, criará ouvidorias de justiça, competentes para receber reclamações e denúncias de qualquer interessado contra membros ou órgãos do Poder Judiciário, ou contra seus serviços auxiliares, representando diretamente ao Conselho Nacional de Justiça.

SEÇÃO III – **Do Superior Tribunal de Justiça**

Artigo 104.º

O Superior Tribunal de Justiça compõe-se de, no mínimo, trinta e três Ministros.

Parágrafo único. Os Ministros do Superior Tribunal de Justiça serão nomeados pelo Presidente da República, dentre brasileiros com mais de trinta e cinco e menos de sessenta e cinco anos, de notável saber jurídico e reputação ilibada, depois de aprovada a escolha pela maioria absoluta do Senado Federal, sendo:

I – um terço dentre juízes dos Tribunais Regionais Federais e um terço dentre desembargadores dos Tribunais de Justiça, indicados em lista tríplice elaborada pelo próprio Tribunal;

II – um terço, em partes iguais, dentre advogados e membros do Ministério Público Federal, Estadual, do Distrito Federal e dos Territórios, alternadamente, indicados na forma do art. 94.º

Artigo 105.º

Compete ao Superior Tribunal de Justiça:

I – processar e julgar, originariamente:

a) nos crimes comuns, os Governadores dos Estados e do Distrito Federal, e, nestes e nos de responsabilidade, os desembargadores dos Tribunais de Justiça dos Estados e do Distrito Federal, os membros dos Tribunais de Contas dos Estados e do Distrito Federal, os dos Tribunais Regionais Federais, dos Tribunais Regionais Eleitorais e do Trabalho, os membros dos Conselhos ou Tribunais de Contas dos Municípios e os do Ministério Público da União que oficiem perante tribunais;

b) os mandados de segurança e os *habeas data* contra ato de Ministro de Estado, dos Comandantes da Marinha, do Exército e da Aeronáutica ou do próprio Tribunal;

c) os *habeas corpus*, quando o coator ou paciente for qualquer das pessoas mencionadas na alínea a, ou quando o coator for tribunal sujeito à sua jurisdição, Ministro de Estado ou Comandante da Marinha, do Exército ou da Aeronáutica, ressalvada a competência da Justiça Eleitoral;

d) os conflitos de competência entre quaisquer tribunais, ressalvado o disposto no art. 102.º, I, *o*, bem como entre tribunal e juízes a ele não vinculados e entre juízes vinculados a tribunais diversos;

e) as revisões criminais e as ações rescisórias de seus julgados;

f) a reclamação para a preservação de sua competência e garantia da autoridade de suas decisões;

g) os conflitos de atribuições entre autoridades administrativas e judiciárias da União, ou entre autoridades judiciárias de um Estado e administrativas de outro ou do Distrito Federal, ou entre as deste e da União;

h) o mandado de injunção, quando a elaboração da norma regulamentadora for atribuição de órgão, entidade ou autoridade federal, da administração direta ou indireta, excetuados os casos de competência do Supremo Tribunal Federal e dos órgãos da Justiça Militar, da Justiça Eleitoral, da Justiça do Trabalho e da Justiça Federal;

i) a homologação de sentenças estrangeiras e a concessão de exequatur às cartas rogatórias;

II – julgar, em recurso ordinário:

a) os *habeas corpus* decididos em única ou última instância pelos Tribunais Regionais Federais ou pelos tribunais dos Estados, do Distrito Federal e Territórios, quando a decisão for denegatória;

b) os mandados de segurança decididos em única instância pelos Tribunais Regionais Federais ou pelos tribunais dos Estados, do Distrito Federal e Territórios, quando denegatória a decisão;

c) as causas em que forem partes Estado estrangeiro ou organismo internacional, de um lado, e, do outro, Município ou pessoa residente ou domiciliada no País;

III – julgar, em recurso especial, as causas decididas, em única ou última instância, pelos Tribunais Regionais Federais ou pelos tribunais dos Estados, do Distrito Federal e Territórios, quando a decisão recorrida:

a) contrariar tratado ou lei federal, ou negar-lhes vigência;
b) julgar válido ato de governo local contestado em face de lei federal;
c) der a lei federal interpretação divergente da que lhe haja atribuído outro tribunal.

Parágrafo único. Funcionarão junto ao Superior Tribunal de Justiça:

I – a Escola Nacional de Formação e Aperfeiçoamento de Magistrados, cabendo-lhe, dentre outras funções, regulamentar os cursos oficiais para o ingresso e promoção na carreira;

II – o Conselho da Justiça Federal, cabendo-lhe exercer, na forma da lei, a supervisão administrativa e orçamentária da Justiça Federal de primeiro e segundo graus, como órgão central do sistema e com poderes correicionais, cujas decisões terão caráter vinculante.

SEÇÃO IV – **Dos Tribunais Regionais Federais e dos Juízes Federais**

Artigo 106.º

São órgãos da Justiça Federal:
I – os Tribunais Regionais Federais;
II – os Juízes Federais.

Artigo 107.º

Os Tribunais Regionais Federais compõem-se de, no mínimo, sete juízes, recrutados, quando possível, na respectiva região e nomeados pelo Presidente da República dentre brasileiros com mais de trinta e menos de sessenta e cinco anos, sendo:

I – um quinto dentre advogados com mais de dez anos de efetiva atividade profissional e membros do Ministério Público Federal com mais de dez anos de carreira;

II – os demais, mediante promoção de juízes federais com mais de cinco anos de exercício, por antiguidade e merecimento, alternadamente.

§ 1.º A lei disciplinará a remoção ou a permuta de juízes dos Tribunais Regionais Federais e determinará sua jurisdição e sede.

§ 2.º Os Tribunais Regionais Federais instalarão a justiça itinerante, com a realização de audiências e demais funções da atividade jurisdicional, nos limites territoriais da respectiva jurisdição, servindo-se de equipamentos públicos e comunitários.

§ 3.º Os Tribunais Regionais Federais poderão funcionar descentralizadamente, constituindo Câmaras regionais, a fim de assegurar o pleno acesso do jurisdicionado à justiça em todas as fases do processo.

Artigo 108.º

Compete aos Tribunais Regionais Federais:

I – processar e julgar, originariamente:

a) os juízes federais da área de sua jurisdição, incluídos os da Justiça Militar e da Justiça do Trabalho, nos crimes comuns e de responsabilidade, e os membros do Ministério Público da União, ressalvada a competência da Justiça Eleitoral;

b) as revisões criminais e as ações rescisórias de julgados seus ou dos juízes federais da região;

c) os mandados de segurança e os *habeas data* contra ato do próprio Tribunal ou de juiz federal;

d) os *habeas corpus*, quando a autoridade coatora for juiz federal;
e) os conflitos de competência entre juízes federais vinculados ao Tribunal;
II – julgar, em grau de recurso, as causas decididas pelos juízes federais e pelos juízes estaduais no exercício da competência federal da área de sua jurisdição.

Artigo 109.º
Aos juízes federais compete processar e julgar:
I – as causas em que a União, entidade autárquica ou empresa pública federal forem interessadas na condição de autoras, rés, assistentes ou oponentes, exceto as de falência, as de acidentes de trabalho e as sujeitas à Justiça Eleitoral e à Justiça do Trabalho;
II – as causas entre Estado estrangeiro ou organismo internacional e Município ou pessoa domiciliada ou residente no País;
III – as causas fundadas em tratado ou contrato da União com Estado estrangeiro ou organismo internacional;
IV – os crimes políticos e as infrações penais praticadas em detrimento de bens, serviços ou interesse da União ou de suas entidades autárquicas ou empresas públicas, excluídas as contravenções e ressalvada a competência da Justiça Militar e da Justiça Eleitoral;
V – os crimes previstos em tratado ou convenção internacional, quando, iniciada a execução no País, o resultado tenha ou devesse ter ocorrido no estrangeiro, ou reciprocamente;
V-A – as causas relativas a direitos humanos a que se refere o § 5.º deste artigo;
VI – os crimes contra a organização do trabalho e, nos casos determinados por lei, contra o sistema financeiro e a ordem econômico-financeira;
VII – os *habeas corpus*, em matéria criminal de sua competência ou quando o constrangimento provier de autoridade cujos atos não estejam diretamente sujeitos a outra jurisdição;
VIII – os mandados de segurança e os *habeas data* contra ato de autoridade federal, excetuados os casos de competência dos tribunais federais;
IX – os crimes cometidos a bordo de navios ou aeronaves, ressalvada a competência da Justiça Militar;
X – os crimes de ingresso ou permanência irregular de estrangeiro, a execução de carta rogatória, após o *exequatur*, e de sentença estrangeira, após a homologação, as causas referentes à nacionalidade, inclusive a respectiva opção, e à naturalização;
XI – a disputa sobre direitos indígenas.
§ 1.º As causas em que a União for autora serão aforadas na seção judiciária onde tiver domicílio a outra parte.
§ 2.º As causas intentadas contra a União poderão ser aforadas na seção judiciária em que for domiciliado o autor, naquela onde houver ocorrido o ato ou fato que deu origem à demanda ou onde esteja situada a coisa, ou, ainda, no Distrito Federal.
§ 3.º Serão processadas e julgadas na Justiça estadual, no foro do domicílio dos segurados ou beneficiários, as causas em que forem parte instituição de previdência social e segurado, sempre que a comarca não seja sede de vara do juízo federal, e, se verificada essa condição, a lei poderá permitir que outras causas sejam também processadas e julgadas pela Justiça estadual.
§ 4.º Na hipótese do parágrafo anterior, o recurso cabível será sempre para o Tribunal Regional Federal na área de jurisdição do juiz de primeiro grau.
§ 5.º Nas hipóteses de grave violação de direitos humanos, o Procurador-Geral da República, com a finalidade de assegurar o cumprimento de obrigações decorrentes de tratados internacionais de direitos humanos dos quais o Brasil seja parte, poderá suscitar,

perante o Superior Tribunal de Justiça, em qualquer fase do inquérito ou processo, incidente de deslocamento de competência para a Justiça Federal.

Artigo 110.º

Cada Estado, bem como o Distrito Federal, constituirá uma seção judiciária, que terá por sede a respectiva capital, e varas localizadas segundo o estabelecido em lei.
Parágrafo único. Nos Territórios Federais, a jurisdição e as atribuições cometidas aos juízes federais caberão aos juízes da Justiça local, na forma da lei.

SEÇÃO V – Dos Tribunais e Juízes do Trabalho

Artigo 111.º

São órgãos da Justiça do Trabalho:
I – o Tribunal Superior do Trabalho;
II – os Tribunais Regionais do Trabalho;
III – Juízes do Trabalho.
§ 1.º (*Revogado*).
§ 2.º (*Revogado*).
§ 3.º (*Revogado*).

Artigo 111.º-A

O Tribunal Superior do Trabalho compor-se-á de vinte e sete Ministros, escolhidos dentre brasileiros com mais de trinta e cinco e menos de sessenta e cinco anos, nomeados pelo Presidente da República após aprovação pela maioria absoluta do Senado Federal, sendo:
I – um quinto dentre advogados com mais de dez anos de efetiva atividade profissional e membros do Ministério Público do Trabalho com mais de dez anos de efetivo exercício, observado o disposto no art. 94.º;
II – os demais dentre juízes dos Tribunais Regionais do Trabalho, oriundos da magistratura da carreira, indicados pelo próprio Tribunal Superior.
§ 1.º A lei disporá sobre a competência do Tribunal Superior do Trabalho.
§ 2.º Funcionarão junto ao Tribunal Superior do Trabalho:
I – a Escola Nacional de Formação e Aperfeiçoamento de Magistrados do Trabalho, cabendo-lhe, dentre outras funções, regulamentar os cursos oficiais para o ingresso e promoção na carreira;
II – o Conselho Superior da Justiça do Trabalho, cabendo-lhe exercer, na forma da lei, a supervisão administrativa, orçamentária, financeira e patrimonial da Justiça do Trabalho de primeiro e segundo graus, como órgão central do sistema, cujas decisões terão efeito vinculante.

Artigo 112.º

A lei criará varas da Justiça do Trabalho, podendo, nas comarcas não abrangidas por sua jurisdição, atribuí-la aos juízes de direito, com recurso para o respectivo Tribunal Regional do Trabalho.

Artigo 113.º

A lei disporá sobre a constituição, investidura, jurisdição, competência, garantias e condições de exercício dos órgãos da Justiça do Trabalho.

Artigo 114.º

Compete à Justiça do Trabalho processar e julgar:

I – as ações oriundas da relação de trabalho, abrangidos os entes de Direito Público externo e da administração pública direta e indireta da União, dos Estados, do Distrito Federal e dos Municípios;

II – as ações que envolvam exercício do direito de greve;

III – as ações sobre representação sindical, entre sindicatos, entre sindicatos e trabalhadores, e entre sindicatos e empregadores;

IV – os mandados de segurança, *habeas corpus* e *habeas data*, quando o ato questionado envolver matéria sujeita à sua jurisdição;

V – os conflitos de competência entre órgãos com jurisdição trabalhista, ressalvado o disposto no art. 102.º, I, *o*;

VI – as ações de indenização por dano moral ou patrimonial, decorrentes da relação de trabalho;

VII – as ações relativas às penalidades administrativas impostas aos empregadores pelos órgãos de fiscalização das relações de trabalho;

VIII – a execução, de ofício, das contribuições sociais previstas no art. 195.º, I, *a*, e II, e seus acréscimos legais, decorrentes das sentenças que proferir;

IX – outras controvérsias decorrentes da relação de trabalho, na forma da lei.

§ 1.º Frustrada a negociação coletiva, as partes poderão eleger árbitros.

§ 2.º Recusando-se qualquer das partes à negociação coletiva ou à arbitragem, é facultado às mesmas, de comum acordo, ajuizar dissídio coletivo de natureza econômica, podendo a Justiça do Trabalho decidir o conflito, respeitadas as disposições mínimas legais de proteção ao trabalho, bem como as convencionadas anteriormente.

§ 3.º Em caso de greve em atividade essencial, com possibilidade de lesão do interesse público, o Ministério Público do Trabalho poderá ajuizar dissídio coletivo, competindo à Justiça do Trabalho decidir o conflito.

Artigo 115.º

Os Tribunais Regionais do Trabalho compõem-se de, no mínimo, sete juízes, recrutados, quando possível, na respectiva região, e nomeados pelo Presidente da República dentre brasileiros com mais de trinta e menos de sessenta e cinco anos, sendo:

I – um quinto dentre advogados com mais de dez anos de efetiva atividade profissional e membros do Ministério Público do Trabalho com mais de dez anos de efetivo exercício, observado o disposto no art. 94.º;

II – os demais, mediante promoção de juízes do trabalho por antigüidade e merecimento, alternadamente.

§ 1.º Os Tribunais Regionais do Trabalho instalarão a justiça itinerante, com a realização de audiências e demais funções de atividade jurisdicional, nos limites territoriais da respectiva jurisdição, servindo-se de equipamentos públicos e comunitários.

§ 2.º Os Tribunais Regionais do Trabalho poderão funcionar descentralizadamente, constituindo Câmaras regionais, a fim de assegurar o pleno acesso do jurisdicionado à justiça em todas as fases do processo.

Artigo 116.º

Nas Varas do Trabalho, a jurisdição será exercida por um juiz singular.
Parágrafo único. (*Revogado*).

Artigo 117.º

(*Revogado*).

SEÇÃO VI – Dos Tribunais e Juízes Eleitorais

Artigo 118.º

São órgãos da Justiça Eleitoral:
I – o Tribunal Superior Eleitoral;
II – os Tribunais Regionais Eleitorais;
III – os Juízes Eleitorais;
IV – as Juntas Eleitorais.

Artigo 119.º

O Tribunal Superior Eleitoral compor-se-á, no mínimo, de sete membros, escolhidos:
I – mediante eleição, pelo voto secreto:
a) três juízes dentre os Ministros do Supremo Tribunal Federal;
b) dois juízes dentre os Ministros do Superior Tribunal de Justiça;
II – por nomeação do Presidente da República, dois juízes dentre seis advogados de notável saber jurídico e idoneidade moral, indicados pelo Supremo Tribunal Federal.
Parágrafo único. O Tribunal Superior Eleitoral elegerá seu Presidente e o Vice-Presidente dentre os Ministros do Supremo Tribunal Federal, e o corregedor eleitoral dentre os Ministros do Superior Tribunal de Justiça.

Artigo 120.º

Haverá um Tribunal Regional Eleitoral na capital de cada Estado e no Distrito Federal.
§ 1.º Os Tribunais Regionais Eleitorais compor-se-ão:
I – mediante eleição, pelo voto secreto:
a) de dois juízes dentre os desembargadores do Tribunal de Justiça;
b) de dois juízes, dentre juízes de direito, escolhidos pelo Tribunal de Justiça;
II – de um juiz do Tribunal Regional Federal com sede na capital do Estado ou no Distrito Federal, ou, não havendo, de juiz federal, escolhido, em qualquer caso, pelo Tribunal Regional Federal respectivo;
III – por nomeação, pelo Presidente da República, de dois juízes dentre seis advogados de notável saber jurídico e idoneidade moral, indicados pelo Tribunal de Justiça.
§ 2.º O Tribunal Regional Eleitoral elegerá seu Presidente e o Vice-Presidente dentre os desembargadores.

Artigo 121.º

Lei complementar disporá sobre a organização e competência dos Tribunais, dos juízes de direito e das Juntas Eleitorais.
§ 1.º Os membros dos Tribunais, os juízes de direito e os integrantes das Juntas Eleitorais, no exercício de suas funções, e no que lhes for aplicável, gozarão de plenas garantias e serão inamovíveis.
§ 2.º Os juízes dos Tribunais Eleitorais, salvo motivo justificado, servirão por dois anos, no mínimo, e nunca por mais de dois biênios consecutivos, sendo os substitutos escolhidos na mesma ocasião e pelo mesmo processo, em número igual para cada categoria.
§ 3.º São irrecorríveis as decisões do Tribunal Superior Eleitoral, salvo as que contrariarem esta Constituição e as denegatórias de *habeas corpus* ou mandado de segurança.
§ 4.º Das decisões dos Tribunais Regionais Eleitorais somente caberá recurso quando:
I – forem proferidas contra disposição expressa desta Constituição ou de lei;

II – ocorrer divergência na interpretação de lei entre dois ou mais Tribunais Eleitorais;
III – versarem sobre inelegibilidade ou expedição de diplomas nas eleições federais ou estaduais;
IV – anularem diplomas ou decretarem a perda de mandatos eletivos federais ou estaduais;
V – denegarem *habeas corpus*, mandado de segurança, *habeas data* ou mandado de injunção.

SEÇÃO VII – Dos Tribunais e Juízes Militares

Artigo 122.º
São órgãos da Justiça Militar:
I – o Superior Tribunal Militar;
II – os Tribunais e Juízes Militares instituídos por lei.

Artigo 123.º
O Superior Tribunal Militar compor-se-á de quinze Ministros vitalícios, nomeados pelo Presidente da República, depois de aprovada a indicação pelo Senado Federal, sendo três dentre oficiais-generais da Marinha, quatro dentre oficiais-generais do Exército, três dentre oficiais-generais da Aeronáutica, todos da ativa e do posto mais elevado da carreira, e cinco dentre civis.
Parágrafo único. Os Ministros civis serão escolhidos pelo Presidente da República dentre brasileiros maiores de trinta e cinco anos, sendo:
I – três dentre advogados de notório saber jurídico e conduta ilibada, com mais de dez anos de efetiva atividade profissional;
II – dois, por escolha paritária, dentre juízes-auditores e membros do Ministério Público da Justiça Militar.

Artigo 124.º
À Justiça Militar compete processar e julgar os crimes militares definidos em lei.
Parágrafo único. A lei disporá sobre a organização, o funcionamento e a competência da Justiça Militar.

SEÇÃO VIII – Dos Tribunais e Juízes dos Estados

Artigo 125.º
Os Estados organizarão sua Justiça, observados os princípios estabelecidos nesta Constituição.
§ 1.º A competência dos tribunais será definida na Constituição do Estado, sendo a lei de organização judiciária de iniciativa do Tribunal de Justiça.
§ 2.º Cabe aos Estados a instituição de representação de inconstitucionalidade de leis ou atos normativos estaduais ou municipais em face da Constituição estadual, vedada a atribuição da legitimação para agir a um único órgão.
§ 3.º A lei estadual poderá criar, mediante proposta do Tribunal de Justiça, a Justiça Militar estadual, constituída, em primeiro grau, pelos juízes de direito e pelos Conselhos de Justiça e, em segundo grau, pelo próprio Tribunal de Justiça, ou por Tribunal de Justiça Militar nos Estados em que o efetivo militar seja superior a vinte mil integrantes.

§ 4.º Compete à Justiça Militar estadual processar e julgar os militares dos Estados, nos crimes militares definidos em lei e as ações judiciais contra atos disciplinares militares, ressalvada a competência do júri quando a vítima for civil, cabendo ao tribunal competente decidir sobre a perda do posto e da patente dos oficiais e da graduação das praças.

§ 5.º Compete aos juízes de direito do juízo militar processar e julgar, singularmente, os crimes militares cometidos contra civis e as ações judiciais contra atos disciplinares militares, cabendo ao Conselho de Justiça, sob a presidência de juiz de direito, processar e julgar os demais crimes militares.

§ 6.º O Tribunal de Justiça poderá funcionar descentralizadamente, constituindo Câmaras regionais, a fim de assegurar o pleno acesso do jurisdicionado à justiça em todas as fases do processo.

§ 7.º O Tribunal de Justiça instalará a justiça itinerante, com a realização de audiências e demais funções da atividade jurisdicional, nos limites territoriais da respectiva jurisdição, servindo-se de equipamentos públicos e comunitários.

Artigo 126.º

Para dirimir conflitos fundiários, o Tribunal de Justiça proporá a criação de varas especializadas, com competência exclusiva para questões agrárias.

Parágrafo único. Sempre que necessário à eficiente prestação jurisdicional, o juiz far-se-á presente no local do litígio.

CAPÍTULO IV – Das Funções Essenciais à Justiça

SEÇÃO I – Do Ministério Público

Artigo 127.º

O Ministério Público é instituição permanente, essencial à função jurisdicional do Estado, incumbindo-lhe a defesa da ordem jurídica, do regime democrático e dos interesses sociais e individuais indisponíveis.

§ 1.º São princípios institucionais do Ministério Público a unidade, a indivisibilidade e a independência funcional.

§ 2.º Ao Ministério Público é assegurada autonomia funcional e administrativa, podendo, observado o disposto no art. 169.º, propor ao Poder Legislativo a criação e extinção de seus cargos e serviços auxiliares, provendo-os por concurso público de provas ou de provas e títulos, a política remuneratória e os planos de carreira; a lei disporá sobre sua organização e funcionamento.

§ 3.º O Ministério Público elaborará sua proposta orçamentária dentro dos limites estabelecidos na lei de diretrizes orçamentárias.

§ 4.º Se o Ministério Público não encaminhar a respectiva proposta orçamentária dentro do prazo estabelecido na lei de diretrizes orçamentárias, o Poder Executivo considerará, para fins de consolidação da proposta orçamentária anual, os valores aprovados na lei orçamentária vigente, ajustados de acordo com os limites estipulados na forma do § 3.º.

§ 5.º Se a proposta orçamentária de que trata este artigo for encaminhada em desacordo com os limites estipulados na forma do § 3.º, o Poder Executivo procederá aos ajustes necessários para fins de consolidação da proposta orçamentária anual.

§ 6.º Durante a execução orçamentária do exercício, não poderá haver a realização de despesas ou a assunção de obrigações que extrapolem os limites estabelecidos na lei de diretrizes orçamentárias, exceto se previamente autorizadas, mediante a abertura de créditos suplementares ou especiais.

Artigo 128.º

O Ministério Público abrange:
I – o Ministério Público da União, que compreende:
a) o Ministério Público Federal;
b) o Ministério Público do Trabalho;
c) o Ministério Público Militar;
d) o Ministério Público do Distrito Federal e Territórios;
II – os Ministérios Públicos dos Estados.

§ 1.º O Ministério Público da União tem por chefe o Procurador-Geral da República, nomeado pelo Presidente da República dentre integrantes da carreira, maiores de trinta e cinco anos, após a aprovação de seu nome pela maioria absoluta dos membros do Senado Federal, para mandato de dois anos, permitida a recondução.

§ 2.º A destituição do Procurador-Geral da República, por iniciativa do Presidente da República, deverá ser precedida de autorização da maioria absoluta do Senado Federal.

§ 3.º Os Ministérios Públicos dos Estados e o do Distrito Federal e Territórios formarão lista tríplice dentre integrantes da carreira, na forma da lei respectiva, para escolha de seu Procurador-Geral, que será nomeado pelo Chefe do Poder Executivo, para mandato de dois anos, permitida uma recondução.

§ 4.º Os Procuradores-Gerais nos Estados e no Distrito Federal e Territórios poderão ser destituídos por deliberação da maioria absoluta do Poder Legislativo, na forma da lei complementar respectiva.

§ 5.º Leis complementares da União e dos Estados, cuja iniciativa é facultada aos respectivos Procuradores-Gerais, estabelecerão a organização, as atribuições e o estatuto de cada Ministério Público, observadas, relativamente a seus membros:
I – as seguintes garantias:
a) vitaliciedade, após dois anos de exercício, não podendo perder o cargo senão por sentença judicial transitada em julgado;
b) inamovibilidade, salvo por motivo de interesse público, mediante decisão do órgão colegiado competente do Ministério Público, pelo voto da maioria absoluta de seus membros, assegurada ampla defesa;
c) irredutibilidade de subsídio, fixado na forma do art. 39.º, § 4.º, e ressalvado o disposto nos arts. 37.º, X e XI, 150.º, II, 153.º, III, 153.º, § 2.º, I;
II – as seguintes vedações:
a) receber, a qualquer título e sob qualquer pretexto, honorários, percentagens ou custas processuais;
b) exercer a advocacia;
c) participar de sociedade comercial, na forma da lei;
d) exercer, ainda que em disponibilidade, qualquer outra função pública, salvo uma de magistério;
e) exercer atividade político-partidária;
f) receber, a qualquer título ou pretexto, auxílios ou contribuições de pessoas físicas, entidades públicas ou privadas, ressalvadas as exceções previstas em lei.

§ 6.º Aplica-se aos membros do Ministério Público o disposto no art. 95.º, parágrafo único, V.

Artigo 129.º

São funções institucionais do Ministério Público:

I – promover, privativamente, a ação penal pública, na forma da lei;

II – zelar pelo efetivo respeito dos poderes públicos e dos serviços de relevância pública aos direitos assegurados nesta Constituição, promovendo as medidas necessárias a sua garantia;

III – promover o inquérito civil e a ação civil pública, para a proteção do patrimônio público e social, do meio ambiente e de outros interesses difusos e coletivos;

IV – promover a ação de inconstitucionalidade ou representação para fins de intervenção da União e dos Estados, nos casos previstos nesta Constituição;

V – defender judicialmente os direitos e interesses das populações indígenas;

VI – expedir notificações nos procedimentos administrativos de sua competência, requisitando informações e documentos para instruí-los, na forma da lei complementar respectiva;

VII – exercer o controle externo da atividade policial, na forma da lei complementar mencionada no artigo anterior;

VIII – requisitar diligências investigatórias e a instauração de inquérito policial, indicados os fundamentos jurídicos de suas manifestações processuais;

IX – exercer outras funções que lhe forem conferidas, desde que compatíveis com sua finalidade, sendo-lhe vedada a representação judicial e a consultoria jurídica de entidades públicas.

§ 1.º A legitimação do Ministério Público para as ações civis previstas neste artigo não impede a de terceiros, nas mesmas hipóteses, segundo o disposto nesta Constituição e na lei.

§ 2.º As funções do Ministério Público só podem ser exercidas por integrantes da carreira, que deverão residir na comarca da respectiva lotação, salvo autorização do chefe da instituição.

§ 3.º O ingresso na carreira do Ministério Público far-se-á mediante concurso público de provas e títulos, assegurada a participação da Ordem dos Advogados do Brasil em sua realização, exigindo-se do bacharel em Direito, no mínimo, três anos de atividade jurídica e observando-se, nas nomeações, a ordem de classificação.

§ 4.º Aplica-se ao Ministério Público, no que couber, o disposto no art. 93.º

§ 5.º A distribuição de processos no Ministério Público será imediata.

Artigo 130.º

Aos membros do Ministério Público junto aos Tribunais de Contas aplicam-se as disposições desta Seção pertinentes a direitos, vedações e forma de investidura.

Artigo 130.º-A

O Conselho Nacional do Ministério Público compõe-se de quatorze membros nomeados pelo Presidente da República, depois de aprovada a escolha pela maioria absoluta do Senado Federal, para um mandato de dois anos, admitida uma recondução, sendo:

I – o Procurador-Geral da República, que o preside;

II – quatro membros do Ministério Público da União, assegurada a representação de cada uma de suas carreiras;

III – três membros do Ministério Público dos Estados;

IV – dois juízes, indicados um pelo Supremo Tribunal Federal e outro pelo Superior Tribunal de Justiça;

V – dois advogados, indicados pelo Conselho Federal da Ordem dos Advogados do Brasil;

VI – dois cidadãos de notável saber jurídico e reputação ilibada, indicados um pela Câmara dos Deputados e outro pelo Senado Federal.

§ 1.º Os membros do Conselho oriundos do Ministério Público serão indicados pelos respectivos Ministérios Públicos, na forma da lei.

§ 2.º Compete ao Conselho Nacional do Ministério Público o controle da atuação administrativa e financeira do Ministério Público e do cumprimento dos deveres funcionais de seus membros, cabendo-lhe:

I – zelar pela autonomia funcional e administrativa do Ministério Público, podendo expedir atos regulamentares, no âmbito de sua competência, ou recomendar providências;

II – zelar pela observância do art. 37.º e apreciar, de ofício ou mediante provocação, a legalidade dos atos administrativos praticados por membros ou órgãos do Ministério Público da União e dos Estados, podendo desconstituí-los, revê-los ou fixar prazo para que se adotem as providências necessárias ao exato cumprimento da lei, sem prejuízo da competência dos Tribunais de Contas;

III – receber e conhecer das reclamações contra membros ou órgãos do Ministério Público da União ou dos Estados, inclusive contra seus serviços auxiliares, sem prejuízo da competência disciplinar e correicional da instituição, podendo avocar processos disciplinares em curso, determinar a remoção, a disponibilidade ou a aposentadoria com subsídios ou proventos proporcionais ao tempo de serviço e aplicar outras sanções administrativas, assegurada ampla defesa;

IV – rever, de ofício ou mediante provocação, os processos disciplinares de membros do Ministério Público da União ou dos Estados julgados há menos de um ano;

V – elaborar relatório anual, propondo as providências que julgar necessárias sobre a situação do Ministério Público no País e as atividades do Conselho, o qual deve integrar a mensagem prevista no art. 84.º, XI.

§ 3.º O Conselho escolherá, em votação secreta, um Corregedor nacional, dentre os membros do Ministério Público que o integram, vedada a recondução, competindo-lhe, além das atribuições que lhe forem conferidas pela lei, as seguintes:

I – receber reclamações e denúncias, de qualquer interessado, relativas aos membros do Ministério Público e dos seus serviços auxiliares;

II – exercer funções executivas do Conselho, de inspeção e correição geral;

III – requisitar e designar membros do Ministério Público, delegando-lhes atribuições, e requisitar servidores de órgãos do Ministério Público.

§ 4.º O Presidente do Conselho Federal da Ordem dos Advogados do Brasil oficiará junto ao Conselho.

§ 5.º Leis da União e dos Estados criarão ouvidorias do Ministério Público, competentes para receber reclamações e denúncias de qualquer interessado contra membros ou órgãos do Ministério Público, inclusive contra seus serviços auxiliares, representando diretamente ao Conselho Nacional do Ministério Público.

SEÇÃO II – **Da Advocacia Pública**

Artigo 131.º

A Advocacia-Geral da União é a instituição que, diretamente ou através de órgão vinculado, representa a União, judicial e extrajudicialmente, cabendo-lhe, nos termos da lei complementar que dispuser sobre sua organização e funcionamento, as atividades de consultoria e assessoramento jurídico do Poder Executivo.

§ 1.º A Advocacia-Geral da União tem por chefe o Advogado-Geral da União, de livre nomeação pelo Presidente da República dentre cidadãos maiores de trinta e cinco anos, de notável saber jurídico e reputação ilibada.

§ 2.º O ingresso nas classes iniciais das carreiras da instituição de que trata este artigo far-se-á mediante concurso público de provas e títulos.

§ 3.º Na execução da dívida ativa de natureza tributária, a representação da União cabe à Procuradoria-Geral da Fazenda Nacional, observado o disposto em lei.

Artigo 132.º

Os Procuradores dos Estados e do Distrito Federal, organizados em carreira, na qual o ingresso dependerá de concurso público de provas e títulos, com a participação da Ordem dos Advogados do Brasil em todas as suas fases, exercerão a representação judicial e a consultoria jurídica das respectivas unidades federadas.

Parágrafo único. Aos procuradores referidos neste artigo é assegurada estabilidade após três anos de efetivo exercício, mediante avaliação de desempenho perante os órgãos próprios, após relatório circunstanciado das corregedorias.

SEÇÃO III – **Da Advocacia e da Defensoria Pública**

Artigo 133.º

O advogado é indispensável à administração da justiça, sendo inviolável por seus atos e manifestações no exercício da profissão, nos limites da lei.

Artigo 134.º

A Defensoria Pública é instituição essencial à função jurisdicional do Estado, incumbindo-lhe a orientação jurídica e a defesa, em todos os graus, dos necessitados, na forma do art. 5.º, LXXIV.

§ 1.º Lei complementar organizará a Defensoria Pública da União e do Distrito Federal e dos Territórios e prescreverá normas gerais para sua organização nos Estados, em cargos de carreira, providos, na classe inicial, mediante concurso público de provas e títulos, assegurada a seus integrantes a garantia da inamovibilidade e vedado o exercício da advocacia fora das atribuições institucionais.

§ 2.º Às Defensorias Públicas Estaduais são asseguradas autonomia funcional e administrativa, e a iniciativa de sua proposta orçamentária dentro dos limites estabelecidos na lei de diretrizes orçamentárias e subordinação ao disposto no art. 99.º, § 2.º

Artigo 135.º

Os servidores integrantes das carreiras disciplinadas nas Seções II e III deste Capítulo serão remunerados na forma do art. 39.º, § 4.º

TÍTULO V
DA DEFESA DO ESTADO E DAS INSTITUIÇÕES DEMOCRÁTICAS

CAPÍTULO I – **Do Estado de Defesa e do Estado de Sítio**

Seção I – **Do Estado de Defesa**

Artigo 136.º

O Presidente da República pode, ouvidos o Conselho da República e o Conselho de Defesa Nacional, decretar estado de defesa para preservar ou prontamente restabelecer, em locais restritos e determinados, a ordem pública ou a paz social ameaçadas por grave e iminente instabilidade institucional ou atingidas por calamidades de grandes proporções na natureza.

§ 1.º O decreto que instituir o estado de defesa determinará o tempo de sua duração, especificará as áreas a serem abrangidas e indicará, nos termos e limites da lei, as medidas coercitivas a vigorarem, dentre as seguintes:

I – restrições aos direitos de:
a) reunião, ainda que exercida no seio das associações;
b) sigilo de correspondência;
c) sigilo de comunicação telegráfica e telefônica;

II – ocupação e uso temporário de bens e serviços públicos, na hipótese de calamidade pública, respondendo a União pelos danos e custos decorrentes.

§ 2.º O tempo de duração do estado de defesa não será superior a trinta dias, podendo ser prorrogado uma vez, por igual período, se persistirem as razões que justificaram a sua decretação.

§ 3.º Na vigência do estado de defesa:

I – a prisão por crime contra o Estado, determinada pelo executor da medida, será por este comunicada imediatamente ao juiz competente, que a relaxará, se não for legal, facultado ao preso requerer exame de corpo de delito à autoridade policial;

II – a comunicação será acompanhada de declaração, pela autoridade, do estado físico e mental do detido no momento de sua autuação;

III – a prisão ou detenção de qualquer pessoa não poderá ser superior a dez dias, salvo quando autorizada pelo Poder Judiciário;

IV – é vedada a incomunicabilidade do preso.

§ 4.º Decretado o estado de defesa ou sua prorrogação, o Presidente da República, dentro de vinte e quatro horas, submeterá o ato com a respectiva justificação ao Congresso Nacional, que decidirá por maioria absoluta.

§ 5.º Se o Congresso Nacional estiver em recesso, será convocado, extraordinariamente, no prazo de cinco dias.

§ 6.º O Congresso Nacional apreciará o decreto dentro de dez dias contados de seu recebimento, devendo continuar funcionando enquanto vigorar o estado de defesa.

§ 7.º Rejeitado o decreto, cessa imediatamente o estado de defesa.

SEÇÃO II – Do Estado de Sítio

Artigo 137.º

O Presidente da República pode, ouvidos o Conselho da República e o Conselho de Defesa Nacional, solicitar ao Congresso Nacional autorização para decretar o estado de sítio nos casos de:

I – comoção grave de repercussão nacional ou ocorrência de fatos que comprovem a ineficácia de medida tomada durante o estado de defesa;

II – declaração de estado de guerra ou resposta a agressão armada estrangeira.

Parágrafo único. O Presidente da República, ao solicitar autorização para decretar o estado de sítio ou sua prorrogação, relatará os motivos determinantes do pedido, devendo o Congresso Nacional decidir por maioria absoluta.

Artigo 138.º

O decreto do estado de sítio indicará sua duração, as normas necessárias a sua execução e as garantias constitucionais que ficarão suspensas, e, depois de publicado, o Presidente da República designará o executor das medidas específicas e as áreas abrangidas.

§ 1.º O estado de sítio, no caso do art. 137.º, I, não poderá ser decretado por mais de trinta dias, nem prorrogado, de cada vez, por prazo superior; no do inciso II, poderá ser decretado por todo o tempo que perdurar a guerra ou a agressão armada estrangeira.

§ 2.º Solicitada autorização para decretar o estado de sítio durante o recesso parlamentar, o Presidente do Senado Federal, de imediato, convocará extraordinariamente o Congresso Nacional para se reunir dentro de cinco dias, a fim de apreciar o ato.

§ 3.º O Congresso Nacional permanecerá em funcionamento até o término das medidas coercitivas.

Artigo 139.º

Na vigência do estado de sítio decretado com fundamento no art. 137.º, I, só poderão ser tomadas contra as pessoas as seguintes medidas:
I – obrigação de permanência em localidade determinada;
II – detenção em edifício não destinado a acusados ou condenados por crimes comuns;
III – restrições relativas à inviolabilidade da correspondência, ao sigilo das comunicações, à prestação de informações e à liberdade de imprensa, radiodifusão e televisão, na forma da lei;
IV – suspensão da liberdade de reunião;
V – busca e apreensão em domicílio;
VI – intervenção nas empresas de serviços públicos;
VII – requisição de bens.

Parágrafo único. Não se inclui nas restrições do inciso III a difusão de pronunciamentos de parlamentares efetuados em suas Casas Legislativas, desde que liberada pela respectiva Mesa.

SEÇÃO III – **Disposições Gerais**

Artigo 140.º

A Mesa do Congresso Nacional, ouvidos os líderes partidários, designará Comissão composta de cinco de seus membros para acompanhar e fiscalizar a execução das medidas referentes ao estado de defesa e ao estado de sítio.

Artigo 141.º

Cessado o estado de defesa ou o estado de sítio, cessarão também seus efeitos, sem prejuízo da responsabilidade pelos ilícitos cometidos por seus executores ou agentes.

Parágrafo único. Logo que cesse o estado de defesa ou o estado de sítio, as medidas aplicadas em sua vigência serão relatadas pelo Presidente da República, em mensagem ao Congresso Nacional, com especificação e justificação das providências adotadas, com relação nominal dos atingidos e indicação das restrições aplicadas.

CAPÍTULO II – **Das Forças Armadas**

Artigo 142.º

As Forças Armadas, constituídas pela Marinha, pelo Exército e pela Aeronáutica, são instituições nacionais permanentes e regulares, organizadas com base na hierarquia e na disciplina, sob a autoridade suprema do Presidente da República, e destinam-se à defesa da Pátria, à garantia dos poderes constitucionais e, por iniciativa de qualquer destes, da lei e da ordem.

§ 1.º Lei complementar estabelecerá as normas gerais a serem adotadas na organização, no preparo e no emprego das Forças Armadas.
§ 2.º Não caberá *habeas corpus* em relação a punições disciplinares militares.
§ 3.º Os membros das Forças Armadas são denominados militares, aplicando-se-lhes, além das que vierem a ser fixadas em lei, as seguintes disposições:
I – as patentes, com prerrogativas, direitos e deveres a elas inerentes, são conferidas pelo Presidente da República e asseguradas em plenitude aos oficiais da ativa, da reserva ou reformados, sendo-lhes privativos os títulos e postos militares e, juntamente com os demais membros, o uso dos uniformes das Forças Armadas;
II – o militar em atividade que tomar posse em cargo ou emprego público civil permanente será transferido para a reserva, nos termos da lei;
III – o militar da ativa que, de acordo com a lei, tomar posse em cargo, emprego ou função pública civil temporária, não eletiva, ainda que da administração indireta, ficará agregado ao respectivo quadro e somente poderá, enquanto permanecer nessa situação, ser promovido por antiguidade, contando-se-lhe o tempo de serviço apenas para aquela promoção e transferência para a reserva, sendo depois de dois anos de afastamento, contínuos ou não, transferido para a reserva, nos termos da lei;
IV – ao militar são proibidas a sindicalização e a greve;
V – o militar, enquanto em serviço ativo, não pode estar filiado a partidos políticos;
VI – o oficial só perderá o posto e a patente se for julgado indigno do oficialato ou com ele incompatível, por decisão de tribunal militar de caráter permanente, em tempo de paz, ou de tribunal especial, em tempo de guerra;
VII – o oficial condenado na justiça comum ou militar à pena privativa de liberdade superior a dois anos, por sentença transitada em julgado, será submetido ao julgamento previsto no inciso anterior;
VIII – aplica-se aos militares o disposto no art. 7.º, incisos VIII, XII, XVII, XVIII, XIX e XXV, e no art. 37.º, incisos XI, XIII, XIV e XV;
IX – (*Revogado*).
X – a lei disporá sobre o ingresso nas Forças Armadas, os limites de idade, a estabilidade e outras condições de transferência do militar para a inatividade, os direitos, os deveres, a remuneração, as prerrogativas e outras situações especiais dos militares, consideradas as peculiaridades de suas atividades, inclusive aquelas cumpridas por força de compromissos internacionais e de guerra.

Artigo 143.º

O serviço militar é obrigatório nos termos da lei.
§ 1.º Às Forças Armadas compete, na forma da lei, atribuir serviço alternativo aos que, em tempo de paz, após alistados, alegarem imperativo de consciência, entendendo-se como tal o decorrente de crença religiosa e de convicção filosófica ou política, para se eximirem de atividades de caráter essencialmente militar.
§ 2.º As mulheres e os eclesiásticos ficam isentos do serviço militar obrigatório em tempo de paz, sujeitos, porém, a outros encargos que a lei lhes atribuir.

CAPÍTULO III – **Da Segurança Pública**

Artigo 144.º

A segurança pública, dever do Estado, direito e responsabilidade de todos, é exercida para a preservação da ordem pública e da incolumidade das pessoas e do patrimônio, através dos seguintes órgãos:

I – polícia federal;
II – polícia rodoviária federal;
III – polícia ferroviária federal;
IV – polícias civis;
V – polícias militares e corpos de bombeiros militares.

§ 1.º A polícia federal, instituída por lei como órgão permanente, organizado e mantido pela União e estruturado em carreira, destina-se a:

I – apurar infrações penais contra a ordem política e social ou em detrimento de bens, serviços e interesses da União ou de suas entidades autárquicas e empresas públicas, assim como outras infrações cuja prática tenha repercussão interestadual ou internacional e exija repressão uniforme, segundo se dispuser em lei;

II – prevenir e reprimir o tráfico ilícito de entorpecentes e drogas afins, o contrabando e o descaminho, sem prejuízo da ação fazendária e de outros órgãos públicos nas respectivas áreas de competência;

III – exercer as funções de polícia marítima, aeroportuária e de fronteiras;

IV – exercer, com exclusividade, as funções de polícia judiciária da União.

§ 2.º A polícia rodoviária federal, órgão permanente, organizado e mantido pela União e estruturado em carreira, destina-se, na forma da lei, ao patrulhamento ostensivo das rodovias federais.

§ 3.º A polícia ferroviária federal, órgão permanente, organizado e mantido pela União e estruturado em carreira, destina-se, na forma da lei, ao patrulhamento ostensivo das ferrovias federais.

§ 4.º Às polícias civis, dirigidas por delegados de polícia de carreira, incumbem, ressalvada a competência da União, as funções de polícia judiciária e a apuração de infrações penais, exceto as militares.

§ 5.º Às polícias militares cabem a polícia ostensiva e a preservação da ordem pública; aos corpos de bombeiros militares, além das atribuições definidas em lei, incumbe a execução de atividades de defesa civil.

§ 6.º As polícias militares e corpos de bombeiros militares, forças auxiliares e reserva do Exército, subordinam-se, juntamente com as polícias civis, aos Governadores dos Estados, do Distrito Federal e dos Territórios.

§ 7.º A lei disciplinará a organização e o funcionamento dos órgãos responsáveis pela segurança pública, de maneira a garantir a eficiência de suas atividades.

§ 8.º Os Municípios poderão constituir guardas municipais destinadas à proteção de seus bens, serviços e instalações, conforme dispuser a lei.

§ 9.º A remuneração dos servidores policiais integrantes dos órgãos relacionados neste artigo será fixada na forma do § 4.º do art. 39.º

TÍTULO VI
DA TRIBUTAÇÃO E DO ORÇAMENTO

CAPÍTULO I – Do Sistema Tributário Nacional

SEÇÃO I – Dos Princípios Gerais

Artigo 145.º

A União, os Estados, o Distrito Federal e os Municípios poderão instituir os seguintes tributos:

I – impostos;

II – taxas, em razão do exercício do poder de polícia ou pela utilização, efetiva ou potencial, de serviços públicos específicos e divisíveis, prestados ao contribuinte ou postos a sua disposição;

III – contribuição de melhoria, decorrente de obras públicas.

§ 1.º Sempre que possível, os impostos terão caráter pessoal e serão graduados segundo a capacidade econômica do contribuinte, facultado à administração tributária, especialmente para conferir efetividade a esses objetivos, identificar, respeitados os direitos individuais e nos termos da lei, o patrimônio, os rendimentos e as atividades econômicas do contribuinte.

§ 2.º As taxas não poderão ter base de cálculo própria de impostos.

Artigo 146.º

Cabe à lei complementar:

I – dispor sobre conflitos de competência, em matéria tributária, entre a União, os Estados, o Distrito Federal e os Municípios;

II – regular as limitações constitucionais ao poder de tributar;

III – estabelecer normas gerais em matéria de legislação tributária, especialmente sobre:

a) definição de tributos e de suas espécies, bem como, em relação aos impostos discriminados nesta Constituição, a dos respectivos fatos geradores, bases de cálculo e contribuintes;

b) obrigação, lançamento, crédito, prescrição e decadência tributários;

c) adequado tratamento tributário ao ato cooperativo praticado pelas sociedades cooperativas.

d) definição de tratamento diferenciado e favorecido para as microempresas e para as empresas de pequeno porte, inclusive regimes especiais ou simplificados no caso do imposto previsto no art. 155.º, II, das contribuições previstas no art. 195.º, I e §§ 12.º e 13.º, e da contribuição a que se refere o art. 239.º

Parágrafo único. A lei complementar de que trata o inciso III, *d*, também poderá instituir um regime único de arrecadação dos impostos e contribuições da União, dos Estados, do Distrito Federal e dos Municípios, observado que:

I – será opcional para o contribuinte;

II – poderão ser estabelecidas condições de enquadramento diferenciadas por Estado;

III – o recolhimento será unificado e centralizado e a distribuição da parcela de recursos pertencentes aos respectivos entes federados será imediata, vedada qualquer retenção ou condicionamento;

IV – a arrecadação, a fiscalização e a cobrança poderão ser compartilhadas pelos entes federados, adotado cadastro nacional único de contribuintes.

Artigo 146.º-A

Lei complementar poderá estabelecer critérios especiais de tributação, com o objetivo de prevenir desequilíbrios da concorrência, sem prejuízo da competência de a União, por lei, estabelecer normas de igual objetivo.

Artigo 147.º

Competem à União, em Território Federal, os impostos estaduais e, se o Território não for dividido em Municípios, cumulativamente, os impostos municipais; ao Distrito Federal cabem os impostos municipais.

Artigo 148.°

A União, mediante lei complementar, poderá instituir empréstimos compulsórios:
I – para atender a despesas extraordinárias, decorrentes de calamidade pública, de guerra externa ou sua iminência;
II – no caso de investimento público de caráter urgente e de relevante interesse nacional, observado o disposto no art. 150.°, III, b.
Parágrafo único. A aplicação dos recursos provenientes de empréstimo compulsório será vinculada à despesa que fundamentou sua instituição.

Artigo 149.°

Compete exclusivamente à União instituir contribuições sociais, de intervenção no domínio econômico e de interesse das categorias profissionais ou econômicas, como instrumento de sua atuação nas respectivas áreas, observado o disposto nos arts. 146.°, III, e 150.°, I e III, e sem prejuízo do previsto no art. 195.°, § 6.°, relativamente às contribuições a que alude o dispositivo.
§ 1.° Os Estados, o Distrito Federal e os Municípios instituirão contribuição, cobrada de seus servidores, para o custeio, em benefício destes, do regime previdenciário de que trata o art. 40.°, cuja alíquota não será inferior à da contribuição dos servidores titulares de cargos efetivos da União.
§ 2.° As contribuições sociais e de intervenção no domínio econômico de que trata o *caput* deste artigo:
I – não incidirão sobre as receitas decorrentes de exportação;
II – incidirão também sobre a importação de produtos estrangeiros ou serviços;
III – poderão ter alíquotas:
a) ad valorem, tendo por base o faturamento, a receita bruta ou o valor da operação e, no caso de importação, o valor aduaneiro;
b) específica, tendo por base a unidade de medida adotada.
§ 3.° A pessoa natural destinatária das operações de importação poderá ser equiparada a pessoa jurídica, na forma da lei.
§ 4.° A lei definirá as hipóteses em que as contribuições incidirão uma única vez.

Artigo 149.°-A

Os Municípios e o Distrito Federal poderão instituir contribuição, na forma das respectivas leis, para o custeio do serviço de iluminação pública, observado o disposto no art. 150.°, I e III.
Parágrafo único. É facultada a cobrança da contribuição a que se refere o *caput*, na fatura de consumo de energia elétrica.

SEÇÃO II – **Das Limitações do Poder de Tributar**

Artigo 150.°

Sem prejuízo de outras garantias asseguradas ao contribuinte, é vedado à União, aos Estados, ao Distrito Federal e aos Municípios:
I – exigir ou aumentar tributo sem lei que o estabeleça;
II – instituir tratamento desigual entre contribuintes que se encontrem em situação equivalente, proibida qualquer distinção em razão de ocupação profissional ou função por eles exercida, independentemente da denominação jurídica dos rendimentos, títulos ou direitos;

III – cobrar tributos:
a) em relação a fatos geradores ocorridos antes do início da vigência da lei que os houver instituído ou aumentado;
b) no mesmo exercício financeiro em que haja sido publicada a lei que os instituiu ou aumentou;
c) antes de decorridos noventa dias da data em que haja sido publicada a lei que os instituiu ou aumentou, observado o disposto na alínea *b*;
IV – utilizar tributo com efeito de confisco;
V – estabelecer limitações ao tráfego de pessoas ou bens por meio de tributos interestaduais ou intermunicipais, ressalvada a cobrança de pedágio pela utilização de vias conservadas pelo poder público;
VI – instituir impostos sobre:
a) patrimônio, renda ou serviços, uns dos outros;
b) templos de qualquer culto;
c) patrimônio, renda ou serviços dos partidos políticos, inclusive suas fundações, das entidades sindicais dos trabalhadores, das instituições de educação e de assistência social, sem fins lucrativos, atendidos os requisitos da lei;
d) livros, jornais, periódicos e o papel destinado a sua impressão.
§ 1.º A vedação do inciso III, *b*, não se aplica aos tributos previstos nos arts. 148.º, I, 153.º, I, II, IV e V; e 154.º, II; e a vedação do inciso III, *c*, não se aplica aos tributos previstos nos arts. 148.º, I, 153.º, I, II, III e V; e 154.º, II, nem à fixação da base de cálculo dos impostos previstos nos arts. 155.º, III, e 156.º, I.
§ 2.º A vedação do inciso VI, *a*, é extensiva às autarquias e às fundações instituídas e mantidas pelo poder público, no que se refere ao patrimônio, à renda e aos serviços vinculados a suas finalidades essenciais ou às delas decorrentes.
§ 3.º As vedações do inciso VI, *a*, e do parágrafo anterior não se aplicam ao patrimônio, à renda e aos serviços relacionados com exploração de atividades econômicas regidas pelas normas aplicáveis a empreendimentos privados, ou em que haja contraprestação ou pagamento de preços ou tarifas pelo usuário, nem exoneram o promitente comprador da obrigação de pagar imposto relativamente ao bem imóvel.
§ 4.º As vedações expressas no inciso VI, alíneas *b* e *c*, compreendem somente o patrimônio, a renda e os serviços relacionados com as finalidades essenciais das entidades nelas mencionadas.
§ 5.º A lei determinará medidas para que os consumidores sejam esclarecidos acerca dos impostos que incidam sobre mercadorias e serviços.
§ 6.º Qualquer subsídio ou isenção, redução de base de cálculo, concessão de crédito presumido, anistia ou remissão, relativos a impostos, taxas ou contribuições, só poderá ser concedido mediante lei específica, federal, estadual ou municipal, que regule exclusivamente as matérias acima enumeradas ou o correspondente tributo ou contribuição, sem prejuízo do disposto no art. 155.º, § 2.º, XII, *g*.
§ 7.º A lei poderá atribuir a sujeito passivo de obrigação tributária a condição de responsável pelo pagamento de imposto ou contribuição, cujo fato gerador deva ocorrer posteriormente, assegurada a imediata e preferencial restituição da quantia paga, caso não se realize o fato gerador presumido.

Artigo 151.º
É vedado à União:
I – instituir tributo que não seja uniforme em todo o território nacional ou que implique distinção ou preferência em relação a Estado, ao Distrito Federal ou a Município, em detrimento de outro, admitida a concessão de incentivos fiscais destinados a

promover o equilíbrio do desenvolvimento sócio-econômico entre as diferentes regiões do País;

II – tributar a renda das obrigações da dívida pública dos Estados, do Distrito Federal e dos Municípios, bem como a remuneração e os proventos dos respectivos agentes públicos, em níveis superiores aos que fixar para suas obrigações e para seus agentes;

III – instituir isenções de tributos da competência dos Estados, do Distrito Federal ou dos Municípios.

Artigo 152.º

É vedado aos Estados, ao Distrito Federal e aos Municípios estabelecer diferença tributária entre bens e serviços, de qualquer natureza, em razão de sua procedência ou destino.

SEÇÃO III – **Dos Impostos da União**

Artigo 153.º

Compete à União instituir impostos sobre:
I – importação de produtos estrangeiros;
II – exportação, para o exterior, de produtos nacionais ou nacionalizados;
III – renda e proventos de qualquer natureza;
IV – produtos industrializados;
V – operações de crédito, câmbio e seguro, ou relativas a títulos ou valores mobiliários;
VI – propriedade territorial rural;
VII – grandes fortunas, nos termos de lei complementar.

§ 1.º É facultado ao Poder Executivo, atendidas as condições e os limites estabelecidos em lei, alterar as alíquotas dos impostos enumerados nos incisos I, II, IV e V.

§ 2.º O imposto previsto no inciso III:
I – será informado pelos critérios da generalidade, da universalidade e da progressividade, na forma da lei;
II – (*Revogado*).

§ 3.º O imposto previsto no inciso IV:
I – será seletivo, em função da essencialidade do produto;
II – será não cumulativo, compensando-se o que for devido em cada operação com o montante cobrado nas anteriores;
III – não incidirá sobre produtos industrializados destinados ao exterior;
IV – terá reduzido seu impacto sobre a aquisição de bens de capital pelo contribuinte do imposto, na forma da lei.

§ 4.º O imposto previsto no inciso VI do *caput*:
I – será progressivo e terá suas alíquotas fixadas de forma a desestimular a manutenção de propriedades improdutivas;
II – não incidirá sobre pequenas glebas rurais, definidas em lei, quando as explore o proprietário que não possua outro imóvel;
III – será fiscalizado e cobrado pelos Municípios que assim optarem, na forma da lei, desde que não implique redução do imposto ou qualquer outra forma de renúncia fiscal.

§ 5.º O ouro, quando definido em lei como ativo financeiro ou instrumento cambial, sujeita-se exclusivamente à incidência do imposto de que trata o inciso V do *caput* deste artigo, devido na operação de origem; a alíquota mínima será de um por cento, assegurada a transferência do montante da arrecadação nos seguintes termos:
I – trinta por cento para o Estado, o Distrito Federal ou o Território, conforme a origem;
II – setenta por cento para o Município de origem.

Artigo 154.º

A União poderá instituir:

I – mediante lei complementar, impostos não previstos no artigo anterior, desde que sejam não cumulativos e não tenham fato gerador ou base de cálculo próprios dos discriminados nesta Constituição;

II – na iminência ou no caso de guerra externa, impostos extraordinários, compreendidos ou não em sua competência tributária, os quais serão suprimidos, gradativamente, cessadas as causas de sua criação.

SEÇÃO IV – **Dos Impostos dos Estados e do Distrito Federal**

Artigo 155.º

Compete aos Estados e ao Distrito Federal instituir impostos sobre:

I – transmissão *causa mortis* e doação, de quaisquer bens ou direitos;

II – operações relativas à circulação de mercadorias e sobre prestações de serviços de transporte interestadual e intermunicipal e de comunicação, ainda que as operações e as prestações se iniciem no exterior;

III – propriedade de veículos automotores.

§ 1.º O imposto previsto no inciso I:

I – relativamente a bens imóveis e respectivos direitos, compete ao Estado da situação do bem, ou ao Distrito Federal;

II – relativamente a bens móveis, títulos e créditos, compete ao Estado onde se processar o inventário ou arrolamento, ou tiver domicílio o doador, ou ao Distrito Federal;

III – terá a competência para sua instituição regulada por lei complementar:

a) se o doador tiver domicílio ou residência no exterior;

b) se o *de cujus* possuía bens, era residente ou domiciliado ou teve o seu inventário processado no exterior;

IV – terá suas alíquotas máximas fixadas pelo Senado Federal.

§ 2.º O imposto previsto no inciso II atenderá ao seguinte:

I – será não cumulativo, compensando-se o que for devido em cada operação relativa à circulação de mercadorias ou prestação de serviços com o montante cobrado nas anteriores pelo mesmo ou outro Estado ou pelo Distrito Federal;

II – a isenção ou não-incidência, salvo determinação em contrário da legislação:

a) não implicará crédito para compensação com o montante devido nas operações ou prestações seguintes;

b) acarretará a anulação do crédito relativo às operações anteriores;

III – poderá ser seletivo, em função da essencialidade das mercadorias e dos serviços;

IV – resolução do Senado Federal, de iniciativa do Presidente da República ou de um terço dos Senadores, aprovada pela maioria absoluta de seus membros, estabelecerá as alíquotas aplicáveis às operações e prestações, interestaduais e de exportação;

V – é facultado ao Senado Federal:

a) estabelecer alíquotas mínimas nas operações internas, mediante resolução de iniciativa de um terço e aprovada pela maioria absoluta de seus membros;

b) fixar alíquotas máximas nas mesmas operações para resolver conflito específico que envolva interesse de Estados, mediante resolução de iniciativa da maioria absoluta e aprovada por dois terços de seus membros;

VI – salvo deliberação em contrário dos Estados e do Distrito Federal, nos termos do disposto no inciso XII, *g*, as alíquotas internas, nas operações relativas à circulação de mercadorias e nas prestações de serviços, não poderão ser inferiores às previstas para as operações interestaduais;

VII – em relação às operações e prestações que destinem bens e serviços a consumidor final localizado em outro Estado, adotar-se-á:

a) a alíquota interestadual, quando o destinatário for contribuinte do imposto;

b) a alíquota interna, quando o destinatário não for contribuinte dele;

VIII – na hipótese da alínea *a* do inciso anterior, caberá ao Estado da localização do destinatário o imposto correspondente à diferença entre a alíquota interna e a interestadual;

IX – incidirá também:

a) sobre a entrada de bem ou mercadoria importados do exterior por pessoa física ou jurídica, ainda que não seja contribuinte habitual do imposto, qualquer que seja a sua finalidade, assim como sobre o serviço prestado no exterior, cabendo o imposto ao Estado onde estiver situado o domicílio ou o estabelecimento do destinatário da mercadoria, bem ou serviço;

b) sobre o valor total da operação, quando mercadorias forem fornecidas com serviços não compreendidos na competência tributária dos Municípios;

X – não incidirá:

a) sobre operações que destinem mercadorias para o exterior, nem sobre serviços prestados a destinatários no exterior, assegurada a manutenção e o aproveitamento do montante do imposto cobrado nas operações e prestações anteriores;

b) sobre operações que destinem a outros Estados petróleo, inclusive lubrificantes, combustíveis líquidos e gasosos dele derivados, e energia elétrica;

c) sobre o ouro, nas hipóteses definidas no art. 153.°, § 5.°;

d) nas prestações de serviço de comunicação nas modalidades de radiodifusão sonora e de sons e imagens de recepção livre e gratuita;

XI – não compreenderá, em sua base de cálculo, o montante do imposto sobre produtos industrializados, quando a operação, realizada entre contribuintes e relativa a produto destinado à industrialização ou à comercialização, configure fato gerador dos dois impostos;

XII – cabe à lei complementar:

a) definir seus contribuintes;

b) dispor sobre substituição tributária;

c) disciplinar o regime de compensação do imposto;

d) fixar, para efeito de sua cobrança e definição do estabelecimento responsável, o local das operações relativas à circulação de mercadorias e das prestações de serviços;

e) excluir da incidência do imposto, nas exportações para o exterior, serviços e outros produtos além dos mencionados no inciso X, *a*;

f) prever casos de manutenção de crédito, relativamente à remessa para outro Estado e exportação para o exterior, de serviços e de mercadorias;

g) regular a forma como, mediante deliberação dos Estados e do Distrito Federal, isenções, incentivos e benefícios fiscais serão concedidos e revogados.

h) definir os combustíveis e lubrificantes sobre os quais o imposto incidirá uma única vez, qualquer que seja a sua finalidade, hipótese em que não se aplicará o disposto no inciso X, *b*;

i) fixar a base de cálculo, de modo que o montante do imposto a integre, também na importação do exterior de bem, mercadoria ou serviço.

§ 3.° À exceção dos impostos de que tratam o inciso II do *caput* deste artigo e o art. 153.°, I e II, nenhum outro imposto poderá incidir sobre operações relativas a energia elétrica, serviços de telecomunicações, derivados de petróleo, combustíveis e minerais do País.

§ 4.º Na hipótese do inciso XII, *h*, observar-se-á o seguinte:

I – nas operações com os lubrificantes e combustíveis derivados de petróleo, o imposto caberá ao Estado onde ocorrer o consumo;

II – nas operações interestaduais, entre contribuintes, com gás natural e seus derivados, e lubrificantes e combustíveis não incluídos no inciso I deste parágrafo, o imposto será repartido entre os Estados de origem e de destino, mantendo-se a mesma proporcionalidade que ocorre nas operações com as demais mercadorias;

III – nas operações interestaduais com gás natural e seus derivados, e lubrificantes e combustíveis não incluídos no inciso I deste parágrafo, destinadas a não contribuinte, o imposto caberá ao Estado de origem;

IV – as alíquotas do imposto serão definidas mediante deliberação dos Estados e Distrito Federal, nos termos do § 2.º, XII, *g*, observando-se o seguinte:

a) serão uniformes em todo o território nacional, podendo ser diferenciadas por produto;

b) poderão ser específicas, por unidade de medida adotada, ou *ad valorem*, incidindo sobre o valor da operação ou sobre o preço que o produto ou seu similar alcançaria em uma venda em condições de livre concorrência;

c) poderão ser reduzidas e restabelecidas, não se lhes aplicando o disposto no art. 150.º, III, *b*.

§ 5.º As regras necessárias à aplicação do disposto no § 4.º, inclusive as relativas à apuração e à destinação do imposto, serão estabelecidas mediante deliberação dos Estados e do Distrito Federal, nos termos do § 2.º, XII, *g*.

§ 6.º O imposto previsto no inciso III:

I – terá alíquotas mínimas fixadas pelo Senado Federal;

II – poderá ter alíquotas diferenciadas em função do tipo e utilização.

SEÇÃO V – **Dos Impostos dos Municípios**

Artigo 156.º

Compete aos Municípios instituir impostos sobre:

I – propriedade predial e territorial urbana;

II – transmissão *inter vivos*, a qualquer título, por ato oneroso, de bens imóveis, por natureza ou acessão física, e de direitos reais sobre imóveis, exceto os de garantia, bem como cessão de direitos a sua aquisição;

III – serviços de qualquer natureza, não compreendidos no art. 155.º, II, definidos em lei complementar.

IV – (*Revogado*).

§ 1.º Sem prejuízo da progressividade no tempo a que se refere o art. 182.º, § 4.º, inciso II, o imposto previsto no inciso I poderá:

I – ser progressivo em razão do valor do imóvel; e

II – ter alíquotas diferentes de acordo com a localização e o uso do imóvel.

§ 2.º O imposto previsto no inciso II:

I – não incide sobre a transmissão de bens ou direitos incorporados ao patrimônio de pessoa jurídica em realização de capital, nem sobre a transmissão de bens ou direitos decorrente de fusão, incorporação, cisão ou extinção de pessoa jurídica, salvo se, nesses casos, a atividade preponderante do adquirente for a compra e venda desses bens ou direitos, locação de bens imóveis ou arrendamento mercantil;

II – compete ao Município da situação do bem.

§ 3.º Em relação ao imposto previsto no inciso III do *caput* deste artigo, cabe à lei complementar:
I – fixar as suas alíquotas máximas e mínimas;
II – excluir da sua incidência exportações de serviços para o exterior;
III – regular a forma e as condições como isenções, incentivos e benefícios fiscais serão concedidos e revogados.
§ 4.º (*Revogado*).

SEÇÃO VI – Da Repartição das Receitas Tributárias

Artigo 157.º
Pertencem aos Estados e ao Distrito Federal:
I – o produto da arrecadação do imposto da União sobre renda e proventos de qualquer natureza, incidente na fonte sobre rendimentos pagos, a qualquer título, por eles, suas autarquias e pelas fundações que instituírem e mantiverem;
II – vinte por cento do produto da arrecadação do imposto que a União instituir no exercício da competência que lhe é atribuída pelo art. 154.º, I.

Artigo 158.º
Pertencem aos Municípios:
I – o produto da arrecadação do imposto da União sobre renda e proventos de qualquer natureza, incidente na fonte sobre rendimentos pagos, a qualquer título, por eles, suas autarquias e pelas fundações que instituírem e mantiverem;
II – cinqüenta por cento do produto da arrecadação do imposto da União sobre a propriedade territorial rural, relativamente aos imóveis neles situados, cabendo a totalidade na hipótese da opção a que se refere o art. 153.º, § 4.º, III;
III – cinqüenta por cento do produto da arrecadação do imposto do Estado sobre a propriedade de veículos automotores licenciados em seus territórios;
IV – vinte e cinco por cento do produto da arrecadação do imposto do Estado sobre operações relativas à circulação de mercadorias e sobre prestações de serviços de transporte interestadual e intermunicipal e de comunicação.
Parágrafo único. As parcelas de receita pertencentes aos Municípios, mencionadas no inciso IV, serão creditadas conforme os seguintes critérios:
I – três quartos, no mínimo, na proporção do valor adicionado nas operações relativas à circulação de mercadorias e nas prestações de serviços, realizadas em seus territórios;
II – até um quarto, de acordo com o que dispuser lei estadual ou, no caso dos Territórios, lei federal.

Artigo 159.º
A União entregará:
I – do produto da arrecadação dos impostos sobre renda e proventos de qualquer natureza e sobre produtos industrializados, quarenta e sete por cento na seguinte forma:
  a) vinte e um inteiros e cinco décimos por cento ao Fundo de Participação dos Estados e do Distrito Federal;
  b) vinte e dois inteiros e cinco décimos por cento ao Fundo de Participação dos Municípios;
  c) três por cento, para aplicação em programas de financiamento ao setor produtivo das Regiões Norte, Nordeste e Centro-Oeste, através de suas instituições financeiras

de caráter regional, de acordo com os planos regionais de desenvolvimento, ficando assegurada ao semi-árido do Nordeste a metade dos recursos destinados à região, na forma que a lei estabelecer;

II – do produto da arrecadação do imposto sobre produtos industrializados, dez por cento aos Estados e ao Distrito Federal, proporcionalmente ao valor das respectivas exportações de produtos industrializados.

III – do produto da arrecadação da contribuição de intervenção no domínio econômico prevista no art. 177.°, § 4.°, 29% (vinte e nove por cento) para os Estados e o Distrito Federal, distribuídos na forma da lei, observada a destinação a que se refere o inciso II, c, do referido parágrafo.

§ 1.° Para efeito de cálculo da entrega a ser efetuada de acordo com o previsto no inciso I, excluir-se-á a parcela da arrecadação do imposto de renda e proventos de qualquer natureza pertencente aos Estados, ao Distrito Federal e aos Municípios, nos termos do disposto nos arts. 157.°, I, e 158.°, I.

§ 2.° A nenhuma unidade federada poderá ser destinada parcela superior a vinte por cento do montante a que se refere o inciso II, devendo o eventual excedente ser distribuído entre os demais participantes, mantido, em relação a esses, o critério de partilha nele estabelecido.

§ 3.° Os Estados entregarão aos respectivos Municípios vinte e cinco por cento dos recursos que receberem nos termos do inciso II, observados os critérios estabelecidos no art. 158.°, parágrafo único, I e II.

§ 4.° Do montante de recursos de que trata o inciso III que cabe a cada Estado, vinte e cinco por cento serão destinados aos seus Municípios, na forma da lei a que se refere o mencionado inciso.

Artigo 160.°

É vedada a retenção ou qualquer restrição à entrega e ao emprego dos recursos atribuídos, nesta Seção, aos Estados, ao Distrito Federal e aos Municípios, neles compreendidos adicionais e acréscimos relativos a impostos.

Parágrafo único. A vedação prevista neste artigo não impede a União e os Estados de condicionarem a entrega de recursos:

I – ao pagamento de seus créditos, inclusive de suas autarquias;
II – ao cumprimento do disposto no art. 198.°, § 2.°, incisos II e III.

Artigo 161.°

Cabe à lei complementar:

I – definir valor adicionado para fins do disposto no art. 158.°, parágrafo único, I;
II – estabelecer normas sobre a entrega dos recursos de que trata o art. 159.°, especialmente sobre os critérios de rateio dos fundos previstos em seu inciso I, objetivando promover o equilíbrio sócio-econômico entre Estados e entre Municípios;
III – dispor sobre o acompanhamento, pelos beneficiários, do cálculo das quotas e da liberação das participações previstas nos arts. 157.°, 158.° e 159.°

Parágrafo único. O Tribunal de Contas da União efetuará o cálculo das quotas referentes aos fundos de participação a que alude o inciso II.

Artigo 162.°

A União, os Estados, o Distrito Federal e os Municípios divulgarão, até o último dia do mês subseqüente ao da arrecadação, os montantes de cada um dos tributos arrecadados, os recursos recebidos, os valores de origem tributária entregues e a entregar e a expressão numérica dos critérios de rateio.

Parágrafo único. Os dados divulgados pela União serão discriminados por Estado e por Município; os dos Estados, por Município.

CAPÍTULO II – **Das Finanças Públicas**

SEÇÃO I – **Normas Gerais**

Artigo 163.º

Lei complementar disporá sobre:
I – finanças públicas;
II – dívida pública externa e interna, incluída a das autarquias, fundações e demais entidades controladas pelo poder público;
III – concessão de garantias pelas entidades públicas;
IV – emissão e resgate de títulos da dívida pública;
V – fiscalização financeira da administração pública direta e indireta;
VI – operações de câmbio realizadas por órgãos e entidades da União, dos Estados, do Distrito Federal e dos Municípios;
VII – compatibilização das funções das instituições oficiais de crédito da União, resguardadas as características e condições operacionais plenas das voltadas ao desenvolvimento regional.

Artigo 164.º

A competência da União para emitir moeda será exercida exclusivamente pelo Banco Central.

§ 1.º É vedado ao Banco Central conceder, direta ou indiretamente, empréstimos ao Tesouro Nacional e a qualquer órgão ou entidade que não seja instituição financeira.

§ 2.º O Banco Central poderá comprar e vender títulos de emissão do Tesouro Nacional, com o objetivo de regular a oferta de moeda ou a taxa de juros.

§ 3.º As disponibilidades de caixa da União serão depositadas no Banco Central; as dos Estados, do Distrito Federal, dos Municípios e dos órgãos ou entidades do poder público e das empresas por ele controladas, em instituições financeiras oficiais, ressalvados os casos previstos em lei.

SEÇÃO II – **Dos Orçamentos**

Artigo 165.º

Leis de iniciativa do Poder Executivo estabelecerão:
I – o plano plurianual;
II – as diretrizes orçamentárias;
III – os orçamentos anuais.

§ 1.º A lei que instituir o plano plurianual estabelecerá, de forma regionalizada, as diretrizes, objetivos e metas da administração pública federal para as despesas de capital e outras delas decorrentes e para as relativas aos programas de duração continuada.

§ 2.º A lei de diretrizes orçamentárias compreenderá as metas e prioridades da administração pública federal, incluindo as despesas de capital para o exercício financeiro subseqüente, orientará a elaboração da lei orçamentária anual, disporá sobre as alterações na legislação tributária e estabelecerá a política de aplicação das agências financeiras oficiais de fomento.

§ 3.º O Poder Executivo publicará, até trinta dias após o encerramento de cada bimestre, relatório resumido da execução orçamentária.

§ 4.º Os planos e programas nacionais, regionais e setoriais previstos nesta Constituição serão elaborados em consonância com o plano plurianual e apreciados pelo Congresso Nacional.

§ 5.º A lei orçamentária anual compreenderá:

I – o orçamento fiscal referente aos Poderes da União, seus fundos, órgãos e entidades da administração direta e indireta, inclusive fundações instituídas e mantidas pelo poder público;

II – o orçamento de investimento das empresas em que a União, direta ou indiretamente, detenha a maioria do capital social com direito a voto;

III – o orçamento da seguridade social, abrangendo todas as entidades e órgãos a ela vinculados, da administração direta ou indireta, bem como os fundos e fundações instituídos e mantidos pelo poder público.

§ 6.º O projeto de lei orçamentária será acompanhado de demonstrativo regionalizado do efeito, sobre as receitas e despesas, decorrente de isenções, anistias, remissões, subsídios e benefícios de natureza financeira, tributária e creditícia.

§ 7.º Os orçamentos previstos no § 5.º, I e II, deste artigo, compatibilizados com o plano plurianual, terão entre suas funções a de reduzir desigualdades inter-regionais, segundo critério populacional.

§ 8.º A lei orçamentária anual não conterá dispositivo estranho à previsão da receita e à fixação da despesa, não se incluindo na proibição a autorização para abertura de créditos suplementares e contratação de operações de crédito, ainda que por antecipação de receita, nos termos da lei.

§ 9.º Cabe à lei complementar:

I – dispor sobre o exercício financeiro, a vigência, os prazos, a elaboração e a organização do plano plurianual, da lei de diretrizes orçamentárias e da lei orçamentária anual;

II – estabelecer normas de gestão financeira e patrimonial da administração direta e indireta, bem como condições para a instituição e funcionamento de fundos.

Artigo 166.º

Os projetos de lei relativos ao plano plurianual, às diretrizes orçamentárias, ao orçamento anual e aos créditos adicionais serão apreciados pelas duas Casas do Congresso Nacional, na forma do regimento comum.

§ 1.º Caberá a uma comissão mista permanente de Senadores e Deputados:

I – examinar e emitir parecer sobre os projetos referidos neste artigo e sobre as contas apresentadas anualmente pelo Presidente da República;

II – examinar e emitir parecer sobre os planos e programas nacionais, regionais e setoriais previstos nesta Constituição e exercer o acompanhamento e a fiscalização orçamentária, sem prejuízo da atuação das demais comissões do Congresso Nacional e de suas Casas, criadas de acordo com o art. 58.º

§ 2.º As emendas serão apresentadas na comissão mista, que sobre elas emitirá parecer, e apreciadas, na forma regimental, pelo plenário das duas Casas do Congresso Nacional.

§ 3.º As emendas ao projeto de lei do orçamento anual ou aos projetos que o modifiquem somente podem ser aprovadas caso:

I – sejam compatíveis com o plano plurianual e com a lei de diretrizes orçamentárias;

II – indiquem os recursos necessários, admitidos apenas os provenientes de anulação de despesa, excluídas as que incidam sobre:

a) dotações para pessoal e seus encargos;

b) serviço da dívida;
c) transferências tributárias constitucionais para Estados, Municípios e o Distrito Federal; ou
III – sejam relacionadas:
a) com a correção de erros ou omissões; ou
b) com os dispositivos do texto do projeto de lei.
§ 4.° As emendas ao projeto de lei de diretrizes orçamentárias não poderão ser aprovadas quando incompatíveis com o plano plurianual.
§ 5.° O Presidente da República poderá enviar mensagem ao Congresso Nacional para propor modificação nos projetos a que se refere este artigo enquanto não iniciada a votação, na comissão mista, da parte cuja alteração é proposta.
§ 6.° Os projetos de lei do plano plurianual, das diretrizes orçamentárias e do orçamento anual serão enviados pelo Presidente da República ao Congresso Nacional, nos termos da lei complementar a que se refere o art. 165.°, § 9.°
§ 7.° Aplicam-se aos projetos mencionados neste artigo, no que não contrariar o disposto nesta Seção, as demais normas relativas ao processo legislativo.
§ 8.° Os recursos que, em decorrência de veto, emenda ou rejeição do projeto de lei orçamentária anual, ficarem sem despesas correspondentes poderão ser utilizados, conforme o caso, mediante créditos especiais ou suplementares, com prévia e específica autorização legislativa.

Artigo 167.°

São vedados:
I – o início de programas ou projetos não incluídos na lei orçamentária anual;
II – a realização de despesas ou a assunção de obrigações diretas que excedam os créditos orçamentários ou adicionais;
III – a realização de operações de créditos que excedam o montante das despesas de capital, ressalvadas as autorizadas mediante créditos suplementares ou especiais com finalidade precisa, aprovados pelo Poder Legislativo por maioria absoluta;
IV – a vinculação de receita de impostos a órgão, fundo ou despesa, ressalvadas a repartição do produto da arrecadação dos impostos a que se referem os arts. 158.° e 159.°, a destinação de recursos para as ações e serviços públicos de saúde, para manutenção e desenvolvimento do ensino e para realização de atividades da administração tributária, como determinado, respectivamente, pelos arts. 198.°, § 2.°, 212.° e 37.°, XXII, e a prestação de garantias às operações de crédito por antecipação de receita, previstas no art. 165.°, § 8.°, bem como o disposto no § 4.° deste artigo;
V – a abertura de crédito suplementar ou especial sem prévia autorização legislativa e sem indicação dos recursos correspondentes;
VI – a transposição, o remanejamento ou a transferência de recursos de uma categoria de programação para outra ou de um órgão para outro, sem prévia autorização legislativa;
VII – a concessão ou utilização de créditos ilimitados;
VIII – a utilização, sem autorização legislativa específica, de recursos dos orçamentos fiscal e da seguridade social para suprir necessidade ou cobrir déficit de empresas, fundações e fundos, inclusive dos mencionados no art. 165.°, § 5.°;
IX – a instituição de fundos de qualquer natureza, sem prévia autorização legislativa;
X – a transferência voluntária de recursos e a concessão de empréstimos, inclusive por antecipação de receita, pelos Governos Federal e Estaduais e suas instituições financeiras, para pagamento de despesas com pessoal ativo, inativo e pensionista, dos Estados, do Distrito Federal e dos Municípios;

XI – a utilização dos recursos provenientes das contribuições sociais de que trata o art. 195.°, I, *a*, e II, para a realização de despesas distintas do pagamento de benefícios do regime geral de previdência social de que trata o art. 201.°

§ 1.° Nenhum investimento cuja execução ultrapasse um exercício financeiro poderá ser iniciado sem prévia inclusão no plano plurianual, ou sem lei que autorize a inclusão, sob pena de crime de responsabilidade.

§ 2.° Os créditos especiais e extraordinários terão vigência no exercício financeiro em que forem autorizados, salvo se o ato de autorização for promulgado nos últimos quatro meses daquele exercício, caso em que, reabertos nos limites de seus saldos, serão incorporados ao orçamento do exercício financeiro subseqüente.

§ 3.° A abertura de crédito extraordinário somente será admitida para atender a despesas imprevisíveis e urgentes, como as decorrentes de guerra, comoção interna ou calamidade pública, observado o disposto no art. 62.°

§ 4.° É permitida a vinculação de receitas próprias geradas pelos impostos a que se referem os arts. 155.° e 156.°, e dos recursos de que tratam os arts. 157.°, 158.° e 159.°, I, *a* e *b*, e II, para a prestação de garantia ou contragarantia à União e para pagamento de débitos para com esta.

Artigo 168.°

Os recursos correspondentes às dotações orçamentárias, compreendidos os créditos suplementares e especiais, destinados aos órgãos dos Poderes Legislativo e Judiciário, do Ministério Público e da Defensoria Pública, ser-lhes-ão entregues até o dia 20 de cada mês, em duodécimos, na forma da lei complementar a que se refere o art. 165.°, § 9.°

Artigo 169.°

A despesa com pessoal ativo e inativo da União, dos Estados, do Distrito Federal e dos Municípios não poderá exceder os limites estabelecidos em lei complementar.

§ 1.° A concessão de qualquer vantagem ou aumento de remuneração, a criação de cargos, empregos e funções ou alteração de estrutura de carreiras, bem como a admissão ou contratação de pessoal, a qualquer título, pelos órgãos e entidades da administração direta ou indireta, inclusive fundações instituídas e mantidas pelo poder público, só poderão ser feitas:

I – se houver prévia dotação orçamentária suficiente para atender às projeções de despesa de pessoal e aos acréscimos dela decorrentes;

II – se houver autorização específica na lei de diretrizes orçamentárias, ressalvadas as empresas públicas e as sociedades de economia mista.

§ 2.° Decorrido o prazo estabelecido na lei complementar referida neste artigo para a adaptação aos parâmetros ali previstos, serão imediatamente suspensos todos os repasses de verbas federais ou estaduais aos Estados, ao Distrito Federal e aos Municípios que não observarem os referidos limites.

§ 3.° Para o cumprimento dos limites estabelecidos com base neste artigo, durante o prazo fixado na lei complementar referida no *caput*, a União, os Estados, o Distrito Federal e os Municípios adotarão as seguintes providências:

I – redução em pelo menos vinte por cento das despesas com cargos em comissão e funções de confiança;

II – exoneração dos servidores não estáveis.

§ 4.° Se as medidas adotadas com base no parágrafo anterior não forem suficientes para assegurar o cumprimento da determinação da lei complementar referida neste artigo, o servidor estável poderá perder o cargo, desde que ato normativo motivado de cada um dos Poderes especifique a atividade funcional, o órgão ou unidade administrativa objeto da redução de pessoal.

§ 5.° O servidor que perder o cargo na forma do parágrafo anterior fará jus a indenização correspondente a um mês de remuneração por ano de serviço.

§ 6.° O cargo objeto da redução prevista nos parágrafos anteriores será considerado extinto, vedada a criação de cargo, emprego ou função com atribuições iguais ou assemelhadas pelo prazo de quatro anos.

§ 7.° Lei federal disporá sobre as normas gerais a serem obedecidas na efetivação do disposto no § 4.°

TÍTULO VII
DA ORDEM ECONÔMICA E FINANCEIRA

CAPÍTULO I – Dos Princípios Gerais da Atividade Econômica

Artigo 170.°

A ordem econômica, fundada na valorização do trabalho humano e na livre iniciativa, tem por fim assegurar a todos existência digna, conforme os ditames da justiça social, observados os seguintes princípios:

I – soberania nacional;
II – propriedade privada;
III – função social da propriedade;
IV – livre concorrência;
V – defesa do consumidor;
VI – defesa do meio ambiente, inclusive mediante tratamento diferenciado conforme o impacto ambiental dos produtos e serviços e de seus processos de elaboração e prestação;
VII – redução das desigualdades regionais e sociais;
VIII – busca do pleno emprego;
IX – tratamento favorecido para as empresas de pequeno porte constituídas sob as leis brasileiras e que tenham sua sede e administração no País.

Parágrafo único. É assegurado a todos o livre exercício de qualquer atividade econômica, independentemente de autorização de órgãos públicos, salvo nos casos previstos em lei.

Artigo 171.°

(*Revogado*).

Artigo 172.°

A lei disciplinará, com base no interesse nacional, os investimentos de capital estrangeiro, incentivará os reinvestimentos e regulará a remessa de lucros.

Artigo 173.°

Ressalvados os casos previstos nesta Constituição, a exploração direta de atividade econômica pelo Estado só será permitida quando necessária aos imperativos da segurança nacional ou a relevante interesse coletivo, conforme definidos em lei.

§ 1.° A lei estabelecerá o estatuto jurídico da empresa pública, da sociedade de economia mista e de suas subsidiárias que explorem atividade econômica de produção ou comercialização de bens ou de prestação de serviços, dispondo sobre:

I – sua função social e formas de fiscalização pelo Estado e pela sociedade;

II – a sujeição ao regime jurídico próprio das empresas privadas, inclusive quanto aos direitos e obrigações civis, comerciais, trabalhistas e tributários;
III – licitação e contratação de obras, serviços, compras e alienações, observados os princípios da administração pública;
IV – a constituição e o funcionamento dos conselhos de administração e fiscal, com a participação de acionistas minoritários;
V – os mandatos, a avaliação de desempenho e a responsabilidade dos administradores.
§ 2.° As empresas públicas e as sociedades de economia mista não poderão gozar de privilégios fiscais não extensivos às do setor privado.
§ 3.° A lei regulamentará as relações da empresa pública com o Estado e a sociedade.
§ 4.° A lei reprimirá o abuso do poder econômico que vise à dominação dos mercados, à eliminação da concorrência e ao aumento arbitrário dos lucros.
§ 5.° A lei, sem prejuízo da responsabilidade individual dos dirigentes da pessoa jurídica, estabelecerá a responsabilidade desta, sujeitando-a às punições compatíveis com sua natureza, nos atos praticados contra a ordem econômica e financeira e contra a economia popular.

Artigo 174.°

Como agente normativo e regulador da atividade econômica, o Estado exercerá, na forma da lei, as funções de fiscalização, incentivo e planejamento, sendo este determinante para o setor público e indicativo para o setor privado.
§ 1.° A lei estabelecerá as diretrizes e bases do planejamento do desenvolvimento nacional equilibrado, o qual incorporará e compatibilizará os planos nacionais e regionais de desenvolvimento.
§ 2.° A lei apoiará e estimulará o cooperativismo e outras formas de associativismo.
§ 3.° O Estado favorecerá a organização da atividade garimpeira em cooperativas, levando em conta a proteção do meio ambiente e a promoção econômico-social dos garimpeiros.
§ 4.° As cooperativas a que se refere o parágrafo anterior terão prioridade na autorização ou concessão para pesquisa e lavra dos recursos e jazidas de minerais garimpáveis, nas áreas onde estejam atuando, e naquelas fixadas de acordo com o art. 21.°, XXV, na forma da lei.

Artigo 175.°

Incumbe ao poder público, na forma da lei, diretamente ou sob regime de concessão ou permissão, sempre através de licitação, a prestação de serviços públicos.
Parágrafo único. A lei disporá sobre:
I – o regime das empresas concessionárias e permissionárias de serviços públicos, o caráter especial de seu contrato e de sua prorrogação, bem como as condições de caducidade, fiscalização e rescisão da concessão ou permissão;
II – os direitos dos usuários;
III – política tarifária;
IV – a obrigação de manter serviço adequado.

Artigo 176.°

As jazidas, em lavra ou não, e demais recursos minerais e os potenciais de energia hidráulica constituem propriedade distinta da do solo, para efeito de exploração ou aproveitamento, e pertencem à União, garantida ao concessionário a propriedade do produto da lavra.

§ 1.º A pesquisa e a lavra de recursos minerais e o aproveitamento dos potenciais a que se refere o *caput* deste artigo somente poderão ser efetuados mediante autorização ou concessão da União, no interesse nacional, por brasileiros ou empresa constituída sob as leis brasileiras e que tenha sua sede e administração no País, na forma da lei, que estabelecerá as condições específicas quando essas atividades se desenvolverem em faixa de fronteira ou terras indígenas.

§ 2.º É assegurada participação ao proprietário do solo nos resultados da lavra, na forma e no valor que dispuser a lei.

§ 3.º A autorização de pesquisa será sempre por prazo determinado, e as autorizações e concessões previstas neste artigo não poderão ser cedidas ou transferidas, total ou parcialmente, sem prévia anuência do Poder concedente.

§ 4.º Não dependerá de autorização ou concessão o aproveitamento do potencial de energia renovável de capacidade reduzida.

Artigo 177.º

Constituem monopólio da União:

I – a pesquisa e a lavra das jazidas de petróleo e gás natural e outros hidrocarbonetos fluidos;

II – a refinação do petróleo nacional ou estrangeiro;

III – a importação e exportação dos produtos e derivados básicos resultantes das atividades previstas nos incisos anteriores;

IV – o transporte marítimo do petróleo bruto de origem nacional ou de derivados básicos de petróleo produzidos no País, bem assim o transporte, por meio de conduto, de petróleo bruto, seus derivados e gás natural de qualquer origem;

V – a pesquisa, a lavra, o enriquecimento, o reprocessamento, a industrialização e o comércio de minérios e minerais nucleares e seus derivados, com exceção dos radioisótopos cuja produção, comercialização e utilização poderão ser autorizadas sob regime de permissão, conforme as alíneas *b* e *c* do inciso XXIII do *caput* do art. 21.º desta Constituição Federal.

§ 1.º A União poderá contratar com empresas estatais ou privadas a realização das atividades previstas nos incisos I a IV deste artigo, observadas as condições estabelecidas em lei.

§ 2.º A lei a que se refere o § 1.º disporá sobre:

I – a garantia do fornecimento dos derivados de petróleo em todo o território nacional;

II – as condições de contratação;

III – a estrutura e atribuições do órgão regulador do monopólio da União.

§ 3.º A lei disporá sobre o transporte e a utilização de materiais radioativos no território nacional.

§ 4.º A lei que instituir contribuição de intervenção no domínio econômico relativa às atividades de importação ou comercialização de petróleo e seus derivados, gás natural e seus derivados e álcool combustível deverá atender aos seguintes requisitos:

I – a alíquota da contribuição poderá ser:

a) diferenciada por produto ou uso;

b) reduzida e restabelecida por ato do Poder Executivo, não se lhe aplicando o disposto no art. 150.º, III, *b*;

II – os recursos arrecadados serão destinados:

a) ao pagamento de subsídios a preços ou transporte de álcool combustível, gás natural e seus derivados e derivados de petróleo;

b) ao financiamento de projetos ambientais relacionados com a indústria do petróleo e do gás;
c) ao financiamento de programas de infra-estrutura de transportes.

Artigo 178.º

A lei disporá sobre a ordenação dos transportes aéreo, aquático e terrestre, devendo, quanto à ordenação do transporte internacional, observar os acordos firmados pela União, atendido o princípio da reciprocidade.

Parágrafo único. Na ordenação do transporte aquático, a lei estabelecerá as condições em que o transporte de mercadorias na cabotagem e a navegação interior poderão ser feitos por embarcações estrangeiras.

Artigo 179.º

A União, os Estados, o Distrito Federal e os Municípios dispensarão às microempresas e às empresas de pequeno porte, assim definidas em lei, tratamento jurídico diferenciado, visando a incentivá-las pela simplificação de suas obrigações administrativas, tributárias, previdenciárias e creditícias, ou pela eliminação ou redução destas por meio de lei.

Artigo 180.º

A União, os Estados, o Distrito Federal e os Municípios promoverão e incentivarão o turismo como fator de desenvolvimento social e econômico.

Artigo 181.º

O atendimento de requisição de documento ou informação de natureza comercial, feita por autoridade administrativa ou judiciária estrangeira, a pessoa física ou jurídica residente ou domiciliada no País dependerá de autorização do Poder competente.

CAPÍTULO II – Da Política Urbana

Artigo 182.º

A política de desenvolvimento urbano, executada pelo poder público municipal, conforme diretrizes gerais fixadas em lei, tem por objetivo ordenar o pleno desenvolvimento das funções sociais da cidade e garantir o bem-estar de seus habitantes.

§ 1.º O plano diretor, aprovado pela Câmara Municipal, obrigatório para cidades com mais de vinte mil habitantes, é o instrumento básico da política de desenvolvimento e de expansão urbana.

§ 2.º A propriedade urbana cumpre sua função social quando atende às exigências fundamentais de ordenação da cidade expressas no plano diretor.

§ 3.º As desapropriações de imóveis urbanos serão feitas com prévia e justa indenização em dinheiro.

§ 4.º É facultado ao poder público municipal, mediante lei específica para área incluída no plano diretor, exigir, nos termos da lei federal, do proprietário do solo urbano não edificado, subutilizado ou não utilizado que promova seu adequado aproveitamento, sob pena, sucessivamente, de:

I – parcelamento ou edificação compulsórios;
II – imposto sobre a propriedade predial e territorial urbana progressivo no tempo;
III – desapropriação com pagamento mediante títulos da dívida pública de emissão previamente aprovada pelo Senado Federal, com prazo de resgate de até dez anos,

em parcelas anuais, iguais e sucessivas, assegurados o valor real da indenização e os juros legais.

Artigo 183.º

Aquele que possuir como sua área urbana de até duzentos e cinqüenta metros quadrados, por cinco anos, ininterruptamente e sem oposição, utilizando-a para sua moradia ou de sua família, adquirir-lhe-á o domínio, desde que não seja proprietário de outro imóvel urbano ou rural.

§ 1.º O título de domínio e a concessão de uso serão conferidos ao homem ou à mulher, ou a ambos, independentemente do estado civil.

§ 2.º Esse direito não será reconhecido ao mesmo possuidor mais de uma vez.

§ 3.º Os imóveis públicos não serão adquiridos por usucapião.

CAPÍTULO III – Da Política Agrícola e Fundiária e da Reforma Agrária

Artigo 184.º

Compete à União desapropriar por interesse social, para fins de reforma agrária, o imóvel rural que não esteja cumprindo sua função social, mediante prévia e justa indenização em títulos da dívida agrária, com cláusula de preservação do valor real, resgatáveis no prazo de até vinte anos, a partir do segundo ano de sua emissão, e cuja utilização será definida em lei.

§ 1.º As benfeitorias úteis e necessárias serão indenizadas em dinheiro.

§ 2.º O decreto que declarar o imóvel como de interesse social, para fins de reforma agrária, autoriza a União a propor a ação de desapropriação.

§ 3.º Cabe à lei complementar estabelecer procedimento contraditório especial, de rito sumário, para o processo judicial de desapropriação.

§ 4.º O orçamento fixará anualmente o volume total de títulos da dívida agrária, assim como o montante de recursos para atender ao programa de reforma agrária no exercício.

§ 5.º São isentas de impostos federais, estaduais e municipais as operações de transferência de imóveis desapropriados para fins de reforma agrária.

Artigo 185.º

São insuscetíveis de desapropriação para fins de reforma agrária:

I – a pequena e média propriedade rural, assim definida em lei, desde que seu proprietário não possua outra;

II – a propriedade produtiva.

Parágrafo único. A lei garantirá tratamento especial à propriedade produtiva e fixará normas para o cumprimento dos requisitos relativos a sua função social.

Artigo 186.º

A função social é cumprida quando a propriedade rural atende, simultaneamente, segundo critérios e graus de exigência estabelecidos em lei, aos seguintes requisitos:

I – aproveitamento racional e adequado;

II – utilização adequada dos recursos naturais disponíveis e preservação do meio ambiente;

III – observância das disposições que regulam as relações de trabalho;

IV – exploração que favoreça o bem-estar dos proprietários e dos trabalhadores.

Artigo 187.º
A política agrícola será planejada e executada na forma da lei, com a participação efetiva do setor de produção, envolvendo produtores e trabalhadores rurais, bem como dos setores de comercialização, de armazenamento e de transportes, levando em conta, especialmente:
I – os instrumentos creditícios e fiscais;
II – os preços compatíveis com os custos de produção e a garantia de comercialização;
III – o incentivo à pesquisa e à tecnologia;
IV – a assistência técnica e extensão rural;
V – o seguro agrícola;
VI – o cooperativismo;
VII – a eletrificação rural e irrigação;
VIII – a habitação para o trabalhador rural.
§ 1.º Incluem-se no planejamento agrícola as atividades agroindustriais, agropecuárias, pesqueiras e florestais.
§ 2.º Serão compatibilizadas as ações de política agrícola e de reforma agrária.

Artigo 188.º
A destinação de terras públicas e devolutas será compatibilizada com a política agrícola e com o plano nacional de reforma agrária.
§ 1.º A alienação ou a concessão, a qualquer título, de terras públicas com área superior a dois mil e quinhentos hectares a pessoa física ou jurídica, ainda que por interposta pessoa, dependerá de prévia aprovação do Congresso Nacional.
§ 2.º Excetuam-se do disposto no parágrafo anterior as alienações ou as concessões de terras públicas para fins de reforma agrária.

Artigo 189.º
Os beneficiários da distribuição de imóveis rurais pela reforma agrária receberão títulos de domínio ou de concessão de uso, inegociáveis pelo prazo de dez anos.
Parágrafo único. O título de domínio e a concessão de uso serão conferidos ao homem ou à mulher, ou a ambos, independentemente do estado civil, nos termos e condições previstos em lei.

Artigo 190.º
A lei regulará e limitará a aquisição ou o arrendamento de propriedade rural por pessoa física ou jurídica estrangeira e estabelecerá os casos que dependerão de autorização do Congresso Nacional.

Artigo 191.º
Aquele que, não sendo proprietário de imóvel rural ou urbano, possua como seu, por cinco anos ininterruptos, sem oposição, área de terra, em zona rural, não superior a cinqüenta hectares, tornando-a produtiva por seu trabalho ou de sua família, tendo nela sua moradia, adquirir-lhe-á a propriedade.
Parágrafo único. Os imóveis públicos não serão adquiridos por usucapião.

CAPÍTULO IV – **Do Sistema Financeiro Nacional**

Artigo 192.º
O sistema financeiro nacional, estruturado de forma a promover o desenvolvimento equilibrado do País e a servir aos interesses da coletividade, em todas as partes

que o compõem, abrangendo as cooperativas de crédito, será regulado por leis complementares que disporão, inclusive, sobre a participação do capital estrangeiro nas instituições que o integram.
I – (*Revogado*).
II – (*Revogado*).
III – (*Revogado*).
a) (*Revogado*).
b) (*Revogado*).
IV – (*Revogado*).
V – (*Revogado*).
VI – (*Revogado*).
VII – (*Revogado*).
VIII – (*Revogado*).
§ 1.° (*Revogado*).
§ 2.° (*Revogado*).
§ 3.° (*Revogado*).

TÍTULO VIII
DA ORDEM SOCIAL

CAPÍTULO I – Disposição Geral

Artigo 193.°

A ordem social tem como base o primado do trabalho, e como objetivo o bem-estar e a justiça sociais.

CAPÍTULO II – Da Seguridade Social

SEÇÃO I – Disposições Gerais

Artigo 194.°

A seguridade social compreende um conjunto integrado de ações de iniciativa dos poderes públicos e da sociedade, destinadas a assegurar os direitos relativos à saúde, à previdência e à assistência social.
Parágrafo único. Compete ao poder público, nos termos da lei, organizar a seguridade social, com base nos seguintes objetivos:
I – universalidade da cobertura e do atendimento;
II – uniformidade e equivalência dos benefícios e serviços às populações urbanas e rurais;
III – seletividade e distributividade na prestação dos benefícios e serviços;
IV – irredutibilidade do valor dos benefícios;
V – eqüidade na forma de participação no custeio;
VI – diversidade da base de financiamento;
VII – caráter democrático e descentralizado da administração, mediante gestão quadripartite, com participação dos trabalhadores, dos empregadores, dos aposentados e do Governo nos órgãos colegiados.

Artigo 195.º

A seguridade social será financiada por toda a sociedade, de forma direta e indireta, nos termos da lei, mediante recursos provenientes dos orçamentos da União, dos Estados, do Distrito Federal e dos Municípios, e das seguintes contribuições sociais:

I – do empregador, da empresa e da entidade a ela equiparada na forma da lei, incidentes sobre:

a) a folha de salários e demais rendimentos do trabalho pagos ou creditados, a qualquer título, à pessoa física que lhe preste serviço, mesmo sem vínculo empregatício;

b) a receita ou o faturamento;

c) o lucro;

II – do trabalhador e dos demais segurados da previdência social, não incidindo contribuição sobre aposentadoria e pensão concedidas pelo regime geral de previdência social de que trata o art. 201.º;

III – sobre a receita de concursos de prognósticos.

IV – do importador de bens ou serviços do exterior, ou de quem a lei a ele equiparar.

§ 1.º As receitas dos Estados, do Distrito Federal e dos Municípios destinadas à seguridade social constarão dos respectivos orçamentos, não integrando o orçamento da União.

§ 2.º A proposta de orçamento da seguridade social será elaborada de forma integrada pelos órgãos responsáveis pela saúde, previdência social e assistência social, tendo em vista as metas e prioridades estabelecidas na lei de diretrizes orçamentárias, assegurada a cada área a gestão de seus recursos.

§ 3.º A pessoa jurídica em débito com o sistema da seguridade social, como estabelecido em lei, não poderá contratar com o poder público nem dele receber benefícios ou incentivos fiscais ou creditícios.

§ 4.º A lei poderá instituir outras fontes destinadas a garantir a manutenção ou expansão da seguridade social, obedecido o disposto no art. 154.º, I.

§ 5.º Nenhum benefício ou serviço da seguridade social poderá ser criado, majorado ou estendido sem a correspondente fonte de custeio total.

§ 6.º As contribuições sociais de que trata este artigo só poderão ser exigidas após decorridos noventa dias da data da publicação da lei que as houver instituído ou modificado, não se lhes aplicando o disposto no art. 150.º, III, *b*.

§ 7.º São isentas de contribuição para a seguridade social as entidades beneficentes de assistência social que atendam às exigências estabelecidas em lei.

§ 8.º O produtor, o parceiro, o meeiro e o arrendatário rurais e o pescador artesanal, bem como os respectivos cônjuges, que exerçam suas atividades em regime de economia familiar, sem empregados permanentes, contribuirão para a seguridade social mediante a aplicação de uma alíquota sobre o resultado da comercialização da produção e farão jus aos benefícios nos termos da lei.

§ 9.º As contribuições sociais previstas no inciso I do *caput* deste artigo poderão ter alíquotas ou bases de cálculo diferenciadas, em razão da atividade econômica, da utilização intensiva de mão-de-obra, do porte da empresa ou da condição estrutural do mercado de trabalho.

§ 10.º A lei definirá os critérios de transferência de recursos para o sistema único de saúde e ações de assistência social da União para os Estados, o Distrito Federal e os Municípios, e dos Estados para os Municípios, observada a respectiva contrapartida de recursos.

§ 11.º É vedada a concessão de remissão ou anistia das contribuições sociais de que tratam os incisos I, *a*, e II deste artigo, para débitos em montante superior ao fixado em lei complementar.

§ 12.º A lei definirá os setores de atividade econômica para os quais as contribuições incidentes na forma dos incisos I, *b*; e IV do *caput*, serão não-cumulativas.

§ 13.º Aplica-se o disposto no § 12.º inclusive na hipótese de substituição gradual, total ou parcial, da contribuição incidente na forma do inciso I, *a*, pela incidente sobre a receita ou o faturamento.

SEÇÃO II – Da Saúde

Artigo 196.º

A saúde é direito de todos e dever do Estado, garantido mediante políticas sociais e econômicas que visem à redução do risco de doença e de outros agravos e ao acesso universal e igualitário às ações e serviços para sua promoção, proteção e recuperação.

Artigo 197.º

São de relevância pública as ações e serviços de saúde, cabendo ao poder público dispor, nos termos da lei, sobre sua regulamentação, fiscalização e controle, devendo sua execução ser feita diretamente ou através de terceiros e, também, por pessoa física ou jurídica de direito privado.

Artigo 198.º

As ações e serviços públicos de saúde integram uma rede regionalizada e hierarquizada e constituem um sistema único, organizado de acordo com as seguintes diretrizes:

I – descentralização, com direção única em cada esfera de governo;

II – atendimento integral, com prioridade para as atividades preventivas, sem prejuízo dos serviços assistenciais;

III – participação da comunidade.

§ 1.º O sistema único de saúde será financiado, nos termos do art. 195.º, com recursos do orçamento da seguridade social, da União, dos Estados, do Distrito Federal e dos Municípios, além de outras fontes.

§ 2.º A União, os Estados, o Distrito Federal e os Municípios aplicarão, anualmente, em ações e serviços públicos de saúde recursos mínimos derivados da aplicação de percentuais calculados sobre:

I – no caso da União, na forma definida nos termos da lei complementar prevista no § 3.º;

II – no caso dos Estados e do Distrito Federal, o produto da arrecadação dos impostos a que se refere o art. 155.º e dos recursos de que tratam os arts. 157.º e 159.º, inciso I, alínea *a*, e inciso II, deduzidas as parcelas que forem transferidas aos respectivos Municípios;

III – no caso dos Municípios e do Distrito Federal, o produto da arrecadação dos impostos a que se refere o art. 156.º e dos recursos de que tratam os arts. 158.º e 159.º, inciso I, alínea *b* e § 3.º

§ 3.º Lei complementar, que será reavaliada pelo menos a cada cinco anos, estabelecerá:

I – os percentuais de que trata o § 2.º;

II – os critérios de rateio dos recursos da União vinculados à saúde destinados aos Estados, ao Distrito Federal e aos Municípios, e dos Estados destinados a seus respectivos Municípios, objetivando a progressiva redução das disparidades regionais;

III – as normas de fiscalização, avaliação e controle das despesas com saúde nas esferas federal, estadual, distrital e municipal;

IV – as normas de cálculo do montante a ser aplicado pela União.

§ 4.º Os gestores locais do sistema único de saúde poderão admitir agentes comunitários de saúde e agentes de combate às endemias por meio de processo seletivo público, de acordo com a natureza e complexidade de suas atribuições e requisitos específicos para sua atuação.
§ 5.º Lei federal disporá sobre o regime jurídico e a regulamentação das atividades de agente comunitário de saúde e agente de combate às endemias.
§ 6.º Além das hipóteses previstas no § 1.º do art. 41.º e no § 4.º do art. 169.º da Constituição Federal, o servidor que exerça funções equivalentes às de agente comunitário de saúde ou de agente de combate às endemias poderá perder o cargo em caso de descumprimento dos requisitos específicos, fixados em lei, para o seu exercício.

Artigo 199.º

A assistência à saúde é livre à iniciativa privada.
§ 1.º As instituições privadas poderão participar de forma complementar do sistema único de saúde, segundo diretrizes deste, mediante contrato de Direito Público ou convênio, tendo preferência as entidades filantrópicas e as sem fins lucrativos.
§ 2.º É vedada a destinação de recursos públicos para auxílios ou subvenções às instituições privadas com fins lucrativos.
§ 3.º É vedada a participação direta ou indireta de empresas ou capitais estrangeiros na assistência à saúde no País, salvo nos casos previstos em lei.
§ 4.º A lei disporá sobre as condições e os requisitos que facilitem a remoção de órgãos, tecidos e substâncias humanas para fins de transplante, pesquisa e tratamento, bem como a coleta, processamento e transfusão de sangue e seus derivados, sendo vedado todo tipo de comercialização.

Artigo 200.º

Ao sistema único de saúde compete, além de outras atribuições, nos termos da lei:
I – controlar e fiscalizar procedimentos, produtos e substâncias de interesse para a saúde e participar da produção de medicamentos, equipamentos, imunobiológicos, hemoderivados e outros insumos;
II – executar as ações de vigilância sanitária e epidemiológica, bem como as de saúde do trabalhador;
III – ordenar a formação de recursos humanos na área de saúde;
IV – participar da formulação da política e da execução das ações de saneamento básico;
V – incrementar em sua área de atuação o desenvolvimento científico e tecnológico;
VI – fiscalizar e inspecionar alimentos, compreendido o controle de seu teor nutricional, bem como bebidas e águas para consumo humano;
VII – participar do controle e fiscalização da produção, transporte, guarda e utilização de substâncias e produtos psicoativos, tóxicos e radioativos;
VIII – colaborar na proteção do meio ambiente, nele compreendido o do trabalho.

SEÇÃO III – Da Previdência Social

Artigo 201.º

A previdência social será organizada sob a forma de regime geral, de caráter contributivo e de filiação obrigatória, observados critérios que preservem o equilíbrio financeiro e atuarial, e atenderá, nos termos da lei, a:
I – cobertura dos eventos de doença, invalidez, morte e idade avançada;

II – proteção à maternidade, especialmente à gestante;
III – proteção ao trabalhador em situação de desemprego involuntário;
IV – salário-família e auxílio-reclusão para os dependentes dos segurados de baixa renda;
V – pensão por morte do segurado, homem ou mulher, ao cônjuge ou companheiro e dependentes, observado o disposto no § 2.º

§ 1.º É vedada a adoção de requisitos e critérios diferenciados para a concessão de aposentadoria aos beneficiários do regime geral de previdência social, ressalvados os casos de atividades exercidas sob condições especiais que prejudiquem a saúde ou a integridade física e quando se tratar de segurados portadores de deficiência, nos termos definidos em lei complementar.

§ 2.º Nenhum benefício que substitua o salário de contribuição ou o rendimento do trabalho do segurado terá valor mensal inferior ao salário mínimo.

§ 3.º Todos os salários de contribuição considerados para o cálculo de benefício serão devidamente atualizados, na forma da lei.

§ 4.º É assegurado o reajustamento dos benefícios para preservar-lhes, em caráter permanente, o valor real, conforme critérios definidos em lei.

§ 5.º É vedada a filiação ao regime geral de previdência social, na qualidade de segurado facultativo, de pessoa participante de regime próprio de previdência.

§ 6.º A gratificação natalina dos aposentados e pensionistas terá por base o valor dos proventos do mês de dezembro de cada ano.

§ 7.º É assegurada aposentadoria no regime geral de previdência social, nos termos da lei, obedecidas as seguintes condições:
I – trinta e cinco anos de contribuição, se homem, e trinta anos de contribuição, se mulher;
II – sessenta e cinco anos de idade, se homem, e sessenta anos de idade, se mulher, reduzido em cinco anos o limite para os trabalhadores rurais de ambos os sexos e para os que exerçam suas atividades em regime de economia familiar, nestes incluídos o produtor rural, o garimpeiro e o pescador artesanal.

§ 8.º Os requisitos a que se refere o inciso I do parágrafo anterior serão reduzidos em cinco anos, para o professor que comprove exclusivamente tempo de efetivo exercício das funções de magistério na educação infantil e no ensino fundamental e médio.

§ 9.º Para efeito de aposentadoria, é assegurada a contagem recíproca do tempo de contribuição na administração pública e na atividade privada, rural e urbana, hipótese em que os diversos regimes de previdência social se compensarão financeiramente, segundo critérios estabelecidos em lei.

§ 10.º Lei disciplinará a cobertura do risco de acidente do trabalho, a ser atendida concorrentemente pelo regime geral de previdência social e pelo setor privado.

§ 11.º Os ganhos habituais do empregado, a qualquer título, serão incorporados ao salário para efeito de contribuição previdenciária e conseqüente repercussão em benefícios, nos casos e na forma da lei.

§ 12.º Lei disporá sobre sistema especial de inclusão previdenciária para atender a trabalhadores de baixa renda e àqueles sem renda própria que se dediquem exclusivamente ao trabalho doméstico no âmbito de sua residência, desde que pertencentes a famílias de baixa renda, garantindo-lhes acesso a benefícios de valor igual a um salário-mínimo.

§ 13.º O sistema especial de inclusão previdenciária de que trata o § 12.º deste artigo terá alíquotas e carências inferiores às vigentes para os demais segurados do regime geral de previdência social.

Artigo 202.°

O regime de previdência privada, de caráter complementar e organizado de forma autônoma em relação ao regime geral de previdência social, será facultativo, baseado na constituição de reservas que garantam o benefício contratado, e regulado por lei complementar.

§ 1.° A lei complementar de que trata este artigo assegurará ao participante de planos de benefícios de entidades de previdência privada o pleno acesso às informações relativas à gestão de seus respectivos planos.

§ 2.° As contribuições do empregador, os benefícios e as condições contratuais previstas nos estatutos, regulamentos e planos de benefícios das entidades de previdência privada não integram o contrato de trabalho dos participantes, assim como, à exceção dos benefícios concedidos, não integram a remuneração dos participantes, nos termos da lei.

§ 3.° É vedado o aporte de recursos a entidade de previdência privada pela União, Estados, Distrito Federal e Municípios, suas autarquias, fundações, empresas públicas, sociedades de economia mista e outras entidades públicas, salvo na qualidade de patrocinador, situação na qual, em hipótese alguma, sua contribuição normal poderá exceder a do segurado.

§ 4.° Lei complementar disciplinará a relação entre a União, Estados, Distrito Federal ou Municípios, inclusive suas autarquias, fundações, sociedades de economia mista e empresas controladas direta ou indiretamente, enquanto patrocinadoras de entidades fechadas de previdência privada, e suas respectivas entidades fechadas de previdência privada.

§ 5.° A lei complementar de que trata o parágrafo anterior aplicar-se-á, no que couber, às empresas privadas permissionárias ou concessionárias de prestação de serviços públicos, quando patrocinadoras de entidades fechadas de previdência privada.

§ 6.° A lei complementar a que se refere o § 4.° deste artigo estabelecerá os requisitos para a designação dos membros das diretorias das entidades fechadas de previdência privada e disciplinará a inserção dos participantes nos colegiados e instâncias de decisão em que seus interesses sejam objeto de discussão e deliberação.

SEÇÃO IV – **Da Assistência Social**

Artigo 203.°

A assistência social será prestada a quem dela necessitar, independentemente de contribuição à seguridade social, e tem por objetivos:

I – a proteção à família, à maternidade, à infância, à adolescência e à velhice;
II – o amparo às crianças e adolescentes carentes;
III – a promoção da integração ao mercado de trabalho;
IV – a habilitação e reabilitação das pessoas portadoras de deficiência e a promoção de sua integração à vida comunitária;
V – a garantia de um salário mínimo de benefício mensal à pessoa portadora de deficiência e ao idoso que comprovem não possuir meios de prover à própria manutenção ou de tê-la provida por sua família, conforme dispuser a lei.

Artigo 204.°

As ações governamentais na área da assistência social serão realizadas com recursos do orçamento da seguridade social, previstos no art. 195.°, além de outras fontes, e organizadas com base nas seguintes diretrizes:

I – descentralização político-administrativa, cabendo a coordenação e as normas gerais à esfera federal e a coordenação e a execução dos respectivos programas às esferas estadual e municipal, bem como a entidades beneficentes e de assistência social;

II – participação da população, por meio de organizações representativas, na formulação das políticas e no controle das ações em todos os níveis.

Parágrafo único. É facultado aos Estados e ao Distrito Federal vincular a programa de apoio à inclusão e promoção social até cinco décimos por cento de sua receita tributária líquida, vedada a aplicação desses recursos no pagamento de:

I – despesas com pessoal e encargos sociais;
II – serviço da dívida;
III – qualquer outra despesa corrente não vinculada diretamente aos investimentos ou ações apoiados.

CAPÍTULO III – Da Educação, da Cultura e do Desporto

SEÇÃO I – Da Educação

Artigo 205.º

A educação, direito de todos e dever do Estado e da família, será promovida e incentivada com a colaboração da sociedade, visando ao pleno desenvolvimento da pessoa, seu preparo para o exercício da cidadania e sua qualificação para o trabalho.

Artigo 206.º

O ensino será ministrado com base nos seguintes princípios:
I – igualdade de condições para o acesso e permanência na escola;
II – liberdade de aprender, ensinar, pesquisar e divulgar o pensamento, a arte e o saber;
III – pluralismo de idéias e de concepções pedagógicas, e coexistência de instituições públicas e privadas de ensino;
IV – gratuidade do ensino público em estabelecimentos oficiais;
V – valorização dos profissionais do ensino, garantidos, na forma da lei, planos de carreira para o magistério público, com piso salarial profissional e ingresso exclusivamente por concurso público de provas e títulos;
VI – gestão democrática do ensino público, na forma da lei;
VII – garantia de padrão de qualidade.

Artigo 207.º

As universidades gozam de autonomia didático-científica, administrativa e de gestão financeira e patrimonial, e obedecerão ao princípio de indissociabilidade entre ensino, pesquisa e extensão.

§ 1.º É facultado às universidades admitir professores, técnicos e cientistas estrangeiros, na forma da lei.

§ 2.º O disposto neste artigo aplica-se às instituições de pesquisa científica e tecnológica.

Artigo 208.º

O dever do Estado com a educação será efetivado mediante a garantia de:
I – ensino fundamental obrigatório e gratuito, assegurada, inclusive, sua oferta gratuita para todos os que a ele não tiverem acesso na idade própria;

II – progressiva universalização do ensino médio gratuito;
III – atendimento educacional especializado aos portadores de deficiência, preferencialmente na rede regular de ensino;
IV – atendimento em creche e pré-escola às crianças de zero a seis anos de idade;
V – acesso aos níveis mais elevados do ensino, da pesquisa e da criação artística, segundo a capacidade de cada um;
VI – oferta de ensino noturno regular, adequado às condições do educando;
VII – atendimento ao educando, no ensino fundamental, através de programas suplementares de material didático-escolar, transporte, alimentação e assistência à saúde.
§ 1.° O acesso ao ensino obrigatório e gratuito é direito público subjetivo.
§ 2.° O não-oferecimento do ensino obrigatório pelo poder público, ou sua oferta irregular, importa responsabilidade da autoridade competente.
§ 3.° Compete ao poder público recensear os educandos no ensino fundamental, fazer-lhes a chamada e zelar, junto aos pais ou responsáveis, pela freqüência à escola.

Artigo 209.°

O ensino é livre à iniciativa privada, atendidas as seguintes condições:
I – cumprimento das normas gerais da educação nacional;
II – autorização e avaliação de qualidade pelo poder público.

Artigo 210.°

Serão fixados conteúdos mínimos para o ensino fundamental, de maneira a assegurar formação básica comum e respeito aos valores culturais e artísticos, nacionais e regionais.
§ 1.° O ensino religioso, de matrícula facultativa, constituirá disciplina dos horários normais das escolas públicas de ensino fundamental.
§ 2.° O ensino fundamental regular será ministrado em língua portuguesa, assegurada às comunidades indígenas também a utilização de suas línguas maternas e processos próprios de aprendizagem.

Artigo 211.°

A União, os Estados, o Distrito Federal e os Municípios organizarão em regime de colaboração seus sistemas de ensino.
§ 1.° A União organizará o sistema federal de ensino e o dos Territórios, financiará as instituições de ensino públicas federais e exercerá, em matéria educacional, função redistributiva e supletiva, de forma a garantir equalização de oportunidades educacionais e padrão mínimo de qualidade do ensino mediante assistência técnica e financeira aos Estados, ao Distrito Federal e aos Municípios.
§ 2.° Os Municípios atuarão prioritariamente no ensino fundamental e na educação infantil.
§ 3.° Os Estados e o Distrito Federal atuarão prioritariamente no ensino fundamental e médio.
§ 4.° Na organização de seus sistemas de ensino, os Estados e os Municípios definirão formas de colaboração, de modo a assegurar a universalização do ensino obrigatório.

Artigo 212.°

A União aplicará, anualmente, nunca menos de dezoito, e os Estados, o Distrito Federal e os Municípios vinte e cinco por cento, no mínimo, da receita resultante de impostos, compreendida a proveniente de transferências, na manutenção e desenvolvimento do ensino.

§ 1.º A parcela da arrecadação de impostos transferida pela União aos Estados, ao Distrito Federal e aos Municípios, ou pelos Estados aos respectivos Municípios, não é considerada, para efeito do cálculo previsto neste artigo, receita do governo que a transferir.

§ 2.º Para efeito do cumprimento do disposto no *caput* deste artigo, serão considerados os sistemas de ensino federal, estadual e municipal e os recursos aplicados na forma do art. 213.º

§ 3.º A distribuição dos recursos públicos assegurará prioridade ao atendimento das necessidades do ensino obrigatório, nos termos do plano nacional de educação.

§ 4.º Os programas suplementares de alimentação e assistência à saúde previstos no art. 208.º, VII, serão financiados com recursos provenientes de contribuições sociais e outros recursos orçamentários.

§ 5.º O ensino fundamental público terá como fonte adicional de financiamento a contribuição social do salário-educação, recolhida pelas empresas, na forma da lei.

Artigo 213.º

Os recursos públicos serão destinados às escolas públicas, podendo ser dirigidos a escolas comunitárias, confessionais ou filantrópicas, definidas em lei, que:

I – comprovem finalidade não lucrativa e apliquem seus excedentes financeiros em educação;

II – assegurem a destinação de seu patrimônio a outra escola comunitária, filantrópica ou confessional, ou ao poder público, no caso de encerramento de suas atividades.

§ 1.º Os recursos de que trata este artigo poderão ser destinados a bolsas de estudo para o ensino fundamental e médio, na forma da lei, para os que demonstrarem insuficiência de recursos, quando houver falta de vagas e cursos regulares da rede pública na localidade da residência do educando, ficando o poder público obrigado a investir prioritariamente na expansão de sua rede na localidade.

§ 2.º As atividades universitárias de pesquisa e extensão poderão receber apoio financeiro do poder público.

Artigo 214.º

A lei estabelecerá o plano nacional de educação, de duração plurianual, visando à articulação e ao desenvolvimento do ensino em seus diversos níveis e à integração das ações do poder público que conduzam à:

I – erradicação do analfabetismo;
II – universalização do atendimento escolar;
III – melhoria da qualidade do ensino;
IV – formação para o trabalho;
V – promoção humanística, científica e tecnológica do País.

SEÇÃO II – **Da Cultura**

Artigo 215.º

O Estado garantirá a todos o pleno exercício dos direitos culturais e acesso às fontes da cultura nacional, e apoiará e incentivará a valorização e a difusão das manifestações culturais.

§ 1.º O Estado protegerá as manifestações das culturas populares, indígenas e afro-brasileiras, e das de outros grupos participantes do processo civilizatório nacional.

§ 2.º A lei disporá sobre a fixação de datas comemorativas de alta significação para os diferentes segmentos étnicos nacionais.

§ 3.º A lei estabelecerá o Plano Nacional de Cultura, de duração plurianual, visando ao desenvolvimento cultural do País e à integração das ações do poder público que conduzem à:

I – defesa e valorização do patrimônio cultural brasileiro;
II – produção, promoção e difusão de bens culturais;
III – formação de pessoal qualificado para a gestão da cultura em suas múltiplas dimensões;
IV – democratização do acesso aos bens de cultura;
V – valorização da diversidade étnica e regional.

Artigo 216.º

Constituem patrimônio cultural brasileiro os bens de natureza material e imaterial, tomados individualmente ou em conjunto, portadores de referência à identidade, à ação, à memória dos diferentes grupos formadores da sociedade brasileira, nos quais se incluem:

I – as formas de expressão;
II – os modos de criar, fazer e viver;
III – as criações científicas, artísticas e tecnológicas;
IV – as obras, objetos, documentos, edificações e demais espaços destinados às manifestações artístico-culturais;
V – os conjuntos urbanos e sítios de valor histórico, paisagístico, artístico, arqueológico, paleontológico, ecológico e científico.

§ 1.º O poder público, com a colaboração da comunidade, promoverá e protegerá o patrimônio cultural brasileiro, por meio de inventários, registros, vigilância, tombamento e desapropriação, e de outras formas de acautelamento e preservação.

§ 2.º Cabem à administração pública, na forma da lei, a gestão da documentação governamental e as providências para franquear sua consulta a quantos dela necessitem.

§ 3.º A lei estabelecerá incentivos para a produção e o conhecimento de bens e valores culturais.

§ 4.º Os danos e ameaças ao patrimônio cultural serão punidos, na forma da lei.

§ 5.º Ficam tombados todos os documentos e os sítios detentores de reminiscências históricas dos antigos quilombos.

§ 6.º É facultado aos Estados e ao Distrito Federal vincular a fundo estadual de fomento à cultura até cinco décimos por cento de sua receita tributária líquida, para o financiamento de programas e projetos culturais, vedada a aplicação desses recursos no pagamento de:

I – despesas com pessoal e encargos sociais;
II – serviço da dívida;
III – qualquer outra despesa corrente não vinculada diretamente aos investimentos ou ações apoiados.

SEÇÃO III – **Do Desporto**

Artigo 217.º

É dever do Estado fomentar práticas desportivas formais e não formais, como direito de cada um, observados:

I – a autonomia das entidades desportivas dirigentes e associações, quanto a sua organização e funcionamento;
II – a destinação de recursos públicos para a promoção prioritária do desporto educacional e, em casos específicos, para a do desporto de alto rendimento;
III – o tratamento diferenciado para o desporto profissional e o não profissional;
IV – a proteção e o incentivo às manifestações desportivas de criação nacional.
§ 1.º O Poder Judiciário só admitirá ações relativas à disciplina e às competições desportivas após esgotarem-se as instâncias da justiça desportiva, regulada em lei.
§ 2.º A justiça desportiva terá o prazo máximo de sessenta dias, contados da instauração do processo, para proferir decisão final.
§ 3.º O poder público incentivará o lazer, como forma de promoção social.

CAPÍTULO IV – Da Ciência e Tecnologia

Artigo 218.º

O Estado promoverá e incentivará o desenvolvimento científico, a pesquisa e a capacitação tecnológicas.
§ 1.º A pesquisa científica básica receberá tratamento prioritário do Estado, tendo em vista o bem público e o progresso das ciências.
§ 2.º A pesquisa tecnológica voltar-se-á preponderantemente para a solução dos problemas brasileiros e para o desenvolvimento do sistema produtivo nacional e regional.
§ 3.º O Estado apoiará a formação de recursos humanos nas áreas de ciência, pesquisa e tecnologia, e concederá aos que delas se ocupem meios e condições especiais de trabalho.
§ 4.º A lei apoiará e estimulará as empresas que invistam em pesquisa, criação de tecnologia adequada ao País, formação e aperfeiçoamento de seus recursos humanos e que pratiquem sistemas de remuneração que assegurem ao empregado, desvinculada do salário, participação nos ganhos econômicos resultantes da produtividade de seu trabalho.
§ 5.º É facultado aos Estados e ao Distrito Federal vincular parcela de sua receita orçamentária a entidades públicas de fomento ao ensino e à pesquisa científica e tecnológica.

Artigo 219.º

O mercado interno integra o patrimônio nacional e será incentivado de modo a viabilizar o desenvolvimento cultural e sócio-econômico, o bem-estar da população e a autonomia tecnológica do País, nos termos de lei federal.

CAPÍTULO V – Da Comunicação Social

Artigo 220.º

A manifestação do pensamento, a criação, a expressão e a informação, sob qualquer forma, processo ou veículo, não sofrerão qualquer restrição, observado o disposto nesta Constituição.
§ 1.º Nenhuma lei conterá dispositivo que possa constituir embaraço à plena liberdade de informação jornalística em qualquer veículo de comunicação social, observado o disposto no art. 5.º, IV, V, X, XIII e XIV.

§ 2.º É vedada toda e qualquer censura de natureza política, ideológica e artística.

§ 3.º Compete à lei federal:

I – regular as diversões e espetáculos públicos, cabendo ao poder público informar sobre a natureza deles, as faixas etárias a que não se recomendem, locais e horários em que sua apresentação se mostre inadequada;

II – estabelecer os meios legais que garantam à pessoa e à família a possibilidade de se defenderem de programas ou programações de rádio e televisão que contrariem o disposto no art. 221.º, bem como da propaganda de produtos, práticas e serviços que possam ser nocivos à saúde e ao meio ambiente.

§ 4.º A propaganda comercial de tabaco, bebidas alcoólicas, agrotóxicos, medicamentos e terapias estará sujeita a restrições legais, nos termos do inciso II do parágrafo anterior, e conterá, sempre que necessário, advertência sobre os malefícios decorrentes de seu uso.

§ 5.º Os meios de comunicação social não podem, direta ou indiretamente, ser objeto de monopólio ou oligopólio.

§ 6.º A publicação de veículo impresso de comunicação independe de licença de autoridade.

Artigo 221.º

A produção e a programação das emissoras de rádio e televisão atenderão aos seguintes princípios:

I – preferência a finalidades educativas, artísticas, culturais e informativas;

II – promoção da cultura nacional e regional e estímulo à produção independente que objetive sua divulgação;

III – regionalização da produção cultural, artística e jornalística, conforme percentuais estabelecidos em lei;

IV – respeito aos valores éticos e sociais da pessoa e da família.

Artigo 222.º

A propriedade de empresa jornalística e de radiodifusão sonora e de sons e imagens é privativa de brasileiros natos ou naturalizados há mais de dez anos, ou de pessoas jurídicas constituídas sob as leis brasileiras e que tenham sede no País.

§ 1.º Em qualquer caso, pelo menos setenta por cento do capital total e do capital votante das empresas jornalísticas e de radiodifusão sonora e de sons e imagens deverá pertencer, direta ou indiretamente, a brasileiros natos ou naturalizados há mais de dez anos, que exercerão obrigatoriamente a gestão das atividades e estabelecerão o conteúdo da programação.

§ 2.º A responsabilidade editorial e as atividades de seleção e direção da programação veiculada são privativas de brasileiros natos ou naturalizados há mais de dez anos, em qualquer meio de comunicação social.

§ 3.º Os meios de comunicação social eletrônica, independentemente da tecnologia utilizada para a prestação do serviço, deverão observar os princípios enunciados no art. 221.º, na forma de lei específica, que também garantirá a prioridade de profissionais brasileiros na execução de produções nacionais.

§ 4.º Lei disciplinará a participação de capital estrangeiro nas empresas de que trata o § 1.º

§ 5.º As alterações de controle societário das empresas de que trata o § 1.º serão comunicadas ao Congresso Nacional.

Artigo 223.º

Compete ao Poder Executivo outorgar e renovar concessão, permissão e autorização para o serviço de radiodifusão sonora e de sons e imagens, observado o princípio da complementaridade dos sistemas privado, público e estatal.

§ 1.º O Congresso Nacional apreciará o ato no prazo do art. 64.º, §§ 2.º e 4.º, a contar do recebimento da mensagem.

§ 2.º A não-renovação da concessão ou permissão dependerá de aprovação de, no mínimo, dois quintos do Congresso Nacional, em votação nominal.

§ 3.º O ato de outorga ou renovação somente produzirá efeitos legais após deliberação do Congresso Nacional, na forma dos parágrafos anteriores.

§ 4.º O cancelamento da concessão ou permissão, antes de vencido o prazo, depende de decisão judicial.

§ 5.º O prazo da concessão ou permissão será de dez anos para as emissoras de rádio e de quinze para as de televisão.

Artigo 224.º

Para os efeitos do disposto neste Capítulo, o Congresso Nacional instituirá, como órgão auxiliar, o Conselho de Comunicação Social, na forma da lei.

CAPÍTULO VI – Do Meio Ambiente

Artigo 225.º

Todos têm direito ao meio ambiente ecologicamente equilibrado, bem de uso comum do povo e essencial à sadia qualidade de vida, impondo-se ao poder público e à coletividade o dever de defendê-lo e preservá-lo para as presentes e futuras gerações.

§ 1.º Para assegurar a efetividade desse direito, incumbe ao poder público:

I – preservar e restaurar os processos ecológicos essenciais e prover o manejo ecológico das espécies e ecossistemas;

II – preservar a diversidade e a integridade do patrimônio genético do País e fiscalizar as entidades dedicadas à pesquisa e manipulação de material genético;

III – definir, em todas as unidades da Federação, espaços territoriais e seus componentes a serem especialmente protegidos, sendo a alteração e a supressão permitidas somente através de lei, vedada qualquer utilização que comprometa a integridade dos atributos que justifiquem sua proteção;

IV – exigir, na forma da lei, para instalação de obra ou atividade potencialmente causadora de significativa degradação do meio ambiente, estudo prévio de impacto ambiental, a que se dará publicidade;

V – controlar a produção, a comercialização e o emprego de técnicas, métodos e substâncias que comportem risco para a vida, a qualidade de vida e o meio ambiente;

VI – promover a educação ambiental em todos os níveis de ensino e a conscientização pública para a preservação do meio ambiente;

VII – proteger a fauna e a flora, vedadas, na forma da lei, as práticas que coloquem em risco sua função ecológica, provoquem a extinção de espécies ou submetam os animais a crueldade.

§ 2.º Aquele que explorar recursos minerais fica obrigado a recuperar o meio ambiente degradado, de acordo com solução técnica exigida pelo órgão público competente, na forma da lei.

§ 3.º As condutas e atividades consideradas lesivas ao meio ambiente sujeitarão os infratores, pessoas físicas ou jurídicas, a sanções penais e administrativas, independentemente da obrigação de reparar os danos causados.

§ 4.º A Floresta Amazônica brasileira, a Mata Atlântica, a Serra do Mar, o Pantanal Mato-Grossense e a Zona Costeira são patrimônio nacional, e sua utilização far-se-á, na forma da lei, dentro de condições que assegurem a preservação do meio ambiente, inclusive quanto ao uso dos recursos naturais.

§ 5.º São indisponíveis as terras devolutas ou arrecadadas pelos Estados, por ações discriminatórias, necessárias à proteção dos ecossistemas naturais.

§ 6.º As usinas que operem com reator nuclear deverão ter sua localização definida em lei federal, sem o que não poderão ser instaladas.

CAPÍTULO VII – Da Família, da Criança, do Adolescente e do Idoso

Artigo 226.º

A família, base da sociedade, tem especial proteção do Estado.

§ 1.º O casamento é civil e gratuita a celebração.

§ 2.º O casamento religioso tem efeito civil, nos termos da lei.

§ 3.º Para efeito da proteção do Estado, é reconhecida a união estável entre o homem e a mulher como entidade familiar, devendo a lei facilitar sua conversão em casamento.

§ 4.º Entende-se, também, como entidade familiar a comunidade formada por qualquer dos pais e seus descendentes.

§ 5.º Os direitos e deveres referentes à sociedade conjugal são exercidos igualmente pelo homem e pela mulher.

§ 6.º O casamento civil pode ser dissolvido pelo divórcio, após prévia separação judicial por mais de um ano nos casos expressos em lei, ou comprovada separação de fato por mais de dois anos.

§ 7.º Fundado nos princípios da dignidade da pessoa humana e da paternidade responsável, o planejamento familiar é livre decisão do casal, competindo ao Estado propiciar recursos educacionais e científicos para o exercício desse direito, vedada qualquer forma coercitiva por parte de instituições oficiais ou privadas.

§ 8.º O Estado assegurará a assistência à família na pessoa de cada um dos que a integram, criando mecanismos para coibir a violência no âmbito de suas relações.

Artigo 227.º

É dever da família, da sociedade e do Estado assegurar à criança e ao adolescente, com absoluta prioridade, o direito à vida, à saúde, à alimentação, à educação, ao lazer, à profissionalização, à cultura, à dignidade, ao respeito, à liberdade e à convivência familiar e comunitária, além de colocá-los a salvo de toda forma de negligência, discriminação, exploração, violência, crueldade e opressão.

§ 1.º O Estado promoverá programas de assistência integral à saúde da criança e do adolescente, admitida a participação de entidades não governamentais e obedecendo aos seguintes preceitos:

I – aplicação de percentual dos recursos públicos destinados à saúde na assistência materno-infantil;

II – criação de programas de prevenção e atendimento especializado para os portadores de deficiência física, sensorial ou mental, bem como de integração social do adolescente portador de deficiência, mediante o treinamento para o trabalho e a convivência, e a facilitação do acesso aos bens e serviços coletivos, com a eliminação de preconceitos e obstáculos arquitetônicos.

§ 2.º A lei disporá sobre normas de construção dos logradouros e dos edifícios de uso público e de fabricação de veículos de transporte coletivo, a fim de garantir acesso adequado às pessoas portadoras de deficiência.

§ 3.º O direito a proteção especial abrangerá os seguintes aspectos:

I – idade mínima de quatorze anos para admissão ao trabalho, observado o disposto no art. 7.º, XXXIII;

II – garantia de direitos previdenciários e trabalhistas;

III – garantia de acesso do trabalhador adolescente à escola;

IV – garantia de pleno e formal conhecimento da atribuição de ato infracional, igualdade na relação processual e defesa técnica por profissional habilitado, segundo dispuser a legislação tutelar específica;

V – obediência aos princípios de brevidade, excepcionalidade e respeito à condição peculiar de pessoa em desenvolvimento, quando da aplicação de qualquer medida privativa da liberdade;

VI – estímulo do poder público, através de assistência jurídica, incentivos fiscais e subsídios, nos termos da lei, ao acolhimento, sob a forma de guarda, de criança ou adolescente órfão ou abandonado;

VII – programas de prevenção e atendimento especializado à criança e ao adolescente dependente de entorpecentes e drogas afins.

§ 4.º A lei punirá severamente o abuso, a violência e a exploração sexual da criança e do adolescente.

§ 5.º A adoção será assistida pelo poder público, na forma da lei, que estabelecerá casos e condições de sua efetivação por parte de estrangeiros.

§ 6.º Os filhos, havidos ou não da relação do casamento, ou por adoção, terão os mesmos direitos e qualificações, proibidas quaisquer designações discriminatórias relativas à filiação.

§ 7.º No atendimento dos direitos da criança e do adolescente levar-se-á em consideração o disposto no art. 204.º

Artigo 228.º

São penalmente inimputáveis os menores de dezoito anos, sujeitos às normas da legislação especial.

Artigo 229.º

Os pais têm o dever de assistir, criar e educar os filhos menores, e os filhos maiores têm o dever de ajudar e amparar os pais na velhice, carência ou enfermidade.

Artigo 230.º

A família, a sociedade e o Estado têm o dever de amparar as pessoas idosas, assegurando sua participação na comunidade, defendendo sua dignidade e bem-estar e garantindo-lhes o direito à vida.

§ 1.º Os programas de amparo aos idosos serão executados preferencialmente em seus lares.

§ 2.º Aos maiores de sessenta e cinco anos é garantida a gratuidade dos transportes coletivos urbanos.

CAPÍTULO VIII – Dos Índios

Artigo 231.º

São reconhecidos aos índios sua organização social, costumes, línguas, crenças e tradições, e os direitos originários sobre as terras que tradicionalmente ocupam, competindo à União demarcá-las, proteger e fazer respeitar todos os seus bens.

§ 1.º São terras tradicionalmente ocupadas pelos índios as por eles habitadas em caráter permanente, as utilizadas para suas atividades produtivas, as imprescindíveis à preservação dos recursos ambientais necessários a seu bem-estar e as necessárias a sua reprodução física e cultural, segundo seus usos, costumes e tradições.

§ 2.º As terras tradicionalmente ocupadas pelos índios destinam-se a sua posse permanente, cabendo-lhes o usufruto exclusivo das riquezas do solo, dos rios e dos lagos nelas existentes.

§ 3.º O aproveitamento dos recursos hídricos, incluídos os potenciais energéticos, a pesquisa e a lavra das riquezas minerais em terras indígenas só podem ser efetivados com autorização do Congresso Nacional, ouvidas as comunidades afetadas, ficando-lhes assegurada participação nos resultados da lavra, na forma da lei.

§ 4.º As terras de que trata este artigo são inalienáveis e indisponíveis, e os direitos sobre elas, imprescritíveis.

§ 5.º É vedada a remoção dos grupos indígenas de suas terras, salvo, *ad referendum* do Congresso Nacional, em caso de catástrofe ou epidemia que ponha em risco sua população, ou no interesse da soberania do País, após deliberação do Congresso Nacional, garantido, em qualquer hipótese, o retorno imediato logo que cesse o risco.

§ 6.º São nulos e extintos, não produzindo efeitos jurídicos, os atos que tenham por objeto a ocupação, o domínio e a posse das terras a que se refere este artigo, ou a exploração das riquezas naturais do solo, dos rios e dos lagos nelas existentes, ressalvado relevante interesse público da União, segundo o que dispuser lei complementar, não gerando a nulidade e a extinção direito a indenização ou a ações contra a União, salvo, na forma da lei, quanto às benfeitorias derivadas da ocupação de boa-fé.

§ 7.º Não se aplica às terras indígenas o disposto no art. 174.º, §§ 3.º e 4.º

Artigo 232.º

Os índios, suas comunidades e organizações são partes legítimas para ingressar em juízo em defesa de seus direitos e interesses, intervindo o Ministério Público em todos os atos do processo.

TÍTULO IX
DAS DISPOSIÇÕES CONSTITUCIONAIS GERAIS

Artigo 233.º

(*Revogado*).

Artigo 234.º

É vedado à União, direta ou indiretamente, assumir, em decorrência da criação de Estado, encargos referentes a despesas com pessoal inativo e com encargos e amortizações da dívida interna ou externa da administração pública, inclusive da indireta.

Artigo 235.º

Nos dez primeiros anos da criação de Estado, serão observadas as seguintes normas básicas:

I – a Assembléia Legislativa será composta de dezessete Deputados se a população do Estado for inferior a seiscentos mil habitantes, e de vinte e quatro se igual ou superior a esse número, até um milhão e quinhentos mil;

II – o Governo terá no máximo dez Secretarias;

III – o Tribunal de Contas terá três membros, nomeados, pelo Governador eleito, dentre brasileiros de comprovada idoneidade e notório saber;

IV – o Tribunal de Justiça terá sete desembargadores;

V – os primeiros desembargadores serão nomeados pelo Governador eleito, escolhidos da seguinte forma:

a) cinco dentre os magistrados com mais de trinta e cinco anos de idade, em exercício na área do novo Estado ou do Estado originário;

b) dois dentre promotores, nas mesmas condições, e advogados de comprovada idoneidade e saber jurídico, com dez anos, no mínimo, de exercício profissional, obedecido o procedimento fixado na Constituição;

VI – no caso de Estado proveniente de Território Federal, os cinco primeiros desembargadores poderão ser escolhidos dentre juízes de direito de qualquer parte do País;

VII – em cada comarca, o primeiro juiz de direito, o primeiro promotor de justiça e o primeiro defensor público serão nomeados pelo Governador eleito após concurso público de provas e títulos;

VIII – até a promulgação da Constituição estadual, responderão pela Procuradoria--Geral, pela Advocacia-Geral e pela Defensoria-Geral do Estado advogados de notório saber, com trinta e cinco anos de idade, no mínimo, nomeados pelo Governador eleito e demissíveis ad nutum;

IX – se o novo Estado for resultado de transformação de Território Federal, a transferência de encargos financeiros da União para pagamento dos servidores optantes que pertenciam à administração federal ocorrerá da seguinte forma:

a) no sexto ano de instalação, o Estado assumirá vinte por cento dos encargos financeiros para fazer face ao pagamento dos servidores públicos, ficando ainda o restante sob a responsabilidade da União;

b) no sétimo ano, os encargos do Estado serão acrescidos de trinta por cento e, no oitavo, dos restantes cinqüenta por cento;

X – as nomeações que se seguirem às primeiras, para os cargos mencionados neste artigo, serão disciplinadas na Constituição estadual;

XI – as despesas orçamentárias com pessoal não poderão ultrapassar cinqüenta por cento da receita do Estado.

Artigo 236.º

Os serviços notariais e de registro são exercidos em caráter privado, por delegação do poder público.

§ 1.º Lei regulará as atividades, disciplinará a responsabilidade civil e criminal dos notários, dos oficiais de registro e de seus prepostos, e definirá a fiscalização de seus atos pelo Poder Judiciário.

§ 2.º Lei federal estabelecerá normas gerais para fixação de emolumentos relativos aos atos praticados pelos serviços notariais e de registro.

§ 3.º O ingresso na atividade notarial e de registro depende de concurso público de provas e títulos, não se permitindo que qualquer serventia fique vaga, sem abertura de concurso de provimento ou de remoção, por mais de seis meses.

Artigo 237.º

A fiscalização e o controle sobre o comércio exterior, essenciais à defesa dos interesses fazendários nacionais, serão exercidos pelo Ministério da Fazenda.

Artigo 238.º

A lei ordenará a venda e revenda de combustíveis de petróleo, álcool carburante e outros combustíveis derivados de matérias-primas renováveis, respeitados os princípios desta Constituição.

Artigo 239.º

A arrecadação decorrente das contribuições para o Programa de Integração Social, criado pela Lei Complementar n.º 7, de 7 de setembro de 1970, e para o Programa de Formação do Patrimônio do Servidor Público, criado pela Lei Complementar n.º 8, de 3 de dezembro de 1970, passa, a partir da promulgação desta Constituição, a financiar, nos termos que a lei dispuser, o programa do seguro-desemprego e o abono de que trata o § 3.º deste artigo.

§ 1.º Dos recursos mencionados no *caput* deste artigo, pelo menos quarenta por cento serão destinados a financiar programas de desenvolvimento econômico, através do Banco Nacional de Desenvolvimento Econômico e Social, com critérios de remuneração que lhes preservem o valor.

§ 2.º Os patrimônios acumulados do Programa de Integração Social e do Programa de Formação do Patrimônio do Servidor Público são preservados, mantendo-se os critérios de saque nas situações previstas nas leis específicas, com exceção da retirada por motivo de casamento, ficando vedada a distribuição da arrecadação de que trata o caput deste artigo, para depósito nas contas individuais dos participantes.

§ 3.º Aos empregados que percebam de empregadores que contribuem para o Programa de Integração Social ou para o Programa de Formação do Patrimônio do Servidor Público, até dois salários mínimos de remuneração mensal, é assegurado o pagamento de um salário mínimo anual, computado neste valor o rendimento das contas individuais, no caso daqueles que já participavam dos referidos programas, até a data da promulgação desta Constituição.

§ 4.º O financiamento do seguro-desemprego receberá uma contribuição adicional da empresa cujo índice de rotatividade da força de trabalho superar o índice médio da rotatividade do setor, na forma estabelecida por lei.

Artigo 240.º

Ficam ressalvadas do disposto no art. 195.º as atuais contribuições compulsórias dos empregadores sobre a folha de salários, destinadas às entidades privadas de serviço social e de formação profissional vinculadas ao sistema sindical.

Artigo 241.º

A União, os Estados, o Distrito Federal e os Municípios disciplinarão por meio de lei os consórcios públicos e os convênios de cooperação entre os entes federados, autorizando a gestão associada de serviços públicos, bem como a transferência total ou parcial de encargos, serviços, pessoal e bens essenciais à continuidade dos serviços transferidos.

Artigo 242.º

O princípio do art. 206.º, IV, não se aplica às instituições educacionais oficiais criadas por lei estadual ou municipal e existentes na data da promulgação desta

Constituição, que não sejam total ou preponderantemente mantidas com recursos públicos.

§ 1.º O ensino da História do Brasil levará em conta as contribuições das diferentes culturas e etnias para a formação do povo brasileiro.

§ 2.º O Colégio Pedro II, localizado na cidade do Rio de Janeiro, será mantido na órbita federal.

Artigo 243.º

As glebas de qualquer região do País onde forem localizadas culturas ilegais de plantas psicotrópicas serão imediatamente expropriadas e especificamente destinadas ao assentamento de colonos, para o cultivo de produtos alimentícios e medicamentosos, sem qualquer indenização ao proprietário e sem prejuízo de outras sanções previstas em lei.

Parágrafo único. Todo e qualquer bem de valor econômico apreendido em decorrência do tráfico ilícito de entorpecentes e drogas afins será confiscado e reverterá em benefício de instituições e pessoal especializados no tratamento e recuperação de viciados e no aparelhamento e custeio de atividades de fiscalização, controle, prevenção e repressão do crime de tráfico dessas substâncias.

Artigo 244.º

A lei disporá sobre a adaptação dos logradouros, dos edifícios de uso público e dos veículos de transporte coletivo atualmente existentes a fim de garantir acesso adequado às pessoas portadoras de deficiência, conforme o disposto no art. 227.º, § 2.º

Artigo 245.º

A lei disporá sobre as hipóteses e condições em que o poder público dará assistência aos herdeiros e dependentes carentes de pessoas vitimadas por crime doloso, sem prejuízo da responsabilidade civil do autor do ilícito.

Artigo 246.º

É vedada a adoção de medida provisória na regulamentação de artigo da Constituição cuja redação tenha sido alterada por meio de emenda promulgada entre 1.º de janeiro de 1995 até a promulgação desta emenda, inclusive.

Artigo 247.º

As leis previstas no inciso III do § 1.º do art. 41.º e no § 7.º do art. 169.º estabelecerão critérios e garantias especiais para a perda do cargo pelo servidor público estável que, em decorrência das atribuições de seu cargo efetivo, desenvolva atividades exclusivas de Estado.

Parágrafo único. Na hipótese de insuficiência de desempenho, a perda do cargo somente ocorrerá mediante processo administrativo em que lhe sejam assegurados o contraditório e a ampla defesa.

Artigo 248.º

Os benefícios pagos, a qualquer título, pelo órgão responsável pelo regime geral de previdência social, ainda que à conta do Tesouro Nacional, e os não sujeitos ao limite máximo de valor fixado para os benefícios concedidos por esse regime observarão os limites fixados no art. 37.º, XI.

Artigo 249.º

Com o objetivo de assegurar recursos para o pagamento de proventos de aposentadoria e pensões concedidas aos respectivos servidores e seus dependentes, em adição aos recursos dos respectivos tesouros, a União, os Estados, o Distrito Federal e os Municípios poderão constituir fundos integrados pelos recursos provenientes de contribuições e por bens, direitos e ativos de qualquer natureza, mediante lei que disporá sobre a natureza e a administração desses fundos.

Artigo 250.º

Com o objetivo de assegurar recursos para o pagamento dos benefícios concedidos pelo regime geral de previdência social, em adição aos recursos de sua arrecadação, a União poderá constituir fundo integrado por bens, direitos e ativos de qualquer natureza, mediante lei que disporá sobre a natureza e administração desse fundo.

Brasília, 5 de outubro de 1988.

ATO DAS DISPOSIÇÕES CONSTITUCIONAIS TRANSITÓRIAS

Artigo 1.º

O Presidente da República, o Presidente do Supremo Tribunal Federal e os membros do Congresso Nacional prestarão o compromisso de manter, defender e cumprir a Constituição, no ato e na data de sua promulgação.

Artigo 2.º

No dia 21 de abril de 1993 o eleitorado definirá, através de plebiscito, a forma e o sistema de governo que devem vigorar no País.
§ 1.º Será assegurada gratuidade na livre divulgação dessas formas e sistemas, através dos meios de comunicação de massa cessionários de serviço público.
§ 2.º O Tribunal Superior Eleitoral, promulgada a Constituição, expedirá as normas regulamentadoras deste artigo.

Artigo 3.º

A revisão constitucional será realizada após cinco anos, contados da promulgação da Constituição, pelo voto da maioria absoluta dos membros do Congresso Nacional, em sessão unicameral.

Artigo 4.º

O mandato do atual Presidente da República terminará em 15 de março de 1990.
§ 1.º A primeira eleição para Presidente da República após a promulgação da Constituição será realizada no dia 15 de novembro de 1989, não se lhe aplicando o disposto no art. 16.º da Constituição.
§ 2.º É assegurada a irredutibilidade da atual representação dos Estados e do Distrito Federal na Câmara dos Deputados.
§ 3.º Os mandatos dos Governadores e dos Vice-Governadores eleitos em 15 de novembro de 1986 terminarão em 15 de março de 1991.

§ 4.° Os mandatos dos atuais Prefeitos, Vice-Prefeitos e Vereadores terminarão no dia 1.° de janeiro de 1989, com a posse dos eleitos.

Artigo 5.°

Não se aplicam às eleições previstas para 15 de novembro de 1988 o disposto no art. 16.° e as regras do art. 77.° da Constituição.

§ 1.° Para as eleições de 15 de novembro de 1988 será exigido domicílio eleitoral na circunscrição pelo menos durante os quatro meses anteriores ao pleito, podendo os candidatos que preencham este requisito, atendidas as demais exigências da lei, ter seu registro efetivado pela Justiça Eleitoral após a promulgação da Constituição.

§ 2.° Na ausência de norma legal específica, caberá ao Tribunal Superior Eleitoral editar as normas necessárias à realização das eleições de 1988, respeitada a legislação vigente.

§ 3.° Os atuais parlamentares federais e estaduais eleitos Vice-Prefeitos, se convocados a exercer a função de Prefeito, não perderão o mandato parlamentar.

§ 4.° O número de Vereadores por Município será fixado, para a representação a ser eleita em 1988, pelo respectivo Tribunal Regional Eleitoral, respeitados os limites estipulados no art. 29.°, IV, da Constituição.

§ 5.° Para as eleições de 15 de novembro de 1988, ressalvados os que já exercem mandato eletivo, são inelegíveis para qualquer cargo, no território de jurisdição do titular, o cônjuge e os parentes por consangüinidade ou afinidade, até o segundo grau, ou por adoção, do Presidente da República, do Governador de Estado, do Governador do Distrito Federal e do Prefeito que tenham exercido mais da metade do mandato.

Artigo 6.°

Nos seis meses posteriores à promulgação da Constituição, parlamentares federais, reunidos em número não inferior a trinta, poderão requerer ao Tribunal Superior Eleitoral o registro de novo partido político, juntando ao requerimento o manifesto, o estatuto e o programa devidamente assinados pelos requerentes.

§ 1.° O registro provisório, que será concedido de plano pelo Tribunal Superior Eleitoral, nos termos deste artigo, defere ao novo partido todos os direitos, deveres e prerrogativas dos atuais, entre eles o de participar, sob legenda própria, das eleições que vierem a ser realizadas nos doze meses seguintes a sua formação.

§ 2.° O novo partido perderá automaticamente seu registro provisório se, no prazo de vinte e quatro meses, contados de sua formação, não obtiver registro definitivo no Tribunal Superior Eleitoral, na forma que a lei dispuser.

Artigo 7.°

O Brasil propugnará pela formação de um tribunal internacional dos direitos humanos.

Artigo 8.°

É concedida anistia aos que, no período de 18 de setembro de 1946 até a data da promulgação da Constituição, foram atingidos, em decorrência de motivação exclusivamente política, por atos de exceção, institucionais ou complementares, aos que foram abrangidos pelo Decreto Legislativo n.° 18, de 15 de dezembro de 1961, e aos atingidos pelo Decreto-Lei n.° 864, de 12 de setembro de 1969, asseguradas as promoções, na inatividade, ao cargo, emprego, posto ou graduação a que teriam direito se estivessem em serviço ativo, obedecidos os prazos de permanência em atividade previstos nas leis e regulamentos vigentes, respeitadas as características e peculiaridades das carreiras dos servidores públicos civis e militares e observados os respectivos regimes jurídicos.

§ 1.º O disposto neste artigo somente gerará efeitos financeiros a partir da promulgação da Constituição, vedada a remuneração de qualquer espécie em caráter retroativo.

§ 2.º Ficam assegurados os benefícios estabelecidos neste artigo aos trabalhadores do setor privado, dirigentes e representantes sindicais que, por motivos exclusivamente políticos, tenham sido punidos, demitidos ou compelidos ao afastamento das atividades remuneradas que exerciam, bem como aos que foram impedidos de exercer atividades profissionais em virtude de pressões ostensivas ou expedientes oficiais sigilosos.

§ 3.º Aos cidadãos que foram impedidos de exercer, na vida civil, atividade profissional específica, em decorrência das Portarias Reservadas do Ministério da Aeronáutica n.º S-50-GM5, de 19 de junho de 1964, e n.º S-285-GM5, será concedida reparação de natureza econômica, na forma que dispuser lei de iniciativa do Congresso Nacional e a entrar em vigor no prazo de doze meses a contar da promulgação da Constituição.

§ 4.º Aos que, por força de atos institucionais, tenham exercido gratuitamente mandato eletivo de Vereador serão computados, para efeito de aposentadoria no serviço público e previdência social, os respectivos períodos.

§ 5.º A anistia concedida nos termos deste artigo aplica-se aos servidores públicos civis e aos empregados em todos os níveis de governo ou em suas fundações, empresas públicas ou empresas mistas sob controle estatal, exceto nos Ministérios militares, que tenham sido punidos ou demitidos por atividades profissionais interrompidas em virtude de decisão de seus trabalhadores, bem como em decorrência do Decreto-Lei n.º 1.632, de 4 de agosto de 1978, ou por motivos exclusivamente políticos, assegurada a readmissão dos que foram atingidos a partir de 1979, observado o disposto no § 1.º

Artigo 9.º

Os que, por motivos exclusivamente políticos, foram cassados ou tiveram seus direitos políticos suspensos no período de 15 de julho a 31 de dezembro de 1969, por ato do então Presidente da República, poderão requerer ao Supremo Tribunal Federal o reconhecimento dos direitos e vantagens interrompidos pelos atos punitivos, desde que comprovem terem sido estes eivados de vício grave.

Parágrafo único. O Supremo Tribunal Federal proferirá a decisão no prazo de cento e vinte dias, a contar do pedido do interessado.

Artigo 10.º

Até que seja promulgada a lei complementar a que se refere o art. 7.º, I, da Constituição:

I – fica limitada a proteção nele referida ao aumento, para quatro vezes, da porcentagem prevista no art. 6.º, *caput* e § 1.º, da Lei n.º 5.107, de 13 de setembro de 1966;

II – fica vedada a dispensa arbitrária ou sem justa causa:

a) do empregado eleito para cargo de direção de comissões internas de prevenção de acidentes, desde o registro de sua candidatura até um ano após o final de seu mandato;

b) da empregada gestante, desde a confirmação da gravidez até cinco meses após o parto.

§ 1.º Até que a lei venha a disciplinar o disposto no art. 7.º, XIX, da Constituição, o prazo da licença-paternidade a que se refere o inciso é de cinco dias.

§ 2.º Até ulterior disposição legal, a cobrança das contribuições para o custeio das atividades dos sindicatos rurais será feita juntamente com a do imposto territorial rural, pelo mesmo órgão arrecadador.

§ 3.º Na primeira comprovação do cumprimento das obrigações trabalhistas pelo empregador rural, na forma do art. 233.º, após a promulgação da Constituição, será certificada perante a Justiça do Trabalho a regularidade do contrato e das atualizações das obrigações trabalhistas de todo o período.

Artigo 11.º

Cada Assembléia Legislativa, com poderes constituintes, elaborará a Constituição do Estado, no prazo de um ano, contado da promulgação da Constituição Federal, obedecidos os princípios desta.

Parágrafo único. Promulgada a Constituição do Estado, caberá à Câmara Municipal, no prazo de seis meses, votar a lei orgânica respectiva, em dois turnos de discussão e votação, respeitado o disposto na Constituição Federal e na Constituição estadual.

Artigo 12.º

Será criada, dentro de noventa dias da promulgação da Constituição, comissão de estudos territoriais, com dez membros indicados pelo Congresso Nacional e cinco pelo Poder Executivo, com a finalidade de apresentar estudos sobre o território nacional e anteprojetos relativos a novas unidades territoriais, notadamente na Amazônia Legal e em áreas pendentes de solução.

§ 1.º No prazo de um ano, a comissão submeterá ao Congresso Nacional os resultados de seus estudos para, nos termos da Constituição, serem apreciados nos doze meses subseqüentes, extinguindo-se logo após.

§ 2.º Os Estados e os Municípios deverão, no prazo de três anos, a contar da promulgação da Constituição, promover, mediante acordo ou arbitramento, a demarcação de suas linhas divisórias atualmente litigiosas, podendo para isso fazer alterações e compensações de área que atendam aos acidentes naturais, critérios históricos, conveniências administrativas e comodidade das populações limítrofes.

§ 3.º Havendo solicitação dos Estados e Municípios interessados, a União poderá encarregar-se dos trabalhos demarcatórios.

§ 4.º Se, decorrido o prazo de três anos, a contar da promulgação da Constituição, os trabalhos demarcatórios não tiverem sido concluídos, caberá à União determinar os limites das áreas litigiosas.

§ 5.º Ficam reconhecidos e homologados os atuais limites do Estado do Acre com os Estados do Amazonas e de Rondônia, conforme levantamentos cartográficos e geodésicos realizados pela comissão tripartite integrada por representantes dos Estados e dos serviços técnico-especializados do Instituto Brasileiro de Geografia e Estatística.

Artigo 13.º

É criado o Estado do Tocantins, pelo desmembramento da área descrita neste artigo, dando-se sua instalação no quadragésimo sexto dia após a eleição prevista no § 3.º, mas não antes de 1.º de janeiro de 1989.

§ 1.º O Estado do Tocantins integra a Região Norte e limita-se com o Estado de Goiás pelas divisas norte dos Municípios de São Miguel do Araguaia, Porangatu, Formoso, Minaçu, Cavalcante, Monte Alegre de Goiás e Campos Belos, conservando a leste, norte e oeste as divisas atuais de Goiás com os Estados da Bahia, Piauí, Maranhão, Pará e Mato Grosso.

§ 2.º O Poder Executivo designará uma das cidades do Estado para sua capital provisória até a aprovação da sede definitiva do governo pela Assembléia Constituinte.

§ 3.º O Governador, o Vice-Governador, os Senadores, os Deputados Federais e os Deputados Estaduais serão eleitos, em um único turno, até setenta e cinco dias após a promulgação da Constituição, mas não antes de 15 de novembro de 1988, a critério do Tribunal Superior Eleitoral, obedecidas, entre outras, as seguintes normas:

I – o prazo de filiação partidária dos candidatos será encerrado setenta e cinco dias antes da data das eleições;

II – as datas das convenções regionais partidárias destinadas a deliberar sobre coligações e escolha de candidatos, de apresentação de requerimento de registro dos candidatos escolhidos e dos demais procedimentos legais serão fixadas, em calendário especial, pela Justiça Eleitoral;

III – são inelegíveis os ocupantes de cargos estaduais ou municipais que não se tenham deles afastado, em caráter definitivo, setenta e cinco dias antes da data das eleições previstas neste parágrafo;

IV – ficam mantidos os atuais diretórios regionais dos partidos políticos do Estado de Goiás, cabendo às comissões executivas nacionais designar comissões provisórias no Estado do Tocantins, nos termos e para os fins previstos na lei.

§ 4.º Os mandatos do Governador, do Vice-Governador, dos Deputados Federais e Estaduais eleitos na forma do parágrafo anterior extinguir-se-ão concomitantemente aos das demais unidades da Federação; o mandato do Senador eleito menos votado extinguir-se-á nessa mesma oportunidade, e os dos outros dois, juntamente com os dos Senadores eleitos em 1986 nos demais Estados.

§ 5.º A Assembléia Estadual Constituinte será instalada no quadragésimo sexto dia da eleição de seus integrantes, mas não antes de 1.º de janeiro de 1989, sob a presidência do Presidente do Tribunal Regional Eleitoral do Estado de Goiás, e dará posse, na mesma data, ao Governador e ao Vice-Governador eleitos.

§ 6.º Aplicam-se à criação e instalação do Estado do Tocantins, no que couber, as normas legais disciplinadoras da divisão do Estado de Mato Grosso, observado o disposto no art. 234.º da Constituição.

§ 7.º Fica o Estado de Goiás liberado dos débitos e encargos decorrentes de empreendimentos no território do novo Estado, e autorizada a União, a seu critério, a assumir os referidos débitos.

Artigo 14.º

Os Territórios Federais de Roraima e do Amapá são transformados em Estados Federados, mantidos seus atuais limites geográficos.

§ 1.º A instalação dos Estados dar-se-á com a posse dos Governadores eleitos em 1990.

§ 2.º Aplicam-se à transformação e instalação dos Estados de Roraima e Amapá as normas e os critérios seguidos na criação do Estado de Rondônia, respeitado o disposto na Constituição e neste Ato.

§ 3.º O Presidente da República, até quarenta e cinco dias após a promulgação da Constituição, encaminhará à apreciação do Senado Federal os nomes dos Governadores dos Estados de Roraima e do Amapá que exercerão o Poder Executivo até a instalação dos novos Estados com a posse dos Governadores eleitos.

§ 4.º Enquanto não concretizada a transformação em Estados, nos termos deste artigo, os Territórios Federais de Roraima e do Amapá serão beneficiados pela transferência de recursos prevista nos arts. 159.º, I, *a*, da Constituição, e 34.º, § 2.º, II, deste Ato.

Artigo 15.º

Fica extinto o Território Federal de Fernando de Noronha, sendo sua área reincorporada ao Estado de Pernambuco.

Artigo 16.°

Até que se efetive o disposto no art. 32.°, § 2.°, da Constituição, caberá ao Presidente da República, com a aprovação do Senado Federal, indicar o Governador e o Vice-Governador do Distrito Federal.

§ 1.° A competência da Câmara Legislativa do Distrito Federal, até que se instale, será exercida pelo Senado Federal.

§ 2.° A fiscalização contábil, financeira, orçamentária, operacional e patrimonial do Distrito Federal, enquanto não for instalada a Câmara Legislativa, será exercida pelo Senado Federal, mediante controle externo, com o auxílio do Tribunal de Contas do Distrito Federal, observado o disposto no art. 72.° da Constituição.

§ 3.° Incluem-se entre os bens do Distrito Federal aqueles que lhe vierem a ser atribuídos pela União na forma da lei.

Artigo 17.°

Os vencimentos, a remuneração, as vantagens e os adicionais, bem como os proventos de aposentadoria que estejam sendo percebidos em desacordo com a Constituição serão imediatamente reduzidos aos limites dela decorrentes, não se admitindo, neste caso, invocação de direito adquirido ou percepção de excesso a qualquer título.

§ 1.° É assegurado o exercício cumulativo de dois cargos ou empregos privativos de médico que estejam sendo exercidos por médico militar na administração pública direta ou indireta.

§ 2.° É assegurado o exercício cumulativo de dois cargos ou empregos privativos de profissionais de saúde que estejam sendo exercidos na administração pública direta ou indireta.

Artigo 18.°

Ficam extintos os efeitos jurídicos de qualquer ato legislativo ou administrativo, lavrado a partir da instalação da Assembléia Nacional Constituinte, que tenha por objeto a concessão de estabilidade a servidor admitido sem concurso público, da administração direta ou indireta, inclusive das fundações instituídas e mantidas pelo Poder Público.

Artigo 19.°

Os servidores públicos civis da União, dos Estados, do Distrito Federal e dos Municípios, da administração direta, autárquica e das fundações públicas, em exercício na data da promulgação da Constituição, há pelo menos cinco anos continuados, e que não tenham sido admitidos na forma regulada no art. 37.° da Constituição, são considerados estáveis no serviço público.

§ 1.° O tempo de serviço dos servidores referidos neste artigo será contado como título quando se submeterem a concurso para fins de efetivação, na forma da lei.

§ 2.° O disposto neste artigo não se aplica aos ocupantes de cargos, funções e empregos de confiança ou em comissão, nem aos que a lei declare de livre exoneração, cujo tempo de serviço não será computado para os fins do *caput* deste artigo, exceto se se tratar de servidor.

§ 3.° O disposto neste artigo não se aplica aos professores de nível superior, nos termos da lei.

Artigo 20.°

Dentro de cento e oitenta dias, proceder-se-á à revisão dos direitos dos servidores públicos inativos e pensionistas e à atualização dos proventos e pensões a eles devidos, a fim de ajustá-los ao disposto na Constituição.

Artigo 21.º

Os juízes togados de investidura limitada no tempo, admitidos mediante concurso público de provas e títulos e que estejam em exercício na data da promulgação da Constituição, adquirem estabilidade, observado o estágio probatório, e passam a compor quadro em extinção, mantidas as competências, prerrogativas e restrições da legislação a que se achavam submetidos, salvo as inerentes à transitoriedade da investidura.
Parágrafo único. A aposentadoria dos juízes de que trata este artigo regular-se-á pelas normas fixadas para os demais juízes estaduais.

Artigo 22.º

É assegurado aos defensores públicos investidos na função até a data de instalação da Assembléia Nacional Constituinte o direito de opção pela carreira, com a observância das garantias e vedações previstas no art. 134.º, parágrafo único, da Constituição.

Artigo 23.º

Até que se edite a regulamentação do art. 21.º, XVI, da Constituição, os atuais ocupantes do cargo de censor federal continuarão exercendo funções com este compatíveis, no Departamento de Polícia Federal, observadas as disposições constitucionais.
Parágrafo único. A lei referida disporá sobre o aproveitamento dos censores federais, nos termos deste artigo.

Artigo 24.º

A União, os Estados, o Distrito Federal e os Municípios editarão leis que estabeleçam critérios para a compatibilização de seus quadros de pessoal ao disposto no art. 39.º da Constituição e à reforma administrativa dela decorrente, no prazo de dezoito meses, contados da sua promulgação.

Artigo 25.º

Ficam revogados, a partir de cento e oitenta dias da promulgação da Constituição, sujeito este prazo a prorrogação por lei, todos os dispositivos legais que atribuam ou deleguem a órgão do Poder Executivo competência assinalada pela Constituição ao Congresso Nacional, especialmente no que tange a:
I – ação normativa;
II – alocação ou transferência de recursos de qualquer espécie.
§ 1.º Os decretos-leis em tramitação no Congresso Nacional e por este não apreciados até a promulgação da Constituição terão seus efeitos regulados da seguinte forma:
I – se editados até 2 de setembro de 1988, serão apreciados pelo Congresso Nacional no prazo de até cento e oitenta dias a contar da promulgação da Constituição, não computado o recesso parlamentar;
II – decorrido o prazo definido no inciso anterior, e não havendo apreciação, os decretos-leis ali mencionados serão considerados rejeitados;
III – nas hipóteses definidas nos incisos I e II, terão plena validade os atos praticados na vigência dos respectivos decretos-leis, podendo o Congresso Nacional, se necessário, legislar sobre os efeitos deles remanescentes.
§ 2.º Os decretos-leis editados entre 3 de setembro de 1988 e a promulgação da Constituição serão convertidos, nesta data, em medidas provisórias, aplicando-se-lhes as regras estabelecidas no art. 62.º, parágrafo único.

Artigo 26.º

No prazo de um ano a contar da promulgação da Constituição, o Congresso Nacional promoverá, através de comissão mista, exame analítico e pericial dos atos e fatos geradores do endividamento externo brasileiro.

§ 1.º A comissão terá a força legal de comissão parlamentar de inquérito para os fins de requisição e convocação, e atuará com o auxílio do Tribunal de Contas da União.

§ 2.º Apurada irregularidade, o Congresso Nacional proporá ao Poder Executivo a declaração de nulidade do ato e encaminhará o processo ao Ministério Público Federal, que formalizará, no prazo de sessenta dias, a ação cabível.

Artigo 27.º

O Superior Tribunal de Justiça será instalado sob a presidência do Supremo Tribunal Federal.

§ 1.º Até que se instale o Superior Tribunal de Justiça, o Supremo Tribunal Federal exercerá as atribuições e competências definidas na ordem constitucional precedente.

§ 2.º A composição inicial do Superior Tribunal de Justiça far-se-á:

I – pelo aproveitamento dos Ministros do Tribunal Federal de Recursos;

II – pela nomeação dos Ministros que sejam necessários para completar o número estabelecido na Constituição.

§ 3.º Para os efeitos do disposto na Constituição, os atuais Ministros do Tribunal Federal de Recursos serão considerados pertencentes à classe de que provieram, quando de sua nomeação.

§ 4.º Instalado o Tribunal, os Ministros aposentados do Tribunal Federal de Recursos tornar-se-ão, automaticamente, Ministros aposentados do Superior Tribunal de Justiça.

§ 5.º Os Ministros a que se refere o § 2.º, II, serão indicados em lista tríplice pelo Tribunal Federal de Recursos, observado o disposto no art. 104.º, parágrafo único, da Constituição.

§ 6.º Ficam criados cinco Tribunais Regionais Federais, a serem instalados no prazo de seis meses a contar da promulgação da Constituição, com a jurisdição e sede que lhes fixar o Tribunal Federal de Recursos, tendo em conta o número de processos e sua localização geográfica.

§ 7.º Até que se instalem os Tribunais Regionais Federais, o Tribunal Federal de Recursos exercerá a competência a eles atribuída em todo o território nacional, cabendo-lhe promover sua instalação e indicar os candidatos a todos os cargos da composição inicial, mediante lista tríplice, podendo desta constar juízes federais de qualquer região, observado o disposto no § 9.º

§ 8.º É vedado, a partir da promulgação da Constituição, o provimento de vagas de Ministros do Tribunal Federal de Recursos.

§ 9.º Quando não houver juiz federal que conte o tempo mínimo previsto no art. 107.º, II, da Constituição, a promoção poderá contemplar juiz com menos de cinco anos no exercício do cargo.

§ 10.º Compete à Justiça Federal julgar as ações nela propostas até a data da promulgação da Constituição, e aos Tribunais Regionais Federais, bem como ao Superior Tribunal de Justiça, julgar as ações rescisórias das decisões até então proferidas pela Justiça Federal, inclusive daquelas cuja matéria tenha passado à competência de outro ramo do Judiciário.

Artigo 28.º

Os juízes federais de que trata o art. 123.º, § 2.º, da Constituição de 1967, com a redação dada pela Emenda Constitucional n.º 7, de 1977, ficam investidos na titularidade de varas na seção judiciária para a qual tenham sido nomeados ou designados; na inexistência de vagas, proceder-se-á ao desdobramento das varas existentes.

Parágrafo único. Para efeito de promoção por antiguidade, o tempo de serviço desses juízes será computado a partir do dia de sua posse.

Artigo 29.°

Enquanto não aprovadas as leis complementares relativas ao Ministério Público e à Advocacia-Geral da União, o Ministério Público Federal, a Procuradoria-Geral da Fazenda Nacional, as Consultorias Jurídicas dos Ministérios, as Procuradorias e Departamentos Jurídicos de autarquias federais com representação própria e os membros das Procuradorias das universidades fundacionais públicas continuarão a exercer suas atividades na área das respectivas atribuições.

§ 1.° O Presidente da República, no prazo de cento e vinte dias, encaminhará ao Congresso Nacional projeto de lei complementar dispondo sobre a organização e o funcionamento da Advocacia-Geral da União.

§ 2.° Aos atuais Procuradores da República, nos termos da lei complementar, será facultada a opção, de forma irretratável, entre as carreiras do Ministério Público Federal e da Advocacia-Geral da União.

§ 3.° Poderá optar pelo regime anterior, no que respeita às garantias e vantagens, o membro do Ministério Público admitido antes da promulgação da Constituição, observando-se, quanto às vedações, a situação jurídica na data desta.

§ 4.° Os atuais integrantes do quadro suplementar dos Ministérios Públicos do Trabalho e Militar que tenham adquirido estabilidade nessas funções passam a integrar o quadro da respectiva carreira.

§ 5.° Cabe à atual Procuradoria-Geral da Fazenda Nacional, diretamente ou por delegação, que pode ser ao Ministério Público estadual, representar judicialmente a União nas causas de natureza fiscal, na área da respectiva competência, até a promulgação das leis complementares previstas neste artigo.

Artigo 30.°

A legislação que criar a justiça de paz manterá os atuais juízes de paz até a posse dos novos titulares, assegurando-lhes os direitos e atribuições conferidos a estes, e designará o dia para a eleição prevista no art. 98.°, II, da Constituição.

Artigo 31.°

Serão estatizadas as serventias do foro judicial, assim definidas em lei, respeitados os direitos dos atuais titulares.

Artigo 32.°

O disposto no art. 236.° não se aplica aos serviços notariais e de registro que já tenham sido oficializados pelo poder público, respeitando-se o direito de seus servidores.

Artigo 33.°

Ressalvados os créditos de natureza alimentar, o valor dos precatórios judiciais pendentes de pagamento na data da promulgação da Constituição, incluído o remanescente de juros e correção monetária, poderá ser pago em moeda corrente, com atualização, em prestações anuais, iguais e sucessivas, no prazo máximo de oito anos, a partir de 1.° de julho de 1989, por decisão editada pelo Poder Executivo até cento e oitenta dias da promulgação da Constituição.

Parágrafo único. Poderão as entidades devedoras, para o cumprimento do disposto neste artigo, emitir, em cada ano, no exato montante do dispêndio, títulos de dívida pública não computáveis para efeito do limite global de endividamento.

Artigo 34.°

O sistema tributário nacional entrará em vigor a partir do primeiro dia do quinto mês seguinte ao da promulgação da Constituição, mantido, até então, o da Constituição de 1967, com a redação dada pela Emenda n.° 1, de 1969, e pelas posteriores.

§ 1.° Entrarão em vigor com a promulgação da Constituição os arts. 148.°, 149.°, 150.°, 154.°, I, 156.°, III, e 159.°, I, *c*, revogadas as disposições em contrário da Constituição de 1967 e das emendas que a modificaram, especialmente de seu art. 25.°, III.

§ 2.° O Fundo de Participação dos Estados e do Distrito Federal e o Fundo de Participação dos Municípios obedecerão às seguintes determinações:

I – a partir da promulgação da Constituição, os percentuais serão, respectivamente, de dezoito por cento e de vinte por cento, calculados sobre o produto da arrecadação dos impostos referidos no art. 153.°, III e IV, mantidos os atuais critérios de rateio até a entrada em vigor da lei complementar a que se refere o art. 161.°, II;

II – o percentual relativo ao Fundo de Participação dos Estados e do Distrito Federal será acrescido de um ponto percentual no exercício financeiro de 1989 e, a partir de 1990, inclusive, à razão de meio ponto por exercício, até 1992, inclusive, atingindo em 1993 o percentual estabelecido no art. 159.°, I, *a*;

III – o percentual relativo ao Fundo de Participação dos Municípios, a partir de 1989, inclusive, será elevado à razão de meio ponto percentual por exercício financeiro, até atingir o estabelecido no art. 159.°, I, *b*.

§ 3.° Promulgada a Constituição, a União, os Estados, o Distrito Federal e os Municípios poderão editar as leis necessárias à aplicação do sistema tributário nacional nela previsto.

§ 4.° As leis editadas nos termos do parágrafo anterior produzirão efeitos a partir da entrada em vigor do sistema tributário nacional previsto na Constituição.

§ 5.° Vigente o novo sistema tributário nacional, fica assegurada a aplicação da legislação anterior, no que não seja incompatível com ele e com a legislação referida nos §§ 3.° e 4.°.

§ 6.° Até 31 de dezembro de 1989, o disposto no art. 150.°, III, *b*, não se aplica aos impostos de que tratam os arts. 155.°, I, *a* e *b*, e 156.°, II e III, que podem ser cobrados trinta dias após a publicação da lei que os tenha instituído ou aumentado.

§ 7.° Até que sejam fixadas em lei complementar, as alíquotas máximas do imposto municipal sobre vendas a varejo de combustíveis líquidos e gasosos não excederão a três por cento.

§ 8.° Se, no prazo de sessenta dias contados da promulgação da Constituição, não for editada a lei complementar necessária à instituição do imposto de que trata o art. 155.°, I, *b*, os Estados e o Distrito Federal, mediante convênio celebrado nos termos da Lei Complementar n.° 24, de 7 de janeiro de 1975, fixarão normas para regular provisoriamente a matéria.

§ 9.° Até que lei complementar disponha sobre a matéria, as empresas distribuidoras de energia elétrica, na condição de contribuintes ou de substitutos tributários, serão as responsáveis, por ocasião da saída do produto de seus estabelecimentos, ainda que destinado a outra unidade da Federação, pelo pagamento do imposto sobre operações relativas à circulação de mercadorias incidente sobre energia elétrica, desde a produção ou importação até a última operação, calculado o imposto sobre o preço então praticado na operação final e assegurado seu recolhimento ao Estado ou ao Distrito Federal, conforme o local onde deva ocorrer essa operação.

§ 10.º Enquanto não entrar em vigor a lei prevista no art. 159.º, I, c, cuja promulgação se fará até 31 de dezembro de 1989, é assegurada a aplicação dos recursos previstos naquele dispositivo da seguinte maneira:

I – seis décimos por cento na Região Norte, através do Banco da Amazônia S.A.;

II – um inteiro e oito décimos por cento na Região Nordeste, através do Banco do Nordeste do Brasil S.A.;

III – seis décimos por cento na Região Centro-Oeste, através do Banco do Brasil S.A.

§ 11.º Fica criado, nos termos da lei, o Banco de Desenvolvimento do Centro--Oeste, para dar cumprimento, na referida região, ao que determinam os arts. 159.º, I, c, e 192, § 2.º, da Constituição.

§ 12.º A urgência prevista no art. 148.º, II, não prejudica a cobrança do empréstimo compulsório instituído, em benefício das Centrais Elétricas Brasileiras S.A., pela Lei n.º 4.156, de 28 de novembro de 1962, com as alterações posteriores.

Artigo 35.º

O disposto no art. 165.º, § 7.º, será cumprido de forma progressiva, no prazo de até dez anos, distribuindo-se os recursos entre as regiões macroeconômicas em razão proporcional à população, a partir da situação verificada no biênio 1986-87.

§ 1.º Para aplicação dos critérios de que trata este artigo, excluem-se das despesas totais as relativas:

I – aos projetos considerados prioritários no plano plurianual;

II – à segurança e defesa nacional;

III – à manutenção dos órgãos federais no Distrito Federal;

IV – ao Congresso Nacional, ao Tribunal de Contas da União e ao Poder Judiciário;

V – ao serviço da dívida da administração direta e indireta da União, inclusive fundações instituídas e mantidas pelo poder público federal.

§ 2.º Até a entrada em vigor da lei complementar a que se refere o art. 165.º, § 9.º, I e II, serão obedecidas as seguintes normas:

I – o projeto do plano plurianual, para vigência até o final do primeiro exercício financeiro do mandato presidencial subseqüente, será encaminhado até quatro meses antes do encerramento do primeiro exercício financeiro e devolvido para sanção até o encerramento da sessão legislativa;

II – o projeto de lei de diretrizes orçamentárias será encaminhado até oito meses e meio antes do encerramento do exercício financeiro e devolvido para sanção até o encerramento do primeiro período da sessão legislativa;

III – o projeto de lei orçamentária da União será encaminhado até quatro meses antes do encerramento do exercício financeiro e devolvido para sanção até o encerramento da sessão legislativa.

Artigo 36.º

Os fundos existentes na data da promulgação da Constituição, excetuados os resultantes de isenções fiscais que passem a integrar patrimônio privado e os que interessem à defesa nacional, extinguir-se-ão se não forem ratificados pelo Congresso Nacional no prazo de dois anos.

Artigo 37.º

A adaptação ao que estabelece o art. 167.º, III, deverá processar-se no prazo de cinco anos, reduzindo-se o excesso à base de, pelo menos, um quinto por ano.

Artigo 38.º

Até a promulgação da lei complementar referida no art. 169.º, a União, os Estados, o Distrito Federal e os Municípios não poderão despender com pessoal mais do que sessenta e cinco por cento do valor das respectivas receitas correntes.

Parágrafo único. A União, os Estados, o Distrito Federal e os Municípios, quando a respectiva despesa de pessoal exceder o limite previsto neste artigo, deverão retornar àquele limite, reduzindo o percentual excedente à razão de um quinto por ano.

Artigo 39.º

Para efeito do cumprimento das disposições constitucionais que impliquem variações de despesas e receitas da União, após a promulgação da Constituição, o Poder Executivo deverá elaborar e o Poder Legislativo apreciar projeto de revisão da lei orçamentária referente ao exercício financeiro de 1989.

Parágrafo único. O Congresso Nacional deverá votar no prazo de doze meses a lei complementar prevista no art. 161.º, II.

Artigo 40.º

É mantida a Zona Franca de Manaus, com suas características de área livre de comércio, de exportação e importação, e de incentivos fiscais, pelo prazo de vinte e cinco anos, a partir da promulgação da Constituição.

Parágrafo único. Somente por lei federal podem ser modificados os critérios que disciplinaram ou venham a disciplinar a aprovação dos projetos na Zona Franca de Manaus.

Artigo 41.º

Os Poderes Executivos da União, dos Estados, do Distrito Federal e dos Municípios reavaliarão todos os incentivos fiscais de natureza setorial ora em vigor, propondo aos Poderes Legislativos respectivos as medidas cabíveis.

§ 1.º Considerar-se-ão revogados após dois anos, a partir da data da promulgação da Constituição, os incentivos que não forem confirmados por lei.

§ 2.º A revogação não prejudicará os direitos que já tiverem sido adquiridos, àquela data, em relação a incentivos concedidos sob condição e com prazo certo.

§ 3.º Os incentivos concedidos por convênio entre Estados, celebrados nos termos do art. 23.º, § 6.º, da Constituição de 1967, com a redação da Emenda n.º 1, de 17 de outubro de 1969, também deverão ser reavaliados e reconfirmados nos prazos deste artigo.

Artigo 42.º

Durante 25 (vinte e cinco) anos, a União aplicará, dos recursos destinados à irrigação:

I – vinte por cento na Região Centro-Oeste;

II – cinqüenta por cento na Região Nordeste, preferencialmente no Semi-Árido.

Artigo 43.º

Na data da promulgação da lei que disciplinar a pesquisa e a lavra de recursos e jazidas minerais, ou no prazo de um ano, a contar da promulgação da Constituição, tornar-se-ão sem efeito as autorizações, concessões e demais títulos atributivos de direitos minerários, caso os trabalhos de pesquisa ou de lavra não hajam sido comprovadamente iniciados nos prazos legais ou estejam inativos.

Artigo 44.°

As atuais empresas brasileiras titulares de autorização de pesquisa, concessão de lavra de recursos minerais e de aproveitamento dos potenciais de energia hidráulica em vigor terão quatro anos, a partir da promulgação da Constituição, para cumprir os requisitos do art. 176.°, § 1.°

§ 1.° Ressalvadas as disposições de interesse nacional previstas no texto constitucional, as empresas brasileiras ficarão dispensadas do cumprimento do disposto no art. 176.°, § 1.°, desde que, no prazo de até quatro anos da data da promulgação da Constituição, tenham o produto de sua lavra e beneficiamento destinado a industrialização no território nacional, em seus próprios estabelecimentos ou em empresa industrial controladora ou controlada.

§ 2.° Ficarão também dispensadas do cumprimento do disposto no art. 176.°, § 1.°, as empresas brasileiras titulares de concessão de energia hidráulica para uso em seu processo de industrialização.

§ 3.° As empresas brasileiras referidas no § 1.° somente poderão ter autorizações de pesquisa e concessões de lavra ou potenciais de energia hidráulica, desde que a energia e o produto da lavra sejam utilizados nos respectivos processos industriais.

Artigo 45.°

Ficam excluídas do monopólio estabelecido pelo art. 177.°, II, da Constituição as refinarias em funcionamento no País amparadas pelo art. 43.° e nas condições do art. 45.° da Lei n.° 2.004, de 3 de outubro de 1953.

Parágrafo único. Ficam ressalvados da vedação do art. 177.°, § 1.°, os contratos de risco feitos com a Petróleo Brasileiro S.A., para pesquisa de petróleo, que estejam em vigor na data da promulgação da Constituição.

Artigo 46.°

São sujeitos à correção monetária desde o vencimento, até seu efetivo pagamento, sem interrupção ou suspensão, os créditos junto a entidades submetidas aos regimes de intervenção ou liquidação extrajudicial, mesmo quando esses regimes sejam convertidos em falência.

Parágrafo único. O disposto neste artigo aplica-se também:

I – às operações realizadas posteriormente à decretação dos regimes referidos no *caput* deste artigo;

II – às operações de empréstimo, financiamento, refinanciamento, assistência financeira de liquidez, cessão ou sub-rogação de créditos ou cédulas hipotecárias, efetivação de garantia de depósitos do público ou de compra de obrigações passivas, inclusive as realizadas com recursos de fundos que tenham essas destinações;

III – aos créditos anteriores à promulgação da Constituição;

IV – aos créditos das entidades da administração pública anteriores à promulgação da Constituição, não liquidados até 1.° de janeiro de 1988.

Artigo 47.°

Na liquidação dos débitos, inclusive suas renegociações e composições posteriores, ainda que ajuizados, decorrentes de quaisquer empréstimos concedidos por bancos e por instituições financeiras, não existirá correção monetária desde que o empréstimo tenha sido concedido:

I – aos micro e pequenos empresários ou seus estabelecimentos no período de 28 de fevereiro de 1986 a 28 de fevereiro de 1987;

II – aos mini, pequenos e médios produtores rurais no período de 28 de fevereiro de 1986 a 31 de dezembro de 1987, desde que relativos a crédito rural.

§ 1.° Consideram-se, para efeito deste artigo, microempresas as pessoas jurídicas e as firmas individuais com receitas anuais de até dez mil obrigações do Tesouro Nacional, e pequenas empresas as pessoas jurídicas e as firmas individuais com receita anual de até vinte e cinco mil obrigações do Tesouro Nacional.

§ 2.° A classificação de mini, pequeno e médio produtor rural será feita obedecendo-se às normas de crédito rural vigentes à época do contrato.

§ 3.° A isenção da correção monetária a que se refere este artigo só será concedida nos seguintes casos:

I – se a liquidação do débito inicial, acrescido de juros legais e taxas judiciais, vier a ser efetivada no prazo de noventa dias, a contar da data da promulgação da Constituição;

II – se a aplicação dos recursos não contrariar a finalidade do financiamento, cabendo o ônus da prova à instituição credora;

III – se não for demonstrado pela instituição credora que o mutuário dispõe de meios para o pagamento de seu débito, excluído desta demonstração seu estabelecimento, a casa de moradia e os instrumentos de trabalho e produção;

IV – se o financiamento inicial não ultrapassar o limite de cinco mil obrigações do Tesouro Nacional;

V – se o beneficiário não for proprietário de mais de cinco módulos rurais.

§ 4.° Os benefícios de que trata este artigo não se estendem aos débitos já quitados e aos devedores que sejam constituintes.

§ 5.° No caso de operações com prazos de vencimento posteriores à data-limite de liquidação da dívida, havendo interesse do mutuário, os bancos e as instituições financeiras promoverão, por instrumento próprio, alteração nas condições contratuais originais de forma a ajustá-las ao presente benefício.

§ 6.° A concessão do presente benefício por bancos comerciais privados em nenhuma hipótese acarretará ônus para o poder público, ainda que através de refinanciamento e repasse de recursos pelo Banco Central.

§ 7.° No caso de repasse a agentes financeiros oficiais ou cooperativas de crédito, o ônus recairá sobre a fonte de recursos originária.

Artigo 48.°

O Congresso Nacional, dentro de cento e vinte dias da promulgação da Constituição, elaborará código de defesa do consumidor.

Artigo 49.°

A lei disporá sobre o instituto da enfiteuse em imóveis urbanos, sendo facultada aos foreiros, no caso de sua extinção, a remição dos aforamentos mediante aquisição do domínio direto, na conformidade do que dispuserem os respectivos contratos.

§ 1.° Quando não existir cláusula contratual, serão adotados os critérios e bases hoje vigentes na legislação especial dos imóveis da União.

§ 2.° Os direitos dos atuais ocupantes inscritos ficam assegurados pela aplicação de outra modalidade de contrato.

§ 3.° A enfiteuse continuará sendo aplicada aos terrenos de marinha e seus acrescidos, situados na faixa de segurança, a partir da orla marítima.

§ 4.° Remido o foro, o antigo titular do domínio direto deverá, no prazo de noventa dias, sob pena de responsabilidade, confiar à guarda do registro de imóveis competente toda a documentação a ele relativa.

Artigo 50.º

Lei agrícola a ser promulgada no prazo de um ano disporá, nos termos da Constituição, sobre os objetivos e instrumentos de política agrícola, prioridades, planejamento de safras, comercialização, abastecimento interno, mercado externo e instituição de crédito fundiário.

Artigo 51.º

Serão revistos pelo Congresso Nacional, através de comissão mista, nos três anos a contar da data da promulgação da Constituição, todas as doações, vendas e concessões de terras públicas com área superior a três mil hectares, realizadas no período de 1.º de janeiro de 1962 a 31 de dezembro de 1987.

§ 1.º No tocante às vendas, a revisão será feita com base exclusivamente no critério de legalidade da operação.

§ 2.º No caso de concessões e doações, a revisão obedecerá aos critérios de legalidade e de conveniência do interesse público.

§ 3.º Nas hipóteses previstas nos parágrafos anteriores, comprovada a ilegalidade, ou havendo interesse público, as terras reverterão ao patrimônio da União, dos Estados, do Distrito Federal ou dos Municípios.

Artigo 52.º

Até que sejam fixadas as condições do art. 192.º, são vedados:

I – a instalação, no País, de novas agências de instituições financeiras domiciliadas no exterior;

II – o aumento do percentual de participação, no capital de instituições financeiras com sede no País, de pessoas físicas ou jurídicas residentes ou domiciliadas no exterior.

Parágrafo único. A vedação a que se refere este artigo não se aplica às autorizações resultantes de acordos internacionais, de reciprocidade, ou de interesse do Governo brasileiro.

Artigo 53.º

Ao ex-combatente que tenha efetivamente participado de operações bélicas durante a Segunda Guerra Mundial, nos termos da Lei n.º 5.315, de 12 de setembro de 1967, serão assegurados os seguintes direitos:

I – aproveitamento no serviço público, sem a exigência de concurso, com estabilidade;

II – pensão especial correspondente à deixada por segundo-tenente das Forças Armadas, que poderá ser requerida a qualquer tempo, sendo inacumulável com quaisquer rendimentos recebidos dos cofres públicos, exceto os benefícios previdenciários, ressalvado o direito de opção;

III – em caso de morte, pensão à viúva ou companheira ou dependente, de forma proporcional, de valor igual à do inciso anterior;

IV – assistência médica, hospitalar e educacional gratuita, extensiva aos dependentes;

V – aposentadoria com proventos integrais aos vinte e cinco anos de serviço efetivo, em qualquer regime jurídico;

VI – prioridade na aquisição da casa própria, para os que não a possuam ou para suas viúvas ou companheiras.

Parágrafo único. A concessão da pensão especial do inciso II substitui, para todos os efeitos legais, qualquer outra pensão já concedida ao ex-combatente.

Artigo 54.°

Os seringueiros recrutados nos termos do Decreto-Lei n.° 5.813, de 14 de setembro de 1943, e amparados pelo Decreto-Lei n.° 9.882, de 16 de setembro de 1946, receberão, quando carentes, pensão mensal vitalícia no valor de dois salários mínimos.

§ 1.° O benefício é estendido aos seringueiros que, atendendo a apelo do Governo brasileiro, contribuíram para o esforço de guerra, trabalhando na produção de borracha, na Região Amazônica, durante a Segunda Guerra Mundial.

§ 2.° Os benefícios estabelecidos neste artigo são transferíveis aos dependentes reconhecidamente carentes.

§ 3.° A concessão do benefício far-se-á conforme lei a ser proposta pelo Poder Executivo dentro de cento e cinqüenta dias da promulgação da Constituição.

Artigo 55.°

Até que seja aprovada a lei de diretrizes orçamentárias, trinta por cento, no mínimo, do orçamento da seguridade social, excluído o seguro-desemprego, serão destinados ao setor de saúde.

Artigo 56.°

Até que a lei disponha sobre o art. 195.°, I, a arrecadação decorrente de, no mínimo, cinco dos seis décimos percentuais correspondentes à alíquota da contribuição de que trata o Decreto-Lei n.° 1.940, de 25 de maio de 1982, alterada pelo Decreto-Lei n.° 2.049, de 1.° de agosto de 1983, pelo Decreto n.° 91.236, de 8 de maio de 1985, e pela Lei n.° 7.611, de 8 de julho de 1987, passa a integrar a receita da seguridade social, ressalvados, exclusivamente no exercício de 1988, os compromissos assumidos com programas e projetos em andamento.

Artigo 57.°

Os débitos dos Estados e dos Municípios relativos às contribuições previdenciárias até 30 de junho de 1988 serão liquidados, com correção monetária, em cento e vinte parcelas mensais, dispensados os juros e multas sobre eles incidentes, desde que os devedores requeiram o parcelamento e iniciem seu pagamento no prazo de cento e oitenta dias a contar da promulgação da Constituição.

§ 1.° O montante a ser pago em cada um dos dois primeiros anos não será inferior a cinco por cento do total do débito consolidado e atualizado, sendo o restante dividido em parcelas mensais de igual valor.

§ 2.° A liquidação poderá incluir pagamentos na forma de cessão de bens e prestação de serviços, nos termos da Lei n.° 7.578, de 23 de dezembro de 1986.

§ 3.° Em garantia do cumprimento do parcelamento, os Estados e os Municípios consignarão, anualmente, nos respectivos orçamentos as dotações necessárias ao pagamento de seus débitos.

§ 4.° Descumprida qualquer das condições estabelecidas para concessão do parcelamento, o débito será considerado vencido em sua totalidade, sobre ele incidindo juros de mora; nesta hipótese, parcela dos recursos correspondentes aos fundos de participação, destinada aos Estados e Municípios devedores, será bloqueada e repassada à previdência social para pagamento de seus débitos.

Artigo 58.°

Os benefícios de prestação continuada, mantidos pela previdência social na data da promulgação da Constituição, terão seus valores revistos, a fim de que seja restabelecido o poder aquisitivo, expresso em número de salários mínimos, que tinham na data de sua concessão, obedecendo-se a esse critério de atualização até a implantação do plano de custeio e benefícios referidos no artigo seguinte.

Parágrafo único. As prestações mensais dos benefícios atualizadas de acordo com este artigo serão devidas e pagas a partir do sétimo mês a contar da promulgação da Constituição.

Artigo 59.º

Os projetos de lei relativos à organização da seguridade social e aos planos de custeio e de benefício serão apresentados no prazo máximo de seis meses da promulgação da Constituição ao Congresso Nacional, que terá seis meses para apreciá-los.

Parágrafo único. Aprovados pelo Congresso Nacional, os planos serão implantados progressivamente nos dezoito meses seguintes.

Artigo 60.º

Nos dez primeiros anos da promulgação desta Emenda, os Estados, o Distrito Federal e os Municípios destinarão não menos de sessenta por cento dos recursos a que se refere o *caput* do art. 212.º da Constituição Federal, à manutenção e ao desenvolvimento do ensino fundamental, com o objetivo de assegurar a universalização de seu atendimento e a remuneração condigna do magistério.

§ 1.º A distribuição de responsabilidades e recursos entre os Estados e seus Municípios a ser concretizada com parte dos recursos definidos neste artigo, na forma do disposto no art. 211.º da Constituição Federal, é assegurada mediante a criação, no âmbito de cada Estado e do Distrito Federal, de um Fundo de Manutenção e Desenvolvimento do Ensino Fundamental e de Valorização do Magistério, de natureza contábil.

§ 2.º O Fundo referido no parágrafo anterior será constituído por, pelo menos, quinze por cento dos recursos a que se referem os arts. 155.º, inciso II; 158.º, inciso IV; e 159.º, inciso I, alíneas *a* e *b*; e inciso II, da Constituição Federal, e será distribuído entre cada Estado e seus Municípios, proporcionalmente ao número de alunos nas respectivas redes de ensino fundamental.

§ 3.º A União complementará os recursos dos Fundos a que se refere o § 1.º, sempre que, em cada Estado e no Distrito Federal, seu valor por aluno não alcançar o mínimo definido nacionalmente.

§ 4.º A União, os Estados, o Distrito Federal e os Municípios ajustarão progressivamente, em um prazo de cinco anos, suas contribuições ao Fundo, de forma a garantir um valor por aluno correspondente a um padrão mínimo de qualidade de ensino, definido nacionalmente.

§ 5.º Uma proporção não inferior a sessenta por cento dos recursos de cada Fundo referido no § 1.º será destinada ao pagamento dos professores do ensino fundamental em efetivo exercício no magistério.

§ 6.º A União aplicará na erradicação do analfabetismo e na manutenção e no desenvolvimento do ensino fundamental, inclusive na complementação a que se refere o § 3.º, nunca menos que o equivalente a trinta por cento dos recursos a que se refere o *caput* do art. 212.º da Constituição Federal.

§ 7.º A lei disporá sobre a organização dos Fundos, a distribuição proporcional de seus recursos, sua fiscalização e controle, bem como sobre a forma de cálculo do valor mínimo nacional por aluno.

Artigo 61.º

As entidades educacionais a que se refere o art. 213.º, bem como as fundações de ensino e pesquisa cuja criação tenha sido autorizada por lei, que preencham os requisitos dos incisos I e II do referido artigo e que, nos últimos três anos, tenham recebido recursos públicos, poderão continuar a recebê-los, salvo disposição legal em contrário.

Artigo 62.º

A lei criará o Serviço Nacional de Aprendizagem Rural nos moldes da legislação relativa ao Serviço Nacional de Aprendizagem Industrial e ao Serviço Nacional de Aprendizagem do Comércio, sem prejuízo das atribuições dos órgãos públicos que atuam na área.

Artigo 63.º

É criada uma comissão composta de nove membros, sendo três do Poder Legislativo, três do Poder Judiciário e três do Poder Executivo, para promover as comemorações do centenário da proclamação da República e da promulgação da primeira Constituição republicana do País, podendo, a seu critério, desdobrar-se em tantas subcomissões quantas forem necessárias.

Parágrafo único. No desenvolvimento de suas atribuições, a comissão promoverá estudos, debates e avaliações sobre a evolução política, social, econômica e cultural do País, podendo articular-se com os governos estaduais e municipais e com instituições públicas e privadas que desejem participar dos eventos.

Artigo 64.º

A Imprensa Nacional e demais gráficas da União, dos Estados, do Distrito Federal e dos Municípios, da administração direta ou indireta, inclusive fundações instituídas e mantidas pelo poder público, promoverão edição popular do texto integral da Constituição, que será posta à disposição das escolas e dos cartórios, dos sindicatos, dos quartéis, das igrejas e de outras instituições representativas da comunidade, gratuitamente, de modo que cada cidadão brasileiro possa receber do Estado um exemplar da Constituição do Brasil.

Artigo 65.º

O Poder Legislativo regulamentará, no prazo de doze meses, o art. 220.º, § 4.º

Artigo 66.º

São mantidas as concessões de serviços públicos de telecomunicações atualmente em vigor, nos termos da lei.

Artigo 67.º

A União concluirá a demarcação das terras indígenas no prazo de cinco anos a partir da promulgação da Constituição.

Artigo 68.º

Aos remanescentes das comunidades dos quilombos que estejam ocupando suas terras é reconhecida a propriedade definitiva, devendo o Estado emitir-lhes os títulos respectivos.

Artigo 69.º

Será permitido aos Estados manter Consultorias Jurídicas separadas de suas Procuradorias-Gerais ou Advocacias-Gerais, desde que, na data da promulgação da Constituição, tenham órgãos distintos para as respectivas funções.

Artigo 70.º
Fica mantida a atual competência dos tribunais estaduais até que a mesma seja definida na Constituição do Estado, nos termos do art. 125.º, § 1.º, da Constituição.

Artigo 71.º
É instituído, nos exercícios financeiros de 1994 e 1995, bem assim nos períodos de 1.º de janeiro de 1996 a 30 de junho de 1997 e 1.º de julho de 1997 a 31 de dezembro de 1999, o Fundo Social de Emergência, com o objetivo de saneamento financeiro da Fazenda Pública Federal e de estabilização econômica, cujos recursos serão aplicados prioritariamente no custeio das ações dos sistemas de saúde e educação, incluindo a complementação de recursos de que trata o § 3.º do art. 60.º do Ato das Disposições Constitucionais Transitórias, benefícios previdenciários e auxílios assistenciais de prestação continuada, inclusive liquidação de passivo previdenciário, e despesas orçamentárias associadas a programas de relevante interesse econômico social.
§ 1.º Ao Fundo criado por este artigo não se aplica o disposto na parte final do inciso II do § 9º do art. 165.º da Constituição.
§ 2.º O Fundo criado por este artigo passa a ser denominado Fundo de Estabilização Fiscal a partir do início do exercício financeiro de 1996.
§ 3.º O Poder Executivo publicará demonstrativo da execução orçamentária, de periodicidade bimestral, no qual se discriminarão as fontes e usos do Fundo criado por este artigo.

Artigo 72.º
Integram o Fundo Social de Emergência:
I – o produto da arrecadação do imposto sobre renda e proventos de qualquer natureza incidente na fonte sobre pagamentos efetuados, a qualquer título, pela União, inclusive suas autarquias e fundações;
II – a parcela do produto da arrecadação do imposto sobre renda e proventos de qualquer natureza e do imposto sobre operações de crédito, câmbio e seguro, ou relativas a títulos e valores mobiliários, decorrente das alterações produzidas pela Lei n.º 8.894, de 21 de junho de 1994, e pelas Leis n.ᵒˢ 8.849 e 8.848, ambas de 28 de janeiro de 1994, e modificações posteriores;
III – a parcela do produto da arrecadação resultante da elevação da alíquota da contribuição social sobre o lucro dos contribuintes a que se refere o § 1.º do art. 22.º da Lei n.º 8.212, de 24 de julho de 1991, a qual, nos exercícios financeiros de 1994 e 1995, bem assim no período de 1.º de janeiro de 1996 a 30 de junho de 1997, passa a ser de trinta por cento, sujeita a alteração por lei ordinária, mantidas as demais normas da Lei n.º 7.689, de 15 de dezembro de 1988;
IV – vinte por cento do produto da arrecadação de todos os impostos e contribuições da União, já instituídos ou a serem criados, excetuado o previsto nos incisos I, II e III, observado o disposto nos §§ 3.º e 4.º;
V – a parcela do produto da arrecadação da contribuição de que trata a Lei Complementar n.º 7, de 7 de setembro de 1970, devida pelas pessoas jurídicas a que se refere o inciso III deste artigo, a qual será calculada, nos exercícios financeiros de 1994 a 1995, bem assim nos períodos de 1.º de janeiro de 1996 a 30 de junho de 1997 e de 1.º de julho de 1997 a 31 de dezembro de 1999, mediante a aplicação da alíquota de setenta e cinco centésimos por cento, sujeita a alteração por lei ordinária posterior, sobre a receita bruta operacional, como definida na legislação do imposto sobre renda e proventos de qualquer natureza;

VI – outras receitas previstas em lei específica.

§ 1.º As alíquotas e a base de cálculo previstas nos incisos III e V aplicar-se-ão a partir do primeiro dia do mês seguinte aos noventa dias posteriores à promulgação desta emenda.

§ 2.º As parcelas de que tratam os incisos I, II, III e V serão previamente deduzidas da base de cálculo de qualquer vinculação ou participação constitucional ou legal, não se lhes aplicando o disposto nos arts. 159.º, 212.º e 239.º da Constituição.

§ 3.º A parcela de que trata o inciso IV será previamente deduzida da base de cálculo das vinculações ou participações constitucionais previstas nos arts. 153.º, § 5.º, 157.º, II, 212.º e 239.º da Constituição.

§ 4.º O disposto no parágrafo anterior não se aplica aos recursos previstos nos arts. 158.º, II, e 159.º da Constituição.

§ 5.º A parcela dos recursos provenientes do imposto sobre renda e proventos de qualquer natureza, destinada ao Fundo Social de Emergência, nos termos do incisos II deste artigo, não poderá exceder a cinco inteiros e seis décimos por cento do total do produto da sua arrecadação.

Artigo 73.º

Na regulação do Fundo Social de Emergência não poderá ser utilizado instrumento previsto no inciso V do art. 59.º da Constituição.

Artigo 74.º

A União poderá instituir contribuição provisória sobre movimentação ou transmissão de valores e de créditos e direitos de natureza financeira.

§ 1.º A alíquota da contribuição de que trata este artigo não excederá a vinte e cinco centésimos por cento, facultado ao Poder Executivo reduzi-la ou restabelecê-la, total ou parcialmente, nas condições e limites fixados em lei.

§ 2.º À contribuição de que trata este artigo não se aplica o disposto nos arts. 153.º, § 5.º, e 154.º, I, da Constituição.

§ 3.º O produto da arrecadação da contribuição de que trata este artigo será destinado integralmente ao Fundo Nacional de Saúde, para financiamento das ações e serviços de saúde.

§ 4.º A contribuição de que trata este artigo terá sua exigibilidade subordinada ao disposto no art. 195.º, § 6.º, da Constituição, e não poderá ser cobrada por prazo superior a dois anos.

Artigo 75.º

É prorrogada, por trinta e seis meses, a cobrança da contribuição provisória sobre movimentação ou transmissão de valores e de créditos e direitos de natureza financeira de que trata o art. 74.º, instituída pela Lei n.º 9.311, de 24 de outubro de 1996, modificada pela Lei n.º 9.539, de 12 de dezembro de 1997, cuja vigência é também prorrogada por idêntico prazo.

§ 1.º Observado o disposto no § 6.º do art. 195.º da Constituição Federal, a alíquota da contribuição será de trinta e oito centésimos por cento, nos primeiros doze meses, e de trinta centésimos, nos meses subseqüentes, facultado ao Poder Executivo reduzi-la total ou parcialmente, nos limites aqui definidos.

§ 2.º O resultado do aumento da arrecadação, decorrente da alteração da alíquota, nos exercícios financeiros de 1999, 2000 e 2001, será destinado ao custeio da previdência social.

§ 3.º É a União autorizada a emitir títulos da dívida pública interna, cujos recursos serão destinados ao custeio da saúde e da previdência social, em montante equivalente ao produto da arrecadação da contribuição, prevista e não realizada em 1999.

Artigo 76.º

É desvinculado de órgão, fundo ou despesa, no período de 2003 a 2007, vinte por cento da arrecadação da União de impostos, contribuições sociais e de intervenção no domínio econômico, já instituídos ou que vierem a ser criados no referido período, seus adicionais e respectivos acréscimos legais.

§ 1.º O disposto no *caput* deste artigo não reduzirá a base de cálculo das transferências a Estados, Distrito Federal e Municípios na forma dos arts. 153.º, § 5.º; 157.º, I; 158.º, I e II; e 159.º, I, *a* e *b*; e II, da Constituição, bem como a base de cálculo das destinações a que se refere o art. 159.º, I, *c*, da Constituição.

§ 2.º Excetua-se da desvinculação de que trata o *caput* deste artigo a arrecadação da contribuição social do salário – educação a que se refere o art. 212.º, § 5.º, da Constituição.

Artigo 77.º

Até o exercício financeiro de 2004, os recursos mínimos aplicados nas ações e serviços públicos de saúde serão equivalentes:

I – no caso da União:

a) no ano 2000, o montante empenhado em ações e serviços públicos de saúde no exercício financeiro de 1999 acrescido de, no mínimo, cinco por cento;

b) do ano 2001 ao ano 2004, o valor apurado no ano anterior, corrigido pela variação nominal do Produto Interno Bruto – PIB;

II – no caso dos Estados e do Distrito Federal, doze por cento do produto da arrecadação dos impostos a que se refere o art. 155.º e dos recursos de que tratam os arts. 157.º e 159.º, inciso I, alínea *a*, e inciso II, deduzidas as parcelas que forem transferidas aos respectivos Municípios; e

III – no caso dos Municípios e do Distrito Federal, quinze por cento do produto da arrecadação dos impostos a que se refere o art. 156.º *e* dos recursos de que tratam os arts. 158.º e 159.º, inciso I, alínea *b* e § 3.º

§ 1.º Os Estados, o Distrito Federal e os Municípios que apliquem percentuais inferiores aos fixados nos incisos II e III deverão elevá-los gradualmente, até o exercício financeiro de 2004, reduzida a diferença à razão de, pelo menos, um quinto por ano, sendo que, a partir de 2000, a aplicação será de pelo menos sete por cento.

§ 2.º Dos recursos da União apurados nos termos deste artigo, quinze por cento, no mínimo, serão aplicados nos Municípios, segundo o critério populacional, em ações e serviços básicos de saúde, na forma da lei.

§ 3.º Os recursos dos Estados, do Distrito Federal e dos Municípios destinados às ações e serviços públicos de saúde e os transferidos pela União para a mesma finalidade serão aplicados por meio de Fundo de Saúde que será acompanhado e fiscalizado por Conselho de Saúde, sem prejuízo do disposto no art. 74.º da Constituição Federal.

§ 4.º Na ausência da lei complementar a que se refere o art. 198.º, § 3.º, a partir do exercício financeiro de 2005, aplicar-se-á à União, aos Estados, ao Distrito Federal e aos Municípios o disposto neste artigo.

Artigo 78.º

Ressalvados os créditos definidos em lei como de pequeno valor, os de natureza alimentícia, os de que trata o art. 33.º deste Ato das Disposições Constitucionais Transitórias e suas complementações e os que já tiverem os seus respectivos recursos liberados ou depositados em juízo, os precatórios pendentes na data de promulgação desta Emenda e os que decorram de ações iniciais ajuizadas até 31 de dezembro de 1999 serão liquidados pelo seu valor real, em moeda corrente, acrescido de juros legais, em prestações anuais, iguais e sucessivas, no prazo máximo de dez anos, permitida a cessão dos créditos.

§ 1.° É permitida a decomposição de parcelas, a critério do credor.

§ 2.° As prestações anuais a que se refere o *caput* deste artigo terão, se não liquidadas até o final do exercício a que se referem, poder liberatório do pagamento de tributos da entidade devedora.

§ 3.° O prazo referido no *caput* deste artigo fica reduzido para dois anos, nos casos de precatórios judiciais originários de desapropriação de imóvel residencial do credor, desde que comprovadamente único à época da imissão na posse.

§ 4.° O Presidente do Tribunal competente deverá, vencido o prazo ou em caso de omissão no orçamento, ou preterição ao direito de precedência, a requerimento do credor, requisitar ou determinar o seqüestro de recursos financeiros da entidade executada, suficientes à satisfação da prestação.

Artigo 79.°

É instituído, para vigorar até o ano de 2010, no âmbito do Poder Executivo Federal, o Fundo de Combate e Erradicação da Pobreza, a ser regulado por lei complementar com o objetivo de viabilizar a todos os brasileiros acesso a níveis dignos de subsistência, cujos recursos serão aplicados em ações suplementares de nutrição, habitação, educação, saúde, reforço de renda familiar e outros programas de relevante interesse social voltados para melhoria da qualidade de vida.

Parágrafo único. O Fundo previsto neste artigo terá Conselho Consultivo e de Acompanhamento que conte com a participação de representantes da sociedade civil, nos termos da lei.

Artigo 80.°

Compõem o Fundo de Combate e Erradicação da Pobreza:

I – a parcela do produto da arrecadação correspondente a um adicional de oito centésimos por cento, aplicável de 18 de junho de 2000 a 17 de junho de 2002, na alíquota da contribuição social de que trata o art. 75.° do Ato das Disposições Constitucionais Transitórias;

II – a parcela do produto da arrecadação correspondente a um adicional de cinco pontos percentuais na alíquota do Imposto sobre Produtos Industrializados – IPI, ou do imposto que vier a substituí-lo, incidente sobre produtos supérfluos e aplicável até a extinção do Fundo;

III – o produto da arrecadação do imposto de que trata o art. 153.°, inciso VII, da Constituição;

IV – dotações orçamentárias;

V – doações, de qualquer natureza, de pessoas físicas ou jurídicas do País ou do exterior;

VI – outras receitas, a serem definidas na regulamentação do referido Fundo.

§ 1.° Aos recursos integrantes do Fundo de que trata este artigo não se aplica o disposto nos arts. 159.° e 167.°, inciso IV, da Constituição, assim como qualquer desvinculação de recursos orçamentários.

§ 2.° A arrecadação decorrente do disposto no inciso I deste artigo, no período compreendido entre 18 de junho de 2000 e o início da vigência da lei complementar a que se refere o art. 79.°, será integralmente repassada ao Fundo, preservado o seu valor real, em títulos públicos federais, progressivamente resgatáveis após 18 de junho de 2002, na forma da lei.

Artigo 81.°
É instituído Fundo constituído pelos recursos recebidos pela União em decorrência da desestatização de sociedades de economia mista ou empresas públicas por ela controladas, direta ou indiretamente, quando a operação envolver a alienação do respectivo controle acionário a pessoa ou entidade não integrante da Administração Pública, ou de participação societária remanescente após a alienação, cujos rendimentos, gerados a partir de 18 de junho de 2002, reverterão ao Fundo de Combate e Erradicação de Pobreza.

§ 1.° Caso o montante anual previsto nos rendimentos transferidos ao Fundo de Combate e Erradicação da Pobreza, na forma deste artigo, não alcance o valor de quatro bilhões de reais, far-se-á complementação na forma do art. 80.°, inciso IV, do Ato das Disposições Constitucionais Transitórias.

§ 2.° Sem prejuízo do disposto no § 1.°, o Poder Executivo poderá destinar ao Fundo a que se refere êste artigo outras receitas decorrentes da alienação de bens da União.

§ 3.° A constituição do Fundo a que se refere o *caput*, a transferência de recursos ao Fundo de Combate e Erradicação da Pobreza e as demais disposições referentes ao § 1.° deste artigo serão disciplinadas em lei, não se aplicando o disposto no art. 165.°, § 9.°, inciso II, da Constituição.

Artigo 82.°
Os Estados, o Distrito Federal e os Municípios devem instituir Fundos de Combate à Pobreza, com os recursos de que trata este artigo e outros que vierem a destinar, devendo os referidos Fundos ser geridos por entidades que contem com a participação da sociedade civil.

§ 1.° Para o financiamento dos Fundos Estaduais e Distrital, poderá ser criado adicional de até dois pontos percentuais na alíquota do Imposto sobre Circulação de Mercadorias e Serviços – ICMS, sobre os produtos e serviços supérfluos e nas condições definidas na lei complementar de que trata o art. 155.°, § 2.°, XII, da Constituição, não se aplicando, sobre este percentual, o disposto no art. 158.°, IV, da Constituição.

§ 2.° Para o financiamento dos Fundos Municipais, poderá ser criado adicional de até meio ponto percentual na alíquota do Imposto sobre Serviços ou do imposto que vier a substituí-lo, sobre serviços supérfluos.

Artigo 83.°
Lei federal definirá os produtos e serviços supérfluos a que se referem os arts. 80.°, II, e 82.°, § 2.°

Artigo 84.°
A contribuição provisória sobre movimentação ou transmissão de valores e de créditos e direitos de natureza financeira, prevista nos arts. 74.°, 75.° e 80.°, I, deste Ato das Disposições Constitucionais Transitórias, será cobrada até 31 de dezembro de 2004.

§ 1.° Fica prorrogada, até a data referida no *caput* deste artigo, a vigência da Lei n.° 9.311, de 24 de outubro de 1996, e suas alterações.

§ 2.° Do produto da arrecadação da contribuição social de que trata este artigo será destinada a parcela correspondente à alíquota de:

I – vinte centésimos por cento ao Fundo Nacional de Saúde, para financiamento das ações e serviços de saúde;

II – dez centésimos por cento ao custeio da previdência social;

III – oito centésimos por cento ao Fundo de Combate e Erradicação da Pobreza, de que tratam os arts. 80.º e 81.º deste Ato das Disposições Constitucionais Transitórias.

§ 3.º A alíquota da contribuição de que trata este artigo será de:

I – trinta e oito centésimos por cento, nos exercícios financeiros de 2002 e 2003;

II – (Revogado).

Artigo 85.º

A contribuição a que se refere o art. 84.º deste Ato das Disposições Constitucionais Transitórias não incidirá, a partir do trigésimo dia da data de publicação desta Emenda Constitucional, nos lançamentos:

I – em contas correntes de depósito especialmente abertas e exclusivamente utilizadas para operações de:

a) câmaras e prestadoras de serviços de compensação e de liquidação de que trata o parágrafo único do art. 2.º da Lei n.º 10.214, de 27 de março de 2001;

b) companhias securitizadoras de que trata a Lei n.º 9.514, de 20 de novembro de 1997;

c) sociedades anônimas que tenham por objeto exclusivo a aquisição de créditos oriundos de operações praticadas no mercado financeiro;

II – em contas correntes de depósito, relativos a:

a) operações de compra e venda de ações, realizadas em recintos ou sistemas de negociação de bolsas de valores e no mercado de balcão organizado;

b) contratos referenciados em ações ou índices de ações, em suas diversas modalidades, negociados em bolsas de valores, de mercadorias e de futuros;

III – em contas de investidores estrangeiros, relativos a entradas no País e a remessas para o exterior de recursos financeiros empregados, exclusivamente, em operações e contratos referidos no inciso II deste artigo.

§ 1.º O Poder Executivo disciplinará o disposto neste artigo no prazo de trinta dias da data de publicação desta Emenda Constitucional.

§ 2.º O disposto no inciso I deste artigo aplica-se somente às operações relacionadas em ato do Poder Executivo, dentre aquelas que constituam o objeto social das referidas entidades.

§ 3.º O disposto no inciso II deste artigo aplica-se somente a operações e contratos efetuados por intermédio de instituições financeiras, sociedades corretoras de títulos e valores mobiliários, sociedades distribuidoras de títulos e valores mobiliários e sociedades corretoras de mercadorias.

Artigo 86.º

Serão pagos conforme disposto no art. 100.º da Constituição Federal, não se lhes aplicando a regra de parcelamento estabelecida no caput do art. 78.º deste Ato das Disposições Constitucionais Transitórias, os débitos da Fazenda Federal, Estadual, Distrital ou Municipal oriundos de sentenças transitadas em julgado, que preencham, cumulativamente, as seguintes condições:

I – ter sido objeto de emissão de precatórios judiciários;

II – ter sido definidos como de pequeno valor pela lei de que trata o § 3.º do art. 100.º da Constituição Federal ou pelo art. 87.º deste Ato das Disposições Constitucionais Transitórias;

III – estar, total ou parcialmente, pendentes de pagamento na data da publicação desta Emenda Constitucional.

§ 1.º Os débitos a que se refere o *caput* deste artigo, ou os respectivos saldos, serão pagos na ordem cronológica de apresentação dos respectivos precatórios, com precedência sobre os de maior valor.

§ 2.º Os débitos a que se refere o *caput* deste artigo, se ainda não tiverem sido objeto de pagamento parcial, nos termos do art. 78.º deste Ato das Disposições Constitucionais Transitórias, poderão ser pagos em duas parcelas anuais, se assim dispuser a lei.

§ 3.º Observada a ordem cronológica de sua apresentação, os débitos de natureza alimentícia previstos neste artigo terão precedência para pagamento sobre todos os demais.

Artigo 87.º

Para efeito do que dispõem o § 3.º do art. 100.º da Constituição Federal e o art. 78.º deste Ato das Disposições Constitucionais Transitórias serão considerados de pequeno valor, até que se dê a publicação oficial das respectivas leis definidoras pelos entes da Federação, observado o disposto no § 4.º do art. 100.º da Constituição Federal, os débitos ou obrigações consignados em precatório judiciário, que tenham valor igual ou inferior a:

I – quarenta salários-mínimos, perante a Fazenda dos Estados e do Distrito Federal;
II – trinta salários-mínimos, perante a Fazenda dos Municípios.

Parágrafo único. Se o valor da execução ultrapassar o estabelecido neste artigo, o pagamento far-se-á, sempre, por meio de precatório, sendo facultada à parte exeqüente a renúncia ao crédito do valor excedente, para que possa optar pelo pagamento do saldo sem o precatório, da forma prevista no § 3.º do art. 100.º

Artigo 88.º

Enquanto lei complementar não disciplinar o disposto nos incisos I e III do § 3.º do art. 156.º da Constituição Federal, o imposto a que se refere o inciso III do *caput* do mesmo artigo:

I – terá alíquota mínima de dois por cento, exceto para os serviços a que se referem os itens 32, 33 e 34 da Lista de Serviços anexa ao Decreto-Lei n.º 406, de 31 de dezembro de 1968;

II – não será objeto de concessão de isenções, incentivos e benefícios fiscais, que resulte, direta ou indiretamente, na redução da alíquota mínima estabelecida no inciso I.

Artigo 89.º

Os integrantes da carreira policial militar do ex-Território Federal de Rondônia, que comprovadamente se encontravam no exercício regular de suas funções prestando serviços àquele ex-Território na data em que foi transformado em Estado, bem como os Policiais Militares admitidos por força de lei federal, custeados pela União, constituirão quadro em extinção da administração federal, assegurados os direitos e vantagens a eles inerentes, vedado o pagamento, a qualquer título, de diferenças remuneratórias, bem como ressarcimentos ou indenizações de qualquer espécie, anteriores à promulgação desta Emenda.

Parágrafo único. Os servidores da carreira policial militar continuarão prestando serviços ao Estado de Rondônia na condição de cedidos, submetidos às disposições legais e regulamentares a que estão sujeitas as corporações da respectiva Polícia Militar, observadas as atribuições de função compatíveis com seu grau hierárquico.

Artigo 90.º

O prazo previsto no *caput* do art. 84.º deste Ato das Disposições Constitucionais Transitórias fica prorrogado até 31 de dezembro de 2007.

§ 1.º Fica prorrogada, até a data referida no *caput* deste artigo, a vigência da Lei n.º 9.311, de 24 de outubro de 1996, e suas alterações.

§ 2.º Até a data referida no *caput* deste artigo, a alíquota da contribuição de que trata o art. 84.º deste Ato das Disposições Constitucionais Transitórias será de trinta e oito centésimos por cento.

Artigo 91.º

A União entregará aos Estados e ao Distrito Federal o montante definido em lei complementar, de acordo com critérios, prazos e condições nela determinados, podendo considerar as exportações para o exterior de produtos primários e semi-elaborados, a relação entre as exportações e as importações, os créditos decorrentes de aquisições destinadas ao ativo permanente e a efetiva manutenção e aproveitamento do crédito do imposto a que se refere o art. 155.º, § 2.º, X, *a*.

§ 1.º Do montante de recursos que cabe a cada Estado, setenta e cinco por cento pertencem ao próprio Estado, e vinte e cinco por cento, aos seus Municípios, distribuídos segundo os critérios a que se refere o art. 158.º, parágrafo único, da Constituição.

§ 2.º A entrega de recursos prevista neste artigo perdurará, conforme definido em lei complementar, até que o imposto a que se refere o art. 155.º, II, tenha o produto de sua arrecadação destinado predominantemente, em proporção não inferior a oitenta por cento, ao Estado onde ocorrer o consumo das mercadorias, bens ou serviços.

§ 3.º Enquanto não for editada a lei complementar de que trata o *caput*, em substituição ao sistema de entrega de recursos nele previsto, permanecerá vigente o sistema de entrega de recursos previsto no art. 31.º e Anexo da Lei Complementar n.º 87, de 13 de setembro de 1996, com a redação dada pela Lei Complementar n.º 115, de 26 de dezembro de 2002.

§ 4.º Os Estados e o Distrito Federal deverão apresentar à União, nos termos das instruções baixadas pelo Ministério da Fazenda, as informações relativas ao imposto de que trata o art. 155.º, II, declaradas pelos contribuintes que realizarem operações ou prestações com destino ao exterior.

Artigo 92.º

São acrescidos dez anos ao prazo fixado no art. 40.º deste Ato das Disposições Constitucionais Transitórias.

Artigo 93.º

A vigência do disposto no art. 159.º, III, *e* § 4.º, iniciará somente após a edição da lei de que trata o referido inciso III.

Artigo 94.º

Os regimes especiais de tributação para microempresas e empresas de pequeno porte próprios da União, dos Estados, do Distrito Federal e dos Municípios cessarão a partir da entrada em vigor do regime previsto no art. 146.º, III, *d*, da Constituição.

Brasília, 5 de outubro de 1988.

III
CONSTITUIÇÃO DA REPÚBLICA DEMOCRÁTICA DE SÃO TOMÉ E PRÍNCIPE DE 1990 [78]

---

[78] Texto oficial integral, publicado no *Diário da República*, n.º 2, de 29 de Janeiro de 2003, nos termos da Lei n.º 1/2003, que reviu o texto originário, publicado no *Diário da República*, n.º 13, de 20 de Setembro de 1990.

PREÂMBULO

Durante cinco séculos, o Povo São-Tomense travou contra a dominação colonial um combate difícil e heróico, pela libertação da sua Pátria ocupada, pela conquista da Soberania e Independência Nacional, pela restauração dos seus direitos usurpados e pela reafirmação da sua dignidade humana e personalidade africana.

A 12 de Julho de 1975, sob a esclarecida direcção do Movimento de Libertação de São Tomé e Príncipe (MLSTP), o Povo São-Tomense alcançou a sua independência nacional e proclamou perante a África e a Humanidade inteira a República Democrática de São Tomé e Príncipe. Essa vitória, a maior da nossa História, só foi possível graças aos sacrifícios e à determinação de valorosos e heróicos filhos de São Tomé e Príncipe que, durante séculos, sempre resistiram à presença colonial, e em 1960 se organizaram em CLSTP e, mais tarde, em 1972, em MLSTP, até atingir o supremo objectivo da libertação nacional.

Com a proclamação da independência nacional, a Assembleia Representativa do Povo São-tomense confiou ao Bureau Político do MLSTP, através do estipulado no artigo 3.º da Lei Fundamental então aprovada, a pesada responsabilidade de, como mais alto órgão político da Nação, assumir a direcção da sociedade e do Estado em São Tomé e Príncipe, visando o nobre objectivo de garantir a independência e a unidade nacionais, mediante a construção de um Estado Democrático, segundo o programa máximo do MLSTP.

Quinze anos depois, e após análise aprofundada da experiência de exercício legítimo do poder pelo MLSTP, o Comité Central, na sua sessão de Dezembro de 1989, fiel ao dever patriótico de promover o desenvolvimento equilibrado e harmonioso de São Tomé e Príncipe, decidiu ratificar as justas aspirações nacionais, expressas durante a Conferência Nacional, de 5 a 8 de Dezembro de 1989, no sentido da abertura do necessário espaço à participação de outras forças politicamente organizadas, com vista ao aprofundamento da democracia, em prol da modernidade em São Tomé e Príncipe.

Inspirada na necessidade histórica de se promover a participação cada vez mais ampla e responsabilizada do cidadão nos vários domínios da vida nacional, a presente revisão ao texto constitucional, para além de consagrar o princípio de que o monopólio do poder não constitui por si só garantia suficiente de progresso, representa a vontade colectiva dos São-Tomenses em darem a sua parcela de contribuição à universalidade dos direitos e liberdades fundamentais do Homem.

Nestes termos, após aprovação pela Assembleia Popular Nacional, no uso das atribuições que lhe são conferidas ao abrigo da alínea i) do artigo 32.º, e ratificação por referendo popular, ao abrigo do n.º 2 do artigo 70.º, todos da Constituição vigente, promulgo a seguinte Constituição:

PARTE I
FUNDAMENTOS E OBJECTIVOS

Artigo 1.º – República Democrática de São Tomé e Príncipe

A República Democrática de São Tomé e Príncipe é um Estado soberano e independente, empenhado na construção de uma sociedade livre, justa e solidária, na defesa dos direitos do homem e na solidariedade activa entre todos os homens e todos os povos.

Artigo 2.º – Identidade nacional

A República Democrática de São Tomé e Príncipe assegura a identidade nacional são-tomense e integra todo e qualquer são-tomense residente dentro ou fora do seu território.

Artigo 3.º – Cidadania são-tomense

1. São cidadãos são-tomenses todos os nascidos em território nacional, os filhos de pai ou mãe são-tomense e aqueles que como tal sejam considerados por lei.
2. Os cidadãos são-tomenses que adquiram a nacionalidade de outro país conservam a sua nacionalidade de origem.

Artigo 4.º – Território nacional

1. O território da República Democrática de São Tomé e Príncipe é composto pelas ilhas de São Tomé e do Príncipe, pelos ilhéus das Rolas, das Cabras, Bombom, Boné Jockey, Pedras Tinhosas e demais ilhéus adjacentes, pelo mar territorial compreendido num círculo de doze milhas a partir da linha de base determinada pela lei, pelas águas arquipelágicas situadas no interior da linha de base e o espaço aéreo que se estende sobre o conjunto territorial atrás definido.
2. O Estado São-Tomense exerce a sua soberania sobre todo o território nacional, o subsolo do espaço terrestre, o fundo e o subsolo do território aquático formado pelo mar territorial e as águas arquipelágicas, bem como sobre os recursos naturais vivos e não vivos que se encontrem em todos os espaços supramencionados e os existentes nas águas suprajacentes imediatas às costas, fora do mar territorial, na extensão que fixa a lei, em conformidade com o Direito Internacional.

Artigo 5.º – Estado unitário

1. A República Democrática de São Tomé e Príncipe é um Estado unitário, sem prejuízo da existência de autarquias locais.
2. A capital da República é a cidade de São Tomé.

Artigo 6.º – Estado de Direito Democrático

1. A República Democrática de São Tomé e Príncipe é um Estado de Direito Democrático, baseado nos direitos fundamentais da pessoa humana.
2. O poder político pertence ao povo, que o exerce através de sufrágio universal, igual, directo e secreto, nos termos da Constituição.

Artigo 7.º – Justiça e Legalidade

O Estado de Direito Democrático implica a salvaguarda da justiça e da legalidade como valores fundamentais da vida colectiva.

Artigo 8.º – **Estado laico**

A República Democrática de São Tomé e Príncipe é um Estado laico, nela existindo uma separação do Estado e no respeito por todas as instituições religiosas.

Artigo 9.º – **Estado de economia mista**

1. A organização económica de São Tomé e Príncipe assenta no princípio de economia mista, tendo em vista a independência nacional, o desenvolvimento e a justiça social.

2. É garantida, nos termos da lei, a coexistência da propriedade pública, da propriedade cooperativa e da propriedade privada de meios de produção.

Artigo 10.º – **Objectivos primordiais do Estado**

São objectivos primordiais do Estado:
 a) Garantir a independência nacional;
 b) Promover o respeito e a efectivação dos direitos pessoais, económicos, sociais, culturais e políticos dos cidadãos;
 c) Promover e garantir a democratização e o progresso das estruturas económicas, sociais e culturais;
 d) Preservar o equilíbrio harmonioso da natureza e do ambiente.

Artigo 11.º – **Defesa nacional**

1. Compete ao Estado assegurar a defesa nacional.

2. A defesa nacional tem como objectivos essenciais garantir a independência nacional, a integridade territorial e o respeito das instituições democráticas.

3. Lei especial regulará a sua forma de organização.

Artigo 12.º – **Relações internacionais**

1. A República Democrática de São Tomé e Príncipe está decidida a contribuir para a salvaguarda da paz universal, para o estabelecimento de relações de igualdade de direitos e respeito mútuo da soberania entre todos os Estados e para o progresso social da Humanidade, na base dos princípios do Direito Internacional e da coexistência pacífica.

2. A República Democrática de São Tomé e Príncipe proclama a sua adesão à Declaração Universal dos Direitos do Homem e aos seus princípios e objectivos da União Africana e da Organização das Nações Unidas.

3. A República Democrática de São Tomé e Príncipe mantém laços especiais de amizade e de cooperação com os países de língua portuguesa e com os países de acolhimento de emigrantes são-tomenses.

4. A República Democrática de São Tomé e Príncipe promove e desenvolve laços privilegiados de amizade e cooperação com os países vizinhos e os da região.

Artigo 13.º – **Recepção do Direito Internacional**

1. As normas e os princípios de Direito Internacional geral ou comum fazem parte integrante do Direito são-tomense.

2. As normas constantes de convenções, tratados e acordos internacionais validamente aprovadas e ratificadas pelos respectivos órgãos competentes vigoram na ordem jurídica são-tomense após a sua publicação oficial e enquanto vincularem internacionalmente o Estado São-Tomense.

3. As normas constantes de convenções, tratados e acordos internacionais validamente aprovadas e ratificadas pelos respectivos órgãos competentes têm prevalência,

após a sua entrada em vigor na ordem internacional e interna, sobre todos os actos legislativos e normativos internos de valor infraconstitucional.

Artigo 14.º – **Símbolos nacionais**

1. A bandeira nacional é constituída por três barras dispostas horizontalmente, sendo verdes e de igual largura as dos extremos, e a mediana, na qual estão apostas duas estrelas negras de cinco pontas, amarela, e uma vez e meia mais larga que cada uma das outras e por um triângulo encarnado, cuja base se situa do lado esquerdo da bandeira. A altura do triângulo é metade da base.
2. O hino nacional é *Independência Total*.
3. A insígnia é constituída pela figura de um falcão à esquerda e um papagaio à direita, separados por um brasão de forma ovular, cuja abcissa vertical é de dimensão 0,33 vezes superior que a horizontal e no interior do qual se destaca uma palmeira situada ao longo da abcissa vertical.

PARTE II
DIREITOS FUNDAMENTAIS E ORDEM SOCIAL

TÍTULO I – Princípios Gerais

Artigo 15.º – **Princípio da igualdade**

1. Todos os cidadãos são iguais perante a lei, gozam dos mesmos direitos e estão sujeitos aos mesmos deveres, sem distinção de origem social, raça, sexo, tendência política, crença religiosa ou convicção filosófica.
2. A mulher é igual ao homem em direitos e deveres, sendo-lhe assegurada plena participação na vida política, económica, social e cultural.

Artigo 16.º – **Cidadão no estrangeiro**

1. Todo o cidadão são-tomense que resida ou se encontre no estrangeiro goza dos mesmos direitos e está sujeito aos mesmos deveres que os demais cidadãos, salvo no que seja incompatível com a ausência do país.
2. Os cidadãos são-tomenses residentes no estrangeiro gozam do cuidado e da protecção do Estado.

Artigo 17.º – **Estrangeiros em São Tomé e Príncipe**

1. Os estrangeiros e os apátridas que residam ou se encontram em São Tomé e Príncipe gozam dos mesmos direitos e estão sujeitos aos mesmos deveres que o cidadão são-tomense, excepto no que se refere aos direitos políticos, ao exercício das funções públicas e aos demais direitos e deveres expressamente reservados por lei ao cidadão nacional.
2. O exercício de funções públicas só poderá ser permitido aos estrangeiros desde que tenham carácter predominantemente técnico, salvo acordo ou convenção internacional.
3. A lei pode atribuir aos cidadãos estrangeiros residentes no território nacional, em condições de reciprocidade, capacidade eleitoral activa e passiva para eleição dos titulares de órgãos das autarquias locais.

Artigo 18.º – **Âmbito e sentido dos direitos**

1. Os direitos consagrados nesta Constituição não excluem quaisquer outros que sejam previstos nas leis ou em regras de Direito Internacional.

2. Os preceitos relativos a direitos fundamentais são interpretados e integrados de harmonia com a Declaração Universal dos Direitos do Homem.

Artigo 19.º – **Restrição e suspensão**

1. O exercício dos direitos fundamentais só pode ser restringido nos casos previstos na Constituição e suspenso na vigência de estado de sítio ou de estado de emergência, declarados nos termos da Constituição e da lei.

2. Nenhuma restrição ou suspensão de direitos pode ser estabelecida para além do estritamente necessário.

Artigo 20.º – **Acesso aos tribunais**

Todo o cidadão tem o direito de recorrer aos tribunais contra os actos que violem os seus direitos reconhecidos pela Constituição e pela lei, não podendo a justiça ser denegada por insuficiência de meios económicos.

Artigo 21.º – **Deveres e limites aos direitos**

Os cidadãos têm deveres para com a sociedade e o Estado, não podendo exercer os seus direitos com violação dos direitos dos outros cidadãos e desrespeito das justas exigências da moral, da ordem pública e da independência nacional definidas na lei.

TÍTULO II – **Direitos pessoais**

Artigo 22.º – **Direito à vida**

1. A vida humana é inviolável.
2. Em caso algum haverá pena de morte.

Artigo 23.º **Direito à integridade pessoal**

1. A integridade moral e física das pessoas é inviolável.

2. Ninguém pode ser submetido a tortura, nem tratos ou penas cruéis, desumanos ou degradantes.

Artigo 24.º – **Direito à identidade e à intimidade**

A identidade pessoal e a reserva da intimidade da vida privada e familiar são invioláveis.

Artigo 25.º **Inviolabilidade do domicílio e da correspondência**

1. O domicílio e o sigilo da correspondência e dos outros meios de comunicação privada são invioláveis.

2. A entrada no domicílio dos cidadãos contra a sua vontade só pode ser ordenada pela autoridade judicial competente, nos casos e segundo as formas previstas na lei.

Artigo 26.º – **Família, casamento e filiação**

1. Todos têm o direito de constituir família e de contrair casamento em condições de plena dignidade.

2. A lei regula os requisitos e os efeitos do casamento e da sua dissolução, por morte ou divórcio, independentemente da forma de celebração.

3. Os cônjuges têm iguais direitos e deveres quanto à capacidade civil e política e à manutenção e educação dos filhos.

4. Os filhos nascidos fora do casamento não podem, por esse motivo, ser objecto de qualquer discriminação.

5. Os pais têm o direito e o dever de educação e manutenção dos filhos.

Artigo 27.º – **Liberdade de consciência, de religião e de culto**

1. A liberdade de consciência, de religião e de culto é inviolável.

2. Ninguém pode ser perseguido, privado de direito ou isento de obrigações ou deveres cívicos por causa das suas convicções ou prática religiosa.

3. Ninguém pode ser perguntado por qualquer autoridade acerca das suas convicções ou prática religiosa, salvo para escolha de dados estatísticos não individualmente identificáveis, nem ser prejudicado por se recusar a responder.

4. As confissões religiosas são livres no culto, no ensino e na sua organização.

Artigo 28.º – **Liberdade de criação cultural**

É livre a criação intelectual, artística e científica.

Artigo 29.º – **Liberdade de expressão e informação**

1. Todos têm o direito de exprimir e divulgar livremente o seu pensamento pela palavra, pela imagem ou por qualquer outro meio.

2. As infracções cometidas no exercício deste direito ficam submetidas aos princípios gerais de Direito Criminal, sendo a sua apreciação da competência dos tribunais.

Artigo 30.º – **Liberdade de imprensa**

1. Na República Democrática de São Tomé e Príncipe é garantida a liberdade de imprensa, nos termos da lei.

2. O Estado garante um serviço público de imprensa independente dos interesses de grupos económicos e políticos.

Artigo 31.º – **Direito de aprender e liberdade de ensinar**

1. É garantido o direito de aprender e a liberdade de ensinar.

2. O Estado não pode atribuir-se o direito de programar a educação e a cultura segundo quaisquer directrizes filosóficas, políticas, ideológicas ou religiosas.

Artigo 32.º – **Liberdade de escolha de profissão**

Todos têm o direito de escolher livremente a profissão ou o género de trabalho, salvas as restrições legais impostas pelo interesse colectivo ou inerentes à própria capacidade.

Artigo 33.º – **Direito de deslocação e de emigração**

1. A todos os cidadãos é garantido o direito de se deslocarem e fixarem livremente em qualquer parte do território nacional.

2. A todos é garantido o direito de emigrar ou de sair do território nacional e o direito de regressar.

Artigo 34.º – **Direito de reunião e de manifestação**

1. Os cidadãos têm o direito de se reunir, pacificamente e sem armas, mesmo em lugares abertos ao público.
2. A todos os cidadãos é reconhecido o direito de manifestação, nos termos da lei.

Artigo 35.º – **Liberdade de associação**

1. Os cidadãos têm o direito de, livremente e sem dependência de qualquer autorização, constituir associações, desde que não sejam contrárias à lei penal ou não ponham em causa a Constituição e a independência nacional.
2. As associações prosseguem livremente os seus fins.
3. Ninguém pode ser obrigado a fazer parte de uma associação nem coagido por qualquer meio a permanecer nela.

Artigo 36.º – **Liberdade física e segurança**

1. Todos têm direito à liberdade física e à segurança pessoal.
2. Ninguém pode ser privado da liberdade, a não ser nos casos previstos na lei e sempre por decisão ou com apreciação pelo tribunal competente.

Artigo 37.º – **Aplicação da lei penal**

1. Ninguém pode ser sentenciado criminalmente senão em virtude de lei anterior que declare punível a acção ou a omissão, nem sofrer medida de segurança cujos pressupostos não estejam fixados em lei anterior.
2. Aplicam-se, porém, retroactivamente as leis penais de conteúdo mais favorável ao arguido ou ao condenado.

Artigo 38.º – **Limites das penas e das medidas de segurança**

1. Não pode haver penas nem medidas de segurança privativas ou restritivas da liberdade com carácter perpétuo ou duração ilimitada ou indefinida.
2. As penas são insusceptíveis de transmissão.
3. Nenhuma pena envolve como efeito necessário a perda de quaisquer direitos civis, profissionais ou políticos.

Artigo 39.º – *Habeas corpus*

1. Em caso de prisão ou detenção ilegal resultante de abuso do poder, o cidadão tem direito a recorrer à providência de *habeas corpus*.
2. A providência de *habeas corpus* é interposta perante o tribunal e o seu processo é fixado pela lei.

Artigo 40.º – **Garantias de processo criminal**

1. O processo criminal assegurará todas as garantias de defesa.
2. Todo o arguido se presume inocente até ao trânsito em julgado da sentença de condenação, devendo ser julgado no mais curto prazo compatível com as garantias de defesa.
3. O arguido tem direito a escolher defensor e a ser por ele assistido em todos os actos do processo, especificando a lei os casos e as fases em que essa assistência é obrigatória.
4. Toda a instrução é da competência de um magistrado, o qual pode, nos termos da lei, delegar noutras entidades a prática dos actos instrutórios que se não prendam directamente com os direitos fundamentais.

5. O processo criminal tem estrutura acusatória, estando a audiência de julgamento e os actos instrutórios que a lei determinar subordinados ao princípio do contraditório.

6. São nulas todas as provas obtidas mediante tortura, coacção, ofensa da integridade física ou moral da pessoa, abusiva intromissão na vida privada, no domicílio, na correspondência ou nas telecomunicações.

7. Nenhuma causa pode ser subtraída ao tribunal cuja competência esteja fixada em lei anterior.

Artigo 41.º – **Extradição, expulsão e direito de asilo**

1. Não são admitidas a extradição e a expulsão dos cidadãos são-tomenses do território nacional.

2. Não é admitida a extradição por motivos políticos, nem por crimes a que corresponda pena de morte segundo o Direito do Estado requisitante.

3. A expulsão dos estrangeiros que tenham obtido autorização de residência só pode ser determinada por autoridade judicial, assegurando a lei formas expeditas de decisão.

4. É concedido asilo aos estrangeiros perseguidos ou gravemente ameaçados de perseguição, em virtude da sua actividade em favor dos direitos democráticos.

TÍTULO III – Direitos sociais e ordem económica, social e cultural

Artigo 42.º – **Direito ao trabalho**

1. Todos têm direito ao trabalho.
2. O dever de trabalhar é inseparável do direito ao trabalho.
3. Incumbe ao Estado assegurar a igualdade de oportunidades na escolha da profissão ou género de trabalho e condições para que não seja vedado ou limitado, em função do sexo, o acesso a quaisquer cargos, trabalho ou categorias profissionais.
4. É garantido o direito ao exercício de profissões liberais nas condições previstas na lei.

Artigo 43.º – **Direitos dos trabalhadores**

Todos os trabalhadores têm direito:

a) A retribuição do trabalho, segundo a quantidade, natureza e qualidade, observando-se o princípio de que para o trabalho igual salário igual, de forma a garantir uma existência condigna;

b) A liberdade sindical como forma de promover a sua unidade, defender os seus legítimos direitos e proteger os seus interesses;

c) A organização do trabalho em condições socialmente dignificantes, de forma a facultar a realização pessoal;

d) A prestação do trabalho em condições de higiene e segurança;

e) A um limite máximo da jornada de trabalho, ao descanso semanal e a férias periódicas pagas;

f) A greve, nos termos a ser regulados por lei, tendo em conta os interesses dos trabalhadores e da economia nacional.

Artigo 44.º – **Segurança social**

1. O Estado garante a todo o cidadão, através do sistema de segurança social, o direito a protecção na doença, invalidez, velhice, viuvez, orfandade e noutros casos previstos na lei.
2. A organização do sistema de segurança social do Estado não prejudica a existência de instituições particulares, com vista à prossecução dos objectivos de segurança social.

Artigo 45.º – **Cooperativas**

1. É garantido o direito de livre constituição de cooperativas.
2. O Estado estimula e apoia a criação e a actividade de cooperativas.

Artigo 46.º – **Propriedade intelectual**

O Estado protege os direitos inerentes à propriedade intelectual, incluindo os direitos de autor.

Artigo 47.º – **Propriedade privada**

1. A todos é garantido o direito à propriedade privada e à sua transmissão em vida ou por morte, nos termos da lei.
2. A requisição e a expropriação por utilidade pública só podem ser efectuadas com base na lei.

Artigo 48.º – **Empresas privadas**

1. O Estado fiscaliza o respeito da lei pelas empresas privadas e protege as pequenas e médias empresas económica e socialmente viáveis.
2. O Estado pode autorizar o investimento estrangeiro, contando que seja útil ao desenvolvimento económico e social do País.

Artigo 49.º – **Habitação e ambiente**

1. Todos têm direito à habitação e a um ambiente de vida humana e o dever de o defender.
2. Incumbe ao Estado programar e executar uma política de habitação inserida em planos de ordenamento do território.

Artigo 50.º – **Direito à protecção da saúde**

1. Todos têm direito à protecção da saúde e o dever de a defender.
2. Incumbe ao Estado promover a saúde pública, que tem por objectivo o bem--estar físico e mental das populações e a sua equilibrada inserção no meio sócio-ecológico em que vivem, de acordo com o sistema nacional de saúde.
3. É permitido o exercício da medicina privada, nas condições fixadas por lei.

Artigo 51.º – **Família**

1. A família, como elemento fundamental da sociedade, tem direito à protecção da sociedade e do Estado.
2. Incumbe, especialmente, ao Estado:
a) Promover a independência social e económica dos agregados familiares;
b) Promover a criação de uma rede nacional de assistência materno-infantil;
c) Cooperar com os pais na educação dos filhos.

Artigo 52.º – **Infância**

As crianças têm direito ao respeito e à protecção da sociedade e do Estado, com vista ao seu desenvolvimento integral.

Artigo 53.º – **Juventude**

Os jovens, sobretudo os jovens trabalhadores, gozam de protecção especial para efectivação dos seus direitos económicos, sociais e culturais.

Artigo 54.º – **Terceira idade**

As pessoas idosas têm direito a condições de convívio familiar e segurança económica adequadas.

Artigo 55.º – **Educação**

1. A educação, como direito reconhecido a todos os cidadãos, visa a formação integral do homem e a sua participação activa na comunidade.
2. Compete ao Estado promover a eliminação do analfabetismo e a educação permanente, de acordo com um sistema nacional de ensino.
3. O Estado assegura o ensino básico obrigatório e gratuito.
4. O Estado promove gradualmente a igual possibilidade de acesso aos demais graus de ensino.
5. É permitido o ensino através de instituições particulares, nos termos da lei.

Artigo 56.º – **Cultura e desporto**

1. Serão criadas condições para que todos os cidadãos tenham acesso à cultura e sejam incentivados a participar activamente na sua criação e difusão.
2. O Estado preserva, defende e valoriza o património cultural do povo são-tomense.
3. Incumbe ao Estado encorajar e promover a prática e difusão dos desportos e da cultura física.

TÍTULO IV – **Direitos e deveres cívico-políticos**

Artigo 57.º – **Participação na vida pública**

Todos os cidadãos têm o direito de tomar parte na vida política e na direcção dos assuntos do País, directamente ou por intermédio de representantes livremente eleitos.

Artigo 58.º – **Direito de sufrágio**

Têm direito de sufrágio todos os cidadãos maiores de dezoito anos, ressalvadas as incapacidades previstas na lei geral.

Artigo 59.º – **Direito de acesso a cargos públicos**

Todos os cidadãos têm o direito de acesso, em condições de igualdade e liberdade, aos cargos públicos.

Artigo 60.º – **Direito de petição**

Todos os cidadãos têm o direito de apresentar, individual ou colectivamente, aos órgãos do poder político ou a quaisquer autoridades petições, representações, reclamações ou queixas para defesa dos seus direitos, da Constituição, das leis ou do interesse geral.

Artigo 61.º – **Direito de indemnização**

Todo o cidadão tem direito a ser indemnizado por danos causados pelas acções ilegais e lesivas dos seus direitos e interesses legítimos, quer dos órgãos estatais, organizações sociais ou quer dos funcionários públicos.

Artigo 62.º – **Organizações cívicas**

O Estado apoia e protege as organizações sociais reconhecidas por lei que, em correspondência com interesses específicos, enquadram e fomentam a participação cívica dos cidadãos.

Artigo 63.º – **Organizações políticas**

1. Todo o cidadão pode constituir ou participar em organizações políticas reconhecidas por lei que enquadram a participação livre e plural dos cidadãos na vida política.
2. Lei especial regulará a formação dos partidos políticos.

Artigo 64.º – **Deveres com a defesa nacional**

1. É honra e dever supremo do cidadão participar na defesa da soberania, independência e integridade territorial do Estado.
2. Todo o cidadão tem o dever de prestar serviço militar, nos termos da lei.
3. A traição à Pátria é crime punível com as sanções mais graves.

Artigo 65.º – **Impostos**

1. Todos os cidadãos têm o dever de contribuir para as despesas públicas, nos termos da lei.
2. Os impostos visam a satisfação das necessidades financeiras do Estado e uma repartição justa dos rendimentos.

PARTE III
ORGANIZAÇÃO DO PODER POLÍTICO

TÍTULO I – Princípios gerais

Artigo 66.º – **Participação política dos cidadãos**

A participação e o envolvimento directo e activo dos cidadãos na vida política constitui condição fundamental de consolidação da República.

Artigo 67.º – **Órgãos de poder político**

A formação, a composição, a competência e o funcionamento dos órgãos de poder político são definidos na Constituição.

Artigo 68.º – **Órgãos de soberania**

São órgãos de soberania:
a) Presidente da República;

b) Assembleia Nacional;
c) Governo;
d) Tribunais.

Artigo 69.º – **Princípio da separação e interdependência dos poderes**

1. Os órgãos de soberania devem observar os princípios da separação e interdependência estabelecidas na Constituição.
2. Nenhum órgão de soberania, de poder regional ou local pode delegar os seus poderes noutros órgãos, a não ser nos casos e nos termos expressamente previstos na Constituição e na lei.

Artigo 70.º – **Actos normativos**

1. São actos legislativos as leis, os decretos-leis, os decretos, os decretos regionais e os decretos executivos regionais.
2. As leis e os decretos-leis têm igual valor, sem prejuízo da subordinação às correspondentes leis dos decretos-leis publicados no uso da autorização legislativa e dos que desenvolvam as bases gerais dos regimes jurídicos.
3. Os decretos regionais e os decretos executivos regionais versam sobre matérias de interesse específico para a Região Autónoma do Príncipe e não reservadas à Assembleia Nacional ou ao Governo, não podendo dispor contra os princípios fundamentais das leis gerais da República.
4. Os decretos-leis e os decretos versam sobre matéria respeitante à organização e funcionamento do Governo.
5. São leis gerais da República as leis e os decretos-leis cuja razão de ser envolva a sua aplicação sem reservas a todo o território nacional.
6. Nenhuma lei pode criar outras categorias de actos legislativos ou conferir a actos de outra natureza o poder de, com eficácia externa, interpretar, integrar, modificar, suspender ou revogar qualquer dos seus preceitos.
7. Os regulamentos devem indicar expressamente as leis que visam regulamentar ou que definem a competência subjectiva e objectiva para a sua emissão.

Artigo 71.º – **Referendo**

1. Os cidadãos eleitores recenseados no território nacional, à excepção do disposto no numero 3 do artigo 17.º, podem ser chamados a pronunciar-se directamente, a título vinculativo, através de referendo, por decreto do Presidente da República, mediante proposta da Assembleia Nacional ou do Governo, em matérias das respectivas competências, nos casos e nos termos previstos na Constituição e na lei.
2. O referendo só pode ter por objecto questões de relevante interesse nacional que devam ser decididas pela Assembleia Nacional ou pelo Governo através da aprovação de convenção internacional ou de acto legislativo.
3. São excluídas do âmbito do referendo, designadamente, as alterações à Constituição, as matérias previstas no artigo 97.º da Constituição e as questões e os actos de conteúdo orçamental, tributário ou financeiro.
4. Cada referendo recairá sobre uma só matéria, devendo as questões ser formuladas em termos de sim ou não, com objectividade, clareza e precisão, num número máximo de perguntas a fixar por lei, a qual determinará igualmente as demais condições da formulação e efectivação de referendos.
5. São excluídas a convocação e a efectivação de referendos entre a data da convocação e a da realização de eleições gerais para os órgãos de soberania, de membros da Assembleia Regional do Príncipe e dos órgãos do poder local.

6. O Presidente da República submete à fiscalização preventiva obrigatória da constitucionalidade e da legalidade as propostas de referendo que lhe tenham sido remetidas pela Assembleia Nacional ou pelo Governo.

7. São aplicáveis, com as necessárias adaptações, as normas relativas às eleições dos titulares dos órgãos efectivos de soberania.

8. As propostas de referendo recusadas pelo Presidente da República ou objecto de resposta negativa do eleitorado não podem ser renovadas na mesma sessão legislativa, salvo nova eleição da Assembleia Nacional, ou até à demissão do Governo.

Artigo 72.º – **Incompatibilidade**

1. As funções de Presidente da República são incompatíveis com qualquer outra função pública ou privada.

2. As funções de Deputado à Assembleia Nacional, membros do Governo e de titular de órgãos de poder local estão sujeitas às incompatibilidades fixadas na lei.

Artigo 73.º – **Juramento**

Ao serem empossados nas suas funções, os titulares dos órgãos do Estado prestam o seguinte juramento:

«Juro, por minha honra, cumprir e fazer cumprir a Constituição e as leis, defender a independência nacional, promover o progresso económico, social e cultural do Povo São-Tomense e desempenhar com toda a lealdade e dedicação as funções que me são confiadas».

Artigo 74.º – **Controlo e responsabilidade**

1. Os titulares dos órgãos de poder político têm o dever de manter informados os cidadãos e as suas organizações acerca dos assuntos públicos, ficando sujeitos ao controlo democrático exercido através das formas de participação política estabelecidas na Constituição e na lei.

2. Os titulares de órgãos de poder político respondem política, civil e criminalmente pelas acções e omissões que pratiquem no exercício das suas funções.

Artigo 75.º – **Deliberações dos órgãos colegiais**

As deliberações dos órgãos colegiais do poder político são tomadas de harmonia com os princípios da livre discussão e crítica e da aceitação da vontade da maioria.

Artigo 76.º – **Publicidade dos actos**

1. A lei determina as formas de publicidade das leis e dos demais actos do poder político.

2. A falta de publicidade das leis implica a sua ineficácia jurídica.

TÍTULO II – **Presidente da República**

Artigo 77.º – **Funções**

O Presidente da República é o Chefe do Estado e o Comandante Supremo das Forças Armadas, representa a República Democrática de São Tomé e Príncipe, garante a independência nacional e a unidade do Estado e assegura o regular funcionamento das instituições.

Artigo 78.º – **Eleição e posse**

1. O Presidente da República é eleito por sufrágio universal, directo e secreto.
2. Só pode ser eleito Presidente da República o cidadão são-tomense de origem, filho de pai ou mãe são-tomense, maior de 35 anos, que não possua outra nacionalidade e que nos três anos imediatamente anteriores à data da candidatura tenha residência permanente no território nacional.
3. O Presidente da República eleito toma posse perante a Assembleia Nacional, no último dia do mandato do Presidente da República cessante ou, no caso de eleição por vagatura, no oitavo dia subsequente ao dia da publicação dos resultados eleitorais.

Artigo 79.º – **Mandato**

1. O Presidente da República é eleito por cinco anos.
2. Em caso de vagatura, a eleição do novo Presidente da República far-se-á nos noventa dias subsequentes e este iniciará novo mandato.
3. Não é admitida a reeleição para um terceiro mandato consecutivo, nem durante o quinquénio imediatamente subsequente ao termo do segundo mandato consecutivo.
4. Se o Presidente da República renunciar ao cargo, não poderá candidatar-se nas eleições imediatas nem nas que se realizem no quinquénio imediatamente subsequente à renúncia.

Artigo 80.º – **Competência**

Compete ao Presidente da República:
a) Defender a Constituição da República;
b) Exercer as funções de Comandante Supremo das Forças Armadas;
c) Marcar, de harmonia com a lei eleitoral, o dia das eleições para Presidente da República, para a Assembleia Nacional e para as assembleias do poder regional e local;
d) Convocar referendo a nível nacional e marcar a data da sua realização;
e) Promulgar as leis, os decretos-leis e decretos;
f) Indultar e comutar penas, ouvido o Governo;
g) Declarar o estado de sítio e de emergência, ouvido o Governo e depois de autorizado pela Assembleia Nacional;
h) Autorizar a participação das Forças Armadas são-tomenses em operações de paz em território estrangeiro ou a presença de Forças Armadas estrangeiras em território nacional, sob proposta do Governo, ouvido o Conselho de Estado e mediante o assentimento da Assembleia Nacional;
i) Requerer ao Tribunal Constitucional a fiscalização preventiva da constitucionalidade ou legalidade dos diplomas legais e dos tratados internacionais;
j) Conceder as condecorações do Estado.

Artigo 81.º – **Competência quanto a outros órgãos**

Compete ao Presidente da República relativamente aos outros órgãos:
a) Presidir ao Conselho de Estado;
b) Presidir ao Conselho Superior de Defesa;
c) Presidir ao Conselho de Ministros, a solicitação do Primeiro-Ministro;
d) Convocar extraordinariamente a Assembleia Nacional sempre que razões imperiosas de interesse público o justifiquem;
e) Dissolver a Assembleia Nacional, observado o disposto no artigo 103.º e ouvidos os partidos políticos que nela tenham assento;
f) Dirigir mensagem à Assembleia Nacional;

g) Nomear o Primeiro-Ministro, ouvidos os partidos políticos com assento na Assembleia Nacional e tendo em conta os resultados eleitorais;
h) Nomear e exonerar os membros do Governo, sob proposta do Primeiro-Ministro;
i) Demitir o Governo, nos termos do artigo 117.º;
j) Nomear três membros do Conselho de Estado;
k) Nomear e exonerar o Procurador-Geral da República, sob proposta do Governo.

Artigo 82.º – **Competência nas relações internacionais**

Compete ao Presidente da República no domínio das relações internacionais:
a) Representar o Estado nas relações internacionais;
b) Ratificar os tratados internacionais depois de devidamente aprovados;
c) Declarar guerra e fazer a paz, sob proposta do Governo, ouvido o Conselho de Estado e mediante a autorização da Assembleia Nacional;
d) Nomear e exonerar os embaixadores, sob proposta do Governo, e acreditar os representantes diplomáticos estrangeiros;
e) Conduzir, em concertação com o Governo, todo o processo negocial para conclusão de acordos internacionais na área da defesa e segurança.

Artigo 83.º – **Promulgação e veto**

1. Os diplomas aprovados pela Assembleia Nacional e submetidos ao Presidente da República deverão ser por este promulgados no prazo de 15 dias a contar da data da sua recepção.
2. Caso não se verifique a promulgação, o diploma será reapreciado pela Assembleia Nacional e se obtiver o voto favorável da maioria qualificada dos Deputados, deverá o Presidente da República promulgá-lo no prazo de oito dias.
3. Serão considerados juridicamente inexistentes os actos normativos do Governo referidos nas alíneas *c*) e *d*) do artigo 111.º se no prazo de vinte dias após a sua recepção não obtiverem a promulgação ou assinatura do Presidente da República.

Artigo 84.º – **Formas de decisão**

No exercício das suas atribuições e competências, o Presidente da República decide sob a forma do decreto presidencial.

Artigo 85.º – **Ausência do território nacional**

1. O Presidente da República não pode ausentar-se do território nacional sem assentimento da Assembleia Nacional ou da sua Comissão Permanente, se aquela não estiver em funcionamento.
2. O assentimento é dispensado nos casos de viagem sem carácter oficial de duração não superior a cinco dias, devendo, porém, o Presidente dar prévio conhecimento dela à Assembleia Nacional.
3. A inobservância do disposto no número 1 envolve, de pleno direito, a perda do cargo, mediante o respectivo processo, nos termos definidos por lei.

Artigo 86.º – **Responsabilidade criminal**

1. Por crimes praticados no exercício das suas funções, o Presidente da República responde perante o Supremo Tribunal de Justiça.
2. A iniciativa do processo-crime cabe à Assembleia Nacional, mediante proposta de um quinto e deliberação aprovada por maioria de dois terços dos Deputados em efectividade de funções.

3. A condenação implica a destituição do cargo e a impossibilidade de reeleição.
4. Pelos crimes praticados fora do exercício das suas funções, o Presidente da República responde depois de findo o mandato perante os tribunais comuns.

Artigo 87.º – **Substituição interina**

1. Durante o impedimento temporário do Presidente da República, bem como durante a vagatura do cargo até tomar posse do novo Presidente eleito, assumirá as funções o Presidente da Assembleia Nacional ou, no impedimento deste, o seu substituto.
2. Enquanto exercer interinamente as funções de Presidente da República, o mandato de Deputado do Presidente da Assembleia Nacional ou do seu substituto suspende-se automaticamente.
3. O Presidente interino não pode exercer as competências previstas na alíneas *f*) do artigo 80.º e *e*) do artigo 81.º

TÍTULO III – Conselho de Estado

Artigo 88.º – **Definição e composição**

1. O Conselho de Estado é o órgão político de consulta do Presidente da República.
2. O Conselho de Estado é presidido pelo Presidente da República e composto pelos seguintes membros:
   a) O Presidente da Assembleia Nacional;
   b) O Primeiro-Ministro;
   c) O Presidente do Tribunal Constitucional;
   d) O Procurador-Geral da República;
   e) O Presidente da Governo Regional do Príncipe;
   f) Os antigos Presidentes da República que não hajam sido destituídos do cargo;
   g) Três cidadãos de reconhecida idoneidade e mérito, designados pelo Presidente da República pelo período correspondente à duração do seu mandato;
   h) Três cidadãos eleitos pela Assembleia Nacional, de harmonia com o princípio da representação proporcional, pelo período correspondente à duração da legislatura.

Artigo 89.º – **Posse e mandato**

1. Os membros do Conselho de Estado são empossados pelo Presidente da República.
2. Os membros do Conselho de Estado previstos nas alíneas *a*) a *e*) do número 2 do artigo anterior mantêm-se em funções enquanto exercerem os respectivos cargos e os previstos nas alíneas *g*) e *h*) mantêm-se em funções até à posse dos que os substituírem no exercício dos respectivos cargos.

Artigo 90.º – **Funcionamento e competência**

1. As reuniões do Conselho de Estado não são públicas.
2. Compete ao Conselho de Estado:
   a) Elaborar o seu regimento;
   b) Pronunciar-se sobre a dissolução da Assembleia Nacional;
   c) Pronunciar-se sobre a demissão do Governo, quando se torne necessário para assegurar o regular funcionamento das instituições democráticas;
   d) Pronunciar-se sobre a declaração de guerra e a feitura da paz;
   e) Pronunciar-se sobre os tratados que envolvam restrições da soberania, a participação do País em organizações internacionais de segurança colectiva ou militar;

f) Pronunciar-se sobre a participação das Forças Armadas em operações em território estrangeiro ou a presença de Forças Armadas estrangeiras em território nacional;

g) Pronunciar-se nos demais casos previstos na Constituição e, em geral, aconselhar o Presidente da República no exercício das suas funções, quando este lho solicitar.

3. As deliberações do Conselho de Estado não têm natureza vinculativa.

Artigo 91.º – **Forma e publicidade das deliberações**

1. As deliberações do Conselho de Estado assumem a forma de pareceres.

2. Os pareceres do Conselho de Estado previstos nas alíneas *b*) a *e*) do número 2 do artigo 90.º são emitidos na reunião que para o efeito for convocada pelo Presidente da República e tornados público aquando da prática do acto a que se referem.

TÍTULO IV – **Assembleia Nacional**

Artigo 92.º – **Funções**

A Assembleia Nacional é o mais alto órgão representativo e legislativo do Estado.

Artigo 93.º – **Composição e eleição**

1. A Assembleia Nacional é composta por Deputados eleitos, nos termos da lei.

2. Os Deputados representam todo o povo, e não apenas os círculos eleitorais por que são eleitos.

3. O número de membros da Assembleia Nacional é fixado pela lei.

Artigo 94.º – **Poderes dos Deputados**

Os Deputados têm, designadamente, os seguintes poderes:
a) Discutir todas as questões de interesse nacional;
b) Apresentar projectos de lei, de resolução e de moção;
c) Fazer perguntas ao Governo, oralmente ou por escrito;
d) Propor a constituição de comissões de inquérito.

Artigo 95.º – **Imunidades**

1. Nenhum Deputado pode ser incomodado, perseguido, detido, preso, julgado ou condenado pelos votos e opiniões que emitir no exercício das suas funções.

2. Salvo em caso de flagrante delito e por crime punível com prisão maior ou por consentimento da Assembleia Nacional ou da sua Comissão Permanente, os Deputados não podem ser perseguidos ou presos por crimes praticados fora do exercício das suas funções.

Artigo 96.º – **Direitos, regalias e deveres**

1. Os direitos, regalias e deveres dos Deputados são regulados pela lei.

2. O Deputado que falte gravemente aos deveres pode ser destituído pela Assembleia Nacional, em voto secreto, por maioria de dois terços dos Deputados em efectividade de funções.

Artigo 97.º – **Competência**

Compete à Assembleia Nacional:
a) Proceder à revisão constitucional;
b) Fazer leis e votar moções e resoluções;
c) Conferir ao Governo autorizações legislativas;

d) Ratificar os decretos-leis expedidos pelo Governo no uso de autorizações legislativas;

e) Nomear e exonerar, nos termos da lei, os juízes do Supremo Tribunal de Justiça;

f) Conceder amnistias;

g) Aprovar o Orçamento Geral do Estado;

h) Aprovar os planos de desenvolvimento e a respectiva lei;

i) Tomar as contas do Estado relativas a cada ano económico;

j) Aprovar os tratados que tenham por objectivo matéria de lei prevista no artigo 98.°, os tratados que envolvam a participação de São Tomé e Príncipe em organizações internacionais, os tratados de amizade, de paz e de defesa e ainda quaisquer outros que o Governo entenda submeter-lhe;

k) Apreciar e aprovar o programa do Governo e controlar a sua execução;

l) Propor ao Presidente da República a exoneração do Primeiro-Ministro;

m) Autorizar o Presidente da República a declarar o estado de sítio ou de emergência;

n) Dar assentimento ao Presidente da República para autorizar a participação das Forças Armadas em operações em território estrangeiro ou à presença de Forças Armadas estrangeiras em território nacional, sob proposta do Governo;

o) Autorizar o Presidente da República a declarar a guerra e a fazer a paz;

p) Vigiar o cumprimento da Constituição e das leis e apreciar os actos do Governo e da Administração;

q) Apreciar, modificar ou anular os diplomas legislativos ou quaisquer medidas de carácter normativo adoptadas pelo órgão do poder político que contrariem a presente Constituição;

r) Exercer as demais atribuições que lhe sejam cometidas pela Constituição e pela lei;

s) Votar moções de confiança e de censura ao Governo.

Artigo 98.° – **Reserva de competência legislativa**

Compete exclusivamente à Assembleia Nacional legislar sobre as seguintes matérias:

a) Cidadania;

b) Direitos pessoais e políticos dos cidadãos;

c) Eleições e demais formas de participação política;

d) Organização judiciária e estatutos dos magistrados;

e) Estado de sítio e estado de emergência;

f) Organização da defesa nacional;

g) Sectores de propriedade de meios de produção;

h) Impostos e sistemas fiscais;

i) Expropriação e requisição por utilidade pública;

j) Sistema monetário;

k) Definição dos crimes, penas e medidas de segurança e processo criminal;

l) Organização geral de Administração do Estado, salvo o disposto na alínea *c)* do artigo 111.°;

m) Estatuto dos funcionários e responsabilidade civil da Administração;

n) Organização das autarquias locais;

o) Estado e capacidade das pessoas.

Artigo 99.° – **Processo legislativo e parlamentar**

1. A iniciativa legislativa compete aos Deputados e ao Governo.

2. As deliberações da Assembleia Nacional assumem a forma de leis, resoluções e moções.

Artigo 100.º – **Autorizações legislativas**

1. A Assembleia Nacional pode autorizar o Governo a legislar, por decreto-lei, sobre as matérias previstas no artigo 98.º
2. A autorização legislativa deve estabelecer o seu objecto, a sua extensão e a sua duração.
3. O termo da legislatura e a mudança de Governo acarretam a caducidade das autorizações legislativas concedidas.

Artigo 101.º – **Ratificação dos decretos-leis**

Os decretos-leis publicados pelo Governo até um mês antes de cada sessão legislativa, no uso da competência legislativa delegada, são considerados ratificados se, nas primeiras cinco sessões plenárias da Assembleia Nacional posteriores à sua publicação, qualquer Deputado não requerer que sejam submetidos à ratificação.

Artigo 102.º – **Legislatura**

A legislatura tem a duração de quatro anos e inicia-se com a tomada de posse de todos os seus membros.

Artigo 103.º – **Dissolução**

1. A Assembleia Nacional pode ser dissolvida em caso de crise institucional grave que impeça o seu normal funcionamento, quando tal se torne necessário para o regular funcionamento das instituições democráticas, devendo o acto, sob pena de inexistência jurídica, ser precedido de parecer favorável do Conselho de Estado.
2. A Assembleia Nacional não pode ser dissolvida nos doze meses posteriores à sua eleição, no último semestre do mandato do Presidente da República ou durante a vigência do estado de sítio ou do estado de emergência.
3. A inobservância do disposto no número anterior determina a inexistência jurídica do decreto de dissolução.
4. A dissolução da Assembleia Nacional não prejudica a subsistência do mandato dos Deputados, nem da competência da Comissão Permanente, até à primeira reunião da Assembleia Nacional após as subsequentes eleições.

Artigo 104.º – **Organização interna**

1. A Assembleia Nacional elabora e aprova o seu regimento e elege, na primeira reunião de cada legislatura, o seu Presidente e os demais membros da Mesa.
2. A Assembleia Nacional cria comissões permanentes especializadas em razão da matéria e pode constituir comissões eventuais para se ocuparem de assuntos determinados.

Artigo 105.º – **Sessões**

1. A Assembleia Nacional reúne-se em duas sessões ordinárias por ano, sendo uma delas consagrada, nomeadamente, à apreciação do relatório de actividades do Governo e à discussão e votação do Orçamento Geral do Estado para o ano financeiro seguinte.
2. A Assembleia Nacional poderá reunir-se extraordinariamente nos casos previstos no seu Regimento ou a convocação do Presidente da República.

Artigo 106.º – **Presença de membros do Governo**

Os membros do Governo podem tomar parte e usar da palavra nas reuniões plenárias da Assembleia, nos termos do Regimento.

Artigo 107.º – **Comissão Permanente**

1. Fora dos períodos de funcionamento efectivo da Assembleia Nacional, durante o período em que ela se encontra dissolvida e nos restantes casos previstos na Constituição, funciona a Comissão Permanente da Assembleia Nacional.
2. A Comissão Permanente é presidida pelo Presidente da Assembleia Nacional e composta pelos Vice-Presidentes e por Deputados previstos no Regimento.
3. Compete à Comissão Permanente:
   a) Acompanhar a actividade do Governo e da Administração;
   b) Exercer os poderes da Assembleia relativamente ao mandato dos Deputados;
   c) Promover a convocação da Assembleia sempre que tal seja necessário;
   d) Preparar a abertura das sessões da Assembleia;
   e) Dar assentimento à ausência do Presidente da República do território nacional.

TÍTULO V – Governo

Artigo 108.º – **Funções**

O Governo é o órgão executivo e administrativo do Estado, cabendo-lhe conduzir a política geral do País.

Artigo 109.º – **Composição**

1. O Governo é composto pelo Primeiro-Ministro, pelos Ministros e pelos Secretários de Estado.
2. O Primeiro-Ministro é o Chefe do Governo, competindo-lhe dirigir e coordenar a acção deste e assegurar a execução das leis.

Artigo 110.º – **Designação**

1. O Primeiro-Ministro é nomeado pelo Presidente da República, ouvidos os partidos políticos representados na Assembleia Nacional e tendo em conta os resultados eleitorais.
2. Os Ministros e Secretários de Estado são nomeados pelo Presidente da República, sob proposta do Primeiro-Ministro.
3. Só pode ser nomeado Primeiro-Ministro o cidadão são-tomense de origem, filho de pai ou mãe são-tomense, que não possua outra nacionalidade.

Artigo 111.º – **Competência**

Compete ao Governo:
   a) Definir e executar as actividades políticas, económicas, culturais, científicas, sociais, de defesa, segurança e relações externas inscritas no seu Programa;
   b) Preparar os planos de desenvolvimento e o Orçamento Geral do Estado e assegurar a sua execução;
   c) Legislar, por decretos-leis, decretos e outros actos normativos, em matéria respeitante à sua própria organização e funcionamento;
   d) Fazer decretos-leis em matéria reservada à Assembleia Nacional, mediante autorização desta;
   e) Negociar e concluir acordos e convenções internacionais;
   f) Exercer iniciativa legislativa perante a Assembleia Nacional;
   g) Dirigir a Administração do Estado, coordenando e controlando a actividade dos Ministérios e demais organismos centrais da Administração;

h) Propor a nomeação do Procurador-Geral da República;
i) Nomear os titulares de altos cargos civis e militares do Estado;
j) Propor à Assembleia Nacional a participação das Forças Armadas são-tomenses em operações de paz em território estrangeiro ou a presença de Forças Armadas estrangeiras no território nacional;
k) Propor ao Presidente da República a sujeição a referendo de questões de relevante interesse nacional, nos termos do artigo 71.°;
l) Exercer a tutela administrativa sobre a Região Autónoma do Príncipe e sobre as Autarquias, nos termos da lei;
m) Nomear e exonerar o Presidente do Governo Regional e os Secretários Regionais;
n) Dissolver as Assembleias Regional e Distritais, observados os princípios definidos na lei.

Artigo 112.° – **Conselho de Ministros**

1. O Conselho de Ministros é constituído pelo Primeiro-Ministro e pelos Ministros.
2. Podem ser convocados para participar nas reuniões de Conselho de Ministros os Secretários de Estado.
3. As competências do Governo previstas nas alíneas *a)*, *c)*, *d)*, *f)*, *h)*, *i)*, *j)*, *l)*, *n)* e *o)* do artigo anterior são exercidas em Conselho de Ministros.
4. Poderá haver Conselhos de Ministros especializados em razão da matéria.

Artigo 113.° – **Responsabilidade do Governo**

O Governo é responsável perante o Presidente da República e a Assembleia Nacional.

Artigo 114.° – **Responsabilidade dos membros do Governo**

1. O Primeiro-Ministro é responsável perante o Presidente da República e, no âmbito da responsabilidade política do Governo, perante a Assembleia Nacional.
2. Os Ministros e Secretários de Estado são responsáveis perante o Primeiro-Ministro e, no âmbito da responsabilidade política do Governo, perante a Assembleia Nacional.

Artigo 115.° – **Responsabilidade criminal dos membros do Governo**

1. O Membro do Governo acusado definitivamente por crime cometido no exercício das suas funções punível com pena de prisão superior a dois anos é suspenso, para efeitos de prosseguimento dos autos.
2. Em caso de acusação definitiva por crime punível com pena até dois anos, caberá à Assembleia Nacional decidir se o membro do Governo deve ou não ser suspenso, para os mesmos efeitos.

Artigo 116.° – **Apreciação do Programa do Governo**

O Programa do Governo é submetido à apreciação da Assembleia Nacional, através de uma declaração do Primeiro-Ministro, no prazo máximo de trinta dias após a sua nomeação.

Artigo 117.° – **Demissão do Governo**

1. Implicam a demissão do Governo:
a) O início de nova legislatura;
b) A aceitação pelo Presidente da República do pedido de demissão apresentado pelo Primeiro-Ministro;

c) A morte ou impossibilidade física duradoura do Primeiro-Ministro;
d) A rejeição do Programa do Governo;
e) A não aprovação de uma moção de confiança;
f) A aprovação de uma moção de censura por maioria absoluta dos Deputados em efectividade de funções.

2. Para além dos casos referidos no número anterior, o Presidente da República só pode demitir o Governo quando tal se torne necessário para assegurar o regular funcionamento das instituições democráticas, ouvido o Conselho de Estado.

Artigo 118.º – **Governo de gestão**

1. No caso de demissão do Governo, este continua em exercício até à nomeação e posse do Primeiro-Ministro do novo Governo constitucional.

2. Antes da apreciação do seu Programa pela Assembleia Nacional, ou após a sua demissão, o Governo limitar-se-á à prática de actos estritamente necessários à gestão corrente dos negócios públicos e à administração ordinária.

Artigo 119.º – **Solidariedade ministerial**

Os membros do Governo estão vinculados ao Programa do Governo e às deliberações tomadas em Conselho de Ministros.

TÍTULO VI – **Os Tribunais**

Artigo 120.º – **Função jurisdicional**

1. Os tribunais são órgãos de soberania com competência para administrar a justiça em nome do povo.

2. Na administração da justiça, incumbe aos tribunais assegurar a defesa dos direitos e interesses legalmente protegidos dos cidadãos, dirimir os conflitos de interesses públicos e privados e reprimir a violação das leis.

3. A lei poderá institucionalizar instrumentos e formas de composição não jurisdicional de conflitos.

Artigo 121.º – **Independência**

Os tribunais são independentes e apenas estão sujeitos às leis.

Artigo 122.º – **Decisões dos tribunais**

1. As decisões dos tribunais são fundamentadas nos casos e nos termos previstos na lei.

2. As decisões dos tribunais são obrigatórias para todas as entidades públicas e privadas e prevalecem sobre as de quaisquer outras autoridades.

Artigo 123.º – **Audiência dos tribunais**

As audiências dos tribunais são públicas, salvo quando o próprio tribunal decidir o contrário, em despacho fundamentado, para salvaguarda da dignidade das pessoas e da moral pública ou para garantir o seu normal funcionamento.

Artigo 124.º – **Participação popular**

A lei prevê e estimula formas adequadas de participação popular na administração de justiça.

Artigo 125.º – **Garantias dos juízes**

1. Os juízes são inamovíveis, não podendo ser transferidos, suspensos, aposentados ou demitidos senão nos casos previstos na lei.
2. Os juízes não podem ser responsabilizados pelas suas decisões, salvo as excepções consignadas na lei.

Artigo 126.º – **Categorias de tribunais**

1. Além do Tribunal Constitucional, existem as seguintes categorias de tribunais:
 a) O Supremo Tribunal de Justiça e o Tribunal de Primeira Instância, o Tribunal Regional e os Tribunais Distritais;
 b) O Tribunal de Contas.
2. Podem existir tribunais militares e arbitrais.
3. A lei determina os casos e as formas em que os tribunais previstos nos números anteriores se podem constituir, organizar e funcionar.

Artigo 127.º – **Supremo Tribunal de Justiça**

O Supremo Tribunal de Justiça é a instância judicial suprema da República e cabe-lhe velar pela harmonia da jurisprudência.

Artigo 128.º – **Tribunais criminais**

1. É proibida a existência de tribunais exclusivamente destinados aos julgamentos de certas categorias de crimes.
2. Exceptuam-se do disposto no número anterior os tribunais militares, aos quais compete o julgamento dos crimes essencialmente militares definidos por lei.

Artigo 129.º – **Fiscalização da constitucionalidade**

1. Nos feitos submetidos a julgamentos não podem os tribunais aplicar normas que infrinjam o disposto na Constituição ou nos princípios nela consagrados.
2. A questão da inconstitucionalidade pode ser levantada oficiosamente pelo tribunal, pelo Ministério Público ou por qualquer das partes.
3. Admitida a questão da inconstitucionalidade, o incidente sobe em separado para o Tribunal Constitucional, que decidirá.
4. As decisões tomadas em matéria de inconstitucionalidade pelo Tribunal Constitucional terão força obrigatória geral e serão publicadas no *Diário da República*.

Artigo 130.º – **Ministério Público**

1. O Ministério Público fiscaliza a legalidade, representa, nos tribunais, o interesse público e social e é o titular da acção penal.
2. O Ministério Público organiza-se como uma estrutura hierarquizada, sob a direcção do Procurador-Geral da República.

TÍTULO VII – **Tribunal Constitucional**

Artigo 131.º – **Definição**

1. O Tribunal Constitucional é o tribunal ao qual compete especificamente administrar a justiça em matérias de natureza jurídico-constitucional.
2. O Tribunal Constitucional reúne-se quando haja matéria para julgar.

Artigo 132.º – **Composição e estatuto dos juízes**

1. O Tribunal Constitucional é composto por cinco juízes, designados pela Assembleia Nacional.
2. Três de entre os juízes designados são obrigatoriamente escolhidos de entre magistrados e os demais, de entre juristas.
3. O mandato dos juízes do Tribunal Constitucional tem a duração de cinco anos.
4. O Presidente do Tribunal Constitucional é eleito pelos respectivos juízes.
5. Os juízes do Tribunal Constitucional gozam das garantias de independência, inamovibilidade, imparcialidade e irresponsabilidade.
6. A lei estabelece as imunidades e as demais regras relativas ao estatuto dos juízes do Tribunal Constitucional.

Artigo 133.º – **Competência**

1. Compete ao Tribunal Constitucional apreciar a inconstitucionalidade e a ilegalidade, nos termos dos artigos 144.º e seguintes.
2. Compete também ao Tribunal Constitucional:

a) Verificar a morte e a impossibilidade física permanente do Presidente da República, bem como verificar os impedimentos temporários do exercício das suas funções;

b) Verificar a perda do cargo do Presidente da República, nos casos previstos no número 3 do artigo 85.º e no número 3 do artigo 86.º;

c) Julgar em última instância a regularidade e a validade dos actos do processo eleitoral, nos termos da lei;

d) Verificar a morte e declarar a incapacidade para o exercício da função presidencial de qualquer candidato a Presidente da República, para efeitos do disposto no número 2 do artigo 78.º;

e) Verificar a legalidade da constituição de partidos políticos e suas coligações, bem como apreciar a legalidade das suas denominações, siglas e símbolos, e ordenar a respectiva extinção, nos termos da Constituição e da lei;

f) Verificar previamente a constitucionalidade e a legalidade dos referendos nacionais, regionais e locais, incluindo a apreciação dos requisitos relativos ao respectivo universo eleitoral;

g) Julgar, a requerimento dos Deputados e dos membros das Assembleias Regional e Locais, nos termos da lei, os recursos relativos à perda do mandato e às eleições realizadas na Assembleia Nacional e nas Assembleias Regional e Locais;

h) Julgar as acções de impugnação de eleições e de deliberações de órgãos de partidos políticos que, nos termos da lei, sejam recorríveis.

3. Compete ainda ao Tribunal Constitucional exercer as demais funções que lhe sejam atribuídas pela Constituição e pela lei.

Artigo 134.º – **Organização e funcionamento**

A lei estabelece as regras relativas à sede, organização e funcionamento do Tribunal Constitucional.

TÍTULO VIII – Administração Pública

Artigo 135.º – **Princípios gerais**

1. A Administração Pública visa a prossecução do interesse público, no respeito pelos direitos e interesses legalmente protegidos dos cidadãos e pelas instituições constitucionais.

2. A Administração Pública será estruturada de modo a evitar a burocratização, a aproximar os serviços das populações e a assegurar a participação dos interessados na sua gestão efectiva.
3. A lei estabelece os direitos e garantias dos administrados, designadamente contra actos que lesem os seus direitos e interesses legalmente protegidos.

TÍTULO IX – Órgãos do Poder Regional e Local

Artigo 136.º – **Funções**

1. Os órgãos do poder regional e local constituem a expressão organizada dos interesses específicos das respectivas comunidades pelos quais se reparte o Povo São-Tomense.
2. Os órgãos do poder regional e local apoiam-se na iniciativa e na capacidade criadora das populações e actuam em estreita colaboração com as organizações de participação dos cidadãos.
3. Os órgãos do poder regional e local dispõem de finanças e património próprios, de acordo com a lei.

Artigo 137.º – **Região Autónoma do Príncipe**

1. A Ilha do Príncipe e os ilhéus que a circundam constituem uma Região Autónoma, com estatuto político-administrativo próprio, tendo em conta a sua especificidade.
2. São órgãos da Região Autónoma do Príncipe a Assembleia Regional e o Governo Regional.

Artigo 138.º – **Autarquias locais**

1. A organização democrática do Estado compreende a existência de autarquias locais, como órgãos do poder local, de acordo com a lei da divisão político-administrativa do País.
2. As autarquias locais são pessoas colectivas territoriais, dotadas de órgãos representativos, que visam a prossecução de interesses próprios das populações respectivas, sem prejuízo da participação do Estado.

Artigo 139.º – **Órgãos distritais**

A organização das autarquias locais em cada distrito compreende uma Assembleia Distrital eleita e com poderes deliberativos e um órgão executivo colegial, denominado Câmara Distrital.

Artigo 140.º – **Composição e eleição das Assembleias Distritais**

1. O número de membros de cada Assembleia Distrital é fixado pela lei.
2. Os membros das Assembleias Distritais são eleitos por sufrágio universal, directo e secreto dos cidadãos residentes.

Artigo 141.º – **Mandato**

Os membros das Assembleias Distritais são eleitos por três anos e podem ter o seu mandato revogado por iniciativa popular, nos termos da lei.

Artigo 142.º – **Câmara Distrital**

1. A Câmara Distrital, constituída por um presidente e vereadores, é um órgão executivo colegial do distrito, eleita de entre os membros de cada Assembleia Distrital.
2. A Câmara Distrital é responsável politicamente perante a Assembleia Distrital e pode ser destituída a todo o tempo, nos termos da lei.

Artigo 143.º – **Competência dos órgãos do poder regional e local**

1. Compete, de forma genérica, aos órgãos do poder regional e local:
   a) Promover a satisfação das necessidades básicas das respectivas comunidades;
   b) Executar os planos de desenvolvimento;
   c) Impulsionar a actividade de todas as empresas e outras entidades existentes no respectivo âmbito, com vista ao aumento de produtividade e ao progresso económico, social e cultural das populações;
   d) Apresentar aos órgãos de poder político do Estado todas as sugestões e iniciativas conducentes ao desenvolvimento harmonioso da região autónoma e dos distritos.
2. As competências específicas e o modo de funcionamento desses órgãos são fixados por lei.

PARTE IV
GARANTIA E REVISÃO DA CONSTITUIÇÃO

TÍTULO I – Garantia da constitucionalidade

Artigo 144.º – **Inconstitucionalidade por acção**

1. São inconstitucionais as normas que infrinjam o disposto na Constituição ou os princípios nela consignados.
2. A inconstitucionalidade orgânica ou formal de tratados internacionais regularmente ratificados não impede a aplicação das suas normas na ordem jurídica são-tomense, desde que tais normas sejam aplicadas na ordem jurídica de outra parte, salvo se tal inconstitucionalidade resultar de violação de uma disposição fundamental.

Artigo 145.º – **Fiscalização preventiva da constitucionalidade**

1. O Presidente da República pode requerer ao Tribunal Constitucional a apreciação preventiva da constitucionalidade de qualquer norma constante de acordo ou tratado internacional que lhe tenha sido submetido para ratificação, de lei ou decreto-lei que lhe tenha sido enviado para a promulgação.
2. A apreciação preventiva da constitucionalidade deve ser requerida no prazo de oito dias a contar da data da recepção do diploma.
3. Podem requerer ao Tribunal Constitucional a apreciação preventiva da constitucionalidade de qualquer norma constante de diploma que tenha sido enviado ao Presidente da República para promulgação como lei orgânica, além deste, o Primeiro-Ministro ou um quinto dos Deputados à Assembleia Nacional em efectividade de funções.
4. O Presidente da Assembleia Nacional, na data em que enviar ao Presidente da República diploma que deva ser promulgado como lei orgânica, dará disso conhecimento ao Primeiro-Ministro e aos Grupos Parlamentares da Assembleia Nacional.

5. A apreciação preventiva da constitucionalidade prevista no número 3 deve ser requerida no prazo de oito dias a contar da data prevista no número anterior.

6. Sem prejuízo do disposto no número 1, o Presidente da República não pode promulgar os diplomas a que se refere o número 4 sem que decorram oito dias após a respectiva recepção ou antes de o Tribunal Constitucional sobre eles se ter pronunciado, quando a intervenção deste tiver sido requerida.

7. O Tribunal Constitucional deve pronunciar-se no prazo de vinte e cinco dias, o qual, no caso do número 1, pode ser encurtado pelo Presidente da República por motivo de urgência.

Artigo 146.º – **Efeitos da decisão**

1. Se o Tribunal Constitucional se pronunciar pela inconstitucionalidade de norma constante de qualquer diploma ou acordo internacional, deverá o mesmo ser vetado pelo Presidente da República e devolvido ao órgão que o tiver aprovado.

2. No caso previsto no número 1, o diploma não poderá ser promulgado sem que o órgão que o tiver aprovado expurgue a norma julgada inconstitucional ou, quando for o caso disso, o confirme por maioria de dois terços dos Deputados presentes, desde que superior à maioria absoluta dos Deputados em efectividade de funções.

3. Se o diploma vier a ser reformulado, poderá o Presidente da República requerer a apreciação preventiva da inconstitucionalidade de qualquer das suas normas.

4. Se o Tribunal Constitucional se pronunciar pela inconstitucionalidade de norma constante de acordo ou tratado, este só poderá ser ratificado se a Assembleia Nacional vier a aprovar por maioria de dois terços dos Deputados presentes, desde que superior à maioria absoluta dos Deputados em efectividade de funções.

Artigo 147.º – **Fiscalização abstracta da constitucionalidade e da legalidade**

1. O Tribunal Constitucional aprecia e declara, com força obrigatória geral:

a) A inconstitucionalidade de quaisquer normas;

b) A ilegalidade de quaisquer normas constantes de actos legislativos com fundamento em violação da lei com valor reforçado;

c) A ilegalidade de quaisquer normas constantes de diploma regional com fundamento em violação do Estatuto Político-Administrativo da Região Autónoma do Príncipe ou de lei geral da República;

d) A ilegalidade de quaisquer normas constantes de diplomas emanados dos órgãos de soberania com fundamento em violação dos direitos da Região Autónoma do Príncipe consagrados no seu Estatuto.

2. Podem requerer ao Tribunal Constitucional a declaração da inconstitucionalidade ou de ilegalidade, com força obrigatória geral:

a) O Presidente da República;

b) O Presidente da Assembleia Nacional;

c) O Primeiro-Ministro;

d) O Procurador-Geral da República;

e) Um décimo dos Deputados à Assembleia Nacional;

f) A Assembleia Legislativa Regional e o Presidente do Governo Regional do Príncipe.

3. O Tribunal Constitucional aprecia e declara ainda, com força obrigatória geral, a inconstitucionalidade ou a ilegalidade de qualquer norma, desde que tenha sido por ele julgada inconstitucional ou ilegal em três casos concretos.

Artigo 148.º – **Inconstitucionalidade por omissão**

1. A requerimento do Presidente da República ou, com fundamento em violação de direitos da Região Autónoma do Príncipe, do Presidente da Assembleia Legislativa Regional, o Tribunal Constitucional aprecia e verifica o não cumprimento da Constituição por omissão das medidas legislativas necessárias para tornar exequíveis as normas constitucionais.

2. Quando o Tribunal Constitucional verificar a existência da inconstitucionalidade por omissão, dará disso conhecimento ao órgão legislativo competente.

Artigo 149.º – **Fiscalização concreta da constitucionalidade e da legalidade**

1. Cabe recurso para o Tribunal Constitucional das decisões dos tribunais:

a) Que recusem a aplicação de qualquer norma com fundamento na sua inconstitucionalidade;

b) Que apliquem norma cuja inconstitucionalidade haja sido suscitada durante o processo.

2. Cabe igualmente recurso para o Tribunal Constitucional das decisões dos tribunais:

a) Que recusem a aplicação de norma constante de acto legislativo com fundamento na sua ilegalidade por violação de lei com valor reforçado;

b) Que recusem a aplicação de norma constante de diploma regional com fundamento na sua ilegalidade por violação do Estatuto Político-Administrativo da Região Autónoma do Príncipe ou de lei geral da República;

c) Que recusem a aplicação de norma constante de diploma emanado de um órgão de soberania com fundamento na ilegalidade por violação do Estatuto Político-Administrativo da Região Autónoma do Príncipe;

d) Que apliquem norma cuja ilegalidade haja sido suscitada durante o processo com qualquer dos fundamentos referidos nas alíneas *a)*, *b)* e *c)*.

3. Quando a norma cuja aplicação tiver sido recusada constar de convenção internacional, de acto legislativo ou de decreto regulamentar, os recursos previstos na alínea *a)* do número 1 e na alínea *a)* do número 2 deste artigo são obrigatórios para o Ministério Público.

4. Os recursos previstos nas alíneas *b)* e *d)* do número 2 só podem ser interpostos pela parte que haja suscitado a questão da inconstitucionalidade ou da ilegalidade, devendo a lei regular o regime de admissão desses recursos.

5. Cabe ainda recurso para o Tribunal Constitucional, obrigatório para o Ministério Público, das decisões dos tribunais que apliquem norma anteriormente julgada inconstitucional ou ilegal pelo próprio Tribunal Constitucional.

6. Os recursos para o Tribunal Constitucional são restritos à questão da inconstitucionalidade ou da ilegalidade, conforme os casos.

Artigo 150.º – **Efeitos da declaração de inconstitucionalidade ou de ilegalidade**

1. A declaração de inconstitucionalidade ou de ilegalidade com força obrigatória geral produz efeitos desde a entrada em vigor da norma declarada inconstitucional ou ilegal e determina a repristinação das normas que ela, eventualmente, haja revogado.

2. Tratando-se, porém, de inconstitucionalidade ou de ilegalidade por infracção de norma constitucional ou legal posterior, a declaração só produz efeitos desde a entrada em vigor desta última.

3. Ficam ressalvados os casos julgados, salvo decisão do Tribunal Constitucional quando a norma respeitar a matéria penal, disciplinar ou transgressão e for de conteúdo menos favorável ao arguido.

4. Quando a segurança jurídica, razões de equidade ou interesse público de excepcional relevo, que deverá ser fundamentado, o exigirem, poderá o Tribunal Constitucional fixar efeitos da inconstitucionalidade ou da ilegalidade com alcance mais restrito do que o previsto nos números 1 e 2.

TÍTULO II – Revisão da Constituição

Artigo 151.º – **Iniciativa e tempo de revisão**

1. A iniciativa da revisão cabe aos Deputados e aos Grupos Parlamentares.
2. A Assembleia Nacional pode rever a Constituição decorridos cinco anos sobre a data da publicação da última lei de revisão.
3. A Assembleia Nacional, independentemente de qualquer prazo temporal, pode assumir os poderes de revisão constitucional por maioria de três quartos dos Deputados em efectividade de funções.
4. Apresentado um projecto de revisão constitucional, quaisquer outros terão que ser apresentados no prazo de trinta dias.

Artigo 152.º – **Aprovação e promulgação das modificações**

1. As alterações da Constituição são aprovadas por maioria de dois terços dos Deputados em efectividade de funções.
2. A Constituição, no seu novo texto, é publicada conjuntamente com a lei de revisão.
3. O Presidente da República não pode recusar a promulgação da lei de revisão.

Artigo 153.º – **Novo texto da Constituição**

1. As alterações à Constituição são inseridas no lugar próprio, mediante as substituições, as supressões e os aditamentos necessários.
2. Depois de sistematizada, a Constituição, no seu novo texto, será publicada conjuntamente com a lei de revisão.

Artigo 154.º – **Limites materiais da revisão**

Não podem ser objecto de revisão constitucional:
 a) A independência, a integridade do território nacional e a unidade do Estado;
 b) O estatuto laico do Estado;
 c) A forma republicana de Governo;
 d) Os direitos, liberdades e garantias dos cidadãos;
 e) O sufrágio universal, directo, secreto e periódico para a eleição dos titulares dos órgãos de soberania e do poder regional e local;
 f) A separação e interdependência dos órgãos de soberania;
 g) A autonomia do poder regional e local;
 h) A independência dos tribunais;
 i) O pluralismo de expressão e de organização política, incluindo partidos políticos e o direito de oposição democrática.

Artigo 155.º – **Limites circunstanciais da revisão**

Durante o estado de sítio ou de emergência não pode ser praticado nenhum acto de revisão constitucional.

PARTE V
DISPOSIÇÕES FINAIS E TRANSITÓRIAS

Artigo 156.º – **Supremo Tribunal de Justiça – Acumulação de funções de Tribunal Constitucional**

1. Enquanto o Tribunal Constitucional não for legalmente instalado, a administração da justiça em matéria de natureza jurídico-constitucional passa a ser feita pelo Supremo Tribunal de Justiça, ao qual compete:

   a) Apreciar a inconstitucionalidade e a ilegalidade, nos termos dos artigos 144.º a 150.º;

   b) Exercer as competências previstas no artigo 133.º

2. Os acórdãos do Supremo Tribunal de Justiça, em matéria de natureza jurídico-constitucional, não são passíveis de recurso e são publicados no *Diário da República*, detendo força obrigatória geral, nos processos de fiscalização abstracta e concreta, quando se pronunciem no sentido da inconstitucionalidade.

Artigo 157.º – **Supremo Tribunal de Justiça – Composição enquanto acumular as funções de Tribunal Constitucional**

1. Enquanto exercer as funções de Tribunal Constitucional, o Supremo Tribunal de Justiça é composto por cinco juízes, designados para um mandato de quatro anos, nos termos dos números seguintes, a saber:

   a) Três Juízes Conselheiros do Supremo Tribunal de Justiça;

   b) Um Juiz nomeado pelo Presidente da República, de entre magistrados ou juristas elegíveis;

   c) Um Juiz eleito pela Assembleia Nacional, de entre os juristas elegíveis por dois terços dos votos dos Deputados presentes, desde que superior à maioria absoluta de votos dos Deputados em efectividade de funções.

2. Só podem ser designados juízes do Supremo Tribunal de Justiça, nos termos do presente artigo, os cidadãos nacionais de reputado mérito, licenciados em Direito e no pleno gozo dos seus direitos civis e políticos que, à data da designação, tenham exercido, pelo menos durante 5 anos, actividade profissional na magistratura ou em qualquer outra actividade forense e que preencham os demais requisitos estabelecidos por lei.

Artigo 158.º – **Legislação em vigor à data da independência**

A legislação em vigor à data da independência nacional mantém transitoriamente a sua vigência em tudo o que não for contrário à presente Constituição e às restantes leis da República.

Artigo 159.º – **Data da Constituição**

A Constituição da República Democrática de São Tomé e Príncipe tem a data da sua aprovação em reunião conjunta do Bureau Político do MLSTP e a Assembleia Constituinte em 5 de Novembro de 1975, publicado no *Diário da República*, n.º 39, de 15 de Dezembro de 1975.

O Texto Primeiro da Lei Constitucional n.º 1/80, publicado no *Diário da República* n.º 7, de 7 de Fevereiro – Primeira Revisão Constitucional.

O Texto Segundo da Lei Constitucional n.º 2/82, publicado no *Diário da República* n.º 35, de 31 de Dezembro de 1982 – Segunda Revisão Constitucional.

Lei de Emenda Constitucional n.º 1/87, de 31 de Dezembro, publicada no 4.º Suplemento ao *Diário da República* n.º 13, de 31 de Dezembro de 1987 – Terceira Revisão Constitucional.

Texto terceiro da Lei Constitucional n.º 7/90, publicado no *Diário da República* n.º 13, de 20 de Setembro de 1990 – Quarta Revisão Constitucional.

Texto quarto da Lei Constitucional n.º 1/2003, publicado no *Diário da República* n.º 2, de 29 de Janeiro de 2003 – Quinta Revisão Constitucional.

Artigo 160.º – **Entrada em vigor**

1. A presente Constituição entra em vigor no trigésimo dia posterior ao da sua publicação no *Diário da República*, à excepção do disposto nos números seguintes.

2. As disposições constantes dos artigos 80.º, 81.º e 82.º entrarão em vigor à data do início do próximo mandato do Presidente da República.

3. Até à data da entrada em vigor dos artigos referidos no número anterior, respeitantes às competências do Presidente da República, os mesmos são substituídos por um único artigo 80.º com a seguinte redacção:

"ARTIGO 80.º – **Competência**

Compete ao Presidente da República:
 a) Defender a Constituição da República;
 b) Dirigir a política externa do País e representar o Estado nas relações internacionais;
 c) Dirigir a política de defesa e segurança;
 d) Marcar, de harmonia com a lei eleitoral, o dia das eleições para Presidente da República, para a Assembleia Nacional e para as Assembleias do Poder Regional e Local;
 e) Convocar extraordinariamente a Assembleia Nacional sempre que razões imperiosas de interesse público o justifiquem;
 f) Dirigir mensagem à Assembleia Nacional;
 g) Nomear, empossar e exonerar o Primeiro-Ministro;
 h) Nomear, exonerar e empossar os restantes Membros do Governo, sob proposta do Primeiro-Ministro, e dar-lhes posse;
 i) Presidir o Conselho de Ministros sempre que o entenda;
 j) Nomear e exonerar o Procurador-Geral da República sob proposta do Governo;
 k) Nomear e exonerar os embaixadores;
 l) Acreditar os embaixadores estrangeiros;
 m) Promulgar as leis, os decretos-leis e os decretos;
 n) Indultar e comutar penas;
 o) Dissolver a Assembleia Nacional, observado o disposto no artigo 103.º e ouvidos os partidos políticos que nela tenham assento;
 p) Declarar o estado de sítio e de emergência;
 q) Declarar a guerra e fazer a paz;
 r) Conceder as condecorações do Estado;
 s) Exercer as demais funções que lhe forem atribuídas por lei."

Assembleia Nacional, em São Tomé, aos 6 de Dezembro de 2002.

O Presidente da Assembleia Nacional, *Dionísio Tomé Dias.*

Promolgada em 25 de Janeiro de 2003.

O Presidente da República, Fradique Bandeira Melo de Menezes.

IV
CONSTITUIÇÃO DA REPÚBLICA DE CABO VERDE DE 1992 [79]

---

[79] Texto oficial integral, publicado no *Boletim Oficial da República de Cabo Verde*, 1.ª série, suplemento, n.º 43, de 23 de Novembro de 1999, alterando a versão original do texto constitucional, publicado em 25 de Setembro de 1992.

PREÂMBULO

A proclamação da Independência Nacional constituiu-se num dos momentos mais altos da História da Nação Cabo-Verdiana. Factor de identidade e revitalização da nossa condição de povo, sujeito às mesmas vicissitudes do destino, mas comungando da tenaz esperança de criar nestas ilhas as condições de uma existência digna para todos os seus filhos, a Independência permitiu ainda que Cabo Verde passasse a membro de pleno direito da comunidade internacional.

No entanto, a afirmação do Estado independente não coincidiu com a instauração do regime de democracia pluralista, tendo antes a organização do poder político obedecido à filosofia e princípios caracterizadores dos regimes de partido único.

O exercício do poder no quadro desse modelo demonstrou, à escala universal, a necessidade de introduzir profundas alterações na organização da vida política e social dos Estados. Novas ideias assolaram o mundo fazendo ruir estruturas e concepções que pareciam solidamente implantadas, mudando completamente o curso dos acontecimentos políticos internacionais. Em Cabo Verde a abertura política foi anunciada em mil novecentos e noventa, levando à criação das condições institucionais necessárias às primeiras eleições legislativas e presidenciais num quadro de concorrência política.

Foi assim que, a 28 de Setembro, a Assembleia Nacional Popular aprovou a Lei Constitucional número 2/III/90 que, revogando o artigo 4.° da Constituição e institucionalizando o princípio do pluralismo, consubstanciou um novo tipo de regime político.

Concebida como instrumento de viabilização das eleições democráticas e de transição para um novo modelo de organização da vida política e social do país, não deixou contudo de instituir um diferente sistema de governo e uma outra forma de sufrágio, em véspera de eleições para uma nova assembleia legislativa.

Foi nesse quadro que se realizaram as primeiras eleições legislativas em Janeiro de 1991, seguidas, em Fevereiro, de eleições presidenciais. A expressiva participação das populações nessas eleições demonstrou claramente a opção do país no sentido da mudança do regime político.

No entanto, o contexto histórico preciso em que, pela via da revisão parcial da Constituição, se reconheceu os partidos como principais instrumentos de formação da vontade política para a governação, conduziu a que a democracia pluralista continuasse a conviver com regras e princípios típicos do regime anterior.

Não obstante, a realidade social e política em que vivia o país encontrava-se num processo de rápidas e profundas transformações, com assunção por parte das populações e forças políticas emergentes de valores que caracterizam um Estado de Direito Democrático, e que, pelo seu conteúdo, configuravam já um modelo material ainda não espelhado no texto da Constituição.

A presente Lei Constitucional pretende, pois, dotar o país de um quadro normativo que valerá, não especialmente pela harmonia imprimida ao texto, mas pelo novo modelo instituído. A opção por uma Constituição de princípios estruturantes de uma democracia pluralista, deixando de fora as opções conjunturais de governação, per-

mitirá a necessária estabilidade a um país de fracos recursos e a alternância política sem sobressaltos.

Assumindo plenamente o princípio da soberania popular, o presente texto da Constituição consagra um Estado de Direito Democrático com um vasto catálogo de direitos, liberdades e garantias dos cidadãos, a concepção da dignidade da pessoa humana como valor absoluto e sobrepondo-se ao próprio Estado, um sistema de governo de equilíbrio de poderes entre os diversos órgãos de soberania, um poder judicial forte e independente, um poder local cujos titulares dos órgãos são eleitos pelas comunidades e perante elas responsabilizados, uma Administração Pública ao serviço dos cidadãos e concebida como instrumento do desenvolvimento e um sistema de garantia de defesa da Constituição característico de um regime de democracia pluralista.

Esta Lei Constitucional vem, assim, formalmente corporizar as profundas mudanças políticas operadas no país e propiciar as condições institucionais para o exercício do poder e da cidadania num clima de liberdade, de paz e de justiça, fundamentos de todo o desenvolvimento económico, social e cultural de Cabo Verde.

PARTE I
PRINCÍPIOS FUNDAMENTAIS

TÍTULO I – Da República

Artigo 1.º – **República de Cabo Verde**

1. Cabo Verde é uma República soberana, unitária e democrática, que garante o respeito pela dignidade da pessoa humana e reconhece a inviolabilidade e inalienabilidade dos direitos do homem como fundamento de toda a comunidade humana, da paz e da justiça.

2. A República de Cabo Verde reconhece a igualdade de todos os cidadãos perante a lei, sem distinção de origem social ou situação económica, raça, sexo, religião, convicções políticas ou ideológicas e condição social e assegura o pleno exercício por todos os cidadãos das liberdades fundamentais.

3. A República de Cabo Verde assenta na vontade popular e tem como objectivo fundamental a realização da democracia económica, política, social e cultural e a construção de uma sociedade livre, justa e solidária.

4. A República de Cabo Verde criará progressivamente as condições indispensáveis à remoção de todos os obstáculos que possam impedir o pleno desenvolvimento da pessoa humana e limitar a igualdade dos cidadãos e a efectiva participação destes na organização política, económica, social e cultural do Estado e da sociedade cabo-verdiana.

Artigo 2.º – **Estado de Direito Democrático**

1. A República de Cabo Verde organiza-se em Estado de Direito Democrático assente nos princípios da soberania popular, no pluralismo de expressão e de organização política democrática e no respeito pelos direitos e liberdades fundamentais.

2. A República de Cabo Verde reconhece e respeita, na organização do poder político, a natureza unitária do Estado, a forma republicana de governo, a democracia pluralista, a separação e a interdependência dos poderes, a separação entre as Igrejas e o

Estado, a independência dos tribunais, a existência e a autonomia do poder local e a descentralização democrática da Administração Pública.

Artigo 3.º – **Soberania e constitucionalidade**

1. A soberania pertence ao povo, que a exerce pelas formas e nos termos previstos na Constituição.
2. O Estado subordina-se à Constituição e funda-se na legalidade democrática, devendo respeitar e fazer respeitar as leis.
3. As leis e os demais actos do Estado, do poder local e dos entes públicos em geral só serão válidos se forem conformes com a Constituição.

Artigo 4.º – **Exercício do poder político**

1. O poder político é exercido pelo povo através do referendo, do sufrágio e pelas demais formas constitucionalmente estabelecidas.
2. Para além da designação por sufrágio dos titulares dos órgãos do poder político, estes poderão ser também designados pelos representantes do povo ou pela forma constitucional ou legalmente estabelecida.

Artigo 5.º – **Cidadania**

1. São cidadãos cabo-verdianos todos aqueles que, por lei ou por convenção internacional, sejam considerados como tal.
2. O Estado poderá concluir tratados de dupla nacionalidade.
3. Os cabo-verdianos poderão adquirir a nacionalidade de outro país sem perder a sua nacionalidade de origem.

Artigo 6.º – **Território**

1. O território da República de Cabo Verde é composto:

a) Pelas ilhas de Santo Antão, São Vicente, Santa Luzia, São Nicolau, Sal, Boa Vista, Maio, Santiago, Fogo e Brava, e pelos ilhéus e ilhotas que historicamente sempre fizeram parte do arquipélago de Cabo Verde;

b) Pelas águas interiores, as águas arquipelágicas e o mar territorial definidos na lei, assim como os respectivos leitos e subsolos;

c) Pelo espaço aéreo suprajacente aos espaços geográficos referidos nas alíneas anteriores.

2. Na sua zona contígua, na zona económica exclusiva e plataforma continental, definidas na lei, o Estado de Cabo Verde possui direitos de soberania em matéria de conservação, exploração e aproveitamento dos recursos naturais, vivos ou não vivos, e exerce jurisdição nos termos do Direito Interno e das normas do Direito Internacional.
3. Nenhuma parte do território nacional ou dos direitos de soberania que o Estado sobre ele exerce pode ser alienada pelo Estado.

Artigo 7.º – **Tarefas do Estado**

São tarefas fundamentais do Estado:

a) Defender a independência, garantir a unidade, preservar, valorizar e promover a identidade da nação cabo-verdiana, favorecendo a criação das condições sociais, culturais, económicas e políticas necessárias;

b) Garantir o respeito pelos direitos do homem e assegurar o pleno exercício dos direitos e liberdades fundamentais a todos os cidadãos;

c) Garantir o respeito pela forma republicana do governo e pelos princípios do Estado de Direito Democrático;

d) Garantir a democracia política e a participação democrática dos cidadãos na organização do poder político e nos demais aspectos da vida política e social nacional;

e) Promover o bem estar e a qualidade de vida do povo cabo-verdiano, designadamente dos mais carenciados, e remover progressivamente os obstáculos de natureza económica, social, cultural e política que impedem a real igualdade de oportunidades entre os cidadãos, especialmente os factores de discriminação da mulher na família e na sociedade;

f) Incentivar a solidariedade social, a organização autónoma da sociedade civil, o mérito, a iniciativa e a criatividade individual;

g) Apoiar a comunidade cabo-verdiana espalhada pelo mundo e promover no seu seio a preservação e o desenvolvimento da cultura cabo-verdiana;

h) Fomentar e promover a educação, a investigação científica e tecnológica, o conhecimento e a utilização de novas tecnologias, bem como o desenvolvimento cultural da sociedade cabo-verdiana;

i) Preservar, valorizar e promover a língua materna e a cultura cabo-verdianas;

j) Criar, progressivamente, as condições necessárias para a transformação e modernização das estruturas económicas e sociais por forma a tornar efectivos os direitos económicos, sociais e culturais dos cidadãos;

k) Proteger a paisagem, a natureza, os recursos naturais e o meio ambiente, bem como o património histórico-cultural e artístico nacional;

l) Garantir aos estrangeiros que habitem permanente ou transitoriamente em Cabo Verde, ou que estejam em trânsito pelo território nacional, um tratamento compatível com as normas internacionais relativas aos direitos do homem e o exercício dos direitos que não estejam constitucional ou legalmente reservados aos cidadãos cabo-verdianos.

Artigo 8.º – **Símbolos nacionais**

1. A Bandeira, o Hino e as Armas Nacionais são símbolos da República de Cabo Verde e da soberania nacional.

2. A Bandeira Nacional é constituída por cinco rectângulos dispostos no sentido do comprimento e sobrepostos:

a) Os rectângulos superior e inferior são de cor azul, ocupando o superior uma superfície igual a metade da bandeira e o inferior um quarto;

b) Separando os dois rectângulos azuis, existem três faixas, cada uma com a superfície igual a um duodécimo da área da Bandeira;

c) As faixas adjacentes aos rectângulos azuis são de cor branca e a que fica entre estas é de cor vermelha;

d) Sobre os cinco rectângulos, dez estrelas amarelas de cinco pontas, com o vértice superior na posição dos noventa graus, definem um círculo cujo centro se situa na intersecção da mediana do segundo quarto vertical a contar da esquerda com a mediana do segundo quarto horizontal a contar do bordo inferior. A estrela mais próxima deste bordo está inscrita numa circunferência invisível cujo centro fica sobre a mediana da faixa azul inferior.

3. O Hino Nacional é o *Cântico da Liberdade* cujas letra e música se publicam em anexo à presente Constituição, de que fazem parte integrante.

4. As Armas da República de Cabo Verde reflectem uma composição radial que apresenta, do centro para a periferia, os seguintes elementos:

a) Um triângulo equilátero de cor azul sobre o qual se inscreve um facho de cor branca;

b) Uma circunferência limitando um espaço no qual se inscreve, a partir do ângulo esquerdo e até o direito do triângulo, as palavras «REPÚBLICA DE CABO VERDE»;

c) Três segmentos de recta de cor azul paralelos à base do triângulo, limitados pela primeira circunferência;
d) Uma segunda circunferência;
e) Um prumo de cor amarela, alinhado com o vértice do triângulo equilátero, sobreposto às duas circunferências na sua parte superior;
f) Três elos de cor amarela ocupando a base da composição, seguidos de duas palmas de cor verde e dez estrelas de cinco pontas de cor amarela dispostas simetricamente em dois grupos de cinco.

Artigo 9.° – **Línguas oficiais**

1. É língua oficial o *Português*.
2. O Estado promove as condições para a oficialização da língua materna cabo-verdiana, em paridade com a língua portuguesa.
3. Todos os cidadãos nacionais têm o dever de conhecer as línguas oficiais e o direito de usá-las.

Artigo 10.° – **Capital da República**

1. A Capital da República de Cabo Verde é a cidade da Praia, na ilha de Santiago.
2. A Capital da República goza de estatuto administrativo especial, nos termos da lei.

TÍTULO II – **Relações internacionais e Direito Internacional**

Artigo 11.° – **Relações internacionais**

1. O Estado de Cabo Verde rege-se, nas relações internacionais, pelos princípios da independência nacional, do respeito pelo Direito Internacional e pelos direitos do homem, da igualdade entre os Estados, da não ingerência nos assuntos internos dos outros Estados, da reciprocidade de vantagens, da cooperação com todos os outros povos e da coexistência pacífica.
2. O Estado de Cabo Verde defende o direito dos povos à autodeterminação e independência e apoia a luta dos povos contra o colonialismo ou qualquer outra forma de dominação ou opressão política ou militar.
3. O Estado de Cabo Verde preconiza a abolição de todas as formas de dominação, opressão e agressão, o desarmamento e a solução pacífica dos conflitos, bem como a criação de uma ordem internacional justa e capaz de assegurar a paz e a amizade entre os povos.
4. O Estado de Cabo Verde recusa a instalação de bases militares estrangeiras no seu território.
5. O Estado de Cabo Verde presta às Organizações Internacionais, nomeadamente a ONU e a OUA, toda a colaboração necessária para a resolução pacífica dos conflitos e para assegurar a paz e a justiça internacionais, bem como o respeito pelos direitos do homem e pelas liberdades fundamentais e apoia todos os esforços da comunidade internacional tendentes a garantir o respeito pelos princípios consagrados na Carta das Nações Unidas.
6. O Estado de Cabo Verde mantém laços especiais de amizade e de cooperação com os países de língua oficial portuguesa e com os países de acolhimento de emigrantes cabo-verdianos.

7. O Estado de Cabo Verde empenha-se no reforço da identidade, da unidade e da integração africanas e no fortalecimento das acções de cooperação a favor do desenvolvimento, da democracia, do progresso e bem-estar dos povos, do respeito pelos direitos do homem, da paz e da justiça.

Artigo 12.º – **Recepção dos tratados e acordos na ordem jurídica interna**

1. O Direito Internacional geral ou comum faz parte integrante da ordem jurídica cabo-verdiana, enquanto vigorar na ordem jurídica internacional.

2. Os tratados e acordos internacionais, validamente aprovados ou ratificados, vigoram na ordem jurídica cabo-verdiana após a sua publicação oficial e entrada em vigor na ordem jurídica internacional e enquanto vincularem internacionalmente o Estado de Cabo Verde.

3. Os actos jurídicos emanados dos órgãos competentes das organizações supranacionais de que Cabo Verde seja parte vigoram directamente na ordem jurídica interna, desde que tal esteja estabelecido nas respectivas convenções constitutivas.

4. As normas e os princípios do Direito Internacional geral ou comum e do Direito Internacional convencional validamente aprovados ou ratificados têm prevalência, após a sua entrada em vigor na ordem jurídica internacional e interna, sobre todos os actos legislativos e normativos internos de valor infraconstitucional.

Artigo 13.º – **Adesão e desvinculação de tratados ou acordos internacionais**

1. A adesão do Estado de Cabo Verde a qualquer tratado ou acordo internacional deve ser previamente aprovada pelo órgão constitucionalmente competente para o efeito.

2. A cessação de vigência dos tratados ou acordos internacionais por acordo, denúncia ou recesso, renúncia ou qualquer outra causa permitida internacionalmente, com excepção da caducidade, seguirá o processo previsto para a sua aprovação.

Artigo 14.º – **Acordos em forma simplificada**

Os acordos em forma simplificada, que não carecem de ratificação, são aprovados pelo Governo, mas unicamente versarão matérias compreendidas na competência administrativa deste órgão.

PARTE II
DIREITOS E DEVERES FUNDAMENTAIS

TÍTULO I – Princípios gerais

Artigo 15.º – **Reconhecimento da inviolabilidade dos direitos, liberdades e garantias**

1. O Estado reconhece como invioláveis os direitos e liberdades consignados na Constituição e garante a sua protecção.

2. Todas as autoridades públicas têm o dever de respeitar e de garantir o livre exercício dos direitos e das liberdades e o cumprimento dos deveres constitucionais ou legais.

Artigo 16.º – **Responsabilidade das entidades públicas**

1. O Estado e as demais entidades públicas são civilmente responsáveis por acções ou omissões dos seus agentes praticadas no exercício de funções públicas ou por causa delas e que, por qualquer forma, violem os direitos, liberdades e garantias com prejuízo para o titular destes ou de terceiros.

2. Os agentes do Estado e das demais entidades públicas são, nos termos da lei, criminal e disciplinarmente responsáveis por acções ou omissões de que resulte violação dos direitos, liberdades e garantias.

Artigo 17.º – **Âmbito e sentido dos direitos, liberdades e garantias**

1. As leis ou convenções internacionais poderão consagrar direitos, liberdades e garantias não previstos na Constituição.

2. A extensão e o conteúdo essencial das normas constitucionais relativas aos direitos, liberdades e garantias não podem ser restringidos pela via da interpretação.

3. As normas constitucionais e legais relativas aos direitos fundamentais devem ser interpretadas e integradas de harmonia com a Declaração Universal dos Direitos do Homem.

4. Só nos casos expressamente previstos na Constituição poderá a lei restringir os direitos, liberdades e garantias.

5. As leis restritivas dos direitos, liberdades e garantias serão obrigatoriamente de carácter geral e abstracto, não terão efeitos retroactivos, não poderão diminuir a extensão e o conteúdo essencial das normas constitucionais e deverão limitar-se ao necessário para a salvaguarda de outros direitos constitucionalmente protegidos.

Artigo 18.º – **Força jurídica**

As normas constitucionais relativas aos direitos, liberdades e garantias vinculam todas as entidades públicas e privadas e são directamente aplicáveis.

Artigo 19.º – **Direito de resistência**

É reconhecido a todos os cidadãos o direito de não obedecer a qualquer ordem que ofenda os seus direitos, liberdades e garantias e de repelir pela força qualquer agressão ilícita, quando não seja possível recorrer à autoridade pública.

Artigo 20.º – **Tutela dos direitos, liberdades e garantias**

1. A todos os indivíduos é reconhecido o direito de requerer ao Tribunal Constitucional, através de recurso de amparo, a tutela dos seus direitos, liberdades e garantias fundamentais, constitucionalmente reconhecidos, nos termos da lei e com observância do disposto nas alíneas seguintes:

a) O recurso de amparo só pode ser interposto contra actos ou omissões dos poderes públicos lesivos dos direitos, liberdades e garantias fundamentais, depois de esgotadas todas as vias de recurso ordinário;

b) O recurso de amparo pode ser requerido em simples petição, tem carácter urgente e o seu processamento deve ser baseado no princípio da sumariedade.

2. A todos é reconhecido o direito de exigir, nos termos da lei, indemnização pelos prejuízos causados pela violação dos seus direitos, liberdades e garantias.

3. Todos podem apresentar queixas, por acções ou omissões dos poderes públicos, ao Provedor de Justiça, que as apreciará sem poder decisório, dirigindo aos órgãos competentes as recomendações necessárias para prevenir e reparar ilegalidades ou injustiças.

4. A actividade do Provedor de Justiça é independente dos meios graciosos e contenciosos previstos na Constituição e nas leis.

Artigo 21.º – **Acesso à justiça**

1. A todos é garantido o direito de acesso à justiça e de obter, em prazo razoável e mediante processo equitativo, a tutela dos seus direitos ou interesses legalmente protegidos.
2. A todos é conferido, pessoalmente ou através de associações de defesa dos interesses em causa, o direito de promover a prevenção, a cessação ou a perseguição judicial das infracções contra a saúde, o ambiente, a qualidade de vida e o património cultural.
3. Todos têm direito, nos termos da lei, à defesa, à informação jurídica, ao patrocínio judiciário e a fazer-se acompanhar por advogado perante qualquer autoridade.
4. A justiça não pode ser denegada por insuficiência de meios económicos ou indevida dilação da decisão.
5. A lei define e assegura a adequada protecção do segredo de justiça.
6. Para defesa dos direitos, liberdades e garantias individuais, a lei estabelece procedimentos judiciais céleres e prioritários que assegurem a tutela efectiva e em tempo útil contra ameaças ou violações desses mesmos direitos, liberdades e garantias.

Artigo 22.º – **Princípio da universalidade**

1. Todos os cidadãos gozam dos direitos, das liberdades e das garantias e estão sujeitos aos deveres estabelecidos na Constituição.
2. Os cidadãos cabo-verdianos que residam ou se encontrem no estrangeiro gozam dos direitos, liberdades e garantias e estão sujeitos aos deveres constitucionalmente consagrados que não sejam incompatíveis com a sua ausência do território nacional.
3. A lei poderá estabelecer restrições ao exercício de direitos políticos e ao acesso a certas funções ou cargos públicos por parte de cidadãos cabo-verdianos que o não sejam de origem.

Artigo 23.º – **Princípio da igualdade**

Todos os cidadãos têm igual dignidade social e são iguais perante a lei, ninguém podendo ser privilegiado, beneficiado ou prejudicado, privado de qualquer direito ou isento de qualquer dever em razão de raça, sexo, ascendência, língua, origem, religião, condições sociais e económicas ou convicções políticas ou ideológicas.

Artigo 24.º – **Estrangeiros e apátridas**

1. Com excepção dos direitos políticos e dos direitos e deveres reservados constitucional ou legalmente aos cidadãos nacionais, os estrangeiros e apátridas que residam ou se encontrem no território nacional gozam dos mesmos direitos, liberdades e garantias e estão sujeitos aos mesmos deveres que os cidadãos cabo-verdianos.
2. Os estrangeiros e apátridas podem exercer funções públicas de carácter predominantemente técnico, nos termos da lei.
3. Poderão ser atribuídos aos cidadãos dos países de língua oficial portuguesa direitos não conferidos aos estrangeiros e apátridas, excepto o acesso à titularidade dos órgãos de soberania, o serviço nas Forças Armadas e a carreira diplomática.
4. Aos estrangeiros e apátridas residentes no território nacional poderá ser atribuída, por lei, capacidade eleitoral activa e passiva para eleições dos titulares dos órgãos das autarquias locais.

Artigo 25.º – **Regime dos direitos, liberdades e garantias**

Os princípios enunciados neste título são aplicáveis aos direitos, liberdades e garantias individuais e direitos fundamentais de natureza análoga estabelecidos na Constituição ou consagrados por lei ou convenção internacional.

Artigo 26.º – **Suspensão dos direitos, liberdades e garantias**

Os direitos, liberdades e garantias só poderão ser suspensos em caso de declaração do estado de sítio ou de emergência, nos termos previstos na Constituição.

TÍTULO II – Direitos, liberdades e garantias

CAPÍTULO I – Dos direitos, liberdades e garantias individuais

Artigo 27.º – **Direito à vida e à integridade física e moral**

1. A vida humana e a integridade física e moral das pessoas são invioláveis.
2. Ninguém pode ser submetido a tortura, penas ou tratamentos cruéis, degradantes ou desumanos, e em caso algum haverá pena de morte.

Artigo 28.º – **Direito à liberdade**

1. É inviolável o direito à liberdade.
2. São garantidas as liberdades pessoal, de pensamento, expressão e informação, de associação, de religião, de culto, de criação intelectual, artística e cultural, de manifestação e as demais consagradas na Constituição, nas leis e no Direito Internacional geral ou convencional recebido na ordem jurídica interna.
3. Ninguém pode ser obrigado a declarar a sua ideologia, religião ou culto, filiação política ou sindical.

Artigo 29.º – **Direito à liberdade e segurança pessoal**

1. Todos têm direito à liberdade e segurança pessoal.
2. Ninguém pode ser total ou parcialmente privado da liberdade, a não ser em consequência de sentença judicial condenatória pela prática de actos puníveis por lei com pena de prisão ou de aplicação judicial de medida de segurança prevista na lei.
3. Exceptua-se do princípio estabelecido no número anterior, a privação de liberdade, pelo tempo e nas condições determinadas na lei, num dos casos seguintes:

a) Detenção em flagrante delito;

b) Detenção ou prisão preventiva por fortes indícios da prática de crime doloso a que corresponda pena de prisão cujo limite máximo seja superior a dois anos, quando as medidas de liberdade provisória se mostrem insuficientes ou inadequadas;

c) Detenção por incumprimento das condições impostas ao arguido em regime de liberdade provisória;

d) Detenção para assegurar a obediência a decisão judicial ou a comparência perante autoridade judiciária competente para a prática ou cumprimento de acto ou decisão judicial;

e) Sujeição de menor a medida de assistência, protecção ou educação decretada por decisão judicial;

f) Prisão, detenção ou outra medida coactiva sujeita a controlo judicial, de pessoa que tenha penetrado ou permaneça irregularmente no território nacional ou contra quem esteja em curso processo de extradição ou de expulsão;

g) Prisão disciplinar imposta a militares, com garantia de recurso para o tribunal competente, nos termos da lei, depois de esgotadas as vias hierárquicas;

h) Detenção de suspeitos, para efeitos de identificação, nos casos e pelo tempo mínimo estritamente necessários, fixados na lei;

i) Internamento de portador de anomalia psíquica em estabelecimento adequado, quando pelo seu comportamento se mostrar perigoso e for decretado ou confirmado por autoridade judicial competente.

4. Toda pessoa detida ou presa deve ser imediatamente informada, de forma clara e compreensível, das razões da sua detenção ou prisão e dos seus direitos constitucionais e legais, e autorizada a contactar advogado, directamente ou por intermédio da sua família ou de pessoa da sua confiança.

5. A pessoa detida ou presa não pode ser obrigada a prestar declarações.

6. A pessoa detida ou presa tem o direito à identificação dos responsáveis pela sua detenção ou prisão e pelo seu interrogatório.

7. A detenção ou prisão de qualquer pessoa e o local preciso onde se encontra são comunicados imediatamente à família do detido ou preso ou a pessoa por ele indicada, com a descrição sumária das razões que a motivaram.

Artigo 30.º – **Prisão preventiva**

1. Qualquer pessoa detida ou presa sem culpa formada deve, no prazo máximo de quarenta e oito horas, ser apresentada ao juiz competente, o qual é obrigado a:

a) Explicar-lhe claramente os factos que motivaram a sua detenção ou prisão;

b) Informá-la dos direitos e deveres que possui na situação de detenção ou prisão em que se encontre;

c) Interrogá-la e ouvi-la sobre os factos alegados para justificar a sua detenção ou prisão, na presença de defensor por ela livremente escolhido, dando-lhe oportunidade de se defender;

d) Proferir decisão fundamentada, validando ou não a detenção ou prisão.

2. A detenção ou prisão preventiva não se mantém sempre que se mostre adequada ou suficiente aos fins da lei a sua substituição por caução idónea ou por qualquer outra medida mais favorável de liberdade provisória estabelecida na lei.

3. A decisão judicial que ordene ou mantenha a prisão preventiva, bem como o local onde esta vai ser cumprida, devem ser imediatamente comunicados a pessoa de família do detido ou preso, ou a pessoa de confiança, por ele indicada.

4. A prisão preventiva, com ou sem culpa formada, está sujeita aos prazos estabelecidos na lei, não podendo, em nenhum caso, ser superior a trinta e seis meses, contados a partir da data da detenção ou captura, nos termos da lei.

Artigo 31.º – **Aplicação da lei penal**

1. A responsabilidade penal é intransmissível.

2. É proibida a aplicação retroactiva da lei penal, excepto se a lei posterior for de conteúdo mais favorável ao arguido.

3. É proibida a aplicação de medidas de segurança cujos pressupostos não estejam fixados em lei anterior.

4. Não podem ser aplicadas penas ou medidas de segurança que não estejam expressamente cominadas em lei anterior.

5. Ninguém pode ser julgado mais de uma vez pela prática do mesmo crime, nem ser punido com pena que não esteja expressamente prevista na lei ou com pena mais grave do que a estabelecida na lei no momento da prática da conduta delituosa.

6. As medidas de segurança privativas da liberdade fundadas em grave anomalia psíquica de que resulte perigosidade podem ser sucessivamente prorrogadas por decisão

judicial, enquanto se mantiver esse estado e desde que não seja medicamente possível ou aconselhável a adopção de outras medidas não restritivas da liberdade.

7. O disposto no número 2 não impede a punição, nos limites da lei interna, por acção ou omissão que, no momento da sua prática, seja considerada criminosa segundo os princípios e normas do Direito Internacional geral ou comum.

Artigo 32.º – **Proibição da prisão perpétua ou de duração ilimitada**

Em caso algum haverá pena privativa da liberdade ou medida de segurança com carácter perpétuo ou de duração ilimitada ou indefinida.

Artigo 33.º – **Efeitos das penas e medidas de segurança**

Nenhuma pena ou medida de segurança tem, como efeito necessário, a perda dos direitos civis, políticos ou profissionais, nem priva o condenado dos seus direitos fundamentais, salvas as limitações inerentes ao sentido da condenação e às exigências específicas da respectiva execução.

Artigo 34.º – **Princípios do processo penal**

1. Todo o arguido presume-se inocente até ao trânsito em julgado de sentença condenatória, devendo ser julgado no mais curto prazo compatível com as garantias de defesa.
2. O arguido tem o direito de escolher livremente o seu defensor para o assistir em todos os actos do processo.
3. Aos arguidos que por razões de ordem económica não possam constituir advogado será assegurada, através de institutos próprios, adequada assistência judiciária.
4. O processo criminal subordina-se ao princípio do contraditório.
5. O direito de audiência e de defesa em processo criminal é inviolável e será assegurado a todo o arguido.
6. São nulas todas as provas obtidas por meio de tortura, coacção, ofensa à integridade física ou moral, abusiva intromissão na correspondência, nas telecomunicações, no domicílio ou na vida privada ou por outros meios ilícitos.
7. As audiências em processo criminal são públicas, salvo quando a defesa da intimidade pessoal, familiar ou social determinar a exclusão ou a restrição da publicidade.
8. Nenhuma causa pode ser subtraída ao tribunal cuja competência esteja fixada em lei anterior.

Artigo 35.º – *Habeas corpus*

1. Qualquer pessoa detida ou presa ilegalmente pode requerer *habeas corpus* ao tribunal competente.
2. Qualquer cidadão no gozo dos seus direitos políticos pode requerer *habeas corpus* a favor de pessoa detida ou presa ilegalmente.
3. O tribunal deve decidir sobre o pedido de *habeas corpus* no prazo máximo de cinco dias.
4. A lei regula o processo de *habeas corpus*, conferindo-lhe celeridade e máxima prioridade.

Artigo 36.º – **Expulsão**

1. Nenhum cidadão cabo-verdiano pode ser expulso do país.
2. O estrangeiro ou o apátrida que haja sido autorizado a residir no país ou haja solicitado asilo só pode ser expulso por decisão judicial nos termos da lei.

Artigo 37.º – **Extradição**

1. Não é admitida a extradição de cidadão cabo-verdiano, o qual pode responder perante os tribunais cabo-verdianos pelos crimes cometidos no estrangeiro.
2. É admitida a extradição de estrangeiro ou apátrida, determinada por autoridade judicial cabo-verdiana, nos termos do Direito Internacional e da lei.
3. Não é, porém, admitida a extradição de estrangeiro ou apátrida:
 a) Por motivos políticos ou religiosos ou por delito de opinião;
 b) Por crimes a que corresponda na lei do Estado requisitante pena de morte, de prisão perpétua ou de lesão irreversível de integridade física;
 c) Sempre que, fundamentadamente, se admita que o extraditando possa vir a ser sujeito a tortura, tratamento desumano, degradante ou cruel.

Artigo 38.º – **Direito de asilo**

1. Os estrangeiros ou apátridas perseguidos por motivos políticos ou seriamente ameaçados de perseguição em virtude da sua actividade em prol da libertação nacional, da democracia ou do respeito pelos direitos do homem, têm direito de asilo no território nacional.
2. A lei define o estatuto do refugiado político.

Artigo 39.º – **Direito à nacionalidade**

Nenhum cabo-verdiano de origem poderá ser privado da nacionalidade ou das prerrogativas da cidadania.

Artigo 40.º – **Direito à identidade, à personalidade, ao bom nome, à imagem e à intimidade**

1. A todos são reconhecidos os direitos à identidade pessoal, ao desenvolvimento da personalidade e à capacidade civil, a qual só pode ser limitada por decisão judicial e nos casos e termos estabelecidos na lei.
2. Todo o cidadão tem direito ao bom nome, à honra e reputação, à imagem e à reserva da intimidade da sua vida pessoal e familiar.

Artigo 41.º – **Direito de escolha de profissão e de acesso à função pública**

1. Todo o cidadão tem o direito de escolher livremente o seu ofício, trabalho ou profissão ou fazer a sua formação profissional, salvas as restrições legais impostas pelo interesse público ou inerentes à sua própria capacidade ou qualificação profissional.
2. Todos os cidadãos têm direito de acesso à função pública, em condições de igualdade, nos termos estabelecidos na lei.
3. Ninguém pode ser obrigado a um trabalho determinado, salvo para cumprimento de um serviço público geral e igual para todos ou em virtude de decisão judicial, nos termos da lei.

Artigo 42.º – **Inviolabilidade do domicílio**

1. O domicílio é inviolável.
2. Ninguém pode entrar no domicílio de qualquer pessoa ou nele fazer busca, revista, ou apreensão contra a sua vontade, salvo quando munido de mandado judicial emitido nos termos da lei ou, ainda, em caso de flagrante delito, de desastre ou para prestar socorro.
3. A lei tipifica os casos em que pode ser ordenada por autoridade judicial competente a entrada, busca e apreensão de bens, documentos ou outros objectos em domicílio.

4. Não é permitida a entrada no domicílio de uma pessoa durante a noite, salvo:
a) Com o seu consentimento;
b) Para prestar socorro ou em casos de desastre ou outros que configurem estado de necessidade nos termos da lei.

Artigo 43.º – **Inviolabilidade de correspondência e de telecomunicações**

É garantido o segredo da correspondência e das telecomunicações, salvo nos casos em que por decisão judicial proferida nos termos da lei do processo criminal for permitida a ingerência das autoridades públicas na correspondência ou nas telecomunicações.

Artigo 44.º – **Utilização de meios informáticos e protecção de dados pessoais**

1. Todos os cidadãos têm o direito de acesso aos dados informatizados que lhes digam respeito, podendo exigir a sua rectificação e actualização, bem como o direito de conhecer a finalidade a que se destinam, nos termos da lei.
2. É proibida a utilização dos meios informáticos para registo e tratamento de dados individualmente identificáveis relativos às convicções políticas, filosóficas ou ideológicas, à fé religiosa, à filiação partidária ou sindical ou à vida privada, salvo:
a) Mediante consentimento expresso do titular;
b) Mediante autorização prevista por lei, com garantias de não discriminação;
c) Quando se destinem a processamento de dados estatísticos não individualmente identificáveis.
3. A lei regula a protecção de dados pessoais constantes dos registos informáticos, as condições de acesso aos bancos de dados, de constituição e de utilização por autoridades públicas e entidades privadas de tais bancos ou de suportes informáticos dos mesmos.
4. Não é permitido o acesso a arquivos, ficheiros, registos informáticos ou bases de dados para conhecimento de dados pessoais relativos a terceiros, nem a transferência de dados pessoais de um para outro ficheiro informático pertencente a distintos serviços ou instituições, salvo nos casos estabelecidos na lei ou por decisão judicial.
5. Em nenhum caso pode ser atribuído um número nacional único aos cidadãos.
6. A todos é garantido acesso às redes informáticas de uso público, definindo a lei o regime aplicável aos fluxos de dados transfronteiras e as formas de protecção de dados pessoais e de outros cuja salvaguarda se justifique por razões de interesse nacional, bem como o regime de limitação do acesso, para defesa dos valores jurídicos tutelados pelo disposto no número 4 do artigo 47.º
7. Os dados pessoais constantes de ficheiros manuais gozam de protecção idêntica à prevista nos números anteriores, nos termos da lei.

Artigo 45.º – *Habeas data*

1. A todo o cidadão é concedido *habeas data* para assegurar o conhecimento de informações constantes de ficheiros, arquivos ou registo informático que lhe digam respeito, bem como para ser informado do fim a que se destinam e para exigir a rectificação ou actualizarão dos dados.
2. A lei regula o processo de *habeas data*.

Artigo 46.º – **Casamento e filiação**

1. Todos têm direito de contrair casamento, sob forma civil ou religiosa.
2. A lei regula os requisitos e os efeitos civis do casamento e da sua dissolução, independentemente da forma de celebração.
3. Os cônjuges têm iguais direitos e deveres civis e políticos.

4. Os filhos só podem ser separados dos pais, por decisão judicial e sempre nos casos previstos na lei, se estes não cumprirem os seus deveres fundamentais para com eles.

5. Não é permitida a discriminação dos filhos nascidos fora do casamento, nem a utilização de qualquer designação discriminatória relativa à filiação.

6. É permitida a adopção, devendo a lei regular as suas formas e condições.

Artigo 47.º – **Liberdade de expressão e de informação**

1. Todos têm a liberdade de exprimir e de divulgar as suas ideias pela palavra, pela imagem ou por qualquer outro meio, ninguém podendo ser inquietado pelas suas opiniões políticas, filosóficas, religiosas ou outras.

2. Todos têm a liberdade de informar e de serem informados, procurando, recebendo e divulgando informações e ideias, sob qualquer forma, sem limitações, discriminações ou impedimentos.

3. É proibida a limitação do exercício dessas liberdades por qualquer tipo ou forma de censura.

4. A liberdade de expressão e de informação não justifica a ofensa à honra e consideração das pessoas, nem a violação do seu direito à imagem ou à reserva da intimidade da vida pessoal e familiar.

5. A liberdade de expressão e de informação é ainda limitada pelo dever de:
a) Protecção da infância e da juventude;
b) Não fazer a apologia da violência, do racismo, da xenofobia e de qualquer forma de discriminação, nomeadamente da mulher.

6. As infracções cometidas no exercício da liberdade de expressão e informação farão o infractor incorrer em responsabilidade civil, disciplinar e criminal, nos termos da lei.

7. É assegurado a todas as pessoas singulares ou colectivas, em condições de igualdade e eficácia, o direito de resposta e de rectificação, bem como o direito de indemnização pelos danos sofridos em virtude de infracções cometidas no exercício da liberdade de expressão e informação.

Artigo 48.º – **Liberdade de consciência, de religião e de culto**

1. É inviolável a liberdade de consciência, de religião e de culto, todos tendo o direito de, individual ou colectivamente, professar ou não uma religião, ter uma convicção religiosa da sua escolha, participar em actos de culto e livremente exprimir a sua fé e divulgar a sua doutrina ou convicção, contanto que não lese os direitos dos outros e o bem comum.

2. Ninguém pode ser discriminado, perseguido, prejudicado, privado de direitos, beneficiado ou isento de deveres por causa da sua fé, convicções ou prática religiosas.

3. As igrejas e outras comunidades religiosas estão separadas do Estado e são independentes e livres na sua organização e exercício das suas actividades próprias, sendo consideradas parceiras na promoção do desenvolvimento social e espiritual do povo cabo-verdiano.

4. É garantida a liberdade de ensino religioso.

5. É garantida a liberdade de assistência religiosa nos estabelecimentos hospitalares, assistenciais, prisionais, bem como no seio das forças armadas, nos termos da lei.

6. É reconhecido às igrejas o direito à utilização de meios de comunicação social para a realização das suas actividades e fins, nos termos da lei.

7. É assegurada protecção aos locais de culto, bem como aos símbolos, distintivos e ritos religiosos, sendo proibida a sua imitação ou ridicularização.
8. É garantido o direito à objecção de consciência, nos termos da lei.

Artigo 49.º – **Liberdade de aprender, de educar e de ensinar**

1. Todos têm a liberdade de aprender, de educar e de ensinar.
2. A liberdade de aprender, de educar e de ensinar compreende:

a) O direito de frequentar estabelecimentos de ensino e de educação e de neles ensinar sem qualquer discriminação, nos termos da lei;
b) Direito de escolher o ramo de ensino e a formação;
c) A proibição de o Estado programar a educação e o ensino segundo quaisquer directrizes filosóficas, estéticas, políticas, ideológicas ou religiosas;
d) A proibição de ensino público confessional;
e) Reconhecimento às comunidades, às organizações da sociedade civil e demais entidades privadas e aos cidadãos, da liberdade de criar escolas e estabelecimentos de educação e de estabelecer outras formas de ensino ou educação privadas, em todos os níveis, nos termos da lei.

Artigo 50.º – **Liberdade de deslocação e de emigração**

1. Todo o cidadão tem o direito de sair e de entrar livremente no território nacional, bem como o de emigrar.
2. Só por decisão judicial podem ser impostas restrições aos direitos acima enunciados, sempre com carácter temporário.

Artigo 51.º – **Liberdade de associação**

1. É livre, não carecendo de qualquer autorização administrativa, a constituição de associações.
2. As associações prosseguem os seus fins livremente e sem interferência das autoridades.
3. A dissolução das associações ou a suspensão das suas actividades só podem ser determinadas por decisão judicial e nos termos da lei.
4. São proibidas as associações armadas ou de tipo militar ou paramilitar, e as que se destinam a promover a violência, o racismo, a xenofobia ou a ditadura ou que prossigam fins contrários à lei penal.
5. Ninguém pode ser obrigado a associar-se ou a permanecer associado.

Artigo 52.º – **Liberdade de reunião e de manifestação**

1. Os cidadãos têm o direito de se reunir, pacificamente e sem armas, mesmo em lugares abertos ao público, sem necessidade de qualquer autorização.
2. A todos os cidadãos é reconhecido o direito de manifestação.
3. A reunião, quando ocorra em lugares abertos ao público, e a manifestação devem ser comunicadas previamente às autoridades competentes, nos termos da lei.

Artigo 53.º – **Liberdade de criação intelectual, artística e cultural**

1. É livre a criação intelectual, cultural e científica, bem como a divulgação de obras literárias, artísticas e científicas.
2. A lei garante a protecção dos direitos de autor.

CAPÍTULO II – Direitos, liberdades e garantias de participação política e de exercício de cidadania

Artigo 54.º – **Participação na vida pública**

1. Todos os cidadãos têm o direito de participar na vida política directamente e através de representantes livremente eleitos.
2. São eleitores os cidadãos maiores, nos termos da lei.
3. O direito de voto não pode ser limitado senão em virtude das incapacidades estabelecidos na lei.
4. O Estado incentiva a participação equilibrada de cidadãos de ambos os sexos na vida política.

Artigo 55.º – **Participação na direcção dos assuntos públicos**

1. Todos os cidadãos têm o direito de aceder, em condições de igualdade e liberdade, às funções públicas e aos cargos electivos, nos termos estabelecidos por lei.
2. Ninguém pode ser prejudicado na sua colocação, carreira, emprego ou actividade pública ou privada, nem nos benefícios sociais a que tenha direito, por desempenhar cargos públicos ou exercer os seus direitos políticos.
3. A lei garante a isenção e a independência do exercício dos cargos públicos, só podendo, no acesso aos cargos electivos, estabelecer as inelegibilidades necessárias para garantir a liberdade de escolha dos eleitores e a isenção e independência do seu exercício.

Artigo 56.º – **Participação na organização do poder político – partidos políticos**

1. Todos os cidadãos têm o direito de constituir partidos políticos e de neles participar, concorrendo democraticamente para a formação da vontade popular e a organização do poder político, nos termos da Constituição e da lei.
2. É livre, não carecendo de autorização, a criação de partidos políticos, bem como a sua fusão e coligação, nos termos da Constituição e da lei.
3. Os partidos políticos não podem adoptar denominações que, directa ou indirectamente, se identifiquem com qualquer parcela do território nacional ou com igreja, religião ou confissão religiosa ou que possam evocar nome de pessoa ou de instituição.
4. Os partidos políticos não podem, ainda, adoptar emblemas, símbolos e siglas que sejam iguais ou confundíveis com os símbolos nacionais ou municipais.
5. É proibida a constituição de partidos que:
a) Tenham âmbito regional ou local ou se proponham objectivos programáticos do mesmo âmbito;
b) Se proponham utilizar meios subversivos ou violentos na prossecução dos seus fins;
c) Tenham força armada ou natureza paramilitar.
6. Os partidos políticos devem respeitar a independência, a unidade nacional, a integridade territorial do país, o regime democrático, o pluri-partidarismo, os direitos, as liberdades e as garantias fundamentais da pessoa humana.
7. Os partidos políticos regem-se por princípios de organização e expressão democráticas, devendo a aprovação dos respectivos programas e estatutos e a eleição periódica dos titulares dos órgãos nacionais de direcção serem feitas directamente pelos seus filiados ou por uma assembleia representativa deles.
8. Os partidos políticos só podem ser compulsivamente extintos por decisão judicial fundamentada em violação grave do disposto na Constituição ou na lei.

9. A lei regula a constituição, a organização, a fusão, a coligação e a extinção dos partidos políticos e define, designadamente, o regime do seu financiamento e prestação de contas, bem como os benefícios e facilidades a conceder-lhes pelo Estado e demais poderes públicos.

Artigo 57.º – **Direito de antena, de resposta e de réplica política**

1. Os partidos políticos têm direito a tempo de antena no serviço público de rádio e de televisão, de acordo com a sua representatividade e segundo critérios objectivos definidos por lei.

2. Os partidos políticos representados na Assembleia Nacional e que não façam parte do Governo têm, nos termos da lei, direito de resposta ou de réplica política às declarações políticas do Governo, de duração e relevo, para o conjunto de partidos, iguais aos dos tempos de antena e das declarações do Governo.

3. O direito de antena pode também ser concedido, por lei, a parceiros sociais e às confissões religiosas, legalmente reconhecidos.

4. Nos períodos eleitorais os concorrentes têm, nos termos da lei, direito a tempos de antena regulares e equitativos em todas as estações de radiodifusão e televisão, qualquer que seja o âmbito destas ou a sua titularidade.

5. A lei regula os direitos de antena, de resposta e de réplica políticas estabelecidos neste artigo.

Artigo 58.º – **Direito de petição e de acção popular**

1. Todos os cidadãos, individual ou colectivamente, têm o direito de apresentar, por escrito, aos órgãos de soberania ou do poder local e a quaisquer autoridades, petições, queixas, reclamações ou representações para defesa dos seus direitos, da Constituição, das leis ou do interesse geral e bem assim o direito de serem informados em prazo razoável sobre os resultados da respectiva apreciação.

2. As petições apresentadas à Assembleia Nacional são submetidas ao Plenário nas condições previstas na lei.

3. É garantido, nos termos da lei, o direito de acção popular, designadamente para defesa do cumprimento do estatuto dos titulares de cargos públicos e para defesa do património do Estado e de demais entidades públicas.

Artigo 59.º – **Liberdade de imprensa**

1. É garantida a liberdade de imprensa.
2. À liberdade de imprensa é aplicável o disposto no artigo 47.º
3. É assegurada a liberdade e a independência dos meios de comunicação social relativamente ao poder político e económico e a sua não sujeição a censura de qualquer espécie.
4. Nos meios de comunicação social do sector público é assegurada a expressão e o confronto de ideias das diversas correntes de opinião.
5. O Estado garante a isenção dos meios de comunicação do sector público, bem como a independência dos seus jornalistas perante o Governo, a Administração e os demais poderes públicos.
6. A criação ou fundação de jornais e outras publicações não carece de autorização administrativa, nem pode ser condicionada a prévia prestação de caução ou de qualquer outra garantia.
7. A criação ou fundação de estações de radiodifusão ou de televisão depende de licença a conferir mediante concurso público, nos termos da lei.

8. Aos jornalistas é garantido, nos termos da lei, o acesso às fontes de informação e assegurada a protecção da independência e sigilo profissionais, não podendo nenhum jornalista ser obrigado a revelar as suas fontes de informação.
9. O Estado assegura a existência e o funcionamento de um serviço público de radiodifusão e de televisão.
10. É obrigatória a divulgação da titularidade e dos meios de financiamento dos órgãos de comunicação social, nos termos da lei.
11. A apreensão de jornais ou de outras publicações só é permitida nos casos de infracção à lei de imprensa ou quando neles não se indique os responsáveis pela publicação.

CAPÍTULO III – **Direitos, liberdades e garantias dos trabalhadores**

Artigo 60.º – **Direito ao trabalho**

1. Todos os cidadãos têm direito ao trabalho, incumbindo aos poderes públicos promover as condições para o seu exercício efectivo.
2. O dever de trabalhar é inseparável do direito ao trabalho.

Artigo 61.º – **Direito à retribuição**

1. Os trabalhadores têm direito a justa retribuição segundo a quantidade, natureza e qualidade do trabalho prestado.
2. Por igual trabalho, o homem e a mulher percebem igual retribuição.
3. O Estado cria as condições para o estabelecimento de um salário mínimo nacional.

Artigo 62.º – **Outros direitos**

1. Os trabalhadores têm, ainda, direito a:
a) Condições de dignidade, higiene, saúde e segurança no trabalho;
b) Um limite máximo da jornada de trabalho;
c) Descanso semanal;
d) Segurança social;
e) Repouso e lazer.
2. É proibido e nulo o despedimento por motivos políticos ou ideológicos.
3. O despedimento sem justa causa é ilegal, constituindo-se a entidade empregadora no dever de justa indemnização ao trabalhador despedido, nos termos da lei.
4. A lei estabelece especial protecção ao trabalho de menores, de portadores de deficiência e de mulheres durante a gravidez e pós-parto.
5. A lei garante à mulher condições de trabalho que facilitem o exercício da sua função maternal e familiar.

Artigo 63.º – **Liberdade de associação profissional e sindical**

1. A todos os trabalhadores é reconhecida a liberdade de criação de associações sindicais ou de associações profissionais para defesa dos seus interesses e direitos colectivos ou individuais.
2. A criação de associações sindicais ou de associações profissionais não carece de autorização administrativa.
3. É garantido às associações sindicais e às associações profissionais plena autonomia organizacional, funcional e de regulamentação interna.

4. As associações sindicais e as associações profissionais deverão reger-se pelos princípios de organização e de gestão democráticas, baseados na activa participação dos seus membros em todas as suas actividades e de eleição periódica e por escrutínio secreto dos seus órgãos.
5. As associações sindicais e as associações profissionais são independentes do patronato, do Estado, partidos políticos, Igreja ou confissões religiosas.
6. A lei regulará a criação, união, federação e extinção das associações sindicais e das associações profissionais e garantirá a sua independência e autonomia relativamente ao Estado, patronato, partidos e associações políticas, Igreja ou confissões religiosas.
7. A lei assegurará a adequada protecção aos representantes eleitos dos trabalhadores contra quaisquer limitações ao exercício das suas funções, perseguições ou ameaças no local onde trabalham.

Artigo 64.º – **Liberdade de inscrição em sindicatos**

Ninguém é obrigado a inscrever-se em sindicato ou em associação profissional, a permanecer sindicalizado ou associado profissionalmente, nem a pagar quotizações para sindicato ou associação profissional em que não se encontre inscrito.

Artigo 65.º – **Direitos dos sindicatos e associações profissionais**

1. Para defesa dos direitos e interesses dos trabalhadores, é reconhecido aos sindicatos o direito de, nos termos da lei, participar:
   a) Nos organismos de concertação social;
   b) Na definição da política de instituições de segurança social e de outras instituições que visem a protecção e a defesa dos interesses dos trabalhadores;
   c) Na elaboração da legislação laboral.
2. Aos sindicatos compete celebrar os contratos colectivos de trabalho, nos termos da lei.

Artigo 66.º – **Direito à greve e proibição do *lock-out***

1. É garantido o direito à greve, cabendo aos trabalhadores decidir sobre a oportunidade de o exercer e sobre os interesses que com ele visam defender.
2. A lei regula o exercício do direito à greve e define as condições de prestação, durante a greve, de serviços necessários à segurança e manutenção de equipamentos e instalações, bem como de serviços mínimos indispensáveis para acorrer à satisfação de necessidades sociais impreteríveis.
3. É proibido o *lock-out*.

TÍTULO III – **Direitos e deveres económicos, sociais e culturais**

Artigo 67.º – **Iniciativa privada**

A iniciativa privada exerce-se livremente no quadro definido pela Constituição e pela lei.

Artigo 68.º – **Direito à propriedade privada**

1. É garantido a todos o direito à propriedade privada e à sua transmissão em vida ou por morte, nos termos da Constituição e da lei.
2. É garantido o direito à herança.

3. A requisição ou expropriação por utilidade pública só podem ser efectuadas com base na lei e sempre mediante o pagamento da justa indemnização.

Artigo 69.º – **Segurança social**

1. Todos têm direito à segurança social para sua protecção no desemprego, doença, invalidez, velhice, orfandade, viuvez e em todas as situações de falta ou diminuição de meios de subsistência ou de capacidade para o trabalho.

2. Incumbe ao Estado:

a) Garantir a existência e o funcionamento eficiente de um sistema nacional de segurança social, com a participação dos contribuintes e das associações representativas dos beneficiários;

b) Apoiar, incentivar, regular e fiscalizar os sistemas privados de segurança social.

3. O Estado incentiva, regula e fiscaliza, nos termos da lei, a actividade das instituições particulares de solidariedade social e de outras de reconhecido interesse público, com vista à prossecução dos objectivos de solidariedade social consignados na Constituição.

Artigo 70.º – **Saúde**

1. Todos têm direito à saúde e o dever de a defender e promover, independentemente da sua condição económica.

2. O direito à saúde é realizado através de uma rede adequada de serviços de saúde e pela criação das condições económicas, sociais, culturais e ambientais que promovam e facilitem a melhoria da qualidade de vida das populações.

3. Para garantir o direito à saúde, incumbe ao Estado, designadamente:

a) Assegurar a existência e o funcionamento de um sistema nacional de saúde;

b) Incentivar a participação da comunidade nos diversos níveis dos serviços de saúde;

c) Assegurar a existência de cuidados de saúde pública;

d) Incentivar e apoiar a iniciativa privada na prestação de cuidados de saúde preventiva, curativa e de reabilitação;

e) Promover a socialização dos custos dos cuidados médicos e medicamentosos;

f) Regular e fiscalizar a actividade e a qualidade da prestação dos cuidados de saúde;

g) Disciplinar e controlar a produção, a comercialização e o uso de produtos farmacológicos, e outros meios de tratamento e de diagnóstico.

Artigo 71.º – **Habitação e urbanismo**

1. Todos os cidadãos têm direito a habitação condigna.

2. Para garantir o direito à habitação, incumbe, designadamente, aos poderes públicos:

a) Promover a criação de condições económicas, jurídicas, institucionais e infra--estruturais adequadas, inseridas no quadro de uma política de ordenamento do território e do urbanismo;

b) Fomentar e incentivar a iniciativa privada na produção de habitação e garantir a participação dos interessados na elaboração dos instrumentos de planeamento urbanístico.

Artigo 72.º – **Direito ao ambiente**

1. Todos têm direito a um ambiente sadio e ecologicamente equilibrado e o dever de o defender e valorizar.

2. Para garantir o direito ao ambiente, incumbe aos poderes públicos:

a) Elaborar e executar políticas adequadas de ordenamento do território, de defesa e preservação do ambiente e de promoção do aproveitamento racional de todos os recursos naturais, salvaguardando a sua capacidade de renovação e a estabilidade ecológica;

b) Promover a educação ambiental, o respeito pelos valores do ambiente, a luta contra a desertificação e os efeitos da seca.

Artigo 73.º – **Direitos das crianças**

1. Todas as crianças têm direito à protecção da família, da sociedade e dos poderes públicos, com vista ao seu desenvolvimento integral.

2. As crianças têm direito a especial protecção em caso de doença, orfandade, abandono e privação de um ambiente familiar equilibrado.

3. As crianças têm ainda direito a especial protecção contra:

a) Qualquer forma de discriminação e de opressão;

b) O exercício abusivo da autoridade na família e nas demais instituições a que estejam confiadas;

c) A exploração de trabalho infantil;

d) O abuso e a exploração sexual.

4. É proibido o trabalho infantil.

5. A lei define os casos e condições em que pode ser autorizado o trabalho de menores.

6. A lei pune especialmente, como crimes graves, o abuso e exploração sexuais e o tráfico de crianças.

7. A lei pune, igualmente, como crimes graves as sevícias e os demais actos susceptíveis de afectar gravemente a integridade física e ou psicológica das crianças.

Artigo 74.º – **Direitos dos jovens**

1. Os jovens têm direito a estímulo, apoio e protecção especiais da família, da sociedade e dos poderes públicos.

2. O estímulo, o apoio e a protecção especiais aos jovens têm por objectivos prioritários o desenvolvimento da sua personalidade e das suas capacidades físicas e intelectuais, do gosto pela criação livre e do sentido do serviço à comunidade, bem como a sua plena e efectiva integração em todos os planos da vida activa.

3. Para garantir os direitos dos jovens, a sociedade e os poderes públicos fomentam e apoiam as organizações juvenis para a prossecução de fins culturais, artísticos, recreativos, desportivos e educacionais.

4. Também para garantir os direitos dos jovens, os poderes públicos, em cooperação com as associações representativas dos pais e encarregados de educação, as instituições privadas e organizações juvenis elaboram e executam políticas de juventude tendo, designadamente, em vista:

a) A educação, a formação profissional e o desenvolvimento físico, intelectual e cultural dos jovens;

b) O acesso dos jovens ao primeiro emprego e à habitação;

c) O aproveitamento útil dos tempos livres dos jovens.

Artigo 75.º – **Direitos dos portadores de deficiência**

1. Os portadores de deficiência têm direito a especial protecção da família, da sociedade e dos poderes públicos.

2. Para efeitos do número anterior, incumbe aos poderes públicos, designadamente:

a) Promover a prevenção da deficiência, o tratamento, a reabilitação e a reintegração dos portadores de deficiência, bem como as condições económicas, sociais e culturais que facilitem a sua participação na vida activa;

b) Sensibilizar a sociedade quanto aos deveres de respeito e de solidariedade para com os portadores de deficiência, fomentando e apoiando as respectivas organizações de solidariedade;

c) Garantir aos portadores de deficiência prioridade no atendimento nos serviços públicos e a eliminação de barreiras arquitectónicas e outras no acesso a instalações públicas e a equipamentos sociais;

d) Organizar, fomentar e apoiar a integração dos portadores de deficiência no ensino e na formação técnico-profissional.

Artigo 76.º – **Direitos dos idosos**

1. Os idosos têm direito a especial protecção da família, da sociedade e dos poderes públicos.

2. Para garantir a protecção especial dos idosos e prevenir a sua exclusão social, incumbe aos poderes públicos, designadamente:

a) Promover as condições económicas, sociais e culturais que facilitem aos idosos a participação condigna na vida familiar e social;

b) Sensibilizar a sociedade e a família quanto aos deveres de respeito e de solidariedade para com os idosos, fomentando e apoiando as respectivas organizações de solidariedade;

c) Garantir aos idosos prioridade no atendimento nos serviços públicos e a eliminação de barreiras arquitectónicas e outras no acesso a instalações públicas e a equipamentos sociais.

Artigo 77.º – **Direito à educação**

1. Todos têm direito à educação.

2. A educação, realizada através da escola, da família e de outros agentes, deve:

a) Ser integral e contribuir para a promoção humana, moral, social, cultural e económica dos cidadãos;

b) Preparar e qualificar os cidadãos para o exercício da actividade profissional, para a participação cívica e democrática na vida activa e para o exercício pleno da cidadania;

c) Promover o desenvolvimento do espírito científico, a criação e a investigação científicas, bem como a inovação tecnológica;

d) Contribuir para a igualdade de oportunidade no acesso a bens materiais, sociais e culturais;

e) Estimular o desenvolvimento da personalidade, da autonomia, do espírito de empreendimento e da criatividade, bem como da sensibilidade artística e do interesse pelo conhecimento e pelo saber;

f) Promover os valores da democracia, o espírito de tolerância, de solidariedade, de responsabilidade e de participação.

3. Para garantir o direito à educação, incumbe ao Estado, designadamente:

a) Garantir o direito à igualdade de oportunidades de acesso e de êxito escolar;

b) Promover, incentivar e organizar a educação pré-escolar;

c) Garantir o ensino básico obrigatório, universal e gratuito, cuja duração será fixada por lei;

d) Promover a eliminação do analfabetismo e a educação permanente;

e) Promover a educação superior, tendo em conta as necessidades em quadros qualificados e a elevação do nível educativo, cultural e científico do país;

f) Criar condições para o acesso de todos, segundo as suas capacidades, aos diversos graus de ensino, à investigação científica e à educação e criação artísticas;

g) Organizar a acção social escolar;

h) Promover a socialização dos custos da educação;

i) Fiscalizar o ensino público e privado e velar pela sua qualidade, nos termos da lei;

j) Organizar e definir os princípios de um sistema nacional de educação, integrando instituições públicas e privadas;

k) Regular, por lei, a participação dos docentes, discentes, da família e da sociedade civil na definição e execução da política de educação e na gestão democrática da escola;

l) Fomentar a investigação científica fundamental e a investigação aplicada, preferencialmente nos domínios que interessam ao desenvolvimento humano sustentado e sustentável do país.

4. Aos poderes públicos cabe, ainda:

a) Organizar e garantir a existência e o regular funcionamento de uma rede de estabelecimentos públicos de ensino que cubra as necessidades de toda a população;

b) Promover a interligação da escola, da comunidade, e das actividades económicas, sociais e culturais;

c) Incentivar e apoiar, nos termos da lei, as instituições privadas de educação, que prossigam fins de interesse geral;

d) Promover a educação cívica e o exercício da cidadania;

e) Promover o conhecimento da história e da cultura cabo-verdianas e universais.

Artigo 78.º – **Direito à cultura**

1. Todos têm direito à fruição e criação cultural, bem como o dever de preservar, defender e valorizar o património cultural.

2. Para garantir o direito à cultura, os poderes públicos promovem, incentivam e asseguram o acesso de todos os cidadãos à fruição e criação cultural, em colaboração com outros agentes culturais.

3. Para garantir o direito à cultura, incumbe especialmente ao Estado:

a) Corrigir as assimetrias e promover a igualdade de oportunidades entre as diversas parcelas do país no acesso efectivo aos bens de cultura;

b) Apoiar iniciativas que estimulem a criação individual e colectiva e a circulação de obras e bens culturais de qualidade;

c) Promover a salvaguarda e a valorização do património cultural, histórico e arquitectónico;

d) Assegurar a defesa e a promoção da cultura cabo-verdiana no mundo;

e) Promover a participação dos emigrantes na vida cultural do país e a difusão e valorização da cultura nacional no seio das comunidades cabo-verdianas emigradas;

f) Promover a defesa, a valorização e o desenvolvimento da língua materna cabo-verdiana e incentivar o seu uso na comunicação escrita;

g) Incentivar e apoiar as organizações de promoção cultural e as indústrias ligadas à cultura.

Artigo 79.º – **Direito à cultura física e ao desporto**

1. A todos é reconhecido o direito à cultura física e ao desporto.

2. Para garantir o direito à cultura física e ao desporto, aos poderes públicos em colaboração com as associações, colectividades desportivas, escolas e demais agentes desportivos incumbe designadamente:

a) Estimular a formação de associações e colectividades desportivas;
b) Promover a infra-estruturação desportiva do país;
c) Estimular, orientar e apoiar a prática e a difusão da cultura física e do desporto;
d) Prevenir a violência no desporto.

Artigo 80.º – **Direitos dos consumidores**

1. Os consumidores têm direito à qualidade dos bens e serviços consumidos, à adequada informação, à protecção da saúde, da segurança e dos seus interesses económicos, bem como à reparação dos danos sofridos pela violação de tais direitos.

2. Os poderes públicos fomentam e apoiam as associações de consumidores, devendo a lei proteger os consumidores e garantir a defesa dos seus interesses.

Artigo 81.º – **Direitos da família**

1. A família é o elemento fundamental e a célula base de toda a sociedade.
2. A paternidade e maternidade são valores sociais eminentes.
3. Todos têm o direito de constituir família.
4. Os pais têm o direito e o dever de orientar e educar os filhos em conformidade com as suas opções fundamentais, tendo em vista o desenvolvimento integral da personalidade das crianças e adolescentes e respeitando os direitos a estes legalmente reconhecidos.
5. Os filhos menores têm o dever de obedecer aos pais e de acatar a sua autoridade exercida nos termos do número 4.
6. Os pais devem prestar assistência aos filhos menores ou incapacitados.
7. Os filhos maiores devem prestar assistência moral e material aos pais, que se encontrem em situação de vulnerabilidade, designadamente por motivo de idade, doença ou carência económica.
8. A sociedade e os poderes públicos protegem a família e promovem a criação de condições que assegurem a estabilidade dos agregados familiares e permitam o cumprimento da sua função social e da sua missão de guardiã de valores morais reconhecidos pela comunidade, bem como a realização pessoal dos seus membros.
9. A lei pune a violência doméstica e protege os direitos de todos os membros da família.

TÍTULO IV – **Deveres fundamentais**

Artigo 82.º – **Deveres gerais**

1. Todo o indivíduo tem deveres para com a família, a sociedade e o Estado e, ainda, para com outras instituições legalmente reconhecidas.
2. Todo o indivíduo tem o dever de respeitar os direitos e liberdades de outrem, a moral e o bem comum.

Artigo 83.º – **Deveres para com o seu semelhante**

Todo o indivíduo tem o dever de respeitar e considerar os seus semelhantes, sem discriminação de espécie alguma, e de manter com eles relações que permitam promover, salvaguardar e reforçar o respeito e a tolerância recíprocas.

Artigo 84.º – **Deveres para com a Nação e a Comunidade**

Todo o cidadão tem o dever de:
a) Ser fiel à Pátria e participar na sua defesa;

b) Honrar e respeitar os símbolos nacionais;
c) Promover a consolidação da unidade e coesão nacionais;
d) Servir as comunidades e colectividades em que se integra e o país, pondo ao seu serviço as suas capacidades físicas, morais e intelectuais;
e) Desenvolver uma cultura de trabalho e trabalhar, na medida das suas possibilidades e capacidades;
f) Pagar as contribuições e impostos estabelecidos nos termos da lei;
g) Contribuir activamente para a preservação e a promoção do civismo, da cultura, da moral, da tolerância, da solidariedade, do culto da legalidade e do espírito democrático de diálogo e concertação;
h) Defender e promover a saúde, o ambiente e o património cultural.

Artigo 85.º – **Deveres para com as autoridades**

Todas as pessoas têm o dever de cumprir as obrigações estabelecidas por lei e de acatar as ordens, instruções ou indicações das autoridades legítimas, emitidas, com respeito pelos seus direitos, liberdades e garantias, nos termos da Constituição e da lei.

TÍTULO V – Da Família

Artigo 86.º – **Protecção da sociedade e do Estado**

1. A família é o elemento fundamental e a base de toda a sociedade.
2. A família deverá ser protegida pela sociedade e pelo Estado de modo a permitir a criação das condições para o cumprimento da sua função social e para a realização pessoal dos seus membros.
3. Todos têm o direito de constituir família.
4. O Estado e as instituições sociais devem criar as condições que assegurem a unidade e a estabilidade da família.

Artigo 87.º – **Tarefas do Estado**

1. Para a protecção da família, incumbe ao Estado, designadamente:
a) Assistir a família na sua missão de guardiã dos valores morais reconhecidos pela comunidade;
b) Promover a independência social e económica dos agregados familiares;
c) Cooperar com os pais na educação dos filhos;
d) Definir e executar, ouvidas as associações representativas das famílias, uma política de família com carácter global e integrado.
2. O Estado tem ainda o dever de velar pela eliminação das condições que importam a discriminação da mulher e de assegurar a protecção dos seus direitos, bem como dos direitos da criança.

Artigo 88.º – **Paternidade e maternidade**

1. Os pais e as mães devem prestar assistência aos filhos nascidos dentro e fora do casamento, nomeadamente quanto à sua alimentação, guarda e educação.
2. Os pais e as mães têm direito à protecção da sociedade e do Estado na realização da sua insubstituível acção em relação aos filhos.
3. A paternidade e a maternidade constituem valores sociais eminentes.

Artigo 89.º – **Infância**

1. Todas as crianças têm direito a especial protecção da família, da sociedade e do Estado, que lhes deverá garantir as condições necessárias ao desenvolvimento integral das suas capacidades físicas e intelectuais e cuidados especiais em caso de doença, abandono ou de carência afectiva.

2. A família, a sociedade e o Estado deverão garantir a protecção da criança contra qualquer forma de discriminação e de opressão, bem como contra o exercício abusivo da autoridade na família, em instituições públicas ou privadas a que estejam confiadas e, ainda, contra a exploração do trabalho infantil.

3. É proibido o trabalho de crianças em idade de escolaridade obrigatória.

PARTE III
ORGANIZAÇÃO ECONÓMICA E FINANCEIRA

Artigo 90.º – **Princípios gerais da organização económica**

1. A exploração das riquezas e recursos económicos do país, qualquer que seja a sua titularidade e as formas de que se revistam, está subordinada ao interesse geral.

2. O Estado garante as condições de realização da democracia económica, assegurando, designadamente:

a) A fruição por todos os cidadãos dos benefícios resultantes do esforço colectivo de desenvolvimento, traduzida, nomeadamente, na melhoria quantitativa e qualitativa do seu nível e condição de vida;

b) A igualdade de condições de estabelecimento, actividade e concorrência dos agentes económicos;

c) A regulação do mercado e da actividade económica;

d) O ambiente favorável ao livre e generalizado acesso ao conhecimento, à informação e à propriedade;

e) O desenvolvimento equilibrado de todas as ilhas e o aproveitamento adequado das suas vantagens específicas.

3. As actividades económicas devem ser realizadas tendo em vista a preservação do ecossistema, a durabilidade do desenvolvimento e o equilíbrio das relações entre o homem e o meio envolvente.

4. O Estado apoia os agentes económicos nacionais na sua relação com o resto do mundo e, de modo especial, os agentes e actividades que contribuam positivamente para a inserção dinâmica de Cabo Verde no sistema económico mundial.

5. O Estado incentiva e apoia, nos termos da lei, o investimento externo que contribua para o desenvolvimento económico e social do país.

6. É garantida, nos termos da lei, a coexistência dos sectores público e privado na economia, podendo também existir propriedade comunitária autogerida.

7. São do domínio público:

a) As águas interiores, as águas arquipelágicas, o mar territorial, seus leitos e subsolos, bem como os direitos de jurisdição sobre a plataforma continental e a zona económica exclusiva, e ainda todos os recursos vivos e não vivos existentes nesses espaços;

b) Os espaços aéreos sobrejacentes às áreas de soberania nacional acima do limite reconhecido ao proprietário;

c) Os jazigos e jazidas minerais, as águas subterrâneas, bem como as cavidades naturais existentes no subsolo;
d) As estradas e caminhos públicos, bem como as praias;
e) Outros bens determinados por lei.

8. É, ainda, do domínio público do Estado, a orla marítima, definida nos termos da lei, que deve merecer atenção e protecção especiais.

9. A lei regula o regime jurídico dos bens do domínio público do Estado, das autarquias locais e comunitário, na base dos princípios da inalienabilidade, da imprescritibilidade, da impenhorabilidade e da desafectação.

Artigo 91.º – **Planos de desenvolvimento**

O desenvolvimento económico e social de Cabo Verde pode ser orientado por planos de médio prazo e de carácter indicativo.

Artigo 92.º – **Banco de Cabo Verde**

O Banco de Cabo Verde é o banco central, detém o exclusivo da emissão de moeda, colabora na definição das políticas monetária e cambial do Governo e executa-as de forma autónoma, exercendo as suas funções nos termos da lei e das normas e compromissos internacionais a que o Estado de Cabo Verde se vincule.

Artigo 93.º – **Sistema fiscal**

1. O sistema fiscal é estruturado com vista a satisfazer as necessidades financeiras do Estado e demais entidades públicas, realizar os objectivos da política económica e social do Estado e garantir uma justa repartição dos rendimentos e da riqueza.

2. Os impostos são criados por lei, que determinará a incidência, a taxa, os benefícios fiscais e as garantias dos contribuintes.

3. Ninguém pode ser obrigado a pagar impostos que não tenham sido criados nos termos da Constituição ou cuja liquidação e cobrança se não façam nos termos da lei.

4. Aprovado o Orçamento do Estado para o ano económico-fiscal, não pode, nesse mesmo ano, ser alargada a base de incidência nem agravada a taxa de qualquer imposto.

5. Pode haver impostos municipais.

6. A lei fiscal não tem efeito retroactivo, salvo se tiver conteúdo mais favorável para o contribuinte.

Artigo 94.º – **Orçamento do Estado**

1. O Orçamento do Estado é unitário e especifica as receitas e as despesas do sector público administrativo, discriminando-as segundo a respectiva classificação orgânica e funcional. Ele inclui também o orçamento da segurança social.

2. O Orçamento do Estado pode ser estruturado por programas, anuais ou plurianuais, devendo, neste último caso, inscrever-se no Orçamento de cada ano os encargos que a ele se refiram.

3. É proibida a existência de fundos secretos.

4. Para a realização de actividades de carácter confidencial de interesse do Estado, podem, excepcionalmente, existir verbas confidenciais cuja gestão é sujeita a um regime especial de controlo e de prestação de contas nos termos da lei.

5. O ano económico-fiscal é fixado pela lei de bases do Orçamento de Estado e pode não coincidir com o ano civil.

6. A proposta de Orçamento do Estado é apresentada pelo Governo e votada pela Assembleia Nacional nos prazos fixados por lei, antes do início do ano fiscal a que respeite.

7. A execução do Orçamento do Estado é fiscalizada pelo Tribunal de Contas e pela Assembleia Nacional, que aprecia e vota a Conta do Estado, ouvido aquele Tribunal.

8. A lei de bases do Orçamento do Estado define as regras da sua elaboração, apresentação, votação, execução e fiscalização, bem como o processo a seguir quando não seja possível cumprir os prazos de apresentação e votação do Orçamento.

PARTE IV
DO EXERCÍCIO E DA ORGANIZAÇÃO DO PODER POLÍTICO

TÍTULO I – Das formas de exercício do poder político

CAPÍTULO I – Princípios gerais e comuns

Artigo 95.º – **Recenseamento eleitoral**

1. Só pode exercer o direito de sufrágio ou ser eleito para qualquer cargo político, o cidadão eleitor que se encontre validamente recenseado na data das eleições ou da apresentação da candidatura.

2. O recenseamento eleitoral será oficioso, obrigatório, permanente e único para todas as eleições por sufrágio directo, universal e secreto e deve corresponder em cada momento ao universo eleitoral.

3. A lei regula o recenseamento eleitoral.

Artigo 96.º – **Julgamento do processo eleitoral**

Cabe exclusivamente aos Tribunais o julgamento da regularidade e da validade do processo eleitoral.

Artigo 97.º – **Estabilidade da lei eleitoral**

1. A lei eleitoral não pode ser alterada ou revogada:
a) Nos dez meses que antecedem o último domingo do período dentro do qual pode ser marcada a eleição a que respeite;
b) No período subsequente à eleição a que respeite até ao apuramento dos respectivos resultados.

2. As novas eleições marcadas por virtude da dissolução de órgãos colegiais baseados no sufrágio directo realizam-se pela lei eleitoral vigente ao tempo da dissolução, sob pena de inexistência jurídica.

Artigo 98.º – **Campanha eleitoral**

1. As candidaturas às eleições têm o direito de, livremente, promover e realizar a campanha eleitoral, incluindo nesta a propaganda eleitoral, em qualquer ponto do território nacional.

2. O período da campanha eleitoral é estabelecido por lei.

3. Os cidadãos têm o direito de participar activamente nas campanhas eleitorais.

4. A expressão de ideias ou de princípios políticos, económicos e sociais não pode ser limitada no decurso das campanhas eleitorais, sem prejuízo de eventual responsabilidade civil ou criminal.

5. A lei eleitoral regula as campanhas eleitorais com base nos princípios da liberdade de propaganda, da igualdade de oportunidade e de tratamento de todas as candidaturas, da neutralidade e imparcialidade de todas as entidades públicas perante as candidaturas e da fiscalização das contas eleitorais.

Artigo 99.º – **Fiscalização das operações eleitorais**

As operações de votação e de apuramento dos votos são fiscalizadas pelas candidaturas, através de delegados por elas nomeados para cada eleição.

Artigo 100.º – **Segredo e unicidade do voto**

1. O voto é secreto e ninguém deve ser obrigado a revelar o sentido do seu voto.
2. Cada eleitor só pode votar uma única vez.

Artigo 101.º – **Círculos eleitorais**

1. Para efeitos de eleição do Presidente da República, o território nacional constitui um só círculo eleitoral, a que corresponde um único colégio eleitoral.
2. Para efeitos de eleição dos Deputados à Assembleia Nacional, o território nacional divide-se em círculos eleitorais, a definir por lei, correspondendo a cada um deles um colégio eleitoral.
3. Fora do território nacional os círculos eleitorais são os definidos por lei, mas terão sempre a sua sede na cidade da Praia.

CAPÍTULO II – **Do referendo**

Artigo 102.º – **Princípios gerais e comuns**

1. É reconhecido aos cidadãos eleitores recenseados no território nacional o direito de se pronunciarem, através de referendo, sobre questões de relevante interesse nacional ou local.
2. É proibida a convocação e a realização de referendo entre a data da convocação e a de realização de eleições para os órgãos de soberania ou do poder local, durante a vigência e até ao trigésimo dia seguinte à cessação do estado de sítio ou de emergência, e, neste último caso, só na parte do território declarada em estado de emergência.
3. Cada referendo só pode ter por objecto uma única questão, não podendo, em qualquer caso, serem submetidas a consulta popular as seguintes questões:
    a) Separação e a interdependência dos órgãos de soberania e as competências destes;
    b) Independência dos tribunais e as decisões destes;
    c) Separação entre as confissões religiosas e o Estado;
    d) Designação dos titulares efectivos dos órgãos de soberania e do poder local por sufrágio universal, directo, secreto e periódico;
    e) Pluralismo de expressão, existência de partidos e associações políticas e direitos da oposição;
    f) Direitos, liberdades e garantias constitucionalmente estabelecidos;
    g) Actos de conteúdo orçamental, tributário ou financeiro nacional ou local;
    h) Autonomia das autarquias locais, bem como a organização e a competência dos seus órgãos.

4. As propostas de referendo estão sujeitas à fiscalização preventiva da constitucionalidade e da legalidade.
5. O resultado do referendo impõe-se a todos os órgãos do poder político e às entidades públicas e privadas. O referendo local tem sempre eficácia deliberativa.
6. Cada pergunta a submeter aos eleitores deve ser formulada com objectividade, precisão e clareza, por forma a não sugerir, directa ou indirectamente, a resposta.
7. A lei regula o referendo nacional e local.

CAPÍTULO III – Do sufrágio

SECÇÃO I – Princípios gerais

Artigo 103.º – Exercício do poder político por sufrágio

No exercício do poder político, o povo designa por sufrágio universal, directo, secreto e periódico os titulares dos órgãos electivos do poder político.

Artigo 104.º – Conversão de votos

1. A conversão de votos em mandatos em cada colégio eleitoral plurinominal far-se-á de acordo com o princípio da representação proporcional.
2. Exceptua-se do disposto no número 1 a conversão de votos em mandatos para órgãos executivos colegiais electivos, para a qual a lei poderá estabelecer o princípio majoritário.

Artigo 105.º – Apresentação de candidaturas

1. Salvo o disposto para a eleição do Presidente da República, as candidaturas são apresentadas pelos partidos políticos registados, isoladamente ou em coligação, e, no caso das eleições autárquicas, também por grupos de cidadãos independentes.
2. Os partidos políticos, as suas coligações ou os grupos de cidadãos independentes não podem apresentar em cada círculo eleitoral mais do que uma lista de candidatos para o mesmo acto eleitoral.
3. Ninguém pode ser candidato por mais de um círculo eleitoral ou figurar em mais de uma lista, sob pena de inelegibilidade.

Artigo 106.º – Imunidade dos candidatos

1. Nenhum candidato pode ser sujeito à prisão preventiva, salvo em caso de flagrante delito por crime punível com pena de prisão cujo limite máximo seja superior a dois anos e, fora de flagrante delito, por crime punível com pena cujo limite máximo seja superior a oito anos de prisão.
2. Movido procedimento criminal contra qualquer candidato ou indiciado este por despacho de pronúncia ou equivalente, o processo só poderá prosseguir os seus termos após a proclamação dos resultados das eleições.

Artigo 107.º – Marcação de datas de eleições

1. A data da realização do sufrágio para a designação dos titulares electivos dos órgãos do poder político será marcada nos termos da Constituição e da lei, devendo o dia das eleições ser o mesmo em todos os círculos eleitorais, salvo nos casos previstos na lei.

2. Na marcação de datas das eleições são ainda observados os seguintes princípios:
   a) Na falta de disposição especial da Constituição ou da lei, as eleições ordinárias de titulares de órgãos electivos do poder político são marcadas para uma data do período compreendido entre trinta dias antes e trinta dias depois da data em que, legalmente, se completam os respectivos mandatos;
   b) No acto de dissolução de órgãos colegiais baseados no sufrágio directo, é obrigatoriamente marcada a data para novas eleições, que devem realizar-se nos noventa dias seguintes.

SECÇÃO II – Da eleição do Presidente da República

Artigo 108.º – **Modo de eleição**

O Presidente da República é eleito por sufrágio universal, directo e secreto, pelos cidadãos eleitores recenseados no território nacional e no estrangeiro, nos termos da lei.

Artigo 109.º – **Elegibilidade**

Só pode ser eleito Presidente da República o cidadão eleitor cabo-verdiano de origem, que não possua outra nacionalidade, maior de trinta e cinco anos à data da candidatura e que nos três anos imediatamente anteriores àquela data tenha tido residência permanente no território nacional.

Artigo 110.º – **Candidaturas**

As candidaturas para Presidente da República são propostas por um mínimo de mil e um máximo de quatro mil cidadãos eleitores e devem ser apresentadas no Tribunal Constitucional até ao sexagésimo dia anterior à data das eleições.

Artigo 111.º – **Data da eleição**

A data da eleição do Presidente da República é fixada nos termos da lei eleitoral.

Artigo 112.º – **Regime de eleição**

1. Considera-se eleito Presidente da República o candidato que obtiver a maioria absoluta dos votos validamente expressos, não se contando os votos em branco.
2. Se a soma dos votos dos eleitores recenseados no estrangeiro ultrapassar um quinto dos votos apurados no território nacional, é convertida em número igual a esse limite e o conjunto de votos obtidos por cada candidato igualmente convertido na respectiva proporção.

Artigo 113.º – **Segundo sufrágio**

1. Se nenhum candidato obtiver a maioria absoluta de votos nos termos do artigo 112.º, procede-se a segundo sufrágio, ao qual só podem concorrer os dois candidatos mais votados no primeiro escrutínio.
2. A lei eleitoral regula os casos de desistência, morte ou incapacidade para o exercício das funções presidenciais de qualquer dos concorrentes ao segundo sufrágio.

SECÇÃO III – Da eleição dos Deputados à Assembleia Nacional

Artigo 114.º – **Sufrágio por listas**

1. Os Deputados são eleitos por listas plurinominais em cada colégio eleitoral, dispondo o cidadão eleitor de um voto singular de lista.

2. O número de candidatos efectivos em cada lista proposta à eleição deverá ser igual ao número dos mandatos atribuídos ao respectivo colégio eleitoral.

3. O número de candidatos suplentes deverá ser, no máximo, igual ao número dos mandatos atribuídos ao respectivo colégio eleitoral, não podendo nunca ser inferior a três.

4. O número de Deputados por cada colégio eleitoral é proporcional ao número de eleitores inscritos, não podendo, porém, ser inferior a um mínimo estabelecido por lei e sem prejuízo do disposto no número 2 do artigo 140.°

Artigo 115.° – **Distribuição dos mandatos dentro das listas**

Em cada lista os candidatos consideram-se ordenados segundo a ordem de precedência indicada na respectiva declaração de candidatura e os mandatos serão atribuídos pela referida ordem de precedência.

Artigo 116.° – **Condições de elegibilidade**

São elegíveis os cidadãos cabo-verdianos eleitores, ressalvadas as inelegibilidades previstas na lei.

Artigo 117.° – **Direito de oposição**

1. É reconhecido aos partidos políticos que não façam parte do Governo o direito de oposição democrática, nos termos da Constituição e da lei.

2. Os partidos políticos representados na Assembleia Nacional e que não façam parte do Governo têm, designadamente:

a) O direito de ser informados, regular e directamente pelo Governo, sobre o andamento dos principais assuntos de interesse público;

b) O direito de antena, de resposta e de réplica políticas nos termos do artigo 57.°

3. Os partidos políticos representados em quaisquer outras assembleias designadas por eleição directa gozam, relativamente aos correspondentes executivos de que não façam parte:

a) Do direito de ser informados regular e directamente sobre o andamento dos principais assuntos de interesse público;

b) Do direito de resposta e réplica políticas nos termos do artigo 57.°

PARTE V
DA ORGANIZAÇÃO DO PODER POLÍTICO

TÍTULO I – Princípios gerais e comuns

Artigo 118.° – **Órgãos de soberania**

1. São órgãos de soberania o Presidente da República, a Assembleia Nacional, o Governo e os Tribunais.

2. Os órgãos de soberania, nas suas relações recíprocas e no exercício de funções, respeitam a separação e a interdependência de poderes, nos termos da Constituição.

3. Os partidos políticos participam, de acordo com a sua representatividade eleitoral, na Assembleia Nacional.

4. A formação, a composição, a competência e o funcionamento dos órgãos de soberania são definidos nos termos da Constituição.

Artigo 119.º – **Publicidade das reuniões**

1. São públicas as reuniões plenárias da Assembleia Nacional, dos órgãos deliberativos das autarquias locais e dos demais órgãos do poder político que funcionem em assembleia, excepto nos casos expressamente previstos na lei.

2. As actas das reuniões públicas dos órgãos referidos no número 1 podem ser livremente consultadas por qualquer pessoa, nos termos regulamentares.

Artigo 120.º – **Quorum e deliberação**

1. Os órgãos colegiais podem funcionar com a presença de pelo menos um terço dos seus membros, mas só deliberam com a presença da maioria dos seus membros.

2. As deliberações dos órgãos colegiais são tomadas à pluralidade de votos, excepto nos casos em que a Constituição, a lei ou os respectivos regimentos disponham de forma diferente.

3. Para efeitos de apuramento da maioria exigida nas deliberações, não são contados os votos nulos ou em branco nem as abstenções.

Artigo 121.º – **Princípio da renovação**

Nenhum cargo político ou de designação por parte de órgãos políticos pode ser exercido a título vitalício, estabelecendo a Constituição ou a lei a duração dos respectivos mandatos.

Artigo 122.º – **Responsabilidade dos titulares de cargos políticos**

1. Os titulares de cargos políticos respondem política, civil e criminalmente pelos actos e omissões que praticarem no exercício das suas funções e por causa delas, nos termos da lei.

2. Os crimes cometidos pelos titulares de cargos políticos no exercício das suas funções e por causa delas denominam-se crimes de responsabilidade, cabendo à lei estabelecer as sanções aplicáveis e os efeitos destas, que poderão incluir a perda do cargo ou do mandato e a impossibilidade temporária de exercer cargos políticos.

3. Ficam, ainda, impossibilitados de exercer cargos políticos pelo período que a lei estabelecer os titulares sancionados com a perda de cargo ou mandato pela prática de grave ilegalidade.

Artigo 123.º – **Direitos, regalias e imunidades**

1. Os titulares dos órgãos do poder político gozam dos direitos, liberdades, regalias e imunidades e estão sujeitos aos deveres estabelecidos na Constituição e na lei.

2. A Constituição e a lei definem as responsabilidades e as incompatibilidades dos titulares dos órgãos do poder político.

TÍTULO II – **Do Presidente da República**

CAPÍTULO I – **Definição, mandato e posse**

Artigo 124.º – **Definição**

1. O Presidente da República é o garante da unidade da Nação e do Estado, da integridade do território, da independência nacional e vigia e garante o cumprimento da Constituição e dos tratados internacionais.

2. O Presidente da República representa interna e externamente a República de Cabo Verde e, por inerência das suas funções, é o Comandante Supremo das Forças Armadas.

Artigo 125.º – **Mandato**

1. O Presidente da República é eleito por um período de cinco anos, que se inicia com a tomada de posse e termina com a posse do novo Presidente eleito.
2. Em caso de vacatura do cargo, o Presidente eleito inicia um novo mandato.

Artigo 126.º – **Posse e juramento**

1. O Presidente da República toma posse perante a Assembleia Nacional, no último dia do mandato do seu antecessor ou, no caso de eleição por vacatura do cargo, no quinto dia seguinte ao da publicação dos resultados eleitorais.
2. No acto de posse o Presidente da República eleito prestará o seguinte juramento:
   «Juro por minha honra desempenhar fielmente o cargo de Presidente da República de Cabo Verde em que fico investido, defender, cumprir e fazer cumprir a Constituição, observar as leis e garantir a integridade do território e a independência nacional».

Artigo 127.º – **Renúncia ao mandato**

1. O Presidente da República pode renunciar ao mandato em mensagem dirigida ao País perante a Assembleia Nacional reunida em Plenário e posteriormente publicado no jornal oficial da República.
2. A renúncia torna-se efectiva com o conhecimento da mensagem pelo País.

CAPÍTULO II – Estatuto

Artigo 128.º – **Incompatibilidades**

O Presidente da República não pode, salvo nos casos expressamente previstos na Constituição, exercer qualquer outro cargo político ou outra função pública e, em nenhum caso, desempenhar quaisquer funções privadas.

Artigo 129.º – **Ausência do território nacional**

1. O Presidente da República não pode ausentar-se do território nacional sem prévia comunicação à Assembleia Nacional ou, caso esta não esteja em funcionamento, à sua Comissão Permanente.
2. O Presidente da República não pode ausentar-se do país por mais de quinze dias sem autorização da Assembleia Nacional ou, caso esta não esteja em funcionamento, da sua Comissão Permanente.
3. A autorização prevista no número 2 só pode ser recusada com fundamento em imperiosa necessidade da presença do Presidente da República no território nacional.
4. A ausência do território nacional em desconformidade com o disposto no presente artigo implica a perda do mandato do Presidente da República, salvo justificação atendível.

Artigo 130.º – **Substituição interina**

1. Em caso de impedimento temporário, de ausência no estrangeiro, bem como no caso de vacatura do cargo, e até à tomada de posse do novo Presidente eleito, o Presi-

dente da República será interinamente substituído pelo Presidente da Assembleia Nacional ou, no impedimento deste, pelo Primeiro-Vice-Presidente.

2. Enquanto exercer interinamente as funções de Presidente da República, o mandato de Deputado do Presidente da Assembleia Nacional ou do Primeiro-Vice-Presidente fica automaticamente suspenso.

Artigo 131.º – **Responsabilidade criminal**

1. Pelos crimes cometidos no exercício das suas funções, o Presidente da República responde perante o Supremo Tribunal de Justiça.

2. Cabe à Assembleia Nacional requerer ao Procurador-Geral da República o exercício da acção penal contra o Presidente da República, por proposta de vinte cinco Deputados aprovada por maioria de dois terços dos Deputados em efectividade de funções.

3. O Presidente da República fica suspenso das suas funções a partir da data do trânsito em julgado do despacho de pronúncia ou equivalente e a sua condenação implica imediata perda do mandato e destituição do cargo e a impossibilidade de ser reeleito.

4. Pelos crimes praticados fora do exercício das suas funções, o Presidente da República responde perante os Tribunais comuns, depois de findar o seu mandato.

Artigo 132.º – **Prisão preventiva**

O Presidente da República em nenhum caso pode ser sujeito a prisão preventiva.

Artigo 133.º – **Não recandidatura**

1. O Presidente da República não poderá candidatar-se para um terceiro mandato nos cinco anos imediatamente subsequentes ao termo do segundo mandato consecutivo.

2. Se o Presidente da República renunciar ao cargo não poderá, a partir da data da renúncia, candidatar-se para um novo mandato nos dez anos seguintes àquela data.

3. Se o Presidente da República abandonar as funções ou ausentar-se do território nacional com inobservância do disposto nos números 1 e 2 do artigo 129.º, não poderá recandidatar-se para o cargo, nem poderá exercer qualquer outro cargo político nos órgãos de soberania ou das autarquias.

CAPÍTULO III – **Competência**

Artigo 134.º – **Competência do Presidente da República**

1. Compete ao Presidente da República:

a) Exercer as funções de Comandante Supremo das Forças Armadas;
b) Presidir ao Conselho da República;
c) Presidir ao Conselho Superior de Defesa Nacional;
d) Presidir ao Conselho Superior das Ordens Honoríficas;
e) Dissolver a Assembleia Nacional, observado o disposto no número 2 do artigo 142.º e ouvidos os partidos políticos que nela tenham assento;
f) Dirigir mensagens à Assembleia Nacional e ao País;
g) Marcar o dia das eleições do Presidente da República, dos Deputados da Assembleia Nacional, ouvido o Conselho da República e nos termos da lei eleitoral;
h) Convocar referendo a nível nacional e marcar a data da sua realização;
i) Nomear o Primeiro-Ministro, ouvidas as forças políticas com assento na Assembleia Nacional e tendo em conta os resultados das eleições;
j) Nomear dois membros do Conselho da República;

k) Nomear o juiz Presidente do Supremo Tribunal de Justiça de entre os juízes deste Tribunal, ouvido o Conselho Superior da Magistratura;
l) Nomear um juiz do Supremo Tribunal de Justiça;
m) Nomear dois membros do Conselho Superior da Magistratura;
n) Indultar e comutar penas, ouvido o Governo;
o) Requerer ao Presidente da Assembleia Nacional, ouvido o Conselho da República, a convocação extraordinária daquele órgão, para apreciar assuntos específicos;
p) Requerer ao Tribunal Constitucional a fiscalização preventiva da constitucionalidade ou da legalidade das propostas de referendo a nível nacional;
q) Requerer ao Tribunal Constitucional a apreciação preventiva da constitucionalidade dos tratados internacionais;
r) Requerer ao Tribunal Constitucional a fiscalização da constitucionalidade das normas jurídicas;
s) Exercer o direito de veto político no prazo de trinta dias contados da data de recepção de qualquer diploma para promulgação.

2. Compete, ainda, ao Presidente da República:
a) Presidir ao Conselho de Ministros, a solicitação do Primeiro-Ministro;
b) Promulgar e mandar publicar as leis, os decretos legislativos, os decretos-leis e os decretos regulamentares;
c) Demitir o Governo, nos termos do número 2 do artigo 201.°;
d) Nomear e exonerar os membros do Governo, sob proposta do Primeiro-Ministro;
e) Nomear, sob proposta do Governo, o Presidente do Tribunal de Contas;
f) Nomear, sob proposta do Governo, o Procurador-Geral da República;
g) Nomear e exonerar, sob proposta do Governo, o Chefe do Estado-Maior das Forças Armadas e o Vice-Chefe do Estado-Maior das Forças Armadas, quando exista;
h) Declarar o estado de sítio e de emergência, ouvido o Governo e depois de autorizado pela Assembleia Nacional.

3. O Presidente da República, sempre que requeira a convocação extraordinária da Assembleia Nacional, indicará claramente os assuntos específicos que ela terá de apreciar e o prazo dentro do qual tal convocação deve ser feita, cabendo ao Presidente da Assembleia Nacional proceder à convocação requerida dentro do prazo indicado.

4. No caso referido na alínea *h*) do número 2, não estando reunida a Assembleia Nacional, nem sendo possível a sua imediata reunião, a autorização pode ser dada pela sua Comissão Permanente, mas terá sempre de ser ratificada pelo Plenário na primeira reunião posterior à data da autorização.

Artigo 135.° – **Competência do Presidente da República nas relações internacionais**

No domínio das relações internacionais compete ao Presidente da República:
a) Ratificar, depois de validamente aprovados, os tratados e acordos internacionais;
b) Declarar a guerra e fazer a paz, sob proposta do Governo, ouvido o Conselho da República, e mediante autorização da Assembleia Nacional, ou, quando esta não estiver reunida, da sua Comissão Permanente;
c) Nomear e exonerar embaixadores, representantes permanentes e enviados extraordinários, sob proposta do Governo;
d) Receber as cartas credenciais e aceitar a acreditação dos representantes diplomáticos estrangeiros.

Artigo 136.º – **Veto**

1. Sempre que o Presidente da República exerça o direito de veto político, deve devolver o diploma ao órgão que o aprovou, solicitando-lhe, em mensagem fundamentada, nova apreciação do mesmo.
2. Tratando-se de diploma da Assembleia Nacional, se esta, no prazo de cento e vinte dias contados da data da recepção da mensagem do Presidente da República, confirmar a deliberação que o aprovou por maioria absoluta dos Deputados em efectividade de funções, o Presidente da República é obrigado a promulgá-lo no prazo de oito dias.

Artigo 137.º – **Promulgação e referenda**

1. São promulgados ou assinados pelo Presidente da República os actos legislativos e normativos referidos na alínea b) do número 2 do artigo 134.º, sob pena de inexistência jurídica.
2. Os actos do Presidente da República que devam ser praticados sob proposta ou depois de ouvido o Governo são referendados pelo Primeiro-Ministro, sob pena de inexistência jurídica.

Artigo 138.º – **Actos do Presidente da República interino**

1. O Presidente da República interino não pode praticar os actos previstos nas alíneas e), f), j), l), m) e n) do número 1 do artigo 134.º
2. O Presidente da República interino só pode praticar os actos previstos nas alíneas a) e i) do número 1 e e), f) e g) do número 2 do artigo 134.º, bem como na alínea c) do artigo 135.º, após audição do Conselho da República.

TÍTULO III – Da Assembleia Nacional

CAPÍTULO I – Definição, composição e dissolução

Artigo 139.º – **Definição**

A Assembleia Nacional é a assembleia que representa todos os cidadãos cabo-verdianos.

Artigo 140.º – **Composição**

1. A Assembleia Nacional tem um mínimo de sessenta e seis e um máximo de setenta e dois Deputados, eleitos nos termos da Constituição e da lei.
2. Ao conjunto dos círculos eleitorais fora do território nacional corresponderão seis Deputados distribuídos entre eles, nos termos da lei.

Artigo 141.º – **Data da eleição**

A data da eleição dos Deputados à Assembleia Nacional é fixada nos termos da lei eleitoral.

Artigo 142.º – **Dissolução**

1. A Assembleia Nacional será dissolvida sempre que na mesma legislatura:
  a) Rejeitar duas moções de confiança ao Governo;
  b) Aprovar quatro moções de censura ao Governo.

2. A Assembleia Nacional poderá ainda ser dissolvida em caso de crise institucional grave, quando tal se torne necessário para o regular funcionamento das instituições democráticas, devendo o acto, sob pena de inexistência jurídica, ser precedido de parecer favorável do Conselho da República.

Artigo 143.º – **Proibição de dissolução**

1. A Assembleia Nacional não pode ser dissolvida nos doze meses posteriores à sua eleição, no ano anterior ao termo do mandato do Presidente da República, em caso de estado de sítio ou de emergência, durante a vigência deste e até ao trigésimo dia posterior à sua cessação ou, ainda, depois de apresentada uma moção de confiança ou de censura e até ao décimo dia seguinte ao da votação da moção.
2. É juridicamente inexistente o acto de dissolução praticado com violação do disposto no número anterior.
3. A dissolução não põe termo ao mandato dos Deputados nem prejudica a subsistência, competência e funcionamento da Comissão Permanente até à abertura da sessão constitutiva da nova assembleia eleita.

CAPÍTULO II – Da organização

Artigo 144.º – **Composição da Mesa**

1. A Mesa da Assembleia é composta pelo Presidente, dois Vice-Presidentes e dois a quatro Secretários.
2. O Presidente é eleito de entre candidatos propostos por um mínimo de quinze e um máximo de vinte deputados.
3. Os Vice-Presidentes e os Secretários são eleitos por sufrágio de lista completa e nominativa.
4. Cada um dos dois maiores grupos parlamentares propõe um Vice-Presidente.
5. Cada um dos grupos parlamentares com dez ou mais deputados propõe, pelo menos, um Secretário.
6. Os membros da Mesa da Assembleia Nacional são eleitos por toda a legislatura, nos termos do Regimento da Assembleia Nacional.
7. Os membros da Mesa, enquanto se mantiverem no exercício das suas funções, não poderão fazer parte da direcção de grupos parlamentares, nem integrar quaisquer Comissões Especializadas ou Eventuais.

Artigo 145.º – **Subsistência da Mesa**

No termo da legislatura ou em caso de dissolução, a Mesa da Assembleia Nacional mantém-se em funções até à abertura da sessão constitutiva da nova Assembleia eleita.

Artigo 146.º – **Comissões**

1. A Assembleia Nacional tem uma Comissão Permanente e Comissões Especializadas, podendo ainda constituir Comissões Eventuais e Comissões de Inquérito aos actos do Governo ou da Administração Pública e para outros fins especificamente determinados.
2. A composição das comissões, com excepção da Comissão Permanente, deve corresponder à representação de cada partido na Assembleia Nacional.
3. Os demais aspectos da composição, competência e funcionamento das Comissões são regulados pelo Regimento da Assembleia Nacional.

Artigo 147.º – **Comissão Permanente**

1. A Comissão Permanente funciona durante o período em que se encontrar dissolvida a Assembleia Nacional, nos intervalos das sessões e nos demais casos e termos previstos na Constituição.

2. A Comissão Permanente é presidida pelo Presidente da Assembleia Nacional e integra os Vice-Presidentes e os Secretários da Mesa, bem como um Deputado indicado por cada Grupo Parlamentar.

3. Cada partido político com assento na Assembleia Nacional que não tenha Grupo Parlamentar constituído é representado na Comissão Permanente por um Deputado designado pelo conjunto dos seus Deputados.

4. Os representantes referidos nos números anteriores têm na Comissão Permanente um número de votos igual ao número de deputados que representam.

5. Compete à Comissão Permanente:

a) Exercer os poderes da Assembleia Nacional relativamente aos mandatos dos deputados;

b) Acompanhar as actividades do Governo e da Administração;

c) Dar assentimento à ausência do Presidente da República do território nacional;

d) Autorizar o Presidente da República a declarar o estado de sítio e de emergência, a declarar a guerra e a fazer a paz.

6. No termo da legislatura ou em caso de dissolução da Assembleia Nacional, a Comissão Permanente mantém-se em funções até à abertura da sessão constitutiva da nova Assembleia eleita.

Artigo 148.º – **Grupos Parlamentares**

1. Os Grupos Parlamentares são constituídos por um mínimo de cinco Deputados.

2. Nenhum Deputado pode pertencer a mais do que um Grupo Parlamentar.

3. A organização, o funcionamento e as competências dos Grupos Parlamentares são reguladas pelo Regimento da Assembleia Nacional.

CAPÍTULO III – **Do funcionamento**

Artigo 149.º – **Legislatura**

1. A legislatura tem a duração de cinco sessões legislativas.

2. A legislatura inicia-se com a primeira reunião da Assembleia Nacional depois das eleições e termina com a primeira reunião da nova Assembleia eleita.

3. No caso de dissolução, a nova Assembleia eleita inicia nova legislatura.

Artigo 150.º – **Sessão legislativa**

1. A sessão legislativa tem a duração de um ano.

2. O período normal de funcionamento da Assembleia Nacional decorre de 1 de Outubro a 31 de Julho seguinte, sem prejuízo das suspensões que o Plenário delibere por maioria de dois terços dos Deputados presentes.

Artigo 151.º – **Reunião por direito próprio**

1. A Assembleia Nacional reúne-se por direito próprio, na data estabelecida para o início da legislatura e na vigência do estado de sítio ou de emergência.

2. Não sendo possível a reunião da Assembleia Nacional na vigência do estado de sítio ou de emergência, ou estando dissolvida à data da declaração do estado de sítio

ou de emergência, os seus poderes serão automaticamente assumidos pela Comissão Permanente.

Artigo 152.º – **Primeira reunião após eleições**

A Assembleia Nacional reúne-se, para início da legislatura, no vigésimo dia subsequente à publicação dos resultados eleitorais no jornal oficial da República, devendo, nessa reunião:

a) Verificar os mandatos dos candidatos eleitos e empossá-los;

b) Substituir, após empossamento, os Deputados nomeados membros do Governo ou providos em outras funções incompatíveis com o exercício do mandato de Deputado;

c) Eleger, por maioria absoluta dos Deputados em efectividade de funções, o Presidente e os demais membros da Mesa da Assembleia Nacional;

d) Constituir a Comissão Permanente.

Artigo 153.º – **Reunião extraordinária**

1. Fora do período normal de funcionamento, a Assembleia Nacional pode reunir-se extraordinariamente, em caso de guerra, estado de sítio ou de emergência, para apreciar o programa do Governo, ou para se ocupar de assunto específico urgente e de relevante interesse nacional.

2. A Assembleia pode ainda ser convocada, extraordinariamente, a requerimento do Presidente da República para tratar de assuntos específicos, nos termos da alínea *p)* do número 1 e do número 3 do artigo 134.º

3. Nas reuniões extraordinárias a Assembleia Nacional só pode ocupar-se dos assuntos específicos objecto da convocação.

Artigo 154.º – **Ordem do dia**

1. A ordem do dia de cada sessão legislativa é fixada pelo Presidente da Assembleia Nacional, ouvida a Conferência dos Representantes dos Grupos Parlamentares, de harmonia com a prioridade das matérias definidas no Regimento da Assembleia Nacional e sem prejuízo do recurso para o Plenário da Assembleia.

2. Os grupos parlamentares têm direito à fixação da ordem do dia de um certo número de reuniões, nos termos do Regimento da Assembleia Nacional, ressalvando-se sempre a posição dos partidos minoritários ou não representados no Governo.

3. O Governo e os grupos parlamentares podem requerer prioridade para assuntos de interesse nacional, de resolução urgente.

Artigo 155.º – **Participação do Governo**

1. O Primeiro-Ministro deve apresentar-se, regularmente, perante o plenário da Assembleia Nacional para debate de interesse público e actual e nos demais casos previstos no Regimento da Assembleia Nacional.

2. O Governo tem o direito de comparecer às reuniões plenárias da Assembleia Nacional, podendo usar da palavra, nos termos regimentais.

3. Poderão ser marcadas reuniões para interpelação do Governo, para formulação de perguntas orais ou escritas ou para pedidos de esclarecimentos, nas quais é obrigatória a presença do membro ou membros do Governo convocados, podendo, contudo, o Primeiro-Ministro ser substituído por um dos Vice-Primeiros-Ministros ou por um Ministro e os Ministros por Secretários de Estado.

4. Os membros do Governo podem solicitar a sua participação nos trabalhos das Comissões e devem comparecer perante as mesmas, quando tal seja requerido.

CAPÍTULO IV – Formação dos actos

SECÇÃO I – Da iniciativa de lei e de referendo

Artigo 156.º – **Iniciativa de lei e de referendo**

1. As leis podem ser:
 a) Da iniciativa dos Deputados ou dos Grupos Parlamentares, sob a forma de projectos de lei;
 b) Da iniciativa do Governo, sob a forma de propostas de lei;
 c) Da iniciativa directa de, pelo menos, dez mil cidadãos eleitores, sob a forma e nos termos regulados por lei aprovada por maioria de dois terços dos Deputados presentes, desde que superior à maioria absoluta dos Deputados em efectividade de funções.
2. Em sede parlamentar, as propostas de referendo podem ser de iniciativa dos Deputados ou dos Grupos parlamentares.
3. Não são admissíveis projectos ou propostas de lei e propostas de referendo manifestamente inconstitucionais ou ilegais.
4. Os Deputados, os Grupos Parlamentares e os cidadãos eleitores, referidos na alínea c) do número 1, não podem apresentar iniciativa legislativa que envolva, directa ou indirectamente, o aumento de despesas ou a diminuição de receitas previstas no Orçamento do Estado ou que o modifiquem, por qualquer forma, no ano económico em curso.
5. Os projectos ou propostas de lei de conteúdo substancialmente idêntico ou que tenham em vista regular matérias sujeitas ao mesmo circunstancialismo de facto e hajam sido rejeitados não podem ser renovadas na mesma sessão legislativa.

Artigo 157.º – **Aprovação e caducidade das propostas de lei e de referendo**

1. Os projectos de lei podem ser aprovados até ao termo da legislatura.
2. As propostas de lei caducam com a demissão do Governo.
3. Os projectos e as propostas de lei e as propostas de referendo caducam com a dissolução da Assembleia Nacional ou com o termo da legislatura.

Artigo 158.º – **Iniciativa de resoluções e de moções**

1. A iniciativa de resolução compete aos Deputados e, ainda:
 a) À Mesa da Assembleia Nacional, nos casos previstos na lei;
 b) Ao Governo para a aprovação de tratados ou acordos internacionais.
2. A resolução que autoriza o Presidente da República a declarar o estado de sítio e de emergência e a ausentar-se do território nacional é adoptada mediante pedido fundamentado do Presidente da República à Assembleia Nacional.
3. A iniciativa de moções compete aos Deputados e, ainda, ao Governo relativamente às moções de confiança.

SECÇÃO II – Da discussão e da votação

Artigo 159.º – **Discussão e votação**

1. A discussão dos projectos e propostas de lei e de proposta de referendo compreende um debate na generalidade e outro na especialidade.
2. A votação dos projectos e propostas de lei e de propostas de referendo compreende uma votação na generalidade, uma votação na especialidade e uma votação final global.

3. Por deliberação do Plenário da Assembleia Nacional, os projectos e propostas de lei podem ser votados na especialidade pelas Comissões Especializadas, sem prejuízo do poder de avocação pela Assembleia para a votação final global, que deverá incidir sobre o texto já votado na especialidade pela Comissão Especializada.

4. Os projectos de leis constitucionais e os projectos e propostas de lei sobre as matérias previstas nas alíneas *a*), *b*), *c*), *d*), *e*), *f*), *g*), *h*), *i*), *j*), *k*), *n*), *o*), *p*) e *q*) do artigo 175.º são obrigatoriamente votadas na especialidade pelo Plenário da Assembleia Nacional.

Artigo 160.º – **Maiorias especiais**

1. Os projectos de lei constitucional são aprovados por maioria de dois terços dos Deputados em efectividade de funções.

2. Salvo o disposto no número seguinte, os projectos e propostas de lei são aprovados por maioria absoluta dos Deputados presentes.

3. Os projectos e propostas de lei que tenham por objecto as matérias do artigo 175.º referidas no número 4 do artigo 159.º são aprovados por maioria de dois terços dos Deputados presentes desde que superior à maioria absoluta dos Deputados em efectividade de funções.

Artigo 161.º – **Processo de urgência**

A Assembleia Nacional pode, por deliberação do Plenário, a requerimento de pelo menos quinze Deputados, de qualquer Grupo Parlamentar ou Comissão Especializada ou do Governo, declarar a urgência no processamento de qualquer projecto ou proposta de lei ou proposta de resolução ou ainda de qualquer debate.

CAPÍTULO V – **Do estatuto dos Deputados**

Artigo 162.º – **Natureza e âmbito da representação**

Os Deputados são os representantes de todo o povo e não unicamente dos círculos eleitorais por que foram eleitos.

Artigo 163.º – **Início e termo do mandato**

1. O mandato dos Deputados inicia-se com o seu empossamento e cessa com o empossamento dos Deputados eleitos na eleição seguinte, sem prejuízo da suspensão ou cessação individual do mandato.

2. O Estatuto do Deputado regula a suspensão, a substituição, a renúncia e a perda do mandato.

Artigo 164.º – **Incompatibilidades**

1. Os Deputados nomeados membros do Governo ou providos em outras funções incompatíveis com o exercício da função de Deputado suspendem, automaticamente, o mandato, sendo substituídos nos termos do número 2 do artigo 163.º

2. O disposto no número 1 do presente artigo não prejudica o direito e o dever de o candidato eleito participar na reunião de início de legislatura, até à substituição nos termos da alínea *b*) do artigo 152.º

3. A lei determina as demais incompatibilidades.

4. A lei regula os casos e condições em que os Deputados carecem de autorização da Assembleia Nacional para serem árbitros, peritos, declarantes ou testemunhas.

Artigo 165.º – **Exercício da função de Deputado**

1. As entidades públicas e privadas têm o dever de dispensar aos Deputados toda a colaboração necessária e de com eles cooperar no exercício das suas funções.
2. Aos Deputados serão garantidas todas as condições necessárias ao exercício das suas funções, nomeadamente para o estreito contacto com o círculo eleitoral por que foram eleitos e com os cidadãos eleitores.
3. As faltas dos Deputados a actos ou diligências oficiais estranhas às suas funções, por causa de reuniões ou de missões da Assembleia Nacional, são sempre consideradas justificadas e motivo de adiamento dos actos ou diligências.
4. O mandato do Deputado preso em flagrante delito por crime punível com pena de prisão cujo limite máximo seja superior a dois anos fica automaticamente suspenso, a partir da data em que tal facto for comunicado à Assembleia Nacional.

Artigo 166.º – **Direitos e regalias dos Deputados**

Os Deputados gozam ainda dos seguintes direitos e regalias:
a) Livre-trânsito em locais públicos de acesso condicionado;
b) Cartão especial de identificação;
c) Adiamento do serviço militar ou cívico;
d) Subsídios prescritos na lei;
e) Outros estabelecidos no Estatuto dos Deputados.

Artigo 167.º – **Poderes dos Deputados**

São poderes dos Deputados:
a) Apresentar projectos de revisão da Constituição;
b) Apresentar projectos de lei, propostas de referendo, de resoluções, de moções e de deliberações;
c) Requerer a ratificação de decretos legislativos;
d) Requerer e obter do Governo e dos órgãos da Administração ou de qualquer entidade pública informações e publicações úteis que considere indispensáveis ao exercício das suas funções;
e) Fazer perguntas e interpelações ao Governo, à Administração Pública ou a qualquer entidade pública e obter resposta em prazo razoável;
f) Requerer a constituição de Comissões Eventuais, nos termos do Regimento da Assembleia Nacional;
g) Os demais constantes do Regimento da Assembleia Nacional e do Estatuto dos Deputados.

Artigo 168.º – **Deveres dos Deputados**

São deveres dos Deputados:
a) Comparecer às reuniões do Plenário e das Comissões a que pertençam;
b) Desempenhar os cargos e as funções para que sejam designados pela Assembleia Nacional;
c) Participar nas votações e nos trabalhos da Assembleia Nacional;
d) Os demais constantes do Regimento da Assembleia Nacional e do Estatuto dos Deputados.

Artigo 169.º – **Imunidades**

1. Pelos votos e opiniões que emitirem no exercício das suas funções, os Deputados e os Grupos Parlamentares não respondem civil, criminal ou disciplinarmente.

2. Nenhum Deputado pode ser detido ou preso sem autorização da Assembleia Nacional, salvo em caso de flagrante delito por crime a que corresponda pena de prisão cujo limite máximo seja superior a dois anos e, fora de flagrante delito, por crime a que corresponda pena cujo limite máximo seja superior a oito anos de prisão.

3. Salvo o caso previsto na segunda parte do número 2, movido procedimento criminal contra qualquer Deputado e pronunciado definitivamente, a Assembleia Nacional decide se o Deputado deve ou não ser suspenso para efeitos de prosseguimento do processo.

Artigo 170.º – **Perda e renúncia do mandato**

1. Perdem o mandato os Deputados que:

a) Não tomem assento na Assembleia Nacional durante o número de reuniões ou que excedam o número de faltas estabelecidos no respectivo Regimento;

b) Se recusem, três vezes seguidas ou cinco interpoladas, a desempenhar funções ou cargos para que sejam designados pela Assembleia Nacional, desde que esta não considere justificada a recusa;

c) Sejam judicialmente condenados por crime de responsabilidade;

d) Se inscrevam em partido diverso daquele pelo qual foram apresentados a sufrágio;

e) Venham a ser feridos por alguma das incapacidades ou incompatibilidades previstas na lei.

2. Implica, ainda, a perda de mandato qualquer inelegibilidade existente à data das eleições e conhecida posteriormente.

3. Podem os Deputados renunciar ao mandato mediante comunicação escrita dirigida à Assembleia Nacional.

CAPÍTULO VI – **Da competência da Assembleia Nacional**

SECÇÃO I – **Da competência para a prática de actos organizatórios e funcionais**

Artigo 171.º – **Competência interna**

Em relação à sua própria organização e funcionamento, compete à Assembleia Nacional, para além do disposto no artigo 152.º:

a) Elaborar e aprovar o seu Regimento;
b) Constituir as Comissões Especializadas e as Comissões Eventuais;
c) Exercer as demais competências que lhe forem conferidas pelo seu Regimento.

Artigo 172.º – **Competência do Presidente**

Compete ao Presidente da Assembleia Nacional:
a) Representar a Assembleia e presidir à Mesa;
b) Marcar as reuniões Plenárias e fixar a Ordem do Dia, nos termos regimentais;
c) Exercer as restantes competências consignadas na Constituição e no Regimento da Assembleia Nacional.

Artigo 173.º – **Competência das Comissões e dos Grupos Parlamentares**

As Comissões e os Grupos Parlamentares têm as competências estabelecidas na Constituição e no Regimento da Assembleia Nacional.

SECÇÃO II – Competência legislativa e política

Artigo 174.º – Competência política e legislativa genérica

Compete, especificamente, à Assembleia Nacional:
 a) Aprovar as leis constitucionais;
 b) Fazer leis sobre todas as matérias, excepto as da competência exclusiva do Governo;
 c) Conferir autorizações legislativas ao Governo;
 d) Velar pelo cumprimento da Constituição e das leis;
 e) Apreciar o programa do Governo;
 f) Aprovar o Orçamento do Estado, sob proposta do Governo;
 g) Aprovar as grandes opções dos planos de médio prazo, quando existam, sob proposta do Governo;
 h) Aprovar tratados e acordos internacionais;
 i) Tomar as contas do Estado e das demais entidades públicas que a lei determinar;
 j) Propor ao Presidente da República a sujeição a referendo nacional de questões de relevante interesse nacional;
 k) Autorizar ou ratificar a declaração do estado de sítio e do estado de emergência;
 l) Autorizar o Presidente da República a declarar a guerra e a fazer a paz;
 m) Conceder amnistias e perdões genéricos;
 n) Desempenhar as demais funções que lhe sejam atribuídas pela Constituição e pela lei.

Artigo 175.º – Competência legislativa absolutamente reservada

Compete exclusivamente à Assembleia Nacional fazer leis sobre as seguintes matérias:
 a) Aquisição, perda e reaquisição da nacionalidade;
 b) Regime dos referendos nacional e local;
 c) Processo de fiscalização da constitucionalidade das leis;
 d) Organização e competência dos Tribunais e do Ministério Público;
 e) Estatuto dos Magistrados Judiciais e do Ministério Público;
 f) Organização da defesa nacional;
 g) Regimes do estado de sítio e do estado de emergência;
 h) Partidos políticos e estatuto da oposição;
 i) Eleições e estatuto dos titulares dos órgãos de soberania e das autarquias locais, bem como dos restantes órgãos constitucionais ou eleitos por sufrágio directo e universal;
 j) Criação, modificação e extinção de autarquias locais;
 k) Restrições ao exercício de direitos;
 l) Regime do sistema de informações da República e do segredo de Estado;
 m) Regime de protecção de dados pessoais;
 n) Bases dos orçamentos do Estado e das autarquias locais;
 o) Regime do indulto e comutação de penas;
 p) Definição dos limites das águas territoriais, da zona económica exclusiva e dos leitos e subsolos marinhos;
 q) Bases do sistema fiscal, bem como criação, incidência e taxas de impostos e o regime das garantias dos contribuintes;
 r) Regime dos símbolos nacionais;
 s) Regime de autonomia organizativa, administrativa e financeira dos serviços de apoio do Presidente da República e da Assembleia Nacional.

Artigo 176.º – **Competência legislativa relativamente reservada**

1. Compete, exclusivamente, à Assembleia Nacional, salvo autorização legislativa concedida ao Governo, fazer leis sobre as seguintes matérias:

   a) Direitos, liberdades e garantias;
   b) Estado e capacidade das pessoas, Direito de Família e das Sucessões;
   c) Definição de crimes, penas e medidas de segurança e os respectivos pressupostos, bem como o processo criminal;
   d) Regime geral de punição das infracções disciplinares, bem como dos actos ilícitos de mera ordenação social e do respectivo processo;
   e) Atribuições, competências, bases de organização e funcionamento das autarquias locais, bem como o regime de finanças locais e o regime e formas da criação das polícias municipais;
   f) Responsabilidade civil do Estado;
   g) Sistema monetário e padrão de pesos e medidas;
   h) Regime de incentivos fiscais;
   i) Regime geral das taxas e demais contribuições financeiras a favor das entidades públicas;
   j) Direito sindical e direito à greve;
   k) Regime geral das Forças Armadas;
   l) Regime geral das forças de segurança;
   m) Regime geral do arrendamento rural e urbano;
   n) Regime das associações públicas;
   o) Garantias graciosas e contenciosas dos administrados;
   p) Regime geral da requisição e expropriação por utilidade pública;
   q) Regime geral da comunicação social e bases da organização do serviço público de rádio e televisão;
   r) Definição e regime dos bens do domínio público;
   s) Regime geral do serviço militar ou cívico e da objecção de consciência;
   t) Regime de privatização de empresas e bens do sector público.

2. Compete, ainda, exclusivamente, à Assembleia Nacional, salvo autorização legislativa concedida ao Governo, fazer leis sobre as seguintes matérias:

   a) Bases do regime da função pública;
   b) Bases do sistema de ensino;
   c) Bases do serviço nacional de saúde;
   d) Bases do sistema de segurança social;
   e) Bases do sistema de planeamento, do ordenamento do território e da elaboração e apresentação dos planos de desenvolvimento;
   f) Bases do sistema de protecção da natureza;
   g) Bases do estatuto das empresas públicas;
   h) Bases do sistema financeiro.

Artigo 177.º – **Competência em matéria financeira**

Compete à Assembleia Nacional, em matéria financeira e sem prejuízo de outras competências previstas no artigo 174.º:

   a) Receber, submeter a parecer do Tribunal de Contas e apreciar a Conta Geral do Estado e as contas das demais entidades públicas que a lei determinar, as quais serão apresentadas até 31 de Dezembro do ano seguinte àquele a que respeitam;
   b) Autorizar o Governo, definindo as condições gerais, a contrair e conceder empréstimos e a realizar outras operações de crédito que não sejam de dívida flutuante;

c) Estabelecer o limite máximo dos avales a conceder pelo Governo em cada ano económico-fiscal;
d) Fiscalizar a execução orçamental;
e) Desempenhar as demais funções que lhe sejam cometidas pela Constituição ou pela lei.

Artigo 178.º – **Competência em matéria de tratados e de acordos internacionais**

Compete à Assembleia Nacional:

a) Aprovar para ratificação ou adesão os tratados e acordos internacionais, e os de participação de Cabo Verde em organizações internacionais, dos tratados e acordos de amizade, de paz, de defesa, de estabelecimento ou rectificação de fronteiras e dos respeitantes a assuntos militares;

b) Aprovar para ratificação ou adesão de outros tratados e acordos internacionais que versem matérias da sua competência reservada e os demais que o Governo entenda submeter à sua apreciação;

c) Aprovar a desvinculação dos tratados e acordos internacionais referidos nas alíneas antecedentes.

Artigo 179.º – **Competência de fiscalização política**

Compete à Assembleia Nacional, no exercício das suas funções de fiscalização política e sem prejuízo de outras competências previstas no artigo 174.º:

a) Apreciar e fiscalizar os actos do Governo e da Administração Pública;
b) Fazer perguntas e interpelações ao Governo;
c) Votar moções de confiança e moções de censura;
d) Apreciar o discurso sobre o estado da Nação apresentado pelo Primeiro-Ministro no final de cada sessão legislativa;
e) Apreciar e fiscalizar a aplicação da declaração do estado de sítio ou do estado de emergência;
f) Apreciar, para efeitos de ratificação, nos termos da Constituição e da lei, os decretos legislativos;
g) Exercer outras competências que lhe sejam conferidas pela Constituição e pela lei.

Artigo 180.º – **Competência em relação a outros órgãos**

1. Compete à Assembleia Nacional eleger, por maioria de dois terços dos Deputados presentes, desde que superior à maioria absoluta dos Deputados em efectividade de funções:

a) Os Juízes do Tribunal Constitucional;
b) O Provedor de Justiça;
c) O Presidente do Conselho Económico e Social;
d) Os membros da Comissão Nacional de Eleições;
e) Os membros do Conselho Superior da Magistratura Judicial e do Conselho Superior do Ministério Público;
f) Os membros do Conselho da Comunicação Social e de outros órgãos cuja designação lhe seja cometida pela Constituição ou pela lei.

2. Compete ainda à Assembleia Nacional, relativamente a outros órgãos e sem prejuízo das competências previstas no artigo 174.º:

a) Testemunhar a tomada de posse e a renúncia do Presidente da República;
b) Autorizar a ausência do Presidente da República do território nacional;
c) Promover acção penal contra o Presidente da República nos termos do artigo 131.º;

d) Promover acção penal contra membros do Governo nos termos do artigo 198.°;
e) Apreciar o relatório sobre a situação da Justiça apresentado pelo Conselho Superior da Magistratura Judicial, no início de cada sessão legislativa;
f) Exercer ainda outras competências conferidas pela Constituição e pela lei.

Artigo 181.° – **Regime das autorizações legislativas**

1. As leis de autorização legislativa só podem ter por objecto as matérias da competência legislativa relativamente reservada da Assembleia Nacional e devem estabelecer o objecto, a extensão e a duração da autorização, que pode ser prorrogada.
2. As leis de autorização legislativa não podem ser utilizadas mais do que uma vez, sem prejuízo da sua utilização parcelar.
3. As leis de autorização legislativa caducam com o termo da legislatura, com a dissolução da Assembleia Nacional ou com a demissão do Governo e podem ser revogadas pela Assembleia Nacional.
4. O Governo deve publicar o decreto legislativo até ao último dia do prazo indicado na lei de autorização, que começa a correr a partir da data da publicação desta.
5. As autorizações legislativas conferidas ao Governo na lei de aprovação do Orçamento do Estado observam o disposto no presente artigo e, quando incidam sobre matéria fiscal, caducam no termo do ano económico fiscal a que respeitam.

Artigo 182.° – **Ratificação de decreto legislativo**

1. Nos sessenta dias seguintes à publicação de qualquer decreto legislativo podem cinco Deputados, pelo menos, ou qualquer Grupo Parlamentar, requerer a sua sujeição à ratificação da Assembleia Nacional para efeitos de cessação de vigência ou de alteração.
2. A Assembleia Nacional não pode suspender o decreto legislativo objecto do requerimento de ratificação.

Artigo 183.° – **Reserva de lei**

1. A inclusão de qualquer matéria na reserva absoluta ou relativa de competência da Assembleia Nacional atribui a esta, em exclusivo, toda a regulação legislativa da matéria.
2. Exceptuam-se do disposto no n.° 1:
a) Os casos em que a Constituição reserva à Assembleia Nacional um regime geral, competindo-lhe, em tais casos, definir o regime comum ou normal, sem prejuízo de os regimes especiais poderem ser definidos pelo Governo;
b) Os casos em que a Constituição reserva à Assembleia Nacional as bases de um sistema ou matéria, competindo-lhe, em tais casos, definir as opções fundamentais dos regimes jurídicos do sistema ou matéria, que poderão ser desenvolvidas pelo Governo.

TÍTULO IV – Do Governo

CAPÍTULO I – Função, responsabilidade política, composição e organização

SECÇÃO I – Função e responsabilidade

Artigo 184.° – **Função**

O Governo é o órgão que define, dirige e executa a política geral interna e externa do país, e é o órgão superior da Administração Pública.

Artigo 185.º – **Responsabilidade do Governo**

O Governo é politicamente responsável perante a Assembleia Nacional.

SECÇÃO II – **Composição e organização**

Artigo 186.º – **Composição e orgânica**

1. O Governo é composto pelo Primeiro-Ministro, pelos Ministros e pelos Secretários de Estado.
2. Poderá haver um ou mais Vice-Primeiros-Ministros.
3. O Governo tem como órgão colegial o Conselho de Ministros.
4. A orgânica do Governo, incluindo as atribuições, as competências dos seus membros e os mecanismos de coordenação entre eles, bem como a estrutura, as competências e a coordenação dos respectivos serviços de apoio, é definida por decreto-lei, ao abrigo da competência estabelecida no número 1 do artigo 203.º

Artigo 187.º – **Conselho de Ministros**

1. O Conselho de Ministros é constituído pelo Primeiro-Ministro, pelos Vice-Primeiros-Ministros, se os houver, e pelos Ministros, sendo presidido e coordenado pelo Primeiro-Ministro.
2. O Primeiro-Ministro pode, sempre que entender ou por deliberação do Conselho de Ministros, convocar os Secretários de Estado para participarem, sem direito de voto, nas reuniões do Conselho de Ministros.
3. Pode haver Conselhos de Ministros Especializados, em razão da matéria, com competência para:

a) Preparar matérias para deliberação do Plenário;
b) Coordenar a execução de deliberações do Plenário;
c) Exercer funções regulamentares, administrativas ou outras que lhe forem delegadas pelo Plenário.

Artigo 188.º – **Representação do Governo**

O Governo poderá estabelecer uma representação integrada, com jurisdição sobre cada ilha ou sobre dois ou mais concelhos da mesma ilha ou de ilhas vizinhas, dirigida por um alto representante e encarregada, designadamente, de:

a) Representar a autoridade do Estado;
b) Velar pelo cumprimento das leis, pela preparação e execução eficiente dos planos, programas e projectos da administração central ou por ela compartipados, pela satisfação das necessidades básicas da população e pela manutenção da ordem e segurança públicas;
c) Superintender nos serviços periféricos do Estado e das demais entidades públicas incluídas no sector público administrativo central;
d) Coordenar o apoio do Governo aos municípios incluídos no âmbito da área territorial de sua jurisdição;
e) Exercer, nos termos da Constituição e da lei, a tutela administrativa sobre as autarquias incluídas no âmbito da área territorial da sua jurisdição.

Artigo 189.º – **Suplência**

1. O Primeiro-Ministro é substituído, nos seus impedimentos e ausências, pelo Vice-Primeiro-Ministro ou, na falta deste, pelo Ministro por ele indicado ao Presidente da República.

2. Na falta de indicação ou no caso de vacatura, não havendo Vice-Primeiro-Ministro, compete ao Presidente da República designar um Ministro para substituir o Primeiro-Ministro.

3. Cada Ministro é substituído, em caso de vacatura, nos seus impedimentos ou ausências e, em geral, nos casos de impossibilidade ou incapacidade de exercício efectivo de funções, pelo Ministro designado pelo Primeiro-Ministro.

CAPÍTULO II – Início e termo das funções

Artigo 190.º – Início e cessação das funções do Governo

O Governo inicia as suas funções com a posse do Primeiro-Ministro e dos Ministros e cessa-as com a sua demissão, ou exoneração, morte, incapacidade física ou psíquica permanente do Primeiro-Ministro.

Artigo 191.º – Início e cessação de funções dos membros do Governo

1. O Primeiro-Ministro inicia funções com a sua posse e cessa-as com a sua exoneração pelo Presidente da República, a seu pedido ou na sequência da demissão do Governo.

2. O Primeiro-Ministro cessante é exonerado na data da nomeação e posse do novo Primeiro-Ministro.

3. As funções dos Ministros iniciam-se com a sua posse e cessam com a sua exoneração ou com a do Primeiro-Ministro.

4. As funções dos Secretários de Estado iniciam-se com a sua posse e cessam com a sua exoneração ou e com a dos respectivos Ministros.

5. O Primeiro-Ministro que abandonar o exercício das suas funções antes da nomeação e posse do novo titular do cargo não poderá ser nomeado para funções governativas antes de decorridos dez anos contados da data do abandono.

Artigo 192.º – Governo de gestão

1. No caso de demissão do Governo, este continua em exercício até à nomeação e posse do novo Primeiro-Ministro.

2. Antes da apreciação do seu programa pela Assembleia Nacional, ou após a sua demissão, o Governo limitar-se-á à prática de actos estritamente necessários à gestão corrente dos negócios públicos e à administração ordinária.

CAPÍTULO III – Formação e subsistência do Governo

SECÇÃO I – Formação

Artigo 193.º – Formação

1. O Primeiro-Ministro é nomeado pelo Presidente da República ouvidas as forças políticas com assento na Assembleia Nacional e tendo em conta os resultados eleitorais, a existência ou não de força política maioritária e as possibilidades de coligações ou de alianças.

2. Os Ministros e os Secretários de Estado são nomeados pelo Presidente da República, sob proposta do Primeiro-Ministro.

Artigo 194.º – **Solidariedade dos membros do Governo**

Os membros do Governo estão vinculados ao programa do Governo e às deliberações do Conselho de Ministros, e são solidária e politicamente responsáveis pela sua execução.

Artigo 195.º – **Elaboração do programa do Governo**

1. Nomeado o Governo, este deve elaborar o seu programa, do qual constarão os objectivos e as tarefas que se propõe realizar, as medidas a adoptar e as principais orientações políticas que pretende seguir em todos os domínios da actividade governamental.

2. O programa do Governo deve ser aprovado em Conselho de Ministros e submetido à apreciação da Assembleia Nacional.

Artigo 196.º – **Apreciação do programa do Governo pela Assembleia Nacional**

No prazo máximo de quinze dias a contar da data do início da entrada em funções do Governo, o Primeiro-Ministro submeterá o programa do Governo à apreciação da Assembleia Nacional e solicitará obrigatoriamente a esta a aprovação de uma moção de confiança exclusivamente sobre a política geral que pretende realizar.

SECÇÃO II – **Responsabilidade política e criminal dos membros do Governo**

Artigo 197.º – **Responsabilidade política dos membros do Governo**

1. O Primeiro-Ministro é politicamente responsável perante a Assembleia Nacional.

2. Os Vice-Primeiros-Ministros e os Ministros são responsáveis perante o Primeiro-Ministro e, no âmbito da responsabilidade política do Governo, perante a Assembleia Nacional.

3. Os Secretários de Estado são politicamente responsáveis perante o Primeiro-Ministro e os respectivos Ministros.

Artigo 198.º – **Responsabilidade criminal dos membros do Governo**

1. Pelos crimes cometidos no exercício das suas funções, os membros do Governo respondem perante o Supremo Tribunal de Justiça, nos termos seguintes:

a) Tratando-se de crime punível com pena de prisão cujo limite máximo não seja superior a dois anos, cabe à Assembleia Nacional requerer ao Procurador-Geral da República o exercício da acção penal contra o membro do Governo e, indiciado este definitivamente por despacho de pronúncia ou equivalente, decidir se o membro do Governo deve ou não ser suspenso para efeitos de prosseguimento do processo;

b) Tratando-se de crime punível com pena de prisão cujo limite máximo seja superior a dois anos, cabe à Assembleia Nacional requerer ao Procurador-Geral da República o exercício da acção penal contra o membro do Governo e, indiciado este por despacho de pronúncia ou equivalente transitado em julgado, o Presidente da República suspenderá imediatamente o membro do Governo do exercício das suas funções para efeitos de prosseguimento do processo.

2. Pelos crimes cometidos fora do exercício das suas funções, o membro do Governo responde perante os tribunais comuns, observando-se o disposto nas alíneas *a)* e *b)* do número anterior.

SECÇÃO III – Moção de confiança, de censura e demissão do Governo

Artigo 199.º – Moção de confiança

1. O Governo, por deliberação do Conselho de Ministros, pode solicitar em qualquer momento à Assembleia Nacional uma moção de confiança sobre a orientação política que pretende seguir ou sobre qualquer assunto de relevante interesse nacional.

2. Por deliberação do Conselho de Ministros, o Governo pode retirar a moção de confiança até ao início da sua discussão pela Assembleia Nacional.

Artigo 200.º – Moção de censura

1. A Assembleia Nacional pode, por iniciativa de um quinto dos Deputados ou de qualquer Grupo Parlamentar, votar moções de censura ao Governo sobre a sua política geral ou sobre qualquer assunto de relevante interesse nacional.

2. A moção de censura tem de ser fundamentada.

3. A moção de censura só pode ser apreciada no terceiro dia seguinte ao da sua apresentação, em debate de duração não superior a quatro dias.

4. Se a moção de censura não for aprovada, os seus signatários não poderão apresentar outra durante a mesma sessão legislativa.

Artigo 201.º – Demissão do Governo

1. Implicam a demissão do Governo:

 a) O início de nova legislatura e a dissolução Assembleia Nacional;

 b) A aceitação pelo Presidente da República do pedido de exoneração apresentado pelo Primeiro-Ministro;

 c) A morte ou a incapacidade física ou psíquica permanente do Primeiro-Ministro;

 d) A não submissão à apreciação da Assembleia Nacional do seu programa ou a não apresentação, juntamente com este, da moção de confiança sobre a política geral que pretende realizar;

 e) A não aprovação de uma moção de confiança;

 f) A aprovação de duas moções de censura na mesma legislatura.

2. O Presidente da República pode demitir o Governo no caso de aprovação de uma moção de censura, ouvidos os partidos representados na Assembleia Nacional e o Conselho da República.

CAPÍTULO IV – Da competência do Governo

Artigo 202.º – Competência política

1. Compete ao Governo, no exercício de funções políticas:

 a) Definir e executar a política interna e externa do país;

 b) Aprovar propostas de lei e de resolução a submeter à Assembleia Nacional;

 c) Apresentar moções de confiança;

 d) Propor à Assembleia Nacional o Orçamento do Estado;

 e) Propor à Assembleia Nacional as Grandes Opções do Plano, quando este exista;

 f) Referendar os actos do Presidente da República nos termos do número 2 do artigo 137.º;

 g) Apresentar à Assembleia Nacional a Conta Geral do Estado e as contas das demais entidades públicas que a lei determinar, nos termos constitucionais e legais;

h) Apresentar à Assembleia Nacional o estado da Nação;
i) Assegurar a representação do Estado nas relações internacionais;
j) Negociar e ajustar convenções internacionais;
k) Aprovar, por decreto, os tratados e acordos internacionais cuja aprovação não seja da competência da Assembleia Nacional nem a esta tenha sido submetida;
l) Pronunciar-se sobre a execução da declaração do estado de sítio ou do estado de emergência e adoptar as providências que se mostrem adequadas à situação, nos termos da Constituição e da lei;
m) Praticar os demais actos que lhe sejam cometidos pela Constituição ou pela lei.

2. Compete ao Governo, no exercício de funções políticas, propor ao Presidente da República:

a) A sujeição a referendo de questões de relevante interesse nacional, nos termos do artigo 102.°;
b) A declaração do estado de sítio ou do estado de emergência;
c) A declaração de guerra e a feitura da paz;
d) A nomeação do Presidente e demais juízes do Tribunal de Contas, do Procurador-Geral da República, do Chefe de Estado-Maior e do Vice-Chefe de Estado-Maior das Forças Armadas, bem como dos Embaixadores, dos representantes permanentes e dos enviados extraordinários.

Artigo 203.° – **Competência legislativa**

1. Compete exclusivamente ao Governo, reunido em Conselho de Ministros, no exercício de funções legislativas, fazer e aprovar decretos-leis e outros actos normativos sobre a sua própria organização e funcionamento.

2. Compete ainda ao Governo, no exercício de funções legislativas:

a) Fazer decretos-leis em matérias não reservadas à Assembleia Nacional;
b) Fazer decretos legislativos em matérias relativamente reservadas à Assembleia Nacional, mediante autorização legislativa desta;
c) Fazer decretos-leis de desenvolvimento das bases e regimes gerais contidos em leis;
d) Fazer decretos de aprovação de tratados e acordos internacionais.

3. Os decretos legislativos e os decretos-leis referidos nas alíneas *b)* e *c)* do número anterior deverão indicar, respectivamente, a lei da autorização legislativa e a lei de base ao abrigo da qual são aprovados.

Artigo 204.° – **Competência administrativa**

Compete ao Governo, no exercício de funções administrativas:

a) Elaborar e executar o Orçamento do Estado;
b) Fazer os regulamentos necessários à boa execução das leis;
c) Dirigir os serviços e a actividade da administração directa do Estado, civil ou militar, e superintender na administração indirecta, bem como exercer tutela sobre a administração autónoma;
d) Praticar os actos exigidos pela lei respeitantes aos funcionários públicos e agentes do Estado e de outras pessoas colectivas públicas;
e) Garantir o respeito pela legalidade democrática;
f) Praticar todos os actos e tomar todas as providências necessárias à promoção do desenvolvimento económico-social e à satisfação das necessidades colectivas;
g) Aprovar os planos nacionais, regionais e sectoriais, quando existirem e fazê-los executar;
h) Exercer outras competências que lhe sejam atribuídas pela Constituição e pela lei.

Artigo 205.º – **Competência do Conselho de Ministros**

Compete ao Conselho de Ministros:

a) Definir as linhas gerais da política governamental interna e externa, bem como as da sua execução e proceder à sua avaliação regular;

b) Deliberar sobre a apresentação de moção de confiança à Assembleia Nacional;

c) Aprovar as propostas de lei e de resolução a apresentar à Assembleia Nacional;

d) Aprovar as propostas de referendo, de declaração de estado de sítio ou de estado de emergência, de declaração de guerra ou de feitura de paz a apresentar ao Presidente da República;

e) Aprovar tratados e acordos internacionais da competência do Governo;

f) Aprovar, no exercício de funções legislativas do Governo, os decretos, os decretos legislativos e os decretos-leis;

g) Aprovar os decretos regulamentares, resoluções e moções, nos termos dos artigos 259.º a 262.º;

h) Aprovar as propostas de Grandes Opções do Plano e os planos nacionais, regionais e sectoriais;

i) Aprovar a proposta de Orçamento do Estado e as propostas de sua alteração;

j) Aprovar os actos do Governo que envolvam aumento ou diminuição de receitas e despesas públicas;

k) Aprovar as propostas de nomeação do Presidente e demais juízes do Tribunal de Contas, do Procurador-Geral da República, do Chefe de Estado-Maior e do Vice-Chefe de Estado-Maior das Forças Armadas e dos embaixadores, representantes permanentes ou enviados extraordinários;

l) Nomear os altos representantes previstos no artigo 188.º;

m) Deliberar sobre outros assuntos da competência do Governo que lhe sejam cometidos pela Constituição ou por lei ou apresentados pelo Primeiro-Ministro ou por qualquer Ministro.

Artigo 206.º – **Competência do Primeiro-Ministro**

Compete ao Primeiro-Ministro:

a) Presidir ao Conselho de Ministros;

b) Dirigir e coordenar a política geral do Governo e o funcionamento deste;

c) Orientar e coordenar a acção de todos os Ministros e dos Secretários de Estado que dele dependam directamente, sem prejuízo da responsabilidade directa dos mesmos na gestão dos respectivos departamentos governamentais;

d) Dirigir e coordenar as relações do Governo com os demais órgãos de soberania e do poder político;

e) Referendar os actos do Presidente da República nos termos do número 2 do artigo 137.º;

f) Informar regular e completamente o Presidente da República sobre os assuntos relativos à política interna e externa do Governo;

g) Representar o Governo em todos os actos oficiais, podendo delegar o exercício dessa função em qualquer outro membro do Governo;

h) Apresentar aos demais órgãos de soberania ou do poder político, em nome do Governo, as propostas por este aprovadas, bem como solicitar àqueles órgãos quaisquer outras diligências requeridas pelo Governo;

i) Praticar os demais actos que lhe sejam cometidos pela Constituição e pela lei ou pelo Conselho de Ministros.

Artigo 207.º – **Competência dos Ministros e Secretários de Estado**

1. Compete aos Ministros:

a) Participar, através do Conselho de Ministros, na definição da política interna e externa Governo;

b) Executar a política geral do Governo e, em especial, a definida para os respectivos Ministérios;

c) Estabelecer as relações entre o Governo e os demais órgãos do Estado no âmbito do respectivo Ministério;

d) Exercer as funções que lhe sejam cometidas pelo Primeiro-Ministro e pelo Conselho de Ministros;

e) Exercer as demais funções que lhe sejam cometidas pela Constituição ou pela lei.

2. Compete aos Secretários de Estado:

a) Executar, sob a orientação dos respectivos Ministros, a política definida para os respectivos Ministérios ou Secretarias de Estado;

b) Praticar os actos que lhe sejam delegados pelos respectivos Ministros;

c) Substituir os respectivos Ministros nas suas ausências ou impedimentos temporários;

d) Coadjuvar os respectivos Ministros na gestão dos serviços dos respectivos Ministérios;

e) Gerir, sob a direcção do respectivo Ministro, todos os departamentos compreendidos nas respectivas Secretarias de Estado ou áreas de actuação;

f) Exercer as funções que lhes sejam cometidas pelos respectivos Ministros ou pela lei.

TÍTULO V – **Do Poder Judicial**

CAPÍTULO I – **Princípios gerais**

Artigo 208.º – **Administração da Justiça**

A administração da Justiça tem por objecto dirimir conflitos de interesses públicos e privados, reprimir a violação da legalidade democrática e assegurar a defesa dos direitos e interesses legalmente protegidos dos cidadãos.

Artigo 209.º – **Órgãos de administração da Justiça**

1. A Justiça é administrada, em nome do povo, pelos tribunais e pelos órgãos não jurisdicionais de composição de conflitos, criados nos termos da Constituição e da lei, em conformidade com as normas de competência e de processo legalmente estabelecidas.

2. A Justiça é também administrada por tribunais instituídos através de tratados, convenções ou acordos internacionais de que Cabo Verde seja parte, em conformidade com as respectivas normas de competência e de processo.

Artigo 210.º – **Princípios fundamentais da administração da Justiça**

1. No exercício das suas funções, os tribunais são independentes e apenas estão sujeitos à Constituição e à lei.

2. Os tribunais só podem exercer as funções estabelecidas na lei.

3. Os tribunais não podem aplicar normas contrárias à Constituição ou aos princípios nela consignados.

4. As audiências dos tribunais são públicas, salvo decisão em contrário do próprio Tribunal, devidamente fundamentada e proferida nos termos da lei de processo, para salvaguarda da dignidade das pessoas, da intimidade da vida privada e da moral pública, bem como para garantir o seu normal funcionamento.

5. As decisões dos tribunais que não sejam de mero expediente são fundamentadas nos termos da lei.

6. As decisões dos tribunais sobre a liberdade pessoal são sempre susceptíveis de recurso por violação da lei.

7. As decisões dos tribunais são obrigatórias para todas as entidades públicas e privadas e prevalecem sobre as de quaisquer outras autoridades.

8. Todas as entidades públicas e privadas são obrigadas a prestar aos tribunais a colaboração por estes solicitada no exercício de funções.

9. A lei regula os termos da execução das decisões dos tribunais relativamente a qualquer autoridade e determina sanções a aplicar aos responsáveis pela sua inexecução.

Artigo 211.º – **Patrocínio judiciário**

A lei regula o patrocínio judiciário como elemento indispensável à administração da Justiça e assegura aos que o prestam as garantias necessárias ao exercício do mandato forense.

Artigo 212.º – **Composição não jurisdicional de conflitos**

A lei pode criar mecanismos e órgãos de composição não jurisdicional de conflitos regulando, designadamente, a sua constituição, organização, competência e funcionamento.

CAPÍTULO II – **Organização dos tribunais**

Artigo 213.º – **Categorias de tribunais**

1. Além do Tribunal Constitucional, há as seguintes categorias de tribunais:
a) O Supremo Tribunal de Justiça e tribunais judiciais de primeira instância;
b) O Tribunal de Contas;
c) O Tribunal Militar de Instância;
d) Os tribunais fiscais e aduaneiros.

2. Podem ser criados, por lei:
a) Tribunais judiciais de segunda instância;
b) Tribunais administrativos;
c) Tribunais arbitrais;
d) Organismos de regulação de conflitos em áreas territoriais mais restritas que a da jurisdição do tribunal judicial de primeira instância.

3. Na primeira instância pode haver tribunais com competência específica e tribunais especializados para o julgamento de matérias determinadas.

4. A lei determina os casos e as formas em que os tribunais previstos nos números anteriores se podem constituir, separada ou conjuntamente, em tribunais de conflitos.

5. Sem prejuízo do disposto na Constituição, não pode haver tribunais com competência exclusiva para o julgamento de determinadas categorias de crimes.

Artigo 214.º – **Supremo Tribunal de Justiça**

1. O Supremo Tribunal de Justiça é o órgão superior da hierarquia dos tribunais judiciais, administrativos, fiscais, aduaneiros e do Tribunal Militar de Instância.

2. O Supremo Tribunal de Justiça tem sede na cidade da Praia e jurisdição sobre todo o território nacional.

3. O Presidente do Supremo Tribunal de Justiça é nomeado pelo Presidente da República, de entre os juízes que o compõem, ouvido o Conselho Superior da Magistratura Judicial.

4. A lei regula a organização, a composição, a competência e o funcionamento do Supremo Tribunal de Justiça.

Artigo 215.º – **Tribunais judiciais de primeira instância**

1. Os tribunais judiciais de primeira instância são os tribunais comuns em matéria cível e criminal e conhecem de todas as causas que por lei não sejam atribuídas a outra jurisdição.

2. A lei regula a organização, a composição, a competência e o funcionamento dos tribunais judiciais de primeira instância.

Artigo 216.º – **Tribunal de Contas**

1. O Tribunal de Contas é o órgão supremo de fiscalização da legalidade das despesas públicas e de julgamento das contas que a lei mandar submeter-lhe.

2. O mandato dos juízes do Tribunal de Contas tem a duração de cinco anos, é renovável e só pode cessar antes do fim do mandato por ocorrência de:

a) Morte ou incapacidade física ou psíquica permanente e inabilitante;

b) Renúncia apresentada por escrito;

c) Demissão ou aposentação compulsiva em consequência de processo disciplinar ou criminal;

d) Investidura em cargo ou exercício de actividade incompatíveis com o exercício do mandato, nos termos da Constituição e da lei.

3. A lei regula a organização, a composição, a competência e o funcionamento do Tribunal de Contas.

Artigo 217.º – **Tribunal Militar de Instância**

1. Ao Tribunal Militar de Instância compete o julgamento de crimes que, em razão da matéria, sejam definidos por lei como essencialmente militares, com recurso para o Supremo Tribunal de Justiça, nos termos da lei.

2. A lei regula a organização, a composição, a competência e o funcionamento do Tribunal Militar de Instância.

Artigo 218.º – **Tribunais fiscais e aduaneiros**

1. Aos tribunais fiscais e aduaneiros compete, com recurso para o Supremo Tribunal de Justiça, nos termos da lei:

a) O julgamento de acções e recursos contenciosos emergentes de relações jurídicas fiscais ou aduaneiras;

b) O julgamento de crimes em matéria fiscal e aduaneira, bem como de outras infracções criminais de natureza económica ou financeira atribuídas por lei;

c) O julgamento de recursos em matéria de contra-ordenações fiscais, aduaneiras, comerciais ou outras económicas ou financeiras.

2. A lei regula a organização, composição, competência e funcionamento dos tribunais fiscais e aduaneiros.

Artigo 219.º – **Tribunal Constitucional**

1. O Tribunal Constitucional é o tribunal ao qual compete, especificamente, administrar a Justiça em matérias de natureza jurídico-constitucional, designadamente, no que se refere a:
   a) Fiscalização da constitucionalidade e legalidade, nos termos da Constituição;
   b) Verificação da morte e declaração de incapacidade, de impedimento ou de perda de cargo do Presidente da República;
   c) Jurisdição em matéria de eleições e de organizações político-partidárias, nos termos da lei;
   d) Resolução de conflitos de jurisdição, nos termos da lei;
   e) Recurso de amparo.
2. O Tribunal Constitucional tem sede na cidade da Praia.
3. O Tribunal Constitucional é composto por um mínimo de três juízes eleitos pela Assembleia Nacional de entre personalidades de reputado mérito e competência e de reconhecida probidade, com formação superior em Direito.
4. O Presidente do Tribunal Constitucional é eleito pelos respectivos juízes.
5. O mandato dos juízes do Tribunal Constitucional é de nove anos, não sendo renovável.
6. Os juízes do Tribunal Constitucional gozam das garantias e estão sujeitos às incompatibilidades dos demais juízes.
7. A lei regula a competência, a organização e o funcionamento do Tribunal Constitucional, bem como o estatuto dos seus juízes.

CAPÍTULO III – **Estatuto dos juízes**

Artigo 220.º – **Magistratura Judicial**

1. A magistratura judicial forma um corpo único autónomo e independente de todos os demais poderes e rege-se por estatuto próprio.
2. O recrutamento e o desenvolvimento na carreira dos juízes fazem-se com prevalência do critério do mérito dos candidatos, nos termos da lei.
3. Os juízes, no exercício das suas funções, são independentes e só devem obediência à lei e à sua consciência.
4. Os juízes são inamovíveis, não podendo ser suspensos, transferidos, aposentados ou demitidos, salvo nos casos previstos na lei compulsivamente.
5. Os juízes não respondem pelos seus julgamentos e decisões, excepto nos casos especialmente previstos na lei.
6. Os juízes em exercício não podem desempenhar qualquer outra função pública ou privada, salvo as funções docentes ou de investigação científica de natureza jurídica, não remuneradas, nos termos da lei.
7. Os juízes em exercício não podem estar filiados em qualquer partido político ou em associação política, nem dedicar-se, por qualquer forma, à actividade político-partidária.
8. A lei pode estabelecer outras incompatibilidades com o exercício da função de juiz.
9. A nomeação, a colocação, a transferência e o desenvolvimento na carreira dos juízes, bem como o exercício da acção disciplinar sobre os mesmos, competem ao Conselho Superior da Magistratura Judicial, nos termos da lei.

Artigo 221.º – **Conselho Superior da Magistratura Judicial**

1. O Conselho Superior da Magistratura Judicial é o órgão de gestão, administração e disciplina da magistratura judicial, incumbindo-lhe, ainda, a orientação geral e a fiscalização da actividade dos tribunais judiciais, administrativos e fiscais aduaneiros, bem como do Tribunal Militar de Instância e dos organismos de regulação de conflitos.

2. Compete, ainda, ao Conselho Superior da Magistratura Judicial colaborar com o Governo em matéria de execução da política de justiça e de definição e execução de orientação geral e fiscalização do funcionamento administrativo das secretarias judiciais, bem como da gestão do respectivo pessoal.

3. O Conselho Superior da Magistratura Judicial é presidido pelo Presidente do Supremo Tribunal de Justiça e compõe-se dos seguintes vogais:

   a) Dois magistrados judiciais eleitos pelos seus pares;

   b) O Inspector Superior Judicial;

   c) Três cidadãos nacionais de reconhecida probidade e mérito, que não sejam magistrados ou advogados e estejam no pleno gozo dos seus direitos civis e políticos, eleitos pela Assembleia Nacional;

   d) Dois cidadãos nacionais de reconhecida probidade e mérito, que não sejam magistrados ou advogados e estejam no pleno gozo dos seus direitos civis e políticos, designados pelo Presidente da República.

4. A todos os membros do Conselho Superior de Magistratura Judicial são aplicáveis as regras sobre garantias dos juízes, estabelecidas pela Constituição e pela lei.

5. A lei regula a organização, a competência e o funcionamento do Conselho Superior da Magistratura Judicial, bem como o estatuto dos seus membros.

CAPÍTULO IV – **Do Ministério Público**

Artigo 222.º – **Funções**

1. Ao Ministério Público compete representar o Estado, exercer a acção penal e defender a legalidade democrática, os direitos dos cidadãos, o interesse público e os demais interesses que a Constituição ou a lei determinarem.

2. Ao Ministério Público compete, ainda, participar, nos termos da lei e de forma autónoma, na execução da política criminal definida pelos órgãos de soberania.

Artigo 223.º – **Organização do Ministério Público**

1. A organização do Ministério Público compreende a Procuradoria-Geral da República e Procuradorias da República.

2. A Procuradoria-Geral da República é o órgão superior da hierarquia do Ministério Público, tem sede na cidade da Praia e jurisdição sobre todo o território nacional.

3. A Procuradoria-Geral da República é presidida pelo Procurador-Geral da República e compreende o Conselho Superior do Ministério Público.

4. O Procurador-Geral da República é nomeado pelo Presidente da República, sob proposta do Governo, para um mandato de cinco anos, renovável e que só pode cessar antes do seu termo normal por ocorrência de:

   a) Morte ou incapacidade física ou psíquica permanente e inabilitante;

   b) Renúncia apresentada por escrito;

   c) Demissão ou aposentação compulsiva em consequência de processo disciplinar ou criminal;

d) Investidura em cargo ou exercício de actividade incompatível com o exercício do mandato, nos termos da Constituição ou da lei.

5. O Conselho Superior do Ministério Público é o órgão de gestão, administração e disciplina da magistratura do Ministério Público, incumbindo-lhe, ainda, a orientação geral e fiscalização da actividade do Ministério Público.

6. Compete, ainda, ao Conselho Superior do Ministério Público colaborar com o Governo em matéria de execução da política da justiça, em particular da política criminal, na definição e execução da orientação geral e fiscalização do funcionamento das secretarias do Ministério Público e gestão do respectivo pessoal,

7. O Conselho Superior do Ministério Público é presidido pelo Procurador-Geral da República e compõe-se dos seguintes vogais:

a) Dois magistrados do Ministério Público eleitos pelos seus pares;

b) O Inspector Superior do Ministério Público;

c) Quatro cidadãos nacionais de reconhecida probidade e mérito, que não sejam magistrados ou advogados e estejam no pleno gozo dos seus direitos civis e políticos, eleitos pela Assembleia Nacional;

d) Um cidadão nacional de reconhecida probidade e mérito, que não seja magistrado ou advogado e esteja no pleno gozo dos seus direitos civis e políticos, designado pelo Governo.

8. A todos os membros do Conselho Superior do Ministério Público são aplicáveis as regras sobre garantias dos magistrados do Ministério Público, estabelecidas pela Constituição e pela lei.

9. A lei regula a organização, a composição, a competência e o funcionamento do Ministério Público.

Artigo 224.º – **Magistratura do Ministério Público**

1. Os representantes do Ministério Público constituem uma magistratura autónoma e com estatuto próprio, nos termos da lei.

2. Os representantes do Ministério Público actuam com respeito pelos princípios da imparcialidade e da legalidade e pelos demais princípios estabelecidos na lei.

3. Os representantes do Ministério Público são magistrados responsáveis, hierarquicamente subordinados.

4. Os representantes do Ministério Público não podem ser suspensos, transferidos, demitidos ou aposentados, salvo nos casos previstos na lei.

5. O recrutamento e o desenvolvimento na carreira dos representantes do Ministério Público fazem-se com prevalência do critério do mérito dos candidatos, nos termos da lei.

6. Os representantes do Ministério Público em exercício não podem desempenhar qualquer outra função pública ou privada, salvo as funções docentes ou de investigação científica de natureza jurídica, não remuneradas, nos termos da lei.

7. Os representantes do Ministério Público em exercício não podem estar filiados em qualquer partido político ou em associação política, nem dedicar-se, de qualquer forma, à actividade político-partidária.

8. A lei pode estabelecer outras incompatibilidades com o exercício da função de representante do Ministério Público.

9. A nomeação, a colocação, a transferência e o desenvolvimento na carreira dos magistrados do Ministério Público, bem como o exercício da acção disciplinar sobre os mesmos, competem, nos termos da lei, à Procuradoria-Geral da República.

CAPÍTULO V – Dos Advogados

Artigo 225.º – **Função e garantias do Advogado**

1. O Advogado, no exercício da sua função, é um servidor da Justiça e do Direito e um colaborador indispensável da administração da Justiça.
2. No exercício das suas funções e nos limites da lei, são invioláveis os documentos, a correspondência e outros objectos que tenham sido confiados ao Advogado pelo seu constituinte, que tenha obtido para a defesa deste ou que respeitem à sua profissão.
3. As buscas, apreensões ou outras diligências semelhantes no escritório ou nos arquivos do Advogado só podem ser ordenadas por decisão judicial e deverão ser efectuadas na presença do juiz que as autorizou, do Advogado e de um representante do organismo representativo dos Advogados, nomeado por este para o efeito.
4. O Advogado tem o direito de comunicar pessoal e reservadamente com o seu patrocinado, mesmo quando este se encontre preso ou detido.

TÍTULO VI – Do Poder Local

Artigo 226.º – **Autarquias locais**

1. A organização do Estado compreende a existência de autarquias locais.
2. As autarquias locais são pessoas colectivas públicas territoriais dotadas de órgãos representativos das respectivas das populações, que prosseguem os interesses próprios destas.
3. A criação e extinção das autarquias locais, bem como a alteração dos respectivos territórios, são feitas por lei, com prévia consulta aos órgãos das autarquias abrangidas.
4. A lei estabelece a divisão administrativa do território.

Artigo 227.º – **Categorias de autarquias locais**

As autarquias locais são os municípios, podendo a lei estabelecer outras categorias autárquicas de grau superior ou inferior ao município.

Artigo 228.º – **Solidariedade**

1. O Estado promove a solidariedade entre as autarquias, de acordo com as particularidades de cada uma e tendo em vista a redução das assimetrias regionais e o desenvolvimento nacional.
2. A administração central, com respeito pela autonomia das autarquias, garante a estas, nos termos da lei, apoio técnico, material e em recursos humanos.

Artigo 229.º – **Património e finanças das autarquias**

1. As autarquias locais têm finanças e património próprios.
2. A lei define o património das autarquias locais e estabelece o regime das finanças locais, tendo em vista a justa repartição de recursos públicos entre o Estado e as autarquias, bem como os demais princípios referidos neste título.
3. As autarquias locais podem dispor de poderes tributários, nos casos e nos termos previstos na lei.
4. A lei regula a participação dos municípios nas receitas fiscais.

Artigo 230.° – **Organização das autarquias**

1. A organização das autarquias locais compreende uma assembleia eleita, com poderes deliberativos e um órgão colegial executivo responsável perante aquela.
2. A assembleia é eleita pelos cidadãos eleitores residentes na circunscrição territorial da autarquia, segundo o sistema de representação proporcional.

Artigo 231.° – **Poder regulamentar**

As autarquias locais gozam de poder regulamentar próprio, nos limites da Constituição, das leis e dos regulamentos emanados das autarquias de grau superior ou das autoridades com poder tutelar.

Artigo 232.° – **Tutela**

1. A tutela administrativa sobre as autarquias locais consiste na verificação do cumprimento da lei pelos órgãos autárquicos e é exercida nos casos e nos termos da lei.
2. As medidas tutelares restritivas da autonomia local são precedidas de parecer da assembleia deliberativa da autarquia, nos termos da lei.
3. A dissolução de órgãos autárquicos resultantes de eleição directa só pode ter lugar por causa de acções ou omissões graves, estabelecidas pela lei.

Artigo 233.° – **Pessoal das autarquias locais**

1. As autarquias locais possuem quadros de pessoal próprio, nos termos da lei.
2. Aos funcionários e agentes das autarquias locais é aplicável o regime dos funcionários e agentes da administração central, com as adaptações necessárias, nos termos da lei.

Artigo 234.° – **Atribuições e organização das autarquias locais**

1. As atribuições e organização das autarquias, bem como a competência dos seus órgãos, são reguladas por lei, com respeito pelo princípio da autonomia e da descentralização.
2. Os órgãos das autarquias podem delegar nas organizações comunitárias tarefas administrativas que não envolvam o exercício de poderes de autoridade.

Artigo 235.° – **Associações de autarquias locais**

As autarquias locais podem constituir associações para a realização de interesses comuns.

TÍTULO VII – Da Administração Pública

Artigo 236.° – **Princípios gerais**

1. A Administração Pública prossegue o interesse público, com respeito pela Constituição, pela lei, pelos princípios da justiça, da transparência, da imparcialidade e da boa fé e pelos direitos e interesses legítimos dos cidadãos.
2. A Administração Pública é estruturada de modo a prestar aos cidadãos um serviço eficiente e de qualidade, obedecendo, designadamente, aos princípios da subsidiariedade, da desconcentração, da descentralização, da racionalização, da avaliação e controlo e da participação dos interessados, sem prejuízo da necessária eficácia e unidade de

acção da Administração e dos poderes de direcção, superintendência e tutela dos órgãos competentes, nos termos da lei.
3. A lei pode criar autoridades administrativas independentes.
4. As associações públicas só podem ser constituídas para a satisfação de necessidades públicas específicas relevantes, não podem exercer funções de natureza sindical e têm organização interna baseada em princípios democráticos.
5. As entidades privadas que exerçam poderes públicos podem ser sujeitas, nos termos da lei, a fiscalização administrativa.

Artigo 237.º – **Função Pública**

1. O pessoal da Administração Pública e os demais agentes do Estado e de outras entidades públicas estão exclusivamente ao serviço do interesse público definido pelos órgãos competentes, devendo, no exercício das suas funções, agir com especial respeito pelos princípios de justiça, isenção e imparcialidade, de respeito pelos direitos dos cidadãos e de igualdade de tratamento de todos os utentes, nos termos da lei.
2. O pessoal da Administração Pública e os demais agentes do Estado e de outras entidades públicas não podem ser beneficiados ou prejudicados em virtude das suas opções político-partidárias ou do exercício dos seus direitos estabelecidos na Constituição ou na lei.
3. O pessoal da Administração Pública e os demais agentes do Estado e de outras entidades públicas não podem ainda beneficiar ou prejudicar outrem, em virtude das suas opções político-partidárias ou do exercício dos seus direitos estabelecidos na Constituição ou na lei.
4. Sem prejuízo das inelegibilidades estabelecidas na lei, o pessoal da Administração Pública, os demais agentes civis do Estado e de outras entidades públicas não carecem de autorização para se candidatarem a qualquer cargo electivo do Estado ou das autarquias locais, suspendendo, no entanto, o exercício de funções a partir da apresentação formal da candidatura, sem perda de direitos.
5. Não é permitida a acumulação de empregos ou cargos públicos, salvo nos casos expressamente admitidos na lei.
6. Na função pública, o acesso e o desenvolvimento profissional baseiam-se no mérito e na capacidade dos candidatos ou agentes.
7. A lei determina as incompatibilidades entre o exercício de cargos públicos e o de outras actividades, bem como as demais garantias de imparcialidade no exercício de cargos públicos.

Artigo 238.º – **Restrições ao exercício de direitos**

Para os diplomatas, magistrados, oficiais de justiça e inspectores públicos em efectividade de serviço ou situação equivalente, a lei pode estabelecer deveres especiais decorrentes das exigências próprias das suas funções, por forma a salvaguardar o interesse público e legítimos interesses do Estado ou de terceiros.

Artigo 239.º – **Responsabilidade dos agentes públicos**

1. A lei regula a responsabilidade civil, criminal e disciplinar do pessoal da Administração Pública e demais agentes do Estado e de outras entidades públicas por actos ou omissões praticados no exercício das suas funções, bem como os termos em que o Estado e outras entidades públicas têm direito de regresso contra os seus agentes.
2. A responsabilidade do agente é excluída, quando actue no cumprimento de ordens ou instruções emanadas de superior hierárquico e em matéria de serviço, ces-

sando, no entanto, o dever de obediência sempre que o cumprimento das ordens ou instruções implique a prática de crime.

Artigo 240.º – **Polícia**

1. A polícia tem por funções defender a legalidade democrática, prevenir a criminalidade e garantir a segurança interna, a tranquilidade pública e o exercício dos direitos dos cidadãos.
2. As medidas de polícia são as previstas na lei, obedecem aos princípios da legalidade, da necessidade, da adequação e da proporcionalidade e são utilizadas com respeito pelos direitos, liberdades e garantias dos cidadãos.
3. A lei fixa o regime das forças de segurança e a sua organização.
4. Pode haver polícias municipais cujo regime e forma de criação são estabelecidos por lei.
5. Para salvaguarda da imparcialidade, da coesão e da disciplina dos serviços e forças de segurança, podem, por lei, ser impostas aos respectivos agentes restrições ao exercício dos direitos de expressão, reunião, manifestação, associação e petição colectiva e à capacidade eleitoral passiva.

Artigo 241.º – **Direitos e garantias dos cidadãos face à Administração**

O cidadão, directamente ou por intermédio de associações ou organizações de defesa de interesses difusos a que pertença, tem, nos termos da lei, direito a:

a) Ser ouvido nos processos administrativos que lhe digam respeito;

b) Ser informado pela Administração, dentro de prazo razoável, sobre o andamento dos processos em que tenha interesse directo, sempre que o requeira;

c) Ser notificado dos actos administrativos em que tenha interesse legítimo, na forma prevista na lei, incluindo a fundamentação expressa e acessível dos mesmos, quando afectem os seus direitos ou interesses legalmente protegidos;

d) Aceder aos arquivos e registos administrativos, sem prejuízo do disposto na lei em matérias relativas à segurança interna e externa do Estado, à investigação criminal, ao segredo de justiça, ao segredo do Estado e à intimidade das pessoas;

e) Requerer e obter tutela jurisdicional efectiva dos seus direitos e interesses legalmente protegidos, incluindo, nomeadamente, o reconhecimento desses direitos e interesses, a impugnação de quaisquer actos administrativos que os lesem, independentemente da sua forma, a imposição da prática de actos administrativos legalmente devidos e a adopção de medidas cautelares adequadas;

f) Impugnar as normas administrativas com eficácia externa lesivas dos seus direitos ou interesses legalmente protegidos;

g) Ser indemnizado pelos danos resultantes da violação dos seus direitos e interesses legalmente protegidos, por acção ou omissão de agentes públicos, praticadas no exercício de funções e por causa delas.

TÍTULO VIII – Da Defesa Nacional

Artigo 242.º – **Defesa Nacional**

A defesa nacional é a disposição, integração e acção coordenadas de todas as energias e forças morais e materiais da Nação, face a qualquer forma de ameaça ou agressão, tendo por finalidade garantir, de modo permanente, a unidade, a soberania, a integridade territorial e a independência de Cabo Verde, a liberdade e a segurança da sua população, bem como o ordenamento constitucional democraticamente estabelecido.

Artigo 243.º – **Forças Armadas**

1. As Forças Armadas são uma instituição permanente e regular, compõem-se exclusivamente de cidadãos cabo-verdianos e estão estruturadas com base na hierarquia e na disciplina.
2. As Forças Armadas estão subordinadas e obedecem aos competentes órgãos de soberania, nos termos da Constituição e da lei.
3. As Forças Armadas estão ao serviço da Nação e são rigorosamente apartidárias, não podendo os seus membros na efectividade de serviço ou, sendo do quadro permanente, na situação de activo, filiar-se em qualquer sindicato, partido ou associação política, nem exercer actividades político-partidárias de qualquer natureza.
4. A organização das Forças Armadas é única para todo o território nacional.

Artigo 244.º – **Missões das Forças Armadas**

1. Às Forças Armadas incumbe, em exclusivo, a execução da componente militar da defesa nacional, competindo-lhes assegurar a defesa militar da República contra qualquer ameaça ou agressão externas.
2. As Forças Armadas, sem prejuízo do disposto no número 1, desempenham também as missões que lhe forem atribuídas, nos termos da lei e nos seguintes quadros:

   a) Execução da declaração do estado de sítio ou de emergência;
   b) Vigilância, fiscalização e defesa do espaço aéreo e marítimo nacionais, designadamente no que se refere à utilização das águas arquipelágicas, do mar territorial e da zona económica exclusiva e a operações de busca e salvamento, bem como, em colaboração com as autoridades policiais e outras competentes e sob a responsabilidade destas, à protecção do meio ambiente e do património arqueológico submarino, à prevenção e repressão da poluição marítima, do tráfico de estupefacientes e armas, do contrabando e outras formas de criminalidade organizada;
   c) Colaboração em tarefas relacionadas com a satisfação de necessidades básicas e a melhoria das condições de vida das populações;
   d) Participação no sistema nacional de protecção civil;
   e) Defesa das instituições democráticas e do ordenamento constitucional;
   f) Desempenho de outras missões de interesse público.

3. Qualquer intervenção das Forças Armadas só poderá ter lugar à ordem dos comandos militares competentes, cuja actuação se deve pautar pela obediência estrita às decisões e instruções dos órgãos de soberania, nos termos da Constituição e da lei.

Artigo 245.º – **Serviço militar**

1. O serviço militar é obrigatório nos termos da lei.
2. Os objectores de consciência ao serviço militar e os cidadãos sujeitos por lei à prestação do serviço militar que forem considerados inaptos para o serviço militar armado prestarão serviço militar não armado ou serviço cívico adequado à sua situação, nos termos da lei.
3. O serviço cívico pode ser estabelecido em substituição ou complemento do serviço militar e tornado obrigatório por lei para os cidadãos não sujeitos a deveres militares.

Artigo 246.º – **Restrições ao exercício de direitos**

A lei pode estabelecer restrições ao exercício dos direitos de expressão, reunião, manifestação, associação e petição colectiva e à capacidade eleitoral passiva dos militares em serviço efectivo, na estrita medida das exigências da condição militar.

Artigo 247.º – **Garantia dos cidadãos que prestam serviço militar**

Ninguém pode ser prejudicado no seu emprego, colocação, promoção ou benefícios sociais por virtude de cumprimento de serviço militar ou de serviço cívico obrigatório.

Artigo 248.º – **Conselho Superior de Defesa Nacional**

1. O Conselho Superior de Defesa Nacional é o órgão específico de consulta em matéria de defesa nacional e Forças Armadas.

2. O Conselho Superior de Defesa Nacional é presidido pelo Presidente da República e tem a composição que a lei determinar, devendo incluir entidades civis e militares.

TÍTULO IX – **Dos órgãos auxiliares dos órgãos do poder político**

CAPÍTULO I – **Do Conselho da República**

Artigo 249.º – **Definição e composição**

1. O Conselho da República é o órgão político de consulta do Presidente da República.

2. O Conselho da República é composto pelos seguintes membros:
 a) Presidente da Assembleia Nacional;
 b) O Primeiro-Ministro;
 c) O Presidente do Tribunal Constitucional;
 d) O Procurador-Geral da República;
 e) O Provedor de Justiça;
 f) O Presidente do Conselho Económico e Social;
 g) Os antigos Presidentes da República que não hajam sido destituídos do cargo;
 h) Três cidadãos de reconhecida idoneidade e mérito, no pleno gozo dos seus direitos civis e políticos, designados pelo Presidente da República, devendo um deles ser escolhido no seio das comunidades cabo-verdianas no exterior.

3. Os cidadãos referidos na alínea h) do número 2 não podem ser titulares de qualquer órgão de soberania ou de órgão electivo das autarquias locais. O seu mandato cessa com a posse do novo Presidente da República.

Artigo 250.º – **Competência e funcionamento**

1. Compete ao Conselho da República aconselhar o Presidente da República, a solicitação deste e pronunciar-se sobre:
 a) A dissolução da Assembleia Nacional;
 b) A demissão do Governo;
 c) A convocação de referendo a nível nacional;

d) A marcação da data para as eleições do Presidente da República, dos Deputados à Assembleia Nacional e para a realização de referendo a nível nacional;
e) A declaração da guerra e a feitura da paz;
f) A declaração do estado de sítio ou de emergência;
g) Os tratados que envolvam restrições da soberania, a participação do país em organizações internacionais de segurança colectiva ou militar;
h) Outras questões graves da vida nacional;
i) As demais questões previstas na Constituição.
2. O Conselho da República elabora e aprova o seu regimento.

Artigo 251.º – **Efeitos da pronúncia do Conselho da República**

As deliberações do Conselho da República não têm natureza vinculativa.

Artigo 252.º – **Forma e publicidade das deliberações**

1. As deliberações do Conselho da República assumem a forma de pareceres e só serão publicadas se o acto a que se referem vier a ser praticado.
2. Os pareceres serão obrigatoriamente elaborados na reunião em que for tomada a deliberação a que dizem respeito.
3. A publicação a que se refere o número anterior será feita simultaneamente com a do acto.

CAPÍTULO II – Dos outros órgãos auxiliares

Artigo 253.º – **Provedor de Justiça**

1. O Provedor de Justiça é um órgão independente eleito pela Assembleia Nacional, pelo tempo que a lei determinar.
2. O Provedor de Justiça tem direito à cooperação de todos os órgãos e agentes do Estado e demais pessoas colectivas públicas.
3. A lei regula a organização e a competência do Provedor de Justiça.

Artigo 254.º – **Conselho Económico e Social**

1. O Conselho Económico e Social é o órgão consultivo de concertação em matéria de desenvolvimento económico e social, podendo desempenhar outras funções que lhe sejam atribuídas por lei.
2. O Conselho Económico e Social integra, na sua composição, representantes de todas as ilhas, das organizações das comunidades cabo-verdianas no exterior, das associações nacionais de municípios, das associações públicas e de organizações representativas da sociedade civil.
3. O Conselho Económico e Social funciona em plenário e por conselhos ou comissões especializados, incluindo, obrigatoriamente, um Conselho das Comunidades e um Conselho para o Desenvolvimento Regional.
4. O Conselho Económico e Social inclui, ainda, um Conselho de Concertação Social.
5. A lei regula a organização, a composição, a competência e o funcionamento do Conselho Económico e Social.

TÍTULO X – Da forma e hierarquia dos actos

CAPÍTULO I – Dos actos do Presidente da República

Artigo 255.º – **Decretos presidenciais**

Revestem a forma de decretos presidenciais os actos normativos do Presidente da República, que nos termos da Constituição não devam revestir outra forma.

CAPÍTULO II – Da forma dos actos legislativos e normativos

Artigo 256.º – **Actos legislativos da Assembleia Nacional**

1. São actos legislativos da Assembleia Nacional a Lei Constitucional, a lei e o Regimento.
2. Assumem a forma de Lei Constitucional os actos que aprovem ou alterem a Constituição.
3. Assumem a forma de lei os actos previstos nos artigos 171.º, alínea a), 174.º, alíneas b), c), f), g) e m), 175.º, 176.º e 177.º, alínea b), da Constituição.
4. Assume a forma de Regimento o acto regulador da organização e do funcionamento da Assembleia Nacional, o qual não carece de promulgação.

Artigo 257.º – **Actos legislativos do Governo**

1. São actos legislativos do Governo o decreto, decreto legislativo e o decreto-lei.
2. Assumem a forma de:
   a) Decreto, os actos de aprovação pelo Governo dos tratados e acordos internacionais;
   b) Decreto legislativo, os actos do Governo emitidos com base em lei de autorização legislativa;
   c) Decreto-lei, os demais actos legislativos do Governo.
3. Os actos legislativos do Governo devem ser assinados pelo Primeiro-Ministro e pelo Ministro competente em razão da matéria.

Artigo 258.º – **Tipicidade dos actos legislativos**

Nenhuma lei pode criar outras categorias de actos legislativos, nem atribuir a actos normativos de outra natureza poder para interpretação autêntica ou integração das leis, bem como para modificar, suspender ou revogar qualquer acto legislativo.

Artigo 259.º – **Regulamentos**

1. São regulamentos os actos normativos praticados pelo Governo e demais entidades públicas no exercício de funções administrativas.
2. Revestem a forma de decreto regulamentar os regulamentos do Governo que:
   a) Sejam da competência do Conselho de Ministros;
   b) Devam, por imposição de lei expressa, ter essa forma.
3. Revestem a forma de portaria ou despacho normativo os regulamentos do Governo que não devam assumir a forma de decreto regulamentar ou que, nos termos da lei, sejam da competência isolada ou conjunta de um ou mais membros do Governo.

4. Os decretos regulamentares são assinados pelo Primeiro-Ministro e pelo membro do Governo competente em razão da matéria.

5. Revestem a forma de regimento os actos normativos reguladores da organização e funcionamento dos órgãos colegiais aprovados por estes, nos termos da lei.

6. Os regulamentos devem indicar expressamente a lei que têm em vista regulamentar ou que definem a competência objectiva ou subjectiva para a sua produção.

Artigo 260.º – **Resoluções da Assembleia Nacional e do Governo**

1. Assumem a forma de resolução os actos da Assembleia Nacional previstos nos artigos 174.º, alíneas *h*) a *l*), 177.º, alíneas *a*) e *c*), 178.º, 179.º, alínea *f*), 180.º, números 2 e 4, e 182.º da Constituição e todos os demais actos da Assembleia Nacional para os quais a Constituição não determine outra forma.

2. Assumem a forma de resolução os actos do Governo não abrangidos pelo disposto nos artigos 257.º e 259.º da Constituição e, bem assim, os actos para os quais a lei não determine outra forma.

3. As resoluções da Assembleia Nacional e do Governo não carecem de promulgação.

CAPÍTULO III – Das resoluções e das moções

Artigo 261.º – **Outras resoluções**

Assumem também a forma de resolução os actos dos demais órgãos colegiais previstos na Constituição que não devam legalmente revestir outra forma.

Artigo 262.º – **Moção**

Assumem a forma de moção os actos da Assembleia Nacional previstos nos artigos 179.º, alíneas *a*) e *c*), e 180.º, alíneas *c*) e *d*) do número 1.

CAPÍTULO IV – Hierarquia e publicação

Artigo 263.º – **Hierarquia das leis**

As leis, os decretos legislativos e os decretos-leis têm o mesmo valor, sem prejuízo da subordinação dos decretos legislativos às correspondentes leis de autorização legislativa e dos decretos-leis de desenvolvimento às leis que regulam as bases ou os regimes gerais correspondentes.

Artigo 264.º – **Publicação**

1. São obrigatoriamente publicados no jornal oficial da República de Cabo Verde, sob pena de ineficácia jurídica:

a) Os decretos presidenciais;

b) Os actos legislativos da Assembleia Nacional e do Governo;

c) Os tratados e acordos internacionais e os respectivos avisos de ratificação ou de adesão;

d) As resoluções da Assembleia Nacional e do Governo;

e) As decisões do Tribunal Constitucional, bem como as de outros tribunais, a que a lei confira força obrigatória geral;

f) Os regulamentos emanados da Administração Central directa, indirecta ou autónoma e dos órgãos das autarquias municipais ou de grau superior;

g) Os resultados de eleições de órgãos, previstos na Constituição e de referendos a nível nacional;

h) Os regimentos do Conselho da República e do Conselho Económico e Social e de todos os órgãos colegiais previstos na Constituição, à excepção dos tribunais e dos órgãos não jurisdicionais de composição de conflitos;

i) Em geral, qualquer acto de conteúdo genérico dos órgãos de soberania ou das autarquias municipais ou de grau superior.

2. A lei determina as formas de publicidade dos demais actos e as consequências da sua falta.

PARTE VI
DAS GARANTIAS DE DEFESA E DA REVISÃO DA CONSTITUIÇÃO

TÍTULO I – Do estado de sítio e de emergência

Artigo 265.º – **Estado de sítio**

O estado de sítio só pode ser declarado, no todo ou em parte do território nacional, no caso de agressão efectiva ou iminente do território nacional por forças estrangeiras ou de grave ameaça ou perturbação da ordem constitucional.

Artigo 266.º – **Estado de emergência**

O estado de emergência será declarado, no todo ou em parte do território nacional, em caso de calamidade pública ou de perturbação da ordem constitucional cuja gravidade não justifique a declaração do estado de sítio.

Artigo 267.º – **Fundamentação e período de duração**

1. A declaração do estado de sítio ou de emergência deverá ser devidamente fundamentada e nela deverá ser indicado o âmbito territorial, os seus efeitos, os direitos, liberdades e garantias que ficam suspensos e a sua duração, que não poderá ser superior a trinta dias, prorrogáveis por igual período e com os mesmos fundamentos.

2. Em caso de guerra e tendo sido declarado o estado de sítio, a lei poderá fixar para este um prazo superior ao estabelecido no número anterior, devendo, neste caso, o período de duração do estado de sítio ser o estritamente necessário para o pronto restabelecimento da normalidade democrática.

Artigo 268.º – **Proibição de dissolução da Assembleia Nacional**

1. Na vigência do estado de sítio ou de emergência não pode ser dissolvida a Assembleia Nacional, que fica automaticamente convocada caso não esteja em sessão.

2. Se a Assembleia Nacional estiver dissolvida ou no caso de ter terminado a legislatura na data da declaração de estado de sítio ou de emergência as suas competências serão assumidas pela Comissão Permanente.

Artigo 269.° – **Subsistência de certos direitos fundamentais**

A declaração do estado de sítio ou de emergência em nenhum caso pode afectar os direitos à vida, à integridade física, à identidade pessoal, à capacidade civil e à cidadania, a não retroactividade da lei penal, o direito de defesa do arguido e a liberdade de consciência e de religião.

Artigo 270.° – **Competência dos órgãos de soberania**

A declaração do estado de sítio ou de emergência não pode afectar as regras constitucionais relativas à competência e ao funcionamento dos órgãos de soberania, nem os direitos e imunidades dos respectivos titulares, nem pode alterar os princípios da responsabilidade do Estado e dos seus agentes reconhecidos na Constituição.

Artigo 271.° – **Prorrogação dos mandatos electivos e proibição de realização de eleições**

1. Declarado o estado de sítio, ficam automaticamente prorrogados os mandatos dos titulares electivos dos órgãos do poder político que devam findar durante a sua vigência.
2. Declarado o estado de emergência restrito a uma parte do território nacional, aplica-se o disposto no número anterior aos órgãos eleitos da respectiva área.
3. Durante a vigência do estado de sítio ou de emergência e até ao trigésimo dia posterior à sua cessação, não é permitida a realização de qualquer acto eleitoral.

TÍTULO II – **Da fiscalização da constitucionalidade**

Artigo 272.° – **Inconstitucionalidade por acção**

1. São inconstitucionais as normas e resoluções de conteúdo normativo ou individual e concreto que infrinjam o disposto na Constituição ou os princípios nela consignados.
2. A inconstitucionalidade orgânica ou formal dos tratados ou acordos internacionais que versem matérias da competência reservada da Assembleia Nacional ou da competência legislativa do Governo não impede a aplicação das suas normas na ordem jurídica cabo-verdiana, desde que sejam confirmados pelo Governo e aprovados pela Assembleia Nacional por maioria de dois terços dos Deputados presentes, na primeira reunião plenária seguinte à data da publicação da decisão do Tribunal.
3. Sanado o vício e se, em virtude deste, o tratado ou acordo internacional não tiver sido ratificado, o Presidente da República fica autorizado a ratificá-lo.

Artigo 273.° – **Fiscalização preventiva da constitucionalidade**

1. A apreciação preventiva da constitucionalidade pode ser requerida ao Tribunal Constitucional:

a) Pelo Presidente da República, relativamente a qualquer norma constante de tratado ou acordo internacional que lhe tenha sido submetido para ratificação, bem como relativamente a qualquer norma constante de acto legislativo que lhe tenha sido enviado para promulgação como lei, decreto legislativo ou decreto-lei;

b) Por um quarto dos Deputados em efectividade de funções ou pelo Primeiro--Ministro, relativamente a qualquer norma constante de acto legislativo enviado ao Presidente da República para promulgação como lei sujeita a aprovação por maioria qualificada.

2. Para efeitos do disposto na alínea *b*) do número anterior, o Presidente da Assembleia Nacional, na data em que enviar ao Presidente da República o acto legislativo que deva ser promulgado, dará disso conhecimento ao Primeiro-Ministro e aos Grupos Parlamentares.

3. A apreciação preventiva da constitucionalidade deve ser requerida no prazo de oito dias:

a) A contar, nos casos da alínea *a*) do número 1, da data da recepção do diploma na Presidência da República;

b) A contar, nos casos da alínea *b*) do número 1, da data do conhecimento nos termos do número 2.

4. O Presidente da República não pode promulgar os actos legislativos a que se refere a alínea *b*) do número 1, sem que tenham decorrido oito dias após a respectiva recepção ou antes de o Tribunal Constitucional sobre eles se ter pronunciado, quando a intervenção deste tiver sido requerida nos termos constitucionais e legais.

5. O Tribunal Constitucional deve pronunciar-se no prazo de vinte dias, o qual, nos casos da alínea *a*) do número 1, pode ser encurtado pelo Presidente da República, por motivo de urgência.

Artigo 274.º – **Efeitos da decisão**

1. Se o Tribunal Constitucional se pronunciar pela inconstitucionalidade da norma constante de tratado ou acordo internacional, este não deve ser ratificado pelo Presidente da República, sendo devolvido ao órgão que o tiver aprovado.

2. O tratado ou acordo internacional de que conste a norma declarada inconstitucional pode ser ratificado pelo Presidente da República se a Assembleia Nacional, ouvido o Governo, confirmar a sua aprovação por maioria de dois terços dos Deputados em efectividade de funções.

3. Se o Tribunal Constitucional se pronunciar pela inconstitucionalidade de norma constante de qualquer acto legislativo, deve o diploma ser vetado pelo Presidente da República e devolvido ao órgão que o tiver aprovado.

4. No caso previsto no número 3, o acto legislativo não pode ser promulgado sem que o órgão que o tiver aprovado o expurgue da norma julgada inconstitucional ou, quando for caso disso, o confirme por maioria de dois terços dos Deputados em efectividade de funções.

Artigo 275.º – **Fiscalização abstracta da constitucionalidade**

O Tribunal Constitucional, a pedido do Presidente da República, do Presidente da Assembleia Nacional, do Primeiro-Ministro, do Procurador-Geral da República e de, pelo menos, um quarto dos Deputados à Assembleia Nacional, aprecia e declara:

a) A inconstitucionalidade de quaisquer normas ou resoluções de conteúdo material normativo ou individual e concreto;

b) A ilegalidade das resoluções referidas na alínea *a*).

Artigo 276.º – **Fiscalização concreta da constitucionalidade**

1. Cabe recurso para o Tribunal Constitucional das decisões dos tribunais que:

a) Recusem, com fundamento em inconstitucionalidade, a aplicação de qualquer norma ou resolução de conteúdo material normativo ou individual e concreto;

b) Apliquem normas ou resoluções de conteúdo material normativo ou individual e concreto cuja inconstitucionalidade haja sido suscitada no processo;

c) Apliquem normas ou resoluções de conteúdo material normativo ou individual e concreto que tenham sido anteriormente julgadas inconstitucionais pelo próprio Tribunal Constitucional.

2. Cabe, ainda, recurso para o Tribunal Constitucional das decisões que:

a) Apliquem resoluções de conteúdo material normativo ou individual e concreto que tenham sido julgadas anteriormente ilegais pelo próprio Tribunal Constitucional ou cuja ilegalidade haja sido suscitada no processo;

b) Recusem aplicar, com fundamento em ilegalidade, as resoluções referidas na alínea anterior.

Artigo 277.º – **Legitimidade para recorrer**

1. Podem recorrer para o Tribunal Constitucional, o Ministério Público e as pessoas que, de acordo com a lei reguladora do processo de fiscalização da constitucionalidade, tenham legitimidade para interpor recurso.

2. O recurso referido no artigo anterior só pode ser interposto depois de esgotadas as vias de recurso estabelecidas na lei do processo em que foi proferida a decisão e é restrito à questão da inconstitucionalidade ou da ilegalidade, conforme o caso.

3. O recurso das decisões previstas na alínea *c)* do número 1 e da primeira parte da alínea *a)* do n.º 2 do artigo antecedente é obrigatório para o Ministério Público.

Artigo 278.º – **Forma das decisões do Tribunal Constitucional, em matéria de fiscalização da constitucionalidade ou de ilegalidade**

1. Nos casos previstos no artigo 274.º, a pronúncia do Tribunal Constitucional revestirá a forma de parecer.

2. Nos demais casos, as decisões do Tribunal Constitucional terão a denominação de acórdão.

3. As decisões do Tribunal Constitucional, que tenham por objecto a fiscalização da constitucionalidade ou ilegalidade, serão integralmente publicadas no jornal oficial.

Artigo 279.º – **Efeitos dos acórdãos e dos pareceres**

1. Os acórdãos do Tribunal Constitucional, que tenham por objecto a fiscalização da constitucionalidade ou ilegalidade, qualquer que tenha sido o processo em que hajam sido proferidos, têm força obrigatória geral.

2. Os pareceres terão os efeitos estabelecidos no artigo 274.º

Artigo 280.º – **Efeitos da declaração da inconstitucionalidade**

1. A declaração de inconstitucionalidade ou de ilegalidade com força obrigatória geral produz efeitos desde a entrada em vigor da norma julgada inconstitucional ou ilegal e a repristinação das normas que ela haja revogado.

2. Tratando-se de inconstitucionalidade ou de ilegalidade por infracção de norma constitucional ou legal posterior, a declaração só produz efeitos desde a sua entrada em vigor.

3. A declaração de inconstitucionalidade de norma constante de qualquer convenção internacional produz efeitos a partir da data da publicação do acórdão.

4. No caso referido nos números 1 e 2, quando razões de segurança jurídica, equidade ou interesse público de excepcional relevo, devidamente fundamentado, o exigirem, poderá o Tribunal Constitucional fixar efeitos de alcance mais restrito do que os previstos nos números 2 e 3.

5. Dos efeitos da declaração da inconstitucionalidade ou da ilegalidade com força obrigatória geral ficam ressalvados os casos julgados, salvo decisão em contrário do Tri-

bunal Constitucional, quando a norma respeitar a matéria penal, disciplinar ou ilícito de mera ordenação social e for de conteúdo mais favorável ao arguido.

TÍTULO III – Da revisão da Constituição

Artigo 281.º – **Competência, tempo e iniciativa de revisão**

1. A Assembleia Nacional pode proceder à revisão ordinária da Constituição decorridos cinco anos sobre a data da publicação da última lei de revisão ordinária.
2. A Assembleia Nacional pode, contudo, a todo o tempo assumir poderes de revisão extraordinária da Constituição por maioria de quatro quintos dos Deputados em efectividade de funções.
3. A iniciativa de revisão da Constituição compete aos Deputados.

Artigo 282.º – **Projectos de revisão**

1. Os projectos de revisão da Constituição deverão indicar os artigos a rever e o sentido das alterações a introduzir.
2. Apresentado qualquer projecto de revisão da Constituição, todos os outros terão de ser apresentados no prazo máximo de sessenta dias.

Artigo 283.º – **Aprovação das alterações**

1. Cada uma das alterações da Constituição deverá ser aprovada por maioria de dois terços dos Deputados em efectividade de funções.
2. As alterações aprovadas deverão ser reunidas numa única lei de revisão.

Artigo 284.º – **Novo texto da Constituição**

1. As alterações da Constituição serão inseridas no lugar próprio, mediante substituições, supressões ou aditamentos necessários.
2. O novo texto da Constituição será publicado conjuntamente com a lei da revisão.

Artigo 285.º – **Limites materiais da revisão**

1. Não podem ser objecto de revisão:
 a) A independência nacional, a integridade do território nacional e a unidade do Estado;
 b) A forma republicana de Governo;
 c) O sufrágio universal, directo, secreto e periódico para a eleição dos titulares dos órgãos de soberania e do poder local;
 d) A separação e a interdependência dos órgãos de soberania;
 e) A autonomia do poder local;
 f) A independência dos tribunais;
 g) O pluralismo de expressão e de organização política e o direito de oposição.
2. As leis de revisão não podem, ainda, restringir ou limitar os direitos, liberdades e garantias estabelecidos na Constituição.

Artigo 286.º – **Promulgação**

O Presidente da República não pode recusar a promulgação das leis de revisão.

Artigo 287.º – **Proibição de revisão**

Em tempo de guerra ou na vigência de estado de sítio ou de emergência não pode ser praticado qualquer acto de revisão da Constituição.

PARTE VII
DISPOSIÇÕES FINAIS E TRANSITÓRIAS

Artigo 288.º – **Legislação anterior**

O Direito anterior à entrada em vigor da Constituição mantém-se, desde que não seja contrário a ela ou aos princípios nela consignados.

Artigo 289.º – **Supremo Tribunal de Justiça – acumulação de funções de Tribunal Constitucional**

1. Enquanto o Tribunal Constitucional não for legalmente instalado, a administração da justiça em matérias de natureza jurídico-constitucional continua a ser feita pelo Supremo Tribunal de Justiça, ao qual compete:

   a) Fiscalizar a constitucionalidade e a legalidade nos termos dos artigos 272.º e seguintes, excepto nos casos previstos no número 1, alínea *b*), do artigo 273.º;

   b) Verificar a morte e declarar a incapacidade física ou psíquica permanente do Presidente da República, bem como declarar os impedimentos temporários para o exercício das suas funções;

   c) Verificar a perda do cargo do Presidente da República nos casos de condenação por crimes cometidos no exercício de funções e noutros previstos na Constituição;

   d) Verificar a morte e declarar a incapacidade para o exercício da função presidencial de qualquer candidato a Presidente da República;

   e) Verificar preventivamente a constitucionalidade e legalidade das propostas de referendo nacional e local;

   f) Exercer as demais funções que lhe sejam atribuídas pela Constituição e pela lei.

2. Compete, ainda, ao Supremo Tribunal de Justiça enquanto Tribunal Constitucional, especificamente em matéria de processo eleitoral:

   a) Receber e admitir candidaturas para Presidente da República;

   b) Julgar em última instância a regularidade e a validade dos actos de processo eleitoral, nos termos da lei;

   c) Julgar, a requerimento dos respectivos membros e nos termos da lei, os recursos relativos a perda de mandato e às eleições realizadas na Assembleia Nacional, nas assembleias das autarquias locais e, no geral, em quaisquer órgãos colegiais electivos previstos na Constituição;

   d) Exercer as demais funções atribuídas por lei.

3. Compete também ao Supremo Tribunal de Justiça enquanto Tribunal Constitucional, especificamente, em matéria de organizações político-partidárias:

   a) Verificar a legalidade da constituição de partidos políticos e suas coligações, bem como apreciar a legalidade das suas denominações, siglas e símbolos;

   b) Assegurar, conservar e actualizar o registo dos partidos políticos e suas coligações, nos termos da lei;

   c) Declarar a ilegalidade de partidos políticos e suas coligações, ordenando a respectiva extinção, nos termos da Constituição e da lei;

d) Julgar as acções de impugnação de eleições e deliberações de órgãos de partidos políticos que, nos termos da lei, sejam recorríveis;
e) Exercer as demais funções atribuídas por lei.

Artigo 290.º – **Supremo Tribunal de Justiça – composição enquanto acumular as funções de Tribunal Constitucional**

1. Enquanto exercer as funções de Tribunal Constitucional, o Supremo Tribunal de Justiça é – conforme for estabelecido por resolução da Assembleia Nacional, sob proposta do Governo – composto por cinco ou sete juízes, designados para um mandato de cinco anos, nos termos dos números seguintes.

2. Quando a composição do Supremo Tribunal de Justiça for de cinco juízes:

a) Um é nomeado pelo Presidente da República, de entre magistrados ou juristas elegíveis;

b) Um é eleito pela Assembleia Nacional, de entre magistrados ou juristas elegíveis por dois terços dos votos dos Deputados presentes, desde que superior à maioria absoluta de votos dos Deputados em efectividade de funções;

c) Três são designados pelo Conselho Superior de Magistratura Judicial de entre magistrados elegíveis que não sejam, salvo por inerência, membros desse Conselho.

3. Quando a composição do Supremo Tribunal de Justiça for de sete juízes:

a) Um é nomeado pelo Presidente da República, de entre magistrados ou juristas elegíveis;

b) Dois são eleitos pela Assembleia Nacional, de entre magistrados ou juristas elegíveis, por dois terços dos votos dos Deputados presentes, desde que superior à maioria absoluta de votos dos Deputados em efectividade de funções;

c) Quatro são designados pelo Conselho Superior de Magistratura Judicial de entre magistrados elegíveis que não sejam, salvo por inerência, membros desse Conselho.

4. Só podem ser designados juízes do Supremo Tribunal de Justiça, nos termos do presente artigo, os cidadãos nacionais de reputado mérito, licenciados em Direito e no pleno gozo dos seus direitos civis e políticos que, à data da designação, tenham exercido, pelo menos durante cinco anos, actividade profissional na magistratura ou em qualquer outra actividade forense ou de docência de Direito e que preencham os demais requisitos estabelecidos por lei.

5. Excepto nos casos de termo de mandato, as funções dos juízes do Supremo Tribunal de Justiça designados nos termos do presente artigo só podem cessar por ocorrência de:

a) Morte ou incapacidade física ou psíquica permanente e inabilitante;

b) Renúncia declarada por escrito ao Presidente do Supremo Tribunal de Justiça;

c) Demissão ou aposentação compulsiva em consequência de processo disciplinar ou criminal;

d) Investidura em cargo ou exercício de actividade incompatível com o exercício das suas funções, nos termos da Constituição ou da lei.

6. A cessação de funções concretiza-se, respectivamente, na data:

a) Em que ocorrer a morte ou a declaração, pelo Supremo Tribunal de Justiça, da incapacidade permanente e inabilitante;

b) Da apresentação da declaração de renúncia ao Presidente do Supremo Tribunal de Justiça;

c) Do trânsito em julgado da decisão disciplinar ou penal condenatória;

d) Da investidura no cargo ou da declaração, pelo Supremo Tribunal de Justiça, de verificação do exercício de actividade incompatível.

Artigo 291.º – **Conselho para os Assuntos Regionais**

Até à instalação do Conselho Económico e Social mantém-se em funções o Conselho para os Assuntos Regionais, regendo-se pelas seguintes normas:

1. O Conselho para os Assuntos Regionais é composto por dois representantes de cada ilha, eleitos para um mandato de quatro anos por um colégio constituído pelos Deputados eleitos pelos círculos eleitorais correspondentes à ilha e pelos membros das assembleias municipais dos municípios nela sediados.

2. O Conselho para os Assuntos Regionais emite parecer sobre todas as questões de relevante interesse para o desenvolvimento regional, por iniciativa de qualquer dos seus membros ou a solicitação da Assembleia Nacional, do Presidente da República ou do Governo, sendo obrigatória a solicitação do parecer relativo a:
   a) Plano Nacional de Desenvolvimento;
   b) Planos Regionais de Desenvolvimento;
   c) Orçamento do Estado;
   d) Projectos e propostas de lei sobre autarquias locais e finanças locais;
   e) Outros casos estabelecidos por lei.

3. A lei regula a eleição e o estatuto dos conselheiros regionais, bem como a organização, a competência e o funcionamento do Conselho para os Assuntos Regionais.

Artigo 292.º – **Conselho da República, Conselho Superior da Magistratura e Conselho Superior do Ministério Público**

1. O Conselho da República mantém-se em funções com a actual composição até ao termo do mandato em curso.

2. O Conselho Superior da Magistratura e o Conselho Superior do Ministério Público mantêm-se em funções com a actual composição até à entrada em funções dos novos membros.

Artigo 293.º – **Conselho de Concertação Social**

Até à instalação do Conselho Económico e Social, mantém-se em funções o Conselho de Concertação Social, nos moldes actualmente em vigor.

O Presidente da Assembleia Nacional, *António do Espírito Santo Fonseca.*

V
LEI CONSTITUCIONAL DA REPÚBLICA DE ANGOLA DE 1992[80]

---

[80] Texto oficial integral, publicado no *Diário da República*, 1.ª série, n.º 38, de 16 de Setembro de 1992, pontualmente alterado pela Lei de Revisão Constitucional, Lei n.º 18/96, de 14 de Novembro, a qual prorrogou os mandatos do órgão parlamentar perante a situação de necessidade vivida no país.

TÍTULO I
PRINCÍPIOS FUNDAMENTAIS

Artigo 1.º

A República de Angola é uma Nação soberana e independente que tem como objectivo fundamental a construção de uma sociedade livre, democrática, de paz, justiça e progresso social.

Artigo 2.º

A República de Angola é um Estado Democrático de Direito que tem como fundamentos a unidade nacional, a dignidade da pessoa humana, o pluralismo de expressão e de organização política e o respeito e garantia dos direitos e liberdades fundamentais do homem, quer como indivíduo, quer como membro de grupos sociais organizados.

Artigo 3.º

1. A soberania reside no povo, que a exerce segundo as formas previstas na presente Lei.
2. O povo angolano exerce o poder político através do sufrágio universal periódico para a escolha dos seus representantes, através do referendo e por outras formas de participação democrática dos cidadãos na vida da Nação.
3. Leis específicas regulam o processo de eleições gerais.

Artigo 4.º

1. Os partidos políticos, no quadro da presente Lei e das leis ordinárias, concorrem, em torno de um projecto de sociedade e de um programa político, para a organização e para a expressão da vontade dos cidadãos, participando na vida política e na expressão do sufrágio universal, por meios democráticos e pacíficos.
2. Os partidos políticos devem, nos seus objectivos, programa e prática, contribuir para:
   a) A consolidação da Nação angolana, da independência nacional e o reforço da unidade nacional;
   b) A salvaguarda da integridade territorial;
   c) A defesa da soberania nacional e da democracia;
   d) A protecção das liberdades fundamentais e dos direitos da pessoa humana;
   e) A defesa da forma republicana e do carácter unitário e laico do Estado.
3. Os partidos políticos têm o direito a igualdade de tratamento por parte das entidades que exercem o poder público, assim como a um tratamento de igualdade pela imprensa, nas condições fixadas pela lei.
4. A constituição e o funcionamento dos partidos devem, nos termos da lei, respeitar os seguintes princípios fundamentais:
   a) Carácter e âmbito nacionais;

b) Livre constituição;
c) Prossecução pública dos fins;
d) Liberdade de filiação e filiação única;
e) Utilização exclusiva de meios pacíficos na prossecução dos seus fins e interdição da criação ou utilização de organização militar, paramilitar ou militarizada;
f) Organização e funcionamento democrático;
g) Proibição de recebimento de contribuições de valor pecuniário e económico provenientes de governos e instituições governamentais estrangeiras.

Artigo 5.º

A República de Angola é um Estado unitário e indivisível, cujo território, inviolável e inalienável, é o definido pelos actuais limites geográficos de Angola, sendo combatida energicamente qualquer tentativa separatista de desmembramento do seu território.

Artigo 6.º

O Estado exerce a sua soberania sobre o território, as águas interiores e o mar territorial, bem como sobre o espaço aéreo, o solo e subsolo correspondentes.

Artigo 7.º

Será promovida e intensificada a solidariedade económica, social e cultural entre todas as regiões da República de Angola, no sentido do desenvolvimento comum de toda a Nação angolana.

Artigo 8.º

1. A República de Angola é um Estado laico, havendo separação entre o Estado e as igrejas.
2. As religiões são respeitadas e o Estado dá protecção às igrejas, lugares e objectos de culto, desde que se conformem com as leis do Estado.

Artigo 9.º

O Estado orienta o desenvolvimento da economia nacional, com vista a garantir o crescimento harmonioso e equilibrado de todos os sectores e regiões do País, a utilização racional e eficiente de todas as capacidades produtivas e recursos nacionais, bem como a elevação do bem-estar e da qualidade de vida dos cidadãos.

Artigo 10.º

O sistema económico assenta na coexistência de diversos tipos de propriedade, pública, privada, mista, cooperativa e familiar, gozando todos de igual protecção. O Estado estimula a participação, no processo económico, de todos os agentes e de todas as formas de propriedade, criando as condições para o seu funcionamento eficaz no interesse do desenvolvimento económico nacional e da satisfação das necessidades dos cidadãos.

Artigo 11.º

1. A lei determina os sectores e actividades que constituem reserva do Estado.
2. Na utilização e exploração da propriedade pública, o Estado deve garantir a sua eficiência e rentabilidade, de acordo com os fins e objectivos que se propõe.

3. O Estado incentiva o desenvolvimento da iniciativa e da actividade privada, mista, cooperativa e familiar, criando as condições que permitam o seu funcionamento, e apoia especialmente a pequena e média actividade económica, nos termos da lei.

4. O Estado protege o investimento estrangeiro e a propriedade de estrangeiros, nos termos da lei.

Artigo 12.º

1. Todos os recursos naturais existentes no solo e no subsolo, nas águas interiores, no mar territorial, na plataforma continental e na zona económica exclusiva são propriedade do Estado, que determina as condições do seu aproveitamento, utilização e exploração.

2. O Estado promove a defesa e conservação dos recursos naturais, orientando a sua exploração e aproveitamento em benefício de toda a comunidade.

3. A terra, que constitui propriedade originária do Estado, pode ser transmitida para pessoas singulares ou colectivas, tendo em vista o seu racional e integral aproveitamento, nos termos da lei.

4. O Estado respeita e protege a propriedade das pessoas, quer singulares quer colectivas, e a propriedade e a posse das terras pelos camponeses, sem prejuízo da possibilidade de expropriação por utilidade pública, nos termos da lei.

Artigo 13.º

São considerados válidos e irreversíveis todos os efeitos jurídicos dos actos de nacionalização e confisco praticados ao abrigo da lei competente, sem prejuízo do disposto em legislação específica sobre reprivatizações.

Artigo 14.º

1. O sistema fiscal visa a satisfação das necessidades económicas, sociais e administrativas do Estado e uma repartição justa dos rendimentos e da riqueza.

2. Os impostos só podem ser criados e extintos por lei, que determina a sua incidência, taxas, benefícios fiscais e garantias dos contribuintes.

Artigo 15.º

A República de Angola respeita e aplica os princípios da Carta da Organização das Nações Unidas, da Carta da Organização de Unidade Africana, do Movimento dos Países Não Alinhados, e estabelecerá relações de amizade e cooperação com todos os Estados, na base dos princípios do respeito mútuo pela soberania e integridade territorial, igualdade, não ingerência nos assuntos internos de cada país e reciprocidade de vantagens.

Artigo 16.º

A República de Angola apoia e é solidária com a luta dos povos pela sua libertação nacional e estabelecerá relações de amizade e cooperação com todas as forças democráticas do mundo.

Artigo 17.º

A República de Angola não adere a qualquer organização militar internacional, nem permite a instalação de bases militares estrangeiras em território nacional.

TÍTULO II
DIREITOS E DEVERES FUNDAMENTAIS

Artigo 18.º

1. Todos os cidadãos são iguais perante a lei e gozam dos mesmos direitos e estão sujeitos aos mesmos deveres, sem distinção da sua cor, raça, etnia, sexo, lugar de nascimento, religião, ideologia, grau de instrução, condição económica ou social.
2. A lei pune severamente todos os actos que visem prejudicar a harmonia social ou criar discriminações e privilégios com base nesses factores.

Artigo 19.º

1. A nacionalidade angolana pode ser originária ou adquirida.
2. Os requisitos de atribuição, aquisição, perda e reaquisição da nacionalidade angolana são determinados por lei.

Artigo 20.º

O Estado respeita e protege a pessoa e dignidade humanas. Todo o cidadão tem direito ao livre desenvolvimento da sua personalidade, dentro do respeito devido aos direitos dos outros cidadãos e aos superiores interesses da Nação angolana. A lei protege a vida, a liberdade, a integridade pessoal, o bom nome e a reputação de cada cidadão.

Artigo 21.º

1. Os direitos fundamentais expressos na presente Lei não excluem outros decorrentes das leis e das regras aplicáveis de Direito Internacional.
2. As normas constitucionais e legais relativas aos direitos fundamentais devem ser interpretadas e integradas de harmonia com a Declaração Universal dos Direitos do Homem, da Carta Africana dos Direitos do Homem e dos Povos e dos demais instrumentos internacionais de que Angola seja parte.
3. Na apreciação dos litígios pelos tribunais angolanos aplicam-se esses instrumentos internacionais, ainda que não sejam invocados pelas partes.

Artigo 22.º

1. O Estado respeita e protege a vida da pessoa humana.
2. É proibida a pena de morte.

Artigo 23.º

Nenhum cidadão pode ser submetido a tortura, nem a outros tratamentos ou punições cruéis, desumanos ou degradantes.

Artigo 24.º

1. Todos os cidadãos têm o direito de viver num meio ambiente sadio e não poluído.
2. O Estado adopta as medidas necessárias à protecção do meio ambiente e das espécies da flora e fauna nacionais em todo o território nacional e à manutenção do equilíbrio ecológico.
3. A lei pune os actos que lesem directa ou indirectamente ou ponham em perigo a preservação do meio ambiente.

Artigo 25.º
1. Qualquer cidadão pode livremente movimentar-se e permanecer em qualquer parte do território nacional, não podendo ser impedido de o fazer por razões políticas ou de outra natureza, excepto nos casos previstos no artigo 50.º da presente Lei, e quando para a protecção dos interesses económicos da Nação a lei determine restrições ao acesso e permanência de cidadãos em zonas de reserva e produção mineira.
2. Todos os cidadãos são livres de sair e entrar no território nacional, sem prejuízo das limitações decorrentes do cumprimento de deveres legais.

Artigo 26.º
É garantido a todo o cidadão estrangeiro ou apátrida o direito de pedir asilo em caso de perseguição por motivos políticos, de acordo com as leis em vigor e os instrumentos internacionais.

Artigo 27.º
1. Não são permitidas a extradição e a expulsão de cidadãos angolanos do território nacional.
2. Não é permitida a extradição de cidadãos estrangeiros por motivos políticos ou por factos passíveis de condenação em pena de morte, segundo o Direito do Estado requisitante.
3. Os tribunais angolanos conhecerão, nos termos da lei, os factos de que sejam acusados os cidadãos cuja extradição não seja permitida de acordo com o disposto nos números anteriores do presente artigo.

Artigo 28.º
1. Todos os cidadãos, maiores de dezoito anos, com excepção dos legalmente privados dos direitos políticos e civis, têm o direito e o dever de participar activamente na vida pública, votando e sendo eleitos para qualquer órgão do Estado, e desempenhando os seus mandatos com inteira devoção à causa da Nação angolana.
2. Nenhum cidadão pode ser prejudicado no seu emprego, na sua educação, na sua colocação, na sua carreira profissional ou nos benefícios sociais a que tenha direito devido ao desempenho de cargos políticos ou do exercício de direitos políticos.
3. A lei estabelece as limitações respeitantes à isenção partidária dos militares no serviço activo, dos magistrados e das forças policiais, bem como o regime da capacidade eleitoral passiva dos militares no serviço activo e das forças policiais.

Artigo 29.º
1. A família, núcleo fundamental da organização da sociedade, é objecto de protecção do Estado, quer se fundamente em casamento, quer em união de facto.
2. O homem e a mulher são iguais no seio da família, gozando dos mesmos direitos e cabendo-lhes os mesmos deveres.
3. À família, com especial colaboração do Estado, compete promover e assegurar a protecção e educação integral das crianças e dos jovens.

Artigo 30.º
1. As crianças constituem absoluta prioridade, pelo que gozam de especial protecção da família, do Estado e da sociedade com vista ao seu desenvolvimento integral.
2. O Estado deve promover o desenvolvimento harmonioso da personalidade das crianças e dos jovens e a criação de condições para a sua integração e participação na vida activa da sociedade.

Artigo 31.º

O Estado, com a colaboração da família e da sociedade, deve promover o desenvolvimento harmonioso da personalidade dos jovens e a criação de condições para a efectivação dos direitos económicos, sociais e culturais da juventude, nomeadamente no ensino, na formação profissional, na cultura, no acesso ao primeiro emprego, no trabalho, na segurança social, na educação física, no desporto e no aproveitamento dos tempos livres.

Artigo 32.º

1. São garantidas as liberdades de expressão, de reunião, de manifestação, de associação e de todas as demais formas de expressão.
2. A lei regulamenta o exercício dos direitos mencionados no parágrafo anterior.
3. São interditos os agrupamentos cujos fins ou actividades sejam contrários aos princípios fundamentais previstos no artigo 158.º da Lei Constitucional, às leis penais, e os que prossigam, mesmo que indirectamente, objectivos políticos mediante organizações de carácter militar, paramilitar ou militarizado, as organizações secretas e as que perfilhem ideologias racistas, fascistas e tribalistas.

Artigo 33.º

1. O direito à organização profissional e sindical é livre, garantindo a lei as formas do seu exercício.
2. Todos os cidadãos têm o direito à organização e ao exercício da actividade sindical, que inclui o direito à constituição e à liberdade de inscrição em associações sindicais.
3. A lei estabelece protecção adequada aos representantes eleitos dos trabalhadores contra quaisquer formas de condicionamento, constrangimento ou limitação do exercício das suas funções.

Artigo 34.º

1. Os trabalhadores têm direito à greve.
2. Lei específica regula o exercício do direito à greve e as suas limitações nos serviços e actividades essenciais, no interesse das necessidades inadiáveis da sociedade.
3. É proibido o *lock-out*.

Artigo 35.º

1. É garantida a liberdade de imprensa, não podendo esta ser sujeita a qualquer censura, nomeadamente de natureza política, ideológica e artística.
2. A lei regulamenta as formas de exercício da liberdade de imprensa e as providências adequadas para prevenir e reprimir os seus abusos.

Artigo 36.º

1. Nenhum cidadão pode ser preso ou submetido a julgamento, senão nos termos da lei, sendo garantido a todos os arguidos o direito de defesa e o direito à assistência e patrocínio judiciário.
2. O Estado providencia para que a justiça não seja denegada por insuficiência de meios económicos.
3. Ninguém pode ser condenado por acto não qualificado como crime no momento da sua prática.
4. A lei penal só se aplica retroactivamente quando disso resultar benefício para o arguido.

5. Os arguidos gozam da presunção de inocência até decisão judicial transitada em julgado.

Artigo 37.º

A prisão preventiva só é admitida nos casos previstos na lei, que fixa os respectivos limites e prazos.

Artigo 38.º

Todo o cidadão sujeito à prisão preventiva deve ser conduzido perante o magistrado competente para a legalização da prisão e ser julgado nos prazos previstos na lei ou libertado.

Artigo 39.º

Nenhum cidadão será preso sem ser informado, no momento da sua detenção, das respectivas razões.

Artigo 40.º

Todo o cidadão preso tem o direito de receber visitas de membros da sua família e amigos e de com eles se corresponder, sem prejuízo das condições e restrições previstas na lei.

Artigo 41.º

Qualquer cidadão condenado tem o direito de interpor recurso ordinário ou extraordinário no tribunal competente da decisão contra si proferida em matéria penal, nos termos da lei.

Artigo 42.º

1. Contra o abuso de poder, por virtude de prisão ou detenção ilegal, há *habeas corpus* a interpor perante o tribunal judicial competente, pelo próprio ou por qualquer cidadão.
2. A lei regula o exercício do direito de *habeas corpus*.

Artigo 43.º

Os cidadãos têm o direito de impugnar e de recorrer aos tribunais, contra todos os actos que violem os seus direitos estabelecidos na presente Lei Constitucional e demais legislação.

Artigo 44.º

O Estado garante a inviolabilidade do domicílio e o sigilo da correspondência, com os limites especialmente previstos na lei.

Artigo 45.º

A liberdade de consciência e de crença é inviolável. O Estado angolano reconhece a liberdade dos cultos e garante o seu exercício, desde que não sejam incompatíveis com a ordem pública e o interesse nacional.

Artigo 46.º

1. O trabalho é um direito e um dever para todos os cidadãos.

2. Todo o trabalhador tem direito a justa remuneração, a descanso, a férias, a protecção, higiene e segurança no trabalho, nos termos da lei.
3. Os cidadãos têm direito à livre escolha e exercício de profissão, salvo os requisitos estabelecidos por lei.

Artigo 47.º

1. O Estado promove as medidas necessárias para assegurar aos cidadãos o direito à assistência médica e sanitária, bem como o direito à assistência na infância, na maternidade, na invalidez, na velhice e em qualquer situação de incapacidade para o trabalho.
2. A iniciativa particular e cooperativa nos domínios da saúde, previdência e segurança social, exerce-se nas condições previstas na lei.

Artigo 48.º

Os combatentes da luta de libertação nacional que ficaram diminuídos na sua capacidade, assim como os filhos menores dos cidadãos que morreram na guerra, deficientes físicos e psíquicos em consequência da guerra, gozam de protecção especial, a definir por lei.

Artigo 49.º

1. O Estado promove o acesso de todos os cidadãos à instrução, à cultura e ao desporto, garantindo a participação dos diversos agentes particulares na sua efectivação, nos termos da lei.
2. A iniciativa particular e cooperativa nos domínios do ensino exerce-se nas condições previstas na lei.

Artigo 50.º

O Estado deve criar as condições políticas, económicas e culturais necessárias para que os cidadãos possam gozar efectivamente dos seus direitos e cumprir integralmente os seus deveres.

Artigo 51.º

O Estado protege os cidadãos angolanos que se encontrem ou residam no estrangeiro, os quais gozam dos direitos e estão sujeitos aos deveres que não sejam incompatíveis com a sua ausência do País, sem prejuízo dos efeitos da ausência injustificada previstos na lei.

Artigo 52.º

1. O exercício dos direitos, liberdades e garantias dos cidadãos apenas pode ser limitado ou suspenso nos termos da lei quando ponham em causa a ordem pública, o interesse da colectividade, os direitos, liberdades e garantias individuais, ou em caso de declaração do estado de sítio ou de emergência, devendo sempre tais restrições limitar-se às medidas necessárias e adequadas à manutenção da ordem pública, ao interesse da colectividade e ao restabelecimento da normalidade constitucional.
2. Em caso algum a declaração do estado de sítio ou do estado de emergência pode afectar o direito à vida, o direito à integridade pessoal e à identidade pessoal, a capacidade civil, a cidadania, a não retroactividade da lei penal, o direito de defesa dos arguidos e a liberdade de consciência e de religião.
3. Lei específica regula o estado de sítio e o estado de emergência.

TÍTULO III
DOS ÓRGÃOS DO ESTADO

CAPÍTULO I – Princípios

Artigo 53.°

1. São órgãos de soberania o Presidente da República, a Assembleia Nacional, o Governo e os Tribunais.

2. A formação, a composição, a competência e o funcionamento dos órgãos de soberania são os definidos na presente Lei.

Artigo 54.°

Os órgãos do Estado organizam-se e funcionam respeitando os seguintes princípios:

a) Os membros dos órgãos representativos são eleitos nos termos da respectiva Lei Eleitoral;
b) Os órgãos do Estado submetem-se à lei, à qual devem obediência;
c) Separação e interdependência de funções dos órgãos de soberania;
d) Autonomia local;
e) Descentralização e desconcentração administrativa, sem prejuízo da unidade de acção governativa e administrativa;
f) Os titulares de cargos políticos respondem civil e criminalmente pelas acções e omissões que pratiquem no exercício das suas funções, nos termos da lei;
g) As deliberações dos órgãos colegiais são tomadas de harmonia com os princípios da livre discussão e crítica e da aceitação da vontade da maioria.

Artigo 55.°

O território da República de Angola, para fins político-administrativos, divide-se em Províncias, Municípios, Comunas e Bairros ou Povoações.

CAPÍTULO II – Do Presidente da República

SECÇÃO I – Presidente da República

Artigo 56.°

1. O Presidente da República é o Chefe do Estado, simboliza a unidade nacional, representa a Nação no plano interno e internacional, assegura o cumprimento da Lei Constitucional e é o Comandante-em-Chefe das Forças Armadas Angolanas.

2. O Presidente da República define a orientação política do país, assegura o funcionamento regular dos órgãos do Estado e garante a independência nacional e a integridade territorial do País.

Artigo 57.°

1. O Presidente da República é eleito por sufrágio universal, directo, igual, secreto e periódico, pelos cidadãos residentes no território nacional, nos termos da lei.

2. O Presidente da República é eleito por maioria absoluta dos votos validamente expressos. Se nenhum candidato a obtiver, procede-se a uma segunda votação, à qual só podem concorrer os dois candidatos que tenham obtido o maior número de votos na primeira e não tenham desistido.

Artigo 58.º

São elegíveis ao cargo de Presidente da República os cidadãos angolanos de origem, maiores de 35 anos, no pleno gozo dos seus direitos civis e políticos.

Artigo 59.º

O mandato do Presidente da República tem a duração de cinco anos e termina com a tomada de posse do novo Presidente eleito. O Presidente da República pode ser reeleito para mais dois mandatos consecutivos ou interpolados.

Artigo 60.º

1. As candidaturas para Presidente da República são apresentadas pelos partidos políticos ou coligações de partidos políticos legalmente constituídos ou por um mínimo de cinco mil e um máximo de dez mil cidadãos eleitores.

2. As candidaturas são apresentadas ao Presidente do Tribunal Supremo até sessenta dias antes da data prevista para a eleição.

3. Em caso de incapacidade definitiva de qualquer candidato a Presidente da República, pode haver lugar à indicação de um novo candidato em substituição do candidato incapacitado, nos termos previstos na Lei Eleitoral.

Artigo 61.º

1. A eleição do Presidente da República realiza-se até trinta dias antes do termo do mandato do Presidente em exercício.

2. Em caso de vagatura do cargo de Presidente da República a eleição do novo Presidente da República realiza-se nos noventa dias posteriores à data da vagatura.

Artigo 62.º

1. O Presidente da República toma posse perante o Tribunal Supremo no último dia do mandato do Presidente cessante.

2. Em caso de eleição por vagatura, a posse efectiva-se nos quinze dias subsequentes ao da publicação dos resultados eleitorais.

3. No acto de posse o Presidente da República eleito presta o seguinte juramento:

Juro, por minha honra, desempenhar com toda a dedicação as funções de que fico investido, cumprir e fazer cumprir a Lei Constitucional da República de Angola, defender a unidade da Nação, a integridade do solo pátrio, promover e consolidar a paz, a democracia e o progresso social.

Artigo 63.º

1. O Presidente da República pode renunciar ao mandato em mensagem dirigida à Assembleia Nacional, com conhecimento ao Tribunal Supremo.

2. A renúncia torna-se efectiva quando a Assembleia Nacional toma conhecimento da mensagem, sem prejuízo da sua ulterior publicação no *Diário da República*.

Artigo 64.º

1. Em caso de impedimento temporário ou de vagatura, o cargo de Presidente da República é exercido interinamente pelo Presidente da Assembleia Nacional ou, encontrando-se este impedido, pelo seu substituto.

2. O mandato de Deputado do Presidente da Assembleia Nacional ou do seu substituto fica automaticamente suspenso enquanto durar as funções interinas de Presidente da República.

Artigo 65.º
1. O Presidente da República não é responsável pelos actos praticados no exercício das suas funções, salvo em caso de suborno ou de traição à Pátria.
2. A iniciativa do processo de acusação cabe à Assembleia Nacional, mediante proposta de um quinto e deliberação aprovada por maioria de dois terços dos Deputados em efectividade de funções, competindo ao Tribunal Supremo o respectivo julgamento.
3. A condenação implica a destituição do cargo e a impossibilidade de candidatura para um outro mandato.
4. O Presidente da República responde perante os tribunais comuns depois de terminado o seu mandato pelos crimes estranhos ao exercício das suas funções.

Artigo 66.º
O Presidente da República tem as seguintes competências:
a) Nomear o Primeiro-Ministro, ouvidos os partidos políticos representados na Assembleia Nacional;
b) Nomear e exonerar os demais membros do Governo e o Governador do Banco Nacional de Angola, sob proposta do Primeiro-Ministro;
c) Pôr termo às funções do Primeiro-Ministro e demitir o Governo, após consulta ao Conselho da República;
d) Presidir ao Conselho de Ministros;
e) Decretar a dissolução da Assembleia Nacional após consulta ao Primeiro-Ministro, ao Presidente da Assembleia Nacional e ao Conselho da República;
f) Presidir ao Conselho da República;
g) Nomear e exonerar os embaixadores e aceitar as cartas credenciais dos representantes diplomáticos estrangeiros;
h) Nomear os juízes do Tribunal Supremo, ouvido o Conselho Superior da Magistratura Judicial;
i) Nomear e exonerar o Procurador-Geral da República, o Vice-Procurador-Geral da República e os adjuntos do Procurador-Geral da República, mediante proposta do Conselho Superior da Magistratura do Ministério Público;
j) Nomear membros do Conselho Superior da Magistratura Judicial, nos termos previstos pelo artigo 132.º da Lei Constitucional;
k) Convocar as eleições do Presidente da República e dos Deputados à Assembleia Nacional, nos termos da presente Lei e da Lei Eleitoral;
l) Presidir ao Conselho de Defesa Nacional;
m) Nomear e exonerar o Chefe do Estado-Maior-General das Forças Armadas Angolanas e seus adjuntos, quando existam, bem como os Chefes do Estado-Maior dos diferentes ramos das Forças Armadas;
n) Nomear os oficiais generais das Forças Armadas Angolanas, ouvido o Conselho de Defesa Nacional;
o) Convocar os referendos, nos termos previstos no artigo 73.º da presente Lei;
p) Declarar a guerra e fazer a paz, ouvido o Governo e após autorização da Assembleia Nacional;
q) Indultar e comutar penas;
r) Declarar o estado de sítio ou o estado de emergência, nos termos da lei;
s) Assinar e promulgar as leis aprovadas pela Assembleia Nacional e os decretos--leis aprovados pelo Governo;
t) Dirigir mensagens à Assembleia Nacional e convocá-la extraordinariamente;

u) Pronunciar-se sobre todas as emergências graves para a vida da Nação e, sendo caso disso, adoptar as medidas previstas no artigo seguinte da presente Lei;

v) Conferir condecorações, nos termos da lei;

x) Ratificar os tratados internacionais, depois de devidamente aprovados, e assinar os instrumentos de aprovação dos demais tratados em forma simplificada;

y) Requerer ao Tribunal Constitucional a apreciação preventiva ou a declaração da inconstitucionalidade de normas jurídicas, bem como a verificação da existência de inconstitucionalidade por omissão.

Artigo 67.º

1. O Presidente da República, após consulta ao Primeiro-Ministro e ao Presidente da Assembleia Nacional, adoptará as medidas pertinentes sempre que as instituições da República, a independência da Nação, a integridade territorial ou a execução dos seus compromissos internacionais forem ameaçados por forma grave e imediata e o funcionamento regular dos poderes públicos constitucionais forem interrompidos.

2. O Presidente da República informará à Nação desses factores todos, através de mensagem.

3. Enquanto durar o exercício dos poderes especiais, a Lei Constitucional não pode ser alterada e a Assembleia Nacional não pode ser dissolvida.

Artigo 68.º

1. No exercício da Presidência do Conselho de Ministros, incumbe ao Presidente da República:

a) Convocar o Conselho de Ministros e fixar a sua agenda de trabalhos, ouvido o Primeiro-Ministro;

b) Dirigir e orientar as reuniões e sessões do Conselho de Ministros.

2. O Presidente da República pode delegar expressamente no Primeiro-Ministro a presidência do Conselho de Ministros.

Artigo 69.º

1. O Presidente da República deve promulgar as leis nos trinta dias posteriores à recepção das mesmas da Assembleia Nacional.

2. Antes do decurso deste prazo, o Presidente da República pode solicitar à Assembleia Nacional uma nova apreciação do diploma ou de algumas das suas disposições.

3. Se depois desta reapreciação, a maioria de dois terços dos Deputados da Assembleia Nacional se pronunciar no sentido da aprovação do diploma, o Presidente da República deve promulgar o diploma no prazo de quinze dias a contar da sua recepção.

Artigo 70.º

O Presidente da República, após a assinatura do Primeiro-Ministro, assina os decretos do Governo, nos trinta dias posteriores à recepção dos mesmos, devendo comunicar ao Governo as causas de recusa da assinatura.

Artigo 71.º

Os diplomas referidos na alínea *s*) do artigo 66.º não promulgados pelo Presidente da República, bem como os decretos do Governo não assinados pelo Presidente da República, são juridicamente inexistentes.

Artigo 72.º

O Presidente da República interino não pode dissolver a Assembleia Nacional, nem convocar referendos.

Artigo 73.º

1. O Presidente da República pode, sob proposta do Governo ou da Assembleia Nacional, submeter a referendo projectos de lei ou de ratificação de tratados internacionais que, sem serem contrários à Lei Constitucional, tenham incidências sobre a organização dos poderes públicos e o funcionamento das instituições.
2. É proibida a realização de referendos constitucionais.
3. O Presidente da República promulga os projectos de lei ou ratifica os tratados internacionais adoptados no referendo no prazo de quinze dias.

Artigo 74.º

No exercício das suas competências, o Presidente da República emite decretos presidenciais e despachos que são publicados no *Diário da República*.

SECÇÃO II – **Conselho da República**

Artigo 75.º

1. O Conselho da República é o órgão político de consulta do Presidente da República, a quem incumbe:
    a) Pronunciar-se acerca da dissolução da Assembleia Nacional;
    b) Pronunciar-se acerca da demissão do Governo;
    c) Pronunciar-se acerca da declaração da guerra e da feitura da paz;
    d) Pronunciar-se sobre os actos do Presidente da República interino, referentes à nomeação do Primeiro-Ministro, à demissão do Governo, à nomeação e exoneração do Procurador-Geral da República, do Chefe do Estado-Maior-General das Forças Armadas Angolanas e seus adjuntos, bem como dos Chefes dos Estados-Maiores dos diferentes ramos das Forças Armadas;
    e) Aconselhar o Presidente da República no exercício das suas funções, quando este o solicitar;
    f) Aprovar o Regimento do Conselho da República.
2. No exercício das suas atribuições, o Conselho da República emite pareceres que são tornados públicos aquando da prática do acto a que se referem.

Artigo 76.º

O Conselho da República é presidido pelo Presidente da República e é composto pelos seguintes membros:
   a) O Presidente da Assembleia Nacional;
   b) O Primeiro-Ministro;
   c) O Presidente do Tribunal Constitucional;
   d) O Procurador-Geral da República;
   e) Os antigos Presidentes da República;
   f) Os presidentes dos partidos políticos representados na Assembleia Nacional;
   g) Dez cidadãos designados pelo Presidente da República.

Artigo 77.º

1. Os membros do Conselho da República são empossados pelo Presidente da República.
2. Os membros do Conselho da República gozam das regalias e imunidades dos Deputados da Assembleia Nacional.

CAPÍTULO III – Da Assembleia Nacional

Artigo 78.º

1. A Assembleia Nacional é a assembleia representativa de todos os angolanos e exprime a vontade soberana do povo angolano.
2. A Assembleia Nacional rege-se pelo disposto na presente Lei e por um Regimento Interno por si aprovado.

Artigo 79.º

1. A Assembleia Nacional é composta por duzentos e vinte e três Deputados eleitos por sufrágio universal, igual, directo, secreto e periódico, para um mandato de quatro anos.
2. Os Deputados à Assembleia Nacional são eleitos segundo o sistema de representação proporcional, adoptando-se o seguinte critério:

a) Por direito próprio cada província é representada na Assembleia Nacional por um número de cinco Deputados, constituindo para esse efeito cada província um círculo eleitoral;

b) Os restantes cento e trinta Deputados são eleitos a nível nacional, considerando-se o País para este efeito um círculo eleitoral único;

c) Para as comunidades angolanas no exterior é constituído um círculo eleitoral representado por um número de três Deputados, correspondendo dois à zona África e um ao resto do mundo.

Artigo 80.º

As candidaturas são apresentadas pelos partidos políticos, isoladamente ou em coligação, podendo as listas integrar cidadãos não filiados nos respectivos partidos, nos termos da Lei Eleitoral.

Artigo 81.º

O mandato dos Deputados inicia-se com a primeira sessão da Assembleia Nacional após as eleições e cessa com a primeira sessão após as eleições subsequentes, sem prejuízo de suspensão ou de cessação individual do mandato.

Artigo 82.º

1. O mandato de Deputado é incompatível:

a) Com a função de membro do Governo;

b) Com empregos remunerados por empresas estrangeiras ou por organizações internacionais;

c) Com o exercício do cargo de Presidente e membro do Conselho de Administração de sociedades anónimas, sócio gerente de sociedades por quotas, director-geral e director-geral-adjunto de empresas públicas.

2. São inelegíveis para o mandato de Deputado:

a) Os Magistrados Judiciais e do Ministério Público;

b) Os militares e os membros das forças militarizadas em serviço activo.

3. Os cidadãos que tenham adquirido a nacionalidade angolana podem candidatar-se sete anos após a aquisição da nacionalidade.

Artigo 83.º

Os Deputados da Assembleia Nacional têm o direito, nos termos da Lei Constitucional e do Regimento Interno da Assembleia Nacional, de interpelar o Governo ou qualquer dos seus membros, bem como de obter de todos os organismos e empresas públicas a colaboração necessária para o cumprimento das suas tarefas.

Artigo 84.º

1. Nenhum Deputado da Assembleia Nacional pode ser detido ou preso sem autorização da Assembleia Nacional ou da Comissão Permanente, excepto em flagrante delito por crime doloso punível com pena de prisão maior.

2. Os Deputados não podem ser responsabilizados pelas opiniões que emitam no exercício das suas funções.

Artigo 85.º

Os Deputados perdem o mandato sempre que se verifiquem algumas das seguintes causas:

a) Fiquem abrangidos por algumas das incapacidades ou incompatibilidades previstas na lei;

b) Não tomem assento na Assembleia Nacional ou excedam o número de faltas expressas no Regimento Interno;

c) Filiem-se em partido diferente daquele por cuja lista foram eleitos.

Artigo 86.º

Os Deputados podem renunciar ao seu mandato mediante declaração escrita com assinatura reconhecida e entregue pessoalmente ao Presidente da Assembleia Nacional.

Artigo 87.º

1. A substituição temporária de um Deputado é admitida nas seguintes circunstâncias:

a) Por exercício de cargo público incompatível com o exercício do mandato de Deputado, nos termos da presente Lei;

b) Por doença de duração superior a quarenta e cinco dias.

2. Em caso de substituição temporária de um Deputado, a vaga ocorrida é preenchida segundo a respectiva ordem de precedência pelo candidato seguinte da lista a que pertencia o titular do mandato vago e que não esteja impossibilitado de assumir o mandato.

3. Tratando-se de vaga ocorrida por Deputado eleito por coligação, o mandato é conferido ao candidato imediatamente seguinte não eleito proposto pelo partido político a que pertencia o Deputado substituído.

4. Se na lista a que pertencia o titular do mandato vago já não existirem candidatos não eleitos não se procede ao preenchimento da vaga.

Artigo 88.º

Compete à Assembleia Nacional:

a) Alterar a actual Lei Constitucional e aprovar a Constituição da República de Angola;

b) Aprovar as leis sobre todas as matérias, salvo as reservadas pela Lei Constitucional ao Governo;

c) Conferir ao Governo autorizações legislativas;

d) Aprovar, sob proposta do Governo, o Plano Nacional e o Orçamento Geral do Estado;

e) Aprovar, sob proposta do Governo, os relatórios de execução do Plano Nacional e do Orçamento Geral do Estado;

f) Autorizar o Governo a contrair e a conceder empréstimos e a realizar outras operações de crédito que não sejam de dívida flutuante, definindo as respectivas condições gerais, e estabelecer o limite máximo dos avales a conceder em cada ano pelo Governo;

g) Estabelecer e alterar a divisão político-administrativa do País;

h) Conceder amnistias e perdões genéricos;

i) Autorizar o Presidente da República a declarar o estado de sítio e o estado de emergência, definindo a extensão, a suspensão das garantias constitucionais e vigiar a sua aplicação;

j) Autorizar o Presidente da República a declarar a guerra e a fazer a paz;

k) Aprovar os tratados internacionais que versem matéria da sua competência legislativa absoluta, bem como tratados de paz, de participação de Angola em organizações internacionais, de rectificação de fronteiras, de amizade, de defesa, respeitantes a assuntos militares e quaisquer outros que o Governo lhe submeta;

l) Ratificar decretos-leis;

m) Promover o processo de acusação contra o Presidente da República por crime de suborno e de traição à Pátria;

n) Votar moções de confiança e de censura ao Governo;

o) Elaborar e aprovar o Regimento Interno da Assembleia Nacional;

p) Eleger o Presidente e os Vice-Presidentes da Assembleia Nacional e os demais membros da Comissão Permanente, por maioria absoluta dos Deputados em efectividade de funções;

q) Constituir as comissões de trabalho da Assembleia Nacional, de acordo com a representatividade dos Partidos na Assembleia;

r) Desempenhar as demais funções que lhe sejam cometidas pela Lei Constitucional e pela lei.

Artigo 89.º

À Assembleia Nacional compete legislar, com reserva absoluta de competência legislativa, sobre as seguintes matérias:

a) Aquisição, perda e reaquisição da nacionalidade;

b) Direitos, liberdades e garantias fundamentais dos cidadãos;

c) Eleições e estatuto dos titulares dos órgãos de soberania, do poder local e dos restantes órgãos constitucionais;

d) Formas de organização e funcionamento dos órgãos do poder local;

e) Regime do referendo;

f) Organização, funcionamento e processo do Tribunal Constitucional;

g) Organização da defesa nacional e bases gerais da organização, do funcionamento e da disciplina das Forças Armadas Angolanas;

h) Regimes do estado de sítio e do estado de emergência;

i) Associações e partidos políticos;

j) Organização judiciária e estatuto dos Magistrados Judiciais e do Ministério Público;

k) Sistema monetário e padrão de pesos e medidas;

l) Definição dos limites das águas territoriais, da zona económica exclusiva e dos direitos de Angola aos fundos marinhos contíguos;

m) Definição dos sectores da reserva do Estado no domínio da economia, bem como das bases de concessão de exploração dos recursos naturais e da alienação do património do Estado;

n) Definição e regime dos símbolos nacionais.

Artigo 90.º
À Assembleia Nacional compete legislar, com reserva relativa de competência legislativa, sobre as seguintes matérias, salvo autorização concedida ao Governo:
 a) Estado e capacidade das pessoas;
 b) Organização geral da administração pública;
 c) Estatuto dos funcionários e responsabilidade civil da administração pública;
 d) Regime geral da requisição e da expropriação por utilidade pública;
 e) Meios e formas de intervenção e de nacionalização dos meios de produção e do estabelecimento dos critérios de fixação de indemnizações, bem como de reprivatização da titularidade ou do direito de exploração do património do Estado, nos termos da legislação base referida na alínea *m*) do artigo anterior;
 f) Definição do sistema fiscal e criação de impostos;
 g) Bases do sistema de ensino, do serviço nacional de saúde e de segurança social;
 h) Bases do sistema de protecção da natureza, do equilíbrio ecológico e do património cultural;
 i) Regime geral do arrendamento rural e urbano;
 j) Regime de propriedade da terra e estabelecimento de critérios de fixação dos limites máximos das unidades de exploração agrícola privadas;
 k) Participação das autoridades tradicionais e dos cidadãos no exercício do poder local;
 l) Estatuto das empresas públicas;
 m) Definição e regime dos bens do domínio público;
 n) Definição dos crimes, penas e medidas de segurança, bem como do processo criminal.

Artigo 91.º
1. A Assembleia Nacional deve, nas leis de autorização legislativa, definir o âmbito, o sentido, a extensão e a duração da autorização.
2. As autorizações referidas no número anterior caducam com a demissão do Governo a que tiverem sido concedidas, com o termo da legislatura ou com a dissolução da Assembleia Nacional.

Artigo 92.º
1. A Assembleia Nacional emite, no exercício das suas competências, leis de revisão constitucional, a Constituição da República de Angola, leis orgânicas, leis, moções e resoluções.
2. Revestem a forma de lei de revisão constitucional e de Constituição da República de Angola os actos previstos na alínea *a*) do artigo 88.º
3. Revestem a forma de leis orgânicas os actos previstos nas alíneas *c*), *d*), *e*), *f*), *g*), *h*) e *j*) do artigo 89.º
4. Revestem a forma de lei os demais actos previstos nos artigos 89.º e 90.º, bem como os previstos nas alíneas *d*), *f*), *g*) e *h*) do artigo 88.º
5. Revestem a forma de moção os actos previstos na alínea *n*) do artigo 88.º
6. Revestem a forma de resolução os demais actos da Assembleia Nacional, nomeadamente os previstos nas alíneas *c*), *e*), *i*), *j*), *k*), *l*), *m*), *o*), *p*) e *q*) do artigo 88.º e os actos da Comissão Permanente.

Artigo 93.º
1. A iniciativa legislativa pertence aos Deputados, aos grupos parlamentares e ao Governo.

2. Os Deputados e os grupos parlamentares não podem apresentar projectos de lei, que envolvam no ano económico em curso, aumento das despesas ou diminuição das receitas do Estado fixadas no Orçamento.
3. Os projectos de lei definitivamente rejeitados não podem ser apreciados na mesma sessão legislativa, salvo se houver nova eleição da Assembleia Nacional.
4. Os projectos de lei apresentados pelo Governo caducam com a sua demissão.

Artigo 94.º

1. A Assembleia Nacional aprecia os decretos-leis aprovados pelo Conselho de Ministros para efeitos de alteração ou recusa de ratificação, salvo os de competência exclusiva do Governo, a requerimento de dez Deputados nas dez primeiras reuniões plenárias da Assembleia Nacional subsequentes à publicação.
2. Requerida a apreciação e no caso de serem apresentadas propostas de alteração, a Assembleia pode suspender, no todo ou em parte, a vigência do decreto-lei até à publicação da lei que o vier alterar ou até à rejeição de todas aquelas propostas.
3. Se a ratificação for recusada, o decreto-lei deixará de vigorar desde o dia em que a resolução for publicada no *Diário da República* e não pode voltar a ser publicado no decurso da mesma sessão legislativa.
4. Consideram-se ratificados os decretos-leis que não forem chamados para apreciação na Assembleia Nacional nos prazos e nos termos estabelecidos pelo presente artigo.

Artigo 95.º

1. A Assembleia Nacional não pode ser dissolvida nos seis meses posteriores à sua eleição, no último semestre do mandato do Presidente da República, no mandato do Presidente da República interino ou durante a vigência do estado de sítio ou do estado de emergência.
2. A não observância do disposto no parágrafo anterior determina a inexistência jurídica do decreto de dissolução.
3. Dissolvida a Assembleia Nacional, subsiste o mandato dos Deputados e o funcionamento da Comissão Permanente até à primeira reunião da Assembleia após as subsequentes eleições.

Artigo 96.º

1. A legislatura compreende quatro sessões legislativas.
2. Cada sessão legislativa tem a duração de um ano e inicia-se a 15 de Outubro.
3. O período normal de funcionamento da Assembleia Nacional é de oito meses e inicia a 15 de Outubro, sem prejuízo dos intervalos previstos no Regimento da Assembleia Nacional e das suspensões que forem deliberadas por maioria de dois terços dos Deputados presentes.
4. A Assembleia Nacional reúne ordinariamente sob convocação do seu Presidente.
5. A Assembleia Nacional pode reunir extraordinariamente sempre que necessário por deliberação do plenário, por iniciativa da Comissão Permanente ou de mais de metade dos Deputados.
6. A Assembleia Nacional pode reunir extraordinariamente fora do seu período de funcionamento normal, por deliberação do plenário, por iniciativa da Comissão Permanente ou de mais de metade dos Deputados ou por convocação do Presidente da República.

Artigo 97.º

1. A Assembleia Nacional funciona com a maioria simples dos Deputados em efectividade de funções.
2. As deliberações da Assembleia Nacional são tomadas por maioria simples dos Deputados presentes, salvo quando a presente Lei estabeleça outras regras de deliberação.

Artigo 98.º

1. A ordem do dia das reuniões plenárias da Assembleia Nacional é fixada pelo seu Presidente, sem prejuízo do direito de recurso para o plenário da Assembleia.
2. O Regimento Interno da Assembleia Nacional definirá a prioridade das matérias a inscrever na agenda do dia.
3. As mensagens do Presidente da República à Assembleia Nacional têm prioridade absoluta sobre todas as demais questões.
4. O Governo pode solicitar prioridade para assuntos de interesse nacional de resolução urgente.

Artigo 99.º

1. Os Ministros e Secretários de Estado têm direito de assistir às reuniões plenárias da Assembleia Nacional, podendo ser coadjuvados ou substituídos pelos Vice-Ministros e usar da palavra nos termos do Regimento da Assembleia Nacional.
2. O Primeiro-Ministro e os membros do Governo devem comparecer perante o plenário da Assembleia, em reuniões marcadas segundo a regularidade definida no Regimento da Assembleia Nacional para responder a perguntas e pedidos de esclarecimento dos Deputados, formulados oralmente ou por escrito.
3. O Primeiro-Ministro e os membros do Governo devem comparecer no plenário da Assembleia Nacional sempre que estejam em apreciação moções de censura ou de confiança ao Governo e a aprovação do Plano Nacional, do Orçamento Geral do Estado e respectivos relatórios de execução.
4. As comissões de trabalho da Assembleia Nacional podem solicitar a participação de membros do Governo nos seus trabalhos.

Artigo 100.º

1. A Assembleia Nacional constitui comissões de trabalho, nos termos do Regimento, podendo criar comissões eventuais para um fim determinado.
2. A composição das comissões corresponde à representatividade dos partidos na Assembleia Nacional, sendo a sua presidência repartida pelos grupos parlamentares em proporção com o número dos seus Deputados.
3. As comissões apreciam as petições dirigidas à Assembleia Nacional e podem solicitar o depoimento de quaisquer cidadãos.

Artigo 101.º

1. Os Deputados à Assembleia Nacional podem constituir comissões de inquérito parlamentar para a apreciação dos actos do Governo e da Administração.
2. As comissões de inquérito são requeridas por qualquer Deputado e constituídas obrigatoriamente por um quinto dos Deputados em efectividade de funções, até ao limite de uma por Deputado e por sessão legislativa.
3. As comissões parlamentares de inquérito gozam de poderes de investigação próprios das autoridades judiciais.

Artigo 102.º

1. A Assembleia Nacional é substituída fora do período de funcionamento efectivo, durante o período em que estiver dissolvida e nos restantes casos previstos na Lei Constitucional por uma Comissão Permanente.

2. A Comissão Permanente tem a seguinte composição:

   a) O Presidente da Assembleia Nacional, que a preside, indicado pelo partido político ou coligação de partidos que obtiver a maioria nas eleições;

   b) Dois Vice-Presidentes, indicados pelos partidos políticos ou coligação de partidos, proporcionalmente ao número de assentos por si obtidos na Assembleia Nacional;

   c) Doze Deputados indicados pelos partidos políticos e coligação de partidos proporcionalmente ao número de assentos por si obtidos na Assembleia Nacional.

3. Compete à Comissão Permanente:

   a) Acompanhar a actividade do Governo e da Administração;

   b) Convocar extraordinariamente a Assembleia Nacional;

   c) Exercer os poderes da Assembleia relativamente ao mandato dos Deputados;

   d) Autorizar o Presidente da República a declarar o estado de sítio ou o estado de emergência;

   e) Autorizar excepcionalmente o Presidente da República a declarar a guerra e a fazer a paz, quando a Assembleia Nacional não se encontre em período normal de funcionamento e seja, em face da urgência, inviável a sua convocação extraordinária;

   f) Preparar a abertura da sessão legislativa.

Artigo 103.º

1. Os Deputados eleitos por cada partido ou coligação de partidos podem constituir-se em grupos parlamentares.

2. Sem prejuízo dos direitos dos Deputados previstos na presente Lei, os grupos parlamentares podem ter direito a:

   a) Participar nas comissões de trabalho da Assembleia em função do número dos seus membros, indicando os seus representantes nelas;

   b) Ser ouvidos na fixação da ordem do dia;

   c) Provocar, por meio de interpelação ao Governo, a abertura de dois debates em cada sessão legislativa sobre assuntos de política geral ou sectorial;

   d) Solicitar à Comissão Permanente que promova a convocação da Assembleia;

   e) Exercer iniciativa legislativa;

   f) Apresentar moções de censura ao Governo;

   g) Ser informado pelo Governo, regular e directamente, sobre o andamento dos principais assuntos de interesse público;

   h) Requerer a constituição de Comissões Parlamentares de inquérito.

3. As faculdades previstas nas alíneas *b)*, *f)*, *g)* e *h)* são exercidas através do presidente do grupo parlamentar.

4. Cada grupo parlamentar tem direito a dispor de locais de trabalho na sede da Assembleia Nacional, bem como de pessoal técnico e administrativo da sua confiança, nos termos da lei.

Artigo 104.º

A Assembleia Nacional e as suas comissões serão coadjuvadas por um corpo permanente de técnicos, pessoal administrativo e por especialistas requisitados ou temporariamente contratados, nos termos estabelecidos por lei.

CAPÍTULO IV – Do Governo

Artigo 105.º

1. O Governo conduz a política geral do país e é o órgão superior da administração pública.

2. O Governo é responsável politicamente perante o Presidente da República e a Assembleia Nacional, nos termos estabelecidos pela presente Lei.

Artigo 106.º

1. A composição do Governo é fixada por decreto-lei.

2. O número e a designação dos Ministros, Secretários de Estado e Vice-Ministros serão determinados pelos decretos de nomeação dos respectivos titulares.

3. As atribuições dos Ministérios e Secretarias de Estado são determinadas por decreto-lei.

Artigo 107.º

1. Os cargos de Primeiro-Ministro, Ministro, Secretário de Estado e Vice-Ministro são incompatíveis com o exercício do mandato de Deputado.

2. São aplicáveis aos cargos previstos no parágrafo anterior as incompatibilidades previstas nas alíneas *b)* e *c)* do artigo 82.º

Artigo 108.º

1. O Conselho de Ministros é presidido pelo Presidente da República e constituído pelo Primeiro-Ministro, Ministros e Secretários de Estado.

2. O Conselho de Ministros reúne com a periodicidade definida na lei.

3. Os Vice-Ministros podem ser convocados a participar nas reuniões do Conselho de Ministros.

4. O Conselho de Ministros pode criar comissões especializadas para a preparação de assuntos específicos a serem apreciados em Conselho de Ministros.

Artigo 109.º

1. As funções do Primeiro-Ministro iniciam-se com a sua tomada de posse e cessam com a tomada de posse do Primeiro-Ministro que o substitui.

2. As funções dos restantes membros do Governo iniciam-se com a sua tomada de posse e cessam com a sua exoneração ou com a exoneração do Primeiro-Ministro.

3. Em caso de demissão do Governo, o Primeiro-Ministro do Governo cessante é exonerado na data da nomeação e da tomada de posse do novo Primeiro-Ministro.

Artigo 110.º

No exercício de funções políticas, compete ao Governo:

a) Referendar os actos do Presidente da República, nos termos previstos pelo artigo 70.º;

b) Definir as linhas gerais da política governamental, bem como as da sua execução;

c) Negociar e concluir tratados internacionais e aprovar os tratados que não sejam da competência absoluta da Assembleia Nacional ou que a esta não tenham sido submetidos;

d) Apresentar projectos de lei à Assembleia Nacional;

e) Deliberar sobre o pedido de confiança ao Parlamento;

f) Pronunciar-se sobre a declaração do estado de sítio ou do estado de emergência;
g) Propor ao Presidente da República a declaração de guerra ou a feitura de paz;
h) Praticar outros actos que lhe sejam cometidos pela Lei Constitucional ou pela lei.

Artigo 111.°

1. No exercício de funções legislativas, compete ao Governo:
a) Fixar por decreto-lei a composição, organização e funcionamento do Governo;
b) Elaborar e aprovar decretos-leis em matéria de reserva legislativa relativa da Assembleia Nacional, nos termos da respectiva autorização legislativa.
2. Em matéria referente à sua própria composição, organização e funcionamento, o Governo tem competência legislativa absoluta.
3. Os decretos-leis previstos na alínea *b*) devem invocar expressamente o diploma legal de autorização legislativa.

Artigo 112.°

No exercício de funções administrativas, compete ao Governo:
a) Elaborar e promover a execução do plano de desenvolvimento económico e social do País;
b) Elaborar, aprovar e dirigir a execução do Orçamento do Estado;
c) Aprovar os actos do Governo que envolvam aumento ou diminuição das receitas ou despesas públicas;
d) Elaborar regulamentos necessários à boa execução das leis;
e) Dirigir os serviços e a actividade da administração do Estado, superintender na administração indirecta, exercer a tutela sobre a administração local autárquica e sobre as demais instituições públicas autárquicas;
f) Praticar actos e tomar todas as providências necessárias à promoção do desenvolvimento económico e social e à satisfação das necessidades colectivas.

Artigo 113.°

O Governo, reunido em Conselho de Ministros, exerce a sua competência por meio de decretos-leis, decretos e resoluções sobre políticas gerais, sectoriais e medidas do âmbito da actividade governamental.

Artigo 114.°

1. Incumbe em geral ao Primeiro-Ministro dirigir, conduzir e coordenar a acção geral do Governo.
2. Compete ao Primeiro-Ministro, nomeadamente:
a) Coordenar e orientar a actividade de todos os Ministros e Secretários de Estado;
b) Representar o Governo perante a Assembleia Nacional e a nível interno e externo;
c) Dirigir o funcionamento do Governo e as suas relações de carácter geral com os demais órgãos do Estado;
d) Substituir o Presidente da República na Presidência do Conselho de Ministros, nos termos previstos no n.° 2 do artigo 68.°;
e) Assinar os decretos-leis do Conselho de Ministros e enviá-los à promulgação do Presidente da República;
f) Assinar os decretos-leis do Conselho de Ministros e enviá-los à posterior assinatura do Presidente da República;
g) Assinar as resoluções do Conselho de Ministros;

h) Exercer as demais funções que lhe sejam cometidas pela Lei Constitucional e pela lei.

3. No exercício das suas competências, o Primeiro-Ministro, os Ministros e os Secretários de Estado emitem decretos executivos e despachos, que serão publicados no *Diário da República*.

Artigo 115.º

1. O Governo elabora o seu programa, no qual constarão as principais orientações políticas, económicas, sociais e medidas a tomar ou a propor nos diversos domínios da actividade governamental.
2. Os membros do Governo estão vinculados ao programa do Governo e às deliberações tomadas em Conselho de Ministros.

Artigo 116.º

1. O Governo inicia as suas funções logo após a tomada de posse.
2. O Governo pode estar sujeito a moções de censura votadas pela Assembleia Nacional, sobre a execução do seu programa ou assuntos fundamentais da política governamental, mediante iniciativa apresentada por qualquer grupo parlamentar ou um quarto dos Deputados em efectividade de funções.
3. A aprovação de uma moção de censura ao Governo exige maioria absoluta dos votos dos Deputados em efectividade de funções.
4. Se a moção de censura não for aprovada, os seus signatários não podem apresentar outra durante a mesma sessão legislativa.
5. O Governo pode solicitar à Assembleia Nacional uma moção de confiança que deve ser aprovada pela maioria absoluta dos votos dos Deputados em efectividade de funções.

Artigo 117.º

1. O Primeiro-Ministro é responsável politicamente perante o Presidente da República, a quem informa directa e regularmente acerca dos assuntos respeitantes à condução da política do País.
2. O Primeiro-Ministro representa o Governo perante a Assembleia Nacional e engaja a responsabilidade política do Governo perante a Assembleia Nacional.

Artigo 118.º

Dá lugar à demissão do Governo:
a) O termo da legislatura;
b) A eleição de um novo Presidente da República;
c) A demissão do Primeiro-Ministro;
d) A aceitação pelo Presidente da República do pedido de demissão apresentado pelo Primeiro-Ministro;
e) A morte ou impossibilidade física duradoura do Primeiro-Ministro;
f) A aprovação de uma moção de censura ao Governo;
g) A não aprovação de um voto de confiança ao Governo.

Artigo 119.º

O Primeiro-Ministro, os Ministros, os Secretários de Estado e os Vice-Ministros só podem ser presos depois de culpa formada, quando a infracção for punível com pena de prisão maior e após suspensão do exercício do cargo pelo Presidente da República.

CAPÍTULO V – Da Justiça

SECÇÃO I – Dos tribunais

Artigo 120.º

1. Os tribunais são órgãos de soberania com competência de administrar a justiça em nome do Povo.
2. Incumbe ao Tribunal Supremo e demais tribunais instituídos por lei exercer a função jurisdicional.
3. No exercício da função jurisdicional, os tribunais são independentes, apenas estão sujeitos à Lei e têm direito à coadjuvação das outras autoridades.

Artigo 121.º

1. Os tribunais garantem e asseguram a observância da Lei Constitucional, das leis e demais disposições normativas vigentes, a protecção dos direitos e interesses legítimos dos cidadãos e das instituições e decidem sobre a legalidade dos actos administrativos.
2. As decisões dos tribunais são de cumprimento obrigatório para todos os cidadãos e demais pessoas jurídicas e prevalecem sobre as de outras autoridades.

Artigo 122.º

Os tribunais são em regra colegiais e integrados por juízes profissionais e assessores populares, com os mesmos direitos e deveres quanto ao julgamento da causa.

Artigo 123.º

Todas as entidades públicas e privadas têm o dever de cooperar com os tribunais na execução das suas funções.

Artigo 124.º

As audiências de julgamento são públicas, excepto quando o próprio tribunal o não entenda, em despacho fundamentado, para a defesa da dignidade das pessoas ou da moral pública ou ainda para assegurar o seu funcionamento.

Artigo 125.º

1. Além do Tribunal Constitucional, os tribunais estruturam-se nos termos da lei, de acordo com as categorias seguintes:
   a) Tribunais Municipais;
   b) Tribunais Provinciais;
   c) Tribunal Supremo.
2. Lei própria estabelece a organização e funcionamento da justiça militar.
3. Nos termos da lei, podem ser criados tribunais militares, administrativos, de contas, fiscais, tribunais marítimos e arbitrais.

Artigo 126.º

Sem prejuízo do disposto no artigo anterior, é proibida a criação de tribunais com competência exclusiva para o julgamento de determinadas infracções.

Artigo 127.º

No exercício das suas funções, os juízes são independentes e apenas devem obediência à Lei.

Artigo 128.º

Os juízes são inamovíveis, não podendo ser transferidos, promovidos, suspensos, reformados ou demitidos senão nos termos da lei.

Artigo 129.º

Os juízes não são responsáveis pelas decisões que proferem no exercício das suas funções, salvo as restrições impostas por lei.

Artigo 130.º

1. O juiz Presidente do Tribunal Supremo, o Vice-Presidente do Tribunal Supremo e os demais juízes do Tribunal Supremo e do Tribunal Constitucional só podem ser presos depois de culpa formada, quando a infracção for punível com pena de prisão maior.

2. Os juízes dos tribunais de primeira instância não podem ser presos sem culpa formada, excepto em flagrante delito por crime doloso punível com pena de prisão maior.

Artigo 131.º

Os juízes não podem desempenhar qualquer outra função pública ou privada, excepto a de docência ou de investigação científica.

SECÇÃO II – Do Conselho Superior da Magistratura Judicial

Artigo 132.º

1. O Conselho Superior da Magistratura Judicial é o órgão superior de gestão e disciplina da magistratura judicial, competindo-lhe, em geral:

a) Apreciar o mérito profissional e exercer a acção disciplinar sobre os juízes;

b) Propor a nomeação dos juízes do Tribunal Supremo, nos termos da presente Lei;

c) Ordenar sindicâncias, inspecções e inquéritos aos serviços judiciais e propor as medidas necessárias à sua eficiência e aperfeiçoamento;

d) Nomear, colocar, transferir e promover os magistrados judiciais, sem prejuízo do disposto na presente Lei.

2. O Conselho Superior da Magistratura Judicial é presidido pelo Presidente do Tribunal Supremo e é composto pelos seguintes vogais:

a) Três juristas designados pelo Presidente da República, sendo pelo menos um deles magistrado judicial;

b) Cinco juristas designados pela Assembleia Nacional;

c) Dez juízes eleitos de entre si pelos magistrados judiciais.

3. Os vogais membros do Conselho Superior da Magistratura Judicial gozam das imunidades atribuídas aos juízes do Tribunal Supremo.

Artigo 133.º

O ingresso dos juízes na magistratura far-se-á nos termos a definir por lei.

SECÇÃO III – Tribunal Constitucional

Artigo 134.º

Ao Tribunal Constitucional compete em geral administrar a justiça em matérias de natureza jurídico-constitucional, nomeadamente:

a) Apreciar preventivamente a inconstitucionalidade, nos termos previstos no artigo 154.º;

b) Apreciar a inconstitucionalidade das leis, dos decretos-leis, dos tratados internacionais ratificados e de quaisquer normas, nos termos previstos no artigo 155.°;

c) Verificar e apreciar o não cumprimento da Lei Constitucional por omissão das medidas necessárias para tornar exequíveis as normas constitucionais;

d) Apreciar, em recurso, a constitucionalidade de todas as decisões dos demais tribunais que recusem a aplicação de qualquer norma com fundamento na sua inconstitucionalidade;

e) Apreciar, em recurso, a constitucionalidade de todas as decisões dos demais tribunais que apliquem norma cuja constitucionalidade haja sido suscitada durante o processo.

Artigo 135.°

1. O Tribunal Constitucional é composto por sete juízes, indicados de entre juristas e magistrados, do seguinte modo:

a) Três juízes indicados pelo Presidente da República, incluindo o Presidente do Tribunal;

b) Três juízes eleitos pela Assembleia Nacional, por maioria de dois terços dos Deputados em efectividade de funções;

c) Um juiz eleito pelo Plenário do Tribunal Supremo.

2. Os juízes do Tribunal Constitucional são designados para um mandato de sete anos não renováveis e gozam das garantias de independência, inamovibilidade, imparcialidade e irresponsabilidade dos juízes dos restantes tribunais.

3. Lei própria estabelecerá as demais regras relativas às competências, organização e funcionamento do Tribunal Constitucional.

SECÇÃO IV – Da Procuradoria-Geral da República

Artigo 136.°

1. A Procuradoria-Geral da República é representada junto dos tribunais pela magistratura do Ministério Público, nos termos estabelecidos no respectivo Estatuto.

2. À Procuradoria-Geral da República compete a defesa da legalidade democrática e, em especial, representar o Estado, exercer a acção penal e defender os interesses que lhe forem determinados por lei.

Artigo 137.°

1. A Procuradoria-Geral da República é presidida pelo Procurador-Geral da República e compreende o Conselho Superior da Magistratura do Ministério Público, que é composto por membros eleitos pela Assembleia Nacional e membros de entre si eleitos pelos magistrados do Ministério Público, em termos a definir por lei.

2. A Procuradoria-Geral da República tem estatuto próprio, goza de autonomia nos termos da lei e rege-se pelo estatuto dos Magistrados Judiciais e do Ministério Público.

3. A organização, estrutura e funcionamento da Procuradoria-Geral da República, bem como a forma de ingresso na magistratura do Ministério Público, consta de lei própria.

Artigo 138.°

Os magistrados do Ministério Público são responsáveis nos termos da lei e hierarquicamente subordinados.

Artigo 139.º

1. O Procurador-Geral da República, o Vice-Procurador-Geral da República e os adjuntos do Procurador-Geral da República só podem ser presos depois de culpa formada, quando a infracção for punível com pena de prisão maior.

2. Os magistrados do Ministério Público junto dos tribunais de primeira instância e equiparados não podem ser presos sem culpa formada, excepto em flagrante delito por crime doloso punível com pena de prisão maior.

Artigo 140.º

Os magistrados do Ministério Público não podem ser transferidos, suspensos, promovidos, demitidos ou por qualquer forma mudados de situação senão nos termos previstos no respectivo estatuto.

Artigo 141.º

É incompatível à magistratura do Ministério Público o exercício de funções públicas ou privadas, excepto as de docência ou de investigação científica e ainda as sindicais da respectiva magistratura.

CAPÍTULO VI – Do Provedor de Justiça

Artigo 142.º

1. O Provedor de Justiça é um órgão público independente, que tem por objecto a defesa dos direitos, liberdades e garantias dos cidadãos, assegurando, através de meios informais, a justiça e a legalidade da Administração Pública.

2. Os cidadãos podem apresentar ao Provedor de Justiça queixas por acções ou omissões dos poderes públicos que as apreciará sem poder decisório, dirigindo aos órgãos competentes as recomendações necessárias para prevenir e reparar injustiças.

3. A actividade do Provedor de Justiça é independente dos meios graciosos e contenciosos previstos na Lei Constitucional e nas leis.

4. As demais funções e o estatuto do Provedor de Justiça serão estabelecidos por lei.

Artigo 143.º

1. O Provedor de Justiça é designado pela Assembleia Nacional, por deliberação de dois terços dos Deputados em efectividade de funções, e toma posse perante o Presidente da Assembleia Nacional.

2. O Provedor de Justiça é designado para um mandato de quatro anos, podendo ser reconduzido a mais um mandato de igual período.

Artigo 144.º

Os órgãos e agentes da Administração Pública têm o dever de cooperar com o Provedor de Justiça na realização da sua missão.

CAPÍTULO VII – Do Poder Local

Artigo 145.º

A organização do Estado a nível local compreende a existência de autarquias locais e de órgãos administrativos locais.

Artigo 146.º

1. As autarquias locais são pessoas colectivas territoriais que visam a prossecução de interesses próprios das populações, dispondo para o efeito de órgãos representativos eleitos e da liberdade de administração das respectivas colectividades.

2. Lei própria especificará o modo de constituição, organização, competências, funcionamento e o poder regulamentar das autarquias locais.

Artigo 147.º

1. Os órgãos administrativos locais são unidades administrativas locais desconcentradas do poder central, que visam assegurar a nível local a realização das atribuições específicas da administração estatal, orientar o desenvolvimento económico e social e assegurar a prestação dos serviços comunitários da respectiva área geográfica.

2. Lei própria estabelecerá o tipo de órgãos administrativos locais, sua organização, atribuições e funcionamento.

Artigo 148.º

1. O Governador da Província é o representante do Governo na respectiva Província, a quem incumbe, em geral, dirigir a governação da Província, assegurar o normal funcionamento dos órgãos administrativos locais, respondendo pela sua actividade perante o Governo e o Presidente da República.

2. O Governador da Província é nomeado pelo Presidente da República, ouvido o Primeiro-Ministro.

TÍTULO IV
DA DEFESA NACIONAL

Artigo 149.º

1. Ao Estado compete assegurar a defesa nacional.

2. A defesa nacional tem por objectivos garantir a independência nacional, a integridade territorial e a liberdade e a segurança das populações contra qualquer agressão ou ameaça externa, no quadro da ordem constitucional instituída e do Direito Internacional.

Artigo 150.º

1. O Conselho de Defesa Nacional é presidido pelo Presidente da República e é composto por:
   a) Primeiro-Ministro;
   b) Ministro da Defesa;
   c) Ministro do Interior;
   d) Ministro das Relações Exteriores;
   e) Ministro das Finanças;
   f) Chefe do Estado-Maior-General das Forças Armadas Angolanas.

2. O Presidente da República pode convocar outras entidades, em razão da sua competência, para assistir a reuniões do Conselho de Defesa Nacional.

3. O Conselho de Defesa Nacional é o órgão de consulta para os assuntos relativos à defesa nacional e à organização, funcionamento e disciplina das Forças Armadas, dispondo da competência administrativa que lhe for atribuída pela lei.

Artigo 151.º

1. As Forças Armadas angolanas, sob autoridade suprema do seu Comandante-em-Chefe, obedecem aos órgãos de soberania competentes, nos termos da presente Lei e demais legislação ordinária, incumbindo-lhes a defesa militar da Nação.
2. As Forças Armadas Angolanas, como instituição do Estado, são permanentes, regulares e apartidárias.
3. As Forças Armadas Angolanas são compostas exclusivamente por cidadãos nacionais, estabelecendo a lei as normas gerais da sua organização e preparação.
4. Lei específica determina as regras de utilização das Forças Armadas Angolanas quando se verifique o estado de sítio e o estado de emergência.

Artigo 152.º

1. A defesa da pátria é o direito e o dever mais alto e indeclinável de cada cidadão.
2. O serviço militar é obrigatório. A lei define as formas do seu cumprimento.
3. Em virtude do cumprimento do serviço militar, os cidadãos não podem ser prejudicados no seu emprego permanente, nem nos demais benefícios sociais.

TÍTULO V
GARANTIA E REVISÃO DA LEI CONSTITUCIONAL

CAPÍTULO I – Da fiscalização da inconstitucionalidade

Artigo 153.º

1. As normas que infrinjam o disposto na Lei Constitucional ou os princípios nela designados são inconstitucionais.
2. Incumbe ao Tribunal Constitucional declarar a inconstitucionalidade das normas por acção e por omissão.

Artigo 154.º

1. O Presidente da República e um quinto dos Deputados da Assembleia Nacional podem requerer ao Tribunal Constitucional a apreciação preventiva da constitucionalidade de qualquer norma sujeita à promulgação, assinatura e ratificação do Presidente da República, nomeadamente de normas constantes de lei, de decreto-lei, de decreto ou de tratado internacional.
2. Não podem ser promulgados, assinados ou ratificados diplomas cuja apreciação preventiva da constitucionalidade tenha sido requerida ao Tribunal Constitucional, sem que este se tenha pronunciado.
3. Declarada a inconstitucionalidade das normas mencionadas no parágrafo anterior, o diploma deve ser vetado pelo Presidente da República e devolvido ao órgão que o tiver aprovado para que expurgue a norma julgada inconstitucional.

Artigo 155.º

1. Podem requerer ao Tribunal Constitucional a apreciação da constitucionalidade de quaisquer normas, o Presidente da República, um quinto dos Deputados da Assembleia Nacional em efectividade de funções, o Primeiro-Ministro e o Procurador-Geral da República.
2. A declaração de inconstitucionalidade das normas referidas no parágrafo anterior produz efeitos desde a entrada em vigor da norma declarada inconstitucional e determina a repristinação das normas que ela eventualmente haja revogado.
3. Tratando-se de inconstitucionalidade por infracção de norma constitucional posterior, a declaração só produz efeitos desde a entrada em vigor desta última.
4. Ficam ressalvados os casos julgados, salvo decisão em contrário do Tribunal Constitucional, quando a norma respeitar a matéria penal, disciplinar ou de ilícito de mera ordenação social e for de conteúdo menos favorável ao arguido.

Artigo 156.º

1. Podem requerer ao Tribunal Constitucional a declaração de inconstitucionalidade por omissão o Presidente da República, um quinto dos Deputados em efectividade de funções e o Procurador-Geral da República.
2. Verificada a existência de inconstitucionalidade por omissão, o Tribunal Constitucional dá conhecimento desse facto ao órgão legislativo competente para supressão da lacuna.

Artigo 157.º

O Tribunal Constitucional deve pronunciar-se no prazo máximo de quarenta e cinco dias sobre a constitucionalidade das normas cuja apreciação lhe tenha sido requerida.

CAPÍTULO II – **Da Revisão Constitucional**

Artigo 158.º

1. A Assembleia Nacional pode rever a Lei Constitucional e aprovar a Constituição da República de Angola por decisão aprovada por dois terços dos Deputados em efectividade de funções.
2. A iniciativa da revisão da Lei Constitucional compete a um número mínimo de dez Deputados e ao Presidente da República.
3. A Lei Constitucional pode ser revista a todo o tempo.
4. A Assembleia Nacional define a forma de iniciativa para a elaboração da Constituição da República de Angola.
5. O Presidente da República não pode recusar a promulgação da Lei de Revisão Constitucional e da Constituição da República de Angola, aprovada nos termos definidos no parágrafo primeiro do presente artigo.

Artigo 159.º

As alterações à Lei Constitucional e a aprovação da Constituição de Angola têm de respeitar o seguinte:
   a) A independência, integridade territorial e unidade nacional;
   b) Os direitos e liberdades fundamentais e as garantias dos cidadãos;

c) O Estado de Direito e a democracia pluripartidária;
d) O sufrágio universal, directo, secreto e periódico na designação dos titulares electivos dos órgãos de soberania e do poder local;
e) A laicidade do Estado e o princípio da separação entre o Estado e as igrejas;
f) A separação e interdependência dos órgãos de soberania e a independência dos tribunais.

Artigo 160.º
Durante a vigência do estado de sítio ou do estado de emergência, não pode ser realizada qualquer alteração à Lei Constitucional.

TÍTULO VI
SÍMBOLOS DA REPÚBLICA DE ANGOLA

Artigo 161.º
Os símbolos da República de Angola são a Bandeira, a Insígnia e o Hino.

Artigo 162.º
A Bandeira Nacional tem duas cores dispostas em duas faixas horizontais. A faixa superior é de cor vermelho-rubro e a inferior de cor preta e representam:

Vermelho-rubro – O sangue derramado pelos angolanos durante a opressão colonial, a luta de libertação nacional e a defesa da pátria;
Preta – O Continente Africano.

No centro, figura uma composição constituída por uma secção de uma roda dentada, símbolo dos trabalhadores e da produção industrial, por uma catana, símbolo dos camponeses, da produção agrícola e da luta armada, e por uma estrela, símbolo da solidariedade internacional e do progresso.
A roda dentada, a catana e a estrela são de cor amarela, que representam as riquezas do País.

Artigo 163.º
A Insígnia da República de Angola é formada por uma secção de uma roda dentada e por uma ramagem de milho, café e algodão, representando, respectivamente, os trabalhadores e a produção industrial, os camponeses e a produção agrícola.
Na base do conjunto existe um livro aberto, símbolo da educação e cultura, e o sol nascente, significando o novo País. Ao centro, está colocada uma catana e uma enxada, simbolizando o trabalho e o início da luta armada. Ao cimo, figura a estrela, símbolo da solidariedade internacional e do progresso.
Na parte inferior do emblema, está colocada uma faixa dourada com a inscrição «REPÚBLICA DE ANGOLA».

Artigo 164.º
O Hino Nacional é *Angola Avante*.

TÍTULO VII
DISPOSIÇÕES FINAIS E TRANSITÓRIAS

Artigo 165.º

As leis e os regulamentos em vigor na República de Angola são aplicáveis enquanto não forem alterados ou revogados, e desde que não contrariem a letra e o espírito da presente Lei.

Artigo 166.º

Serão revistos todos os tratados, acordos e alianças em que Portugal tenha comprometido Angola e que sejam atentatórios dos interesses do povo angolano.

O Presidente da República, *José Eduardo dos Santos*.

VI
CONSTITUIÇÃO DA REPÚBLICA DA GUINÉ-BISSAU DE 1993[81]

---

[81] Texto oficial integral, publicado no *Boletim Oficial da República da Guiné-Bissau*, n.º 8, de 26 de Fevereiro de 1993, 2.º suplemento, com as alterações introduzidas pela Lei Constitucional n.º 1/95, de 1 de Dezembro de 1995, publicada no suplemento ao *Boletim Oficial da República da Guiné-Bissau*, n.º 49, de 4 de Dezembro de 1995, e pela Lei Constitucional n.º 1/96, de 27 de Novembro de 1996.

PREÂMBULO

O PAIGC, fundado em 19 de Setembro de 1956, cumpriu exemplarmente o seu Programa Mínimo que consiste em libertar os Povos de Guiné e Cabo Verde, conquistando a soberania dos respectivos Estados, ao mesmo tempo que lançava as bases de construção de uma sociedade livre, democrática e de justiça social em cada País.

O Partido conseguiu, após a independência, grangear nos planos interno e internacional simpatia, respeito e admiração pela forma como tem conduzido os destinos da Nação Guineense, nomeadamente através da criação e institucionalização do aparelho estatal.

Com o Movimento Reajustador do 14 de Novembro, o Partido reorientou a sua acção, corrigindo os erros que estavam a entravar a edificação de uma sociedade unida, forte e democrática.

Ao adoptar a presente Constituição, que se situa fielmente na linha de uma evolução institucional que nunca se afastou dos ideais e opções do nosso Povo, linha reafirmada pelas transformações profundas operadas na nossa sociedade pela legalidade, pelo Direito e pelo gozo das liberdades fundamentais, a Assembleia Nacional Popular da Guiné-Bissau revela o facto de o seu articulado se encontrar imbuído do Humanismo que sempre nos inspirou e que se reflecte nos direitos e liberdades aqui garantidos aos cidadãos, como conquistas irreversíveis do nosso Povo.

A Assembleia Nacional Popular felicita o PAIGC pelo papel da vanguarda que sempre desempenhou na condução dos destinos da nação guineense e congratula-se pela decisão corajosa e oportuna que o Partido de Amílcar Cabral tomou ao implementar o desafio da abertura democrática rumo à construção de uma sociedade pluralista, justa e livre.

A decisão do PAIGC situa-se na esteira da sua tradição histórica de procurar a cada momento as respostas às profundas aspirações do nosso Povo.

Por isso, agindo como intérprete fiel da vontade do Povo e no exercício das responsabilidades que lhe cabem como órgão máximo da soberania, a Assembleia Nacional Popular aprova e adopta, como Lei Fundamental e para vigorar a partir de 16 de Maio de 1984, a presente Constituição da República da Guiné-Bissau:

TÍTULO I
PRINCÍPIOS FUNDAMENTAIS

Artigo 1.º

A Guiné-Bissau é uma República soberana, democrática, laica e unitária.

Artigo 2.º
1. A soberania Nacional da República da Guiné-Bissau reside no Povo.
2. O povo exerce o poder político directamente ou através dos órgãos do poder eleitos democraticamente.

Artigo 3.º

A República da Guiné-Bissau é um Estado de democracia constitucionalmente instituída, fundado na unidade nacional e na efectiva participação popular no desempenho, controlo e direcção das actividades públicas e orientado para a construção de uma sociedade livre e justa.

Artigo 4.º
1. Na República da Guiné-Bissau é livre a constituição de partidos políticos nos termos da Constituição e da lei.
2. Os partidos políticos concorrem para a organização e expressão da vontade popular e do pluralismo político.
3. Os partidos devem respeitar a independência e unidade nacional, a integridade territorial e a democracia pluralista, devendo na sua organização e funcionamento obedecer às regras democráticas.
4. É proibida a formação de partidos de âmbito regional ou local, de partidos que fomentem o racismo ou o tribalismo e de partidos que se proponham empregar meios violentos na prossecução dos seus fins.
5. A denominação do partido político não poderá identificar-se com qualquer parcela do território nacional, nem evocar nome de pessoa, igreja, religião, confissão ou doutrina religiosa.
6. Os dirigentes máximos dos partidos políticos devem ser cidadãos guineenses originários.

Artigo 5.º
1. A República da Guiné-Bissau proclama a sua gratidão eterna ao combatente que, pelo seu sacrifício voluntário, garantiu a libertação da Pátria do jugo estrangeiro, reconquistando a dignidade e o direito do nosso povo à liberdade, ao progresso e à paz.
2. A República da Guiné-Bissau considera como sua honra e dever:
a) Agir no sentido de garantir uma existência condigna aos Combatentes da Liberdade da Pátria e, em particular, àqueles que, pelo facto da sua participação na Luta de Libertação, sofreram uma diminuição física que os torna, total ou parcialmente, incapazes para o trabalho e que são os primeiros credores do reconhecimento nacional;
b) Garantir a educação dos órfãos dos Combatentes da Liberdade da Pátria;
c) Assistir os pais, os filhos e os viúvos dos Combatentes da Liberdade da Pátria.
3. O Combatente da Liberdade da Pátria é o militante que, nos quadros do PAIGC, participou na luta de libertação entre 19 de Setembro de 1956 e 24 de Setembro de 1973, e o que, tendo-se integrado nas fileiras do Partido, nas frentes de combate, após esta última data e até 24 de Abril de 1974, revelou pela sua conduta exemplar, ser digno desse título.

Artigo 6.º
1. Na República da Guiné-Bissau existe separação entre o Estado e as instituições religiosas.

2. O Estado respeita e protege as confissões religiosas reconhecidas legalmente. A actividade dessas confissões e o exercício do culto sujeitam-se à lei.

Artigo 7.º

No quadro da sua estrutura unitária e da realização do interesse nacional, o Estado da Guiné-Bissau promove a criação e apoia a acção de colectividades territoriais descentralizadas e dotadas de autonomia, nos termos da lei.

Artigo 8.º

1. O Estado subordina-se à Constituição e baseia-se na legalidade democrática.
2. A validade das leis e dos demais actos do Estado e do poder local depende da sua conformidade com a Constituição.

Artigo 9.º

A República da Guiné-Bissau exerce a sua soberania:
1. Sobre todo o território nacional, que compreende:
a) A superfície emersa compreendida nos limites das fronteiras nacionais;
b) O mar interior e o mar territorial definidos na lei, assim como os respectivos leitos e subsolos;
c) O espaço aéreo suprajacente aos espaços geográficos referidos nas alíneas anteriores.
2. Sobre todos os recursos naturais, vivos e não vivos, que se encontrem no seu território.

Artigo 10.º

Na sua zona económica exclusiva, definida por lei, o Estado da Guiné-Bissau exerce competência exclusiva em matéria de conservação e exploração de recursos naturais, vivos e não vivos.

Artigo 11.º

1. A organização económica e social da República da Guiné-Bissau assenta nos princípios da economia de mercado, da subordinação do poder económico ao poder político e da coexistência das propriedades pública, cooperativa e privada.
2. A organização económica e social da República da Guiné-Bissau tem como objectivo a promoção contínua do bem-estar do povo e a eliminação de todas as formas de sujeição da pessoa humana a interesses degradantes, em proveito de indivíduos, de grupos ou de classes.

Artigo 12.º

1. Na República da Guiné-Bissau são reconhecidas as seguintes formas de propriedade:
a) A propriedade do Estado, património comum de todo o povo;
b) A propriedade cooperativa que, organizada sob a base do livre consentimento, incide sobre a exploração agrícola, a produção de bens de consumo, o artesanato e outras actividades fixadas por lei;
c) A propriedade privada, que incide sobre bens distintos dos do Estado.
2. São propriedade do Estado o solo, o subsolo, as águas, as riquezas minerais, as principais fontes de energia, a riqueza florestal e as infra-estruturas sociais.

Artigo 13.º

1. O Estado pode dar por concessão às cooperativas e outras pessoas jurídicas, singulares ou colectivas, a exploração da propriedade estatal, desde que sirva o interesse geral e aumente as riquezas sociais.
2. *Revogado.*
3. O Estado promove o investimento do capital estrangeiro desde que seja útil ao desenvolvimento económico e social do País.

Artigo 14.º

O Estado reconhece o direito à herança, nos termos da lei.

Artigo 15.º

A saúde pública tem por objectivo promover o bem-estar físico e mental das populações e a sua equilibrada inserção no meio sócio-ecológico em que vivem. Ela deve orientar-se para a prevenção e visar a socialização progressiva da medicina e dos sectores médico-medicamentosos.

Artigo 16.º

1. A educação visa a formação do homem. Ela deverá manter-se estreitamente ligada ao trabalho produtivo, proporcionar a aquisição de qualificações, conhecimentos e valores que permitam ao cidadão inserir-se na comunidade e contribuir para o seu incessante progresso.
2. O Estado considera a liquidação do analfabetismo como uma tarefa fundamental.

Artigo 17.º

1. É imperativo fundamental do Estado criar e promover as condições favoráveis à preservação da identidade cultural, como suporte da consciência e dignidade nacionais e factor estimulante do desenvolvimento harmonioso da sociedade. O Estado preserva e defende o património cultural do povo, cuja valorização deve servir o progresso e a salvaguarda da dignidade humana.
2. Serão criadas condições para que todos os cidadãos tenham acesso à cultura e sejam incentivados a participar activamente na sua criação e difusão.
3. Incumbe ao Estado encorajar a prática e difusão dos desportos e da cultura física.

Artigo 18.º

1. A República da Guiné-Bissau estabelece e desenvolve relações com os outros países na base do Direito Internacional, dos princípios da independência nacional, da igualdade entre os Estados, da não ingerência nos assuntos internos e da reciprocidade de vantagens, da coexistência pacífica e do não-alinhamento.
2. A República da Guiné-Bissau defende o direito dos povos à autodeterminação e à independência, apoia a luta dos povos contra o colonialismo, o imperialismo, o racismo e todas as demais formas de opressão e exploração; preconiza a solução pacífica dos conflitos internacionais e participa nos esforços tendentes a assegurar a paz e a justiça nas relações entre os Estados e o estabelecimento da nova ordem económica internacional.
3. Sem prejuízo das conquistas alcançadas através da luta de libertação nacional, a República da Guiné-Bissau participa nos esforços que realizam os Estados afri-

canos, na base regional ou continental, em ordem à concretização do princípio da unidade africana.

Artigo 19.º

É dever fundamental do Estado salvaguardar, por todas as formas, as conquistas do povo e, em particular, a ordem democrática constitucionalmente instituída. A defesa da nação deve organizar-se com base na participação activa e na adesão consciente das populações.

Artigo 20.º

1. As Forças Armadas Revolucionárias do Povo (FARP), instrumento de libertação nacional ao serviço do Povo, são a instituição primordial de defesa da nação. Incumbe-lhes defender a independência, a soberania e a integridade territorial, e a colaborar estreitamente com os serviços nacionais específicos na garantia e manutenção da segurança interna e da ordem pública.

2. É dever cívico e de honra dos membros das FARP participar activamente nas tarefas da reconstrução nacional.

3. As FARP obedecem aos órgãos de soberania competentes, nos termos da Constituição e da lei.

4. As FARP são apartidárias e os seus elementos, no activo, não podem exercer qualquer actividade política.

Artigo 21.º

1. As forças de segurança têm por funções defender a legalidade democrática e garantir a segurança interna, e os direitos dos cidadãos e são apartidárias, não podendo os seus elementos, no activo, exercer qualquer actividade política.

2. As medidas de polícia são só as previstas na lei, não devendo ser utilizadas para além do estritamente necessário.

3. A prevenção dos crimes, incluindo a dos crimes contra a segurança de Estado, só se pode fazer com observância das regras previstas na lei e com respeito pelos direitos, liberdades e garantias dos cidadãos.

Artigo 22.º

1. Os símbolos nacionais da República da Guiné-Bissau são a Bandeira, as Armas e o Hino.

2. A Bandeira Nacional da República da Guiné-Bissau é formada por três faixas rectangulares, de cor vermelha, amarela e a verde em posição horizontal, respectivamente, do lado superior e do lado inferior direito. A faixa vermelha é marcada com uma estrela negra de cinco pontas.

3. As Armas da República da Guiné-Bissau consistem em duas palmas dispostas em círculo, unidas pela base, onde assenta uma concha amarela, e ligadas por uma fita em que se inscreve o lema «UNIDADE LUTA PROGRESSO».

Na parte central superior insere-se uma estrela negra de cinco pontas.

4. O Hino Nacional é *Esta é a nossa Pátria Amada.*

Artigo 23.º

A capital da República da Guiné-Bissau é Bissau.

TÍTULO II
DOS DIREITOS, LIBERDADES, GARANTIAS E DEVERES FUNDAMENTAIS

Artigo 24.º

Todos os cidadãos são iguais perante a lei, gozam dos mesmos direitos e estão sujeitos aos mesmos deveres, sem distinção de raça, sexo, nível social, intelectual ou cultural, crença religiosa ou convicção filosófica.

Artigo 25.º

O homem e a mulher são iguais perante a lei em todos os domínios da vida política, económica, social e cultural.

Artigo 26.º

1. O Estado reconhece a constituição da família e assegura a sua protecção.
2. Os filhos são iguais perante a lei, independentemente do estado civil dos progenitores.
3. Os cônjuges têm iguais direitos e deveres quanto à capacidade civil e política e à manutenção e educação dos filhos.

Artigo 27.º

1. Todo o cidadão nacional que resida ou se encontre no estrangeiro goza dos mesmos direitos e está sujeito aos mesmos deveres que os demais cidadãos, salvo no que seja incompatível com a sua ausência do País.
2. Os cidadãos residentes no estrangeiro gozam do cuidado e da protecção do Estado.

Artigo 28.º

1. Os estrangeiros, na base da reciprocidade, e os apátridas, que residam ou se encontrem na Guiné-Bissau, gozam dos mesmos direitos e estão sujeitos aos mesmos deveres que o cidadão guineense, excepto no que se refere aos direitos políticos, ao exercício das funções públicas e aos demais direitos e deveres expressamente reservados por lei ao cidadão nacional.
2. O exercício de funções públicas só poderá ser permitido aos estrangeiros desde que tenham carácter predominantemente técnico, salvo acordo ou convenção internacional.

Artigo 29.º

1. Os direitos fundamentais consagrados na Constituição não excluem quaisquer outros constantes das demais leis da República e das regras aplicáveis de Direito Internacional.
2. Os preceitos constitucionais e legais relativos aos direitos fundamentais devem ser interpretados de harmonia com a Declaração Universal dos Direitos do Homem.

Artigo 30.º

1. Os preceitos constitucionais respeitantes aos direitos, liberdades e garantias são directamente aplicáveis e vinculam as entidades públicas e privadas.

2. O exercício dos direitos, liberdades e garantias fundamentais só poderá ser suspenso ou limitado em caso de estado de sítio ou de estado de emergência, declarados nos termos da Constituição e da lei.
3. As leis restritivas de direitos, liberdades e garantias têm de revestir carácter geral e abstracto, devem limitar-se ao necessário para salvaguardar outros direitos ou interesses constitucionalmente protegidos e não podem ter efeitos retroactivos, nem diminuir o conteúdo essencial dos direitos.

Artigo 31.º

1. O estado de sítio ou o estado de emergência só podem ser declarados, no todo ou em parte do território nacional, nos casos de agressão efectiva ou eminente por forças estrangeiras, de grave ameaça ou perturbação da ordem constitucional democrática ou de calamidade pública.
2. A declaração do estado de sítio em caso algum pode afectar os direitos à vida, à integridade pessoal, à identidade pessoal, a capacidade civil e a cidadania, a não retroactividade da lei penal, o direito de defesa dos arguidos e a liberdade de consciência e de religião.
3. A declaração do estado de emergência apenas pode determinar a suspensão parcial dos direitos, liberdades e garantias.

Artigo 32.º

Todo o cidadão tem do direito de recorrer aos órgãos jurisdicionais contra os actos que violem os seus direitos reconhecidos pela Constituição e pela lei, não podendo a justiça ser denegada por insuficiência de meios económicos.

Artigo 33.º

O Estado e as demais entidades públicas são civilmente responsáveis, em forma solidária com os titulares dos seus órgãos, funcionários ou agentes, por acções ou omissões praticadas no exercício das suas funções e por causa desse exercício, de que resulte violação dos direitos, liberdades e garantias, ou prejuízo para outrem.

Artigo 34.º

Todos têm direito à informação e à protecção jurídica, nos termos da lei.

Artigo 35.º

Nenhum dos direitos e liberdades garantidos aos cidadãos pode ser exercido contra a independência da Nação, a integridade do território, a unidade nacional, as instituições da República e os princípios e objectivos consagrados na presente Constituição.

Artigo 36.º

1. Na República da Guiné-Bissau em caso algum haverá pena de morte.
2. Haverá pena de prisão perpétua para os crimes a definir por lei.

Artigo 37.º

1. A integridade moral e física dos cidadãos é inviolável.
2. Ninguém pode ser submetido a tortura, nem a tratos ou penas cruéis, desumanos e degradantes.
3. Em caso algum haverá trabalhos forçados, nem medidas de segurança privativas de liberdade de duração ilimitada ou indefinida.
4. A responsabilidade criminal é pessoal e intransmissível.

Artigo 38.º

1. Todo o cidadão goza da inviolabilidade da sua pessoa.
2. Ninguém pode ser total ou parcialmente privado de liberdade, a não ser em consequência de sentença judicial condenatória pela prática de acto punido pela lei com pena de prisão ou de aplicação judicial de medida de segurança.
3. Exceptua-se deste princípio a privação de liberdade, pelo tempo e nas condições que a lei determinar.
4. A lei não pode ter efeito retroactivo, salvo quando possa beneficiar o arguido.

Artigo 39.º

1. Toda a pessoa privada de liberdade deve ser informada imediatamente das razões da sua detenção, e esta comunicada a parente ou pessoa de confiança do detido, por este indicadas.
2. A privação da liberdade contra o disposto na Constituição e na lei constitui o Estado no dever de indemnizar o lesado, nos termos que a lei estabelecer.
3. A prisão ou detenção ilegal resultante de abuso de poder confere ao cidadão o direito de recorrer à providência do *habeas corpus*.
4. A providência do *habeas corpus* é interposta no Supremo Tribunal de Justiça, nos termos da lei.
5. Em caso de dificuldade de recurso ao Supremo Tribunal de Justiça, a providência poderá ser requerida no tribunal regional mais próximo.

Artigo 40.º

1. A prisão sem culpa formada será submetida, no prazo máximo de quarenta e oito horas, a decisão judicial de validação ou manutenção, devendo o juiz conhecer das causas da detenção e comunicá-las ao detido, interrogá-lo e dar-lhe oportunidade de defesa.
2. A prisão preventiva não se mantém sempre que possa ser substituída por caução ou por medidas de liberdade provisória previstas na lei.
3. A prisão preventiva, antes e depois da formação da culpa, está sujeita aos prazos estabelecidos na lei.

Artigo 41.º

1. Ninguém pode ser sentenciado criminalmente senão em virtude de lei anterior que declare punível a acção ou a omissão, nem sofrer medidas de segurança cujos pressupostos não estejam fixados em lei anterior.
2. Não podem ser aplicadas penas ou medidas de segurança que não estejam expressamente cominadas em lei anterior.
3. Ninguém pode sofrer penas ou medidas de segurança mais graves do que as previstas no momento da correspondente conduta ou de verificação dos respectivos pressupostos.
4. Ninguém pode ser julgado mais do que uma vez pela prática do mesmo crime.
5. Nenhuma pena envolve, como efeito necessário, a perda de quaisquer direitos civis, profissionais ou políticos.
6. Os cidadãos injustamente condenados têm direito, nas condições prescritas na lei, à revisão da sentença e à indemnização pelos danos sofridos.

Artigo 42.º

1. O processo criminal assegurará todas as garantias de defesa.

2. Todo o arguido se presume inocente até ao trânsito em julgado da sentença de condenação, devendo ser julgado no mais curto prazo compatível com as garantias de defesa.
3. O arguido tem direito a escolher defensor e a ser por ele assistido em todos os actos do processo, especificando a lei os casos e as fases em que essa assistência é obrigatória.
4. Toda a instrução é da competência de um juiz, o qual pode, nos termos da lei, delegar noutras entidades a prática dos actos de instrução que não se prendam directamente com os direitos fundamentais.
5. O processo criminal tem estrutura acusatória, estando a audiência de julgamento e os actos de instrução que a lei determina subordinados ao princípio contraditório.
6. São nulas todas as provas obtidas mediante torturas, coacção, ofensa da integridade física ou moral da pessoa, abusiva intromissão na vida privada, no domicílio, na correspondência ou nas telecomunicações.

Artigo 43.º

1. Em caso algum é admissível a extradição ou a expulsão do país do cidadão nacional.
2. Não é admitida a extradição de cidadãos estrangeiros por motivos políticos.
3. A extradição e a expulsão só podem ser decididas por autoridade judicial.

Artigo 44.º

1. A todos são reconhecidos os direitos à identidade pessoal, à capacidade civil, à cidadania, ao bom nome e reputação, à imagem, à palavra e à reserva da intimidade da vida privada e familiar.
2. A privação da cidadania e as restrições à capacidade civil só podem efectuar-se nos casos e termos previstos na lei, não podendo ter como fundamento motivos políticos.

Artigo 45.º

1. É reconhecida aos trabalhadores a liberdade sindical como forma de promover a unidade, defender os seus direitos e proteger os seus interesses.
2. No exercício da liberdade sindical é garantido aos trabalhadores, sem qualquer discriminação, designadamente:
a) A liberdade de constituição, de organização e de regulamentação interna das associações;
b) O direito de exercício da actividade sindical nas empresas, nos termos previstos na lei.
3. As associações sindicais são independentes do Estado, do patronato, das confissões religiosas, dos partidos e outras associações políticas.
4. A lei assegura a protecção adequada aos representantes dos trabalhadores contra quaisquer formas de limitações do exercício legítimo das suas funções.
5. As associações sindicais devem reger-se pelos princípios da organização e da gestão democráticas, baseados na eleição periódica e por escrutínio secreto dos órgãos dirigentes, sem sujeição a qualquer autorização ou homologação, e assentes na participação dos trabalhadores em todos os domínios da actividade sindical.

Artigo 46.º

1. Aquele que trabalha tem direito à protecção, segurança e higiene no trabalho.
2. O trabalhador só poderá ser despedido nos casos e termos previstos na lei, sendo proibidos os despedimentos por motivos políticos ou ideológicos.

3. O Estado criará gradualmente um sistema capaz de garantir ao trabalhador segurança social na velhice, na doença ou quando lhe ocorra incapacidade de trabalho.

Artigo 47.º

1. É reconhecido aos trabalhadores o direito à greve, nos termos da lei, competindo-lhes definir o âmbito de interesses profissionais a defender através da greve, devendo a lei estabelecer as suas limitações nos serviços e actividades essenciais, no interesse das necessidades inadiáveis da sociedade.
2. É proibido o *lock-out*.

Artigo 48.º

1. O Estado reconhece o direito do cidadão à inviolabilidade do domicílio, da correspondência e dos outros meios de comunicação privada, exceptuando os casos expressamente previstos na lei em matéria do processo criminal.
2. A entrada no domicílio dos cidadãos contra a sua vontade só pode ser ordenada pela autoridade judicial competente nos casos e segundo as formas previstas na lei.

Artigo 49.º

1. Todo o cidadão tem o direito e o dever da educação.
2. O Estado promove gradualmente a gratuitidade e a igual possibilidade de acesso de todos os cidadãos aos diversos graus do ensino.
3. É garantido o direito de criação de escolas privadas e cooperativas.
4. O ensino público não será confessional.

Artigo 50.º

1. É livre a criação intelectual, artística e científica que não contrarie a promoção do progresso social.
2. Esta liberdade compreende o direito de invenção, produção e divulgação de obras científicas, literárias ou artísticas.
3. A lei protegerá os direitos do autor.

Artigo 51.º

1. Todos têm o direito de exprimir e divulgar livremente o seu pensamento por qualquer meio ao seu dispor, bem como o direito de informar, de se informar e de ser informado sem impedimento nem discriminações.
2. O exercício desse direito não pode ser impedido ou limitado por qualquer tipo ou forma de censura.
3. A todas as pessoas, singulares ou colectivas, é assegurado, em condições de igualdade e eficácia, o direito de resposta e de rectificação, bem como o direito da indemnização pelos danos sofridos.

Artigo 52.º

1. A liberdade de consciência e de religião é inviolável.
2. A todos é reconhecida a liberdade de culto, que em caso algum poderá violar os princípios fundamentais consagrados na Constituição.
3. É garantida a liberdade de ensino de qualquer religião praticada no âmbito da respectiva confissão.

Artigo 53.º

A todos os cidadãos é garantido o direito de se deslocarem livremente em qualquer parte do território nacional.

Artigo 54.°
1. Os cidadãos têm o direito de se reunir pacificamente em lugares abertos ao público, nos termos da lei.
2. A todos os cidadãos é reconhecido o direito de se manifestar, nos termos da lei.

Artigo 55.°
1. Os cidadãos têm o direito de, livremente e sem dependência de qualquer autorização, constituir associações, desde que estas não se destinem a promover a violência e os respectivos fins não sejam contrários à lei.
2. As associações prosseguem livremente os seus fins sem interferência das autoridades públicas e não podem ser dissolvidas pelo Estado ou suspensas as suas actividades, senão nos casos previstos na lei e mediante decisão judicial.
3. Não são consentidas associações armadas nem de tipo militar, militarizadas ou paramilitares, nem organizações que promovam o racismo e o tribalismo.

Artigo 56.°
1. É garantida a liberdade de imprensa.
2. As estações de rádio e televisão só podem ser criadas mediante licença a conferir nos termos da lei.
3. O Estado garante um serviço de imprensa, de rádio e televisão, independente dos interesses económicos e políticos, que assegura a expressão e o confronto das diversas correntes de opinião.
4. Para garantir o disposto no número anterior e assegurar o respeito pelo pluralismo ideológico, será criado um Conselho Nacional de Comunicação Social, órgão independente cuja composição e funcionamento serão definidos por lei.

Artigo 57.°
Os partidos políticos têm direito a tempos de antena na rádio e na televisão, nos termos da lei.

Artigo 58.°
Em conformidade com o desenvolvimento do país, o Estado criará progressivamente as condições necessárias à realização integral dos direitos de natureza económica e social reconhecidos neste título.

TÍTULO III
ORGANIZAÇÃO DO PODER POLÍTICO

CAPÍTULO I – Dos princípios gerais

Artigo 59.°
1. São órgãos de soberania o Presidente da República, a Assembleia Nacional Popular, o Governo e os Tribunais.
2. A organização do poder político baseia-se na separação e interdependência dos órgãos de soberania e na subordinação de todos eles à Constituição.

Artigo 60.º

O sistema eleitoral, as condições de elegibilidade, a divisão do território em círculos eleitorais, o número de deputados, bem como o processo e os órgãos de fiscalização dos actos eleitorais serão definidos na lei eleitoral.

Artigo 61.º

Os titulares de cargos políticos respondem política, civil e criminalmente pelos actos e omissões que pratiquem no exercício das suas funções.

CAPÍTULO II – **Do Presidente da República**

Artigo 62.º

1. O Presidente da República é o Chefe do Estado, símbolo da unidade, garante da independência nacional e da Constituição e Comandante Supremo das Forças Armadas.
2. O Presidente da República representa a República da Guiné-Bissau.

Artigo 63.º

1. O Presidente da República é eleito por sufrágio livre, universal, igual, directo, secreto e periódico dos cidadãos eleitores recenseados.
2. São elegíveis para o cargo de Presidente da República os cidadãos eleitores guineenses de origem, filhos de pais guineenses de origem, maiores de 35 anos de idade, no pleno gozo dos seus direitos civis e políticos.

Artigo 64.º

1. O Presidente da República é eleito por maioria absoluta dos votos validamente expressos.
2. Se nenhum dos candidatos obtiver a maioria absoluta, haverá lugar, no prazo de 21 dias, a um novo escrutínio, ao qual só se poderão apresentar os dois concorrentes mais votados.

Artigo 65.º

As funções de Presidente da República são incompatíveis com quaisquer outras de natureza pública ou privada.

Artigo 66.º

1. O mandato do Presidente da República tem a duração de 5 anos.
2. O Presidente da República não pode candidatar-se a um terceiro mandato consecutivo, nem durante os 5 anos subsequentes ao termo do segundo mandato.
3. Se o Presidente da República renunciar ao cargo não poderá candidatar-se às eleições imediatas, nem às que sejam realizadas no quinquénio imediatamente subsequente à renúncia.

Artigo 67.º

O Presidente da República eleito é investido em reunião plenária da Assembleia Nacional Popular, pelo respectivo Presidente, prestando nesse acto o seguinte juramento:

Juro, por minha honra, defender a Constituição e as leis, a independência e a unidade nacionais, dedicar a minha inteligência e as minhas energias ao serviço do povo da Guiné-Bissau, cumprindo com total fidelidade os deveres da alta função para que fui eleito.

Artigo 68.º

São atribuições do Presidente da República:

a) Representar o Estado Guineense;
b) Defender a Constituição da República;
c) Dirigir mensagens à Nação e à Assembleia Nacional Popular;
d) Convocar extraordinariamente a Assembleia Nacional Popular sempre que razões imperiosas de interesse público o justifiquem;
e) Ratificar os tratados internacionais;
f) Fixar a data das eleições do Presidente da República, dos Deputados à Assembleia Nacional Popular e dos titulares dos órgãos de poder local, nos termos da lei;
g) Nomear e exonerar o Primeiro-Ministro, tendo em conta os resultados eleitorais e ouvidas as forças políticas representadas na Assembleia Nacional Popular;
h) Empossar o Primeiro-Ministro;
i) Nomear e exonerar os restantes membros do Governo, sob proposta do Primeiro-Ministro e dar-lhes posse;
j) Criar e extinguir Ministérios e Secretarias de Estado, sob proposta do Primeiro-Ministro;
l) Presidir ao Conselho de Estado;
m) Presidir ao Conselho de Ministros, quando entender;
n) Empossar os juízes do Supremo Tribunal de Justiça;
o) Nomear e exonerar, sob proposta do Governo, o Chefe do Estado Maior General das Forças Armadas;
p) Nomear e exonerar, ouvido o Governo, o Procurador-Geral da República;
q) Nomear e exonerar os embaixadores, ouvido o Governo;
r) Acreditar os embaixadores estrangeiros;
s) Promulgar as leis, os decretos-leis e os decretos;
t) Indultar e comutar penas;
u) Declarar a guerra e fazer a paz, nos termos do artigo 85.º, n.º 1, alínea *j*), da Constituição;
v) Declarar o estado de sítio e de emergência, nos termos do artigo 85.º, n.º 1, alínea *i*), da Constituição;
x) Conceder títulos honoríficos e condecorações do Estado;
z) Exercer as demais funções que lhe forem atribuídas pela Constituição e pela lei.

Artigo 69.º

1. Compete ainda ao Presidente da República:

a) Dissolver a Assembleia Nacional Popular, em caso de grave crise política, ouvidos o Presidente da Assembleia Nacional Popular e os partidos políticos nela representados e observados os limites impostos pela Constituição;
b) Demitir o Governo, nos termos do n.º 2 do artigo 104.º da Constituição;
c) Promulgar ou exercer o direito de veto no prazo de 30 dias contados da recepção de qualquer diploma da Assembleia Nacional Popular ou do Governo para promulgação.

2. O veto do Presidente da República sobre as leis da Assembleia Nacional Popular pode ser superado por voto favorável da maioria de dois terços dos deputados em efectividade de funções.

Artigo 70.º

No exercício das suas funções, o Presidente da República profere decretos presidenciais.

Artigo 71.º

1. Em caso de ausência para o estrangeiro ou impedimento temporário, o Presidente da República será substituído interinamente pelo Presidente da Assembleia Nacional Popular.
2. Em caso de morte ou impedimento definitivo do Presidente da República, assumirá as funções o Presidente da Assembleia Nacional Popular ou, no impedimento deste, o seu substituto até à tomada de posse do novo Presidente eleito.
3. O novo Presidente será eleito no prazo de 60 dias.
4. O Presidente da República interino não pode, em caso algum, exercer as atribuições previstas nas alíneas g), i), m), n), o), s), v) e x) do artigo 68.º, e ainda nas alíneas a), b) e c) do n.º 1 do artigo 69.º da Constituição.
5. A competência prevista na alínea f) do artigo 67.º só poderá ser exercida pelo Presidente da República interino para dar cumprimento ao disposto no n.º 3 do presente artigo.

Artigo 72.º

1. Pelos crimes cometidos no exercício das suas funções, o Presidente da República responde perante o Supremo Tribunal de Justiça.
2. Compete à Assembleia Nacional Popular requerer ao Procurador-Geral da República a promoção da acção penal contra o Presidente da República, sob proposta de um terço e aprovação de dois terços dos deputados em efectividade de funções.
3. A condenação do Presidente da República implica a destituição do cargo e a impossibilidade da sua reeleição.
4. Pelos crimes cometidos fora do exercício das suas funções, o Presidente da República responde perante os tribunais comuns, findo o seu mandato.

CAPÍTULO III – Do Conselho de Estado

Artigo 73.º

O Conselho de Estado é o órgão político de consulta do Presidente da República.

Artigo 74.º

1. O Conselho de Estado é presidido pelo Presidente da República e composto pelos seguintes membros:
   a) O Presidente da Assembleia Nacional Popular;
   b) O Primeiro-Ministro;
   c) O Presidente do Supremo Tribunal de Justiça;
   d) O representante de cada um dos partidos políticos com assento na Assembleia Nacional Popular;
   e) Cinco cidadãos designados pelo Presidente da República pelo período correspondente à duração do seu mandato.
2. Os representantes a que se refere a alínea d) do número anterior são escolhidos por cooptação entre os deputados à Assembleia Nacional Popular.
3. Os membros do Conselho de Estado são empossados pelo Presidente da República.

Artigo 75.º

Compete ao Conselho de Estado:
   a) Pronunciar-se sobre a dissolução da Assembleia Nacional Popular;

b) Pronunciar-se sobre a declaração do estado de sítio e de emergência;
c) Pronunciar-se sobre a declaração da guerra e a instauração da paz;
d) Aconselhar o Presidente da República no exercício das suas funções, quando este lho solicitar.

CAPÍTULO IV – Da Assembleia Nacional Popular

Artigo 76.º

A Assembleia Nacional Popular é o supremo órgão legislativo e de fiscalização política representativo de todos os cidadãos guineenses. Ela decide sobre as questões fundamentais da política interna e externa do Estado.

Artigo 77.º

Os Deputados à Assembleia Nacional Popular são eleitos por círculos eleitorais definidos na lei por sufrágio universal, livre, igual, directo, secreto e periódico.

Artigo 78.º

1. Os membros da Assembleia Nacional Popular designam-se por Deputados.
2. Os Deputados à Assembleia Nacional Popular são representantes de todo o povo e não unicamente dos círculos eleitorais por que foram eleitos.
3. Os Deputados têm o dever de manter um contacto estreito com os seus eleitores e de lhes prestar regularmente contas das suas actividades.

Artigo 79.º

Cada legislatura tem a duração de quatro anos e inicia-se com a proclamação dos resultados eleitorais.

Artigo 80.º

Os Deputados à Assembleia Nacional Popular prestam juramento nos seguintes termos:

Juro que farei tudo o que estiver nas minhas forças para cumprir, com honra e fidelidade total ao Povo, o meu mandato de Deputado, defendendo sempre e intransigentemente os interesses nacionais e os princípios e objectivos da Constituição da República da Guiné-Bissau.

Artigo 81.º

O Deputado tem o direito de fazer interpelação ao Governo, oralmente ou por escrito, devendo ser-lhe dada a resposta na mesma sessão ou no prazo máximo de quinze dias, por escrito, caso haja necessidade de investigações.

Artigo 82.º

1. Nenhum Deputado pode ser incomodado, perseguido, detido, preso, julgado ou condenado pelos votos e opiniões que emitir no exercício do seu mandato.
2. Salvo em caso de flagrante delito a que corresponda pena igual ou superior a dois anos de trabalho obrigatório, ou de prévio assentimento da Assembleia Nacional Popular, os Deputados não podem ser detidos ou presos por questão criminal ou disciplinar, em juízo ou fora dele.

Artigo 83.º
1. Os direitos e regalias, bem como os poderes e deveres dos Deputados, são regulados por lei.
2. O Deputado que falte gravemente aos seus deveres pode ser destituído pela Assembleia Nacional Popular.

Artigo 84.º
1. A Assembleia Nacional Popular elegerá, na primeira sessão de cada legislatura, o seu Presidente e os demais membros da Mesa.
2. A Mesa é composta pelo Presidente, um 1.º Vice-Presidente, um 2.º Vice-Presidente, um 1.º Secretário e um 2.º Secretário, eleitos por toda a legislatura.
3. As atribuições e competências da Mesa são reguladas pelo Regimento da Assembleia.
4. O cargo de Deputado à Assembleia Nacional Popular é incompatível com o de membro de Governo.

Artigo 85.º
1. Compete à Assembleia Nacional Popular:
 a) Proceder à revisão constitucional, nos termos dos artigos 127.º e seguintes;
 b) Decidir da realização de referendos populares;
 c) Fazer leis e votar moções e resoluções;
 d) Aprovar o programa do Governo;
 e) Requerer ao Procurador-Geral da República o exercício da acção penal contra o Presidente da República, nos termos do artigo 72.º da Constituição;
 f) Votar moções de confiança e de censura ao Governo;
 g) Aprovar o Orçamento Geral de Estado e o Plano Nacional de Desenvolvimento, bem como as respectivas leis;
 h) Aprovar os tratados que envolvam a participação da Guiné-Bissau em organizações internacionais, os tratados de amizade, de paz, de defesa, de rectificação de fronteiras e ainda quaisquer outros que o Governo entenda submeter-lhe;
 i) Pronunciar-se sobre a declaração de estado de sítio e de emergência;
 j) Autorizar o Presidente da República a declarar a guerra e a fazer paz;
 k) Conferir ao Governo a autorização legislativa;
 l) Ratificar os decretos-leis aprovados pelo Governo no uso da competência legislativa delegada;
 m) Apreciar as contas do Estado relativas a cada ano económico;
 n) Conceder amnistia;
 o) Zelar pelo cumprimento da Constituição e das leis e apreciar os actos de Governo e da Administração;
 p) Elaborar e aprovar o seu regimento;
 q) Exercer as demais atribuições que lhe sejam conferidas pela Constituição e pela lei.
2. Quando o programa do governo não tenha sido aprovado pela Assembleia Nacional Popular, terá lugar, no prazo de 15 dias, um novo debate.
3. A questão de confiança perante a Assembleia Nacional é desencadeada pelo Primeiro-Ministro, precedendo à deliberação do Conselho de Ministros.
4. A iniciativa da moção de censura cabe a, pelo menos, um terço de Deputados em efectividade de funções.
5. A não aprovação de uma moção de confiança ou aprovação de uma moção de censura por maioria absoluta implica a demissão do Governo.

Artigo 86.º

É da exclusiva competência da Assembleia Nacional Popular legislar sobre as seguintes matérias:
 a) Nacionalidade guineense;
 b) Estatuto da terra e a forma da sua utilização;
 c) Organização da defesa nacional;
 d) Revogada;
 e) Revogada;
 f) Organização judiciária e estatuto dos Magistrados;
 g) Definição dos crimes, penas e medidas de segurança e processo criminal;
 h) Estado de sítio e estado de emergência;
 i) Definição dos limites das águas territoriais e da zona económica exclusiva;
 j) Direitos, liberdades e garantias;
 k) Associações e partidos políticos;
 l) Sistema eleitoral.

Artigo 87.º

1. É da exclusiva competência da Assembleia Nacional Popular legislar sobre as seguintes matérias, salvo autorização conferida ao Governo:
 a) Organização da administração central e local;
 b) Estatuto dos funcionários públicos e responsabilidade civil da administração;
 c) Expropriação e requisição por utilidade pública;
 d) Estado e capacidade das pessoas;
 e) Nacionalização dos meios de produção;
 f) Delimitação dos sectores de propriedade e das actividades económicas.

Artigo 88.º

A Assembleia Nacional Popular cria comissões especializadas em razão da matéria e pode constituir comissões eventuais para se ocuparem de assuntos determinados.

Artigo 89.º

1. A Assembleia Nacional Popular reúne-se, em sessão ordinária, quatro vezes por ano.
2. A Assembleia Nacional Popular reunir-se-á extraordinariamente por iniciativa do Presidente da República, dos Deputados, do Governo e da sua Comissão Permanente.

Artigo 90.º

Os membros do Governo podem tomar assento e usar de palavra nas reuniões plenárias da Assembleia Nacional Popular, nos termos do Regimento.

Artigo 91.º

1. A iniciativa legislativa compete aos Deputados e ao Governo.
2. As decisões da Assembleia Nacional Popular assumem a forma de leis, resoluções e moções.

Artigo 92.º

1. A Assembleia Nacional Popular pode autorizar o Governo a legislar, por decreto-lei, sobre matérias previstas no artigo 87.º A Autorização deve estabelecer o seu objecto, a sua extensão e duração.

2. O termo da legislatura e a mudança de Governo acarretam a caducidade das autorizações legislativas concedidas.

3. Os decretos-leis aprovados pelo Governo no uso da competência legislativa delegada serão remetidos à Assembleia Nacional Popular para ratificação, dispondo esta de um prazo de 30 dias para o efeito, findo o qual o diploma será considerado ratificado.

Artigo 93.º

São atribuições do Presidente da Assembleia Nacional Popular:

a) Presidir às sessões da Assembleia Nacional Popular e velar pela aplicação do seu regimento;

b) Convocar as sessões ordinárias da Assembleia Nacional Popular;

c) Superintender e coordenar o trabalho das comissões permanentes e eventuais da Assembleia Nacional Popular;

d) Assinar e ordenar a publicação no *Boletim Oficial* das leis e resoluções da Assembleia Nacional Popular;

e) Dirigir as relações internacionais da Assembleia Nacional Popular;

f) Todas as demais que lhe forem atribuídas pela presente Constituição ou pela Assembleia Nacional Popular.

Artigo 94.º

1. A Assembleia Nacional Popular não pode ser dissolvida nos doze meses posteriores à sua eleição, no último semestre do mandato do Presidente da República ou durante a vigência do estado de sítio ou de emergência.

2. A dissolução da Assembleia Nacional Popular não impede a subsistência do mandato dos Deputados até à abertura da legislatura subsequente às novas eleições.

Artigo 95.º

1. Entre as sessões legislativas e durante o período em que a Assembleia Nacional Popular se encontrar dissolvida, funcionará uma Comissão Permanente da Assembleia Nacional Popular.

2. A Comissão Permanente é presidida pelo Presidente da Assembleia Nacional Popular e é composta pelo Vice-Presidente e pelos representantes dos partidos com assento na Assembleia Nacional Popular, de acordo com a sua representatividade.

3. Compete à Comissão Permanente:

a) Acompanhar a actividade do Governo e da Administração;

b) Exercer os poderes da Assembleia Nacional Popular relativamente ao mandato dos Deputados;

c) Promover a convocação da Assembleia Nacional Popular sempre que tal se afigure necessário;

d) Preparar a abertura das sessões;

e) Pronunciar-se sobre a declaração do estado de sítio e estado de emergência.

4. A Comissão Permanente responde e presta contas de todas as suas actividades perante a Assembleia Nacional Popular.

CAPÍTULO V – Do Governo

Artigo 96.º

1. O Governo é o órgão executivo e administrativo supremo da República da Guiné-Bissau.

2. O Governo conduz a política geral do país de acordo com o seu programa, aprovado pela Assembleia Nacional Popular.

Artigo 97.º
1. O Governo é constituído pelo Primeiro-Ministro, pelos Ministros e pelos Secretários de Estado.
2. O Primeiro-Ministro é o Chefe do Governo, competindo-lhe dirigir e coordenar a acção deste e assegurar a execução das leis.
3. Compete ainda ao Primeiro-Ministro, sem prejuízo de outras atribuições que lhe forem conferidas pela Constituição e pela lei, informar o Presidente da República acerca dos assuntos respeitantes à condução da política interna e externa do País.

Artigo 98.º
1. O Primeiro-Ministro é nomeado pelo Presidente da República, tendo em conta os resultados eleitorais e ouvidos os partidos políticos representados na Assembleia Nacional Popular.
2. Os Ministros e Secretários de Estado são nomeados pelo Presidente da República, sob proposta do Primeiro-Ministro.

Artigo 99.º
Os Ministros e Secretários de Estado prestam, no acto da sua posse, o seguinte juramento:

Juro, por minha honra, dedicar a minha inteligência e as minhas energias ao serviço do Povo, exercendo as funções (de Ministro ou Secretário de Estado) para que fui nomeado do Governo da República da Guiné-Bissau, com total fidelidade à Constituição e às leis.

Artigo 100.º
1. No exercício das suas funções, compete ao Governo:
a) Dirigir a Administração Pública, coordenando e controlando a actividade dos Ministérios e dos demais organismos centrais da administração e os do poder local;
b) Organizar e dirigir a execução das actividades políticas, económicas, culturais, científicas, sociais, de defesa e segurança, de acordo com o seu programa;
c) Preparar o Plano de Desenvolvimento Nacional e o Orçamento Geral de Estado e assegurar a sua execução;
d) Legislar por decretos-leis e decretos sobre matérias respeitantes à sua organização e funcionamento e sobre matérias não reservadas à Assembleia Nacional Popular;
e) Aprovar propostas de lei e submetê-las à Assembleia Nacional Popular;
f) Negociar e concluir acordos e convenções internacionais;
g) Nomear e propor a nomeação dos cargos civis e militares;
h) O mais que lhe for cometido por lei.
2. As competências atribuídas nas alíneas *a)*, *b)*, *d)* e *e)* do número anterior são exercidas pelo Governo reunido em Conselho de Ministros.

Artigo 101.º
1. O Conselho de Ministros é constituído pelo Primeiro-Ministro, que o preside, e pelos Ministros.
2. Podem ser criados Conselhos de Ministros especializados em razão da matéria.

3. Os membros do Governo estão vinculados ao Programa do Governo e às deliberações tomadas em Conselho de Ministros.

4. Os Secretários de Estado podem ser convocados a participar do Conselho de Ministros.

Artigo 102.º

O Governo, reunido em Conselho de Ministros, exerce a sua competência legislativa por meio de decretos-leis e decretos.

Artigo 103.º

O Governo é politicamente responsável perante o Presidente da República e perante a Assembleia Nacional Popular.

Artigo 104.º

1. Acarreta a demissão do Governo:
 a) O início de nova legislatura;
 b) A não aprovação pela segunda vez consecutiva do programa do Governo;
 c) A aceitação pelo Presidente da República do pedido de demissão apresentado pelo Primeiro-Ministro;
 d) A aprovação de uma moção de censura ou a não aprovação de uma moção de confiança por maioria absoluta dos Deputados em efectividade de funções;
 e) A morte ou a impossibilidade física prolongada do Primeiro-Ministro.

2. O Presidente da República pode demitir o Governo em caso de grave crise política que ponha em causa o normal funcionamento das instituições da República, ouvidos o Conselho de Estado e os partidos políticos representados na Assembleia Nacional Popular.

CAPÍTULO VI – Do Poder Local

Artigo 105.º

1. A organização do poder político do Estado compreende a existência de autarquias locais, que gozam de autonomia administrativa e financeira.

2. As autarquias locais são pessoas colectivas territoriais, dotadas de órgãos representativos, que visam a prossecução de interesses próprios das comunidades locais, não se subtraindo à estrutura unitária do Estado.

Artigo 106.º

1. As autarquias locais são os municípios, as secções autárquicas e as juntas locais.

2. Nos sectores funcionarão os municípios, nas secções administrativas funcionarão as secções autárquicas e nas juntas locais funcionarão as juntas de moradores.

Artigo 107.º

1. Para efeitos político-administrativos, o território nacional divide-se em regiões, subdividindo-se estas em sectores e secções, podendo a lei estabelecer outras formas de subdivisões nas comunidades cuja especificidade a isso requer.

2. A organização e funcionamento das regiões administrativas serão definidas por lei.

3. Nas grandes áreas urbanas e nas ilhas, a lei poderá estabelecer, de acordo com as suas condições específicas, outras formas de organização territorial autárquica, bem como outras subdivisões administrativas autónomas.

Artigo 108.º

1. Os representantes máximos do Governo nas regiões serão designados por governadores de regiões e nos sectores por administradores de sector.
2. A nomeação e exoneração dos governadores de região são da competência do Governo, sob proposta do Ministro da tutela.
3. O provimento do cargo de administrador de sector obedecerá aos requisitos constantes da respectiva lei-quadro.

Artigo 109.º

As atribuições e a organização das autarquias locais, bem como a competência dos seus órgãos, serão regulados por lei, de harmonia com o princípio da autonomia do poder local.

Artigo 110.º

1. As autarquias locais têm património e finanças próprios.
2. O regime das finanças locais, a estabelecer por lei, deverá visar a justa repartição dos recursos públicos pelo Estado e pelas autarquias locais e a necessária correcção de desigualdades entre as autarquias.
3. São receitas próprias das autarquias locais as provenientes da gestão do seu património e as cobradas pela utilização dos seus serviços.

Artigo 111.º

1. A organização das autarquias locais compreende uma assembleia dotada de poderes deliberativos, eleita por sufrágio universal, directo e secreto dos cidadãos residentes, segundo o sistema de representação proporcional, e um órgão colegial executivo perante ele responsável.
2. Os órgãos das autarquias locais podem efectuar consultas directas aos cidadãos eleitores recenseados na respectiva área, por voto secreto, sobre matérias de sua competência exclusiva nos casos, termos e com a eficácia que a lei estabelecer.

Artigo 112.º

1. Nos limites da Constituição e das leis, as autarquias locais dispõem de poder regulamentar próprio.
2. A tutela administrativa sobre as autarquias locais consiste na verificação do cumprimento das leis por parte dos órgãos autárquicos e é exercida nos casos e segundo as formas previstas na lei.

Artigo 113.º

Os órgãos representativos das autarquias locais são:
a) Nos municípios, a assembleia municipal e a câmara municipal;
b) Nas secções autárquicas, a assembleia de secção e a comissão de secção;
c) Nas juntas locais, a assembleia de moradores e a comissão directiva dos moradores.

Artigo 114.º

1. Os administradores de sectores terão assento na assembleia municipal, mas sem direito a voto.

2. A câmara municipal é o órgão executivo do município eleito pelos cidadãos eleitores residentes na sua área, tendo por presidente o primeiro candidato da lista mais votada.

Artigo 115.º

A lei eleitoral determinará a forma da elegibilidade dos titulares dos órgãos das autarquias locais, sua composição, bem como o funcionamento, a duração e a forma dos seus actos.

Artigo 116.º

Compete à Assembleia Nacional Popular, ouvido o Governo, dissolver os órgãos das autarquias locais em caso de prática de actos ou omissões contrárias à lei.

Artigo 117.º

A criação ou a extinção das autarquias locais, bem como a alteração da respectiva área, compete à Assembleia Nacional Popular, podendo ser precedida de consultas aos órgãos das autarquias abrangidas.

Artigo 118.º

As autarquias locais participam, por direito próprio e nos termos definidos pela lei, nas receitas provenientes dos impostos directos.

CAPÍTULO VII – Do Poder Judicial

Artigo 119.º

Os Tribunais são órgãos de soberania com competência para administrar a justiça em nome do Povo.

Artigo 120.º

1. O Supremo Tribunal de Justiça é a instância judicial suprema da República. Os seus juízes são nomeados pelo Conselho Superior de Magistratura.
2. Os Juízes do Supremo Tribunal de Justiça são empossados pelo Presidente da República.
3. Compete ao Supremo Tribunal de Justiça e demais Tribunais instituídos pela lei exercer a função jurisdicional.
4. No exercício da sua função jurisdicional, os Tribunais são independentes e apenas estão sujeitos à lei.
5. O Conselho Superior de Magistratura Judicial é o órgão superior de gestão e disciplina da magistratura judicial.
6. Na sua composição, o Conselho Superior de Magistratura contará, pelo menos, com representantes do Supremo Tribunal de Justiça, dos demais Tribunais e da Assembleia Nacional Popular, nos termos que vierem a ser fixados por lei.

Artigo 121.º

1. É proibida a existência de Tribunais exclusivamente destinados ao julgamento de certas categorias de crimes.
2. Exceptuam-se do disposto no número anterior:
    a) Os Tribunais Militares, aos quais compete o julgamento dos crimes essencialmente militares definidos por lei;
    b) Os Tribunais Administrativos, Fiscais e de Contas.

Artigo 122.º

Por lei poderão ser criados tribunais populares para conhecimento de litígios de carácter social, quer cíveis, quer penais.

Artigo 123.º

1. O juiz exerce a sua função com total fidelidade aos princípios fundamentais e aos objectivos da presente Constituição.
2. No exercício das suas funções, o juiz é independente e só deve obediência à lei e à sua consciência.
3. O juiz não é responsável pelos seus julgamentos e decisões. Só nos casos especialmente previstos na lei pode ser sujeito, em razão do exercício das suas funções, a responsabilidade civil, criminal ou disciplinar.
4. A nomeação, demissão, colocação, promoção e transferência de juízes dos tribunais judiciais e o exercício da acção disciplinar compete ao Conselho Superior de Magistratura, nos termos da lei.

Artigo 124.º

A lei regula a organização, competência e funcionamento dos órgãos de administração da justiça.

Artigo 125.º

1. O Ministério Público é o órgão do Estado encarregado de, junto dos tribunais, fiscalizar a legalidade, representar o interesse público e social e é o titular da acção penal.
2. O Ministério Público organiza-se como uma estrutura hierarquizada sob a direcção do Procurador-Geral da República.
3. O Procurador-Geral da República é nomeado pelo Presidente da República, ouvido o Governo.

TÍTULO IV
GARANTIA E REVISÃO DA CONSTITUIÇÃO

CAPÍTULO I – Da fiscalização da constitucionalidade das leis

Artigo 126.º

1. Nos feitos submetidos a julgamentos não podem os tribunais aplicar normas que infrinjam o disposto na Constituição ou os princípios nela consagrados.
2. A questão da inconstitucionalidade pode ser levantada oficiosamente pelo tribunal, pelo Ministério Público ou por qualquer das partes.
3. Admitida a questão da inconstitucionalidade, o incidente sobe em separado ao Supremo Tribunal de Justiça, que decidirá em plenário.
4. As decisões tomadas em matéria de inconstitucionalidade pelo plenário do Supremo Tribunal de Justiça terão força obrigatória geral e serão publicadas no *Boletim Oficial*.

CAPÍTULO II – Da revisão constitucional

Artigo 127.º

1. A presente Constituição pode ser revista, a todo o momento, pela Assembleia Nacional Popular.
2. A iniciativa da revisão constitucional compete aos Deputados.

Artigo 128.º

1. Os projectos de revisão indicarão sempre os artigos a rever e o sentido das modificações que nele se pretendem introduzir.
2. Os projectos de revisão serão submetidos à Assembleia Nacional Popular por, pelo menos, um terço dos Deputados em efectividade de funções.

Artigo 129.º

As propostas de revisão terão de ser aprovadas por maioria de dois terços dos Deputados que constituem a Assembleia.

Artigo 130.º

Nenhum projecto de revisão poderá afectar:
a) A estrutura unitária e a forma republicana do Estado;
b) O estatuto laico do Estado;
c) A integridade do território nacional;
d) Símbolos nacionais, bandeira e hino nacionais;
e) Direitos, liberdades e garantias dos cidadãos;
f) Direitos fundamentais dos trabalhadores;
g) O sufrágio universal, directo, igual, secreto e periódico na designação dos titulares de cargos electivos dos órgãos de soberania;
h) O pluralismo político e de expressão, partidos políticos e o direito da oposição democrática;
i) A separação e a interdependência dos órgãos de soberania;
j) A independência dos tribunais.

Artigo 131.º

Nenhum projecto ou proposta de revisão poderá ser apresentado, debatido ou votado na vigência de estado de sítio ou de estado de emergência.

TÍTULO V
DISPOSIÇÕES FINAIS E TRANSITÓRIAS

Artigo 132.º

Os elementos das forças de defesa e da segurança, no activo, actualmente Deputados à Assembleia Nacional Popular continuam em exercício até à realização das próximas eleições legislativas.

Artigo 133.º

Os órgãos do poder de Estado instituídos pela Constituição da República da Guiné--Bissau de 16 de Maio de 1984 mantêm-se em funções até à data da posse dos titulares dos órgãos de soberania que resultarem dos respectivos actos eleitorais.

Aprovado em 16 de Maio de 1984.

Promulgado em 16 de Maio de 1984.

Publique-se.

O Presidente da Assembleia Nacional Popular, *Carmen Pereira*.

VII
CONSTITUIÇÃO DA REPÚBLICA DEMOCRÁTICA DE TIMOR-LESTE DE 2002[82]

---

[82] Texto oficial integral, aprovado pela Assembleia Constituinte, reunida na sessão de 22 de Março de 2002.

XII

LA REPUBLICA DEMOCRATICA
DI TIMOR-LESTE
DL 2002

PREÂMBULO

A independência de Timor-Leste, proclamada pela Frente Revolucionária do Timor-Leste Independente (FRETILIN) em 28 de Novembro de 1975, vê-se internacionalmente reconhecida a 20 de Maio de 2002, uma vez concretizada a libertação do povo timorense da colonização e da ocupação ilegal da Pátria Maubere por potências estrangeiras.

A elaboração e adopção da Constituição da República Democrática de Timor-Leste culmina a secular resistência do povo timorense, intensificada com a invasão de 7 de Dezembro de 1975.

A luta travada contra o inimigo, inicialmente sob a liderança da FRETILIN, deu lugar a formas mais abrangentes de participação política, com a criação sucessiva do Conselho Nacional de Resistência Maubere (CNRM), em 1987, e do Conselho Nacional de Resistência Timorense (CNRT), em 1998.

A Resistência desdobrou-se em três frentes.

A frente armada foi protagonizada pelas gloriosas Forças Armadas de Libertação Nacional de Timor-Leste (FALINTIL), cuja gesta histórica cabe exaltar.

A acção da frente clandestina, astutamente desencadeada em território hostil, envolveu o sacrifício de milhares de vidas de mulheres e homens, em especial jovens, que lutaram com abnegação em prol da liberdade e independência.

A frente diplomática, conjugadamente desenvolvida em todo o Mundo, permitiu abrir caminho para a libertação definitiva.

Na sua vertente cultural e humana, a Igreja Católica em Timor-Leste sempre soube assumir com dignidade o sofrimento de todo o Povo, colocando-se ao seu lado na defesa dos seus mais elementares direitos.

Esta Constituição representa, finalmente, uma sentida homenagem a todos os mártires da Pátria.

Assim, os Deputados da Assembleia Constituinte, legítimos representantes do Povo eleitos a 30 de Agosto de 2001:

Alicerçados ainda no acto referendário de 30 de Agosto de 1999, que, concretizado sob os auspícios da Organização das Nações Unidas, confirmou a vontade autodeterminada de independência;

Plenamente conscientes da necessidade de se erigir uma cultura democrática e institucional própria de um Estado de Direito onde o respeito pela Constituição, pelas leis e pelas instituições democraticamente eleitas sejam a sua base inquestionável;

Interpretando o profundo sentimento, as aspirações e a fé em Deus do povo de Timor-Leste;

Reafirmam solenemente a sua determinação em combater todas as formas de tirania, opressão, dominação e segregação social, cultural ou religiosa, defender a independência nacional, respeitar e garantir os direitos humanos e os direitos fundamentais do cidadão, assegurar o princípio da separação de poderes na organização do Estado e estabelecer as regras essenciais da democracia pluralista, tendo em vista *a construção de um país justo e próspero e o desenvolvimento de uma sociedade solidária e fraterna.*

A Assembleia Constituinte, reunida na sessão plenária de 22 de Março de 2002, aprova e decreta a seguinte Constituição da República Democrática de Timor-Leste:

PARTE I
PRINCÍPIOS FUNDAMENTAIS

Artigo 1.º – (**A República**)

1. A República Democrática de Timor-Leste é um Estado de Direito Democrático, soberano, independente e unitário, baseado na vontade popular e no respeito pela dignidade da pessoa humana.
2. O dia 28 de Novembro de 1975 é o dia da Proclamação da Independência da República Democrática de Timor-Leste.

Artigo 2.º – (**Soberania e constitucionalidade**)

1. A soberania reside no povo, que a exerce nos termos da Constituição.
2. O Estado subordina-se à Constituição e às leis.
3. As leis e os demais actos do Estado e do poder local só são válidos se forem conformes com a Constituição.
4. O Estado reconhece e valoriza as normas e os usos costumeiros de Timor-Leste que não contrariem a Constituição e a legislação que trate especialmente do Direito costumeiro.

Artigo 3.º – (**Cidadania**)

1. Na República Democrática de Timor-Leste existe cidadania originária e cidadania adquirida.
2. São cidadãos originários de Timor-Leste, desde que tenham nascido em território nacional:
   a) Os filhos de pai ou mãe nascidos em Timor-Leste;
   b) Os filhos de pais incógnitos, apátridas ou de nacionalidade desconhecida;
   c) Os filhos de pai ou mãe estrangeiros que, sendo maiores de dezassete anos, declarem, por si, querer ser timorenses.
3. São cidadãos originários de Timor-Leste, ainda que nascidos em território estrangeiro, os filhos de pai ou mãe timorenses.
4. A aquisição, perda e reaquisição de cidadania, bem como o seu registo e prova, são regulados por lei.

Artigo 4.º – (**Território**)

1. O território da República Democrática de Timor-Leste compreende a superfície terrestre, a zona marítima e o espaço aéreo delimitados pelas fronteiras nacionais, que historicamente integram a parte oriental da ilha de Timor, o enclave de Oe-Cusse Ambeno, a ilha de Ataúro e o ilhéu de Jaco.
2. A lei fixa e define a extensão e o limite das águas territoriais, a zona económica exclusiva e os direitos de Timor-Leste na zona contígua e plataforma continental.

3. O Estado não aliena qualquer parte do território timorense ou dos direitos de soberania que sobre ele exerce, sem prejuízo da rectificação de fronteiras.

Artigo 5.º – (**Descentralização**)

1. O Estado respeita, na sua organização territorial, o princípio da descentralização da administração pública.
2. A lei define e fixa as características dos diferentes escalões territoriais, bem como as competências administrativas dos respectivos órgãos.
3. Oe-Cusse Ambeno e Ataúro gozam de tratamento administrativo e económico especial.

Artigo 6.º – (**Objectivos do Estado**)

O Estado tem como objectivos fundamentais:
 a) Defender e garantir a soberania do país;
 b) Garantir e promover os direitos e liberdades fundamentais dos cidadãos e o respeito pelos princípios do Estado de Direito Democrático;
 c) Defender e garantir a democracia política e a participação popular na resolução dos problemas nacionais;
 d) Garantir o desenvolvimento da economia e o progresso da ciência e da técnica;
 e) Promover a edificação de uma sociedade com base na justiça social, criando o bem-estar material e espiritual dos cidadãos;
 f) Proteger o meio ambiente e preservar os recursos naturais;
 g) Afirmar e valorizar a personalidade e o património cultural do povo timorense;
 h) Promover o estabelecimento e o desenvolvimento de relações de amizade e cooperação entre todos os povos e Estados;
 i) Promover o desenvolvimento harmonioso e integrado dos sectores e regiões e a justa repartição do produto nacional;
 j) Criar, promover e garantir a efectiva igualdade de oportunidades entre a mulher e o homem.

Artigo 7.º – (**Sufrágio universal e multipartidarismo**)

1. O povo exerce o poder político através do sufrágio universal, livre, igual, directo, secreto e periódico e através das demais formas previstas na Constituição.
2. O Estado valoriza o contributo dos partidos políticos para a expressão organizada da vontade popular e para a participação democrática do cidadão na governação do país.

Artigo 8.º – (**Relações internacionais**)

1. A República Democrática de Timor-Leste rege-se nas relações internacionais pelos princípios da independência nacional, do direito dos povos à autodeterminação e independência, da soberania permanente dos povos sobre as suas riquezas e recursos naturais, da protecção dos direitos humanos, do respeito mútuo pela soberania, integridade territorial e igualdade entre Estados e da não ingerência nos assuntos internos dos Estados.
2. A República Democrática de Timor-Leste estabelece relações de amizade e cooperação com todos os outros povos, preconizando a solução pacífica dos conflitos, o desarmamento geral, simultâneo e controlado, o estabelecimento de um sistema de segurança colectiva e a criação de uma nova ordem económica internacional, capaz de assegurar a paz e a justiça nas relações entre os povos.

3. A República Democrática de Timor-Leste mantém laços privilegiados com os países de língua oficial portuguesa.

4. A República Democrática de Timor-Leste mantém laços especiais de amizade e cooperação com os países vizinhos e os da região.

Artigo 9.° – (**Recepção do Direito Internacional**)

1. A ordem jurídica timorense adopta os princípios de Direito Internacional geral ou comum.

2. As normas constantes de convenções, tratados e acordos internacionais vigoram na ordem jurídica interna mediante aprovação, ratificação ou adesão pelos respectivos órgãos competentes e depois de publicadas no jornal oficial.

3. São inválidas todas as normas das leis contrárias às disposições das convenções, tratados e acordos internacionais recebidos na ordem jurídica interna timorense.

Artigo 10.° – (**Solidariedade**)

1. A República Democrática de Timor-Leste é solidária com a luta dos povos pela libertação nacional.

2. A República Democrática de Timor-Leste concede asilo político, nos termos da lei, aos estrangeiros perseguidos em função da sua luta pela libertação nacional e social, defesa dos direitos humanos, democracia e paz.

Artigo 11.° – (**Valorização da resistência**)

1. A República Democrática de Timor-Leste reconhece e valoriza a resistência secular do Povo Maubere contra a dominação estrangeira e o contributo de todos os que lutaram pela independência nacional.

2. O Estado reconhece e valoriza a participação da Igreja Católica no processo de libertação nacional de Timor-Leste.

3. O Estado assegura protecção especial aos mutilados de guerra, órfãos e outros dependentes daqueles que dedicaram as suas vidas à luta pela independência e soberania nacional e protege todos os que participaram na resistência contra a ocupação estrangeira, nos termos da lei.

4. A lei define os mecanismos para homenagear os heróis nacionais.

Artigo 12.° – (**O Estado e as confissões religiosas**)

1. O Estado reconhece e respeita as diferentes confissões religiosas, as quais são livres na sua organização e no exercício das actividades próprias, com observância da Constituição e da lei.

2. O Estado promove a cooperação com as diferentes confissões religiosas, que contribuem para o bem-estar do povo de Timor-Leste.

Artigo 13.° – (**Línguas oficiais e línguas nacionais**)

1. O tétum e o português são as línguas oficiais da República Democrática de Timor--Leste.

2. O tétum e as outras línguas nacionais são valorizadas e desenvolvidas pelo Estado.

Artigo 14.° – (**Símbolos nacionais**)

1. Os símbolos nacionais da República Democrática de Timor-Leste são a bandeira, o emblema e o hino nacional.

2. O emblema e o hino nacional são aprovados por lei.

Artigo 15.º – **(Bandeira Nacional)**

1. A Bandeira Nacional é rectangular e formada por dois triângulos isósceles de bases sobrepostas, sendo um triângulo preto com altura igual a um terço do comprimento que se sobrepõe ao amarelo, cuja altura é igual a metade do comprimento da bandeira. No centro do triângulo de cor preta fica colocada uma estrela branca de cinco pontas, que simboliza a luz que guia. A estrela branca apresenta uma das pontas virada para a extremidade superior esquerda da bandeira. A parte restante da bandeira tem a cor vermelha.

2. As cores representam:
Amarelo – os rastos do colonialismo;
Preto – o obscurantismo que é preciso vencer;
Vermelho – a luta pela libertação nacional;
Branco – a paz.

PARTE II
DIREITOS, DEVERES, LIBERDADES E GARANTIAS FUNDAMENTAIS

TÍTULO I – Princípios Gerais

Artigo 16.º – **(Universalidade e igualdade)**

1. Todos os cidadãos são iguais perante a lei, gozam dos mesmos direitos e estão sujeitos aos mesmos deveres.

2. Ninguém pode ser discriminado com base na cor, raça, estado civil, sexo, origem étnica, língua, posição social ou situação económica, convicções políticas ou ideológicas, religião, instrução ou condição física ou mental.

Artigo 17.º – **(Igualdade entre mulheres e homens)**

A mulher e o homem têm os mesmos direitos e obrigações em todos os domínios da vida familiar, cultural, social, económica e política.

Artigo 18.º – **(Protecção da criança)**

1. A criança tem direito a protecção especial por parte da família, da comunidade e do Estado, particularmente contra todas as formas de abandono, discriminação, violência, opressão, abuso sexual e exploração.

2. A criança goza de todos os direitos que lhe são universalmente reconhecidos, bem como de todos aqueles que estejam consagrados em convenções internacionais regularmente ratificadas ou aprovadas pelo Estado.

3. Todas as crianças, nascidas dentro ou fora do matrimónio, gozam dos mesmos direitos e da mesma protecção social.

Artigo 19.º – **(Juventude)**

1. O Estado promove e encoraja as iniciativas da juventude na consolidação da unidade nacional, na reconstrução, na defesa e no desenvolvimento do país.

2. O Estado promove, na medida das suas possibilidades, a educação, a saúde e a formação profissional dos jovens.

Artigo 20.º – (**Terceira idade**)

1. Todos os cidadãos de terceira idade têm direito a protecção especial por parte do Estado.

2. A política de terceira idade engloba medidas de carácter económico, social e cultural tendentes a proporcionar às pessoas idosas oportunidades de realização pessoal através de uma participação digna e activa na vida da comunidade.

Artigo 21.º – (**Cidadão portador de deficiência**)

1. O cidadão portador de deficiência goza dos mesmos direitos e está sujeito aos mesmos deveres dos demais cidadãos, com ressalva do exercício ou do cumprimento daqueles para os quais se encontre impossibilitado em razão da deficiência.

2. O Estado, dentro das suas possibilidades, promove a protecção aos cidadãos portadores de deficiência, nos termos da lei.

Artigo 22.º – (**Timorenses no estrangeiro**)

Os cidadãos timorenses que se encontrem ou residam no estrangeiro gozam da protecção do Estado para o exercício dos direitos e estão sujeitos aos deveres que não sejam incompatíveis com a ausência do país.

Artigo 23.º – (**Interpretação dos direitos fundamentais**)

Os direitos fundamentais consagrados na Constituição não excluem quaisquer outros constantes da lei e devem ser interpretados em consonância com a Declaração Universal dos Direitos Humanos.

Artigo 24.º – (**Leis restritivas**)

1. A restrição dos direitos, liberdades e garantias só pode fazer-se por lei, para salvaguardar outros direitos ou interesses constitucionalmente protegidos e nos casos expressamente previstos na Constituição.

2. As leis restritivas dos direitos, liberdades e garantias têm, necessariamente, carácter geral e abstracto, não podem diminuir a extensão e o alcance do conteúdo essencial dos dispositivos constitucionais e não podem ter efeito retroactivo.

Artigo 25.º – (**Estado de excepção**)

1. A suspensão do exercício dos direitos, liberdades e garantias fundamentais só pode ter lugar declarado o estado de sítio ou o estado de emergência nos termos previstos na Constituição.

2. O estado de sítio ou o estado de emergência só podem ser declarados em caso de agressão efectiva ou iminente por forças estrangeiras, de grave perturbação ou ameaça de perturbação séria da ordem constitucional democrática ou de calamidade pública.

3. A declaração do estado de sítio ou do estado de emergência é fundamentada, com especificação dos direitos, liberdades e garantias cujo exercício fica suspenso.

4. A suspensão não pode prolongar-se por mais de trinta dias, sem impedimento de eventual renovação fundamentada por iguais períodos de tempo, quando absolutamente necessário.

5. A declaração do estado de sítio em caso algum pode afectar os direitos à vida, integridade física, cidadania e não retroactividade da lei penal, o direito à defesa em processo criminal, a liberdade de consciência e de religião, o direito a não ser sujeito a tortura, escravatura ou servidão, o direito a não ser sujeito a tratamento ou punição cruel, desumano ou degradante e a garantia de não discriminação.

6. As autoridades estão obrigadas a restabelecer a normalidade constitucional no mais curto espaço de tempo.

Artigo 26.º – (**Acesso aos tribunais**)

1. A todos é assegurado o acesso aos tribunais para defesa dos seus direitos e interesses legalmente protegidos.
2. A justiça não pode ser denegada por insuficiência de meios económicos.

Artigo 27.º – (**Provedor de Direitos Humanos e Justiça**)

1. O Provedor de Direitos Humanos e Justiça é um órgão independente que tem por função apreciar e procurar satisfazer as queixas dos cidadãos contra os poderes públicos, podendo verificar a conformidade dos actos com a lei, bem como prevenir e iniciar todo o processo para a reparação das injustiças.
2. Os cidadãos podem apresentar queixas por acções ou omissões dos poderes públicos ao Provedor de Direitos Humanos e Justiça, que as apreciará, sem poder decisório, dirigindo aos órgãos competentes as recomendações necessárias.
3. O Provedor de Direitos Humanos e Justiça é eleito pelo Parlamento Nacional, por maioria absoluta dos Deputados, para um mandato de quatro anos.
4. A actividade do Provedor de Direitos Humanos e Justiça é independente dos meios graciosos e contenciosos previstos na Constituição e nas leis.
5. Os órgãos e os agentes da administração têm o dever de colaboração com o Provedor de Direitos Humanos e Justiça.

Artigo 28.º – (**Direito de resistência e de legítima defesa**)

1. Todos os cidadãos têm o direito de não acatar e de resistir às ordens ilegais ou que ofendam os seus direitos, liberdades e garantias fundamentais.
2. A todos é garantido o direito de legítima defesa, nos termos da lei.

TÍTULO II – **Direitos, liberdades e garantias pessoais**

Artigo 29.º – (**Direito à vida**)

1. A vida humana é inviolável.
2. O Estado reconhece e garante o direito à vida.
3. Na República Democrática de Timor-Leste não há pena de morte.

Artigo 30.º – (**Direito à liberdade, segurança e integridade pessoal**)

1. Todos têm direito à liberdade, segurança e integridade pessoal.
2. Ninguém pode ser detido ou preso senão nos termos expressamente previstos na lei vigente, devendo sempre a detenção ou a prisão ser submetida à apreciação do juiz competente no prazo legal.
3. Todo o indivíduo privado de liberdade deve ser imediatamente informado, de forma clara e precisa, das razões da sua detenção ou prisão, bem como dos seus direitos, e autorizado a contactar advogado, directamente ou por intermédio de pessoa de sua família ou de sua confiança.
4. Ninguém pode ser sujeito a tortura e a tratamentos cruéis, desumanos ou degradantes.

Artigo 31.º – (**Aplicação da lei criminal**)

1. Ninguém pode ser submetido a julgamento senão nos termos da lei.
2. Ninguém pode ser julgado e condenado por um acto que não esteja qualificado na lei como crime no momento da sua prática, nem sofrer medida de segurança cujos pressupostos não estejam expressamente fixados em lei anterior.
3. Não podem aplicar-se penas ou medidas de segurança que no momento da prática do crime não estejam expressamente previstas na lei.
4. Ninguém pode ser julgado e condenado mais do que uma vez pelo mesmo crime.
5. A lei penal não se aplica retroactivamente, a menos que a nova lei beneficie o arguido.
6. Qualquer pessoa injustamente condenada tem direito a justa indemnização, nos termos da lei.

Artigo 32.º – (**Limites das penas e das medidas de segurança**)

1. Na República Democrática de Timor-Leste não há prisão perpétua, nem penas ou medidas de segurança de duração ilimitada ou indefinida.
2. Em caso de perigosidade por anomalia psíquica, as medidas de segurança poderão ser sucessivamente prorrogadas por decisão judicial.
3. A responsabilidade penal é insusceptível de transmissão.
4. Os condenados aos quais sejam aplicadas pena ou medida de segurança privativas da liberdade mantêm a titularidade dos direitos fundamentais, salvas as limitações inerentes ao sentido da condenação e às exigências próprias da respectiva execução.

Artigo 33.º – (*Habeas corpus*)

1. Toda a pessoa ilegalmente privada da liberdade tem direito a recorrer à providência do *habeas corpus*.
2. O *habeas corpus* é interposto, nos termos da lei, pela própria ou por qualquer outra pessoa no gozo dos seus direitos civis.
3. O pedido de *habeas corpus* é decidido pelo juiz no prazo de oito dias em audiência contraditória.

Artigo 34.º – (**Garantias de processo criminal**)

1. Todo o arguido se presume inocente até à condenação judicial definitiva.
2. O arguido tem o direito de escolher defensor e a ser assistido por ele em todos os actos do processo, determinando a lei os casos em que a sua presença é obrigatória.
3. É assegurado a qualquer indivíduo o direito inviolável de audiência e defesa em processo criminal.
4. São nulas e de nenhum efeito todas as provas obtidas mediante tortura, coacção, ofensa à integridade física ou moral e intromissão abusiva na vida privada, no domicílio, na correspondência ou em outras formas de comunicação.

Artigo 35.º – (**Extradição e expulsão**)

1. A extradição só pode ter lugar por decisão judicial.
2. É vedada a extradição por motivos políticos.
3. Não é permitida a extradição por crimes a que corresponda na lei do Estado requisitante pena de morte ou de prisão perpétua, ou sempre que fundamentadamente se admita que o extraditando possa vir a ser sujeito a tortura ou tratamento desumano, degradante ou cruel.
4. O cidadão timorense não pode ser expulso ou expatriado do território nacional.

Artigo 36.º – **(Direito à honra e à privacidade)**

Todo o indivíduo tem direito à honra, ao bom nome e à reputação, à defesa da sua imagem e à reserva da sua vida privada e familiar.

Artigo 37.º – **(Inviolabilidade do domicílio e da correspondência)**

1. O domicílio, a correspondência e quaisquer meios de comunicação privados são invioláveis, salvos os casos previstos na lei em matéria de processo criminal.
2. A entrada no domicílio de qualquer pessoa contra sua vontade só pode ter lugar por ordem escrita da autoridade judicial competente, nos casos e segundo as formas prescritas na lei.
3. A entrada no domicílio de qualquer pessoa durante a noite, contra a sua vontade, é expressamente proibida, salvo em caso de ameaça grave para a vida ou para a integridade física de alguém que se encontre no interior desse domicílio.

Artigo 38.º – **(Protecção de dados pessoais)**

1. Todos os cidadãos têm o direito de acesso aos dados pessoais informatizados ou constantes de registos mecanográficos e manuais que lhes digam respeito, podendo exigir a sua rectificação e actualização, e o direito de conhecer a finalidade a que se destinam.
2. A lei define o conceito de dados pessoais e as condições aplicáveis ao seu tratamento.
3. É expressamente proibido, sem o consentimento do interessado, o tratamento informatizado de dados pessoais relativos à vida privada, às convicções políticas e filosóficas, à fé religiosa, à filiação partidária ou sindical e à origem étnica.

Artigo 39.º – **(Família, casamento e maternidade)**

1. O Estado protege a família como célula base da sociedade e condição para o harmonioso desenvolvimento da pessoa.
2. Todos têm direito a constituir e a viver em família.
3. O casamento assenta no livre consentimento das partes e na plena igualdade de direitos entre os cônjuges, nos termos da lei.
4. A maternidade é dignificada e protegida, assegurando-se a todas as mulheres protecção especial durante a gravidez e após o parto e às mulheres trabalhadoras direito a dispensa de trabalho por período adequado, antes e depois do parto, sem perda de retribuição e de quaisquer outras regalias, nos termos da lei.

Artigo 40.º – **(Liberdade de expressão e informação)**

1. Todas as pessoas têm direito à liberdade de expressão e ao direito de informar e ser informados com isenção.
2. O exercício da liberdade de expressão e de informação não pode ser limitado por qualquer tipo de censura.
3. O exercício dos direitos e liberdades referidos neste artigo é regulado por lei com base nos imperativos do respeito da Constituição e da dignidade da pessoa humana.

Artigo 41.º – **(Liberdade de imprensa e dos meios de comunicação social)**

1. É garantida a liberdade de imprensa e dos demais meios de comunicação social.
2. A liberdade de imprensa compreende, nomeadamente, a liberdade de expressão e criação dos jornalistas, o acesso às fontes de informação, a liberdade editorial, a pro-

tecção da independência e do sigilo profissional e o direito de criar jornais, publicações e outros meios de difusão.

3. Não é permitido o monopólio dos meios de comunicação social.

4. O Estado assegura a liberdade e a independência dos órgãos públicos de comunicação social perante o poder político e o poder económico.

5. O Estado assegura a existência de um serviço público de rádio e de televisão que deve ser isento, tendo em vista, entre outros objectivos, a protecção e divulgação da cultura e das tradições da República Democrática de Timor-Leste e a garantia da expressão do pluralismo de opinião.

6. As estações emissoras de radiodifusão e de radiotelevisão só podem funcionar mediante licença, nos termos da lei.

Artigo 42.º – **(Liberdade de reunião e de manifestação)**

1. A todos é garantida a liberdade de reunião pacífica e sem armas, sem necessidade de autorização prévia.

2. A todos é reconhecido o direito de manifestação, nos termos da lei.

Artigo 43.º – **(Liberdade de associação)**

1. A todos é garantida a liberdade de associação, desde que não se destine a promover a violência e seja conforme com a lei.

2. Ninguém pode ser obrigado a fazer parte de uma associação ou a nela permanecer contra sua vontade.

3. São proibidas as associações armadas, militares ou paramilitares e as organizações que defendam ideias ou apelem a comportamentos de carácter racista ou xenófobo ou que promovam o terrorismo.

Artigo 44.º – **(Liberdade de circulação)**

1. Todo o indivíduo tem o direito de se movimentar e fixar residência em qualquer ponto do território nacional.

2. A todo o cidadão é garantido o direito de livremente emigrar, bem como o direito de regressar ao país.

Artigo 45.º – **(Liberdade de consciência, de religião e de culto)**

1. A toda a pessoa é assegurada a liberdade de consciência, de religião e de culto, encontrando-se as confissões religiosas separadas do Estado.

2. Ninguém pode ser perseguido nem discriminado por causa das suas convicções religiosas.

3. É garantida a objecção de consciência, nos termos da lei.

4. É garantida a liberdade do ensino de qualquer religião no âmbito da respectiva confissão religiosa.

Artigo 46.º – **(Direito de participação política)**

1. Todo o cidadão tem o direito de participar, por si ou através de representantes democraticamente eleitos, na vida política e nos assuntos públicos do país.

2. Todo o cidadão tem o direito de constituir e de participar em partidos políticos.

3. A constituição e a organização dos partidos políticos são reguladas por lei.

Artigo 47.º – **(Direito de sufrágio)**

1. Todo o cidadão maior de dezassete anos tem o direito de votar e de ser eleito.

2. O exercício do direito de sufrágio é pessoal e constitui um dever cívico.

Artigo 48.º – **(Direito de petição)**

Todo o cidadão tem o direito de apresentar petições, queixas e reclamações, individual ou colectivamente, perante os órgãos de soberania ou quaisquer autoridades, para defesa dos seus direitos, da Constituição, das leis ou do interesse geral.

Artigo 49.º – **(Defesa da soberania)**

1. Todo o cidadão tem o direito e o dever de contribuir para a defesa da independência, soberania e integridade territorial do país.
2. O serviço militar é prestado nos termos da lei.

TÍTULO III – Direitos e deveres económicos, sociais e culturais

Artigo 50.º – **(Direito ao trabalho)**

1. Todo o cidadão, independentemente do sexo, tem o direito e o dever de trabalhar e de escolher livremente a profissão.
2. O trabalhador tem direito à segurança e higiene no trabalho, à remuneração, ao descanso e às férias.
3. É proibido o despedimento sem justa causa ou por motivos políticos, religiosos e ideológicos.
4. É proibido o trabalho compulsivo, sem prejuízo do disposto na legislação sobre a execução de penas.
5. O Estado promove a criação de cooperativas de produção e apoia as empresas familiares como fontes de emprego.

Artigo 51.º – **(Direito à greve e proibição do *lock-out*)**

1. Os trabalhadores têm direito a recorrer à greve, sendo o seu exercício regulado por lei.
2. A lei define as condições de prestação, durante a greve, de serviços necessários à segurança e manutenção de equipamentos e instalações, bem como de serviços mínimos indispensáveis para acorrer à satisfação de necessidades sociais impreteríveis.
3. É proibido o *lock-out*.

Artigo 52.º – **(Liberdade sindical)**

1. O trabalhador tem direito a organizar-se em sindicatos e associações profissionais para defesa dos seus direitos e interesses.
2. A liberdade sindical desdobra-se, nomeadamente, na liberdade de constituição, liberdade de inscrição e liberdade de organização e regulamentação interna.
3. Os sindicatos e as associações sindicais são independentes do Estado e do patronato.

Artigo 53.º – **(Direitos dos consumidores)**

1. Os consumidores têm direito à qualidade dos bens e serviços consumidos, a uma informação verdadeira e à protecção da saúde, da segurança e dos seus interesses económicos, bem como à reparação de danos.
2. A publicidade é disciplinada por lei, sendo proibidas todas as formas de publicidade oculta, indirecta ou enganosa.

Artigo 54.º – **(Direito à propriedade privada)**

1. Todo o indivíduo tem direito à propriedade privada, podendo transmiti-la em vida e por morte, nos termos da lei.
2. A propriedade privada não deve ser usada em prejuízo da sua função social.
3. A requisição e a expropriação por utilidade pública só têm lugar mediante justa indemnização, nos termos da lei.
4. Só os cidadãos nacionais têm direito à propriedade privada da terra.

Artigo 55.º – **(Obrigações do contribuinte)**

Todo o cidadão com comprovado rendimento tem o dever de contribuir para as receitas públicas, nos termos da lei.

Artigo 56.º – **(Segurança e assistência social)**

1. Todos os cidadãos têm direito à segurança e à assistência social, nos termos da lei.
2. O Estado promove, na medida das disponibilidades nacionais, a organização de um sistema de segurança social.
3. O Estado apoia e fiscaliza, nos termos da lei, a actividade e o funcionamento das instituições de solidariedade social e de outras de reconhecido interesse público sem carácter lucrativo.

Artigo 57.º – **(Saúde)**

1. Todos têm direito à saúde e à assistência médica e sanitária e o dever de as defender e promover.
2. O Estado promove a criação de um serviço nacional de saúde universal, geral e, na medida das suas possibilidades, gratuito, nos termos da lei.
3. O serviço nacional de saúde deve ser, tanto quanto possível, de gestão descentralizada e participativa.

Artigo 58.º – **(Habitação)**

Todos têm direito, para si e para a sua família, a uma habitação de dimensão adequada, em condições de higiene e conforto e que preserve a intimidade pessoal e a privacidade familiar.

Artigo 59.º – **(Educação e cultura)**

1. O Estado reconhece e garante ao cidadão o direito à educação e à cultura, competindo-lhe criar um sistema público de ensino básico universal, obrigatório e, na medida das suas possibilidades, gratuito, nos termos da lei.
2. Todos têm direito à igualdade de oportunidades de ensino e formação profissional.
3. O Estado reconhece e fiscaliza o ensino privado e cooperativo.
4. O Estado deve garantir a todos os cidadãos, segundo as suas capacidades, o acesso aos graus mais elevados do ensino, da investigação científica e da criação artística.
5. Todos têm direito à fruição e à criação culturais, bem como o dever de preservar, defender e valorizar o património cultural.

Artigo 60.º – **(Propriedade intelectual)**

O Estado garante e protege a criação, produção e comercialização da obra literária, científica e artística, incluindo a protecção legal dos direitos de autor.

Artigo 61.º – **(Meio ambiente)**

1. Todos têm direito a um ambiente de vida humano, sadio e ecologicamente equilibrado e o dever de o proteger e melhorar em prol das gerações vindouras.
2. O Estado reconhece a necessidade de preservar e valorizar os recursos naturais.
3. O Estado deve promover acções de defesa do meio ambiente e salvaguardar o desenvolvimento sustentável da economia.

PARTE III
ORGANIZAÇÃO DO PODER POLÍTICO

TÍTULO I – Princípios Gerais

Artigo 62.º – **(Titularidade e exercício do poder político)**

O poder político radica no povo e é exercido nos termos da Constituição.

Artigo 63.º – **(Participação política dos cidadãos)**

1. A participação directa e activa de mulheres e homens na vida política constitui condição e instrumento fundamental do sistema democrático.
2. A lei promove a igualdade no exercício dos direitos cívicos e políticos e a não discriminação em função do sexo no acesso a cargos políticos.

Artigo 64.º – **(Princípio da renovação)**

Ninguém pode exercer a título vitalício ou por períodos indeterminados qualquer cargo político.

Artigo 65.º – **(Eleições)**

1. Os órgãos eleitos de soberania e do poder local são escolhidos através de eleições, mediante sufrágio universal, livre, directo, secreto, pessoal e periódico.
2. O recenseamento eleitoral é obrigatório, oficioso, único e universal, sendo actualizado para cada eleição.
3. As campanhas eleitorais regem-se pelos seguintes princípios:
  a) Liberdade de propaganda eleitoral;
  b) Igualdade de oportunidades e de tratamento das diversas candidaturas;
  c) Imparcialidade das entidades públicas perante as candidaturas;
  d) Transparência e fiscalização das contas eleitorais.
4. A conversão dos votos em mandatos obedece ao sistema de representação proporcional.
5. O processo eleitoral é regulado por lei.
6. A supervisão do recenseamento e dos actos eleitorais cabe a um órgão independente, cujas competências, composição, organização e funcionamento são fixados por lei.

Artigo 66.º – **(Referendo)**

1. Os cidadãos recenseados no território nacional podem ser chamados a pronunciar-se em referendo sobre questões de relevante interesse nacional.

2. O referendo é convocado pelo Presidente da República, por proposta de um terço e deliberação aprovada por uma maioria de dois terços dos Deputados ou por proposta fundamentada do Governo.

3. Não podem ser sujeitas a referendo as matérias da competência exclusiva do Parlamento Nacional, do Governo e dos Tribunais definidas constitucionalmente.

4. O referendo só tem efeito vinculativo quando o número de votantes for superior a metade dos eleitores inscritos no recenseamento.

5. O processo de referendo é definido por lei.

Artigo 67.º – (Órgãos de soberania)

São órgãos de soberania o Presidente da República, o Parlamento Nacional, o Governo e os Tribunais.

Artigo 68.º – (Incompatibilidades)

1. A titularidade dos cargos de Presidente da República, Presidente do Parlamento Nacional, Presidente do Supremo Tribunal de Justiça, Presidente do Tribunal Superior Administrativo, Fiscal e de Contas, Procurador-Geral da República e membro do Governo é incompatível entre si.

2. A lei define outras incompatibilidades.

Artigo 69.º – (Princípio da separação dos poderes)

Os órgãos de soberania, nas suas relações recíprocas e no exercício das suas funções, observam o princípio da separação e interdependência dos poderes estabelecidos na Constituição.

Artigo 70.º – (Partidos políticos e direito de oposição)

1. Os partidos políticos participam nos órgãos do poder político de acordo com a sua representatividade democrática, baseada no sufrágio universal e directo.

2. É reconhecido aos partidos políticos o direito à oposição democrática, assim como o direito a serem informados, regular e directamente, sobre o andamento dos principais assuntos de interesse nacional.

Artigo 71.º – (Organização administrativa)

1. O governo central deve estar representado a nível dos diversos escalões administrativos do território.

2. Oe-Cusse Ambeno rege-se por uma política administrativa e um regime económico especiais.

3. Ataúro goza de um estatuto económico apropriado.

4. A organização político-administrativa do território da República Democrática de Timor-Leste é definida por lei.

Artigo 72.º – (Poder local)

1. O poder local é constituído por pessoas colectivas de território dotadas de órgãos representativos, com o objectivo de organizar a participação do cidadão na solução dos problemas próprios da sua comunidade e promover o desenvolvimento local, sem prejuízo da participação do Estado.

2. A organização, a competência, o funcionamento e a composição dos órgãos de poder local são definidos por lei.

Artigo 73.º – **(Publicidade dos actos)**

1. São publicados no jornal oficial os actos normativos produzidos pelos órgãos de soberania.

2. A falta de publicidade dos actos previstos no número anterior ou de qualquer acto de conteúdo genérico dos órgãos de soberania e do poder local implica a sua ineficácia jurídica.

3. A lei determina as formas de publicidade dos demais actos e as consequências da sua falta.

TÍTULO II – Presidente da República

CAPÍTULO I – Estatuto, eleição e nomeação

Artigo 74.º – **(Definição)**

1. O Presidente da República é o Chefe do Estado, símbolo e garante da independência nacional, da unidade do Estado e do regular funcionamento das instituições democráticas.

2. O Presidente da República é o Comandante Supremo das Forças Armadas.

Artigo 75.º – **(Elegibilidade)**

1. Podem ser candidatos a Presidente da República os cidadãos timorenses que cumulativamente:
   a) Tenham cidadania originária;
   b) Possuam idade mínima de 35 anos;
   c) Estejam no pleno uso das suas capacidades;
   d) Tenham sido propostos por um mínimo de cinco mil cidadãos eleitores.

2. O Presidente da República tem um mandato com a duração de cinco anos e cessa as suas funções com a posse do novo Presidente eleito.

3. O mandato do Presidente da República pode ser renovado uma única vez.

Artigo 76.º – **(Eleição)**

1. O Presidente da República é eleito por sufrágio universal, livre, directo, secreto e pessoal.

2. A eleição do Presidente da República faz-se pelo sistema de maioria dos votos validamente expressos, excluídos os votos em branco.

3. Se nenhum dos candidatos obtiver mais de metade dos votos, proceder-se-á a segunda volta, no trigésimo dia subsequente ao da primeira votação.

4. À segunda volta concorrerão apenas os dois candidatos mais votados que não tenham retirado a candidatura.

Artigo 77.º – **(Posse e juramento)**

1. O Presidente da República é investido pelo Presidente do Parlamento Nacional e toma posse, em cerimónia pública, perante os Deputados e os representantes dos outros órgãos de soberania.

2. A posse efectua-se no último dia do mandato do Presidente da República cessante ou, no caso de eleição por vacatura, no oitavo dia subsequente ao dia da publicação dos resultados eleitorais.

3. No acto de investidura o Presidente da República presta o seguinte juramento:

"Juro, por Deus, pelo Povo e por minha honra, cumprir com lealdade as funções em que sou investido, cumprir e fazer cumprir a Constituição e as leis e dedicar todas as minhas energias e capacidades à defesa e consolidação da independência e da unidade nacionais".

Artigo 78.º – (Incompatibilidades)

O Presidente da República não pode exercer qualquer outro cargo político ou função pública a nível nacional e, em nenhum caso, assumir funções privadas.

Artigo 79.º – (Responsabilidade criminal e obrigações constitucionais)

1. O Presidente da República goza de imunidade no exercício das suas funções.
2. O Presidente da República responde perante o Supremo Tribunal de Justiça por crimes praticados no exercício das suas funções e pela violação clara e grave das suas obrigações constitucionais.
3. A iniciativa do processo cabe ao Parlamento Nacional, mediante proposta de um quinto e deliberação aprovada por maioria de dois terços de todos os Deputados.
4. O acórdão é proferido pelo Plenário do Supremo Tribunal de Justiça no prazo máximo de trinta dias.
5. A condenação implica a destituição do cargo e a impossibilidade de reeleição.
6. Por crimes estranhos ao exercício das suas funções, o Presidente da República responde igualmente perante o Supremo Tribunal de Justiça, verificando-se a destituição do cargo apenas em caso de condenação em pena de prisão efectiva.
7. Nos casos previstos no número anterior, a imunidade é igualmente levantada por iniciativa do Parlamento Nacional em conformidade com o disposto no n.º 3 do presente artigo.

Artigo 80.º – (Ausência)

1. O Presidente da República não pode ausentar-se do território nacional sem prévio consentimento do Parlamento Nacional ou, não estando este reunido, da sua Comissão Permanente.
2. O não cumprimento do disposto no n.º 1 do presente artigo determina a perda do cargo, nos termos do disposto no artigo anterior.
3. As viagens privadas com uma duração inferior a quinze dias não carecem de consentimento do Parlamento Nacional, devendo, de todo o modo, o Presidente da República dar prévio conhecimento da sua realização ao Parlamento Nacional.

Artigo 81.º – (Renúncia ao mandato)

1. O Presidente da República pode renunciar ao mandato em mensagem dirigida ao Parlamento Nacional.
2. A renúncia torna-se efectiva com o conhecimento da mensagem pelo Parlamento Nacional, sem prejuízo da sua ulterior publicação em jornal oficial.
3. Se o Presidente da República renunciar ao cargo, não poderá candidatar-se nas eleições imediatas nem nas que se realizem no quinquénio imediatamente subsequente à renúncia.

Artigo 82.º – (Morte, renúncia ou incapacidade permanente)

1. Em caso de morte, renúncia ou incapacidade permanente do Presidente da República, as suas funções são interinamente assumidas pelo Presidente do Parlamento

Nacional, que toma posse perante os Deputados e os representantes dos outros órgãos de soberania e é investido pelo Presidente do Parlamento Nacional em exercício.

2. A incapacidade permanente é declarada pelo Supremo Tribunal de Justiça, ao qual cabe igualmente verificar a morte e a perda do cargo do Presidente da República.

3. A eleição do novo Presidente da República por morte, renúncia ou incapacidade permanente deve ter lugar nos noventa dias subsequentes à sua verificação ou declaração.

4. O Presidente da República é eleito para um novo mandato.

5. Em caso de recusa de tomada de posse, morte ou incapacidade permanente do Presidente eleito, aplicam-se as disposições do presente artigo.

Artigo 83.º – **(Casos excepcionais)**

1. Quando a morte, renúncia ou incapacidade permanente ocorrerem na pendência de situações excepcionais de guerra ou emergência prolongada ou de insuperável dificuldade de ordem técnica ou material, a definir por lei, que impossibilitem a realização da eleição do Presidente da República por sufrágio universal nos termos do artigo 76.º, este será eleito pelo Parlamento Nacional de entre os seus membros, nos 90 dias subsequentes.

2. Nos casos referidos no número anterior, o Presidente da República eleito cumprirá o tempo remanescente do mandato interrompido, podendo candidatar-se nas novas eleições.

Artigo 84.º – **(Substituição e interinidade)**

1. Durante o impedimento temporário do Presidente da República, assumirá funções o Presidente do Parlamento Nacional ou, no impedimento deste, o seu substituto.

2. O mandato de Deputado do Presidente do Parlamento Nacional ou do seu substituto fica automaticamente suspenso durante o tempo em que exerce, por substituição ou interinamente, o cargo de Presidente da República.

3. A função de Deputado do Presidente da República substituto ou interino será temporariamente preenchida, em conformidade com o Regimento do Parlamento Nacional.

CAPÍTULO II – **Competência**

Artigo 85.º – **(Competência própria)**

Compete exclusivamente ao Presidente da República:

a) Promulgar os diplomas legislativos e mandar publicar as resoluções do Parlamento Nacional que aprovem acordos e ratifiquem tratados e convenções internacionais;

b) Exercer as competências inerentes às funções de Comandante Supremo das Forças Armadas;

c) Exercer o direito de veto relativamente a qualquer diploma legislativo, no prazo de 30 dias a contar da sua recepção;

d) Nomear e empossar o Primeiro-Ministro indigitado pelo partido ou aliança dos partidos com maioria parlamentar, ouvidos os partidos políticos representados no Parlamento Nacional;

e) Requerer ao Supremo Tribunal de Justiça a apreciação preventiva e a fiscalização abstracta da constitucionalidade das normas, bem como a verificação da inconstitucionalidade por omissão;

f) Submeter a referendo questões de relevante interesse nacional, nos termos do artigo 66.º;

g) Declarar o estado de sítio ou o estado de emergência, mediante autorização do Parlamento Nacional, ouvidos o Conselho de Estado, o Governo e o Conselho Superior de Defesa e Segurança;

h) Declarar a guerra e fazer a paz, mediante proposta do Governo, ouvidos o Conselho de Estado e o Conselho Superior de Defesa e Segurança, sob autorização do Parlamento Nacional;

i) Indultar e comutar penas, ouvido o Governo;

j) Conferir, nos termos da lei, títulos honoríficos, condecorações e distinções.

Artigo 86.º – (**Competência quanto a outros órgãos**)

Compete ao Presidente da República relativamente aos outros órgãos:

a) Presidir ao Conselho Superior de Defesa e Segurança;

b) Presidir ao Conselho de Estado;

c) Marcar, nos termos da lei, o dia das eleições para o Presidente da República e para o Parlamento Nacional;

d) Requerer a convocação extraordinária do Parlamento Nacional, sempre que imperiosas razões de interesse nacional o justifiquem;

e) Dirigir mensagens ao Parlamento Nacional e ao país;

f) Dissolver o Parlamento Nacional, em caso de grave crise institucional que não permita a formação de governo ou a aprovação do Orçamento Geral do Estado por um período superior a sessenta dias, com audição prévia dos partidos políticos que nele tenham assento e ouvido o Conselho de Estado, sob pena de inexistência jurídica do acto de dissolução, tendo em conta o disposto no artigo 100.º;

g) Demitir o Governo e exonerar o Primeiro-Ministro, quando o seu programa tenha sido rejeitado pela segunda vez consecutiva pelo Parlamento Nacional;

h) Nomear, empossar e exonerar os membros do Governo, sob proposta do Primeiro-Ministro, nos termos do n.º 2 do artigo 106.º;

i) Nomear dois membros para o Conselho Superior de Defesa e Segurança;

j) Nomear o Presidente do Supremo Tribunal de Justiça e empossar o Presidente do Tribunal Superior Administrativo, Fiscal e de Contas;

k) Nomear o Procurador-Geral da República para um mandato de quatro anos;

l) Nomear e exonerar os Adjuntos do Procurador-Geral da República, nos termos do n.º 6 do artigo 133.º;

m) Nomear e exonerar, sob proposta do Governo, o Chefe do Estado-Maior-General das Forças Armadas, o Vice-Chefe do Estado-Maior-General das Forças Armadas e os Chefes de Estado-Maior das Forças Armadas, ouvido, nos últimos casos, o Chefe do Estado-Maior-General das Forças Armadas;

n) Nomear cinco membros do Conselho de Estado;

o) Nomear um membro para o Conselho Superior da Magistratura Judicial e o Conselho Superior do Ministério Público.

Artigo 87.º – (**Competência nas relações internacionais**)

Compete ao Presidente da República, no domínio das relações internacionais:

a) Declarar a guerra, em caso de agressão efectiva ou iminente, e fazer a paz, sob proposta do Governo, ouvido o Conselho Superior de Defesa e Segurança e mediante autorização do Parlamento Nacional ou da sua Comissão Permanente;

b) Nomear e exonerar embaixadores, representantes permanentes e enviados extraordinários, sob proposta do Governo;

c) Receber as cartas credenciais e aceitar a acreditação dos representantes diplomáticos estrangeiros;

d) Conduzir, em concertação com o Governo, todo o processo negocial para a conclusão de acordos internacionais na área da defesa e segurança.

Artigo 88.º – **(Promulgação e veto)**

1. No prazo de trinta dias contados da recepção de qualquer diploma do Parlamento Nacional para ser promulgado como lei, o Presidente da República promulga-o ou exerce o direito de veto, solicitando nova apreciação do mesmo em mensagem fundamentada.
2. Se o Parlamento Nacional, no prazo de noventa dias, confirmar o voto por maioria absoluta dos Deputados em efectividade de funções, o Presidente da República deverá promulgar o diploma no prazo de oito dias a contar do dia da sua recepção.
3. Será, porém, exigida a maioria de dois terços dos Deputados presentes, desde que superior à maioria absoluta dos Deputados em efectividade de funções, para a confirmação dos diplomas que versem matérias previstas no artigo 95.º
4. No prazo de quarenta dias contados da recepção de qualquer diploma do Governo para ser promulgado, o Presidente da República promulga-o ou exerce o direito de veto, comunicando por escrito ao Governo o sentido de veto.

Artigo 89.º – **(Actos do Presidente da República interino)**

O Presidente da República interino não pode praticar os actos previstos nas alíneas *f*), *g*), *h*), *i*), *j*), *k*), *l*), *m*), *n*) e *o*) do artigo 86.º

CAPÍTULO III – Conselho de Estado

Artigo 90.º – **(Conselho de Estado)**

1. O Conselho de Estado é o órgão de consulta política do Presidente da República, que a ele preside.
2. O Conselho de Estado integra:
   a) Os ex-Presidentes da República que não tenham sido destituídos;
   b) O Presidente do Parlamento Nacional;
   c) O Primeiro-Ministro;
   d) Cinco cidadãos eleitos pelo Parlamento Nacional de harmonia com o princípio da representação proporcional, pelo período correspondente à duração da legislatura, que não sejam membros de órgãos de soberania;
   e) Cinco cidadãos designados pelo Presidente da República, pelo período correspondente à duração do seu mandato, que não sejam membros de órgãos de soberania.

Artigo 91.º – **(Competência, organização e funcionamento do Conselho de Estado)**

1. Compete ao Conselho de Estado:
   a) Pronunciar-se sobre a dissolução do Parlamento Nacional;
   b) Pronunciar-se acerca da demissão do Governo;
   c) Pronunciar-se sobre a declaração de guerra e a feitura da paz;
   d) Pronunciar-se nos demais casos previstos na Constituição e, em geral, aconselhar o Presidente da República no exercício das suas funções, quando este lho solicitar;
   e) Elaborar o seu Regimento interno.
2. As reuniões do Conselho de Estado não são públicas.
3. A lei define a organização e o funcionamento do Conselho de Estado.

TÍTULO III – Parlamento Nacional

CAPÍTULO I – Estatuto e eleição

Artigo 92.º – (Definição)

O Parlamento Nacional é o órgão de soberania da República Democrática de Timor-Leste, representativo de todos os cidadãos timorenses com poderes legislativos, de fiscalização e de decisão política.

Artigo 93.º – (Eleição e composição)

1. O Parlamento Nacional é eleito por sufrágio universal, livre, directo, igual, secreto e pessoal.
2. O Parlamento Nacional é constituído por um mínimo de cinquenta e dois e um máximo de sessenta e cinco Deputados.
3. A lei estabelece as regras relativas aos círculos eleitorais, às condições de elegibilidade, às candidaturas e aos procedimentos eleitorais.
4. Os Deputados do Parlamento Nacional têm um mandato de cinco anos.

Artigo 94.º – (Imunidades)

1. Os Deputados não respondem civil, criminal ou disciplinarmente pelos votos e opiniões que emitirem no exercício das suas funções.
2. A imunidade parlamentar pode ser levantada de acordo com as disposições do Regimento do Parlamento Nacional.

CAPÍTULO II – Competência

Artigo 95.º – (Competência do Parlamento Nacional)

1. Compete ao Parlamento Nacional legislar sobre as questões básicas da política interna e externa do país.
2. Compete exclusivamente ao Parlamento Nacional legislar sobre:
   a) As fronteiras da República Democrática de Timor-Leste, nos termos do artigo 4.º;
   b) Os limites das águas territoriais e da zona económica exclusiva e os direitos de Timor-Leste à zona contígua e plataforma continental;
   c) Símbolos nacionais, nos termos do n.º 2 do artigo 14.º;
   d) Cidadania;
   e) Direitos, liberdades e garantias;
   f) Estado e capacidade das pessoas e Direito da família e das sucessões;
   g) A divisão territorial;
   h) A lei eleitoral e o regime do referendo;
   i) Os partidos e associações políticas;
   j) Estatuto dos Deputados;
   k) Estatuto dos titulares dos órgãos do Estado;
   l) As bases do sistema de ensino;
   m) As bases do sistema de segurança social e de saúde;
   n) A suspensão das garantias constitucionais e a declaração do estado de sítio e do estado de emergência;

o) A política de defesa e segurança;
p) A política fiscal;
q) Regime orçamental.

3. Compete-lhe também:
a) Ratificar a nomeação do Presidente do Supremo Tribunal de Justiça e a eleição do Presidente do Tribunal Superior Administrativo, Fiscal e de Contas;
b) Deliberar sobre o relatório de actividades do Governo;
c) Eleger um membro para o Conselho Superior de Magistratura Judicial e o Conselho Superior do Ministério Público;
d) Deliberar sobre o Plano e o Orçamento do Estado e o respectivo relatório de execução;
e) Fiscalizar a execução orçamental do Estado;
f) Aprovar e denunciar acordos e ratificar tratados e convenções internacionais;
g) Conceder amnistias;
h) Dar assentimento à deslocação do Presidente da República em visita de Estado;
i) Aprovar revisões à Constituição por maioria de dois terços dos Deputados;
j) Autorizar e confirmar a declaração do estado de sítio e estado de emergência;
k) Propor ao Presidente da República a sujeição a referendo de questões de interesse nacional.

4. Compete ainda ao Parlamento Nacional:
a) Eleger o seu Presidente e demais membros da Mesa;
b) Eleger cinco membros para o Conselho do Estado;
c) Elaborar e aprovar o seu Regimento;
d) Constituir a Comissão Permanente e criar as restantes comissões parlamentares.

Artigo 96.º – (**Autorização legislativa**)

1. O Parlamento Nacional pode autorizar o Governo a legislar sobre as seguintes matérias:
a) Definição de crimes, penas, medidas de segurança e respectivos pressupostos;
b) Definição do processo civil e criminal;
c) Organização judiciária e estatuto dos magistrados;
d) Regime geral da função pública, do estatuto dos funcionários e da responsabilidade do Estado;
e) Bases gerais da organização da administração pública;
f) Sistema monetário;
g) Sistema financeiro e bancário;
h) Definição das bases de uma política para a defesa do meio ambiente e o desenvolvimento sustentável;
i) Regime geral de radiodifusão, televisão e demais meios de comunicação de massas;
j) Serviço militar ou cívico;
k) Regime geral da requisição e da expropriação por utilidade pública;
l) Meios e formas de intervenção, expropriação, nacionalização e privatização dos meios de produção e solos por motivo de interesse público, bem como critérios de fixação, naqueles casos, de indemnizações.

2. As leis de autorização legislativa devem definir o objecto, o sentido, a extensão e a duração da autorização, que pode ser prorrogada.

3. As leis de autorização legislativa não podem ser utilizadas mais de uma vez e caducam com a demissão do Governo, com o termo da legislatura ou com a dissolução do Parlamento Nacional.

Artigo 97.º – **(Iniciativa da lei)**

1. A iniciativa da lei pertence:
a) Aos Deputados;
b) Às Bancadas Parlamentares;
c) Ao Governo.

2. Não podem ser apresentados projectos ou propostas de lei ou de alteração que envolvam, no ano económico em curso, aumento das despesas ou diminuição das receitas do Estado previstas no Orçamento ou nos Orçamentos Rectificativos.

3. Os projectos e as propostas de lei rejeitados não podem ser renovados na mesma sessão legislativa em que tiverem sido apresentados.

4. Os projectos e propostas de lei que não tiverem sido votados não carecem de ser renovados na sessão legislativa seguinte, salvo termo de legislatura.

5. As propostas de lei caducam com a demissão do Governo.

Artigo 98.º – **(Apreciação parlamentar de actos legislativos)**

1. Os diplomas legislativos do Governo, salvo os aprovados no exercício da sua competência legislativa exclusiva, podem ser submetidos a apreciação do Parlamento Nacional, para efeitos de cessação de vigência ou de alteração, a requerimento de um quinto dos Deputados, nos trinta dias subsequentes à publicação, descontados os períodos de suspensão do funcionamento do Parlamento Nacional.

2. O Parlamento Nacional pode suspender, no todo ou em parte, a vigência do diploma legislativo até à sua apreciação.

3. A suspensão caduca decorridas dez reuniões plenárias sem que o Parlamento Nacional tenha apreciado o diploma.

4. Se for aprovada a cessação da sua vigência, o diploma deixa de vigorar desde o dia em que a resolução for publicada no jornal oficial e não pode voltar a ser publicado no decurso da mesma sessão legislativa.

5. Se, requerida a apreciação, o Parlamento Nacional não se tiver sobre ela pronunciado ou, havendo deliberado introduzir emendas, não tiver votado a respectiva lei até ao termo da sessão legislativa em curso, desde que decorridas quinze reuniões plenárias, considerar-se-á caduco o processo.

CAPÍTULO III – Organização e funcionamento

Artigo 99.º – **(Legislatura)**

1. A legislatura compreende cinco sessões legislativas e cada sessão legislativa tem a duração de um ano.

2. O período normal de funcionamento do Parlamento Nacional é definido pelo Regimento.

3. O Parlamento Nacional reúne-se ordinariamente por convocação do seu Presidente.

4. O Parlamento Nacional reúne extraordinariamente sempre que assim for deliberado pela Comissão Permanente, requerido por um terço dos Deputados ou convocado pelo Presidente da República para tratar de assuntos específicos.

5. No caso de dissolução, o Parlamento Nacional eleito inicia nova legislatura, cuja duração é acrescida do tempo necessário para se completar o período correspondente à sessão legislativa em curso à data da eleição.

Artigo 100.º – **(Dissolução)**

1. O Parlamento Nacional não pode ser dissolvido nos seis meses posteriores à sua eleição, no último semestre do mandato do Presidente da República ou durante a vigência do estado de sítio ou do estado de emergência, sob pena de inexistência jurídica do acto de dissolução.

2. A dissolução do Parlamento Nacional não prejudica a subsistência do mandato dos Deputados até à primeira reunião do Parlamento após as subsequentes eleições.

Artigo 101.º – **(Participação dos membros do Governo)**

1. Os Membros do Governo têm o direito de comparecer às reuniões plenárias do Parlamento Nacional e podem usar da palavra, nos termos do Regimento.

2. Haverá sessões de perguntas ao Governo formuladas pelos Deputados, nos termos regimentais.

3. O Parlamento Nacional ou as suas comissões podem solicitar a participação de membros do Governo nos seus trabalhos.

CAPÍTULO IV – Comissão Permanente

Artigo 102.º – **(Comissão Permanente)**

1. A Comissão Permanente funciona durante o período em que se encontrar dissolvido o Parlamento Nacional, nos intervalos das sessões e nos restantes casos previstos na Constituição.

2. A Comissão Permanente é presidida pelo Presidente do Parlamento Nacional e composta pelos Vice-Presidentes e por Deputados indicados pelos partidos, de acordo com a respectiva representatividade no Parlamento.

3. Compete à Comissão Permanente, nomeadamente:

a) Acompanhar a actividade do Governo e da Administração;

b) Coordenar as actividades das comissões do Parlamento Nacional;

c) Promover a convocação do Parlamento Nacional sempre que tal se mostre necessário;

d) Preparar e organizar as sessões do Parlamento Nacional;

e) Dar assentimento à deslocação do Presidente da República nos termos do artigo 80.º;

f) Dirigir as relações entre o Parlamento Nacional e os parlamentos e instituições análogas de outros países;

g) Autorizar a declaração do estado de sítio e do estado de emergência.

TÍTULO IV – Governo

CAPÍTULO I – Definição e estrutura

Artigo 103.º – **(Definição)**

O Governo é o órgão de soberania responsável pela condução e execução da política geral do país e o órgão superior da Administração Pública.

Artigo 104.º – (**Composição**)

1. O Governo é constituído pelo Primeiro-Ministro, pelos Ministros e pelos Secretários de Estado.
2. O Governo pode incluir um ou mais Vice-Primeiro-Ministros e Vice-Ministros.
3. O número, as designações e as atribuições dos ministérios e secretarias de Estado são definidos por diploma legislativo do Governo.

Artigo 105.º – (**Conselho de Ministros**)

1. O Conselho de Ministros é constituído pelo Primeiro-Ministro, pelos Vice-Primeiro-Ministros, se os houver, e pelos Ministros.
2. O Conselho de Ministros é convocado e presidido pelo Primeiro-Ministro.
3. Podem ser convocados para participar nas reuniões do Conselho de Ministros, sem direito a voto, os Vice-Ministros, se os houver, e os Secretários de Estado.

CAPÍTULO II – Formação e responsabilidade

Artigo 106.º – (**Nomeação**)

1. O Primeiro-Ministro é indigitado pelo partido mais votado ou pela aliança de partidos com maioria parlamentar e nomeado pelo Presidente da República, ouvidos os partidos políticos representados no Parlamento Nacional.
2. Os restantes membros do Governo são nomeados pelo Presidente da República, sob proposta do Primeiro-Ministro.

Artigo 107.º – (**Responsabilidade do Governo**)

O Governo responde perante o Presidente da República e o Parlamento Nacional pela condução e execução da política interna e externa, nos termos da Constituição e da lei.

Artigo 108.º – (**Programa do Governo**)

1. Nomeado o Governo, este deve elaborar o seu programa, do qual constarão os objectivos e as tarefas que se propõe realizar, as medidas a adoptar e as principais orientações políticas que pretende seguir nos domínios da actividade governamental.
2. O Primeiro-Ministro submete o programa do Governo, aprovado em Conselho de Ministros, à apreciação do Parlamento Nacional, no prazo máximo de trinta dias a contar da data do início de funções do Governo.

Artigo 109.º – (**Apreciação do programa do Governo**)

1. O programa do Governo é submetido à apreciação do Parlamento Nacional e, se este não se encontrar em funcionamento, é obrigatoriamente convocado para o efeito.
2. O debate do programa do Governo não pode exceder cinco dias e até ao seu encerramento qualquer grupo parlamentar pode pedir a sua rejeição ou o Governo solicitar um voto de confiança.
3. A rejeição do programa do Governo exige a maioria absoluta dos Deputados em efectividade de funções.

Artigo 110.º – (**Solicitação de voto de confiança**)

O Governo pode solicitar ao Parlamento Nacional a aprovação de um voto de confiança sobre uma declaração de política geral ou sobre qualquer assunto de relevante interesse nacional.

Artigo 111.º – **(Moções de censura)**

1. O Parlamento Nacional pode votar moções de censura ao Governo sobre a execução do seu programa ou assunto de relevante interesse nacional, por iniciativa de um quarto dos Deputados em efectividade de funções.

2. Se a moção de censura não for aprovada, os seus signatários não podem apresentar outra durante a mesma sessão legislativa.

Artigo 112.º – **(Demissão do Governo)**

1. Implicam a demissão do Governo:
   a) O início da nova legislatura;
   b) A aceitação pelo Presidente da República do pedido de demissão apresentado pelo Primeiro-Ministro;
   c) A morte ou impossibilidade física permanente do Primeiro-Ministro;
   d) A rejeição do programa do Governo pela segunda vez consecutiva;
   e) A não aprovação de um voto de confiança;
   f) A aprovação de uma moção de censura por uma maioria absoluta dos Deputados em efectividade de funções.

2. O Presidente da República só pode demitir o Primeiro-Ministro nos casos previstos no número anterior e quando se mostre necessário para assegurar o normal funcionamento das instituições democráticas, ouvido o Conselho de Estado.

Artigo 113.º – **(Responsabilidade criminal dos membros do Governo)**

1. O membro do Governo acusado definitivamente por um crime punível com pena de prisão superior a dois anos é suspenso das suas funções, para efeitos de prosseguimento dos autos.

2. Em caso de acusação definitiva por crime punível com pena de prisão até dois anos, caberá ao Parlamento Nacional decidir se o membro do Governo deve ou não ser suspenso, para os mesmos efeitos.

Artigo 114.º – **(Imunidades dos membros do Governo)**

Nenhum membro do Governo pode ser detido ou preso sem autorização do Parlamento Nacional, salvo por crime a que corresponda pena de prisão cujo limite máximo seja superior a dois anos e em flagrante delito.

CAPÍTULO III – **Competência**

Artigo 115.º – **(Competência do Governo)**

1. Compete ao Governo:
   a) Definir e executar a política geral do país, obtida a sua aprovação no Parlamento Nacional;
   b) Garantir o gozo dos direitos e liberdades fundamentais aos cidadãos;
   c) Assegurar a ordem pública e a disciplina social;
   d) Preparar o Plano e o Orçamento Geral do Estado e executá-los depois de aprovados pelo Parlamento Nacional;
   e) Regulamentar a actividade económica e a dos sectores sociais;
   f) Preparar e negociar tratados e acordos e celebrar, aprovar, aderir e denunciar acordos internacionais que não sejam da competência do Parlamento Nacional ou do Presidente da República;

g) Definir e executar a política externa do país;
h) Assegurar a representação da República Democrática de Timor-Leste nas relações internacionais;
i) Dirigir os sectores sociais e económicos do Estado;
j) Dirigir a política laboral e de segurança social;
k) Garantir a defesa e consolidação do domínio público e do património do Estado;
l) Dirigir e coordenar as actividades dos ministérios e restantes instituições subordinadas ao Conselho de Ministros;
m) Promover o desenvolvimento do sector cooperativo e o apoio à produção familiar;
n) Apoiar o exercício da iniciativa económica privada;
o) Praticar os actos e tomar as providências necessárias ao desenvolvimento económico-social e à satisfação das necessidades da comunidade timorense;
p) Exercer quaisquer outras competências que lhe sejam atribuídas pela Constituição ou pela lei.

2. Compete ainda ao Governo relativamente a outros órgãos:
a) Apresentar propostas de lei e de resolução ao Parlamento Nacional;
b) Propor ao Presidente da República a declaração de guerra ou a feitura da paz;
c) Propor ao Presidente da República a declaração do estado de sítio ou do estado de emergência;
d) Propor ao Presidente da República a sujeição a referendo de questões de relevante interesse nacional;
e) Propor ao Presidente da República a nomeação de embaixadores, representantes permanentes e enviados extraordinários.

3. É da exclusiva competência legislativa do Governo a matéria respeitante à sua própria organização e funcionamento, bem como à da administração directa e indirecta do Estado.

Artigo 116.º – **(Competência do Conselho de Ministros)**

Compete ao Conselho de Ministros:
a) Definir as linhas gerais da política governamental, bem como as da sua execução;
b) Deliberar sobre o pedido de voto de confiança ao Parlamento Nacional;
c) Aprovar as propostas de lei e de resolução;
d) Aprovar os diplomas legislativos, bem como os acordos internacionais não submetidos ao Parlamento Nacional;
e) Aprovar os actos do Governo que envolvam aumento ou diminuição das receitas ou despesas públicas;
f) Aprovar os planos.

Artigo 117.º – **(Competência dos membros do Governo)**

1. Compete ao Primeiro-Ministro:
a) Chefiar o Governo;
b) Presidir ao Conselho de Ministros;
c) Dirigir e orientar a política geral do Governo e coordenar a acção de todos os Ministros, sem prejuízo da responsabilidade directa de cada um pelos respectivos departamentos governamentais;
d) Informar o Presidente da República sobre os assuntos relativos à política interna e externa do Governo;
e) Exercer as demais funções atribuídas pela Constituição e pela lei.

2. Compete aos Ministros:
a) Executar a política definida para os seus ministérios;

b) Assegurar as relações entre o Governo e os demais órgãos do Estado, no âmbito do respectivo ministério.

3. Os diplomas legislativos do Governo são assinados pelo Primeiro-Ministro e pelos Ministros competentes em razão da matéria.

TÍTULO V – Tribunais

CAPÍTULO I – Tribunais e Magistratura Judicial

Artigo 118.º – **(Função jurisdicional)**

1. Os tribunais são órgãos de soberania com competência para administrar a justiça em nome do povo.
2. No exercício das suas funções, os tribunais têm direito à coadjuvação das outras autoridades.
3. As decisões dos tribunais são de cumprimento obrigatório e prevalecem sobre todas as decisões de quaisquer autoridades.

Artigo 119.º – **(Independência)**

Os tribunais são independentes e apenas estão sujeitos à Constituição e à lei.

Artigo 120.º – **(Apreciação de inconstitucionalidade)**

Os tribunais não podem aplicar normas contrárias à Constituição ou aos princípios nela consagrados.

Artigo 121.º – **(Juízes)**

1. A função jurisdicional é exclusiva dos juízes, investidos nos termos da lei.
2. No exercício das suas funções, os juízes são independentes e apenas devem obediência à Constituição, à lei e à sua consciência.
3. Os juízes são inamovíveis, não podendo ser suspensos, transferidos, aposentados ou demitidos, senão nos termos da lei.
4. Para a garantia da sua independência os juízes não podem ser responsabilizados pelos seus julgamentos e decisões, salvo nos casos previstos na lei.
5. A lei regula a organização judiciária e o estatuto dos magistrados judiciais.

Artigo 122.º – **(Exclusividade)**

Os juízes em exercício não podem desempenhar qualquer outra função pública ou privada, exceptuada a actividade docente ou de investigação científica de natureza jurídica, nos termos da lei.

Artigo 123.º – **(Categorias de tribunais)**

1. Na República Democrática de Timor-Leste existem as seguintes categorias de tribunais:
    a) Supremo Tribunal de Justiça e outros tribunais judiciais;
    b) Tribunal Superior Administrativo, Fiscal e de Contas e tribunais administrativos de primeira instância;
    c) Tribunais militares.

2. São proibidos tribunais de excepção e não haverá tribunais especiais para o julgamento de determinadas categorias de crime.
3. Podem existir tribunais marítimos e arbitrais.
4. A lei determina a constituição, a organização e o funcionamento dos tribunais previstos nos números anteriores.
5. A lei pode institucionalizar instrumentos e formas de composição não jurisdicional de conflitos.

Artigo 124.º – (Supremo Tribunal de Justiça)

1. O Supremo Tribunal de Justiça é o mais alto órgão da hierarquia dos tribunais judiciais e o garante da aplicação uniforme da lei, com jurisdição em todo o território nacional.
2. Ao Supremo Tribunal de Justiça compete também administrar justiça em matérias de natureza jurídico-constitucional e eleitoral.
3. O Presidente do Supremo Tribunal de Justiça é nomeado para um mandato de quatro anos pelo Presidente da República, de entre os juízes do Supremo Tribunal de Justiça.

Artigo 125.º – (Funcionamento e composição)

1. O Supremo Tribunal de Justiça funciona:
   a) Em secções, como tribunal de primeira instância, nos casos previstos na lei;
   b) Em plenário, como tribunal de segunda e única instância, nos casos expressamente previstos por lei.
2. O Supremo Tribunal de Justiça é composto por juízes de carreira, por magistrados do Ministério Público ou por juristas de reconhecido mérito, em número a ser estabelecido por lei, sendo:
   a) Um eleito pelo Parlamento Nacional;
   b) E os demais designados pelo Conselho Superior da Magistratura Judicial.

Artigo 126.º – (Competência constitucional e eleitoral)

1. Ao Supremo Tribunal de Justiça compete, no domínio das questões jurídico-constitucionais:
   a) Apreciar e declarar a inconstitucionalidade e ilegalidade dos actos legislativos e normativos dos órgãos do Estado;
   b) Verificar previamente a constitucionalidade e a legalidade dos diplomas legislativos e dos referendos;
   c) Verificar a inconstitucionalidade por omissão;
   d) Decidir, em sede de recurso, sobre a desaplicação de normas consideradas inconstitucionais pelos tribunais de instância;
   e) Verificar a legalidade da constituição de partidos políticos e suas coligações e ordenar o seu registo ou extinção, nos termos da Constituição e da lei;
   f) Exercer todas as outras competências que lhe sejam atribuídas na Constituição ou na lei.
2. No domínio específico das eleições, cabe ao Supremo Tribunal de Justiça:
   a) Verificar os requisitos legais exigidos para as candidaturas a Presidente da República;
   b) Julgar em última instância a regularidade e validade dos actos do processo eleitoral, nos termos da lei respectiva;
   c) Validar e proclamar os resultados do processo eleitoral.

Artigo 127.º – (**Elegibilidade**)

1. Só podem ser membros do Supremo Tribunal de Justiça juízes de carreira, magistrados do Ministério Público ou juristas de reconhecido mérito que sejam cidadãos nacionais.

2. Além dos requisitos referidos no numero anterior, a lei pode definir outros.

Artigo 128.º – (**Conselho Superior da Magistratura Judicial**)

1. O Conselho Superior da Magistratura Judicial é o órgão de gestão e disciplina dos magistrados judiciais, a quem compete a nomeação, colocação, transferência e promoção de juízes.

2. O Conselho Superior da Magistratura Judicial é presidido pelo Juiz Presidente do Supremo Tribunal de Justiça e composto pelos seguintes vogais:
   a) Um designado pelo Presidente da República;
   b) Um eleito pelo Parlamento Nacional;
   c) Um designado pelo Governo;
   d) Um eleito pelos magistrados judiciais de entre os seus pares.

3. A lei regula a competência, a organização e o funcionamento do Conselho Superior da Magistratura Judicial.

Artigo 129.º – (**Tribunal Superior Administrativo, Fiscal e de Contas**)

1. O Tribunal Superior Administrativo, Fiscal e de Contas é o órgão superior da hierarquia dos tribunais administrativos, fiscais e de contas, sem prejuízo da competência própria do Supremo Tribunal de Justiça.

2. O Presidente do Tribunal Superior Administrativo, Fiscal e de Contas é eleito para um mandato de quatro anos de entre e pelos respectivos juízes.

3. Compete ao Tribunal Superior Administrativo, Fiscal e de Contas, como instância única, a fiscalização da legalidade das despesas públicas e o julgamento das contas do Estado.

4. Compete ao Tribunal Superior Administrativo, Fiscal e de Contas e aos tribunais administrativos e fiscais de primeira instância:
   a) Julgar as acções que tenham por objecto litígios emergentes das relações jurídicas administrativas e fiscais;
   b) Julgar os recursos contenciosos interpostos das decisões dos órgãos do Estado e dos seus agentes;
   c) Exercer as demais competências atribuídas por lei.

Artigo 130.º – (**Tribunais Militares**)

1. Compete aos tribunais militares julgar em primeira instância os crimes de natureza militar.

2. A competência, a organização, a composição e o funcionamento dos tribunais militares são estabelecidos por lei.

Artigo 131.º – (**Audiências dos tribunais**)

As audiências dos tribunais são públicas, salvo quando o próprio tribunal decidir o contrário, em despacho fundamentado, para salvaguarda da dignidade das pessoas, da moral pública e da segurança nacional ou para garantir o seu normal funcionamento.

CAPÍTULO II – Ministério Público

Artigo 132.º – (Funções e estatuto)

1. O Ministério Público representa o Estado, exerce a acção penal, assegura a defesa dos menores, ausentes e incapazes, defende a legalidade democrática e promove o cumprimento da lei.
2. O Ministério Público constitui uma magistratura hierarquicamente organizada, subordinada ao Procurador-Geral da República.
3. No exercício das suas funções, os magistrados do Ministério Público estão sujeitos a critérios de legalidade, objectividade, isenção e obediência às directivas e ordens previstas na lei.
4. O Ministério Público goza de estatuto próprio, não podendo os seus agentes ser transferidos, suspensos, aposentados ou demitidos senão nos casos previstos na lei.
5. A nomeação, colocação, transferência e promoção dos agentes do Ministério Público e o exercício da acção disciplinar competem à Procuradoria-Geral da República.

Artigo 133.º – (Procuradoria-Geral da República)

1. A Procuradoria-Geral da República é o órgão superior do Ministério Público, com a composição e a competência definidas na lei.
2. A Procuradoria-Geral da República é dirigida pelo Procurador-Geral da República, o qual é substituído nas suas ausências e impedimentos nos termos da lei.
3. O Procurador-Geral da República é nomeado para um mandato de quatro anos pelo Presidente da República, nos termos fixados na lei.
4. O Procurador-Geral da República responde perante o Chefe do Estado e presta informação anual ao Parlamento Nacional.
5. O Procurador-Geral da República deve solicitar ao Supremo Tribunal de Justiça a declaração de inconstitucionalidade com força obrigatória geral de norma que haja sido julgada inconstitucional em três casos concretos.
6. Os Adjuntos do Procurador-Geral da República são nomeados, demitidos e exonerados pelo Presidente da República, ouvido o Conselho Superior do Ministério Público.

Artigo 134.º – (Conselho Superior do Ministério Público)

1. O Conselho Superior do Ministério Público é parte integrante da Procuradoria-Geral da República.
2. O Conselho Superior do Ministério Público é presidido pelo Procurador-Geral da República e composto pelos seguintes vogais:
   a) Um designado pelo Presidente da República;
   b) Um eleito pelo Parlamento Nacional;
   c) Um designado pelo Governo;
   d) Um eleito pelos magistrados do Ministério Público de entre os seus pares.
3. A lei regula a competência, a organização e o funcionamento do Conselho Superior do Ministério Público.

CAPÍTULO III – Advocacia

Artigo 135.º – (Advogados)

1. O exercício da assistência jurídica e judiciária é de interesse social, devendo os advogados e defensores nortear-se por este princípio.

2. Os advogados e defensores têm por função principal contribuir para a boa administração da justiça e a salvaguarda dos direitos e legítimos interesses dos cidadãos.
3. O exercício da advocacia é regulado por lei.

Artigo 136.° – **(Garantias no exercício da advocacia)**

1. O Estado deve garantir, nos termos da lei, a inviolabilidade dos documentos respeitantes ao exercício da profissão de advogado, não sendo admissíveis buscas, apreensões, arrolamentos e outras diligências judiciais sem a presença do magistrado judicial competente e, sempre que possível, do advogado em questão.
2. Os advogados têm o direito de comunicar pessoalmente e com garantias de confidencialidade com os seus clientes, especialmente se estes se encontrarem detidos ou presos em estabelecimentos civis ou militares.

TÍTULO VI – Administração Pública

Artigo 137.° – **(Princípios gerais da Administração Pública)**

1. A Administração Pública visa a prossecução do interesse público, no respeito pelos direitos e interesses legítimos dos cidadãos e das instituições constitucionais.
2. A Administração Pública é estruturada de modo a evitar a burocratização, aproximar os serviços das populações e assegurar a participação dos interessados na sua gestão efectiva.
3. A lei estabelece os direitos e garantias dos administrados, designadamente contra actos que lesem os seus direitos e interesses legítimos.

PARTE IV
ORGANIZAÇÃO ECONÓMICA E FINANCEIRA

TÍTULO I – Princípios Gerais

Artigo 138.° – **(Organização económica)**

A organização económica de Timor-Leste assenta na conjugação das formas comunitárias com a liberdade de iniciativa e gestão empresarial e na coexistência do sector público, do sector privado e do sector cooperativo e social de propriedade dos meios de produção.

Artigo 139.° – **(Recursos naturais)**

1. Os recursos do solo, do subsolo, das águas territoriais, da plataforma continental e da zona económica exclusiva, que são vitais para a economia, são propriedade do Estado e devem ser utilizados de uma forma justa e igualitária, de acordo com o interesse nacional.

2. As condições de aproveitamento dos recursos naturais referidas no número anterior devem servir para a constituição de reservas financeiras obrigatórias, nos termos da lei.

3. O aproveitamento dos recursos naturais deve manter o equilíbrio ecológico e evitar a destruição de ecossistemas.

Artigo 140.º – **(Investimentos)**

O Estado deve promover os investimentos nacionais e criar condições para atrair investimentos estrangeiros, tendo em conta os interesses nacionais, nos termos da lei.

Artigo 141.º – **(Terras)**

São regulados por lei a propriedade, o uso e a posse útil das terras, como um dos factores de produção económica.

TÍTULO II – Sistema financeiro e fiscal

Artigo 142.º – **(Sistema financeiro)**

O sistema financeiro é estruturado por lei de modo a garantir a formação, captação e segurança das poupanças, bem como a aplicação dos meios financeiros necessários ao desenvolvimento económico e social.

Artigo 143.º – **(Banco central)**

1. O Estado deve criar um banco central nacional co-responsável pela definição e execução da política monetária e financeira.

2. A lei define as funções e a relação entre o banco central, o Parlamento Nacional e o Governo, salvaguardando a autonomia de gestão da instituição financeira.

3. O banco central tem a competência exclusiva de emissão da moeda nacional.

Artigo 144.º – **(Sistema fiscal)**

1. O Estado deve criar um sistema fiscal que satisfaça as necessidades financeiras e contribua para a justa repartição da riqueza e dos rendimentos nacionais.

2. Os impostos e as taxas são criados por lei, que fixa a sua incidência, os benefícios fiscais e as garantias dos contribuintes.

Artigo 145.º – **(Orçamento Geral do Estado)**

1. O Orçamento Geral do Estado é elaborado pelo Governo e aprovado pelo Parlamento Nacional.

2. A lei do Orçamento deve prever, com base na eficiência e na eficácia, a discriminação das receitas e a discriminação das despesas, bem como evitar a existência de dotações ou fundos secretos.

3. A execução do Orçamento é fiscalizada pelo Tribunal Superior Administrativo, Fiscal e de Contas e pelo Parlamento Nacional.

PARTE V
DEFESA E SEGURANÇA NACIONAIS

Artigo 146.º – (Forças Armadas)

1. As forças armadas de Timor-Leste, FALINTIL-FDTL, compostas exclusivamente de cidadãos nacionais, são responsáveis pela defesa militar da República Democrática de Timor-Leste e a sua organização é única para todo o território nacional.
2. As FALINTIL-FDTL garantem a independência nacional, a integridade territorial e a liberdade e segurança das populações contra qualquer agressão ou ameaça externa, no respeito pela ordem constitucional.
3. As FALINTIL-FDTL são apartidárias e devem obediência, nos termos da Constituição e das leis, aos órgãos de soberania competentes, sendo-lhes vedada qualquer intervenção política.

Artigo 147.º – (Polícia e forças de segurança)

1. A polícia defende a legalidade democrática e garante a segurança interna dos cidadãos, sendo rigorosamente apartidária.
2. A prevenção criminal deve fazer-se com respeito pelos direitos humanos.
3. A lei fixa o regime da polícia e demais forças de segurança.

Artigo 148.º – (Conselho Superior de Defesa e Segurança)

1. O Conselho Superior de Defesa e Segurança é o órgão consultivo do Presidente da República para assuntos relativos à defesa e soberania.
2. O Conselho Superior de Defesa e Segurança é presidido pelo Presidente da República e deve incluir entidades civis e militares, sendo as civis representadas em maior número.
3. A composição, a organização e o funcionamento do Conselho Superior de Defesa e Segurança são definidos por lei.

PARTE VI
GARANTIA E REVISÃO DA CONSTITUIÇÃO

TÍTULO I – Garantia da Constituição

Artigo 149.º – (Fiscalização preventiva da constitucionalidade)

1. O Presidente da República pode requerer ao Supremo Tribunal de Justiça a apreciação preventiva da constitucionalidade de qualquer diploma que lhe tenha sido enviado para promulgação.
2. A apreciação preventiva da constitucionalidade pode ser requerida no prazo de vinte dias a contar da data de recepção do diploma, devendo o Supremo Tribunal de Justiça pronunciar-se no prazo de vinte e cinco dias, o qual pode ser reduzido pelo Presidente da República por motivo de urgência.
3. Em caso de pronúncia pela inconstitucionalidade, o Presidente da República remete cópia do acórdão ao Governo ou ao Parlamento Nacional, solicitando

a reformulação do diploma em conformidade com a decisão do Supremo Tribunal de Justiça.

4. O veto por inconstitucionalidade do diploma do Parlamento Nacional enviado para promulgação pode ser ultrapassado nos termos do artigo 88.º, com as devidas adaptações.

Artigo 150.º – **(Fiscalização abstracta da constitucionalidade)**

Podem requerer a declaração de inconstitucionalidade:
 a) O Presidente da República;
 b) O Presidente do Parlamento Nacional;
 c) O Procurador-Geral da República, com base na desaplicação pelos tribunais em três casos concretos de norma julgada inconstitucional;
 d) O Primeiro-Ministro;
 e) Um quinto dos Deputados;
 f) O Provedor de Direitos Humanos e Justiça.

Artigo 151.º – **(Inconstitucionalidade por omissão)**

O Presidente da República, o Procurador-Geral da República e o Provedor de Direitos Humanos e Justiça podem requerer junto do Supremo Tribunal de Justiça a verificação de inconstitucionalidade por omissão de medidas legislativas necessárias para concretizar as normas constitucionais.

Artigo 152.º – **(Fiscalização concreta da constitucionalidade)**

1. Cabe recurso para o Supremo Tribunal de Justiça das decisões dos tribunais:
 a) Que recusem a aplicação de qualquer norma com fundamento na sua inconstitucionalidade;
 b) Que apliquem normas cuja inconstitucionalidade tenha sido suscitada durante o processo.

2. O recurso previsto na alínea b) do número anterior só pode ser interposto pela parte que tenha suscitado a questão da inconstitucionalidade.

3. A lei regula o regime de admissão dos recursos.

Artigo 153.º – **(Acórdãos do Supremo Tribunal de Justiça)**

Os acórdãos do Supremo Tribunal de Justiça não são passíveis de recurso e são publicados no jornal oficial, detendo força obrigatória geral, nos processos de fiscalização abstracta e concreta, quando se pronunciem no sentido da inconstitucionalidade.

TÍTULO II – Revisão da Constituição

Artigo 154.º – **(Iniciativa e tempo de revisão)**

1. A iniciativa da revisão constitucional cabe aos Deputados e às Bancadas Parlamentares

2. O Parlamento Nacional pode rever a Constituição decorridos seis anos sobre a data da publicação da última lei de revisão.

3. O prazo de seis anos para a primeira revisão constitucional conta-se a partir da data da entrada em vigor da presente Constituição.

4. O Parlamento Nacional, independentemente de qualquer prazo temporal, pode assumir poderes de revisão constitucional por maioria de quatro quintos dos Deputados em efectividade de funções.

5. As propostas de revisão devem ser depositadas no Parlamento Nacional cento e vinte dias antes do início do debate.

6. Apresentado um projecto de revisão constitucional, nos termos do número anterior, quaisquer outros terão de ser apresentados no prazo de trinta dias.

Artigo 155.º – (**Aprovação e promulgação**)

1. As alterações da Constituição são aprovadas por maioria de dois terços dos Deputados em efectividade de funções.

2. A Constituição, no seu novo texto, é publicada conjuntamente com a lei de revisão.

3. O Presidente da República não pode recusar a promulgação da lei de revisão.

Artigo 156.º – (**Limites materiais da revisão**)

1. As leis de revisão constitucional têm que respeitar:
a) A independência nacional e a unidade do Estado;
b) Os direitos, liberdades e garantias dos cidadãos;
c) A forma republicana de governo;
d) A separação dos poderes;
e) A independência dos tribunais;
f) O multipartidarismo e o direito de oposição democrática;
g) O sufrágio livre, universal, directo, secreto e periódico dos titulares dos órgãos de soberania, bem como o sistema de representação proporcional;
h) O princípio da desconcentração e da descentralização administrativa;
i) A Bandeira Nacional;
j) A data da proclamação da independência nacional.

2. As matérias constantes das alíneas *c*) e *i*) podem ser revistas através de referendo nacional, nos termos da lei.

Artigo 157.º – (**Limites circunstanciais da revisão**)

Durante o estado de sítio ou de emergência não pode ser praticado nenhum acto de revisão constitucional.

PARTE VII
DISPOSIÇÕES FINAIS E TRANSITÓRIAS

Artigo 158.º – (**Tratados, acordos e alianças**)

1. A confirmação, adesão e ratificação das convenções, tratados, acordos ou alianças bilaterais ou multilaterais, anteriores à entrada em vigor da Constituição, são decididas, caso a caso, pelos órgãos competentes respectivos.

2. A República Democrática de Timor-Leste não fica vinculada por nenhum tratado, acordo ou aliança, celebrado anteriormente à entrada em vigor da Constituição, que não seja confirmado ou ratificado ou a que não haja adesão, nos termos do n.º 1.

3. A República Democrática de Timor-Leste não reconhece quaisquer actos ou contratos relativos aos recursos naturais referidos no n.º 1 do artigo 139.º celebrados ou praticados antes da entrada em vigor da Constituição que não sejam confirmados, subsequentemente a esta, pelos órgãos competentes.

Artigo 159.º – (**Línguas de trabalho**)

A língua indonésia e a inglesa são línguas de trabalho em uso na administração pública a par das línguas oficiais, enquanto tal se mostrar necessário.

Artigo 160.º – (**Crimes graves**)

Os actos cometidos entre 25 de Abril de 1974 e 31 de Dezembro de 1999 que possam ser considerados crimes contra a Humanidade, de genocídio ou de guerra são passíveis de procedimento criminal junto dos tribunais nacionais ou internacionais.

Artigo 161.º – (**Apropriação ilegal de bens**)

A apropriação ilegal de bens móveis e imóveis, anterior à entrada em vigor da Constituição, é considerada crime e deve ser resolvida nos termos da Constituição e da lei.

Artigo 162.º – (**Reconciliação**)

1. Compete à Comissão de Acolhimento, Verdade e Reconciliação o desempenho das funções a ela conferidas pelo Regulamento da UNTAET n.º 2001/10.
2. As competências, o mandato e os objectivos da Comissão podem, sempre que necessário, ser redefinidos pelo Parlamento Nacional.

Artigo 163.º – (**Organização judicial transitória**)

1. A instância judicial colectiva existente em Timor-Leste, integrada por juízes nacionais e internacionais, com competência para o julgamento dos crimes graves cometidos entre 1 de Janeiro e 25 de Outubro de 1999 mantém-se em funções pelo tempo estritamente necessário para que sejam concluídos os processos em investigação.
2. A organização judiciária existente em Timor-Leste no momento da entrada em vigor da Constituição mantém-se em funcionamento até à instalação e início em funções do novo sistema judiciário.

Artigo 164.º – (**Competência transitória do Supremo Tribunal de Justiça**)

1. Depois da entrada em funções do Supremo Tribunal de Justiça e enquanto não forem criados os tribunais referidos no artigo 129.º, as respectivas competências são exercidas pelo Supremo Tribunal de Justiça e demais tribunais judiciais.
2. Até à instalação e início de funções do Supremo Tribunal de Justiça todos os poderes atribuídos pela Constituição a este tribunal são exercidos pela Instância Judicial Máxima da organização judiciária existente em Timor-Leste.

Artigo 165.º – (**Direito anterior**)

São aplicáveis, enquanto não forem alterados ou revogados, as leis e os regulamentos vigentes em Timor-Leste em tudo o que não se mostrar contrário à Constituição e aos princípios nela consignados.

Artigo 166.º – **(Hino Nacional)**

Enquanto a lei ordinária não aprovar o hino nacional nos termos do n.º 2 do artigo 14.º, será executada nas cerimónias nacionais a melodia "Pátria, Pátria, Timor-Leste a nossa nação".

Artigo 167.º – **(Transformação da Assembleia Constituinte)**

1. A Assembleia Constituinte transforma-se em Parlamento Nacional com a entrada em vigor da Constituição da República.

2. O Parlamento Nacional tem no seu primeiro mandato, excepcionalmente, oitenta e oito Deputados.

3. O Presidente da Assembleia Constituinte mantém-se em funções até que o Parlamento Nacional proceda à eleição do seu Presidente, em conformidade com a Constituição.

Artigo 168.º – **(II Governo Transitório)**

O Governo nomeado ao abrigo do Regulamento da UNTAET n.º 2001/28 mantém-se em funções até que o primeiro Governo Constitucional seja nomeado e empossado pelo Presidente da República, em conformidade com a Constituição.

Artigo 169.º – **(Eleição presidencial de 2002)**

O Presidente da República eleito ao abrigo do Regulamento da UNTAET n.º 2002/01 assume as competências e cumpre o mandato previsto na Constituição.

Artigo 170.º – **(Entrada em vigor da Constituição)**

A Constituição da República Democrática de Timor-Leste entra em vigor no dia 20 de Maio de 2002.

VIII
CONSTITUIÇÃO DA REPÚBLICA DE MOÇAMBIQUE DE 2004[83]

---

[83] Texto oficial integral, publicado no *Boletim da República*, 1.ª série, n.º 51, de 22 de Dezembro de 2004, pp. 543 e ss.

PREÂMBULO

A Luta Armada de Libertação Nacional, respondendo aos anseios seculares do nosso Povo, aglutinou todas as camadas patrióticas da sociedade moçambicana num mesmo ideal de liberdade, unidade, justiça e progresso, cujo escopo era libertar a terra e o Homem.

Conquistada a Independência Nacional em 25 de Junho de 1975, devolveram-se ao povo moçambicano os direitos e as liberdades fundamentais.

A Constituição de 1990 introduziu o Estado de Direito Democrático, alicerçado na separação e interdependência dos poderes e no pluralismo, lançando os parâmetros estruturais da modernização, contribuindo de forma decisiva para a instauração de um clima democrático que levou o país à realização das primeiras eleições multipartidárias.

A presente Constituição reafirma, desenvolve e aprofunda os princípios fundamentais do Estado moçambicano, consagra o carácter soberano do Estado de Direito Democrático, baseado no pluralismo de expressão, organização partidária e no respeito e garantia dos direitos e liberdades fundamentais dos cidadãos.

A ampla participação dos cidadãos na feitura da Lei Fundamental traduz o consenso resultante da sabedoria de todos no reforço da democracia e da unidade nacional.

TÍTULO I
PRINCÍPIOS FUNDAMENTAIS

CAPÍTULO I – República

Artigo 1.º – **(República de Moçambique)**

A República de Moçambique é um Estado independente, soberano, democrático e de justiça social.

Artigo 2.º – **(Soberania e legalidade)**

1. A soberania reside no povo.
2. O povo moçambicano exerce a soberania segundo as formas fixadas na Constituição.
3. O Estado subordina-se à Constituição e funda-se na legalidade.
4. As normas constitucionais prevalecem sobre todas as restantes normas do ordenamento jurídico.

Artigo 3.º – (Estado de Direito Democrático)

A República de Moçambique é um Estado de Direito, baseado no pluralismo de expressão, na organização política democrática, no respeito e garantia dos direitos e liberdades fundamentais do Homem.

Artigo 4.º – (Pluralismo jurídico)

O Estado reconhece os vários sistemas normativos e de resolução de conflitos que coexistem na sociedade moçambicana, na medida em que não contrariem os valores e os princípios fundamentais da Constituição.

Artigo 5.º – (Nacionalidade)

1. A nacionalidade moçambicana pode ser originária ou adquirida.
2. Os requisitos de atribuição, aquisição, perda e reaquisição da nacionalidade são determinados pela Constituição e regulados por lei.

Artigo 6.º – (Território)

1. O território da República de Moçambique é uno, indivisível e inalienável, abrangendo toda a superfície terrestre, a zona marítima e o espaço aéreo delimitados pelas fronteiras nacionais.
2. A extensão, o limite e o regime das águas territoriais, a zona económica exclusiva, a zona contígua e os direitos aos fundos marinhos de Moçambique são fixados por lei.

Artigo 7.º – (Organização territorial)

1. A República de Moçambique organiza-se territorialmente em províncias, distritos, postos administrativos, localidades e povoações.
2. As zonas urbanas estruturam-se em cidades e vilas.
3. A definição das características dos escalões territoriais, assim como a criação de novos escalões e o estabelecimento de competências no âmbito da organização político-administrativa é fixada por lei.

Artigo 8.º – (Estado unitário)

A República de Moçambique é um Estado unitário, que respeita na sua organização os princípios da autonomia das autarquias locais.

Artigo 9.º – (Línguas nacionais)

O Estado valoriza as línguas nacionais como património cultural e educacional e promove o seu desenvolvimento e utilização crescente como línguas veiculares da nossa identidade.

Artigo 10.º – (Língua oficial)

Na República de Moçambique a língua portuguesa é a língua oficial.

Artigo 11.º – (Objectivos fundamentais)

O Estado moçambicano tem como objectivos fundamentais:
 a) a defesa da independência e da soberania;
 b) a consolidação da unidade nacional;
 c) a edificação de uma sociedade de justiça social e a criação do bem-estar material, espiritual e de qualidade de vida dos cidadãos;

d) a promoção do desenvolvimento equilibrado, económico, social e regional do país;

e) a defesa e a promoção dos direitos humanos e da igualdade dos cidadãos perante a lei;

f) o reforço da democracia, da liberdade, da estabilidade social e da harmonia social e individual;

g) a promoção de uma sociedade de pluralismo, tolerância e cultura de paz;

h) o desenvolvimento da economia e o progresso da ciência e da técnica;

i) a afirmação da identidade moçambicana, das suas tradições e demais valores sócio-culturais;

j) o estabelecimento e desenvolvimento de relações de amizade e cooperação com outros povos e Estados.

Artigo 12.º – (**Estado laico**)

1. A República de Moçambique é um Estado laico.
2. A laicidade assenta na separação entre o Estado e as confissões religiosas.
3. As confissões religiosas são livres na sua organização e no exercício das suas funções e de culto e devem conformar-se com as leis do Estado.
4. O Estado reconhece e valoriza as actividades das confissões religiosas visando promover um clima de entendimento, tolerância, paz e o reforço da unidade nacional, o bem-estar espiritual e material dos cidadãos e o desenvolvimento económico e social.

Artigo 13.º – (**Símbolos nacionais**)

Os símbolos da República de Moçambique são a bandeira, o emblema e o hino nacionais.

Artigo 14.º – (**Resistência secular**)

A República de Moçambique valoriza a luta heróica e a resistência secular do povo moçambicano contra a dominação estrangeira.

Artigo 15.º – (**Libertação nacional, defesa da soberania e da democracia**)

1. A República de Moçambique reconhece e valoriza os sacrifícios daqueles que consagraram as suas vidas à luta de libertação nacional, à defesa da soberania e da democracia.
2. O Estado assegura protecção especial aos que ficaram deficientes na luta de libertação nacional, assim como aos órfãos e outros dependentes daqueles que morreram nesta causa.
3. A lei determina os termos de efectivação dos direitos fixados no presente artigo.

Artigo 16.º – (**Deficientes de guerra**)

1. O Estado assegura protecção especial aos que ficaram deficientes durante o conflito armado que terminou com assinatura do Acordo Geral de Paz em 1992, bem como aos órfãos e outros dependentes directos.
2. O Estado protege igualmente os que ficaram deficientes em cumprimento de serviço público ou em acto humanitário.
3. A lei determina os termos de efectivação dos direitos fixados no presente artigo.

CAPÍTULO II – Política externa e Direito Internacional

Artigo 17.º – (Relações internacionais)

1. A República de Moçambique estabelece relações de amizade e cooperação com outros Estados na base dos princípios de respeito mútuo pela soberania e integridade territorial, igualdade, não interferência nos assuntos internos e reciprocidade de benefícios.
2. A República de Moçambique aceita, observa e aplica os princípios da Carta da Organização das Nações Unidas e da Carta da União Africana.

Artigo 18.º – (Direito Internacional)

1. Os tratados e acordos internacionais, validamente aprovados e ratificados, vigoram na ordem jurídica moçambicana após a sua publicação oficial e enquanto vincularem internacionalmente o Estado de Moçambique.
2. As normas de Direito Internacional têm na ordem jurídica interna o mesmo valor que assumem os actos normativos infraconstitucionais emanados da Assembleia da República e do Governo, consoante a sua respectiva forma de recepção.

Artigo 19.º – (Solidariedade internacional)

1. A República de Moçambique solidariza-se com a luta dos povos e Estados africanos, pela unidade, liberdade, dignidade e direito ao progresso económico e social.
2. A República de Moçambique busca o reforço das relações com países empenhados na consolidação da independência nacional, da democracia e na recuperação do uso e controlo das riquezas naturais a favor dos respectivos povos.
3. A República de Moçambique associa-se a todos os Estados na luta pela instauração de uma ordem económica justa e equitativa nas relações internacionais.

Artigo 20.º – (Apoio à liberdade dos povos e asilo)

1. A República de Moçambique apoia e é solidária com a luta dos povos pela libertação nacional e pela democracia.
2. A República de Moçambique concede asilo aos estrangeiros perseguidos em razão da sua luta pela libertação nacional, pela democracia, pela paz e pela defesa dos direitos humanos.
3. A lei define o estatuto do refugiado político.

Artigo 21.º – (Laços especiais de amizade e cooperação)

A República de Moçambique mantém laços especiais de amizade e cooperação com os países da região, com os países de língua oficial portuguesa e com os países de acolhimento de emigrantes moçambicanos.

Artigo 22.º – (Política de paz)

1. A República de Moçambique prossegue uma política de paz, só recorrendo à força em caso de legítima defesa.
2. A República de Moçambique defende a primazia da solução negociada dos conflitos.
3. A República de Moçambique defende o princípio do desarmamento geral e universal de todos os Estados.
4. A República de Moçambique preconiza a transformação do Oceano Índico em zona desnuclearizada e de paz.

TÍTULO II
NACIONALIDADE

CAPÍTULO I – Nacionalidade originária

Artigo 23.º – **(Princípio da territorialidade e da consanguinidade)**

1. São moçambicanos, desde que hajam nascido em Moçambique:
   a) os filhos de pai ou mãe que tenham nascido em Moçambique;
   b) os filhos de pais apátridas, de nacionalidade desconhecida ou incógnita;
   c) os que tinham domicílio em Moçambique à data da independência e não tenham optado, expressa ou tacitamente, por outra nacionalidade.

2. São moçambicanos, ainda que nascidos em território estrangeiro, os filhos de pai ou mãe moçambicanos ao serviço do Estado fora do país.

3. São moçambicanos os filhos de pai ou mãe de nacionalidade moçambicana ainda que nascidos em território estrangeiro, desde que expressamente, sendo maiores de dezoito anos de idade, ou pelos seus representantes legais, se forem menores daquela idade, declararem que pretendem ser moçambicanos.

Artigo 24.º – **(Princípio da territorialidade)**

1. São moçambicanos os cidadãos nascidos em Moçambique após a proclamação da independência.

2. Exceptuam-se os filhos de pai e mãe estrangeiros quando qualquer deles se encontre em Moçambique ao serviço do Estado a que pertence.

3. Os cidadãos referidos no número anterior somente têm a nacionalidade moçambicana se declararem por si, sendo maiores de dezoito anos de idade, ou pelos seus representantes legais, sendo menores daquela idade, que querem ser moçambicanos.

4. O prazo para a declaração referida no número anterior é de um ano, a contar da data do nascimento ou daquela em que o interessado completar dezoito anos de idade, conforme a declaração seja feita, respectivamente, pelo representante legal ou pelo próprio.

Artigo 25.º – **(Por maioridade)**

São moçambicanos os indivíduos que preenchendo os pressupostos da nacionalidade originária, não a tenham adquirido por virtude de opção dos seus representantes legais, desde que, sendo maiores de dezoito anos de idade e até um ano depois de atingirem a maioridade, declarem, por si, que pretendem ser moçambicanos.

CAPÍTULO II – Nacionalidade adquirida

Artigo 26.º – **(Por casamento)**

1. Adquire a nacionalidade moçambicana o estrangeiro ou a estrangeira que tenha contraído casamento com moçambicana ou moçambicano há pelo menos cinco anos, salvo nos casos de apátrida, desde que, cumulativamente:
   a) declare querer adquirir a nacionalidade moçambicana;
   b) preencha os requisitos e ofereça as garantias fixadas por lei.

2. A declaração de nulidade ou a dissolução do casamento não prejudica a nacionalidade adquirida pelo cônjuge.

Artigo 27.º – **(Por naturalização)**

1. Pode ser concedida a nacionalidade moçambicana por naturalização aos estrangeiros que, à data da apresentação do pedido, reúnam cumulativamente as seguintes condições:
   a) residam habitual e regularmente há pelo menos dez anos em Moçambique;
   b) sejam maiores de dezoito anos;
   c) conheçam o português ou uma língua moçambicana;
   d) possuam capacidade para reger a sua pessoa e assegurar a sua subsistência;
   e) tenham idoneidade cívica;
   f) preencham os requisitos e ofereçam as garantias fixadas por lei.

2. Os requisitos constantes das alíneas a) e c) são dispensados aos estrangeiros que tenham prestado relevantes serviços ao Estado moçambicano, nos termos fixados na lei.

Artigo 28.º – **(Por filiação)**

Através do acto de naturalização, a nacionalidade moçambicana pode ser concedida aos filhos do cidadão de nacionalidade adquirida, solteiros e menores de dezoito anos de idade.

Artigo 29.º – **(Por adopção)**

O adoptado plenamente por nacional moçambicano adquire a nacionalidade moçambicana.

Artigo 30.º – **(Restrições ao exercício de funções)**

1. Os cidadãos de nacionalidade adquirida não podem ser Deputados, membros do Governo, titulares de órgãos de soberania e não têm acesso à carreira diplomática ou militar.

2. A lei define as condições do exercício de funções públicas ou de funções privadas de interesse público por cidadãos moçambicanos de nacionalidade adquirida.

CAPÍTULO III – Perda e reaquisição da nacionalidade

Artigo 31.º – **(Perda)**

Perde a nacionalidade moçambicana:
   a) o que sendo nacional de outro Estado, declare por meios competentes não querer ser moçambicano;
   b) aquele a quem, sendo menor, tenha sido atribuída a nacionalidade moçambicana por efeito de declaração do seu representante legal, se declarar, pelos meios competentes até um ano depois de atingir a maioridade, que não quer ser moçambicano e se provar que tem outra nacionalidade.

Artigo 32.º – **(Reaquisição)**

1. Pode ser concedida a nacionalidade moçambicana àqueles que, depois de a terem perdido, a requeiram e reúnam cumulativamente as seguintes condições:
   a) estabeleçam domicílio em Moçambique;
   b) preencham os requisitos e ofereçam as garantias fixadas na lei.

2. A mulher moçambicana que tenha perdido a nacionalidade por virtude de casamento pode readquiri-la mediante requerimento às entidades competentes.

3. A reaquisição da nacionalidade faz regressar à situação jurídica anterior à perda da nacionalidade.

CAPÍTULO IV – **Prevalência da nacionalidade e registo**

Artigo 33.º – **(Prevalência da nacionalidade moçambicana)**

Não é reconhecida nem produz efeitos na ordem jurídica interna qualquer outra nacionalidade aos indivíduos que, nos termos do ordenamento jurídico da República de Moçambique, sejam moçambicanos.

Artigo 34.º – **(Registo)**

O registo e prova da aquisição, da perda e da reaquisição da nacionalidade são regulados por lei.

TÍTULO III
DIREITOS, DEVERES E LIBERDADES FUNDAMENTAIS

CAPÍTULO I – **Princípios gerais**

Artigo 35.º – **(Princípio da universalidade e igualdade)**

Todos os cidadãos são iguais perante a lei, gozam dos mesmos direitos e estão sujeitos aos mesmos deveres, independentemente da cor, raça, sexo, origem étnica, lugar de nascimento, religião, grau de instrução, posição social, estado civil dos pais, profissão ou opção política.

Artigo 36.º – **(Princípio da igualdade do género)**

O homem e a mulher são iguais perante a lei em todos os domínios da vida política, económica, social e cultural.

Artigo 37.º – **(Portadores de deficiência)**

Os cidadãos portadores de deficiência gozam plenamente dos direitos consignados na Constituição e estão sujeitos aos mesmos deveres com ressalva do exercício ou cumprimento daqueles para os quais, em razão da deficiência, se encontrem incapacitados.

Artigo 38.º – **(Dever de respeitar a Constituição)**

1. Todos os cidadãos têm o dever de respeitar a ordem constitucional.
2. Os actos contrários ao estabelecido na Constituição são sujeitos à sanção nos termos da lei.

Artigo 39.º – **(Actos contrários à unidade nacional)**

Todos os actos visando atentar contra a unidade nacional, prejudicar a harmonia social, criar divisionismo, situações de privilégio ou discriminação com base na cor, raça, sexo, origem étnica, lugar de nascimento, religião, grau de instrução, posição social, condição física ou mental, estado civil dos pais, profissão ou opção política, são punidos nos termos da lei.

Artigo 40.º – (**Direito à vida**)

1. Todo o cidadão tem direito à vida e à integridade física e moral e não pode ser sujeito à tortura ou tratamentos cruéis ou desumanos.
2. Na República de Moçambique não há pena de morte.

Artigo 41.º – (**Outros direitos pessoais**)

Todo o cidadão tem direito à honra, ao bom nome, à reputação, à defesa da sua imagem pública e à reserva da sua vida privada.

Artigo 42.º – (**Âmbito e sentido dos direitos fundamentais**)

Os direitos fundamentais consagrados na Constituição não excluem quaisquer outros constantes das leis.

Artigo 43.º – (**Interpretação dos direitos fundamentais**)

Os preceitos constitucionais relativos aos direitos fundamentais são interpretados e integrados de harmonia com a Declaração Universal dos Direitos do Homem e a Carta Africana dos Direitos do Homem e dos Povos.

Artigo 44.º – (**Deveres para com os seus semelhantes**)

Todo o cidadão tem o dever de respeitar e considerar os seus semelhantes, sem discriminação de qualquer espécie, e de manter com eles relações que permitam promover, salvaguardar e reforçar o respeito, a tolerância recíproca e a solidariedade.

Artigo 45.º – (**Deveres para com a comunidade**)

Todo o cidadão tem o dever de:

a) servir a comunidade nacional, pondo ao seu serviço as suas capacidades físicas e intelectuais;
b) trabalhar na medida das suas possibilidades e capacidades;
c) pagar as contribuições e impostos;
d) zelar, nas suas relações com a comunidade pela preservação dos valores culturais, pelo espírito de tolerância, de diálogo e, de uma maneira geral, contribuir para a promoção e educação cívicas;
e) defender e promover a saúde pública;
f) defender e conservar o ambiente;
g) defender e conservar o bem público e comunitário.

Artigo 46.º – (**Deveres para com o Estado**)

1. Todo o cidadão tem o dever de contribuir para a defesa do país.
2. Todo o cidadão tem, ainda, o dever de cumprir as obrigações previstas na lei e de obedecer às ordens emanadas das autoridades legítimas, emitidas nos termos da Constituição e com respeito pelos seus direitos fundamentais.

Artigo 47.º – (**Direitos da criança**)

1. As crianças têm direito à protecção e aos cuidados necessários ao seu bem-estar.
2. As crianças podem exprimir livremente a sua opinião, nos assuntos que lhes dizem respeito, em função da sua idade e maturidade.

3. Todos os actos relativos às crianças, quer praticados por entidades públicas, quer por instituições privadas, têm principalmente em conta o interesse superior da criança.

CAPÍTULO II – Direitos, deveres e liberdades

Artigo 48.º – (Liberdades de expressão e informação)

1. Todos os cidadãos têm direito à liberdade de expressão, à liberdade de imprensa, bem como o direito à informação.
2. O exercício da liberdade de expressão, que compreende nomeadamente, a faculdade de divulgar o próprio pensamento por todos os meios legais, e o exercício do direito à informação não podem ser limitados por censura.
3. A liberdade de imprensa compreende, nomeadamente, a liberdade de expressão e de criação dos jornalistas, o acesso às fontes de informação, a protecção da independência e do sigilo profissional e o direito de criar jornais, publicações e outros meios de difusão.
4. Nos meios de comunicação social do sector público são assegurados a expressão e o confronto de ideias das diversas correntes de opinião.
5. O Estado garante a isenção dos meios de comunicação social do sector público, bem como a independência dos jornalistas perante o Governo, a Administração e os demais poderes políticos.
6. O exercício dos direitos e liberdades referidos neste artigo é regulado por lei com base nos imperativos do respeito pela Constituição e pela dignidade da pessoa humana.

Artigo 49.º – (Direitos de antena, de resposta e de réplica política)

1. Os partidos políticos têm o direito a tempos de antena nos serviços públicos de radiodifusão e televisão, de acordo com a sua representatividade e segundo critérios fixados na lei.
2. Os partidos políticos com assento na Assembleia da República, que não façam parte do Governo, nos termos da lei, têm o direito a tempos de antena nos serviços públicos de radiodifusão e televisão, de acordo com a sua representatividade para o exercício do direito de resposta e réplica política às declarações políticas do Governo.
3. O direito de antena é também garantido a organizações sindicais, profissionais e representativas das actividades económicas e sociais, segundo critérios fixados na lei.
4. Nos períodos eleitorais, os concorrentes têm direitos a tempos de antena, regulares e equitativos nas estações da rádio e televisão públicas, de âmbito nacional ou local, nos termos da lei.

Artigo 50.º – (Conselho Superior da Comunicação Social)

1. O Conselho Superior da Comunicação Social é um órgão de disciplina e de consulta, que assegura à independência dos meios de comunicação social, no exercício dos direitos à informação, à liberdade de imprensa, bem como dos direitos de antena e de resposta.
2. O Conselho Superior da Comunicação Social emite parecer prévio à decisão de licenciamento pelo Governo de canais privados de televisão e rádio.
3. O Conselho Superior de Comunicação Social intervém na nomeação e exoneração dos directores gerais dos órgãos de Comunicação Social do sector público, nos termos da lei.

4. A lei regula a organização, a composição, o funcionamento e as demais competências do Conselho Superior da Comunicação Social.

Artigo 51.º – (**Direito à liberdade de reunião e de manifestação**)

Todos os cidadãos têm direito à liberdade de reunião e manifestação, nos termos da lei.

Artigo 52.º – (**Liberdade de associação**)

1. Os cidadãos gozam da liberdade de associação.
2. As organizações sociais e as associações têm direito de prosseguir os seus fins, criar instituições destinadas a alcançar os seus objectivos específicos e possuir património para a realização das suas actividades, nos termos da lei.
3. São proibidas as associações armadas de tipo militar ou paramilitar e as que promovam a violência, o racismo, a xenofobia ou que prossigam fins contrários à lei.

Artigo 53.º – (**Liberdade de constituir, participar e aderir a partidos políticos**)

1. Todos os cidadãos gozam da liberdade de constituir ou participar em partidos políticos.
2. A adesão a um partido político é voluntária e deriva da liberdade dos cidadãos de se associarem em torno dos mesmos ideais políticos.

Artigo 54.º – (**Liberdade de consciência, de religião e de culto**)

1. Os cidadãos gozam da liberdade de praticar ou de não praticar uma religião.
2. Ninguém pode ser discriminado, perseguido, prejudicado, privado de direitos, beneficiado ou isento de deveres por causa da sua fé, convicção ou prática religiosa.
3. As confissões religiosas gozam do direito de prosseguir livremente os seus fins religiosos, possuir e adquirir bens para a materialização dos seus objectivos.
4. É assegurada a protecção aos locais de culto.
5. É garantido o direito à objecção de consciência nos termos da lei.

Artigo 55.º – (**Liberdade de residência e de circulação**)

1. Todos os cidadãos têm o direito de fixar residência em qualquer parte do território nacional.
2. Todos os cidadãos são livres de circular no interior e para exterior do território nacional, excepto os judicialmente privados desse direito.

CAPÍTULO III – Direitos, liberdades e garantias individuais

Artigo 56.º – (**Princípios gerais**)

1. Os direitos e liberdades individuais são directamente aplicáveis, vinculam as entidades públicas e privadas, são garantidos pelo Estado e devem ser exercidos no quadro da Constituição e das leis.
2. O exercício dos direitos e liberdades pode ser limitado em razão da salvaguarda de outros direitos ou interesses protegidos pela Constituição.
3. A lei só pode limitar os direitos, liberdades e garantias nos casos expressamente previstos na Constituição.
4. As restrições legais dos direitos e das liberdades devem revestir carácter geral e abstracto e não podem ter efeito retroactivo.

Artigo 57.° – (**Não retroactividade**)

Na República de Moçambique as leis só podem ter efeitos retroactivos quando beneficiam os cidadãos e outras pessoas jurídicas.

Artigo 58.° – (**Direito à indemnização e responsabilidade do Estado**)

1. A todos é reconhecido o direito de exigir, nos termos da lei, indemnização pelos prejuízos que forem causados pela violação dos seus direitos fundamentais.
2. O Estado é responsável pelos danos causados por actos ilegais dos seus agentes, no exercício das suas funções, sem prejuízo do direito de regresso nos termos da lei.

Artigo 59.° – (**Direito à liberdade e à segurança**)

1. Na República de Moçambique, todos têm direito à segurança, e ninguém pode ser preso e submetido a julgamento senão nos termos da lei.
2. Os arguidos gozam da presunção de inocência até decisão judicial definitiva.
3. Nenhum cidadão pode ser julgado mais do que uma vez pela prática do mesmo crime, nem ser punido com pena não prevista na lei ou com pena mais grave do que a estabelecida na lei no momento da prática da infracção criminal.

Artigo 60.° – (**Aplicação da lei criminal**)

1. Ninguém pode ser condenado por acto não qualificado como crime no momento da sua prática.
2. A lei penal só se aplica retroactivamente quando disso resultar benefício ao arguido.

Artigo 61.° – (**Limites das penas e das medidas de segurança**)

1. São proibidas penas e medidas de segurança privativas ou restritivas da liberdade com carácter perpétuo ou de duração ilimitada ou indefinida.
2. As penas não são transmissíveis.
3. Nenhuma pena implica a perda de quaisquer direitos civis, profissionais ou políticos, nem priva o condenado dos seus direitos fundamentais, salvo as limitações inerentes ao sentido da condenação e às exigências específicas da respectiva execução.

Artigo 62.° – (**Acesso aos tribunais**)

1. O Estado garante o acesso dos cidadãos aos tribunais e garante aos arguidos o direito de defesa e o direito à assistência jurídica e patrocínio judiciário.
2. O arguido tem o direito de escolher livremente o seu defensor para o assistir em todos os actos do processo, devendo ao arguido que por razões económicas não possa constituir advogado ser assegurada à adequada assistência jurídica e patrocínio judicial.

Artigo 63.° – (**Mandato judicial e advocacia**)

1. O Estado assegura a quem exerce o mandato judicial, as imunidades necessárias ao seu exercício e regula o patrocínio forense, como elemento essencial à administração da justiça.
2. No exercício das suas funções e nos limites da lei, são invioláveis os documentos, a correspondência e outros objectos que tenham sido confiados ao advogado pelo seu constituinte, que tenha obtido para defesa deste ou que respeitem à sua profissão.
3. As buscas, apreensões ou outras diligências similares no escritório ou nos arquivos do advogado só podem ser ordenadas por decisão judicial e devem ser efectuadas

na presença do juiz que as autorizou, do advogado e de um representante da ordem dos advogados, nomeado por esta para o efeito, quando esteja em causa a prática de facto ilícito punível com prisão superior a dois anos e cujos indícios imputem ao advogado a sua prática.

4. O advogado tem o direito de comunicar pessoal e reservadamente com o seu patrocinado, mesmo quando este se encontre preso ou detido em estabelecimento civil ou militar.

5. A lei regula os demais requisitos relativos ao mandato judicial e a advocacia.

Artigo 64.º – (Prisão preventiva)

1. A prisão preventiva só é permitida nos casos previstos na lei, que fixa os respectivos prazos.

2. O cidadão sob prisão preventiva deve ser apresentado no prazo fixado na lei à decisão de autoridade judicial, que é a única competente para decidir sobre a validação e a manutenção da prisão.

3. Toda a pessoa privada da liberdade deve ser informada imediatamente e de forma compreensível das razões da sua prisão ou de detenção e dos seus direitos.

4. A decisão judicial que ordene ou mantenha uma medida de privação da liberdade deve ser logo comunicada a parente ou pessoa da confiança do detido, por estes indicados.

Artigo 65.º – (Princípios do processo criminal)

1. O direito à defesa e a julgamento em processo criminal é inviolável e é garantido a todo o arguido.

2. As audiências de julgamento em processo criminal são públicas, salvo quando a salvaguarda da intimidade pessoal, familiar, social ou da moral, ou ponderosas razões de segurança da audiência ou de ordem pública aconselharem a exclusão ou restrição de publicidade.

3. São nulas todas as provas obtidas mediante tortura, coacção, ofensa da integridade física ou moral da pessoa, abusiva intromissão na sua vida privada e familiar, no domicílio, na correspondência ou nas telecomunicações.

4. Nenhuma causa pode ser retirada ao tribunal cuja competência se encontra estabelecida em lei anterior, salvo nos casos especialmente previstos na lei.

Artigo 66.º – *(Habeas corpus)*

1. Em caso de prisão ou detenção ilegal, o cidadão tem direito a recorrer à providência do *habeas corpus*.

2. A providência de *habeas corpus* é interposta perante o tribunal, que sobre ela decide no prazo máximo de oito dias.

Artigo 67.º – (Extradição)

1. A extradição só pode ter lugar por decisão judicial.

2. A extradição por motivos políticos não é autorizada.

3. Não é permitida a extradição por crimes a que corresponda na lei do Estado requisitante pena de morte ou prisão perpétua, ou sempre que fundadamente se admita que o extraditando possa vir a ser sujeito a tortura, tratamento desumano, degradante ou cruel.

4. O cidadão moçambicano não pode ser expulso ou extraditado do território nacional.

Artigo 68.º – **(Inviolabilidade do domicílio e da correspondência)**

1. O domicílio e a correspondência ou outro meio de comunicação privada são invioláveis, salvo nos casos especialmente previstos na lei.
2. A entrada no domicílio dos cidadãos contra a sua vontade só pode ser ordenada pela autoridade judicial competente, nos casos e segundo as formas especialmente previstas na lei.
3. Ninguém deve entrar durante a noite no domicílio de qualquer pessoa sem o seu consentimento.

Artigo 69.º – **(Direito de impugnação)**

O cidadão pode impugnar os actos que violam os seus direitos estabelecidos na Constituição e nas demais leis.

Artigo 70.º – **(Direito de recorrer aos tribunais)**

O cidadão tem o direito de recorrer aos tribunais contra os actos que violem os seus direitos e interesses reconhecidos pela Constituição e pela lei.

Artigo 71.º – **(Utilização da informática)**

1. É proibida a utilização de meios informáticos para registo e tratamento de dados individualmente identificáveis relativos às convicções políticas, filosóficas ou ideológicas, à fé religiosa, à filiação partidária ou sindical e à vida privada.
2. A lei regula a protecção de dados pessoais constantes de registos informáticos, as condições de acesso aos bancos de dados, de constituição e utilização por autoridades públicas e entidades privadas destes bancos de dados ou de suportes informáticos.
3. Não é permitido o acesso a arquivos, ficheiros e registos informáticos ou de bancos de dados para conhecimento de dados pessoais relativos a terceiros, nem a transferência de dados pessoais de um para outro ficheiro informático pertencente a distintos serviços ou instituições, salvo nos casos estabelecidos na lei ou por decisão judicial.
4. Todas as pessoas têm o direito de aceder aos dados coligidos que lhes digam respeito e de obter a respectiva rectificação.

Artigo 72.º – **(Suspensão de exercício de direitos)**

1. As liberdades e garantias individuais só podem ser suspensas ou limitadas temporariamente em virtude de declaração do estado de guerra, do estado de sítio ou do estado de emergência nos termos estabelecidos na Constituição.
2. Sempre que se verifique suspensão ou limitação de liberdades ou de garantias, elas têm um carácter geral e abstracto e devem especificar a duração e a base legal em que assenta.

CAPÍTULO IV – Direitos, liberdades e garantias de participação política

Artigo 73.º – **(Sufrágio universal)**

O povo moçambicano exerce o poder político através do sufrágio universal, directo, igual, secreto e periódico para a escolha dos seus representantes, por referendo sobre as grandes questões nacionais e pela permanente participação democrática dos cidadãos na vida da Nação.

Artigo 74.º – **(Partidos políticos e pluralismo)**

1. Os partidos expressam o pluralismo político, concorrem para a formação e manifestação da vontade popular e são instrumento fundamental para a participação democrática dos cidadãos na governação do país.
2. A estrutura interna e o funcionamento dos partidos políticos devem ser democráticos.

Artigo 75.º – **(Formação de partidos políticos)**

1. No profundo respeito pela unidade nacional e pelos valores democráticos, os partidos políticos são vinculados aos princípios consagrados na Constituição e na lei.
2. Na sua formação e na realização dos seus objectivos os partidos políticos devem, nomeadamente:
    a) ter âmbito nacional;
    b) defender os interesses nacionais;
    c) contribuir para a formação da opinião pública, em particular sobre as grandes questões nacionais;
    d) reforçar o espírito patriótico dos cidadãos e a consolidação da Nação moçambicana.
3. Os partidos políticos devem contribuir, através da educação política e cívica dos cidadãos, para a paz e estabilidade do país.
4. A formação, a estrutura e o funcionamento dos partidos políticos regem-se por lei.

Artigo 76.º – **(Denominação)**

É proibido o uso pelos partidos políticos de denominações que contenham expressões directamente relacionadas com quaisquer confissões religiosas ou igrejas ou a utilização de emblemas que se confundem com símbolos nacionais ou religiosos.

Artigo 77.º – **(Recurso à violência armada)**

É vedado aos partidos políticos preconizar ou recorrer à violência armada para alterar a ordem política e social do país.

Artigo 78.º – **(Organizações sociais)**

1. As organizações sociais, como formas de associação com afinidades e interesses próprios, desempenham um papel importante na promoção da democracia e na participação dos cidadãos na vida pública.
2. As organizações sociais contribuem para a realização dos direitos e liberdades dos cidadãos, bem como para a elevação da consciência individual e colectiva no cumprimento dos deveres cívicos.

Artigo 79.º – **(Direito de petição, queixa e reclamação)**

Todos os cidadãos têm direito de apresentar petições, queixas e reclamações perante autoridade competente para exigir o restabelecimento dos seus direitos violados ou em defesa do interesse geral.

Artigo 80.º – **(Direito de resistência)**

O cidadão tem o direito de não acatar ordens ilegais ou que ofendam os seus direitos, liberdades e garantias.

Artigo 81.º – **(Direito de acção popular)**

1. Todos os cidadãos têm, pessoalmente ou através de associações de defesa dos interesses em causa, o direito de acção popular nos termos da lei.
2. O direito de acção popular compreende, nomeadamente:

   a) o direito de requerer para o lesado ou lesados as indemnizações a que tenham direito;

   b) o direito de promover a prevenção, a cessação ou a perseguição judicial das infracções contra a saúde pública, os direitos dos consumidores, a preservação do ambiente e o património cultural;

   c) o direito de defender os bens do Estado e das autarquias locais.

CAPÍTULO V – Direitos e deveres económicos, sociais e culturais

Artigo 82.º – **(Direito de propriedade)**

1. O Estado reconhece e garante o direito de propriedade.
2. A expropriação só pode ter lugar por causa de necessidade, utilidade ou interesse públicos, definidos nos termos da lei e dá lugar a justa indemnização.

Artigo 83.º – **(Direito à herança)**

O Estado reconhece e garante, nos termos da lei, o direito à herança.

Artigo 84.º – **(Direito ao trabalho)**

1. O trabalho constitui direito e dever de cada cidadão.
2. Cada cidadão tem direito à livre escolha da profissão.
3. O trabalho compulsivo é proibido, exceptuando-se o trabalho realizado no quadro da legislação penal.

Artigo 85.º – **(Direito à retribuição e segurança no emprego)**

1. Todo o trabalhador tem direito à justa remuneração, descanso, férias e à reforma, nos termos da lei.
2. O trabalhador tem direito à protecção, segurança e higiene no trabalho.
3. O trabalhador só pode ser despedido nos casos e nos termos estabelecidos na lei.

Artigo 86.º – **(Liberdade de associação profissional e sindical)**

1. Os trabalhadores têm a liberdade de se organizarem em associações profissionais ou em sindicatos.
2. As associações sindicais e profissionais devem reger-se pelos princípios da organização e gestão democráticas, basear-se na activa participação dos seus membros em todas as suas actividades e de eleição periódica e por escrutínio secreto dos seus órgãos.
3. As associações sindicais e profissionais são independentes do patronato, do Estado, dos partidos políticos e das igrejas ou confissões religiosas.
4. A lei regula a criação, união, federação e extinção das associações sindicais e profissionais, bem como as respectivas garantias de independência e autonomia, relativamente ao patronato, ao Estado, aos partidos políticos e às igrejas e confissões religiosas.

Artigo 87.º – **(Direito à greve e proibição de *lock-out*)**

1. Os trabalhadores têm direito à greve, sendo o seu exercício regulado por lei.
2. A lei limita o exercício do direito à greve nos serviços e actividades essenciais, no interesse das necessidades inadiáveis da sociedade e da segurança nacional.
3. É proibido o *lock-out*.

Artigo 88.º – **(Direito à educação)**

1. Na República de Moçambique a educação constitui direito e dever de cada cidadão.
2. O Estado promove a extensão da educação à formação profissional contínua e a igualdade de acesso de todos os cidadãos ao gozo deste direito.

Artigo 89.º – **(Saúde)**

Todos os cidadãos têm o direito à assistência médica e sanitária, nos termos da lei, bem como o dever de promover e defender a saúde pública.

Artigo 90.º – **(Direito ao ambiente)**

1. Todo o cidadão tem o direito de viver num ambiente equilibrado e o dever de o defender.
2. O Estado e as autarquias locais, com a colaboração das associações de defesa do ambiente, adoptam políticas de defesa do ambiente e velam pela utilização racional de todos os recursos naturais.

Artigo 91.º – **(Habitação e urbanização)**

1. Todos os cidadãos têm direito à habitação condigna, sendo dever do Estado, de acordo com o desenvolvimento económico nacional, criar as adequadas condições institucionais, normativas e infra-estruturais.
2. Incumbe também ao Estado fomentar e apoiar as iniciativas das comunidades locais, autarquias locais e populações, estimulando a construção privada e cooperativa, bem como o acesso à casa própria.

Artigo 92.º – **(Direito dos consumidores)**

1. Os consumidores têm direito à qualidade dos bens e serviços consumidos, à formação e à informação, à protecção da saúde, da segurança dos seus interesses económicos, bem como à reparação de danos.
2. A publicidade é disciplinada por lei, sendo proibidas as formas de publicidade oculta, indirecta ou enganosa.
3. As associações de consumidores e as cooperativas têm direito, nos termos da lei, ao apoio do Estado e a serem ouvidas sobre as questões que digam respeito à defesa dos consumidores, sendo-lhes reconhecida legitimidade processual para a defesa dos seus associados.

Artigo 93.º – **(Cultura física e desporto)**

1. Os cidadãos têm direito à educação física e ao desporto.
2. O Estado promove, através das instituições desportivas e escolares, a prática e a difusão da educação física e do desporto.

Artigo 94.º – **(Liberdade de criação cultural)**

1. Todos os cidadãos têm direito à liberdade de criação científica, técnica, literária e artística.

2. O Estado protege os direitos inerentes à propriedade intelectual, incluindo os direitos de autor e promove a prática e a difusão das letras e das artes.

Artigo 95.° – **(Direito à assistência na incapacidade e na velhice)**
1. Todos os cidadãos têm direito à assistência em caso de incapacidade e na velhice.
2. O Estado promove e encoraja a criação de condições para a realização deste direito.

TÍTULO IV
ORGANIZAÇÃO ECONÓMICA, SOCIAL, FINANCEIRA E FISCAL

CAPÍTULO I – Princípios gerais

Artigo 96.° – **(Política económica)**
1. A política económica do Estado é dirigida à construção das bases fundamentais do desenvolvimento, à melhoria das condições de vida do povo, ao reforço da soberania do Estado e à consolidação da unidade nacional, através da participação dos cidadãos, bem como da utilização eficiente dos recursos humanos e materiais.
2. Sem prejuízo do desenvolvimento equilibrado, o Estado garante a distribuição da riqueza nacional, reconhecendo e valorizando o papel das zonas produtoras.

Artigo 97.° – **(Princípios fundamentais)**

A organização económica e social da República de Moçambique visam a satisfação das necessidades essenciais da população e a promoção do bem-estar social e assenta nos seguintes princípios fundamentais:
 a) na valorização do trabalho;
 b) nas forças do mercado;
 c) na iniciativa dos agentes económicos;
 d) na coexistência do sector público, do sector privado e do sector cooperativo e social;
 e) na propriedade pública dos recursos naturais e de meios de produção, de acordo com o interesse colectivo;
 f) na protecção do sector cooperativo e social;
 g) na acção do Estado como regulador e promotor do crescimento e desenvolvimento económico e social.

Artigo 98.° – **(Propriedade do Estado e domínio público)**
1. Os recursos naturais situados no solo e no subsolo, nas águas interiores, no mar territorial, na plataforma continental e na zona económica exclusiva são propriedade do Estado.
2. Constituem domínio público do Estado:
 a) a zona marítima;
 b) o espaço aéreo;
 c) o património arqueológico;
 d) as zonas de protecção da natureza;

e) o potencial hidráulico;
f) o potencial energético;
g) as estradas e linhas férreas;
h) as jazidas minerais;
i) os demais bens como tal classificados por lei.

3. A lei regula o regime jurídico dos bens do domínio público, bem como a sua gestão e conservação, diferenciando os que integram o domínio público do Estado, o domínio público das autarquias locais e o domínio público comunitário, com respeito pelos princípios da imprescritibilidade e impenhorabilidade.

Artigo 99.º – (**Sectores de propriedade dos meios de produção**)

1. A economia nacional garante a coexistência de três sectores de propriedade dos meios de produção.

2. O sector público é constituído pelos meios de produção cuja propriedade e gestão pertence ao Estado ou a outras entidades públicas.

3. O sector privado é constituído pelos meios de produção cuja propriedade ou gestão pertence a pessoas singulares ou colectivas privadas, sem prejuízo do disposto no número seguinte.

4. O sector cooperativo e social compreende especificamente:
a) os meios de produção comunitários, possuídos e geridos por comunidades locais;
b) os meios de produção destinados à exploração colectiva por trabalhadores;
c) os meios de produção possuídos e geridos por pessoas colectivas, sem carácter lucrativo, que tenham como principal objectivo a solidariedade social, designadamente entidades de natureza mutualista.

Artigo 100.º – (**Impostos**)

Os impostos são criados ou alterados por lei, que os fixa segundo critérios de justiça social.

CAPÍTULO II – Organização económica

Artigo 101.º – (**Coordenação da actividade económica**)

1. O Estado promove, coordena e fiscaliza a actividade económica agindo directa ou indirectamente para a solução dos problemas fundamentais do povo e para a redução das desigualdades sociais e regionais.

2. O investimento do Estado deve desempenhar um papel impulsionador na promoção do desenvolvimento equilibrado.

Artigo 102.º – (**Recursos naturais**)

O Estado promove o conhecimento, a inventariação e a valorização dos recursos naturais e determina as condições do seu uso e aproveitamento com salvaguarda dos interesses nacionais.

Artigo 103.º – (**Agricultura**)

1. Na República de Moçambique a agricultura é a base do desenvolvimento nacional.

2. O Estado garante e promove o desenvolvimento rural para a satisfação crescente e multiforme das necessidades do povo e o progresso económico e social do país.

Artigo 104.º – **(Indústria)**

Na República de Moçambique a indústria é o factor impulsionador da economia nacional.

Artigo 105.º – **(Sector familiar)**

1. Na satisfação das necessidades essenciais da população, ao sector familiar cabe um papel fundamental.

2. O Estado incentiva e apoia a produção do sector familiar e encoraja os camponeses, bem como os trabalhadores individuais, a organizarem-se em formas mais avançadas de produção.

Artigo 106.º – **(Produção de pequena escala)**

O Estado reconhece a contribuição da produção de pequena escala para a economia nacional e apoia o seu desenvolvimento como forma de valorizar as capacidades e a criatividade do povo.

Artigo 107.º – **(Empresariado nacional)**

1. O Estado promove e apoia a participação activa do empresariado nacional no quadro do desenvolvimento e da consolidação da economia do país.

2. O Estado cria os incentivos destinados a proporcionar o crescimento do empresariado nacional em todo o país, em especial nas zonas rurais.

Artigo 108.º – **(Investimento estrangeiro)**

1. O Estado garante o investimento estrangeiro, o qual opera no quadro da sua política económica.

2. Os empreendimentos estrangeiros são autorizados em todo o território nacional e em todos os sectores económicos, excepto naqueles que estejam reservados à propriedade ou exploração exclusiva do Estado.

Artigo 109.º – **(Terra)**

1. A terra é propriedade do Estado.

2. A terra não deve ser vendida, ou por qualquer outra forma alienada, nem hipotecada ou penhorada.

3. Como meio universal de criação da riqueza e do bem-estar social, o uso e aproveitamento da terra é direito de todo o povo moçambicano.

Artigo 110.º – **(Uso e aproveitamento da terra)**

1. O Estado determina as condições de uso e aproveitamento da terra.

2. O direito de uso e aproveitamento da terra é conferido às pessoas singulares ou colectivas tendo em conta o seu fim social ou económico.

Artigo 111.º – **(Direitos adquiridos por herança ou ocupação da terra)**

Na titularização do direito de uso e aproveitamento da terra, o Estado reconhece e protege os direitos adquiridos por herança ou ocupação, salvo havendo reserva legal ou se a terra tiver sido legalmente atribuída à outra pessoa ou entidade.

CAPÍTULO III – Organização social

Artigo 112.º – (Trabalho)

1. O trabalho é a força motriz do desenvolvimento e é dignificado e protegido.
2. O Estado propugna a justa repartição dos rendimentos do trabalho.
3. O Estado defende que a trabalho igual deve corresponder salário igual.

Artigo 113.º – (Educação)

1. A República de Moçambique promove uma estratégia de educação visando a unidade nacional, a erradicação do analfabetismo, o domínio da ciência e da técnica, bem como a formação moral e cívica dos cidadãos.
2. O Estado organiza e desenvolve a educação através de um sistema nacional de educação.
3. O ensino público não é confessional.
4. O ensino ministrado pelas colectividades e outras entidades privadas é exercido nos termos da lei e sujeito ao controlo do Estado.
5. O Estado não pode programar a educação e a cultura segundo quaisquer directrizes estéticas, políticas, ideológicas ou religiosas.

Artigo 114.º – (Ensino superior)

1. O acesso às instituições públicas do ensino superior deve garantir a igualdade e equidade de oportunidades e a democratização do ensino, tendo em conta as necessidades em quadros qualificados e elevação do nível educativo e científico no país.
2. As instituições públicas do ensino superior são pessoas colectivas de Direito Público, têm personalidade jurídica e gozam de autonomia científica, pedagógica, financeira e administrativa, sem prejuízo de adequada avaliação da qualidade do ensino, nos termos da lei.
3. O Estado reconhece e fiscaliza o ensino privado e cooperativo, nos termos da lei.

Artigo 115.º – (Cultura)

1. O Estado promove o desenvolvimento da cultura e personalidade nacionais e garante a livre expressão das tradições e valores da sociedade moçambicana.
2. O Estado promove a difusão da cultura moçambicana e desenvolve acções para fazer beneficiar o povo moçambicano das conquistas culturais dos outros povos.

Artigo 116.º – (Saúde)

1. A assistência médica e sanitária aos cidadãos é organizada através de um sistema nacional de saúde que beneficie todo o povo moçambicano.
2. Para a realização dos objectivos prosseguidos pelo sistema nacional de saúde, a lei fixa modalidades de exercício da assistência médica e sanitária.
3. O Estado promove a participação dos cidadãos e instituições na elevação do nível da saúde da comunidade.
4. O Estado promove a extensão da assistência médica e sanitária e a igualdade de acesso de todos os cidadãos ao gozo deste direito.
5. Compete ao Estado promover, disciplinar e controlar a produção, a comercialização e o uso de produtos químicos, biológicos, farmacêuticos e outros meios de tratamento e de diagnóstico.
6. A actividade da assistência médica e sanitária ministrada pelas colectividades e entidades privadas é exercida nos termos da lei e sujeita ao controlo do Estado.

Artigo 117.º – (**Ambiente e qualidade de vida**)

1. O Estado promove iniciativas para garantir o equilíbrio ecológico e a conservação e preservação do ambiente visando a melhoria da qualidade de vida dos cidadãos.

2. Com o fim de garantir o direito ao ambiente no quadro de um desenvolvimento sustentável, o Estado adopta políticas visando:

a) prevenir e controlar a poluição e a erosão;

b) integrar os objectivos ambientais nas políticas sectoriais;

c) promover a integração dos valores do ambiente nas políticas e programas educacionais;

d) garantir o aproveitamento racional dos recursos naturais com salvaguarda da sua capacidade de renovação, da estabilidade ecológica e dos direitos das gerações vindouras;

e) promover o ordenamento do território com vista a uma correcta localização das actividades e a um desenvolvimento sócio-económico equilibrado.

Artigo 118.º – (**Autoridade tradicional**)

1. O Estado reconhece e valoriza a autoridade tradicional legitimada pelas populações e segundo o Direito consuetudinário.

2. O Estado define o relacionamento da autoridade tradicional com as demais instituições e enquadra a sua participação na vida económica, social e cultural do país, nos termos da lei.

Artigo 119.º – (**Família**)

1. A família é o elemento fundamental e a base de toda a sociedade.

2. O Estado reconhece e protege, nos termos da lei, o casamento como instituição que garante a prossecução dos objectivos da família.

3. No quadro do desenvolvimento de relações sociais assentes no respeito pela dignidade da pessoa humana, o Estado consagra o princípio de que o casamento se baseia no livre consentimento.

4. A lei estabelece as formas de valorização do casamento tradicional e religioso, define os requisitos do seu registo e fixa os seus efeitos.

Artigo 120.º – (**Maternidade e paternidade**)

1. A maternidade e a paternidade são dignificadas e protegidas.

2. A família é responsável pelo crescimento harmonioso da criança e educa as novas gerações nos valores morais, éticos e sociais.

3. A família e o Estado asseguram a educação da criança, formando-a nos valores da unidade nacional, no amor à pátria, igualdade entre homens e mulheres, respeito e solidariedade social.

4. Os pais e as mães devem prestar assistência aos filhos nascidos dentro e fora do casamento.

Artigo 121.º – (**Infância**)

1. Todas as crianças têm direito à protecção da família, da sociedade e do Estado, tendo em vista o seu desenvolvimento integral.

2. As crianças, particularmente as órfãs, as portadoras de deficiência e as abandonadas têm protecção da família, da sociedade e do Estado contra qualquer forma de discriminação, de maus tratos e contra o exercício abusivo da autoridade na família e nas demais instituições.

3. A criança não pode ser discriminada, designadamente, em razão do seu nascimento, nem sujeita a maus tratos.

4. É proibido o trabalho de crianças quer em idade de escolaridade obrigatória quer em qualquer outra.

Artigo 122.º – (**Mulher**)

1. O Estado promove, apoia e valoriza o desenvolvimento da mulher e incentiva o seu papel crescente na sociedade, em todas as esferas da actividade política, económica, social e cultural do país.

2. O Estado reconhece e valoriza a participação da mulher na luta de libertação nacional, pela defesa da soberania e pela democracia.

Artigo 123.º – (**Juventude**)

1. A juventude digna, continuadora das tradições patrióticas do povo moçambicano, desempenhou um papel decisivo na luta de libertação nacional e pela democracia e constitui força renovadora da sociedade.

2. A política do Estado visa, nomeadamente, o desenvolvimento harmonioso da personalidade dos jovens, a promoção do gosto pela livre criação, o sentido de prestação de serviços à comunidade e a criação de condições para a sua integração na vida activa.

3. O Estado promove, apoia e encoraja as iniciativas da juventude na consolidação da unidade nacional, na reconstrução, no desenvolvimento e na defesa do país.

4. O Estado e a sociedade estimulam e apoiam a criação de organizações juvenis para a prossecução de fins culturais, artísticos, recreativos, desportivos e educacionais.

5. O Estado, em cooperação com as associações representativas dos pais e encarregados de educação, as instituições privadas e organizações juvenis, adopta uma política nacional de juventude capaz de promover e fomentar a formação profissional dos jovens, o acesso ao primeiro emprego e o seu livre desenvolvimento intelectual e físico.

Artigo 124.º – (**Terceira idade**)

1. Os idosos têm direito à protecção especial da família, da sociedade e do Estado, nomeadamente na criação de condições de habitação, no convívio familiar e comunitário e no atendimento em instituições públicas e privadas, que evitem a sua marginalização.

2. O Estado promove uma política de terceira idade que integra acções de carácter económico, social e cultural, com vista à criação de oportunidades de realização pessoal através do seu envolvimento na vida da comunidade.

Artigo 125.º – (**Portadores de deficiência**)

1. Os portadores de deficiência têm direito a especial protecção da família, da sociedade e do Estado.

2. O Estado promove a criação de condições para a aprendizagem e desenvolvimento da língua de sinais.

3. O Estado promove a criação de condições necessárias para a integração económica e social dos cidadãos portadores de deficiência.

4. O Estado promove, em cooperação com as associações de portadores de deficiência e entidades privadas, uma política que garanta:

a) a reabilitação e integração dos portadores de deficiência;

b) a criação de condições tendentes a evitar o seu isolamento e a marginalização social;
c) a prioridade de atendimento dos cidadãos portadores de deficiência pelos serviços públicos e privados;
d) a facilidade de acesso a locais públicos.
5. O Estado encoraja a criação de associações de portadores de deficiência.

CAPÍTULO IV – Sistema financeiro e fiscal

Artigo 126.º – **(Sistema financeiro)**

O sistema financeiro é organizado de forma a garantir a formação, a captação e a segurança das poupanças, bem como a aplicação dos meios financeiros necessários ao desenvolvimento económico e social do país.

Artigo 127.º – **(Sistema fiscal)**

1. O sistema fiscal é estruturado com vista a satisfazer as necessidades financeiras do Estado e das demais entidades públicas, realizar os objectivos da política económica do Estado e garantir uma justa repartição dos rendimentos e da riqueza.
2. Os impostos são criados ou alterados por lei, que determina a incidência, a taxa, os benefícios fiscais e as garantias dos contribuintes.
3. Ninguém pode ser obrigado a pagar impostos que não tenham sido criados nos termos da Constituição e cuja liquidação e cobrança não se façam nos termos da lei.
4. No mesmo exercício financeiro, não pode ser alargada a base de incidência nem agravadas as taxas de impostos.
5. A lei fiscal não tem efeito retroactivo, salvo se for de conteúdo mais favorável ao contribuinte.

Artigo 128.º – **(Plano Económico e Social)**

1. O Plano Económico e Social tem como objectivo orientar o desenvolvimento económico e social no sentido de um crescimento sustentável, reduzir os desequilíbrios regionais e eliminar progressivamente as diferenças económicas e sociais entre a cidade e o campo.
2. O Plano Económico e Social tem a sua expressão financeira no Orçamento do Estado.
3. A proposta do Plano Económico e Social é submetida à Assembleia da República acompanhada de relatórios sobre as grandes opções globais e sectoriais, incluindo a respectiva fundamentação.

Artigo 129.º – **(Elaboração e execução do Plano Económico e Social)**

1. O Plano Económico e Social é elaborado pelo Governo, tendo como base o seu programa quinquenal.
2. A proposta do Plano Económico e Social é submetida à Assembleia da República e deve conter a previsão dos agregados macro-económicos e as acções a realizar para a prossecução das linhas de desenvolvimento sectorial e deve ser acompanhada de relatórios de execução que a fundamentam.
3. A elaboração e execução do Plano Económico e Social é descentralizada, provincial e sectorialmente.

Artigo 130.º – (**Orçamento do Estado**)

1. O Orçamento do Estado é unitário, especifica as receitas e as despesas, respeitando sempre as regras da anualidade e da publicidade, nos termos da lei.

2. O Orçamento do Estado pode ser estruturado por programas ou projectos plurianuais, devendo neste caso inscrever-se no orçamento os encargos referentes ao ano a que dizem respeito.

3. A proposta de Lei do Orçamento do Estado é elaborada pelo Governo e submetida à Assembleia da República e deve conter informação fundamentadora sobre as previsões de receitas, os limites das despesas, o financiamento do défice e todos os elementos que fundamentam a política orçamental.

4. A lei define as regras de execução do orçamento e os critérios que devem presidir à sua alteração, período de execução, bem como estabelece o processo a seguir sempre que não seja possível cumprir os prazos de apresentação ou votação do mesmo.

Artigo 131.º – (**Fiscalização**)

A execução do Orçamento do Estado é fiscalizada pelo Tribunal Administrativo e pela Assembleia da República, a qual, tendo em conta o parecer daquele Tribunal, aprecia e delibera sobre a Conta Geral do Estado.

Artigo 132.º – (**Banco Central**)

1. O Banco de Moçambique é o Banco Central da República de Moçambique.

2. O funcionamento do Banco de Moçambique rege-se por lei própria e pelas normas internacionais a que a República de Moçambique esteja vinculada e lhe sejam aplicáveis.

TÍTULO V
ORGANIZAÇÃO DO PODER POLÍTICO

CAPÍTULO ÚNICO – Princípios gerais

Artigo 133.º – (**Órgãos de soberania**)

São órgãos de soberania o Presidente da República, a Assembleia da República, o Governo, os tribunais e o Conselho Constitucional.

Artigo 134.º – (**Separação e interdependência**)

Os órgãos de soberania assentam nos princípios de separação e interdependência de poderes consagrados na Constituição e devem obediência à Constituição e às leis.

Artigo 135.º – (**Princípios gerais do sistema eleitoral**)

1. O sufrágio universal, directo, igual, secreto, pessoal e periódico constitui a regra geral de designação dos titulares dos órgãos electivos de soberania, das províncias e do poder local.

2. O apuramento dos resultados das eleições obedece ao sistema de representação proporcional.

3. A supervisão do recenseamento e dos actos eleitorais cabe à Comissão Nacional de Eleições, órgão independente e imparcial, cuja composição, organização, funcionamento e competências são fixados por lei.

4. O processo eleitoral é regulado por lei.

Artigo 136.º – **(Referendo)**

1. Os cidadãos eleitores recenseados no território nacional e os cidadãos residentes no estrangeiro regularmente recenseados podem ser chamados a pronunciar-se em referendo sobre questões de relevante interesse nacional.

2. O referendo é decidido pelo Presidente da República sob proposta da Assembleia da República, aprovada pela maioria absoluta dos seus membros e por iniciativa de pelo menos um terço dos Deputados.

3. Não podem ser sujeitas a referendo:
   a) as alterações à Constituição, salvo quanto às matérias constantes do n.º 1 do artigo 292.º;
   b) as matérias referidas no n.º 2 do artigo 179.º

4. Se as matérias referidas no n.º 2 do artigo 179.º forem objecto de convenção internacional podem ser submetidas a referendo, salvo se forem relativas à paz e à rectificação de fronteiras.

5. Entre a data da convocação e da realização de eleições gerais para os órgãos de soberania não se pode convocar nem efectivar referendos.

6. O referendo só é considerado válido e vinculativo se nele votarem mais de metade dos eleitores inscritos no recenseamento.

7. Além das pertinentes disposições da lei eleitoral, vigente no momento da sua realização, lei própria determina as condições de formulação e de efectivação de referendos.

Artigo 137.º – **(Incompatibilidade)**

1. Os cargos de Presidente da República, Presidente da Assembleia da República, Primeiro-Ministro, Presidente do Tribunal Supremo, Presidente do Conselho Constitucional, Presidente do Tribunal Administrativo, Procurador-Geral da República, Provedor de Justiça, Vice-Presidente do Tribunal Supremo, Vice-Procurador-Geral da República, Deputado, Vice-Ministro, Secretário de Estado, Governador Provincial, Administrador Distrital e Militar no activo são incompatíveis entre si.

2. A qualidade de membro do Governo é igualmente incompatível com os cargos referidos no número anterior, exceptuando-se o de Presidente da República e o de Primeiro-Ministro.

3. A lei define outras incompatibilidades, incluindo entre os cargos públicos e funções privadas.

Artigo 138.º – **(Órgãos centrais)**

São órgãos centrais do Estado os órgãos de soberania, o conjunto dos órgãos governativos e as instituições a quem cabem garantir a prevalência do interesse nacional e a realização da política unitária do Estado.

Artigo 139.º – **(Atribuições dos órgãos centrais)**

1. Aos órgãos centrais compete, de forma geral, as atribuições relativas ao exercício da soberania, a normação das matérias do âmbito da lei e a definição de políticas nacionais.

2. São da exclusiva competência dos órgãos centrais, nomeadamente, a representação do Estado, a definição e organização do território, a defesa nacional, a ordem pública, a fiscalização das fronteiras, a emissão da moeda e as relações diplomáticas.

Artigo 140.º – (**Dirigentes e agentes dos órgãos centrais**)

1. Os órgãos centrais exercem a sua acção directamente ou por intermédio de dirigentes ou agentes da administração nomeados que supervisam as actividades centrais realizadas em determinada área territorial.

2. A lei determina a forma, organização e competências no âmbito da Administração Pública.

Artigo 141.º – (**Governos provinciais**)

1. O representante do Governo a nível provincial é o Governador Provincial.

2. O Governo Provincial é o órgão encarregado de garantir a execução, ao nível da província, da política governamental e exerce a tutela administrativa sobre as autarquias locais, nos termos da lei.

3. Os membros do Governo Provincial são nomeados pelos ministros das respectivas pastas, ouvido o Governador Provincial.

4. A organização, composição, funcionamento e competência do Governo Provincial são definidos por lei.

Artigo 142.º – (**Assembleias provinciais**)

1. As assembleias provinciais são órgãos de representação democrática, eleitas por sufrágio universal, directo, igual, secreto e periódico e de harmonia com o princípio de representação proporcional, cujo mandato tem a duração de cinco anos;

2. Às assembleias provinciais compete, nomeadamente:

a) fiscalizar e controlar a observância dos princípios e normas estabelecidas na Constituição e nas leis, bem como das decisões do Conselho de Ministros referentes a respectiva província;

b) aprovar o programa do Governo Provincial, fiscalizar e controlar o seu cumprimento.

3. A composição, organização, funcionamento e demais competências são fixadas por lei.

Artigo 143.º – (**Actos normativos**)

1. São actos legislativos as leis e os decretos-leis.

2. Os actos da Assembleia da República revestem a forma de leis, moções e resoluções.

3. Os decretos-leis são actos legislativos, aprovados pelo Conselho de Ministros, mediante autorização da Assembleia da República.

4. Os actos regulamentares do Governo revestem a forma de decreto, quer quando determinados por lei regulamentar, quer no caso de regulamentos autónomos.

5. Os actos do Governador do Banco de Moçambique, no exercício das suas competências, revestem a forma de aviso.

Artigo 144.º – (**Publicidade**)

1. São publicados no *Boletim da República*, sob pena de ineficácia jurídica:

a) as leis, as moções e as resoluções da Assembleia da República;

b) os decretos do Presidente da República;

c) os decretos-leis, os decretos, as resoluções e os demais diplomas emanados do Governo;
d) os assentos do Tribunal Supremo, os acórdãos do Conselho Constitucional, bem como as demais decisões dos outros tribunais a que a lei confira força obrigatória geral;
e) os acórdãos sobre os resultados de eleições e referendos nacionais;
f) as resoluções de ratificação dos tratados e acordos internacionais;
g) os avisos do Governador do Banco de Moçambique.
2. A lei define os termos da publicidade a conferir a outros actos jurídicos públicos.

Artigo 145.º – **(Representação dos órgãos centrais)**

Os órgãos centrais do Estado asseguram a sua representação nos diversos escalões territoriais.

TÍTULO VI
PRESIDENTE DA REPÚBLICA

CAPÍTULO I – Estatuto e eleição

Artigo 146.º – **(Definição)**

1. O Presidente da República é o Chefe do Estado, simboliza a unidade nacional, representa a Nação no plano interno e internacional e zela pelo funcionamento correcto dos órgãos do Estado.
2. O Chefe do Estado é o garante da Constituição.
3. O Presidente da República é o Chefe do Governo.
4. O Presidente da República é o Comandante-Chefe das Forças de Defesa e Segurança.

Artigo 147.º – **(Elegibilidade)**

1. O Presidente da República é eleito por sufrágio universal directo, igual, secreto, pessoal e periódico.
2. Podem ser candidatos a Presidente da República os cidadãos moçambicanos que cumulativamente:
a) tenham a nacionalidade originária e não possuam outra nacionalidade;
b) possuam a idade mínima de trinta e cinco anos;
c) estejam no pleno gozo dos direitos civis e políticos;
d) tenham sido propostos por um mínimo de dez mil eleitores.
3. O mandato do Presidente da República é de cinco anos.
4. O Presidente da República só pode ser reeleito uma vez.
5. O Presidente da República que tenha sido eleito duas vezes consecutivas só pode candidatar-se a eleições presidenciais cinco anos após o último mandato.

Artigo 148.º – **(Eleição)**

1. É eleito Presidente da República o candidato que reúna mais de metade dos votos expressos.
2. Em caso de nenhum dos candidatos obter a maioria absoluta há uma segunda volta, na qual participam os dois candidatos mais votados.

Artigo 149.º – **(Incompatibilidade)**

O Presidente da República não pode, salvo nos casos expressamente previstos na Constituição, exercer qualquer outra função pública e, em caso algum, desempenhar quaisquer funções privadas.

Artigo 150.º – **(Investidura e juramento)**

1. O Presidente da República é investido no cargo pelo Presidente do Conselho Constitucional em acto público e perante os Deputados da Assembleia da República e demais representantes dos órgãos de soberania.

2. No momento da investidura, o Presidente da República eleito presta o seguinte juramento:

> *Juro, por minha honra, respeitar e fazer respeitar a Constituição, desempenhar com fidelidade o cargo de Presidente da República de Moçambique, dedicar todas as minhas energias à defesa, promoção e consolidação da unidade nacional, dos direitos humanos, da democracia e ao bem-estar do povo moçambicano e fazer justiça a todos os cidadãos.*

Artigo 151.º – **(Impedimento e ausência)**

1. Em caso de impedimento ou ausência do país, o Presidente da República é substituído pelo Presidente da Assembleia da República ou, no impedimento deste, pelo seu substituto.

2. É vedada a ausência simultânea do país do Chefe do Estado e do seu substituto constitucional.

3. Os impedimentos ou ausências do Presidente da República são de imediato notificados à Assembleia da República, ao Conselho Constitucional e ao Governo.

Artigo 152.º – **(Substituição interina e incompatibilidades)**

1. As funções de Chefe do Estado são ainda assumidas interinamente pelo Presidente da Assembleia da República nas circunstâncias seguintes:

   a) morte ou incapacidade permanente comprovadas por junta médica;
   b) renúncia, comunicada à Assembleia da República;
   c) suspensão ou destituição em consequência de pronúncia ou condenação pelo Tribunal Supremo.

2. As circunstâncias referidas no número anterior implicam a realização de eleições Presidenciais.

3. Em caso de renúncia ao cargo o Presidente da República não pode candidatar-se para um novo mandato nos dez anos seguintes.

4. Enquanto exercer interinamente as funções de Presidente da República, o mandato de Deputado do Presidente da Assembleia da República suspende-se automaticamente.

Artigo 153.º – **(Responsabilidade criminal)**

1. Por crimes praticados no exercício das suas funções, o Presidente da República responde perante o Tribunal Supremo.

2. Pelos crimes praticados fora do exercício das suas funções, o Presidente da República responde perante os tribunais comuns, no termo do mandato.

3. Cabe à Assembleia da República requerer ao Procurador-Geral da República o exercício da acção penal contra o Presidente da República, por proposta de pelo menos um terço e aprovada por maioria de dois terços dos Deputados da Assembleia da República.

4. O Presidente da República fica suspenso das suas funções a partir da data do trânsito em julgado do despacho de pronúncia ou equivalente e a sua condenação implica a destituição do cargo.

5. O Tribunal Supremo, em plenário, profere acórdão no prazo máximo de sessenta dias.

6. Havendo acórdão condenatório o Presidente da República não pode voltar a candidatar-se a tal cargo ou ser titular de órgão de soberania ou de autarquia local.

Artigo 154.º – **(Prisão preventiva)**

Em caso algum pode o Presidente da República, em exercício efectivo de funções, ser sujeito à prisão preventiva.

Artigo 155.º – **(Eleição em caso de vacatura)**

1. A eleição do novo Presidente da República, por morte, incapacidade permanente, renúncia ou destituição, deve ter lugar dentro dos noventa dias subsequentes, sendo vedado ao Presidente da República interino candidatar-se ao cargo.

2. Não há eleição para Presidente da República se a vacatura ocorrer nos trezentos e sessenta e cinco dias antes do fim do mandato, devendo permanecer o Presidente da República interino até à realização das eleições.

Artigo 156.º – **(Incapacidade)**

1. A incapacidade permanente do Presidente da República é comprovada por junta médica definida nos termos da lei.

2. A incapacidade permanente do Presidente da República é declarada pelo Conselho Constitucional.

3. Cabe ao Conselho Constitucional verificar a morte e a perda do cargo de Presidente da República.

Artigo 157.º – **(Regime de interinidade)**

1. Durante o período da vacatura do cargo de Presidente da República, a Constituição não pode ser alterada.

2. O Presidente da República interino garante o funcionamento dos órgãos do Estado e demais instituições e não pode exercer as competências referidas nas alíneas *c*), *e*), *f*), *g*), *h*), *i*) e *j*) do artigo 159.º, nas alíneas *b*) e *c*) do n.º 1 do artigo 160.º, na alínea *e*) do n.º 2 do artigo 161.º e na alínea *c*) do artigo 162.º

Artigo 158.º – **(Forma dos actos)**

Os actos normativos do Presidente da República assumem a forma de decreto presidencial e as demais decisões revestem a forma de despacho e são publicadas no *Boletim da República*.

CAPÍTULO II – **Competência**

Artigo 159.º – **(Competências gerais)**

Compete ao Chefe do Estado no exercício da sua função:
 a) dirigir-se à nação através de mensagens e comunicações;
 b) informar anualmente a Assembleia da República sobre a situação geral da nação;

c) decidir, nos termos do artigo 136.º, a realização de referendo sobre questões de interesse relevantes para a nação;

d) convocar eleições gerais;

e) dissolver a Assembleia da República, nos termos do artigo 188.º;

f) demitir os restantes membros do Governo quando o seu programa seja rejeitado pela segunda vez pela Assembleia da República;

g) nomear o Presidente do Tribunal Supremo, o Presidente do Conselho Constitucional, o Presidente do Tribunal Administrativo e o Vice-Presidente do Tribunal Supremo;

h) nomear, exonerar e demitir o Procurador-Geral da República e o Vice-Procurador-Geral da República;

i) indultar e comutar penas;

j) atribuir, nos termos da lei títulos honoríficos, condecorações e distinções.

Artigo 160.º – **(No domínio do Governo)**

1. No domínio do Governo, compete ao Presidente da República:

a) convocar e presidir as sessões do Conselho de Ministros;

b) nomear, exonerar e demitir o Primeiro-Ministro;

c) criar ministérios e comissões de natureza inter-ministerial.

2. Compete-lhe, ainda, nomear, exonerar e demitir:

a) os Ministros e Vice-Ministros;

b) os Governadores Provinciais;

c) os Reitores e Vice-Reitores das Universidades Estatais, sob proposta dos respectivos colectivos de direcção, nos termos da lei;

d) o Governador e o Vice-Governador do Banco de Moçambique;

e) os Secretários de Estado.

Artigo 161.º – **(No domínio da defesa e da ordem pública)**

No domínio da defesa nacional e da ordem pública, compete ao Presidente da República:

a) declarar a guerra e a sua cessação, o estado de sítio ou de emergência;

b) celebrar tratados;

c) decretar a mobilização geral ou parcial;

d) presidir ao Conselho Nacional de Defesa e Segurança;

e) nomear, exonerar e demitir o Chefe e o Vice-Chefe do Estado-Maior-General, o Comandante-Geral e Vice-Comandante-Geral da Polícia, os Comandantes de Ramo das Forças Armadas de Defesa de Moçambique e outros oficiais das Forças de Defesa e Segurança, nos termos definidos por lei.

Artigo 162.º – **(No domínio das relações internacionais)**

No domínio das relações internacionais, compete ao Presidente da República:

a) orientar a política externa;

b) celebrar tratados internacionais;

c) nomear, exonerar e demitir os Embaixadores e enviados diplomáticos da República de Moçambique;

d) receber as cartas credenciais dos Embaixadores e enviados diplomáticos de outros países.

Artigo 163.º – **(Promulgação e veto)**

1. Compete ao Presidente da República promulgar e mandar publicar as leis no *Boletim da República*.

2. As leis são promulgadas até trinta dias após a sua recepção, ou após a notificação do acórdão do Conselho Constitucional que se pronuncia pela não inconstitucionalidade de qualquer norma delas constantes.
3. O Presidente da República pode vetar a lei por mensagem fundamentada, devolvê-la para reexame pela Assembleia da República.
4. Se a lei reexaminada for aprovada por maioria de dois terços, o Presidente da República deve promulgá-la e mandá-la publicar.

CAPÍTULO III – Conselho de Estado

Artigo 164.° – **(Definição e composição)**

1. O Conselho de Estado é o órgão político de consulta do Presidente da República.
2. O Conselho de Estado é presidido pelo Presidente da República e tem a seguinte composição:
   a) o Presidente da Assembleia da República;
   b) o Primeiro-Ministro;
   c) o Presidente do Conselho Constitucional;
   d) o Provedor de Justiça;
   e) os antigos Presidentes da República não destituídos da função;
   f) os antigos Presidentes da Assembleia da República;
   g) sete personalidades de reconhecido mérito eleitas pela Assembleia da República pelo período da legislatura, de harmonia com a representatividade parlamentar;
   h) quatro personalidades de reconhecido mérito designadas pelo Presidente da República, pelo período do seu mandato;
   i) o segundo candidato mais votado ao cargo de Presidente da República.

Artigo 165.° – **(Posse e estatuto)**

1. Os membros do Conselho de Estado tomam posse perante o Presidente da República.
2. Os membros do Conselho de Estado, por inerência, mantêm-se em funções enquanto exercem os respectivos cargos.
3. Os membros do Conselho de Estado gozam de regalias, imunidades e tratamento protocolar a serem fixadas por lei.

Artigo 166.° – **(Competências)**

Compete ao Conselho de Estado, em geral, aconselhar o Presidente da República no exercício das suas funções sempre que este o solicite e ainda pronunciar-se obrigatoriamente sobre a:
   a) dissolução da Assembleia da República;
   b) declaração de guerra, do estado de sítio ou do estado de emergência;
   c) realização de referendo, nos termos da alínea c) do artigo 159.°;
   d) convocação de eleições gerais.

Artigo 167.° – **(Funcionamento)**

1. Os pareceres do Conselho de Estado são emitidos na reunião que para o efeito for convocada e presidida pelo Presidente da República, podendo ser tornados públicos aquando da prática do acto a que se referem.
2. As reuniões do Conselho de Estado não são públicas.
3. O Conselho de Estado estabelece o respectivo regimento.

TÍTULO VII
ASSEMBLEIA DA REPÚBLICA

CAPÍTULO I – Estatuto e eleição

Artigo 168.º – **(Definição)**

1. A Assembleia da República é a assembleia representativa de todos os cidadãos moçambicanos.
2. O Deputado representa todo o país e não apenas o círculo pelo qual é eleito.

Artigo 169 .º – **(Função)**

1. A Assembleia da República é o mais alto órgão legislativo na República de Moçambique.
2. A Assembleia da República determina as normas que regem o funcionamento do Estado e a vida económica e social através de leis e deliberações de carácter genérico.

Artigo 170.º – **(Eleição e composição)**

1. A Assembleia da República é eleita por sufrágio universal, directo, igual, secreto, pessoal e periódico.
2. A Assembleia da República é constituída por duzentos e cinquenta Deputados.
3. Concorrem às eleições os partidos políticos, isoladamente ou em coligação de partidos, e as respectivas listas podem integrar cidadãos não filiados nos partidos.

Artigo 171.º – **(Mandato do Deputado)**

1. O mandato do Deputado coincide com a duração da legislatura, salvo renúncia ou perda do mandato.
2. A suspensão, a substituição, a renúncia e a perda do mandato são reguladas pelo Estatuto do Deputado.

Artigo 172.º – **(Incompatibilidades)**

1. A função de Deputado é incompatível com as de:
   a) membro do Governo;
   b) magistrado em efectividade de funções;
   c) diplomata em efectividade de serviço;
   d) militar e polícia no activo;
   e) governador provincial e administrador distrital;
   f) titular de órgãos autárquicos.
2. A lei determina as demais incompatibilidades.

Artigo 173.º – **(Poderes do Deputado)**

São poderes do Deputado:
   a) exercer o direito de voto;
   b) submeter projectos de leis, resoluções e demais deliberações;
   c) candidatar-se aos órgãos da Assembleia da República;
   d) requerer e obter do Governo ou das instituições públicas dados e informações necessários ao exercício do seu mandato;
   e) fazer perguntas e interpelações ao Governo;
   f) outros consignados no Regimento da Assembleia da República.

Artigo 174.° – **(Imunidades)**

1. Nenhum Deputado pode ser detido ou preso, salvo em caso de flagrante delito, ou submetido a julgamento sem consentimento da Assembleia da República.

2. Tratando-se de processo penal pendente em que tenha sido constituído arguido, o Deputado é ouvido por um juiz conselheiro.

3. O Deputado goza de foro especial e é julgado pelo Tribunal Supremo, nos termos da lei.

Artigo 175.° – **(Irresponsabilidade)**

1. Os Deputados da Assembleia da República não podem ser processados judicialmente, detidos ou julgados pelas opiniões ou votos emitidos no exercício da sua função de Deputado.

2. Exceptuam-se a responsabilidade civil e a responsabilidade criminal por injúria, difamação ou calúnia.

Artigo 176.° – **(Direitos e regalias do Deputado)**

1. O Deputado goza dos seguintes direitos e demais regalias:
a) cartão especial de identificação;
b) livre trânsito em locais públicos de acesso condicionado, no exercício das suas funções ou por causa delas;
c) apoio, cooperação, protecção e facilidades das entidades públicas ou militares da República, para o exercício do seu mandato nos termos da lei;
d) remuneração e subsídios estabelecidos na lei.

2. O Deputado não pode intervir em processos judiciais como perito ou testemunha, salvo quando autorizado pela Assembleia da República ou pela Comissão Permanente.

3. O Deputado goza ainda dos demais direitos e regalias estabelecidos na lei.

Artigo 177.° – **(Deveres do Deputado)**

O Deputado tem os seguintes deveres:
a) observar a Constituição e as leis;
b) observar o Estatuto do Deputado;
c) respeitar a dignidade da Assembleia da República e dos Deputados;
d) comparecer às sessões do Plenário e às da Comissão de que for membro;
e) participar nas votações e nos trabalhos da Assembleia da República.

Artigo 178.° – **(Renúncia e perda do mandato)**

1. O Deputado pode renunciar ao mandato, nos termos da lei.

2. Perde o mandato o Deputado que:
a) for condenado definitivamente por crime doloso em pena de prisão superior a dois anos;
b) se inscreva ou assuma função em partido ou coligação diferentes daquele pelo qual foi eleito;
c) não tome assento na Assembleia da República ou exceda o número de faltas estabelecido no Regimento.

3. Implicam ainda a perda do mandato quaisquer inelegibilidades existentes à data das eleições e conhecidas posteriormente, bem como as incapacidades previstas na lei.

CAPÍTULO II – Competência

Artigo 179.º – (Competências)

1. Compete à Assembleia da República legislar sobre as questões básicas da política interna e externa do país.
2. É da exclusiva competência da Assembleia da República:
 a) aprovar as leis constitucionais;
 b) aprovar a delimitação das fronteiras da República de Moçambique;
 c) deliberar sobre a divisão territorial;
 d) aprovar a legislação eleitoral e o regime do referendo;
 e) aprovar e denunciar os tratados que versem sobre matérias da sua competência;
 f) propor a realização de referendo sobre questões de interesse nacional;
 g) sancionar a suspensão de garantias constitucionais e a declaração do estado de sítio ou do estado de emergência;
 h) ratificar a nomeação do Presidente do Tribunal Supremo, do Presidente do Conselho Constitucional, do Presidente do Tribunal Administrativo e do Vice-Presidente do Tribunal Supremo;
 i) eleger o Provedor da Justiça;
 j) deliberar sobre o programa do Governo;
 k) deliberar sobre os relatórios de actividades do Conselho de Ministros;
 l) deliberar sobre as grandes opções do Plano Económico e Social e do Orçamento do Estado e os respectivos relatórios de execução;
 m) aprovar o Orçamento do Estado;
 n) definir a política de defesa e segurança, ouvido o Conselho Nacional de Defesa e Segurança;
 o) definir as bases da política de impostos e o sistema fiscal;
 p) autorizar o Governo, definindo as condições gerais, a contrair ou a conceder empréstimos, a realizar outras operações de crédito, por período superior a um exercício económico e a estabelecer o limite máximo dos avales a conceder pelo Estado;
 q) definir o estatuto dos titulares dos órgãos de soberania, das províncias e dos órgãos autárquicos;
 r) deliberar sobre as bases gerais da organização e funcionamento da Administração Pública;
 s) ratificar os decretos-leis;
 t) ratificar e denunciar os tratados internacionais;
 u) ratificar os tratados de participação de Moçambique nas organizações internacionais de defesa;
 v) conceder amnistias e perdão de penas.
3. Com excepção das competências enunciadas no n.º 2 do presente artigo, a Assembleia da República pode autorizar o Governo a legislar sobre outras matérias, sob forma de decreto-lei.
4. Compete ainda à Assembleia da República:
 a) eleger o Presidente, os Vice-Presidentes e a Comissão Permanente;
 b) aprovar o Regimento da Assembleia da República e o Estatuto do Deputado;
 c) criar comissões da Assembleia da República e regulamentar o seu funcionamento;
 d) criar grupos nacionais parlamentares.

Artigo 180.º – (Leis de autorização legislativa)

1. As leis de autorização legislativa devem definir o objecto, o sentido, a extensão e a duração da autorização.

2. As autorizações legislativas não podem ser utilizadas mais de uma vez, sem prejuízo da sua execução parcelada ou da respectiva prorrogação.

3. As autorizações legislativas caducam com o termo da legislatura ou com a dissolução da Assembleia da República.

4. O Governo deve publicar o acto legislativo autorizado até ao último dia do prazo indicado na lei de autorização, que começa a contar-se a partir da data da publicação.

Artigo 181.º – **(Decretos-leis)**

1. Os decretos-leis aprovados pelo Conselho de Ministros no uso de autorização legislativa são considerados ratificados se, na sessão da Assembleia da República imediata, a sua ratificação não for requerida por um mínimo de quinze Deputados.

2. A Assembleia da República pode suspender no todo ou em parte a vigência do decreto-lei até à sua apreciação.

3. A suspensão caduca quando até ao fim da sessão a Assembleia não se pronunciar.

4. A recusa da ratificação implica a revogação.

Artigo 182.º – **(Forma de actos)**

Os actos legislativos da Assembleia da República assumem a forma de lei e as demais deliberações revestem a forma de resolução e são publicados no *Boletim da República*.

Artigo 183.º – **(Iniciativa de lei)**

1. A iniciativa de lei pertence:
 a) aos Deputados;
 b) às bancadas parlamentares;
 c) às comissões da Assembleia da República;
 d) ao Presidente da República;
 e) ao Governo.

2. Os Deputados e as bancadas parlamentares não podem apresentar projecto de lei que envolva, directa ou indirectamente, o aumento de despesas ou a diminuição das receitas do Estado, ou que modifique, por qualquer modo, o ano económico em curso.

Artigo 184.º – **(Regime de discussão e votação)**

1. A discussão das propostas e projectos de lei e de referendo compreende um debate na generalidade e outro na especialidade.

2. A votação compreende uma votação na generalidade, uma votação na especialidade e uma votação final global.

3. Se a Assembleia assim o deliberar, os textos aprovados na generalidade são votados na especialidade pelas comissões, sem prejuízo do poder de avocação pelo Plenário e do voto final deste para aprovação global.

CAPÍTULO III – **Organização e funcionamento**

Artigo 185.º – **(Legislatura)**

1. A legislatura tem a duração de cinco anos e inicia-se com a primeira sessão da Assembleia da República, após as eleições e termina com a primeira sessão da nova Assembleia eleita.

2. A primeira sessão da Assembleia da República tem lugar até vinte dias após a validação e proclamação dos resultados eleitorais.

Artigo 186.º – **(Períodos de funcionamento)**

A Assembleia da República reúne-se ordinariamente duas vezes por ano e extraordinariamente sempre que a sua convocação for requerida pelo Presidente da República, pela Comissão Permanente ou por um terço, pelo menos, dos Deputados.

Artigo 187.º – **(Quorum e deliberação)**

1. A Assembleia da República só pode deliberar achando-se presentes mais de metade dos seus membros.
2. As deliberações da Assembleia da República são tomadas por mais de metade dos votos dos Deputados presentes.
3. As matérias referentes ao estatuto da oposição são aprovadas por maioria de dois terços dos Deputados.

Artigo 188.º – **(Dissolução)**

1. A Assembleia da República pode ser dissolvida, pelo Presidente da República, caso rejeite, após debate, o Programa do Governo.
2. O Presidente da República convoca novas eleições legislativas, nos termos da Constituição.

Artigo 189.º – **(Limites à dissolução)**

1. A dissolução da Assembleia da República não pode ocorrer, em caso de estado de sítio ou de emergência, durante a vigência deste e até ao sexagésimo dia posterior à sua cessação.
2. É inexistente juridicamente o acto de dissolução que contrarie o disposto no número anterior.
3. A dissolução da Assembleia da República não põe termo ao mandato dos Deputados nem às competências da sua Comissão Permanente que subsistem até a primeira sessão da nova Assembleia eleita.
4. Operando-se a dissolução, a Assembleia eleita inicia nova legislatura cujo mandato tem a duração do tempo remanescente da legislatura anterior.

Artigo 190.º – **(Presidente da Assembleia da República)**

1. A Assembleia da República elege, de entre os seus membros, o Presidente da Assembleia da República.
2. O Chefe do Estado convoca e preside a sessão que procede a eleição do Presidente da Assembleia da República.
3. O Presidente da Assembleia da República é investido nas suas funções pelo Presidente do Conselho Constitucional.
4. O Presidente da Assembleia da República é responsável perante a Assembleia da República.

Artigo 191.º – **(Competências do Presidente da Assembleia da República)**

Compete ao Presidente da Assembleia da República:

a) convocar e presidir as sessões da Assembleia da República e da Comissão Permanente;
b) velar pelo cumprimento das deliberações da Assembleia da República;
c) assinar as leis da Assembleia da República e submetê-las à promulgação;
d) assinar e mandar publicar as resoluções e moções da Assembleia da República;
e) representar a Assembleia da República no plano interno e internacional;

f) promover o relacionamento institucional entre a Assembleia da República e as Assembleias Provinciais, em conformidade com as normas regimentais;
g) exercer as demais competências consignadas na Constituição e no Regimento;

Artigo 192.º – **(Vice-Presidentes da Assembleia da República)**

1. A Assembleia da República elege, de entre os seus membros, Vice-Presidentes designados pelos partidos com maior representação parlamentar.

2. Na ausência ou impedimento do Presidente da Assembleia da República, as suas funções são exercidas por um dos Vice-Presidentes, nos termos do Regimento da Assembleia da República.

Artigo 193.º – **(Comissão Permanente)**

1. A Comissão Permanente é o órgão da Assembleia da República que coordena as actividades do Plenário, das suas Comissões e dos Grupos Nacionais Parlamentares.

2. A Comissão Permanente da Assembleia da República é composta pelo Presidente, Vice-Presidentes e por outros Deputados eleitos nos termos da lei, sob proposta das bancadas parlamentares, de acordo com a sua representatividade.

3. Os representantes referidos nos números anteriores têm na Comissão Permanente um número de votos igual ao da bancada parlamentar que representam.

4. A Comissão Permanente da Assembleia da República funciona no intervalo das sessões plenárias e nos demais casos previstos na Constituição e na lei.

Artigo 194.º – **(Permanência)**

No termo da legislatura ou em caso de dissolução, a Comissão Permanente da Assembleia da República mantém-se em funções até à sessão constitutiva da nova Assembleia eleita.

Artigo 195.º – **(Competências)**

Compete à Comissão Permanente da Assembleia da República:
a) exercer os poderes da Assembleia da República relativamente ao mandato dos Deputados;
b) velar pela observância da Constituição e das leis, acompanhar a actividade do Governo e da Administração Pública;
c) pronunciar-se previamente sobre a declaração de guerra;
d) autorizar ou confirmar, sujeito a ratificação, a declaração do estado de sítio ou estado de emergência, sempre que a Assembleia da República não esteja reunida;
e) dirigir as relações entre a Assembleia da República e as Assembleias e instituições análogas de outros países;
f) autorizar a deslocação do Presidente da República em visita de Estado;
g) criar comissões de inquérito de carácter urgente, no intervalo das sessões plenárias da Assembleia da República;
h) preparar e organizar as sessões da Assembleia da República;
i) exercer as demais funções conferidas pelo Regimento da Assembleia da República;
j) conduzir os trabalhos das sessões plenárias;
k) declarar as perdas e renúncias de mandatos dos deputados, bem como as suspensões nos termos da Constituição e do Regimento da Assembleia da República;
l) decidir questões de interpretação do Regimento da Assembleia da República no intervalo das sessões plenárias;

m) integrar nos trabalhos de cada sessão as iniciativas dos deputados, bancadas ou do Governo;

n) apoiar o Presidente da Assembleia da República na gestão administrativa e financeira da Assembleia da República.

Artigo 196.° – **(Bancada parlamentar)**

1. Os Deputados eleitos por cada partido podem constituir bancada parlamentar.
2. A constituição e organização da bancada parlamentar são fixadas no Regimento da Assembleia da República.

Artigo 197.° – **(Poderes da bancada parlamentar)**

1. Constituem poderes da bancada parlamentar os seguintes:
a) apresentar candidato a Presidente da Assembleia da República;
b) propor candidato a Vice-Presidente da Assembleia da República;
c) designar candidatos para a Comissão Permanente da Assembleia da República;
d) designar candidatos para as Comissões da Assembleia da República;
e) exercer iniciativa de lei;
f) requerer, com a presença do Governo, o debate de questões de interesse público actual e urgente;
g) requerer a constituição de comissões parlamentares de inquérito;
h) requerer o debate de assuntos de urgência não agendados;
i) solicitar informações e formular perguntas ao Governo;

2. Cada bancada parlamentar tem o direito de dispor de locais de trabalho na Assembleia da República, bem como de pessoal técnico e administrativo, nos termos da lei.

Artigo 198.° – **(Programa quinquenal do Governo)**

1. A Assembleia da República aprecia o Programa do Governo no início da legislatura.
2. O Governo pode apresentar um programa reformulado que tenha em conta as conclusões do debate.

Artigo 199.° – **(Participação dos membros do Governo nas sessões)**

1. O Primeiro-Ministro e os Ministros têm direito de comparecer às sessões plenárias da Assembleia da República, podendo usar da palavra, nos termos do Regimento.
2. Nas sessões plenárias da Assembleia da República, é obrigatória a presença do membro ou membros do Governo convocados.

TÍTULO VIII
GOVERNO

CAPÍTULO I – Definição e composição

Artigo 200.° – **(Definição)**

O Governo da República de Moçambique é o Conselho de Ministros.

Artigo 201.º – **(Composição)**

1. O Conselho de Ministros é composto pelo Presidente da República que a ele preside, pelo Primeiro-Ministro e pelos Ministros.
2. Podem ser convocados para participar em reuniões do Conselho de Ministros os Vice-Ministros e os Secretários de Estado.

Artigo 202.º – **(Convocação e presidência)**

1. Na sua actuação, o Conselho de Ministros observa as decisões do Presidente da República e as deliberações da Assembleia da República.
2. O Conselho de Ministros é convocado e presidido pelo Primeiro-Ministro, por delegação do Presidente da República.
3. A formulação de políticas governamentais pelo Conselho de Ministros é feita em sessões dirigidas pelo Presidente da República.

CAPÍTULO II – Competência e responsabilidade

Artigo 203.º – **(Função)**

1. O Conselho de Ministros assegura a administração do país, garante a integridade territorial, vela pela ordem pública e pela segurança e estabilidade dos cidadãos, promove o desenvolvimento económico, implementa a acção social do Estado, desenvolve e consolida a legalidade e realiza a política externa do país.
2. A defesa da ordem pública é assegurada por órgãos apropriados que funcionam sob controlo governamental.

Artigo 204.º – **(Competências)**

1. Compete, nomeadamente, ao Conselho de Ministros:
   a) garantir o gozo dos direitos e liberdades dos cidadãos;
   b) assegurar a ordem pública e a disciplina social;
   c) preparar propostas de lei a submeter à Assembleia da República;
   d) aprovar decretos-leis mediante autorização legislativa da Assembleia da República;
   e) preparar o Plano Económico e Social e o Orçamento do Estado e executá-los após aprovação pela Assembleia da República;
   f) promover e regulamentar a actividade económica e dos sectores sociais;
   g) preparar a celebração de tratados internacionais e celebrar, ratificar, aderir e denunciar acordos internacionais, em matérias da sua competência governativa;
   h) dirigir a política laboral e de segurança social;
   i) dirigir os sectores do Estado, em especial a educação e saúde;
   j) dirigir e promover a política de habitação.
2. Compete, ainda, ao Conselho de Ministros:
   a) garantir a defesa e consolidação do domínio público do Estado e do património do Estado;
   b) dirigir e coordenar as actividades dos ministérios e outros órgãos subordinados ao Conselho de Ministros;
   c) analisar a experiência dos órgãos executivos locais e regulamentar a sua organização e funcionamento e tutelar, nos termos da lei, os órgãos das autarquias locais;
   d) estimular e apoiar o exercício da actividade empresarial e da iniciativa privada e proteger os interesses do consumidor e do público em geral;
   f) promover o desenvolvimento cooperativo e o apoio à produção familiar.

3. É da exclusiva iniciativa legislativa do Governo a matéria respeitante à sua própria organização, composição e funcionamento.

Artigo 205.º – (**Competências do Primeiro-Ministro**)

1. Compete ao Primeiro-Ministro, sem prejuízo de outras atribuições confiadas pelo Presidente da República e por lei, assistir e aconselhar o Presidente da República na direcção do Governo.

2. Compete, nomeadamente, ao Primeiro-Ministro:

a) assistir o Presidente da República na elaboração do Programa do Governo;

b) aconselhar o Presidente da República na criação de ministérios e comissões de natureza ministerial e na nomeação de membros do Governo e outros dirigentes governamentais;

c) elaborar e propor o plano de trabalho do Governo ao Presidente da República;

d) garantir a execução das decisões dos órgãos do Estado pelos membros do Governo;

e) presidir às reuniões do Conselho de Ministros destinadas a tratar da implementação das políticas definidas e outras decisões;

f) coordenar e controlar as actividades dos ministérios e outras instituições governamentais;

g) supervisar o funcionamento técnico-administrativo do Conselho de Ministros.

Artigo 206.º – (**Relacionamento com a Assembleia da República**)

1. Nas relações com a Assembleia da República, compete ao Primeiro-Ministro:

a) apresentar à Assembleia da República o Programa do Governo, a proposta do Plano Económico e Social e do Orçamento do Estado;

b) apresentar os relatórios de execução do Governo;

c) expor as posições do Governo perante a Assembleia da República.

2. No exercício destas funções, o Primeiro-Ministro é assistido pelos membros do Conselho de Ministros por ele designados.

Artigo 207.º – (**Responsabilidade e competências do Conselho de Ministros**)

O Conselho de Ministros responde perante o Presidente da República e a Assembleia da República pela realização da política interna e externa e presta-lhes contas das suas actividades nos termos da lei.

Artigo 208.º – (**Responsabilidade política dos membros do Governo**)

Os membros do Conselho de Ministros respondem perante o Presidente da República e o Primeiro-Ministro pela aplicação das decisões do Conselho de Ministros na área da sua competência.

Artigo 209.º – (**Solidariedade governamental**)

Os membros do Governo estão vinculados ao Programa do Governo e às deliberações do Conselho de Ministros.

Artigo 210.º – (**Forma dos actos**)

1. Os actos normativos do Conselho de Ministros revestem a forma de decreto-lei e de decreto.

2. Os decretos-leis e os decretos, referidos no número anterior, devem indicar a lei ao abrigo da qual são aprovados.

3. Os decretos-leis são assinados e mandados publicar pelo Presidente da República e os demais decretos do Governo são assinados e mandados publicar pelo Primeiro-Ministro.

4. Os demais actos do Governo tomam a forma de resolução.

Artigo 211.º – (**Imunidades**)

1. Nenhum membro do Governo pode ser detido ou preso sem autorização do Presidente da República, salvo em caso de flagrante delito e por crime doloso a que corresponda pena de prisão maior.

2. Movido procedimento criminal contra um membro do Governo e acusado este definitivamente, o Presidente da República decide se o membro do Governo deve ou não ser suspenso para efeitos de prosseguimento do processo, sendo obrigatória a decisão de suspensão quando se trate de crime do tipo referido no número anterior.

TÍTULO IX
TRIBUNAIS

CAPÍTULO I – Princípios gerais

Artigo 212.º – (**Função jurisdicional**)

1. Os tribunais têm como objectivo garantir e reforçar a legalidade como factor da estabilidade jurídica, garantir o respeito pelas leis, assegurar os direitos e liberdades dos cidadãos, assim como os interesses jurídicos dos diferentes órgãos e entidades com existência legal.

2. Os tribunais penalizam as violações da legalidade e decidem pleitos de acordo com o estabelecido na lei.

3. Podem ser definidos por lei mecanismos institucionais e processuais de articulação entre os tribunais e demais instâncias de composição de interesses e de resolução de conflitos.

Artigo 213.º – (**Função educacional**)

Os tribunais educam os cidadãos e a administração pública no cumprimento voluntário e consciente das leis, estabelecendo uma justa e harmoniosa convivência social.

Artigo 214.º – (**Inconstitucionalidade**)

Nos feitos submetidos a julgamento os tribunais não podem aplicar leis ou princípios que ofendam a Constituição.

Artigo 215.º – (**Decisões dos tribunais**)

As decisões dos tribunais são de cumprimento obrigatório para todos os cidadãos e demais pessoas jurídicas e prevalecem sobre as de outras autoridades.

Artigo 216.º – (**Participação dos juízes eleitos**)

1. Nos julgamentos podem participar juízes eleitos.

2. Os juízes eleitos intervêm apenas nos julgamentos em primeira instância e na decisão da matéria de facto.

3. A intervenção dos juízes eleitos é obrigatória nos casos previstos na lei processual ou quando for determinada pelo juiz da causa, promovida pelo Ministério Público ou requerida pelas partes.

4. A lei estabelece as formas de eleição e de participação dos juízes mencionados no presente artigo e fixa a duração do respectivo período de exercício de funções.

CAPÍTULO II – Estatuto dos juízes

Artigo 217.º – (Independência dos juízes)

1. No exercício das suas funções, os juízes são independentes e apenas devem obediência à lei.

2. Os juízes têm igualmente as garantias de imparcialidade e irresponsabilidade.

3. Os juízes são inamovíveis, não podendo ser transferidos, suspensos, aposentados ou demitidos, senão nos casos previstos na lei.

Artigo 218.º – (Responsabilidade)

1. Os juízes respondem civil, criminal e disciplinarmente por actos praticados no exercício das suas funções apenas nos casos especialmente previstos na lei.

2. O afastamento de um juiz de carreira da função judicial só pode ocorrer nos termos legalmente estabelecidos.

Artigo 219.º – (Incompatibilidades)

Os Magistrados Judiciais, em exercício, não podem desempenhar quaisquer outras funções públicas ou privadas, excepto a actividade de docente ou de investigação jurídica ou outra de divulgação e publicação científica, literária, artística e técnica, mediante prévia autorização do Conselho Superior da Magistratura Judicial.

Artigo 220.º – (Conselho Superior da Magistratura Judicial)

O Conselho Superior da Magistratura Judicial é o órgão de gestão e disciplina da magistratura judicial.

Artigo 221.º – (Composição)

1. O Conselho Superior da Magistratura Judicial tem a seguinte composição:
 a) o Presidente do Tribunal Supremo;
 b) o Vice-Presidente do Tribunal Supremo;
 c) dois membros designados pelo Presidente da República;
 d) cinco membros eleitos pela Assembleia da República, segundo o critério de representação proporcional;
 e) sete magistrados judiciais das diversas categorias, todos eleitos pelos seus pares, nos termos do Estatuto dos Magistrados Judiciais.

2. O Conselho Superior da Magistratura Judicial é presidido pelo Presidente do Tribunal Supremo, o qual é substituído nas suas ausências e impedimentos, pelo Vice-Presidente do Tribunal Supremo.

3. O Conselho Superior da Magistratura Judicial inclui funcionários da justiça eleitos pelos seus pares, para discussão e deliberação de matérias relativas ao mérito profissional e ao exercício da função disciplinar sobre os mesmos, em termos a determinar por lei.

4. A lei regula os demais aspectos relativos à competência, organização e funcionamento do Conselho Superior da Magistratura Judicial.

Artigo 222.º – **(Competências)**

Compete ao Conselho Superior da Magistratura Judicial, nomeadamente:

a) nomear, colocar, transferir, promover, exonerar e apreciar o mérito profissional, exercer a acção disciplinar e, em geral, praticar todos os actos de idêntica natureza respeitantes aos magistrados judiciais;

b) apreciar o mérito profissional e exercer a acção disciplinar sobre os funcionários da justiça, sem prejuízo das competências disciplinares atribuídas aos juízes;

c) propor a realização de inspecções extraordinárias, sindicâncias e inquéritos aos tribunais;

d) dar pareceres e fazer recomendações sobre a política judiciária, por sua iniciativa ou a pedido do Presidente da República, da Assembleia da República ou do Governo.

CAPÍTULO III – **Organização dos tribunais**

SECÇÃO I – **Espécies de tribunais**

Artigo 223.º – **(Espécies)**

1. Na República de Moçambique existem os seguintes tribunais:
a) o Tribunal Supremo;
b) o Tribunal Administrativo;
c) os tribunais judiciais.

2. Podem existir tribunais administrativos, de trabalho, fiscais, aduaneiros, marítimos, arbitrais e comunitários.

3. A competência, organização e funcionamento dos tribunais referidos nos números anteriores são estabelecidos por lei, que pode prever a existência de um escalão de tribunais entre os tribunais provinciais e o Tribunal Supremo.

4. Os tribunais judiciais são tribunais comuns em matéria civil e criminal e exercem jurisdição em todas as áreas não atribuídas a outras ordens jurisdicionais.

5. Na primeira instância, pode haver tribunais com competência específica e tribunais especializados para o julgamento de matérias determinadas.

6. Sem prejuízo do disposto quanto aos tribunais militares, é proibida a existência de tribunais com competência exclusiva para o julgamento de certas categorias de crimes.

Artigo 224.º – **(Tribunais militares)**

Durante a vigência do estado de guerra são constituídos tribunais militares com competência para o julgamento de crimes de natureza estritamente militar.

SECÇÃO II – **Tribunal Supremo**

Artigo 225.º – **(Definição)**

1. O Tribunal Supremo é o órgão superior da hierarquia dos tribunais judiciais.

2. O Tribunal Supremo garante a aplicação uniforme da lei na esfera da sua jurisdição e ao serviço dos interesses do povo moçambicano.

Artigo 226.º – **(Composição)**

1. O Tribunal Supremo é composto por juízes conselheiros, em número a ser estabelecido por lei.

2. O Presidente da República nomeia o Presidente e o Vice-Presidente do Tribunal Supremo, ouvido o Conselho Superior da Magistratura Judicial.

3. Os Juízes Conselheiros são nomeados pelo Presidente da República, sob proposta do Conselho Superior da Magistratura Judicial, após concurso público, de avaliação curricular, aberto aos magistrados e a outros cidadãos nacionais, de reputado mérito, todos licenciados em Direito, no pleno gozo dos seus direitos civis e políticos.

4. Os Juízes Conselheiros do Tribunal Supremo devem, à data da sua designação, ter idade igual ou superior a trinta e cinco anos, haver exercido, pelo menos durante dez anos, actividade forense ou de docência em Direito, sendo os demais requisitos, fixados por lei.

Artigo 227.º – (**Funcionamento**)

O Tribunal Supremo funciona:

a) em secções, como tribunal de primeira e de segunda instância;

b) em plenário, como tribunal de segunda instância e de instância única, nos casos expressamente previstos na lei.

SECÇÃO III – Tribunal Administrativo

Artigo 228.º – (**Definição**)

1. O Tribunal Administrativo é o órgão superior da hierarquia dos tribunais administrativos, fiscais e aduaneiros.

2. O controlo da legalidade dos actos administrativos e da aplicação das normas regulamentares emitidas pela Administração Pública, bem como a fiscalização da legalidade das despesas públicas e a respectiva efectivação da responsabilidade por infracção financeira cabem ao Tribunal Administrativo.

Artigo 229.º – (**Composição**)

1. O Tribunal Administrativo é composto por Juízes Conselheiros, em número estabelecido por lei.

2. O Presidente da República nomeia o Presidente do Tribunal Administrativo, ouvido o Conselho Superior da Magistratura Judicial Administrativa.

3. Os Juízes Conselheiros do Tribunal Administrativo são nomeados pelo Presidente da República, sob proposta do Conselho Superior da Magistratura Judicial Administrativa.

4. Os Juízes Conselheiros do Tribunal Administrativo devem, à data da sua nomeação, ter idade igual ou superior a trinta e cinco anos e preencher os demais requisitos estabelecidos por lei.

Artigo 230.º – (**Competências**)

1. Compete, nomeadamente, ao Tribunal Administrativo:

a) julgar as acções que tenham por objecto litígios emergentes das relações jurídicas administrativas;

b) julgar os recursos contenciosos interpostos das decisões dos órgãos do Estado, dos respectivos titulares e agentes;

c) conhecer dos recursos interpostos das decisões proferidas pelos tribunais administrativos, fiscais e aduaneiras.

2. Compete ainda ao Tribunal Administrativo:

a) emitir o relatório e o parecer sobre a Conta Geral do Estado;

b) fiscalizar, previamente, a legalidade e a cobertura orçamental dos actos e contratos sujeitos à jurisdição do Tribunal Administrativo;

c) fiscalizar, sucessiva e concomitantemente, os dinheiros públicos;

d) fiscalizar a aplicação dos recursos financeiros obtidos no estrangeiro, nomeadamente através de empréstimos, subsídios, avales e donativos.

Artigo 231.º – **(Organização e funcionamento)**

A lei regula a organização e o funcionamento do Tribunal Administrativo e os demais aspectos relativos à sua competência.

Artigo 232.º – **(Conselho Superior da Magistratura Judicial Administrativa)**

1. O Conselho Superior da Magistratura Judicial Administrativa é o órgão de gestão e disciplina da Magistratura Administrativa, Fiscal e Aduaneira.

2. A lei regula a organização, a composição e o funcionamento do Conselho Superior da Magistratura Judicial Administrativa.

Artigo 233.º – **(Incompatibilidades)**

Os magistrados do Tribunal Administrativo, em exercício, não podem desempenhar quaisquer outras funções públicas ou privadas, excepto a actividade de docente ou de investigação jurídica ou outra de divulgação e publicação científica, literária, artística e técnica, mediante prévia autorização do Conselho Superior da Magistratura Judicial Administrativa.

TÍTULO X
MINISTÉRIO PÚBLICO

Artigo 234.º – **(Definição)**

1. O Ministério Público constitui uma magistratura hierarquicamente organizada, subordinada ao Procurador-Geral da República.

2. No exercício das suas funções, os magistrados e agentes do Ministério Público estão sujeitos aos critérios de legalidade, objectividade, isenção e exclusiva sujeição às directivas e ordens previstas na lei.

3. O Ministério Público goza de estatuto próprio e de autonomia, nos termos da lei.

Artigo 235.º – **(Natureza)**

O Ministério Público compreende a respectiva magistratura, a Procuradoria-Geral da República e os órgãos subordinados.

Artigo 236.º – **(Funções)**

Ao Ministério Público compete representar o Estado junto dos tribunais e defender os interesses que a lei determina, controlar a legalidade, os prazos das detenções, dirigir a instrução preparatória dos processos-crime, exercer a acção penal e assegurar a defesa jurídica dos menores, ausentes e incapazes.

Artigo 237.º – **(Procuradoria-Geral da República)**

1. A Procuradoria-Geral da República é o órgão superior do Ministério Público, com a orgânica, composição e competências definidas na lei.

2. A Procuradoria-Geral da República é dirigida pelo Procurador-Geral, o qual é coadjuvado pelo Vice-Procurador-Geral da República.

Artigo 238.º – (**Conselho Superior da Magistratura do Ministério Público**)

1. A Procuradoria-Geral da República compreende o Conselho Superior da Magistratura do Ministério Público, que inclui na sua composição membros eleitos pela Assembleia da República e membros de entre si eleitos pelos magistrados do Ministério Público.
2. O Conselho Superior da Magistratura do Ministério Público é o órgão de gestão e disciplina do Ministério Público.
3. A lei regula a organização, a composição e o funcionamento do Conselho Superior da Magistratura do Ministério Público.

Artigo 239.º – (**Procurador-Geral e Vice-Procurador-Geral da República**)

1. O Procurador-Geral e o Vice-Procurador-Geral da República são nomeados, por um período de cinco anos, pelo Presidente da República de entre licenciados em Direito, que hajam exercido, pelo menos durante dez anos, actividade profissional na magistratura ou em qualquer outra actividade forense ou de docência em Direito, não podendo o seu mandato cessar senão nos seguintes casos:
   a) renúncia;
   b) exoneração;
   c) demissão;
   d) aposentação compulsiva em consequência de processo disciplinar ou criminal;
   e) aceitação de lugar ou cargo incompatível com o exercício das suas funções.
2. O Procurador-Geral da República responde perante o Chefe do Estado.
3. O Procurador-Geral da República presta informação anual à Assembleia da República.

Artigo 240.º – (**Procuradores-Gerais Adjuntos**)

1. Os Procuradores-Gerais Adjuntos representam o Ministério Público junto das secções do Tribunal Supremo e do Tribunal Administrativo e constituem o topo da carreira da Magistratura do Ministério Público.
2. Os Procuradores-Gerais Adjuntos são nomeados pelo Presidente da República, sob proposta do Conselho Superior da Magistratura do Ministério Público, após concurso público de avaliação curricular, aberto a cidadãos nacionais de reputado mérito, licenciados em Direito, no pleno gozo dos seus direitos civis e políticos, que tenham, à data do concurso, idade igual ou superior a trinta e cinco anos e que tenham exercido, pelo menos durante dez anos, a actividade forense ou de docência em Direito.

TÍTULO XI
CONSELHO CONSTITUCIONAL

Artigo 241.º – (**Definição**)

1. O Conselho Constitucional é o órgão de soberania, ao qual compete especialmente administrar a justiça em matérias de natureza jurídico-constitucional.

2. A organização, funcionamento e o processo de verificação e controlo da constitucionalidade, da legalidade dos actos normativos e as demais competências do Conselho Constitucional são fixadas por lei.

Artigo 242.° – **(Composição)**

1. O Conselho Constitucional é composto por sete juízes conselheiros, designados nos seguintes termos:

a) um juiz conselheiro nomeado pelo Presidente da República, que é o Presidente do Conselho Constitucional;

b) cinco juízes conselheiros designados pela Assembleia da República segundo o critério da representação proporcional;

c) um juiz conselheiro designado pelo Conselho Superior da Magistratura Judicial.

2. Os Juízes Conselheiros do Conselho Constitucional são designados para um mandato de cinco anos, renovável e gozam de garantia de independência, inamovibilidade, imparcialidade e irresponsabilidade.

3. Os Juízes Conselheiros do Conselho Constitucional, à data da sua designação, devem ter idade igual ou superior a trinta e cinco anos, ter pelo menos dez anos de experiência profissional na magistratura ou em qualquer actividade forense ou de docência em Direito.

Artigo 243.° – **(Incompatibilidades)**

Os Juízes Conselheiros do Conselho Constitucional, em exercício, não podem desempenhar quaisquer outras funções públicas ou privadas, excepto a actividade de docente ou de investigação jurídica ou outra de divulgação e publicação científica, literária, artística e técnica, mediante prévia autorização do respectivo órgão.

Artigo 244.° – **(Competências)**

1. Compete ao Conselho Constitucional:

a) apreciar e declarar a inconstitucionalidade das leis e a ilegalidade dos actos normativos dos órgãos do Estado;

b) dirimir conflitos de competências entre os órgãos de soberania;

c) verificar previamente a constitucionalidade dos referendos.

2. Cabe ainda ao Conselho Constitucional:

a) verificar os requisitos legais exigidos para as candidaturas a Presidente da República;

b) declarar a incapacidade permanente do Presidente da República;

c) verificar a morte e a perda de mandato do Presidente da República;

d) apreciar, em última instância, os recursos e as reclamações eleitorais, validar e proclamar os resultados eleitorais nos termos da lei;

e) decidir, em última instância, a legalidade da constituição dos partidos políticos e suas coligações, bem como apreciar a legalidade das suas denominações, siglas, símbolos e ordenar a respectiva extinção, nos termos da Constituição e da lei;

f) julgar as acções de impugnação de eleições e de deliberação dos órgãos dos partidos políticos;

g) julgar as acções que tenham por objecto o contencioso relativo ao mandato dos deputados;

h) julgar as acções que tenham por objecto as incompatibilidades previstas na Constituição e na lei.

3. O Conselho Constitucional exerce as demais competências que lhe sejam atribuídas por lei.

Artigo 245.º – (**Solicitação de apreciação de inconstitucionalidade**)

1. O Conselho Constitucional aprecia e declara, com força obrigatória geral, a inconstitucionalidade das leis e a ilegalidade dos demais actos normativos dos órgãos do Estado, em qualquer momento da sua vigência.

2. Podem solicitar ao Conselho Constitucional a declaração de inconstitucionalidade das leis ou de ilegalidade dos actos normativos dos órgãos do Estado:
   a) o Presidente da República;
   b) o Presidente da Assembleia da República;
   c) um terço, pelo menos, dos Deputados da Assembleia da República;
   d) o Primeiro-Ministro;
   e) o Procurador-Geral da República;
   f) o Provedor de Justiça;
   g) dois mil cidadãos.

3. A lei regula o regime de admissão das acções de apreciação de inconstitucionalidade.

Artigo 246.º – (**Verificação preventiva da constitucionalidade**)

1. O Presidente da República pode requerer ao Conselho Constitucional a apreciação preventiva da constitucionalidade de qualquer diploma que lhe tenha sido enviado para promulgação.

2. A apreciação preventiva da constitucionalidade deve ser requerida no prazo referido no n.º 2 do artigo 163.º

3. Requerida à apreciação da constitucionalidade, interrompe-se o prazo de promulgação.

4. Caso o Conselho Constitucional se pronuncie pela inexistência da inconstitucionalidade, o novo prazo de promulgação começa a correr a partir do conhecimento pelo Presidente da República da deliberação do Conselho Constitucional.

5. Se o Conselho Constitucional se pronunciar pela inconstitucionalidade, o Presidente da República veta e devolve o diploma à Assembleia da República.

Artigo 247.º – (**Recursos**)

1. Devem ser remetidos obrigatoriamente para o Conselho Constitucional, os acórdãos e outras decisões com fundamento na inconstitucionalidade, nos seguintes casos:
   a) quando se recuse a aplicação de qualquer norma com base na sua inconstitucionalidade;
   b) quando o Procurador-Geral da República ou o Ministério Público solicite a apreciação abstracta da constitucionalidade ou da legalidade de qualquer norma, cuja aplicação tenha sido recusada, com a justificação de inconstitucionalidade ou ilegalidade, por decisão judicial insusceptível de recurso.

2. A lei regula o regime de admissão dos recursos previstos nesta disposição.

Artigo 248.º – (**Irrecorribilidade e obrigatoriedade dos acórdãos**)

1. Os acórdãos do Conselho Constitucional são de cumprimento obrigatório para todos os cidadãos, instituições e demais pessoas jurídicas, não são passíveis de recurso e prevalecem sobre outras decisões.

2. Em caso de incumprimento dos acórdãos referidos no presente artigo, o infractor incorre no cometimento de crime de desobediência, se crime mais grave não couber.

3. Os acórdãos do Conselho Constitucional são publicados no *Boletim da República*.

TÍTULO XII
ADMINISTRAÇÃO PÚBLICA, POLÍCIA, PROVEDOR DE JUSTIÇA E ÓRGÃOS LOCAIS DO ESTADO

CAPÍTULO I – Administração Pública

Artigo 249.º – **(Princípios fundamentais)**

1. A Administração Pública serve o interesse público e na sua actuação respeita os direitos e liberdades fundamentais dos cidadãos.
2. Os órgãos da Administração Pública obedecem à Constituição e à lei e actuam com respeito pelos princípios da igualdade, da imparcialidade, da ética e da justiça.

Artigo 250.º – **(Estrutura)**

1. A Administração Pública estrutura-se com base no princípio de descentralização e desconcentração, promovendo a modernização e a eficiência dos seus serviços sem prejuízo da unidade de acção e dos poderes de direcção do Governo.
2. A Administração Pública promove a simplificação de procedimentos administrativos e a aproximação dos serviços aos cidadãos.

Artigo 251.º – **(Acesso e estatuto dos funcionários)**

1. O acesso à função pública e a progressão nas carreiras profissionais não podem ser prejudicados em razão da cor, raça, sexo, religião, origem étnica ou social ou opção político-partidária e obedece estritamente aos requisitos de mérito e capacidade dos interessados.
2. A lei regula o estatuto dos funcionários e demais agentes do Estado, as incompatibilidades e as garantias de imparcialidade no exercício dos cargos públicos.

Artigo 252.º – **(Hierarquia)**

1. Os funcionários e demais agentes do Estado, no exercício das suas funções, devem obediência aos seus superiores hierárquicos, nos termos da lei.
2. O dever de obediência cessa sempre que o seu cumprimento implique a prática de crime.

Artigo 253.º – **(Direitos e garantias dos administrados)**

1. Os cidadãos têm o direito de serem informados pelos serviços competentes da Administração Pública sempre que requeiram sobre o andamento dos processos em que estejam directamente interessados nos termos da lei.
2. Os actos administrativos são notificados aos interessados nos termos e nos prazos da lei e são fundamentados quando afectam direitos ou interesses dos cidadãos legalmente tutelados.
3. É assegurado aos cidadãos interessados o direito ao recurso contencioso fundado em ilegalidade de actos administrativos, desde que prejudiquem os seus direitos.

CAPÍTULO II – Polícia

Artigo 254.º – **(Definição)**

1. A Polícia da República de Moçambique, em colaboração com outras instituições do Estado, tem como função garantir a lei e a ordem, a salvaguarda da segurança de pessoas e bens, a tranquilidade pública, o respeito pelo Estado de Direito Democrático e a observância estrita dos direitos e liberdades fundamentais dos cidadãos.
2. A Polícia é apartidária.
3. No exercício das suas funções, a Polícia obedece a lei e serve com isenção e imparcialidade os cidadãos e as instituições públicas e privadas.

Artigo 255.º – **(Comando e organização)**

1. A Polícia da República de Moçambique é dirigida por um Comandante-Geral.
2. A lei estabelece a organização geral da Polícia, fixa os respectivos ramos, determina a sua função, estrutura e as normas que regem o ingresso.

CAPÍTULO III – Provedor de Justiça

Artigo 256.º – **(Definição)**

O Provedor de Justiça é um órgão que tem como função a garantia dos direitos dos cidadãos, a defesa da legalidade e da justiça na actuação da Administração Pública.

Artigo 257.º – **(Eleição)**

O Provedor de Justiça é eleito pela Assembleia da República, por maioria de dois terços dos Deputados, pelo tempo que a lei determinar.

Artigo 258.º – **(Independência)**

1. O Provedor de Justiça é independente e imparcial no exercício das suas funções, devendo observância apenas à Constituição e às leis.
2. O Provedor de Justiça submete uma informação anual à Assembleia da República sobre a sua actividade.

Artigo 259.º – **(Competências)**

1. O Provedor de Justiça aprecia os casos que lhe são submetidos, sem poder decisório, e produz recomendações aos órgãos competentes para reparar ou prevenir ilegalidades ou injustiças.
2. Se as investigações do Provedor de Justiça levarem à presunção de que a Administração Pública cometeu erros, irregularidades ou violações graves, informa a Assembleia da República, o Procurador-Geral da República e a Autoridade Central ou Local com a recomendação das medidas pertinentes.

Artigo 260.º – **(Dever de colaboração)**

Os órgãos e agentes da Administração Pública têm o dever de prestar a colaboração que lhes for requerida pelo Provedor de Justiça no exercício das suas funções.

Artigo 261.º – **(Estatuto, procedimentos e organização)**

Os demais aspectos relativos ao estatuto, procedimentos e à estrutura organizativa de apoio ao Provedor de Justiça são fixados por lei.

CAPÍTULO IV – Órgãos locais do Estado

Artigo 262.° – **(Definição)**

Os órgãos locais do Estado têm como função a representação do Estado ao nível local para a administração e o desenvolvimento do respectivo território e contribuem para a integração e unidade nacionais.

Artigo 263.° – **(Princípios organizatórios)**

1. A organização e o funcionamento dos órgãos do Estado a nível local obedecem aos princípios de descentralização e desconcentração, sem prejuízo da unidade de acção e dos poderes de direcção do Governo.
2. No seu funcionamento, os órgãos locais do Estado, promovendo a utilização dos recursos disponíveis, garantem a participação activa dos cidadãos e incentivam a iniciativa local na solução dos problemas das comunidades.
3. Na sua actuação, os órgãos locais do Estado respeitam as atribuições, competências e autonomia das autarquias locais.
4. Para a realização das atribuições que lhe são próprias, o Estado garante a sua representação em cada circunscrição autárquica.
5. A lei determina os mecanismos institucionais de articulação com as comunidades locais, podendo nelas delegar certas funções próprias das atribuições do Estado.

Artigo 264.° – **(Funções)**

1. Os órgãos locais do Estado garantem, no respectivo território, sem prejuízo da autonomia das autarquias locais, a realização de tarefas e programas económicos, culturais e sociais de interesse local e nacional, observando o estabelecido na Constituição, nas deliberações da Assembleia da República, do Conselho de Ministros e dos órgãos do Estado do escalão superior.
2. A organização, funcionamento e competências dos órgãos locais do Estado são regulados por lei.

TÍTULO XIII
DEFESA NACIONAL E CONSELHO NACIONAL DE DEFESA E SEGURANÇA

CAPÍTULO I – Defesa Nacional

Artigo 265.° – **(Princípios fundamentais)**

A política de defesa e segurança do Estado visa defender a independência nacional, preservar a soberania e integridade do país e garantir o funcionamento normal das instituições e a segurança dos cidadãos contra qualquer agressão armada.

Artigo 266.° – **(Forças de defesa e serviços de segurança)**

1. As forças de defesa e os serviços de segurança subordinam-se à política nacional de defesa e segurança e devem fidelidade à Constituição e à Nação.

2. O juramento dos membros das forças de defesa e dos serviços de segurança do Estado estabelece o dever de respeitar a Constituição, defender as instituições e servir o povo.

3. As forças de defesa e os serviços de segurança do Estado são apartidários e observam a abstenção de tomada de posições ou participação em acções que possam pôr em causa a sua coesão interna e a unidade nacional.

4. As forças de defesa e os serviços de segurança do Estado devem especial obediência ao Presidente da República na sua qualidade de Comandante-Chefe.

Artigo 267.º – (**Defesa da pátria, serviço militar e serviço cívico**)

1. A participação na defesa da independência nacional, soberania e integridade territorial são dever sagrado e honra para todos os cidadãos moçambicanos.

2. O serviço militar é prestado nos termos da lei em unidades das Forças Armadas de Defesa de Moçambique.

3. A lei estabelece um serviço cívico em substituição ou complemento do serviço militar para todos os cidadãos não sujeitos a deveres militares.

4. As isenções do serviço militar são fixadas por lei.

CAPÍTULO II – **Conselho Nacional de Defesa e Segurança**

Artigo 268.º – (**Definição e composição**)

1. O Conselho Nacional de Defesa e Segurança é o órgão do Estado de consulta específica para os assuntos relativos à soberania nacional, integridade territorial, defesa do poder democraticamente instituído e à segurança.

2. O Conselho Nacional de Defesa e Segurança é presidido pelo Presidente da República e tem a composição que a lei determinar, a qual inclui dois membros designados pelo Presidente da República e cinco pela Assembleia da República.

Artigo 269.º – (**Competências**)

São, nomeadamente, competências do Conselho Nacional de Defesa e Segurança:

a) pronunciar-se previamente sobre a declaração de guerra;

b) pronunciar-se sobre a suspensão das garantias constitucionais e a declaração do estado de sítio e do estado de emergência;

c) dar parecer sobre os critérios e condições de utilização de zonas de protecção total ou parcial destinada à defesa e segurança do território nacional;

d) analisar e acompanhar iniciativas de outros órgãos do Estado que visem garantir a consolidação da independência nacional, o reforço do poder político democrático e a manutenção da lei e da ordem;

e) Pronunciar-se sobre as missões de paz no estrangeiro.

Artigo 270.º – (**Organização e funcionamento**)

A organização e funcionamento do Conselho Nacional de Defesa e Segurança são fixados por lei.

TÍTULO XIV
PODER LOCAL

Artigo 271.º – **(Objectivos)**

1. O Poder Local tem como objectivos organizar a participação dos cidadãos na solução dos problemas próprios da sua comunidade e promover o desenvolvimento local, o aprofundamento e a consolidação da democracia, no quadro da unidade do Estado Moçambicano.

2. O Poder Local apoia-se na iniciativa e na capacidade das populações e actua em estreita colaboração com as organizações de participação dos cidadãos.

Artigo 272.º – **(Autarquias locais)**

1. O Poder Local compreende a existência de autarquias locais.

2. As autarquias locais são pessoas colectivas públicas, dotadas de órgãos representativos próprios, que visam a prossecução dos interesses das populações respectivas, sem prejuízo dos interesses nacionais e da participação do Estado.

Artigo 273.º – **(Categorias das autarquias locais)**

1. As autarquias locais são os municípios e as povoações.

2. Os municípios correspondem à circunscrição territorial das cidades e vilas.

3. As povoações correspondem à circunscrição territorial da sede dos postos administrativos.

4. A lei pode estabelecer outras categorias autárquicas superiores ou inferiores à circunscrição territorial do município ou da povoação.

Artigo 274.º – **(Criação e extinção das autarquias locais)**

A criação e extinção das autarquias locais são reguladas por lei, devendo a alteração da respectiva área ser precedida de consulta aos seus órgãos.

Artigo 275.º – **(Órgãos deliberativos e executivos)**

1. As autarquias locais têm como órgãos uma assembleia, dotada de poderes deliberativos, e um executivo que responde perante ela, nos termos fixados na lei.

2. A Assembleia é eleita por sufrágio universal, directo, igual, secreto, pessoal e periódico dos cidadãos eleitores residentes na circunscrição territorial da autarquia, segundo o sistema de representação proporcional.

3. O órgão executivo da autarquia é dirigido por um presidente eleito por sufrágio universal, directo, igual, secreto, pessoal e periódico dos cidadãos eleitores residentes na respectiva circunscrição territorial.

4. As candidaturas para as eleições dos órgãos das autarquias locais podem ser apresentadas por partidos políticos, isoladamente ou em coligação, ou por grupos de cidadãos eleitores, nos termos da lei.

5. A organização, a composição e o funcionamento dos órgãos executivos são definidos por lei.

Artigo 276.º – **(Património e finanças locais)**

1. As autarquias locais têm finanças e património próprios.

2. A lei define o património das autarquias e estabelece o regime das finanças locais que, dentro dos interesses superiores do Estado, garanta a justa repartição dos recursos públicos e a necessária correcção dos desequilíbrios entre elas existentes.

3. A lei define as formas de apoio técnico e humano do Estado às autarquias locais, sem prejuízo da sua autonomia.

Artigo 277.° – (**Tutela administrativa**)

1. As autarquias locais estão sujeitas à tutela administrativa do Estado.
2. A tutela administrativa sobre as autarquias locais consiste na verificação da legalidade dos actos administrativos dos órgãos autárquicos, nos termos da lei.
3. O exercício do poder tutelar pode ser ainda aplicado sobre o mérito dos actos administrativos, apenas nos casos e nos termos expressamente previstos na lei.
4. A dissolução dos órgãos autárquicos, ainda que resultante de eleições directas, só pode ter lugar em consequência de acções ou omissões legais graves, previstas na lei e nos termos por ela estabelecidos.

Artigo 278.° – (**Poder regulamentar**)

As autarquias locais dispõem de poder regulamentar próprio, no limite da Constituição, das leis e dos regulamentos emanados das autoridades com poder tutelar.

Artigo 279.° – (**Pessoal das autarquias locais**)

1. As autarquias locais possuem quadro de pessoal próprio, nos termos da lei.
2. É aplicável aos funcionários e agentes da administração local o regime dos funcionários e agentes do Estado.

Artigo 280.° – (**Organização**)

A lei garante as formas de organização que as autarquias locais podem adoptar para a prossecução de interesses comuns.

Artigo 281.° – (**Mandato**)

A revogação e renúncia do mandato dos membros eleitos dos órgãos autárquicos são reguladas por lei.

TÍTULO XV
GARANTIAS DA CONSTITUIÇÃO

CAPÍTULO I – Dos estados de sítio e de emergência

Artigo 282.° – (**Estado de sítio ou de emergência**)

1. O estado de sítio ou o estado de emergência só podem ser declarados, no todo ou em parte do território, nos casos de agressão efectiva ou eminente, de grave ameaça ou de perturbação da ordem constitucional ou de calamidade pública.
2. A declaração do estado de sítio ou de emergência é fundamentada e especifica as liberdades e garantias cujo exercício é suspenso ou limitado.

Artigo 283.° – (**Pressupostos da opção de declaração**)

A menor gravidade dos pressupostos da declaração determina a opção pelo estado de emergência, devendo, em todo o caso, respeitar-se o princípio da proporcionalidade e limitar-se, nomeadamente, quanto à extensão dos meios utilizados e quanto à duração, ao estritamente necessário ao pronto restabelecimento da normalidade constitucional.

Artigo 284.º – **(Duração)**

O tempo de duração do estado de sítio ou de emergência não pode ultrapassar os trinta dias, sendo prorrogável por iguais períodos até três se persistirem as razões que determinaram a sua declaração.

Artigo 285.º – **(Processo de declaração)**

1. Tendo declarado o estado de sítio ou de emergência, o Presidente da República submete à Assembleia da República, no prazo de vinte e quatro horas, a declaração com a respectiva fundamentação, para efeitos de ratificação.
2. Se a Assembleia da República não estiver em sessão é convocada em reunião extraordinária, devendo reunir-se no prazo máximo de cinco dias.
3. A Assembleia da República delibera sobre a declaração no prazo máximo de quarenta e oito horas, podendo continuar em sessão enquanto vigorar o estado de sítio ou de emergência.

Artigo 286.º – **(Limites de declaração)**

A declaração do estado de sítio ou de emergência em nenhum caso pode limitar ou suspender os direitos à vida, à integridade pessoal, à capacidade civil e à cidadania, a não retroactividade da lei penal, o direito de defesa dos arguidos e a liberdade de religião.

Artigo 287.º – **(Restrições das liberdades individuais)**

Ao abrigo do estado de sítio ou de emergência podem ser tomadas as seguintes medidas restritivas da liberdade das pessoas:
 a) obrigação de permanência em local determinado;
 b) detenção;
 c) detenção em edifício não destinado a acusados ou condenados por crimes comuns;
 d) restrições relativas à inviolabilidade da correspondência, ao sigilo das comunicações, à prestação de informações e à liberdade de imprensa, radiodifusão e televisão;
 e) busca e apreensão em domicílio;
 f) suspensão de liberdade de reunião e manifestação;
 g) requisição de bens e serviços.

Artigo 288.º – **(Detenções)**

As detenções que se efectuam ao abrigo do estado de sítio ou de emergência observam os seguintes princípios:
 a) deve ser notificado imediatamente um parente ou pessoa de confiança do detido por este indicado, a quem se dá conhecimento do enquadramento legal, no prazo de cinco dias;
 b) o nome do detido e o enquadramento legal da detenção são tornados públicos, no prazo de cinco dias;
 c) o detido é apresentado a juízo, no prazo máximo de dez dias.

Artigo 289.º – **(Funcionamento dos órgãos de soberania)**

A declaração do estado de sítio ou de emergência não pode afectar a aplicação da Constituição quanto à competência, ao funcionamento dos órgãos de soberania e quanto aos direitos e imunidades dos respectivos titulares ou membros.

Artigo 290.º – **(Termo)**

1. No termo do estado de sítio ou de emergência, o Presidente da República faz uma comunicação à Assembleia da República com uma informação detalhada sobre as medidas tomadas ao seu abrigo e a relação nominal dos cidadãos atingidos.

2. A cessação do estado de sítio ou de emergência faz cessar os seus efeitos, sem prejuízo da responsabilidade por actos ilícitos cometidos pelos seus executores ou agentes.

CAPÍTULO II – **Revisão da Constituição**

Artigo 291.º – **(Iniciativa)**

1. As propostas de alteração da Constituição são da iniciativa do Presidente da República ou de um terço, pelo menos, dos Deputados da Assembleia da República.

2. As propostas de alteração devem ser depositadas na Assembleia da República até noventa dias antes do início do debate.

Artigo 292.º – **(Limites materiais)**

1. As leis de revisão constitucional têm de respeitar:
   a) a independência, a soberania e a unidade do Estado;
   b) a forma republicana de Governo;
   c) a separação entre as confissões religiosas e o Estado;
   d) os direitos, liberdades e garantias fundamentais;
   e) o sufrágio universal, directo, secreto, pessoal, igual e periódico na designação dos titulares electivos dos órgãos de soberania das províncias e do poder local;
   f) o pluralismo de expressão e de organização política, incluindo partidos políticos e o direito de oposição democrática;
   g) a separação e interdependência dos órgãos de soberania;
   h) a fiscalização da constitucionalidade;
   i) a independência dos juízes;
   j) a autonomia das autarquias locais;
   k) os direitos dos trabalhadores e das associações sindicais;
   l) as normas que regem a nacionalidade, não podendo ser alteradas para restringir ou retirar direitos de cidadania.

2. As alterações das matérias constantes do número anterior são obrigatoriamente sujeitas a referendo.

Artigo 293.º – **(Tempo)**

A Constituição só pode ser revista cinco anos depois da entrada em vigor da última lei de revisão, salvo deliberação de assunção de poderes extraordinários de revisão, aprovada por maioria de três quartos dos Deputados da Assembleia da República.

Artigo 294.º – **(Limites circunstanciais)**

Na vigência do estado de sítio ou do estado de emergência não pode ser aprovada qualquer alteração da Constituição.

Artigo 295.º – **(Votação e forma)**

1. As alterações da Constituição são aprovadas por maioria de dois terços dos Deputados da Assembleia da República.

2. As alterações da Constituição que forem aprovadas são reunidas numa única lei de revisão.
3. O Presidente da República não pode recusar a promulgação da lei de revisão.

Artigo 296.° – (**Alterações constitucionais**)

1. As alterações da Constituição são inseridas no lugar próprio, mediante as substituições, as supressões e os aditamentos necessários.
2. A Constituição, no seu novo texto, é publicada conjuntamente com a lei de revisão.

TÍTULO XVI
SÍMBOLOS, MOEDA E CAPITAL DA REPÚBLICA

Artigo 297.° – (**Bandeira nacional**)

A bandeira nacional tem cinco cores: vermelho, verde, preto, amarelo dourado e branco.

As cores representam:

vermelha – resistência secular ao colonialismo, a luta armada de libertação nacional e a defesa da soberania;
verde – as riquezas do solo;
preta – o continente africano;
amarela dourada – as riquezas do subsolo;
branca – a justeza da luta do povo moçambicano e a paz.

De cima para baixo estão dispostos horizontalmente o verde, o preto e o amarelo dourado alternados por faixas brancas. Do lado esquerdo o vermelho ocupa o triângulo no centro do qual se encontra uma estrela, tendo sobre ela um livro ao qual se sobrepõem uma arma e uma enxada cruzadas.

A estrela simboliza o espírito de solidariedade internacional do povo moçambicano.
O livro, a enxada e a arma simbolizam o estudo, a produção e a defesa.

Artigo 298.° – (**Emblema**)

O emblema de República de Moçambique contém como elementos centrais um livro, uma arma e uma enxada, dispostos em cima do mapa de Moçambique e representando respectivamente: a educação, a defesa e vigilância, o campesinato e a produção agrícola.

Por baixo do mapa está representado o oceano.

Ao centro, o Sol nascente, símbolo de nova vida em construção.

A delimitar este conjunto está uma roda dentada, simbolizando os operários e a indústria.

A circundar a roda dentada encontram-se à direita e à esquerda, respectivamente, uma planta de milho e espiga e uma cana de açúcar simbolizando a riqueza agrícola.

No cimo, ao centro, uma estrela simboliza o espírito de solidariedade internacional do povo moçambicano.

Na parte inferior está disposta uma faixa vermelha com a inscrição "República de Moçambique".

Artigo 299.º – **(Hino nacional)**

A letra e a música do hino nacional são estabelecidas por lei, aprovada nos termos do n.º 1 do artigo 295.º

Artigo 300.º – **(Moeda)**

1. A moeda nacional é o Metical.
2. A alteração da moeda é estabelecida por lei, aprovada nos termos do n.º 1 do artigo 295.º

Artigo 301.º – **(Capital)**

A capital da República de Moçambique é a Cidade de Maputo.

TÍTULO XVII
DISPOSIÇÕES FINAIS E TRANSITÓRIAS

Artigo 302.º – **(Bandeira e emblema)**

As alterações da bandeira nacional e do emblema da República de Moçambique são estabelecidas por lei, no prazo de um ano, a contar da entrada em vigor da Constituição e aprovada nos termos do n.º 1 do artigo 295.º

Artigo 303.º – **(Conselho Constitucional)**

Com entrada em vigor da Constituição, o Conselho Constitucional mantém-se em exercício com a actual composição, assumindo as competências estabelecidas no título décimo primeiro.

Artigo 304.º – **(Assembleias provinciais)**

É fixado o prazo de 3 anos, a contar da data de entrada em vigor da Constituição, para a realização de eleições das assembleias provinciais, previstas no artigo 142.º

Artigo 305.º – **(Direito anterior)**

A legislação anterior, no que não for contrária à Constituição, mantém-se em vigor até que seja modificada ou revogada.

Artigo 306.º – **(Entrada em vigor)**

A Constituição entra em vigor no dia imediato ao da validação e proclamação dos resultados eleitorais das Eleições Gerais de 2004.

Aprovada pela Assembleia da República, aos 16 de Novembro de 2004.

O Presidente da Assembleia da República, *Eduardo Joaquim Mulémbwè*.

Publique-se.

O Presidente da República, JOAQUIM ALBERTO CHISSANO.

OBRAS JURÍDICAS DO AUTOR

a) Livros e monografias

1) *O valor positivo do acto inconstitucional*, AAFDL, Lisboa, 1992 (reimpressão em 2000)

2) *O direito de passagem inofensiva no novo Direito Internacional do Mar*, Lex – Edições Jurídicas, Lisboa, 1993 (com o prefácio de Armando M. Marques Guedes)

3) *Os direitos fundamentais atípicos*, Editorial Notícias e Editorial Aequitas, Lisboa, 1995 (dissertação de mestrado em Ciências Jurídico-Políticas na Faculdade de Direito da Universidade de Lisboa) (com prefácio de Marcelo Rebelo de Sousa)

4) *O estado de excepção no Direito Constitucional – entre a eficiência e a normatividade das estruturas de defesa extraordinária da Constituição*, I e II volumes, Livraria Almedina, Coimbra, 1998 (dissertação de doutoramento em Direito Público na Faculdade de Direito da Universidade Nova de Lisboa)

5) *Reflexões sobre a próxima revisão da Constituição Moçambicana de 1990*, Livraria Minerva Central, Maputo, 1999 (também publicado como *A próxima revisão da Constituição de Moçambique de 1990 – um comentário*, in Revista da Faculdade de Direito da Universidade de Lisboa, vol. XXXIX, n.º 2 de 1998, pp. 709 e ss.)

6) *Autonomias regionais – que futuro político-constitucional?*, ed. da Assembleia Legislativa Regional, Funchal, 1999

7) *Estudos de Direito Público*, I, Principia – Publicações Universitárias e Científicas, Cascais, 2000

8) *As relações externas de Portugal – aspectos jurídico-políticos* (com Fausto de Quadros), ed. do Ministério dos Negócios Estrangeiros, Lisboa, 2001

9) *Introdução ao Direito Constitucional de Angola*, ed. da Assembleia Nacional de Angola, Luanda, 2002

10) *Novos Estudos de Direito Público*, II, Âncora Editora, Lisboa, 2002

11) *Manual de Direito Internacional Público*, Livraria Almedina: 1.ª ed., Coimbra, 2003; 2.ª ed., Coimbra, 2004 (também publicado no Brasil como *Manual de Direito Internacional Público*, Rio de Janeiro, 2005, pela Editora Renovar)

12) *Ensinar Direito Constitucional*, Livraria Almedina, Coimbra, 2003

13) *O Código do Trabalho e a Constituição Portuguesa*, O Espírito das Leis, Lisboa, 2003 (também publicado em AAVV, *Código do Trabalho – Pareceres*, III, ed. do Ministério do Trabalho e da Segurança Social, Lisboa, 2004, pp. 97 e ss.)

14) *Estudos de Direito Público de Língua Portuguesa*, Coimbra, 2004

15) *Portugal e o Direito do Mar* (com Fausto de Quadros e Paulo Otero), ed. do Instituto Diplomático do Ministério dos Negócios Estrangeiros, Lisboa, 2004

16) *Arrendamento Urbano, Constituição e Justiça – Perspectivas de Direito Constitucional e de Direito Processual*, O Espírito das Leis, Lisboa, 2004

17) *Manual de Direito Constitucional*, I e II volumes, Livraria Almedina, Coimbra, 2005

b) Artigos, comentários, pareceres e nótulas

18) *Os limites circunstanciais da revisão constitucional*, in *Revista Jurídica*, Lisboa, 1989, n.ᵒˢ 11 e 12, pp. 103 e ss.

19) *Inconstitucionalidade por omissão – consultas directas aos cidadãos eleitores a nível local – anotação ao Acórdão n.º 36/90 do Tribunal Constitucional*, in *O Direito*, 122.º ano, Lisboa, 1990 – II, pp. 420 e ss.

20) *Os direitos fundamentais à protecção dos dados pessoais informatizados*, in *Revista da Ordem dos Advogados*, ano 51, 1991-III, pp. 699 e ss. (também publicado na *Revista da Faculdade de Direito Milton Campos*, II, Belo Horizonte, 1995, pp. 169 e ss.)

21) *Os incentivos fiscais contratuais ao investimento estrangeiro no Direito Fiscal Português – regime jurídico e implicações constitucionais*, in AAVV, *A internacionalização da economia e a fiscalidade*, Lisboa, 1993, pp. 269 e ss. (também publicado na *Fiscália*, n.º 12, ano 3, Lisboa, 1995, pp. 4 e ss.)

22) *Breves reflexões em matéria de confidencialidade fiscal* (com Pamplona Corte-Real e Joaquim Pedro Cardoso da Costa), in *Ciência e Técnica Fiscal*, n.º 368, Lisboa, Outubro-Dezembro de 1992, pp. 7 e ss.

23) *A relevância civil do casamento católico*, in *Africana*, VIII, n.º 14, Porto, 1994, pp. 155 e ss.

24) *A evasão fiscal na interpretação e integração da lei fiscal*, in *Ciência e Técnica Fiscal*, n.º 373, Lisboa, Janeiro-Março de 1994, pp. 9 e ss. (também publicado na *Fiscália*, ano 4, n.º 15, Lisboa, Janeiro-Março de 1996, pp. 4 e ss., e AAVV, *Planejamento Tributário* [coord. de Marcelo Magalhães Peixoto], São Paulo, 2004, pp. 231 e ss.)

25) *O espaço aéreo internacional* e *O espaço exterior*, respectivamente os capítulos VIII e IX da Parte IV sobre O domínio da sociedade internacional, insertos no livro de Joaquim da Silva Cunha, *Direito Internacional Público – a sociedade internacional*, 4.ª ed., AAFDL, Lisboa, 1993, pp. 323 e ss., e pp. 331 e ss.

26) *European Data Protection and Churches in Portugal*, in AAVV, *Europäiches Datenschutzrecht und die Kirchen* (org. de Gerhard Robbers), Berlin, 1994, pp. 127 e ss. (também publicado como *A protecção de dados informatizados e o fenómeno religioso em Portugal*, in *Revista da Faculdade de Direito da Universidade de Lisboa*, XXXIV, Lisboa, 1993, pp. 181 e ss.)

27) *Objecção de consciência (direito fundamental à)*, in *Dicionário Jurídico da Administração Pública*, VI, Lisboa, 1994, pp. 165 e ss.

28) *Des collectivités locales en attente de région*, in AAVV, *Les collectivités décentralisées de l'Union Européene* (org. Alain Delcamp), Paris, 1994, pp. 303 e ss.

29) *A inconstitucionalidade da lei das propinas – anotação ao Acórdão n.º 148/94 do Tribunal Constitucional*, in *Revista da Faculdade de Direito da Universidade de Lisboa*, XXXVI, Lisboa, 1995, n.º 1, pp. 257 e ss.

30) *O princípio democrático no novo Direito Constitucional Moçambicano*, in *Revista da Faculdade de Direito da Universidade de Lisboa*, XXXVI, Lisboa, 1995, n.º 2, pp. 457 e ss.

31) *O segredo de Estado*, in *Dicionário Jurídico da Administração Pública*, VII, Lisboa, 1996, pp. 365 e ss.

32) *A zona económica exclusiva*, in *Dicionário Jurídico da Administração Pública*, VII, Lisboa, 1996, pp. 611 e ss. (também publicado na *Revista da Faculdade de Direito de Milton Campos*, vol. 5, Belo Horizonte, 1998, pp. 247 e ss.)

33) *Le régime de la télévision au Portugal*, in *European Review of Public Law* (Spetses Conferences), 21, vol. 8, n.º 3, Atenas, Outono de 1996, pp. 917 e ss. (também publicado como *Nótula sobre o regime da actividade da televisão em Portugal*, in *O Direito*, ano 128.º, Lisboa, 1996, III-IV, Julho-Dezembro, pp. 295 e ss.)

34) *Considerações sobre as Constituições Fiscais na União Europeia*, in *Ciência e Técnica Fiscal*, n.º 381, Lisboa, Janeiro-Março de 1996, pp. 37 e ss.

35) *O crédito bonificado à habitação e a Região Autónoma dos Açores* (com Jorge Miranda), in *Revista da Faculdade de Direito da Universidade de Lisboa*, XXXVII, Lisboa, 1996, n.° 1, pp. 299 e ss.

36) *O financiamento municipal das assembleias distritais e a Constituição* (com José Manuel Sérvulo Correia), in *Revista da Faculdade de Direito da Universidade de Lisboa*, XXXVIII, Lisboa, 1997, n.° 1, pp. 233 e ss.

37) *A duração da patente no acordo do TRIPS e no Código da Propriedade Industrial à luz da Constituição Portuguesa* (com Jorge Miranda), in *Revista da Ordem dos Advogados*, ano 57, Lisboa, I-1997, pp. 249 e ss.

38) *Princípios constitucionais do acesso à justiça, da legalidade processual e do contraditório; junção de pareceres em processo civil; interpretação conforme à Constituição do art. 525.° do Código de Processo Civil – Anotação ao Acórdão n.° 934/96 do Tribunal Constitucional* (com José Manuel Sérvulo Correia), in *Revista da Ordem dos Advogados*, ano 57, Lisboa, I-1997, pp. 295 e ss.

39) *A Quarta Revisão da Constituição Portuguesa*, in *Vida Judiciária*, n.° 7, Lisboa, Outubro de 1997, pp. 17 e ss.

40) *A irretroactividade da norma fiscal na Constituição Portuguesa*, in *Ciência e Técnica Fiscal*, n.° 387, Lisboa, Julho-Setembro de 1997, pp. 51 e ss. [também publicado em *Direito e Cidadania*, ano I, n.° 3, Praia, Março-Junho de 1998, pp. 9 e ss., em AAVV, *Perspectivas Constitucionais – Nos 20 Anos da Constituição Portuguesa* (org. de Jorge Miranda), III, Coimbra, 1998, pp. 445 e ss., em *AJURIS – Revista da Associação dos Juízes do Rio Grande do Sul*, n.° 74, ano XXV, Porto Alegre, 1998 (Novembro), pp. 299 e ss. e ainda, numa versão reduzida, como *A proibição da retroactividade da norma fiscal na Constituição Portuguesa*, in AAVV, *Problemas Fundamentais do Direito Tributário* (org. de Diogo Leite de Campos), VisLis Editores, Lisboa, 1999, pp. 35 e ss.]

41) *La Déclaration Universelle des Droits de l'Homme et la Constitution Portugaise*, in *Revue Européenne de Droit Public*, vol. 9, n.° 4, Atenas, Inverno 1997, pp. 1225 e ss. (também publicado, numa versão ampliada, como *A Declaração Universal dos Direitos do Homem e a Constituição Portuguesa*, in AAVV, *Ab uno ad omnes – 75 Anos da Coimbra Editora*, Coimbra, 1998, pp. 925 e ss., em chinês, nas *Perspectivas do Direito – Gabinete para a Tradução Jurídica*, vol. IV, n.° 6, Julho de 1999, Macau, pp. 29 e ss., e na *Revista de Informação Legislativa*, ano 35, n.° 139, Brasília, Julho/Setembro de 1998, pp. 261 e ss.)

42) *Sistema de actos legislativos – opinião acerca da revisão constitucional de 1997*, in *Legislação – Cadernos de Ciência de Legislação*, n.ºˢ 19/20, Oeiras, Abril-Dezembro de 1997, pp. 47 e ss. (também publicado no Brasil como *O sistema de actos legislativos na 4.ª revisão da Constituição Portuguesa: um "aprofundamento multidimensional" do princípio democrático*, in *Revista de Informação Legislativa*, ano 38, n.° 149, Brasília, Janeiro-Março de 2001, pp. 71 e ss., e como *The system of legislation under the 4ᵗʰ Revision of the Portuguese Constitution: a «multidimensional enhancement» of the principle of democracy*, na *Revue Européenne de Droit Public*, vol. 13, n.° 4, winter/hiver 2001, Athens, pp. 1331 e ss.)

43) *Benefícios fiscais das organizações e funcionários internacionais no Direito Fiscal Português – alguns breves apontamentos*, in *Fiscália*, n.° 20, Lisboa, 1998, pp. 9 e ss.

44) *A inconstitucionalidade do Decreto-Lei n.° 351/93, de 7 de Outubro – parecer* (com José Manuel Sérvulo Correia), in AAVV, *Direito do Ordenamento do Território e Constituição* (org. da Associação Portuguesa de Promotores e Investidores Imobiliários), Coimbra Editora, Coimbra, 1998, pp. 61 e ss.

45) *La citoyenneté au Portugal – commentaires et réflexions*, in AAVV, *Citoyennetés nationales et citoyenneté européenne* (coord. de Françoise Parisot), Paris, 1998, pp. 206 e ss. [também publicado em português como *A Cidadania em Portugal – comentários e reflexões*, in AAVV, *Cidadanias nacionais e cidadania europeia* (coord. por Françoise Parisot), Didáctica Editora, Lisboa, 2001, pp. 216 e ss.]

46) *Pela dignidade do ser humano não nascido*, in AAVV, *Vida e Direito – reflexões sobre um referendo* (org. de Jorge Bacelar Gouveia e Henrique Mota), Lisboa, 1998, pp. 73 e ss.

47) *As autarquias locais e a respectiva legislação – um enquadramento geral*, in AAVV, *Autarquias Locais em Moçambique – antecedentes e regime jurídico*, Lisboa/Maputo, 1998, pp. 81 e ss.

48) *O estatuto dos governantes municipais*, in AAVV, *Autarquias Locais em Moçambique – antecedentes e regime jurídico*, Lisboa/Maputo, 1998, pp. 119 e ss.

49) *Partidos políticos* (com Ana Rita Cabrita), in *Dicionário Jurídico da Administração Pública*, 1.º suplemento, Lisboa, 1998, pp. 345 e ss.

50) *Sistemas eleitorais e método de Hondt*, in *Dicionário Jurídico da Administração Pública*, 1.º suplemento, Lisboa, 1998, pp. 459 e ss.

51) *A 4.ª Revisão da Constituição Portuguesa*, in *Direito e Cidadania*, ano II, n.º 5, Praia, Novembro de 1998-Fevereiro de 1999, pp. 235 e ss. (também publicado como *The 4th Revision of the Portuguese Constitution*, in *Revue Européenne de Droit Public*, vol. 11, n.º 1, n.º 31, Atenas, Primavera de 1999, pp. 203 e ss.)

52) *Governadores civis* (com José Manuel Sérvulo Correia), in *Dicionário da História de Portugal* (org. de António Barreto e Maria Filomena Mónica), VIII, suplemento, Porto, 1999, pp. 118 e ss.

53) *A inconstitucionalidade da discriminação remuneratória nas carreiras médicas prestadas em tempo completo*, in *O Direito*, ano 130.º, Lisboa, 1998, I-II, Janeiro-Junho, pp. 133 e ss.

54) *Legislação eleitoral em Moçambique*, in *Direito e Cidadania*, ano III, n.º 7, Praia, Julho-Outubro de 1999, pp. 261 e ss.

55) *The Treaty of Amsterdam: some progresses, many disappointments* (com Margarida Telles Romão), in *Currents – International Trade Law Journal* (South Texas College of Law), Houston, Summer--1999, pp. 63 e ss.

56) *A assunção de dívidas municipais pelo Governo Regional dos Açores e a Constituição Portuguesa*, in *Legislação – Cadernos de Ciência da Legislação*, n.º 25, Oeiras, Abril-Junho de 1999, pp. 134 e ss.

57) *Hondt (método de)* (com José Manuel Sérvulo Correia), in *Verbo – Enciclopédia Luso-Brasileira de Cultura*, XIV, Lisboa/São Paulo, 1999, pp. 1369 e 1370

58) *Da codificação jurídica em geral à codificação do Direito Internacional*, in *Estudos de Direito Público*, I, Cascais, 2000, pp. 125 e ss.

59) *O Decreto-Lei n.º 351/93 e a Constituição Portuguesa – anotação aos Acórdãos n.º 329/99 e n.º 517/99 do Tribunal Constitucional*, in *Themis – Revista da Faculdade de Direito da Universidade Nova de Lisboa*, ano I, Lisboa, n.º 1 de 2000, pp. 189 e ss.

60) *O acesso às matrizes prediais organizadas pela Administração Fiscal por parte dos advogados*, in *Revista da Ordem dos Advogados*, ano 60, I, Lisboa, Janeiro de 2000, pp. 353 e ss.

61) *A prática de tiro aos pombos, a nova Lei de Protecção dos Animais e a Constituição Portuguesa*, in *Revista Jurídica do Urbanismo e do Ambiente*, n.º 13, Coimbra, Junho de 2000, pp. 231 e ss.

62) *Autonomia regional, procedimento legislativo e confirmação parlamentar – contributo para a interpretação do art. 279.º, n.º 2, da Constituição Portuguesa*, in *Revista da Faculdade de Direito da Universidade de Lisboa*, XLI, Lisboa, n.º 1 de 2000, pp. 135 e ss.

63) *A aplicação do Acordo ADPIC na Ordem Jurídica Portuguesa – o caso especial da duração das patentes*, in AAVV, *I Forum Ibero-Americano sobre Innovación, Propiedad Industrial e Intelectual y Desarrollo – Actas*, Madrid, 2000, pp. 433 e ss.

64) *Os direitos de participação dos representantes dos trabalhadores na elaboração da legislação laboral*, in AAVV, *Estudos do Instituto de Direito do Trabalho*, I volume, Coimbra, 2001, pp. 109 e ss.

65) *O regime profissional do pessoal paramédico constante do Decreto-Lei n.º 320/99 e a Constituição Portuguesa*, in *O Direito*, ano 132.º, Lisboa, Julho-Dezembro de 2000, III-IV, pp. 503 e ss.

66) *Estado de guerra*, in *Dicionário Jurídico da Administração Pública*, 2.º suplemento, Lisboa, 2001, pp. 301 e ss.

67) *Regulação e limites dos direitos fundamentais,* in *Dicionário Jurídico da Administração Pública,* 2.º suplemento, Lisboa, 2001, pp. 450 e ss. (também publicado na *Revista da Escola da Magistratura do Estado da Rondônia,* ano 2004, n.º 12, Porto Velho, Brasil, pp. 203 e ss.)

68) *As associações públicas profissionais no Direito Português,* in AAVV, *Direito em Questão – aspectos principiológicos da Justiça,* Editora UCDB, Campo Grande, 2001, pp. 257 e ss.

69) *O direito de ingresso na Administração Pública Portuguesa segundo o Decreto-Lei n.º 89-F/98,* in *O Direito,* ano 133.º, Lisboa, 2001 – II (Abril-Junho), pp. 483 e ss.

70) *Reflexões sobre a 5.ª Revisão da Constituição Portuguesa,* in AAVV, *Nos 25 Anos da Constituição da República Portuguesa de 1976 – Evolução Constitucional e Perspectivas Futuras,* AAFDL, Lisboa, 2001, pp. 631 e ss.

71) *A importância da Lei n.º 134/99 no novo Direito Português da Igualdade Social,* in AAVV, *Actas do Seminário Técnico sobre a aplicação da Lei Anti-Discriminação* (org. pelo Alto Comissário para a Imigração e Minorias Étnicas), Lisboa, 2002, pp. 10 e ss. (também publicado na *Themis – Revista da Faculdade de Direito da Universidade Nova de Lisboa,* ano III, n.º 5 de 2002, pp. 19 e ss.

72) *Acordos de colaboração entre instituições do ensino superior público e o imposto sobre o valor acrescentado,* in *Themis – Revista da Faculdade de Direito da Universidade Nova de Lisboa,* ano II, n.º 4, Lisboa, 2001, pp. 235 e ss.

73) Recensão ao livro *JOSÉ MANUEL PUREZA, O Património Comum da Humanidade: rumo a um Direito Internacional da Solidariedade?,* Porto, 1998, in *Análise Social – Revista do Instituto de Ciências Sociais da Universidade de Lisboa,* n.ºs 158-159, XXXVI, Verão de 2001, pp. 557 e ss.

74) *A crise da Justiça – a evidência de uma crise cultural?,* in AAVV, *O Debate da Justiça* (org. de António Pedro Barbas Homem e Jorge Bacelar Gouveia), VisLis Editores, Lisboa, 2001, pp. 183 e ss.

75) *O Decreto-Lei n.º 40/2001 e a Constituição Portuguesa,* in *Novos Estudos de Direito Público,* Lisboa, 2002, pp. 159 e ss.

76) *A utilização ilegal do domínio público hídrico pelos particulares: o caso das construções clandestinas na lagoa de Santo André,* in *Novos Estudos de Direito Público,* Lisboa, 2002, pp. 335 e ss.

77) *A afirmação dos direitos fundamentais no Estado Constitucional Contemporâneo,* in *Revista da Faculdade de Direito da Universidade Agostinho Neto,* n.º 2, Luanda, 2002, pp. 7 e ss. [também publicado em AAVV, *Direitos Humanos – Teorias e Práticas* (org. de Paulo Ferreira da Cunha) Coimbra, 2003, pp. 53 e ss., e, em chinês, nas *Perspectivas do Direito,* n.º 12, Janeiro de 2003, pp. 31 e ss.]

78) *A Lei Básica da Região Administrativa Especial de Macau,* in AAVV, *2.º Seminário Internacional sobre a Lei Básica – Comemorativo do 20.º Aniversário da Universidade de Macau,* in *Boletim da Faculdade de Direito da Universidade de Macau,* ano VI, 2002, n.º 13, pp. 173 e ss.

79) *Segredo de Estado e Lei Constitucional em Angola,* in AAVV, *A produção de informações de segurança no Estado Democrático de Direito – o caso angolano* (org. de Carlos Feijó), Cascais, 2003, pp. 23 e ss.

80) *A autonomia creditícia das autarquias locais: critérios, procedimentos e limites,* in *Lusíada – Direito,* II Série, Lisboa, n.º 2/2004, pp. 201 e ss.

81) *Novos rumos para a acção de despejo,* in *Revista Jurídica do Urbanismo e Ambiente,* n.º 20, Dezembro de 2003, pp. 197 e ss.

82) *O regionalismo político-legislativo português: em busca da perfeição,* in AAVV, *Estudos em Homenagem ao Prof. Doutor Armando M. Marques Guedes,* Coimbra, Editora, Lisboa, 2004, pp. 59 e ss.

83) *A influência da Constituição Portuguesa de 1976 nos sistemas constitucionais de língua portuguesa,* in *Estudos de Direito Público de Língua Portuguesa,* Coimbra, 2004, pp. 9 e ss.

84) *Os sistemas político-constitucionais dos Estados Africanos de Língua Portuguesa*, in *Estudos de Direito Público de Língua Portuguesa*, Coimbra, 2004, pp. 287 e ss.

85) *A primeira Constituição de Timor-Leste*, in *Estudos de Direito Público de Língua Portuguesa*, Coimbra, 2004, pp. 305 e ss.

86) *O regime do contrato individual de trabalho da Administração Pública e a Constituição Portuguesa*, in *Lusíada – Direito*, II Série, n.º 3 de 2005, pp. 331 e ss.

87) *O Tribunal Penal Internacional: uma perspectiva de Direito Internacional e de Direito Constitucional*, in AAVV, *Estudos em Homenagem ao Prof. Doutor Joaquim Moreira da Silva Cunha*, Coimbra, 2005, pp. 417 e ss. (também publicado em *Juris Poiesis – Revista do Curso de Direito da Universidade Estácio de Sá*, ano 7, n.º 6, 2004, Rio de Janeiro, pp. 273 e ss.)

c) **Colectâneas de textos**

88) *Legislação de direitos fundamentais*, Livraria Almedina, Coimbra: 1.ª ed., 1991; 2.ª ed., 2004

89) *Organizações internacionais – textos fundamentais*: 1.ª ed., AAFDL, Lisboa, 1992; 2.ª ed., Livraria Almedina, Coimbra, 1995

90) *Timor-Leste – resoluções das Nações Unidas*, 1.ª ed., AAFDL, Lisboa, 1992; *Timor-Leste – textos jurídicos fundamentais*, 2.ª ed., AAFDL, Lisboa, 1993

91) *Casos Práticos de Direito Internacional Público I*, AAFDL, Lisboa, 1993

92) *As Constituições dos Estados Lusófonos*: 1.ª ed., Editorial Notícias e Aequitas, Lisboa, 1993; 2.ª ed., Editorial Notícias, Lisboa, 2000

93) *Textos fundamentais de Direito Internacional*, 1.ª ed., Editorial Notícias e Editorial Aequitas, Lisboa, 1993; 2.ª ed., Editorial Notícias, Lisboa, 1999; 3.ª ed., Editorial Notícias, Lisboa, 2002; 4.ª ed., Editorial Notícias, Lisboa, 2004

94) *Acordos de cooperação entre Portugal e os Estados Africanos Lusófonos*, ed. do Instituto da Cooperação Portuguesa: 1.ª ed., Lisboa, 1994; 2.ª ed., Lisboa, 1998

95) *Legislação de Direito Constitucional*, Livraria Minerva Central, Maputo, 1994

96) *Legislação Eleitoral*, Livraria Cosmos, Lisboa, 1995

97) *Código Civil e Legislação Complementar* (com Susana Brito e Arão Feijão Massangai), ed. do Banco Comercial Português: 1.ª ed., Maputo, 1996; 2.ª ed., Maputo, 2000

98) *Código Penal e Legislação Complementar* (com Emídio Ricardo Nhamissitane), ed. do Banco Comercial Português: 1.ª ed., Maputo, 1996; 2.ª ed., Maputo, 2000

99) *Código Comercial e Legislação Complementar* (com Lúcia da Luz Ribeiro), ed. do Banco Comercial Português: 1.ª ed., Maputo, 1996; 2.ª ed., Maputo, 2000

100) *Constituição da República Portuguesa e Legislação Complementar*: 1.ª ed., Livraria Almedina, Coimbra, 1997; 2.ª ed., Âncora Editora, Lisboa, 2001

101) *Legislação de Direito Financeiro,* Livraria Almedina: 1.ª ed., Coimbra, 1999; 2.ª ed., Coimbra, 2002; 3.ª ed., Coimbra, 2003; 4.ª ed., Coimbra, 2004 (com uma reimpressão em 2005)

102) *As Constituições dos Estados da União Europeia*, VisLis Editores, Lisboa, 2000

103) *Direito da Igualdade Social – fontes normativas,* VisLis Editores, Lisboa, 2000

104) *Direito da Igualdade Social – guia de estudo,* AAFDL, Lisboa, 2000

105) *Direito Fiscal – guia de estudo*: 1.ª ed., FDUNL, Lisboa, 2002; 2.ª ed., FDUNL, Lisboa, 2001; 3.ª ed., FDUNL, Lisboa, 2002; 4.ª ed., AAFDL, Lisboa, 2003

106) *Ciência Política – guia de estudo,* FDUP, Lisboa, 2002

107) *Direito Financeiro – guia de estudo*: 1.ª ed., FDUNL, Lisboa, 2002; 2.ª ed., AAFDL, Lisboa, 2003

108) *Direito Internacional Público – elementos de estudo*: 1.ª ed. FDUNL, Lisboa, 2002; 2.ª ed., FDUNL, Lisboa, 2002; 3.ª ed., AAFDL, Lisboa, 2003

109) *As Constituições dos Estados de Língua Portuguesa*, Livraria Almedina, Coimbra: 1.ª ed., 2003; 2.ª ed., 2006

110) *Legislação de Direito Constitucional,* Coimbra Editora, Coimbra, 2005

111) *Direito Internacional Público – textos fundamentais,* Coimbra Editora, Coimbra, 2005

112) *Leis de Direito da Segurança* (com Rui Carlos Pereira, Arménio Marques Ferreira e Virgílio Teixeira), Coimbra Editora, Coimbra, 2006

113) *Legislação de Direito da Religião* (com Saturino da Costa Gomes e Fernando Soares Loja), Coimbra Editora, Coimbra, 2006

ÍNDICE GERAL

PREFÁCIO 5

NOTA PRÉVIA À 2.ª EDIÇÃO 7

NOTA PRÉVIA À 1.ª EDIÇÃO 9

O Direito Constitucional de Língua Portuguesa: Brasil, Estados Africanos e Timor-Leste   11

I – CONSTITUIÇÃO DA REPÚBLICA PORTUGUESA DE 1976

PREÂMBULO 35

PRINCÍPIOS FUNDAMENTAIS 35

PARTE I — **DIREITOS E DEVERES FUNDAMENTAIS** 38
    TÍTULO I – Princípios gerais 38
    TÍTULO II – Direitos, liberdades e garantias 40
        CAPÍTULO I – Direitos, liberdades e garantias pessoais 40
        CAPÍTULO II – Direitos, liberdades e garantias de participação política 47
        CAPÍTULO III – Direitos, liberdades e garantias dos trabalhadores 49
    TÍTULO III – Direitos e deveres económicos, sociais e culturais 50
        CAPÍTULO I – Direitos e deveres económicos 50
        CAPÍTULO II – Direitos e deveres sociais 52
        CAPÍTULO III – Direitos e deveres culturais 55

PARTE II — **ORGANIZAÇÃO ECONÓMICA** 57
    TÍTULO I – Princípios gerais 57
    TÍTULO II – Planos 60
    TÍTULO III – Políticas agrícola, comercial e industrial 60
    TÍTULO IV – Sistema financeiro e fiscal 62

PARTE III — **ORGANIZAÇÃO DO PODER POLÍTICO** 64
    TÍTULO I – Princípios gerais 64
    TÍTULO II – Presidente da República 67
        CAPÍTULO I – Estatuto e eleição 67
        CAPÍTULO II – Competência 69
        CAPÍTULO III – Conselho de Estado 72
    TÍTULO III – Assembleia da República 73
        CAPÍTULO I – Estatuto e eleição 73
        CAPÍTULO II – Competência 75
        CAPÍTULO III – Organização e funcionamento 80

TÍTULO IV – Governo 83
    Capítulo I – Função e estrutura 83
    Capítulo II – Formação e responsabilidade 84
    Capítulo III – Competência 86

TÍTULO V – Tribunais 88
    Capítulo I – Princípios gerais 88
    Capítulo II – Organização dos tribunais 89
    Capítulo III – Estatuto dos juízes 90
    Capítulo IV – Ministério Público 91

TÍTULO VI – Tribunal Constitucional 92

TÍTULO VII – Regiões Autónomas 93

TÍTULO VIII – Poder Local 97
    Capítulo I – Princípios gerais 97
    Capítulo II – Freguesia 98
    Capítulo III – Município 99
    Capítulo IV – Região Administrativa 99
    Capítulo V – Organizações de moradores 100

TÍTULO IX – Administração Pública 101

TÍTULO X – Defesa Nacional 103

PARTE IV – **GARANTIA E REVISÃO DA CONSTITUIÇÃO** 104

TÍTULO I – Fiscalização da constitucionalidade 104

TÍTULO II – Revisão constitucional 107

DISPOSIÇÕES FINAIS E TRANSITÓRIAS 108

II – CONSTITUIÇÃO DA REPÚBLICA FEDERATIVA DO BRASIL DE 1988

PREÂMBULO 113

TÍTULO I – **DOS PRINCÍPIOS FUNDAMENTAIS** 113

TÍTULO II – **DOS DIREITOS E GARANTIAS FUNDAMENTAIS** 114
    Capítulo I – Dos Direitos e Deveres Individuais e Coletivos 114
    Capítulo II – Dos Direitos Sociais 118
    Capítulo III – Da Nacionalidade 121
    Capítulo IV – Dos Direitos Políticos 122
    Capítulo V – Dos Partidos Políticos 123

TÍTULO III – **DA ORGANIZAÇÃO DO ESTADO** 124
    Capítulo I – Da Organização Político-Administrativa 124
    Capítulo II – Da União 124
    Capítulo III – Dos Estados Federados 128
    Capítulo IV – Dos Municípios 129
    Capítulo V – Do Distrito Federal e dos Territórios 131
        Seção I – Do Distrito Federal 131
        Seção II – Dos Territórios 132
    Capítulo VI – Da Intervenção 132
    Capítulo VII – Da Administração Pública 133
        Seção I – Disposições Gerais 133
        Seção II – Dos Servidores Públicos 136
        Seção III – Dos Militares dos Estados, do Distrito Federal e dos Territórios 140
        Seção IV – Das Regiões 140

TÍTULO IV – **DA ORGANIZAÇÃO DOS PODERES** 140

Capítulo I – Do Poder Legislativo 140
    Seção I – Do Congresso Nacional 140
    Seção II – Das Atribuições do Congresso Nacional 141
    Seção III – Da Câmara dos Deputados 143
    Seção IV – Do Senado Federal 143
    Seção V – Dos Deputados e dos Senadores 144
    Seção VI – Das Reuniões 146
    Seção VII – Das Comissões 146
    Seção VIII – Do Processo Legislativo 147
        Subseção I – Disposição geral 147
        Subseção II – Da Emenda à Constituição 147
        Subseção III – Das Leis 148
    Seção IX – Da Fiscalização Contábil, Financeira e Orçamentária 151
Capítulo II – Do Poder Executivo 153
    Seção I – Do Presidente e do Vice-Presidente da República 153
    Seção II – Das Atribuições do Presidente da República 155
    Seção III – Da Responsabilidade do Presidente da República 156
    Seção IV – Dos Ministros de Estado 157
    Seção V – Do Conselho da República e do Conselho de Defesa Nacional 157
        Subseção I – Do Conselho da República 157
        Subseção II – Do Conselho de Defesa Nacional 158
Capítulo III – Do Poder Judiciário 158
    Seção I – Disposições Gerais 158
    Seção II – Do Supremo Tribunal Federal 163
    Seção III – Do Superior Tribunal de Justiça 166
    Seção IV – Dos Tribunais Regionais Federais e dos Juízes Federais 168
    Seção V – Dos Tribunais e Juízes do Trabalho 170
    Seção VI – Dos Tribunais e Juízes Eleitorais 172
    Seção VII – Dos Tribunais e Juízes Militares 173
    Seção VIII – Dos Tribunais e Juízes dos Estados 173
Capítulo IV – Das Funções Essenciais à Justiça 174
    Seção I – Do Ministério Público 174
    Seção II – Da Advocacia Pública 177
    Seção III – Da Advocacia e da Defensoria Pública 178

TÍTULO V – **DA DEFESA DO ESTADO E DAS INSTITUIÇÕES DEMOCRÁTICAS** 178

Capítulo I – Do Estado de Defesa e do Estado de Sítio 178
    Seção I – Do Estado de Defesa 178
    Seção II – Do Estado de Sítio 179
    Seção III – Disposições Gerais 180
Capítulo II – Das Forças Armadas 180
Capítulo III – Da Segurança Pública 181

TÍTULO VI – **DA TRIBUTAÇÃO E DO ORÇAMENTO** 182

Capítulo I – Do Sistema Tributário Nacional 182
    Seção I – Dos Princípios Gerais 182
    Seção II – Das Limitações do Poder de Tributar 184
    Seção III – Dos Impostos da União 186
    Seção IV – Dos Impostos dos Estados e do Distrito Federal 187
    Seção V – Dos Impostos dos Municípios 189
    Seção VI – Da Repartição das Receitas Tributárias 190
Capítulo II – Das Finanças Públicas 192
    Seção I – Normas Gerais 192
    Seção II – Dos Orçamentos 192

TÍTULO VII – **DA ORDEM ECONÔMICA E FINANCEIRA** 196
    Capítulo I – Dos Princípios Gerais da Atividade Econômica 196
    Capítulo II – Da Política Urbana 199
    Capítulo III – Da Política Agrícola e Fundiária e da Reforma Agrária 200
    Capítulo IV – Do Sistema Financeiro Nacional 201

TÍTULO VIII – **DA ORDEM SOCIAL** 202
    Capítulo I – Disposição Geral 202
    Capítulo II – Da Seguridade Social 202
        Seção I – Disposições Gerais 202
        Seção II – Da Saúde 204
        Seção III – Da Previdência Social 205
        Seção IV – Da Assistência Social 207
    Capítulo III – Da Educação, da Cultura e do Desporto 208
        Seção I – Da Educação 208
        Seção II – Da Cultura 210
        Seção III – Do Desporto 211
    Capítulo IV – Da Ciência e Tecnologia 212
    Capítulo V – Da Comunicação Social 212
    Capítulo VI – Do Meio Ambiente 214
    Capítulo VII – Da Família, da Criança, do Adolescente e do Idoso 215
    Capítulo VIII – Dos Índios 217

TÍTULO IX – **DAS DISPOSIÇÕES CONSTITUCIONAIS GERAIS** 217

ATO DAS DISPOSIÇÕES CONSTITUCIONAIS TRANSITÓRIAS 221

III – CONSTITUIÇÃO DA REPÚBLICA DEMOCRÁTICA DE SÃO TOMÉ E PRÍNCIPE DE 1990

PREÂMBULO 249

PARTE I – **FUNDAMENTOS E OBJECTIVOS** 250

PARTE II – **DIREITOS FUNDAMENTAIS E ORDEM SOCIAL** 252
    TÍTULO I – Princípios gerais 252
    TÍTULO II – Direitos pessoais 253
    TÍTULO III – Direitos sociais e ordem económica, social e cultural 256
    TÍTULO IV – Direitos e deveres cívico-políticos 258

PARTE III – **ORGANIZAÇÃO DO PODER POLÍTICO** 259
    TÍTULO I – Princípios gerais 259
    TÍTULO II – Presidente da República 261
    TÍTULO III – Conselho de Estado 264
    TÍTULO IV – Assembleia Nacional 265
    TÍTULO V – Governo 268
    TÍTULO VI – Os Tribunais 270
    TÍTULO VII – Tribunal Constitucional 271
    TÍTULO VIII – Administração Pública 272
    TÍTULO IX – Órgãos do Poder Regional e Local 273

PARTE IV – **GARANTIA E REVISÃO DA CONSTITUIÇÃO**	274
TÍTULO I – Garantia da constitucionalidade	274
TÍTULO II – Revisão da Constituição	277
PARTE V – **DISPOSIÇÕES FINAIS E TRANSITÓRIAS**	278

IV – CONSTITUIÇÃO DA REPÚBLICA DE CABO VERDE DE 1992

PREÂMBULO	283
PARTE I – **PRINCÍPIOS FUNDAMENTAIS**	284
TÍTULO I – Da República	284
TÍTULO II – Relações internacionais e Direito Internacional	287
PARTE II – **DIREITOS E DEVERES FUNDAMENTAIS**	288
TÍTULO I – Princípios gerais	288
TÍTULO II – Direitos, liberdades e garantias	291
Capítulo I – Dos direitos, liberdades e garantias individuais	291
Capítulo II – Direitos, liberdades e garantias de participação política e de exercício de cidadania	298
Capítulo III – Direitos, liberdades e garantias dos trabalhadores	300
TÍTULO III – Direitos e deveres económicos, sociais e culturais	301
TÍTULO IV – Deveres fundamentais	306
TÍTULO V – Da Família	307
PARTE III – **ORGANIZAÇÃO ECONÓMICA E FINANCEIRA**	308
PARTE IV – **DO EXERCÍCIO E DA ORGANIZAÇÃO DO PODER POLÍTICO**	310
TÍTULO I – Das formas de exercício do poder político	310
Capítulo I – Princípios gerais e comuns	310
Capítulo II – Do referendo	311
Capítulo III – Do sufrágio	312
Secção I – Princípios gerais	312
Secção II – Da eleição do Presidente da República	313
Secção III – Da eleição dos Deputados à Assembleia Nacional	313
PARTE V – **DA ORGANIZAÇÃO DO PODER POLÍTICO**	314
TÍTULO I – Princípios gerais e comuns	314
TÍTULO II – Do Presidente da República	315
Capítulo I – Definição, mandato e posse	315
Capítulo II – Estatuto	316
Capítulo III – Competência	317
TÍTULO III – Da Assembleia Nacional	319
Capítulo I – Definição, composição e dissolução	319
Capítulo II – Da organização	320
Capítulo III – Do funcionamento	321
Capítulo IV – Formação dos actos	323
Secção I – Da iniciativa de lei e de referendo	323
Secção II – Da discussão e da votação	323
Capítulo V – Do estatuto dos Deputados	324
Capítulo VI – Da competência da Assembleia Nacional	326
Secção I – Da competência para a prática de actos organizatórios e funcionais	326
Secção II – Competência legislativa e política	327

TÍTULO IV – Do Governo 330
    Capítulo I – Função, responsabilidade política, composição e organização 330
        Secção I – Função e responsabilidade 330
        Secção II – Composição e organização 331
    Capítulo II – Início e termo das funções 332
    Capítulo III – Formação e subsistência do Governo 332
        Secção I – Formação 332
        Secção II – Responsabilidade política e criminal dos membros do Governo 333
        Secção III – Moção de confiança, de censura e demissão do Governo 334
    Capítulo IV – Da competência do Governo 334

TÍTULO V – Do Poder Judicial 337
    Capítulo I – Princípios gerais 337
    Capítulo II – Organização dos tribunais 338
    Capítulo III – Estatuto dos juízes 340
    Capítulo IV – Do Ministério Público 341
    Capítulo V – Dos Advogados 343

TÍTULO VI – Do Poder Local 343

TÍTULO VII – Da Administração Pública 344

TÍTULO VIII – Da Defesa Nacional 346

TÍTULO IX – Dos órgãos auxiliares dos órgãos do poder político 348
    Capítulo I – Do Conselho da República 348
    Capítulo II – Dos outros órgãos auxiliares 349

TÍTULO X – Da forma e hierarquia dos actos 350
    Capítulo I – Dos actos do Presidente da República 350
    Capítulo II – Da forma dos actos legislativos e normativos 350
    Capítulo III – Das resoluções e das moções 351
    Capítulo IV – Hierarquia e publicação 351

PARTE VI – **DAS GARANTIAS DE DEFESA E DA REVISÃO DA CONSTITUIÇÃO** 352
    TÍTULO I – Do estado de sítio e de emergência 352
    TÍTULO II – Da fiscalização da constitucionalidade 353
    TÍTULO III – Da revisão da Constituição 356

PARTE VII – **DISPOSIÇÕES FINAIS E TRANSITÓRIAS** 357

V – LEI CONSTITUCIONAL DA REPÚBLICA DE ANGOLA DE 1992

TÍTULO I – **PRINCÍPIOS FUNDAMENTAIS** 363

TÍTULO II – **DIREITOS E DEVERES FUNDAMENTAIS** 366

TÍTULO III – **DOS ÓRGÃOS DO ESTADO** 371
    Capítulo I – Princípios 371
    Capítulo II – Do Presidente da República 371
        Secção I – Presidente da República 371
        Secção II – Conselho da República 375
    Capítulo III – Da Assembleia Nacional 376
    Capítulo IV – Do Governo 383
    Capítulo V – Da Justiça 386
        Secção I – Dos tribunais 386
        Secção II – Do Conselho Superior da Magistratura Judicial 387
        Secção III – Tribunal Constitucional 387
        Secção IV – Da Procuradoria-Geral da República 388

CAPÍTULO VI – Do Provedor de Justiça 389
CAPÍTULO VII – Do Poder Local 389

TÍTULO IV – **DA DEFESA NACIONAL** 390

TÍTULO V – **GARANTIA E REVISÃO DA LEI CONSTITUCIONAL** 391

CAPÍTULO I – Da fiscalização da inconstitucionalidade 391
CAPÍTULO II – Da Revisão Constitucional 392

TÍTULO VI – **SÍMBOLOS DA REPÚBLICA DE ANGOLA** 393

TÍTULO VII – **DISPOSIÇÕES FINAIS E TRANSITÓRIAS** 394

VI – CONSTITUIÇÃO DA REPÚBLICA DA GUINÉ-BISSAU DE 1993

PREÂMBULO 397

TÍTULO I – **PRINCÍPIOS FUNDAMENTAIS** 397

TÍTULO II – **DOS DIREITOS, LIBERDADES, GARANTIAS E DEVERES FUNDAMENTAIS** 402

TÍTULO III – **ORGANIZAÇÃO DO PODER POLÍTICO** 407

CAPÍTULO I – Dos princípios gerais 407
CAPÍTULO II – Do Presidente da República 408
CAPÍTULO III – Do Conselho de Estado 410
CAPÍTULO IV – Da Assembleia Nacional Popular 411
CAPÍTULO V – Do Governo 414
CAPÍTULO VI – Do Poder Local 416
CAPÍTULO VII – Do Poder Judicial 418

TÍTULO IV – **GARANTIA E REVISÃO DA CONSTITUIÇÃO** 419

CAPÍTULO I – Da fiscalização da constitucionalidade das leis 419
CAPÍTULO II – Da revisão constitucional 420

TÍTULO V – **DISPOSIÇÕES FINAIS E TRANSITÓRIAS** 420

VII – CONSTITUIÇÃO DA REPÚBLICA DEMOCRÁTICA DE TIMOR-LESTE DE 2002

PREÂMBULO 425

PARTE I – **PRINCÍPIOS FUNDAMENTAIS** 426

PARTE II – **DIREITOS, DEVERES, LIBERDADES E GARANTIAS FUNDAMENTAIS** ... 429

TÍTULO I – Princípios Gerais 429
TÍTULO II – Direitos, liberdades e garantias pessoais 431
TÍTULO III – Direitos e deveres económicos, sociais e culturais 435

PARTE III – **ORGANIZAÇÃO DO PODER POLÍTICO** 437

TÍTULO I – Princípios Gerais 437
TÍTULO II – Presidente da República.. 439
CAPÍTULO I – Estatuto, eleição e nomeação 439

CAPÍTULO II – Competência.. 441
CAPÍTULO III – Conselho de Estado 443
TÍTULO III – Parlamento Nacional 444
CAPÍTULO I – Estatuto e eleição... 444
CAPÍTULO II – Competência.. 444
CAPÍTULO III – Organização e funcionamento 446
CAPÍTULO IV – Comissão Permanente 447
TÍTULO IV – Governo... 447
CAPÍTULO I – Definição e estrutura... 447
CAPÍTULO II – Formação e responsabilidade... 448
CAPÍTULO III – Competência 449
TÍTULO V – Tribunais... 451
CAPÍTULO I – Tribunais e Magistratura Judicial.. 451
CAPÍTULO II – Ministério Público... 454
CAPÍTULO III – Advocacia 454
TÍTULO VI – Administração Pública... 455

PARTE IV – **ORGANIZAÇÃO ECONÓMICA E FINANCEIRA**........................... 455
TÍTULO I – Princípios Gerais... 455
TÍTULO II – Sistema financeiro e fiscal... 456

PARTE V – **DEFESA E SEGURANÇA NACIONAIS** 457

PARTE VI – **GARANTIA E REVISÃO DA CONSTITUIÇÃO** 457
TÍTULO I – Garantia da Constituição... 457
TÍTULO II – Revisão da Constituição... 458

PARTE VII – **DISPOSIÇÕES FINAIS E TRANSITÓRIAS**...................................... 459

VIII – CONSTITUIÇÃO DA REPÚBLICA DE MOÇAMBIQUE DE 2004

PREÂMBULO.. 465

TÍTULO I – **PRINCÍPIOS FUNDAMENTAIS** 465
CAPÍTULO I – República 465
CAPÍTULO II – Política externa e Direito Internacional.................................... 468

TÍTULO II – **NACIONALIDADE** 469
CAPÍTULO I – Nacionalidade originária... 469
CAPÍTULO II – Nacionalidade adquirida.. 469
CAPÍTULO III – Perda e reaquisição da nacionalidade 470
CAPÍTULO IV – Prevalência da nacionalidade e registo 471

TÍTULO III – **DIREITOS, DEVERES E LIBERDADES FUNDAMENTAIS** 471
CAPÍTULO I – Princípios gerais.. 471
CAPÍTULO II – Direitos, deveres e liberdades... 473
CAPÍTULO III – Direitos, liberdades e garantias individuais 474
CAPÍTULO IV – Direitos, liberdades e garantias de participação política 477
CAPÍTULO V – Direitos e deveres económicos, sociais e culturais 479

TÍTULO IV – **ORGANIZAÇÃO ECONÓMICA, SOCIAL, FINANCEIRA E FISCAL**..... 481
CAPÍTULO I – Princípios gerais.. 481
CAPÍTULO II – Organização económica.. 482

Capítulo III – Organização social	484
Capítulo IV – Sistema financeiro e fiscal	487
TÍTULO V – ORGANIZAÇÃO DO PODER POLÍTICO	488
Capítulo Único – Princípios gerais	488
TITULO VI – PRESIDENTE DA REPÚBLICA	491
Capítulo I – Estatuto e eleição	491
Capítulo II – Competência	493
Capítulo III – Conselho de Estado	495
TÍTULO VII – ASSEMBLEIA DA REPÚBLICA	496
Capítulo I – Estatuto e eleição	496
Capítulo II – Competência	498
Capítulo III – Organização e funcionamento	499
TÍTULO VIII – GOVERNO	502
Capítulo I – Definição e composição	502
Capítulo II – Competência e responsabilidade	503
TÍTULO IX – TRIBUNAIS	505
Capítulo I – Princípios gerais	505
Capítulo II – Estatuto dos juízes	506
Capítulo III – Organização dos tribunais	507
Secção I – Espécies de tribunais	507
Secção II – Tribunal Supremo	507
Secção III – Tribunal Administrativo	508
TÍTULO X – MINISTÉRIO PÚBLICO	509
TÍTULO XI – CONSELHO CONSTITUCIONAL	510
TÍTULO XII – ADMINISTRAÇÃO PÚBLICA, POLÍCIA, PROVEDOR DE JUSTIÇA E ÓRGÃOS LOCAIS DO ESTADO	513
Capítulo I – Administração Pública	513
Capítulo II – Polícia	514
Capítulo III – Provedor de Justiça	514
Capítulo IV – Órgãos locais do Estado	515
TÍTULO XIII – DEFESA NACIONAL E CONSELHO NACIONAL DE DEFESA E SEGURANÇA	515
Capítulo I – Defesa Nacional	515
Capítulo II – Conselho Nacional de Defesa e Segurança	516
TÍTULO XIV – PODER LOCAL	517
TÍTULO XV – GARANTIAS DA CONSTITUIÇÃO	518
Capítulo I – Dos estados de sítio e de emergência	518
Capítulo II – Revisão da Constituição	520
TÍTULO XVI – SÍMBOLOS, MOEDA E CAPITAL DA REPÚBLICA	521
TÍTULO XVII – DISPOSIÇÕES FINAIS E TRANSITÓRIAS	522
OBRAS JURÍDICAS DO AUTOR	523
ÍNDICE GERAL	531